文化和旅游部恭王府博物馆创建40周年学术成果汇编

1983—2023

文化和旅游部恭王府博物馆 编

文化藝術出版社
Culture and Art Publishing House

40th

恭王府博物馆
创建40周年
1983-2023

图书在版编目（CIP）数据

文化和旅游部恭王府博物馆创建40周年学术成果汇编 / 文化和旅游部恭王府博物馆编．— 北京：文化艺术出版社，2023.11
ISBN 978-7-5039-7461-8

Ⅰ．①文… Ⅱ．①文… Ⅲ．①恭王府－博物馆－学术研究－成果－汇编 Ⅳ．①K928.73

中国国家版本馆CIP数据核字(2023)第200954号

文化和旅游部恭王府博物馆创建40周年学术成果汇编

编　　者　文化和旅游部恭王府博物馆
责任编辑　汪　勇
责任校对　董　斌
书籍设计　赵婉俐　顾　紫
出版发行　文化艺术出版社
地　　址　北京市东城区东四八条52号（100700）
网　　址　www.caaph.com
电子邮箱　s@caaph.com
电　　话　（010）84057666（总编室）　84057667（办公室）
　　　　　84057696—84057699（发行部）
传　　真　（010）84057660（总编室）　84057670（办公室）
　　　　　84057690（发行部）
经　　销　新华书店
印　　刷　国英印务有限公司
版　　次　2023年12月第1版
印　　次　2023年12月第1次印刷
开　　本　787×1092毫米　1/16
印　　张　32
字　　数　550千字
书　　号　ISBN　978-7-5039-7461-8
定　　价　198.00元

文化和旅游部恭王府博物馆创建40周年学术成果汇编

40th
恭王府博物馆
创建40周年
1983-2023

不惑之获　扬帆奋楫（代序）

冯乃恩*

恭王府始建于清乾隆年间，是北京现今保存相对最为完整并对社会公众全面开放的清代王府建筑群。在党和国家领导人的关心下，恭王府于1978年启动搬迁腾退，1982年被列为全国重点文物保护单位，为恭王府文物古建保护提供了政策保障。1983年12月14日，原文化部正式批复成立文化部恭王府修复管理处，开启了恭王府发展的新篇章。

时光荏苒，岁月变迁。在社会各界的关心帮助下，恭王府博物馆在文物保护、业务研究、展览展示、科研社教、文创产业等方面取得了丰硕成果，2012年成为国家5A级旅游景区，2017年成为国家一级博物馆，实现了以搬迁修缮为中心向为社会公众提供公共文化服务的成功转型，得到了社会各界一致肯定。

近年来，恭王府博物馆提出，要建设成为以王府历史文化研究展示传播为核心的社区博物馆，设定了“平安恭博、学术恭博、数字恭博、公众恭博”的发展建设目标。“平安恭博”是根本，要保证恭王府遗址古建、文物藏品的安全；“学术恭博”是基础，要推动历史文化研究以夯实恭王府博物馆发展根基；“数字恭博”是推动器，利用现代数字技术全面激发恭王府博物馆活力；“公众恭博”则是扎根源泉，要抓住恭王府博物馆植根于什刹海地区的特点和优势，促进文旅融合，建设一座既服务于公众，又让公众可主动参与的互动型博物馆。

在建设“学术恭博”方面，我们主要开展了以下工作。

一、成立学术委员会。为弘扬中华优秀传统文化，更好地发展转化学术研究成果，进一步推动文化旅游战略调整，使博物馆建设高质量发展，2021年恭王府博物馆成立

* 冯乃恩，文化和旅游部恭王府博物馆馆长、党委书记，学术委员会主任，研究馆员。

学术委员会，是“十四五”时期建设“学术恭博”的重要举措之一，是促进恭王府博物馆学术研究、编辑出版、人才培养、非遗展示及文物古建保护等工作进一步提高的重要支撑，是我馆重要文化事件之一，具有重要里程碑的意义。鉴于目前学术基础比较薄弱的现实，学术委员会积极吸纳社会力量，邀请的馆外专家人数要多于馆内专家，更好地发挥专家学者在王府历史文化研究、非物质文化遗产展示与传统技艺研究、文物与博物馆研究工作中的引领作用，全面提升软实力，为建设“学术恭博”奠定坚实基础，有利于我馆学术研究工作的深入开展。

二、开展专业合作。以王府历史文化研究委员会和王府遗址保护联盟为依托，联络国内各地各级特色博物馆、王府遗址单位及相关机构，突出专业特色，突出手段创新，开拓和加强学术活动的广度、密度与深度。

2021年王府历史文化研究委员会成立后，计划每两年召开一次王府历史文化研讨会，并汇集最新研究成果予以出版。2023年完成恭王府系统性保护与利用调研报告，联合首批王府遗址机构成立王府遗址保护联盟。争取在有关机构的支持下，逐步扩展遗址数量和范围，策划和组织多种品牌和项目，开展恭王府系统性保护与利用的相关工作和研究，推动联盟发展共赢。

三、健全科研管理。增加课题管理职能，建立科研课题制度，颁布实施《科研项目管理办法》，实施科研项目申报，每两年公布一次馆级《科研项目指南》，逐步建立恭王府博物馆业务人才队伍与科研课题项目良性互动、共同发展的学术生态。

四、面向社会发布课题。探索课题序列化、特色化、日常化，研究方式多样化、开放化，持续推进学术品牌建设，扩大影响力，初步确立王府历史文化、非物质文化遗产展览展示研究的领军地位，形成国内领先的研究能力。

为广泛凝聚科研学术力量，提升业务研究水平，2021年度我馆公布《文化和旅游部恭王府博物馆科研项目2021—2022年度课题指南》，经个人申请，单位（部门）推荐，共受理馆级科研项目申报61项。经初核初审、学术委员会评审、馆务会研究，设立2021年度馆级科研项目15项，其中重点项目3项、一般项目6项、青年项目6项。申报课题、研究课题、探讨课题，学术研究在我馆已蔚然成风。

五、建设人才队伍。完善返聘退休高级职称专业人才工作机制，充分挖掘专家潜力，指导促进馆内学术研究。探索借调、项目制等短聘高级专业人才管理办法，制定《导师带徒暂行办法》，尝试“师带徒”“正研带团队”。以重要工作开展为契机，以项目合作为平台，借助高级职称专业人才的丰厚经验和业务专长，不断加快青年专业人才培养。

六、出版学术成果。推动馆刊项目落地实施，出版《恭王府府邸文物保护修缮工程报告》《中华传统技艺》系列卷本，出版《文化和旅游部恭王府博物馆创建40周年学术成果汇编》，筹划启动《中国王府（北京王府）》系列丛书、清代王府老照片旧影成果等。

七、举办“恭博讲堂”。为推动“学术恭博”建设，进一步深化王府历史文化研究，2023年恭王府博物馆举办“恭博讲堂”，纳入以往各个部门组织的各种讲座，以“恭博讲堂”统一的形象对外传播文化。

2023年是恭王府博物馆创建40周年，总结回顾恭王府博物馆40年来的发展历程，特别是党的十八大以来，集中展示恭王府博物馆学术建设成就，持续推进“学术恭博”建设，我们面向在职和退休专业技术人员，征集已经发表的代表性学术成果，择优出版《文化和旅游部恭王府博物馆创建40周年学术成果汇编》。

我认为这本学术成果汇编具有如下特点：

1.门类多，涵盖古建修缮、王府历史文化研究、文物藏品研究、艺术设计作品、博物馆性质的行政管理、文创研发等。可以说，我馆业务人员的研究立足工作实际，二者密切结合，几乎涉猎博物馆工作的方方面面。

2.发展势头越来越好。从发表时间这一视角审视这些学术成果，可以发现近年来研究人员越来越多，相应地涌现的科研成果越来越多，学术水平也日渐提高。

3.科研逐步向王府历史文化、非物质文化遗产的展览展示、文物与博物馆三个方向集中。结合恭王府实际，我们确立了前述三个研究方向，通过课题申报、部门工作等方式，业务人员的研究日趋聚焦于核心业务。

4.水平不一，有待提高。客观地评价，虽然这些学术成果有以上三个可喜的优点，但水平参差不齐。我们的学术研究工作任重道远。

在新时代背景下，恭王府博物馆将深刻学习领会习近平总书记新时代中国特色社会主义思想，特别是深入学习和贯彻落实习近平总书记文化思想，充分发挥博物馆公共属性，加大“学术恭博”建设力度，不断推进学术研究，并以此为依托，举办高水平展览、讲座、研学等文化活动，为观众提供形式多样、营养丰富的文化产品和服务，在满足人民对美好生活向往的同时，做好中华优秀传统文化的传承者和弘扬者，做民族复兴的担当者和奋斗者。

2023年8月

40th

目 录

壹 古建与修缮

002 北京清代王府花园 / 孔祥星

016 清代园林叠山技法文献综述
——以恭王府花园为例 / 杨树勤

023 试论恭王府多福轩的历史沿革和修缮保护 / 胡一红

044 多福轩福寿匾额的复原 / 高晓媛

050 恭王府府邸文物保护修缮 / 张 壮

064 试论恭王府神殿布局及祭祀典制 / 郑 婕

084 清代王府遗址建筑的文化遗产区域保护问题及对策
——以北京的清代王府遗址为例 / 祁浩庭

089 当时间与空间相遇
——北京三山五园地区发展历程回顾 / 高 珊 朱 强 孙一鸣 王沛永

贰 历史与文化

102 清末王府宴客、饮食之研究 / 陈 光

118 从恭王府折档看晚清王府生活 / 刘文君

130 和孝公主生平考略 / 郝 黎

140 清皇子永璘生平考述 / 张 军

154 《萃锦吟》与恭亲王奕訢的晚年生活 / 张 建

159 恭王府与溥心畬 / 孙旭光

175 恭亲王家族的前世今生 / 金 梅

190 大约在冬季
——中国岁末传统节日浅考 / 张 汀

198 恭王府历史沿革展展览大纲 / 张 艾

叁 文物与藏品

232 和珅与石鼓文和兰亭拓片 / 孙其刚

245 清宫藏《平复帖》中钤“恭亲王”“锡晋斋”双面印初探 / 孟庆重

253 由恭王府旧藏瓷器谈所谓“绿郎窑” / 常 洁

261 恭王府旧藏“清康熙郎窑红长颈荸荠扁瓶”研究 / 鲁 宁

283 笔墨留声　风物铭心
——溥心畬和他的书画 / 侯　芳

288 溥心畬的朋友圈
——从恭王府博物馆所藏一件溥心畬佳作谈起 / 周劲思

298 九朽一罢
——恭王府博物馆馆藏溥心畬画稿研究展（第一回）综览 / 周　望

311 古画赏析二则 / 杨　佐

316 郎世宁绘画中肖像与背景的时空差异 / 王宇迪

328 给孩子讲陶瓷 / 黎珏吟

肆 博物馆工作

340 我的地盘你做主 / 冯乃恩

344 恭王府欲恢复历史原貌 / 谷长江

349 恭王府历史资料征集、复原与王府文化研究 / 刘正红

356 从恭王府建立周汝昌纪念馆说起 / 周琬君

359 恭王府博物馆藏品管理系统需求报告 / 闫月欣

373 浅析博物馆人力资源管理数字化建设 / 袁　圆

376 加强行政事业单位国有资产管理的思考 / 王春平

382 推动行政事业单位实施全面预算绩效管理的建议 / 黄文娟

385 文博类综艺节目对博物馆的创新性传播 / 张　暄

392 疫情背景下博物馆文化传播的多样性 / 贾　梦

396 论博物馆、景区等公共文旅场馆的安全保障义务 / 盛丽芬

401 文化旅游视野下的博物馆文创产品开发探讨 / 孟文丽

407 单目视觉惯性SLAM与UWB数据融合的精确定位 / 李玉卿　鲍　泓　徐　成

415 殿堂楼阁说责任 / 郑　虹

伍　传统技艺

420 传统技艺“十八类”分类保护研究方法在非遗展览中的运用 / 孙冬宁

430 “区域性非遗展览”的博物馆策展路径探索

——以“三山湟水间　花儿与少年——青海西宁非物质文化遗产精品展”为例 / 南　楠

443 中国民间皮影造型艺术研究 / 许　琛

450 皮影艺术通过博物馆形式实现国际表达的路径探索

——以“王府历史与皮影艺术展”为例 / 王博颖

459 民间技艺

——灯彩 / 武书宇

473 晋冀蒙三省区端午民俗编作研究 / 齐晓霞

陆 艺术创作

482 且喜人间好时节

——清代王府的影像美学 / 关　欣

488 “三山湟水间　花儿与少年——青海西宁非物质文化遗产精品展”海报 / 赵婉俐

490 恭王府手绘四季明信片 / 卢　坤

492 小家小院 / 张　超

494 冰上飞翔 / 王衍达

496 后记

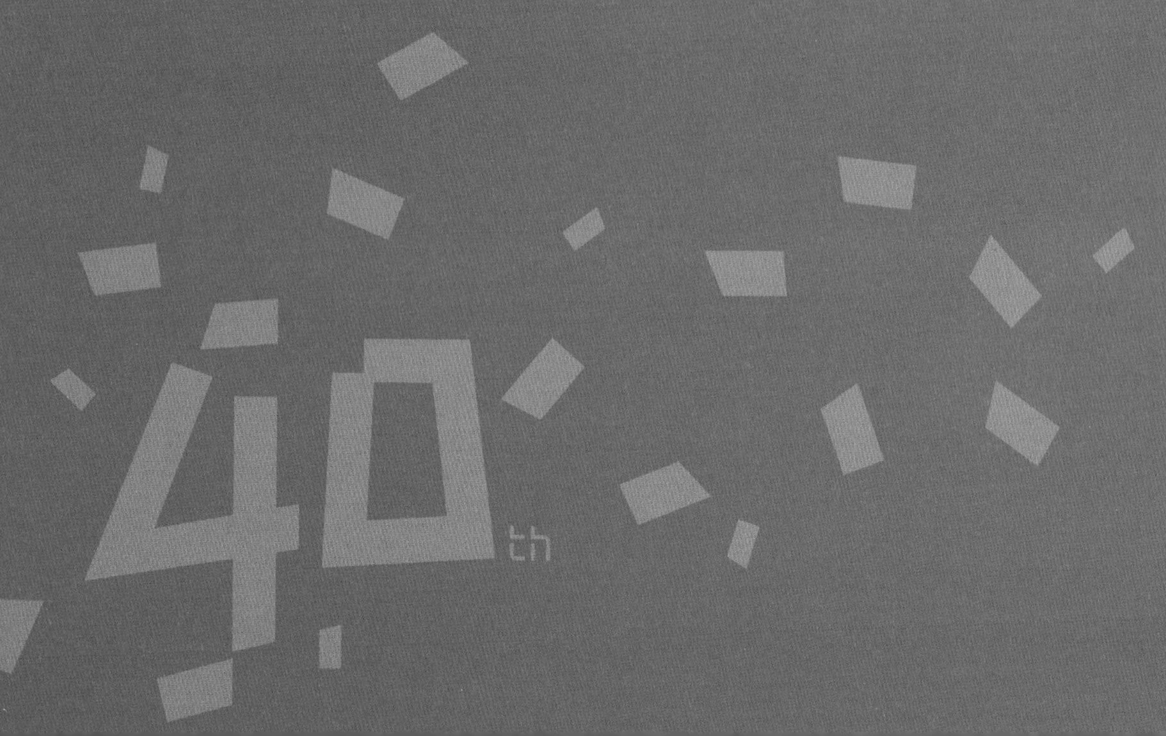

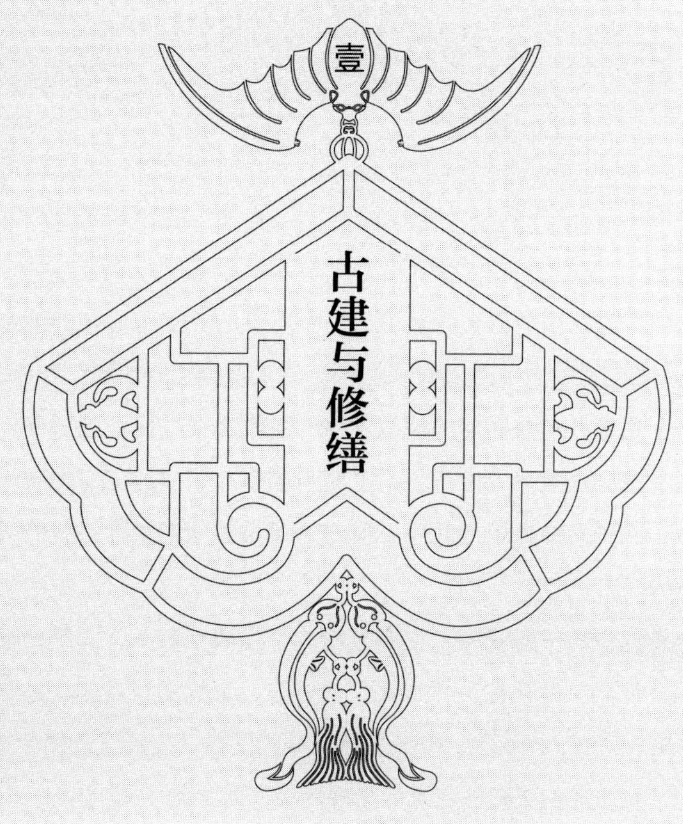

孔祥星
杨树勤
胡一红
高晓媛
张　壮
郑　婕
祁浩庭
高　珊等

北京清代王府花园

孔祥星 *

国内对清代王府花园的研究比较少，一个重要的原因是保存的遗迹太少，资料缺失。在历史的变迁中，特别是清朝灭亡后，王府花园由于山石、池水、植被较多，建筑较少，可利用来办公或住居的地方不多，且容易在空地上盖起现代建筑，因此它们比府邸更易遭到损毁。一般来说，王公府邸多有附属的王府花园，但现在工府花园屈指可数，除了目前保留的儿座王府花园可供实地考察外，我们只能从历史资料中寻觅它们的踪迹和倩影了。

所谓历史资料中的王府花园，主要包括三个方面：第一，文献档案、史料笔记中的记载，这些记载文字描述虽然很美、很详细，有的还很具体，但终究难以看出当时花园的景象。第二，平面图，如《乾隆京城全图》①《王府实测图》等。有的可以看出花园面积、布局和山石湖池建筑等景观示意，能大致了解当时花园的一些情况。第三，照片，主要是历史老照片，花园已毁或虽然保存或部分保存但有变化，这些照片能留下形象的图景，十分珍贵。以下我们就以这些王府为单位予以介绍。

一、王府花园的属性及营建

关于清代王府花园，几乎没有专门研究的文章，只是在论述某座王公府邸时一并叙述。孙大章主编的《中国古代建筑史》第五卷（清代建筑）第四章“园林”第五节“私家园林”中说道：“北方及北京地区私家园林可大致分为王府花园、士绅宅园及贵族别墅式赐园三种类型。北京贵为帝都，王府花园（包括蒙古亲王府及贝

* 孔祥星，原文化部恭王府管理中心顾问专家组组长，国家博物馆终身研究馆员。

子、贝勒、公主府花园）是北京宅园的特殊类型。”[②]此书将“王府花园”明确划分在私家园林中，虽然认为王府花园是北京宅园的特殊类型，但并没有说明归类的理由和特殊性。此外，我们在该章第一节看到作者又说过“作为封建社会最大的私家园林——皇家苑囿”，将皇家苑囿也定性为私家园林，看来，该书关于私家园林的定义是很宽泛的。

张大玉《北京私家园林在城市建设与发展中的地位、作用及保护对策研究》是研究北京私家园林的专著，该论著的“主报告”中，论及了“北京私家园林的现状与评价”“北京私家园林在现代城市建设与发展中的地位和作用”“北京私家园林保护的主要对策”“北京私家园林保护的保障机制”等。“分报告”中涉及了“北京私家园林的发展历程”“北京私家园林的造园思想与手法”“北京私家园林的造园要素”等内容，运用了大量的恭王府花园的照片资料予以实证。[③]本文主旨是论述清代王府花园的概况、造园的艺术特色，当然也会涉及王府花园的现状。因此张大玉先生该著作的“分部分”无疑是我们参考的重要方面。

关于王府花园的属性或定位，张大玉文中将“私家园林”分为三个类型，即“王府花园”“私人宅园”和“会馆园林”，亦是将清代王府花园作为北京私家花园的一部分，用了较大的篇幅予以论述。

王府花园是不是私家园林？根据什么标准确定其属性？我们认为，作为封建社会最高统治者所拥有的皇家园林（有的学者特称为“帝王园林”）不应该属于私家园林。与皇家园林相比，王府花园属王公贵族使用，从一般概念理解，似可以归于私家园林之中。但是，从清朝的封爵制度和王府（包括花园）的营建、分府规定及王府的所有权、使用权等加以分析，其实王府花园的属性还是比较复杂，需要进一步进行研究。

首先，清朝的封爵制度和分府规定决定了某座王府可以重新进行分府。由于王府府主的不确定性，作为王府组成部分的王府花园，会随着王府府主的变更而变更。如果其主人不是“世袭罔替”的“铁帽子王”，其承袭者递降至不符合其居住的等级时，花园极有可能连同府邸被清朝内务府收回，分给新分府者。如位于后海北岸的成王府后来重新分给醇亲王奕譞，即醇王府北府，王府花园自然也属于分府之列。即使是“世袭罔替”的“铁帽子王”，如政治地位发生变化，其府邸也有变更的情况。如清初的“八大铁帽子王”之一的郑亲王府和雍正时期的“铁帽子王”怡亲王的第二座王府，都在咸丰十一年（1861）“北京政变”后被内务府收回另行分配给其他府主。

其次，一些王府花园的营建及工料费用均需得到皇帝的谕旨同意，由内务府具体实施，这也是考虑王府花园属性的重要标志。

内务府一份有关乾隆六十年（1795）十二月二十日《内务府奏案》为我们提供了认证的根据。

《内务府奏案》详细记录了为该府添建花园的情况：

奴才和珅、福长安、盛柱谨奏，为奏闻销算工料银两事。恭查上年十月内遵旨在新建王府西边添建花园一座，奴才等遵即酌定做法、烫样，并照例约需工料银五万二千八百九十两一钱二座，等因具奏。奉旨：照样准做。赏银五万两办理。钦此钦遵。奴才等当即拣派妥员承修去后。

今据该监督等报称，实修得王府添建花园一座，内正房一座七间，前接抱厦五间，照房一座五间，戏台一座，过彩游廊一间，扮戏房五间，两边值房二座。每座三间，游廊四座四十八间，净房二座二间，西所正房一座五间，垂花门一座，前河泡南岸楼房一座五间，东边向西房一座三间，北山抱厦一间，楼西边平台房一座二间，土山上四方亭一座，六方亭一座，敞厅一座三间，点景房一座二间，南山抱厦一间，东配房一座三间，净房一间，随山游廊六间，一高二低房一座三间，门罩一座，看守房二座六间，三孔木板桥四座，大墙凑长一百四十二丈一尺，院墙凑长七十五丈六尺，补临河土墙凑长五十六丈，旧大墙开安门口一座，粘修围房三间，接盖穿堂一间，水进、泄水涵洞二座，西大墙外挪盖看守房一间，添做栅栏一座，排造小船二只，铺墁甬路、散水，成做内檐装修，油画裱糊，开挖河道、水泡，成堆山石泊岸、土山等项，除行取物料应用外，实查用过工料银五万二千九百六十两四钱二分六厘。④

从上述奏案内容得知，内务府根据皇帝同意添建花园的御旨，派员酌定做法、烫样、预算工料钱款，再呈报皇帝“照样准做”后，即可施工。花园工程竣工，内务府还需详细地列出修建的每个项目和所花工料钱款呈报皇帝，手续还是很严格的。据杨乃济先生考证，此奏案所示，添建的花园位于“新建王府西边”，而乾隆六十年新建的王府只有成亲王府一处，因此，此添建的花园当是成亲王府的花园。⑤成亲王府原是武英殿大学士明珠及其后代的宅第，乾隆六十年，高宗第十一子成亲王永瑆入住该府。

一座王府花园由皇帝谕旨恩准，政府出资并具体修建，现府主及其后代有使用权而没有所有权是显而易见的，今后府邸和花园变更易主当可理解。成亲王府花园在光绪十五年（1889）成为醇亲王府新府的重要组成部分即是证明。

应当指出的是，除了这份清室档案外，还有一些文人笔记中也有王府花园的营建记载。如郑亲王府花园，昭梿《啸亭杂录·德济斋建园亭》："德济斋夫子嗣简亲王爵时，邸库中存贮银数万两。王见，诧谓其长史曰'此祸根也，不可不急消耗之，无贻祸于后人也。'因散给其邸中人若干两，余者建造别墅，亭榭轩然。故近日诸王邸中以郑王园亭为最优，盖王时建造也。"⑥这里非常明确说明这座附属于王府的花园是用王府邸库中的银两修建的。当然我们难以深究这一记载是否可靠。还有不在府邸的邸园，如恭亲王奕訢的"鉴园"，震钧《天咫偶闻》卷四"（恭）邸北有鉴园，则恭邸所自筑"⑦，也是说明是王府自行营建的。陈宗蕃《燕都丛考》还引《骨董琐记》记述恭亲王修建鉴园的原因。⑧不论记载是否可靠，这座花园与上述郑亲王府花园是不同的，它并不是属于所分府邸的组成部分。

再次，关于王府花园的界定，应有狭义和广义之分，学者们一般将与府邸部分共同组成王府的花园部分称为王府花园，将不在王府之中的其他王公花园称为"宅园"或"邸园"，如恭亲王在海淀的朗润园和上述在恭亲王府东北方紧邻王府的"鉴园"。我们认为在论述王府花园时，应该涉及这些王公的宅园，因为这些宅园许多都是清朝皇帝赐给的花园，不仅是游憩、住居之所，也是处理政务的场所。

从上述一些王府花园属于王府的组成部分，随王府的府主变更而变更，有的花园还明确由清政府出资修建，有的花园为清朝皇帝所赏赐等多方面因素看，很难将王府花园笼统地定性为私家园林。因此，我们认为：如同王府不能看成是私家宅第一样，简单地将王府花园归于私家园林范畴，不仅模糊了封爵和分府背景，也不利于对王府花园的认识。它具有复杂的属性，至少可将它们列入皇家园林和私家园林范畴之内，明显带有皇家园林和私家园林的两重特性。

二、花园在王府中的位置

张大玉的著作中认为王府的布局基本是纵向三轴并列，主轴线上是前殿后寝，其中的居住和生活休闲是与主轴平行布置的两组合院，一组是两三进的四合院，另

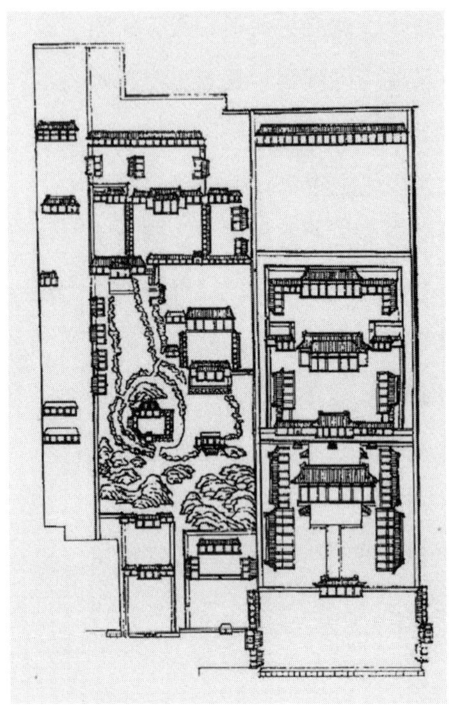
图1 恒亲王府(引自于振生文)

一组是花园，这样殿宇、住宅、花园三轴三大部分，再加上服务部分，形成了“三轴四片”的府邸基本形制。当然，受基地及建设条件的影响和制约，花园的规模、位置等也会有所不同，如恭王府的花园部分就位于整个王府的后部。

应该说，张大玉先生总结的是清代王府按封爵制度确定的王府建筑定制的一般格局，实际布局要复杂一些。我们据《乾隆京城全图》中的王公府邸图看，无论其布局有多少变化，每个王府一定有一个主轴线，这个主轴线不一定是中轴线。清朝的王府定制只是对府邸主轴线上的建筑作了规定，并没有规定主轴线应在什么位置。府邸建筑尚且如此，不属于礼制建筑的花园，更不会有所规定了，因此，花园在王府的位置没有定制，因地制宜，特举数例。

（一）花园在王府西路（西侧）

郑亲王府花园：在《乾隆京城全图》中，有郑王府的府邸图，基本上是由东、西两大块建筑群组成，东面为主轴建筑，西面绘出一些建筑外，还有大片的空白地。我们从1928年中国大学（郑王府后来作为中国大学的校舍）校址平面图看，证实了王府西面为花园。

恒亲王府花园：据《乾隆京城全图》，恒亲王府明显分为东、西两条轴线即两大片，面积差不多大小，主轴线在东面，分为五进院落，由南向北排列殿寝。西面为花园，面积相当可观（图1）。

庄亲王府花园：从《乾隆京城全图》看，这是一座颇具规模的王府，主轴院落特别宽阔，两侧展开的平行院落，轴线不十分规整，形成每组建筑交错排列的复杂形式。在西路最南的院落中绘有的湖池，湖岸曲曲弯弯南北走向再折向东，最南端为敞口。尽管图形简单，但可以确定这里是王府花园。

礼亲王府花园：《乾隆京城全图》中此府注明是“康亲王府”。王府的三路轴线十分规整，花园在西路（图2）。

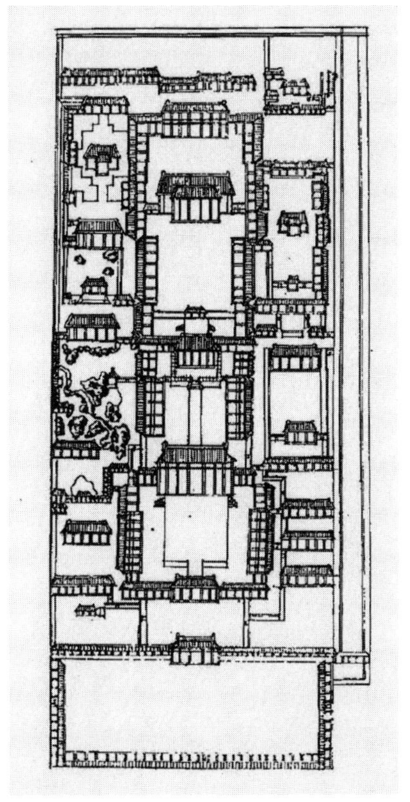

图2 礼亲王府（引自于振生文）

肃亲王府（显亲王府）花园：肃亲王府在《乾隆京城全图》十排四、十排五，标注为显亲王府，这是顺治八年（1651）第二代袭爵者改号曰显。一些介绍王府的著作中，称肃王府分为东、中、西三路，中路是主轴线。但从全图看，由于院墙的分割，三路布局并不明确。严格划分的话，其实是府东园西的格局，主轴线位于东路，如果把所谓的中路和西路都划于花园，花园的面积要比府邸大。

贝子弘昽府花园：弘昽是康熙二十二子贝勒胤祜的长子，乾隆九年（1744）袭贝子。从《乾隆京城全图》看，该府邸虽然是东、中、西三路布局，但中路主轴线面积大，东西间距宽，殿堂规格高，排列整齐。东路不过是在东北突出一块。于振生认为此府府主虽然是贝勒允祜，但其府制则是按照王府规制建造的，只是府邸占地规模和附属房屋略少些而已。花园在王府西路。

醇亲王府花园：醇亲王府邸和花园仍然保存，花园在王府西路，现为“宋庆龄故居”。

（二）花园位于王府东路

裕亲王府花园：于振生先生的文章中认为裕亲王府是一座按清朝规制建造的“标准王府”[⑨]。从《乾隆京城全图》看，此府只有一条主轴线，几重的院落中，殿宇排列规整。花园位于王府东北角，突出于王府轴线之外（图3）。

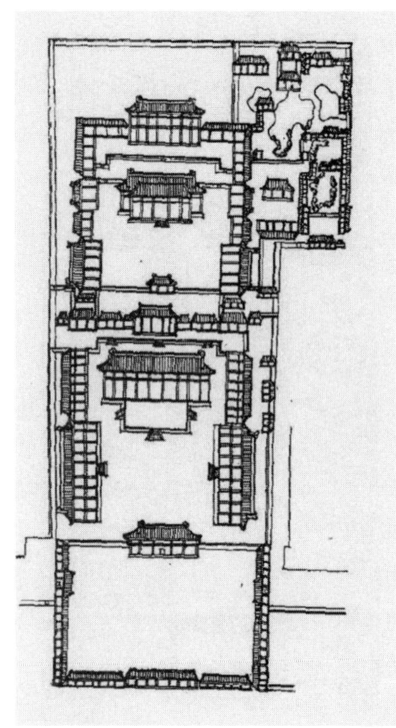

图3 裕亲王府（引自于振生文）

履亲王府花园：崇彝《道咸以来朝野杂记》记载：“闻当年履亲王府之园亦甚美，以地处东北隅，荒废已久，后遭回禄，一切皆毁。”[10]

雍亲王府花园：据《乾隆京城全图》，花园在王府东路。

豫亲王府花园：据《乾隆京城全图》，在王府的三条轴线上，主轴线居中，多进院落，东西两轴较狭窄。值得注意的是，在主轴北部殿宇两侧有一片大的空地，没有任何建筑，是否为花园用地待进一步考察。

果亲王府花园：《乾隆京城全图》中，花园在府邸的东侧，呈长方形，南北长度与府邸主轴线相当，但东西要宽得多。花园面积比府邸大不少，这是与其他王公府邸不同的显著特点（图4）。

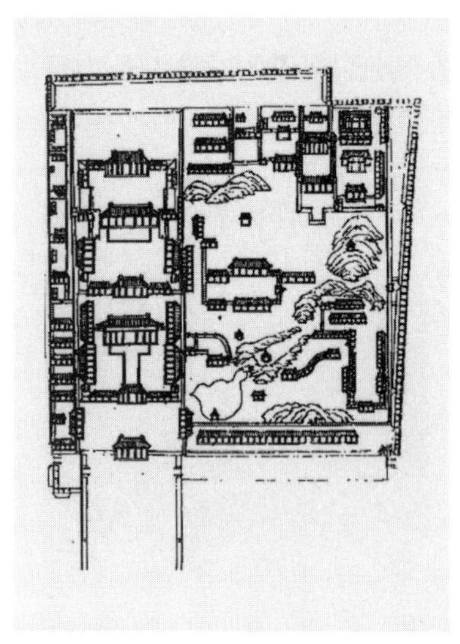

图4 果亲王府（引自于振生文）

（三）花园位于王府北部

恭王府花园：恭王府府邸和花园目前仍然保存，花园在府邸正北部，府邸面积3万平方米、花园面积2.8万平方米。

三、各具巧思的王府花园

（一）文献资料中的王府花园

所谓文字资料是指一些著作中与王府花园有关的资料或研究王府花园的论著。这些资料一般引用较多，大家也比较熟悉，本文就不再详述，仅举几例。

郑王府花园：清末至民国年间的文人笔记中说起北京王公贵族家的园林时，极为称赞的首推郑亲王府的花园。《道咸以来朝野杂记》记载："京师园林，以各府为胜，如太平湖之旧醇王府、三转桥之恭王府、甘水桥北岸之新醇王府，尤以二龙坑之郑王府为最有名。其园甚巨丽，奥如旷如，各极其妙。"⑪

清钱泳《履园丛话》记载："惠园在京师宣武门内西单牌楼郑亲王府，引池叠石，饶有幽致，相传是园为国初李笠翁手笔。园后为雏凤楼，楼前有一池水甚清冽，遏梧垂柳掩映于新花老树之间，其后即内宫门也……楼后有瀑布一条，高丈余，其声琅然，尤妙。"⑫

果亲王府：周汝昌《红楼梦新证》引允礼的《自得园文钞下·承泽园诗序》记载："余赐第在京城西北隅，其东偏有别墅，缭以周垣，近阛阓而山水之观毕具焉，启扉西南，入自洞壑，水流瀺灂，近瞩远眺，林壑之美，于是乎始。少向东北，跨松梁，垂柳拂衣，若飞步凌虚，泠然而忘所自。素波潆回，中央岛屿，屹然若镇江之金山者为春和堂，面势爽垲，廊庑高低联络，南映青岑，硿硥竦秀，启北窗则绿荫排檐而入，琉璃为屏，虽盛夏不知有暑。少东为向日轩，志葵藿之诚也。又东为来青榭，坐以望隔水，秀壁幽丛，直接云汉。自春和堂至来青榭，中相联属，外皆长廊，四面际水，谓之小金山。面榭峭壁环抱，过山腰小桥，抵最高峰，曰烟雨矶，三面临水，与金陵燕子矶相类，登此则园中胜概，揽不盈掌。小金山之西北，隔水为揽云台，傍夕泛轻舟，撷菱荷，流憩其间。台之左有石拔起水中，曰云根。清夜久坐，水月之光，融人心腑。其北岸有斋曰小山居，多佳卉纤草，发荣吐秀，于春尤胜。由曲径过山阿，则梵寺在焉，西僧所传佛典，余自幼目涉心通，每人事暂歇，则栖息于此，夜静钟声，渊渊林壑间。凡水之内外，山之阿隩，楼台亭阁，掩映林薄，奇石嘉树，骈罗侧出者，不可悉记。……园之西南，别有奥区，曰小桃源。深涧长松，间以桃花，蜿蜒相属。至漱流亭，过石桥，池水清冷见底，每新雨初过，游鱼出没于藕花荇藻间。池东修竹成林，构数楹读书其间。平田半亩，种野蔬。缠篱蛱蝶，翩翩得意。是地于园中最为窈深，而自西门入，则甚近……"⑬

（二）《乾隆京城全图》中的王府花园

我们从《乾隆京城全图》绘出的王公府邸看，有的王府里有假山、有水池，能形象地看出这是花园的图形。有的王府中某些地方或轴线中，是一片较大范围的空地，既没有什么建筑，也没有山水图形，这些空地是否就是王府中的花园还不能断定。有的轴线上都是建筑，没有花园的迹象。当然《乾隆京城全图》中，王府里没有出现花园的图形也不能说这座王府没有花园，因为每座府邸的情况不一样，有的王府府邸和花园并非一次性落成，是在府主生活住后的过程中不断修缮、添加的。清初八大铁帽子王府中郑王府就是一个明显的例子。

利用《乾隆京城全图》来描述王府花园是本文的尝试，自然有很大的局限性，但至少可以从宏观上了解花园的规模、范围、景观的布局和各个王府花园的一些不同特点。

肃王府的花园：肃王府中能明显确定花园的景观有两处：一处位于花园东部北面的庭园中，庭园呈长方形，最南是一座三间的厅室及其配房，中部似假山石环绕成的湖池，池北部并列几座南北向的假山。另一处位于花园西部一个较大的庭园中，重叠起伏的山峦，由南向北坐落于庭园东部，比王府所有的建筑景观醒目突出。整个庭园中除了山峦外，只在东南角和西北角有通向其他庭园的园门建筑，这是肃王府花园的特点。

恒亲王府花园：前面已经提到恒亲王府西面为花园，如果将南北两部分都看成是花园的范围，此座花园面积相当可观。在《乾隆京城全图》中，绘出王公府邸花园的并不太多，恒亲王府的花园是比较突出的一座。根据景观布局，恒亲王府花园可以划分为南、中、北三大区域，多个院落。南区和北区主要是厅堂和长廊等建筑，中区是花园的主景观区。南区又分为东、西两部分，各两进院落，具有相对独立性。北区为三重院落，第一进院落似由长廊分隔为东、中、西三路，中路有带抱厦的厅堂。第二进院落有厅堂和罩房。最北面不规整的范围内是一片空地。

花园中区范围最大，景观布置各尽其妙，南面是一座座假山高低起伏，重重叠叠，除了山谷甬路外，没有任何建筑和其他景观，可称为“假山区”，为花园的一大特色。假山区以北偏西，山石环抱着一组建筑，此组建筑由北面的三开间厅堂和游廊自成一体，厅堂北靠假山，假山两端各一条山石平行向北延伸，形成长长的山石带。东部，由假山区北端为起点，另一组山石带向东再折向西北，与厅堂游廊等建筑相连，加上前述的西边两条山石带，中区的西北方成了山石带区，这应是此花园的又一个特色。山石带串联的建筑由南向北，中间是带有抱厦的五开间厅堂，这里便成为建筑区。

如上所述，在全图中没有看到明显的湖池图形，尽管山石带中偶尔也有弯曲的细线。因此，我们认为恒亲王府花园是一座以假山和山石布置景观的旱花园。

礼亲王府花园：花园在西路，以厅堂和游廊等建筑分割成进深不一的五六个院落。与恒亲王府花园有些类似。南北两端的院落主要是厅堂等建筑，具有山石湖池的图形则位于中部。尤以最中间的庭园（南数第三个院落）景观突出。其南端以曲尺形的回廊与一座五开间的厅堂围成一座方形小庭园，仅东北方留出通向北院的敞口，园中明显的就是回廊北那一汪小的湖池。沿敞口向北即进入主景观区，如果《乾隆京城全图》中从西北至东南那条弯弯曲曲的双线图形是花园中一条细长的流水，那么耸立的假山石则分布于两岸，东岸小亭南还有一池湖水，最北面有一座五开间的厅堂。在此院落的北面院落中有山石，南面院落中有湖池。尽管是花园，但几座院落中厅堂和游廊等不同形式的建筑仍处于主要的位置。

第四进庭园中只是散点布置山石，没有其他景观。值得注意的是第五进院落中虽然没有明确的花园景观，但一座带抱厦的厅堂处在院落中心，院落四角绘出曲折的图形，西北与西南、东北与东南图形对称排列，这种图形在其他王府中尚未看到。

综上所述，礼亲王府花园的特点还是明显的，由于南北轴线长，东西较窄，影响了景观的展开，前后几座院落中主厅堂由南向北，排列规整，和府邸建筑对应，构成一个完整的布局。因此尽管是座花园，不同形式的建筑仍处于主要的位置，一般花园所具有的基本要素则服从建筑的格局。

裕亲王府花园：花园明显被曲尺形的院墙分成两个院落，北院是水景区，三座湖池呈东西向排列，中间一座较大，北宽南窄，北岸、西岸和东南岸分别与厅堂或回廊相连，南岸则靠近曲尺形院墙。从图形看，湖池东南和南面突出部分的岸边堆砌着假山石。东边的湖池次之，西边的湖池最小。

以三座湖池为中心，分布着间数不一的建筑，建筑或单独配置，或以回廊相连。北面最中心两座三间的厅堂前后排列，西北为一座五间的厅堂，是此院落中的最大厅堂，既不靠近湖池，也不与其他建筑呼应。北面和东北建筑自成一组，南折以南北向的回廊与东边湖池中的建筑相连。西边的湖池中有一座三开间的厅堂，以曲尺形的回廊与主轴线相通。

南院落没有明显的湖池图形，东面是假山景观区。被回廊与厅堂分割成南北向的一个个小院落，中间小院里堆砌成一座椭圆形的环形假山，北面小院里也有曲尺形假山。西面院落呈长方形，中心一座较大的三开间厅堂十分醒目。

贝子弘昽府花园：弘昽是康熙二十二子贝勒允祜的长子，乾隆九年袭贝子。从《乾隆京城全图》看，该府邸虽然是东、中、西三路布局，但中路主轴线面积大，东西间距宽，殿堂规格高，排列整齐。东路不过是在东北突出一块。于振生认为此府府主虽然是贝勒允祜，但其府制则是按照王府规制建造的，只是府邸占地规模和附属房屋略少些而已。

花园在府邸西路，此路的建筑布局可谓别具特色，几乎所有的厅堂都坐北朝南，主厅堂居中，左右厅室或对称或交错排列，开间不一。而且厅室间由院墙似的线条相连，形成大大小小、形状不同的院落空间。在中间的一个院落里绘出几座假山的图形，北部一个院落里立着一座攒尖顶的亭子图形。

果亲王府花园：从《乾隆京城全图》看，花园由假山、湖池和建筑分隔，假山和建筑众多，尤以假山图形突出，湖池水面较少。花园北部有南北向的五路建筑，东面两路自成一体，由院墙围起，从厅堂的形式和格局看，是花园的一处重要建筑群。此五路厅堂往南是厅堂与假山相间的布局，由东北逶迤向西的几座假山和西南角的湖池，将花园的这部分分为两个三角形区域。西北部的三角形区域内，最北是一座东西向连绵起伏的假山，其南的中心地带有南北两组厅堂。东南部的三角形区域内布置许多条曲折不一的游廊，南面又是一座东西向的假山，最南面是一条与院墙平行的长廊。由于果亲王府花园的面积较大，因此绘出的花园景观比其他王公府邸花园更多、更为具体，如花园假山顶上、湖池岸边和平地上分布着一些小亭子都形象地表现出来。

贝子弘暻府花园：弘暻是诚亲王允祉第七子，雍正八年（1730）晋贝子。在《乾隆京城全图》上，花园特别醒目，北部、西部和东南部围绕着湖的两岸，湖池南北较长。

《乾隆京城全图》中其他一些王府花园这里就不再叙述。

（三）老照片中的王府花园

伴随着时代的流逝，昔日许多精美的王府花园不复存在或残留部分建筑，我们只能从寻觅到的老照片中，了解王府花园的情况。尽管这些照片只是一些单体、分散的，不能看出当年花园的完整体系，但它是直观的、形象的。如我们将现存的恭王府花园与历史老照片对照，不难发现，总体相同，但有一些小的变化，最明显的是修缮加工之处。目前搜集到的老照片中，以郑王府花园最多，其次是恭王府花园、涛贝勒府花园。由于郑王府花园荡然无存，涛贝勒府花园保存部分建筑，限于本文的篇幅关系，仅列出《老照片中的大清王府》一书中收录的几张历史老照片⑭，其余的可查阅该书。

（四）现存的王府花园

目前保存较好的王府花园是恭王府、醇王府花园，但后者现为宋庆龄故居，对外开放。因此研究王府花园的著作以恭王府居多。

前述《中国古代建筑史》谈及恭王府花园："萃锦园以中路贯穿始终的轴线空间序列为构图骨干，显露出浓厚的皇室气派，而以水体、山石穿插其间，增添自然风景气氛，调节园林环境的严肃性。这种园林手法几乎成为王府花园的共性。""此外，萃锦园中的建筑密度较高，装饰色彩浓艳华美，建筑和景点题名多使用谐音寓意手法，这些都带有宫廷园林的特征。可以说王府园林是皇家园林与私家园林的过渡体。在自然风景艺术创作中，更注意权威意识的表现，以人力控制成景，刚大于柔，丽胜于朴，故其在私家园林中属于特殊类型。"

朱家溍《朱家溍讲北京》中讲道："此园宫苑气较重，但建筑物式样、用料和做工都很好。"⑮杨乃济《谈恭王府》一文中对恭王府有如是评价："园内还散列着几座亭台，以及若干叠石假山和土岭，然全园地形起伏不大，游廊也少曲折，显现出当初过于追求居住、游宴的生活排场，而缺少曲折变幻、移情换景的园林气息。这原是北京王府花园的共性，不过此园更为突出，因而具有相当的代表性。"⑯他还在《清醇亲王北府沿革考略》文中将醇王府花园与恭王府花园做了比较："醇亲王北府西侧的花园，占地40余亩，与恭王府花园的规模相仿，若就园林艺术而论，则胜之多矣。虽然它正中的一组院落也有左右对称的轴线，但庭院深深，沿湖又绕以回廊……较之恭王府花园的几潭孤零零的死水和那三路并列轴线的呆板格局，其鉴赏情趣不知要高明多少倍了。"⑰

刘致平《中国居住建筑简史——城市、住宅、园林》说："恭王府后部是花园，是一个很好的起居、宴会、听戏、钓鱼、赏月、读书、娱乐等的场所。它与一般园林相同的即是建筑物较多。其不同处即是较为方整，少自然曲折变化。""总之，此园仍是一适于居住游玩的大住宅，不过较四合院第宅多些山石水池长廊而已。”⑱陈从周《梓翁说园》则有较高的评价。⑲

四、王府花园的艺术特色

现代的学者在其著作有不少涉及清代王府的艺术特色的论述，这些论著多以现在尚保存的恭王府为例。不难看出，上述学者都强调了王府花园的共性：追求生活

图5　郑亲王府跨虹亭
（引自《中国北京皇城写真全图》，1926年）

图6　郑亲王府净真亭
（引自《中国北京皇城写真全图》，1926年）

图7　涛贝勒府鲒绮亭（引自《中国花园》，1949年）

图8　醇亲王府花园半月亭（引自《中国北京皇城写真全图》，1926年）

实用性，增加建筑空间。他们看法是正确的，王府花园也是当时中国古代园林艺术发展趋势的反映。正如孙大章书中所指出的，“园林山水意境逐渐削弱，园林手法趋于形式化，世俗生活意趣逐渐增多，导致建筑空间艺术在园林中的比重加大”。但是，通过我们从文字资料的描述和形象资料的体现梳理中，证明了王府花园在相同意趣的指导下有明显的共性，也有各自十分突出的特点。这些特点表现在花园的规模、布局和建筑的形式方面。仅以花园中的亭子来看，不同的王府各有千秋，造型丰富，特色鲜明（图5至图8）。

注 释

① 关于《乾隆京城全图》，可参考杨乃济《〈乾隆京城全图〉考略》，载《紫禁城行走漫笔》，紫禁城出版社2005年版。

② 孙大章主编：《中国古代建筑史·清代建筑》，中国建筑工业出版社2002年版。

③ 参见张大玉《北京私家园林在城市建设与发展中的地位、作用及保护对策研究》。

④ 杨乃济：《清醇亲王北府沿革考略》，载《紫禁城行走漫笔》，紫禁城出版社2005年版，第101—102页。

⑤ 参见杨乃济《清醇亲王北府沿革考略》，载《紫禁城行走漫笔》，紫禁城出版社2005年版。

⑥《德济斋建园亭》，载（清）昭梿撰《啸亭杂录》，中华书局1980年版，第180页。

⑦ 震钧：《天咫偶闻》卷四，北京古籍出版社1982年版，第89页。

⑧ 参见陈宗蕃编著《燕都丛考》，北京古籍出版社1991年版。

⑨ 于振生：《北京王府建筑》，载贺业钜等《建筑历史研究》，中国建筑工业出版社1992年版，第128页。

⑩ 崇彝：《道咸以来朝野杂记》，北京古籍出版社1982年版，第96页。

⑪ 崇彝：《道咸以来朝野杂记》，北京古籍出版社1982年版，第96页。

⑫（清）钱泳：《履园丛话》，中华书局1979年版。

⑬ 周汝昌：《红楼梦新证》，译林出版社2012年版，第114—115页。

⑭ 参见文化部恭王府管理中心《老照片中的大清王府》，文化艺术出版社2006年版。

⑮ 朱家溍：《朱家溍讲北京》，北京出版社2005年版。

⑯ 杨乃济：《谈恭王府》，载《紫禁城行走漫笔》，紫禁城出版社2005年版，第77页。

⑰ 杨乃济：《清醇亲王北府沿革考略》，载《紫禁城行走漫笔》，紫禁城出版社2005年版，第105页。

⑱ 刘致平：《中国居住建筑简史——城市、住宅、园林》，中国建筑工业出版社2000年版，第77—78页。

⑲ 参见陈从周《梓翁说园》，北京出版社2011年版。

［原载《清宫史研究（第十二辑）》，辽宁民族出版社2017年版］

清代园林叠山技法文献综述

——以恭王府花园为例

杨树勤 *

一、绪论

中国传统园林是中国悠久文化的一个缩影，古人云，“园可无山，不可无石”“石配树而华，树配石而坚”，中国传统园林的山石与花木，是古代文人雅士试图拟天然之工巧，拘囿于方寸之间的一种审美寄托。中国园林叠石，以渲染山林意境为最高标准，无论是“采土筑山，十里九阪”的大规模筑山，还是“片室友篑，芥子须弥”的庭院石山，都是以自然景观的真实山林为蓝本，进行微缩造模的造型艺术。宋徽宗政和七年（1117）兴造艮岳，徽宗亲自写有《御制艮岳记》。周密在《癸辛杂识·前集》中描写了其择选、运输的过程：“艮岳之取石也，其大而穿透者，致远必有损折之虑。近闻汴京父老云，其法乃先以胶泥实填众窍，其外复以麻筋、杂泥固济之，令圆混，日晒极坚实，始用大木为车，致放舟中，直俟抵京，然后浸之水中，旋去泥土，则省人力而无他虑。此法奇甚，前所未闻也。”在传统园林发展历程中，中国古代的文人雅士大多直接参与到园林建造的过程里，并逐渐形成了深厚的文化理念和高深的技艺。例如：传统园林中的叠石皴法包括斧劈皴法、鬼面皴法、荷叶皴法、披麻皴法等各类形式，不同石质的纹理，采取不同的皴法，同中国山水画有异曲同工之妙，皆是表达“虽由人作，宛自天开”的自然之理。

叠山史上有两次高峰（宋代、清代），但古代造园叠山文献大多以品赏性的文人随笔、笔记为主，缺乏具体技术性陈述。有关叠山作品的具体材料、造型手法、基本技术的介绍较少，基本以描述性语言为主。至明代末期《园冶》问世，传承有序

---

* 杨树勤，文化和旅游部恭王府博物馆古建部高级工程师。

的叠山技艺大师手法终于得到总结和书传。园林文化长久以来有“道器分途”“重艺轻技”的流弊，长年堆造假山的工匠大多不懂叠山理论，也缺乏必要的文化和美学修养。他们在常年实践中积累的宝贵经验，往往得不到很好的总结，只限于工匠群体内部的口传心授。随着老一辈工匠的去世，许多叠山技术面临失传。这种流弊在相当程度上限制了中国园林理论和技术的总结。即便如此，叠山技法的研究仍旧是我们科学恢复古代园林假山的基础，目前古代园林的修复工作，是建立在充分的纸上复原和文献论证上的。恭王府花园是现存的较为完整且对公众开放的王府园林，集中了清代南北方造园艺术手法，其中楼台富丽、叠石奇巧、水系纵横、花木繁盛，可谓集“北豪南秀”于一身。恭王府花园四大要素有：叠石造景、理水造景、建筑造景、花木造景。叠石是园林特有的一景，山景与花木都有它们各自的观赏价值，从北京目前现存的皇家园林到私家园林，花园无一例外都有假山造景。石质假山和土堆假山的区别在于，叠石以它独特的美来表达，其造型可多样化，易于和周边景物协调统一，同时它灵活，巧于变化，能够丰富花园的园林景观，增加园林空间和层次感，假山叠筑的好与坏直接影响全园的景观。研究恭王府的叠山技法，可以此推断出王府花园的整体营造风格，在今后其他王府园林修复中起到有例可循的参考性作用。

二、文献研究现状

清代叠石的相关古代文献主要包括三个方面：（1）园林专著和散论，如计成《园冶》、李渔《一家言》等；（2）有关北京皇家园林的专门文献，如《日下旧闻考》《国朝宫史》；（3）清宫档案，包括内务府奏销册、黄册、圆明园则例等。吴令在《峰岚纷布置　巧匠出心裁——记园林叠石及叠石名家》一文中写道：“宋以后，按陈从周意：假山约可分三期，晚明、乾嘉、同光。明代假山，其布局为山径、平台、石壁，立峰下筑一亭，复构一洞。山以涧谷分之。如此数端，而古代叠山家，千变万化，新意层出。假山之佳，其布局妙在开合。开者，山必有分，以涧分之，豫园大假山为佳例。合者，主峰突兀，层次清楚。而山之次脉，小石散点，皆开之法也。故而旱假山之山根、散石，水假山之石机、石清，则为其意。乾嘉假山体形大，中构洞曲，洞且以钩带法出之，若干处视之繁琐。山大用石材少，以‘空腹’法为之，结构进步，气势雄健。”叠石假山既要有变换，又须浑然一片，如此山势方显，平远山如。其法有“套云”“堆云”，“云”者当指假山用石之层次。又云“一桩、二垫、三叠”，此当指叠山首在用桩，以固其基，则不致因基础沉降而影响上部山石。假山重在垫，垫足则固，桩、垫二事，应是叠石理山的基本功。假山叠石须树得巧，看去险。叠时先于地上试之，然后再安位，树时须有伸缩性，件可随宜安排，不致无周转余地。垫石，新黄石片面毛，湖石片滑，前者优于后者。叠山垫石为关键，垫足垫稳，则可省胶结物，而坚固胜之。旧时以盐卤和铁屑，用时须拌之不停。另外，王劲韬在《中国皇家园林叠山理论与技法》一书中认为，中国园林建筑的历代载述亦颇为丰富，且历代官修、民辑的法式、做法则例和经书图志等，对园林建筑的样式、用料、工法的描述远比叠山更为准确。北宋的《营造法式》和清代《芥子园画谱》，两书均不是叠山造园技术的专门著述，但无疑对中国古代园林叠山产生了深远影响。

清代官辑的《康熙钦定古今图书集成·经济汇编·考工典》《乾隆钦定南巡盛典》《圆明园四十景图咏》《乾隆钦定热河志》《乾隆钦定盘山志》等图集类文献是了解清代江南园林和皇家园林景观意境最直观的资料。尤其是《圆明园四十景图咏》，是由宫廷画师按照实景制作。研究《圆明园四十景图咏》，可以帮助了解清代皇家园林筑山的尺度、规模和景观意象。

而近现代的文献研究，20世纪90年代由王其亨“清代皇家园林综合研究”“清代皇家园林综合研究续”及“样式雷图档整理”等项目展开的一系列研究，对清代的工官制度、建筑技术、园林布局模式和空间意象等方面问题进行了卓有成效的探讨，推动了清代皇家园林的综合研究水平。

陈植的《园冶注释》出版后，围绕释文的正确性及《园冶》一书的时代背景探讨，引发了园林理论界一系列讨论。陈植的《造园文集》收录了陈植先生一生主要的论文资料及三部园林集注的序言。其中《筑山考》《清初李笠翁氏之造园学说》《明代造园家计成》等文章，均发表于抗战期间的《东方杂志》，此书将陈植先生的早年文论合于一集，大大地方便了研究，故弥足珍贵。作为当代中国园林的开拓者，陈植的《造园文集》更关注于造园技术、材料、工匠等方面的研究，比如对皇家园林用水机（一种半机械装置）提水至山顶，制造人工瀑布景观及艮岳太湖石的去向等问题的探讨都具有很强的开拓性。

三、恭王府花园中叠石的特点

恭王府是清代最大的一座王府，历经了清王朝由鼎盛至衰亡的历史进程，承载了极其丰富的历史文化信息，故有“一座恭王府，半部清代史”的说法。20世纪60年代和70年代，北京林业局和北京林业大学孟兆祯、汪菊渊、金承藻等学者，对北京当时尚存的王府花园开展了较为深入的实地考察和测绘工作，为研究北方清代王府园林留下了宝贵的第一手资料。

恭王府为清恭亲王奕訢的府邸，在前海西街。府邸有中、东、西三组院落，花园名萃锦园，也有三条轴线和府邸对应。叠石、古建筑、树木、湖池等为造园四大元素，四大元素相辅相依，彼此之间相互衬托和呼应，构成完美的园林艺术空间，它们各自有自己的存在方式和特色。叠石工艺手法中，用土为堆，用石叠，堆土叠石相结合，有如天成，以古建筑或湖池驳岸及土堆为主景，以园子的地理环境、地形为基础来变化其特点。花园东、南、西三面被马蹄形的土山环抱。中路进园门后，土山起障景作用，土山上大量青石叠山与王府后段假山属于清代晚期作品，风格粗犷雄浑（图1、图2）。第三进主庭院中的滴翠岩大假山是全园景观中心，南面为土太湖石叠山，技艺精巧，手法古拙，根据陈从周考证，属于清中期叠山样式，部分山石可能更早，应是和珅府邸旧物。这是北京私家园林中保存最为完整的上台下洞式假山。大假山东、西部各有爬山洞，可盘旋上洞顶的平台，台名“邀月台”。台上建

图1　恭王府蝠厅叠石

图2　恭王府叠翠青石叠石

榭，是全园中轴线上最高点。假山平台上用山石叠造成自然形基座，是典型的宝坩样式。假山北部转为青石叠山，后期叠加痕迹较重。

礼王园同样以北方青石为主，斧劈刀斫，线条刚硬，具雄浑之气。园中假山表现出孤峰、险崖、平冈等不同形态，景致变化多端，与恭王府假山叠石方法类同。

（一）叠石材料

清代王府的叠石材料主要为青石，亦有太湖石作为小景，恭王府与礼王园花园叠石石材体现了这种北方流派的特点：石质必须坚实，表面无脱皮现象，纹理色泽基本一致，无损伤，无裂痕，无钎痕，假山叠石及护坡叠石，其山势和造型必须具有整体感，石不可杂，纹不可乱，块不可均，石质、石色、纹理应基本相同，形态自然完整。

（二）屏山障景

恭王府花园从“静含太古”的西洋门入院，首先看到的是一座以太湖石为屏山的“独乐峰”（图3），独乐峰单峰突起，极有瘦皱透漏之态，屏山之后为蝠池，两侧又有诸多叠太湖石为小群景，极尽穿凿奇趣之工巧能事。礼王园中第一进院西侧石台后也有一组石峰。这组叠石主体三峰突起，中央一峰为湖石，玲珑奇巧，两侧各立一座青石山峰，形成左右呼应的态势，三峰周围又错落排列许多山石作为衬景。恭王府花园叠石技术方法有安、接、连、剑、单喜、双喜等特点的“八字口诀”。石与石之间的相互搭接靠转换压的一些基本形式和施工操作的造型技术方法。安：安装石有单安、双安、三安之分，单安即在某处放置一块石料，双安即在两块不相连的石料上安置一块石料，三安即在三块石料上安置一块石料，使之连成一体；安石是通过石料的架空，来突出“巧”和“形”，以表现叠石的立面观赏效果，这就是所说的玲珑巧安。连和接：就是石与石之间水平、竖向相互搭接，连接要根据实际石料的自然轮廓、断面、茬口、纹理、凹凸、棱角等自然连接，并注意连接石与石之间的石料大小不同，在对接中形成自然的层次节理，高低错落，横竖结合，连接缝隙或紧密或疏隙，以达到石料如自然风化一样的效果。剑：就是将竖向取胜的石料直立如剑的一种做法，山石剑立，竖而为峰，可构成剑拔弩张之势，但必须达到“其状可骇，万无一失”的效果。单喜、双喜：主要是石料的挑与压的道理，一般有

图3　恭王府独乐峰

横向纹理的石料作横向挑出，所以又称“出挑”。单挑为一石挑出，重挑为挑石下有一石料承托，如果要逐层挑出，出挑的长度以石料的三分之一为宜。挑石一定要选用质地坚固而且无暗断裂的石料，其判别的方法一般以轻敲听声来鉴别。如果是两端都挑出，则对挑石的选用更要细心，挑的关键在于巧安后竖，前悬浑厚、后竖藏隐，所以它和压具有不可分割的关系。偏重则压，即横挑而出的造型会造成重心偏移，这时就要用石料来进行配压，使其重心稳定，所以压石尤以能达到坚固而浑然一体最为重要。一般一组假山最后的整体稳定是靠收顶石料的配压来完成，用形状较好的结实的石料来配压收顶，这样会显得既稳固自然，又美观大方。

叠石一般采用对比手法，显现出曲与直、高与低、大与小、远与近、明与暗、隐与显的各种关系，运用水平与垂直错落的手法，使叠石或湖池岸边、护坡叠石，掇石错落有致，富有生气，表现出大自然的变化和丰富的审美。

《园冶》所言“不妨偏径，顿置婉转”“路径盘蹊，蹊径盘而长”，这样才能做到“径曲景幽，景幽客散”，使游人在景中可游可寻，有泉可听，有石可留。园林中“理水叠石”所用的“叠石”同样忌直求曲，它应当起到划分屏障、造景点景等功能。园林理水，自古就有理水为“心”字形说法。水面波光粼粼、曲折有致，收放自如，使人探不出源头，增加深远之意。恭王府中叠石与水景虽拘于北方园林的特色，未能结合在一起营造出瀑布、山涧、濠濮等更幽胜的效果，但蝠厅前后观景台与叠石建亭的结合，曲径通幽，引人入胜，有一种枯索幽寂的异趣。方塘水榭边，运用水平与垂直错落的手法，假山叠石、湖池岸边叠石、护坡叠石、掇石则错落有致，富有生气，属于北方清代园林之佳作，其大方严整的格局和雄健崎岖的叠石反映了清代王府花园的典型特征，具有很高的审美艺术价值和历史修复参考价值（图4、图5）。

图4　恭王府方塘水榭边的叠石

图5　恭王府曲径通幽处的叠石

（原载《北京文博文丛》，北京燕山出版社 2017 年版）

试论恭王府多福轩的历史沿革和修缮保护

胡一红 *

位于北京市西城区什刹海地区的恭王府及花园是一处府邸和花园均保存比较完整的清代王府建筑，1982年被列为全国重点文物保护单位。

恭王府府邸前身为乾隆权臣和珅宅第，其后为庆王府、恭王府。整座府邸建筑由东、中、西三条轴线组合形成多个院落，多福轩院为王府东路二宫门内第一组完整四合院。该院由正殿与耳房、殿前月台、厢房等屋宇组成，布局严谨。从其在东路的建筑位置、建筑格局及使用功能看，是府邸中一处重要殿堂。我们在查寻和掌握较多历史资料的基础上，对其历史沿革及修缮状况进行分析研究，并在2003年的修缮工作中以历史资料为依据、按照文物保护原则对多福轩正殿进行了全面修缮和保护。

一、多福轩历史沿革

（一）和珅时期

早在1937年，单士元先生即对恭王府历史沿革进行研究，并撰写《恭王府沿革考略》一文。单老认为：恭王府前身为庆王府，庆王府前身为和珅宅第，结论是：作为一个大型宅第应始自和珅。尽管没有文献记载和珅宅第建成时间以及占地面积和规模，但在查阅1750年《乾隆京城全图》时，发现此处在当时只有一些小型宅院，尚无形成气派的三路院落。和珅生卒年为1750—1799年，就他的家庭而言，我们认

* 胡一红，原文化部恭王府管理中心研究馆员。

为不可能在其少年时代在此地段拥有大型住宅，因此该大型宅第应为和珅执掌权力并拥有大量资财后所建。据有关专家推测，和珅宅第建成“时间应是乾隆四十一年（1776）以后飞黄腾达、炙手可热的极盛时期”[①]。从和珅此时在朝廷所具有的身份、地位和权势进行分析，拥有一座与其身份相符甚至超出其身份的住宅是极有可能的。就房屋建筑的分布和区域形式划分而言，“我们还有两份关于和珅府邸较详细的书面资料……其中陈述了详细情况：中区房间计13所共72间，东区计7所共38间，西区计7所仅33间……中区作为主干路，一般是举行各类重大庆典活动和祭祀祖先的场所和区域；而东西两条线路中的院落多为起居之处”[②]。从以上记载知，和珅宅第建成时已基本具备三条轴线形成的东、中、西三区院落的建筑组合格局。因此我们推测，作为东路主要建筑的多福轩应在1776年和珅宅第“东区7所共38间”的建造范围之内。按“东西两条线路院落多为起居之处”的常规，多福轩应为和珅家人居住处。《易·说卦》曰：“震为长男，为东方。”《神异经·中荒经》曰：“东方有宫，青石为墙……门有银榜……题曰‘天地长男之宫’。”按古制，天子、诸侯的长子住东方位，而丰绅殷德正是和珅长子。据此推测，我们认为位于宅第东路的多福轩院落应为和珅之子丰绅殷德的起居所。

乾隆五十四年（1789）对和珅及其家人来说，是非常重要的一年。这年十一月，乾隆幼女固伦和孝公主下嫁和珅之子丰绅殷德。如果多福轩为和珅长子丰绅殷德起居所的推测成立，下嫁后的和孝公主居住于宅第内东路院落合情合理。同时多福轩又因坐落于东路院落而在宅第内占有重要位置。古人认为“上方，谓北与东也……下方，谓南与西也”[③]。而“上”在《辞源》中有上等、在先、在前之意；“下”则为次、下等、次序在后之意。所以沈阳故宫内“增建的东所，位于崇政殿至清宁宫一段早期建筑的东侧，系供皇帝东巡盛京时皇太后驻跸之处……西所位于崇政殿至清宁宫一路建筑之西，为东巡时皇帝后妃驻跸之处”[④]。慈安为咸丰帝后被封为东太后，作为正宫始终居住在皇宫内东宫；而慈禧为咸丰帝妃，尽管权大势大但不能违制，只能封为西太后居住在皇宫内西宫。由此强调了东为上、西为下的观念。在建筑中“顺承郡王府的东翼楼台基比西翼楼台基高出2寸（清代北京有些匠师也有将东房的柱子做成略高于西房柱子的类似做法）。……因东面为青龙方位，西面为白虎方位，这些都是要造成青龙强于白虎的风水形势”[⑤]。以上这些观念、习俗和做法再次突出体现了东方高于西方的理念以及典型且严格的封建等级制度。由于固伦和孝公主作为乾隆的幼女毕竟是帝王的后代，而和珅虽身兼数职且为一等忠襄伯但仍为乾隆臣子，因此固伦和孝公主与丰绅殷德的结合对公主来说称之为“下嫁”。鉴于君臣关系，多福轩等东路院落作为固伦和孝公主婚后的生活居所，既体现了和珅较强的等级观念又合乎古代传统习俗。基于以上两方面思考并结合有关史料和古代传统理念进行分析，我们认为固伦和孝公主下嫁后应与丰绅殷德居住在多福轩等东路建筑群中。

（二）公主时期

和珅获罪被赐白绫自尽后，和珅宅第被一分为二。《竹叶亭杂记》中载：“和珅查抄议罪后，分其第半为和孝公主府，半为庆亲王府。”查《骨董续记》卷二有：“和珅宅曾割其半以居丰绅殷德及和孝公主。”究竟公主居住于宅第中哪一半？嘉庆又将哪半部分赐予庆王永璘？文献中并未明确记载。查嘉庆四年（1799）《和珅抄产册》中有和珅二十款罪行，其中第十三款罪为：“查得和珅房屋竟有楠木堂厅，其多宝阁及隔断门窗，皆仿照宁寿宫制度。”与这第十三款罪行相吻合、具有与故宫宁寿宫极相似的内部装饰格局而反映和珅“逾制”行为的“楠木堂厅”，即为现今府邸西路建筑的最后一进院落锡晋斋，和珅事发后被查抄。赵迅先生认为：“锡晋斋”原名“庆颐堂”，缘起于乾隆所赐“庆颐良辅”匾额。又据恭亲王奕訢《萃锦吟》（《庆宜堂避暑偶作》）注中提及，“邸第西斋，颜曰庆宜堂，传闻系庆邸居时旧额”的记载，可知嘉庆帝赐予同母弟庆郡王永璘的住处在邸第西路。查《华裔学志》1940年第5期 *Prince kung's Palace and Its Adjoining Garden in Peking,* by H. -S. Ch'ên and G. N. Kates（陈鸿舜、G. N. 凯茨：《北京的恭王府及其花园》）译文中有“将王府分为两部分。东部归公主，西部属亲王。庆宜堂，这座举办节日礼仪的厅堂，归于庆亲王”的说法。因此我们认为：和珅时期建设形成的东、中、西三路院宅中，和珅生前应生活居住于“庆颐堂”等西路宅第；和珅获罪后，西路这一半建筑被赐予庆郡王永璘是为庆王府；那么多福轩等东路这一半院落理应是和孝公主与丰绅殷德起居处。

2004年进行东路多福轩修缮和“乐道堂”建筑勘察时，先后在两处殿堂内发现凤纹图案彩画。其中多福轩正殿内的局部凤纹彩画，是工人在拆除东、西耳房山墙覆盖层时发现的（图1）。这些位于随梁枋下皮处的残留彩画，经专家考证为和玺类凤尾图案，不仅与殿内现存龙锦枋心金线大点金的旋子彩画风格完全不同，而且等级要高于现存旋子彩画。在随后进行的府邸修缮设计勘察中，又于东路多福轩之北乐

图1　多福轩正殿残存的金凤和玺彩画

道堂殿堂后卷房内脊檩上，发现有保留十分完整的金凤和玺彩画（图2）。这些彩画因处于室内白樘篦子顶棚上方，故得到很好的保护。经对东路多福轩乐道堂等建筑内留存的彩画进行分析，我们发现这两处殿堂中的彩画遗迹具有以下共同点：

第一，均为凤纹和玺彩画图案。

第二，均出现于东路建筑之中。

第三，等级较高且具有清中期彩画特征。

图2　乐道堂正殿后卷脊檩处金凤和玺彩画

由此可以确认：东路两处建筑中新发现的高等级凤纹和玺彩画，是乾隆宠爱的小女儿固伦和孝公主下嫁和珅之子丰绅殷德时期所绘制。这些历史遗存以事实进一步证实：多福轩等东路建筑确为固伦和孝公主下嫁后的生活居所。同时我们推测公主自下嫁后应一直在此居住，直至道光三年（1823）九月公主去世。

（三）庆王府时期

嘉庆四年（1799）后，和珅宅第一分为二由两位主人居住；道光三年九月和孝公主去世后，整座府邸方归庆王府所有。东路多福轩等建筑也应在回归之列，只是此时庆亲王永璘（永璘病重时已被晋封为亲王）已逝去三年有余。庆亲王逝后其子绵慜承袭郡王仍居住此府；绵慜卒，奕彩接袭；再后转至永璘五子镇国公绵悌（后降至镇国将军）；绵悌卒后由其子奕劻接袭，此时奕劻已降至辅国将军。庆王府时期，多福轩被收回后归其后代使用是毋庸置疑的，只是究竟由何人使用，目前因资料匮乏尚不得知。

（四）恭王府时期

咸丰元年（1851）遵道光帝宣宗遗旨，将宣宗六子奕訢封为恭亲王。时值庆王后裔奕劻已降至辅国将军，故文宗将此府收回转赐其弟恭亲王奕訢，从此正式更名恭王府。《骨董续记》卷二有“咸丰时，并庆邸改赐恭王”的记载。

恭亲王奕訢于咸丰二年四月乔迁新居。“咸丰二年即1852年，在恭亲王入住王府几个月时，皇帝曾造访王府。皇帝授予恭亲王至少三块匾额，其中有两块是很重要的，它们分别是东部前厅和西部前厅的匾额。内容分别是多福轩和葆光室……多福轩的功能像是服务于恭王府内第二接见大厅。”⑥ “多福轩是奕訢会客处，据传恭亲王曾在此接见过英法联军谈判代表”⑦，因此我们认为恭亲王入住府邸后，多福轩成为恭亲王奕訢接待中外宾客之会客厅堂。从历史角度看，此地点具有特殊价值且一直受到史学界的关注。

多福轩作为一处重要殿堂，还有以下使用功能：“据载澄郡王的日记记载，这座大厅用来存放皇帝送来的礼物。根据惯例，这些礼物由王府的主人在大厅前面的月台上跪迎、接受……这里有一对对巨幅中国书法作品。方形红纸摆成菱形，上有皇帝御笔亲书的字迹：福与寿。历代皇帝都写同样的内容，成对装在框里，从天花板上悬挂下来。这类书法作品有一大批，足以证明恭亲王家族的地位和荣耀长盛不衰。”⑧

光绪二十四年（1898）恭亲王奕訢病故。此后由其孙溥伟承袭爵位和府邸，其弟溥儒也居住府中。为复辟已亡大清王朝，溥伟积极筹集复辟清室经费，1921年时将府邸抵押给天主教会西什库教堂。十余年后原抵押款已利滚利翻了若干倍，溥伟因经济拮据无力偿还所欠债款，不得已将恭王府房产变卖给天主教会学校。

（五）辅仁大学时期

1937年后，恭王府成为辅仁大学教会学校女子学院，府邸东路多福轩作为辅仁大学女院图书馆。查阅辅仁大学校友会刊物，可以看到若干张有关女院图书阅览室的照片。室内除挂有“福”“寿”匾额外，北墙还立有巨大书架，设有借阅处和书桌，几位女生正围坐在书桌旁认真阅读写作。

（六）1949年至今

1949年以后，府邸部分一直由北京艺术师范学院、中国音乐学院及文化部艺术研究院等多个单位使用。多福轩则成为供艺术单位使用的录音棚，2002年方归文化部恭王府管理中心（当时称恭王府管理处）所有。

二、多福轩历史上的修缮概况

结合史料研究和现状勘察，我们分析：多福轩自建成至今的200多年时间里，较大的修缮工程有两三次，其余则是根据使用需要进行的日常维修和养护。

（一）固伦和孝公主入住“和宅”前

如果和珅宅第于乾隆四十一年（1776）建成，那么在乾隆五十四年（1789）迎娶固伦和孝公主之前，对东路多福轩等新婚居所进行重新修缮是必然之举。由于成婚之人为乾隆宠爱的幼女，因此建筑的重新装修对和珅宅第来说必然是一件大事，这直接体现和珅对乾隆帝的尊崇及对这桩婚事的重视程度，多福轩正殿内残留在东西耳房山墙随梁枋处的局部凤纹和玺彩画足以证明这一点。因此我们认为，多福轩建成后的第一次修缮应在乾隆五十四年固伦和孝公主与和珅之子丰绅殷德举行婚礼之前。

（二）乾隆五十四年至嘉庆四年

乾隆五十四年时（1789），多福轩等东路建筑应是以修葺一新的面貌迎接固伦和孝公主入住。因此从乾隆五十四年到嘉庆三年（1798）这不足十年的时间里，估计仅有可能对多福轩进行一些日常维护和保养，不太可能有大规模的维修。

嘉庆四年（1799）正月和珅被赐死，和珅的一半宅第赐予庆郡王永璘。虽然庆郡王永璘被赐入住“和宅”后，理应按照规制在入住前由内务府遵循郡王府的规格对宅第进行修缮，但由于永璘只被赐予半座宅第，因此入住前只有可能对西路和中路建筑稍事修整；东路多福轩等建筑因和孝公主与其额驸一直居住于此，并未形成易主之实，应该不会在此次修缮范围之内。此间，虽然公主一直在此居住，但不会有充裕资金进行大型修缮，最多是根据需要维持现状做些养护而已。

（三）嘉庆二十五年至咸丰元年前

嘉庆二十五年（1820）永璘卒，永璘长子绵慜在父去世后，将庆王府遗留的和珅违制之物拆改呈缴。《嘉庆实录》中嘉庆二十五年五月谕：“据阿克当阿代庆郡王绵慜转奏伊府中有‘毗卢帽’门口四座、太平缸五十四件、铜路灯三十六对，皆非臣下应用之物，见在分别改造呈缴。国家设立制度，辨别等威，一名一器不容稍有僭越，庆亲王永璘府本为和珅旧宅，此等违制之物皆系当日和珅私置，及永璘接住后，不知奏明更改，相沿至二十年。”《嘉庆实录》中的这段记载传递出两个信息：一是永璘接住的是和珅旧宅之居处；二是居住20年后僭越之物尚存，证明这段时间府邸改建不大。因此专家认为“永璘、绵慜居府时，似乎都没有进行较大规模的改建府邸。绵慜死后，奕彩、绵悌等先后犯了事，出了问题，也难得顾得上修建府邸，到了奕劻时，就更谈不到修府了”[⑨]。我们分析，虽然和孝公主于道光三年（1823）九月去世后，整座府邸归庆王府所有，但庆王家族的后代由于出现“服中纳妾”“行贿”等问题致使所袭爵位不断递降，至奕劻时已降至辅国将军。因此基于上述各类原因，庆王的后人在这段时期内不可能投入大量资金和精力对多福轩等府邸建筑进行大规模修缮。

（四）咸丰元年

咸丰元年（1851），府邸赐予恭亲王奕訢。查咸丰元年内务府档案记载有：“将辅国将军奕劻府第，官为经营，赏给恭亲王居住。”又据奏销档中载：“总管内务府为请旨事，前经臣衙具奏，恭亲王府第工程，将次修竣，请于何月移居吉期一折，二月初四日，奉硃批依议，著行知钦天监，于本年四月十五日至五月初五日择吉，或五月十一日以后亦可。钦此。……于咸丰二年二月二十八日具奏。奉硃批圈出四月二十二日分府吉，钦此。”这说明恭亲王在分府后至入住前，该府邸曾由内务府收回进行过一次大修，时间长达一年有余。“有证据表明：恭亲王那次重建，自1851年（咸丰元年）始，至次年完工，历时二十个月。”[10]作为新分封的恭亲王在庆王府（原和珅宅第）基础上对府邸进行重修，使其符合并具备亲王使用规格十分正常。因此这应该是自和珅宅第建成至庆王家族迁出后进行的规模较大的第二次修缮。虽然重修的具体建筑并未详细说明，但是我们分析至少有两处殿堂应该在内务府此次修缮范围之内。一处是中路正殿银安殿，另一处是东路正殿多福轩。

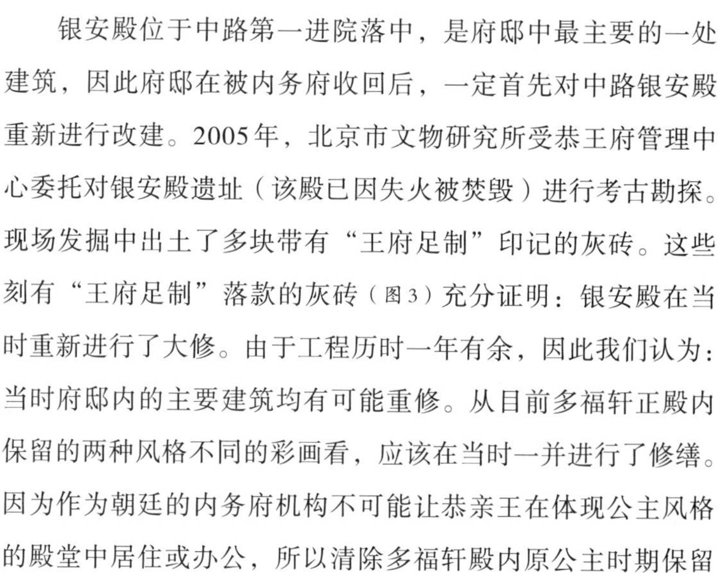

银安殿位于中路第一进院落中，是府邸中最主要的一处建筑，因此府邸在被内务府收回后，一定首先对中路银安殿重新进行改建。2005年，北京市文物研究所受恭王府管理中心委托对银安殿遗址（该殿已因失火被焚毁）进行考古勘探。现场发掘中出土了多块带有“王府足制”印记的灰砖。这些刻有“王府足制”落款的灰砖（图3）充分证明：银安殿在当时重新进行了大修。由于工程历时一年有余，因此我们认为：当时府邸内的主要建筑均有可能重修。从目前多福轩正殿内保留的两种风格不同的彩画看，应该在当时一并进行了修缮。因为作为朝廷的内务府机构不可能让恭亲王在体现公主风格的殿堂中居住或办公，所以清除多福轩殿内原公主时期保留

图3　银安殿遗址出土的刻有“王府足制”落款的灰砖

的凤纹和玺彩画等体现公主风格的遗迹，并重新绘以龙锦枋心金线大点金旋子彩画作为殿堂的装饰应该是这次重新大修的结果。

（五）同治时期

“辛酉政变”后，恭亲王奕訢被授予议政王，在军机处行走、总管内务府大臣等职，可见同治年间恭亲王具有极大的权势，因此对自己居住的邸园进行修建也在情理之中。我们在资料收集过程中在国家图书馆查到同治年间“样式雷”图，图纸包括恭王府府邸和后花园两部分。其中府邸建筑图纸十分清晰地反映出院内所有房屋的建筑格局，多福轩院的二府门、正殿、月台、耳房、厢房等建筑和室内结构布局绘制得一清二楚（图4）。院落图样的出现，说明府邸建筑在同治年间与后花园一并进行了修缮。

（六）辅仁大学时期

府邸东路多福轩在1937年改为辅仁大学女院图书馆。根据1940年辅仁大学校友会留存的照片并结合《华裔学志》1940年第5期译文中对多福轩的叙述看，室内似乎改动不大，如屋顶的天花、四周悬挂的“福寿”匾、屏门两侧的对联和上方的御赐匾额、墙北面的书架等，均为恭亲王时期的原貌。但是多福轩正殿的门、窗处则明显做了改动，查同治年间“样式雷”图和1937年中国营造学社恭王府实测图（图5）

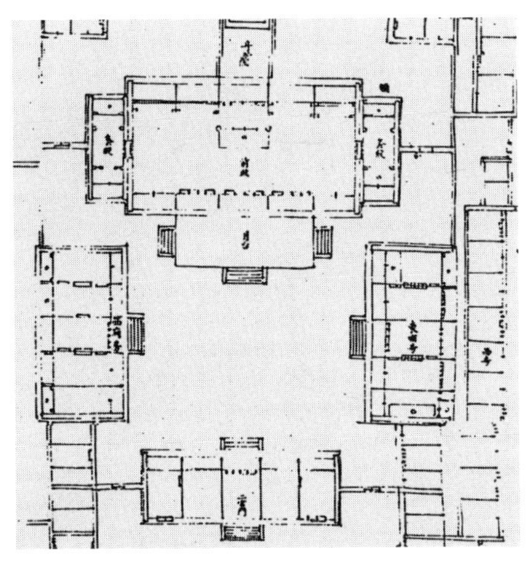

图4　同治年间“样式雷”图的多福轩院

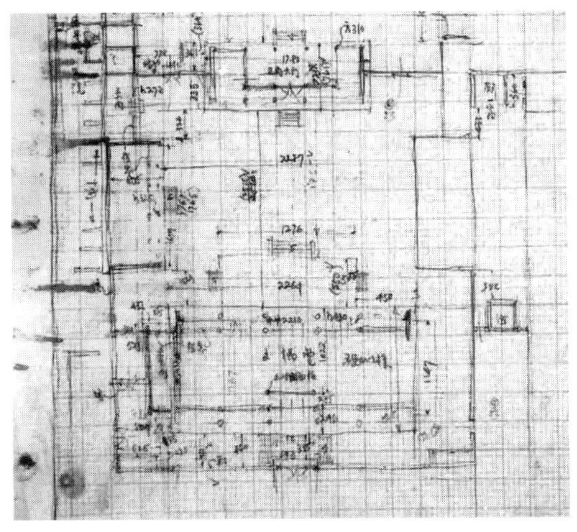

图5　1937年中国营造学社恭王府多福轩院实测图

可以看出：两幅图纸中的多福轩正殿，在南面前檐处均绘制出三扇大门，但从1940年辅仁大学校友会留存的女院图书馆外景照片中（图6）我们发现，正殿南面前檐三扇大门处仅在明间留下一扇对开大门，而次间的两扇大门已被改成与梢间同样的槛墙和槛窗。由此可确定，多福轩南面原有的三扇大门已在辅仁大学女院时期被改建。虽然学院根据需要进行的这些改动既防尘、保暖，又比较安静，可以说方便了图书馆的使用，但毕竟改变了多福轩的历史原貌。更改后仅在多福轩明间留有门扇的格局一直保留到2003年这次修缮前。

（七）1949年至2002年

1949年以后，恭王府府邸建筑由中央和地方的多个艺术单位使用。北京艺术师范学院曾根据建筑残破情况和单位使用的需要在20世纪60年代中期对府邸内的一些建筑进行过修缮。我们走访了一些老工人，他们至今还记得1965年在房屋管理局任职期间对残破后罩楼等建筑进行抢修的情景。

1982年国务院将“恭王府及花园”列为全国第二批重点文物保护单位，当时成立的恭王府修复管理委员会牵头对多福轩等府邸建筑的外檐彩画重新进行了绘制，虽然重绘的彩画与原有风格并不相符，且对文物原状有所改变，但新涂刷的油饰毕竟对古建筑木构件起到了一定的保护作用。使用者还根据工作需要在多福轩殿内安装了吊顶、隔音墙，正门外加砌了砖墙门，成为供单位使用的录音棚。虽然室内改

图6　辅仁大学校友会留存的多福轩外景照片

建严重，但这些现代材料的安装无形中对殿内天花板和内檐彩画起到了一定的保护作用，现在看起来这的确是一件值得庆幸的事。

三、2003年多福轩修缮工程

恭王府府邸若从和珅时期建成起进行推算，至今已有200多年的历史。其间多次易主，虽有过几次维修，但由于建筑建成时间较久、占用单位较多且疏于管理，2002年划归文化部恭王府管理中心（当时是恭王府管理处）所有时，院内整体建筑已斑驳陆离，亟待修缮。东路多福轩院内杂草丛生，不少地方出现添建、改建物；由于缺乏及时维修给人以荒凉之感，全然失去了往日辉煌的景观。而这里在恭亲王时期曾是一处重要殿堂，多福轩的正殿既是会客大厅又是存放皇帝赐赠礼物之场所，大厅前月台则为王府主人跪迎、接受礼物之处。可以想象当年在此迎接皇帝亲赐礼品的场景是何等壮观、辉煌，而多福轩在府邸内所处位置又是多么关键。我们在叹息院内凌乱景象的同时，深感修复殿堂历史面貌的重要。

据《中华人民共和国文物保护法（2002年版）》第四条：“文物工作贯彻保护为主、抢救第一、合理利用、加强管理的方针。”恭王府管理中心决定利用自筹资金对院内正殿及东西耳房、月台等主要建筑进行维修，以使这处古建筑尽快恢复原有历史风貌。基于多福轩历史地位的特殊性，联合国教科文组织世界遗产中心特投资五万美元对多福轩正殿进行维修，体现出教科文组织对中国文物建筑修缮的重视和对恭王府古建保护工作的支持。2002年年底，北京建工建筑设计研究院受恭王府管理中心委托承担修缮设计工作；2003年4月，多福轩修缮工程得到北京市文物局、国家文物局的审核批准。

（一）多福轩的建筑形式及现状

从建筑形式看，府邸多福轩院为东路二宫门内的第一进完整四合院落。院南面是五开间的二宫门，北面为带有月台坐北朝南的正殿及耳房，东西两边为厢房。其中正殿面阔五间前后出廊，屋顶为硬山卷棚顶，上覆灰色筒瓦，垂脊带兽；殿前月台方砖墁地，东、南、西方向各有石台阶一处。月台南部有古藤两株现已成为保护树木，每到春暖花开季节，仍枝繁叶茂、花香四溢。

图7　多福轩室内糟朽木柱

图8　多福轩修缮前屋顶天花散乱、短缺状

图9　多福轩室内地面方砖风化酥碱状

此次修缮范围涉及多福轩正殿、东西耳房及月台。了解现状，做好调查，是进行多福轩修缮保护工作的前提。经对修缮前建筑现状进行实地勘查，发现存在较多问题。从建筑外观看，屋顶长有杂草，部分椽、檐等木构件已糟朽；瓦件、沟滴、脊兽等建筑构件因残损已不完整，屋面灰背酥裂严重已导致室内渗漏；正殿前后檐门窗及东西耳房前檐、后墙均进行过修改、添建；现存外檐苏式彩画为20世纪80年代重新绘制已不是原状；正殿明间前廊处建有门斗，室内装有隔音墙和吊顶；油漆地仗剥落严重，木柱大多已糟朽，尤以靠近地面和墙内部分糟朽严重（图7）；在拆除室内添建改建装饰后，发现屋顶天花散乱、短缺（图8），内檐梁架现存彩画表面已积存大量污垢，局部因年久失修出现开裂、剥离甚至脱落等问题；室内地面方砖因风化酥碱、磨损严重已呈现凹凸不平状（图9）。院内杂草灌木生长茂盛，导致地面铺装方砖开裂、残缺，前后檐散水缺失、破损；砖石砌体结构松散、部分处已臌闪并出现裂隙；月台台明处阶条石走闪，踏步、象眼处砖石风化坍塌。多福轩现存状况进一步反映出保护修缮工作已迫在眉睫。

（二）多福轩修缮的指导思想和原则

多福轩的修缮保护工程不同于一般房屋维修，因此作为府邸内第一处自筹资金和联合国教科文组织资助的文物修缮项目，受到各方面的关注。修缮工作中，指导思想和原则的确立十分重要。针对古建现状，恭王府管理中心领导以国家文物局颁布的《中国文物保护法》和《文物保护工程管理办法》作为指导思想，以“文物保护工程必须遵守不改变文物原状的原则，全面地保存、延续文物的真实历史信息和价值；按照国际、国内公认的准则，保护文物本体及与之相关的历史、人文和自然环境”的原则为依据，明确指示：为使多福轩修缮不留遗憾，此次修缮必须遵照《中华人民共和国文物保护法》进行工作。有历史根据的，按历史根据进行修复；找不到历史根据的，充分听取专家意见，按专家指导进行修复；无历史根据、专家也拿不准的，按现状进行修复；要按规矩、按传统工艺将恭王府古建筑修成精品工程。指导思想和修缮原则的确立为科学修缮多福轩打下了良好基础。

（三）历史资料是修缮多福轩的重要依据

要再现多福轩的历史原貌，查找历史资料是关键。我们在专家带领下经过艰苦努力查寻，先后在辅仁大学校友会、清华大学建筑研究院、中国建筑设计研究院历史研究所、国家图书馆、北京师范大学图书馆等处寻找到一批非常有价值的图纸、照片及文字资料。查寻到的资料基本可分为三类，其中包括图纸资料：主要有国家图书馆藏同治年间“样式雷”恭王府图、清华大学藏1937年中国营造学社恭王府实测图；照片资料：1940年辅仁大学校友会刊、辅仁大学创刊70周年纪念特刊登载的照片；文字资料：《华裔学志》1940年第5期*Prince kung's Palace and Its Adjoining Garden in Peking*（《北京的恭王府及其花园》）等。依据查找到的历史资料，我们对正在进行的多福轩修缮工程认真进行核查，发现多福轩的现存状况与历史记载有差异。如果继续依据现状进行修缮，其结果将与“全面地保存、延续文物的真实历史信息和价值”的原则相违背。为使修缮不留遗憾，我们及时召开专家论证会，并根据历史资料中的有关记载与设计方和施工方进行洽商，对与历史原貌不符的多福轩正殿门扇、室内屏门等问题及时在施工过程中进行调改，避免了继续延续前人错误修缮的状况。珍贵的历史资料为原状修复多福轩提供了最可靠的依据。

（四）2003年多福轩的修缮工作

2003年10月，北京恭王府古建园林建筑公司承担多福轩正殿、耳房及月台修缮工程，恭王府古建修缮部负责修缮工程管理工作。

多福轩修缮涉及诸多方面，如屋面修缮、墙体砌筑、门窗补配、木构件防腐加固、天花彩画修复、地面月台修缮、院落环境整治等。这些工作的实施不仅要达到消除危及古建筑病害、使文物延年益寿的目的，而且要考虑今后王府博物馆对建筑本体的利用和建筑功能的使用。

在多福轩这处文物建筑修缮中，从始至终贯彻了“恢复历史原貌”“保存有价值的历史信息”及“不改变文物原状”的工作理念。及时找寻历史资料并根据历史记载在修缮中对多福轩进行原貌复原，以最大限度按照文物修缮原则恢复保存多福轩的历史信息，是此次修缮工程的精彩亮点。施工过程中除保留传统做法外，采用多项技术相结合的修缮手段尽可能保留住原有文物构件，并将这些文物遗迹通过不同修缮手段传递给后人，则是此次工程施工的关键处，也是文物修缮与其他修缮工程的最大区别。

1.按历史记载进行原貌复原

多福轩正殿门扇

在依据多福轩现状进行的设计中，正殿前檐仅在明间开有大门一扇，两边次间则为窗扇。修缮过程中发现次间槛墙和槛窗所用木料极差，曾怀疑前人建造时偷工减料。

在工程修缮的关键时刻，我们查寻到同治年间“样式雷”图和清华大学藏1937年中国营造学社恭王府实测图。对比多福轩正殿的建筑形式，我们发现两处图纸中绘制的前檐部分均为三开间门扇，这种三明两暗的建筑格局与载涛1960年10月所撰《清末贵族生活》一文中“此厅如系三间，则全敞；系五间，则三明两暗”的叙述完全相吻合。两处年代不同的图纸与文字资料完全一致的记载充分说明多福轩正殿前檐原为三开间隔扇门，同时也清楚地解释了次间槛墙、槛窗所用木料较差的原因是后人改建所致。由于我们施工前看到的现存建筑形式（图10）已是辅仁大学时期改建后的产物（文章前面已提及，不再赘述），因此，为使修缮后的多福轩与历史原貌相符，施工中根据已查寻到的历史资料及时对修缮方案进行调整，按历史原状恢复了多福轩正殿前檐三扇大门的建筑格局（图11）。这两份宝贵的图纸资料也成为此次维修施工的重要依据。

室内屏门

施工前，在多福轩正殿明间北部保存有两根从地面直顶随梁的木柱（图12），当时曾考虑是否为太师壁形式？但因未查询到有关资料，究竟是何建筑格局，一直悬

图10　施工前看到的多福轩现存建筑格局

图11　多福轩正殿前檐修缮后的建筑格局

而未定。所幸于辅仁大学校友会刊物中及时发现多福轩正殿作为女院图书馆时的照片，清楚反映出室内现存木柱间原有四扇屏门（图13），屏门上方为御赐“同德延釐”匾额，屏门两侧木柱书有对联（俗称抱柱联）；殿内周边墙壁横楣上方间隔挂有多处御赐“福寿”字匾。联系载涛在《清末贵族生活》一文中“进二门后，中为穿堂客厅，所谓穿堂者，正中有绿油屏门四扇，无事不开……横楣上方，例挂御笔匾额及福、寿字……”的记载，可发现载涛文中所述室内屏门及横楣上方御笔匾额、福寿字等情形与恭王府多福轩正殿景致相像之极。

为尊重历史，还原其本来面貌，施工中根据照片中留存的历史信息，按照历史真实性对其进行修缮，恢复了多福轩明间北部两柱间四扇屏门的室内建筑布局

图12　多福轩正殿室内修缮前

图13　辅仁大学时期多福轩室内状况

图14　多福轩正殿室内修缮后

（图14），使这次修缮更加准确。

以上事实证实：实测图和照片资料所记载的历史信息不仅为修缮多福轩提供了科学依据，而且使维修工程少走了许多弯路，在原貌恢复多福轩的工程中发挥了重大作用。

2. 多项技术相结合的修缮方法

天花、彩画的修缮

多福轩正殿内录音棚被拆除后，内檐及屋顶处保留的原有彩画和天花全部显露出来，与1940年辅仁大学留存的照片进行比照，可以看出这些天花和彩画与当时照片上的景致完全一致。根据内檐现存龙锦枋心金线大点金彩画和正殿屋顶"玉堂富贵"的天花形式，结合它们的绘制特点及地仗特征，专家认为现存彩画和天花保留有清时期风格，具有较高的历史价值和文物价值。从彩画的保存现状看，因表面积有大量灰尘和污垢，部分彩画已开裂、剥离，甚至地仗层脱落。殿内顶部天花散乱、缺失，色彩颜料已发生不同程度的褪色。鉴于彩画和天花的修复加固是一项技术性较强的工作，我单位古建修缮部在施工管理中针对这一现实问题提出修缮要求。

天花修复：第一，对散乱天花进行清查，找出确切位置，按原位置归安。第二，残缺不严重的天花尽量在修补后继续使用。第三，按照原天花的制作方式对缺失天花进行补配，材质、色调及描绘手法尽可能与室内原天花相吻合。

彩画修复：第一步，清除彩画表面积存污垢，采用软毛刷轻扫或荞麦面团搓揉的方法进行清洁处理。有裂隙的地方按照裂隙走向吹出或吸走尘土。第二步，对已起翘、开裂的彩画按原部位进行粘贴；已脱落的彩画按原位置进行复位粘贴；对硬脆的彩画残片，先采取软化措施后再进行上述操作。第三步，残缺处的内檐彩画，先按照原样重新制作地仗层，然后找准彩画纹饰比例关系及色彩匹配规律，按照邻近

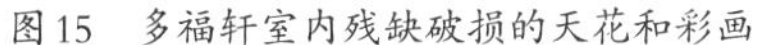

图15　多福轩室内残缺破损的天花和彩画

图16　已修复加固的多福轩室内天花和彩画

彩画原状进行绘制。补绘处的图案应尽可能与原彩画相一致，达到远看近似，近看有别、整体相随的效果。

按照古建修缮部提出的上述要求，经专家指点把关，已残缺破损的天花和彩画（图15、图16）在施工中得到了较好的修复和保护。

多福轩修缮中发现的东、西山墙随梁枋下皮处的局部凤纹和玺彩画，因其绘制年代和档次要早于并高于现存内檐旋子彩画，所以携带的历史信息和文物价值更显珍贵。为避免修缮中伤及这两处残存彩画，已在施工时将其原地封护妥善保存。

正殿外檐彩画究竟如何绘制，也是一直在探讨的问题。现存外檐的苏式彩画，经调查为20世纪80年代后人重新绘制（图17）；由于与历史原貌不符，且绘制水平和质量不理想，显然不能作为文物进行保留。经研究，决定在此次修缮中全部除去重做。关于外檐彩画样式，征求专家意见研究论证后，最终确定为仿内檐彩画翻至外檐重绘的方案，修缮后已取得较理想效果（图18）。

图17　修缮前的多福轩正殿外檐彩画

图18　2004年多福轩正殿前檐彩画修缮后

木构件的防腐加固和利用

古建筑木构件因自身属于生物材质，所以在潮湿环境中往往易出现糟朽腐蚀等病害。修缮中为方便施工常常对已朽木构件进行更换，这种全部换新的做法显然与保护原则相违背。在多福轩修缮中，为尽可能保护尚能继续使用的木构件，必须对已糟朽腐蚀的木构材质进行防腐加固处理。施工中首先对能够继续使用的木构材料进行必要的检查，尤其对木柱根部和砌筑在墙体内的木柱进行重点排查；这些部位由于地面潮湿且通风较差，通常糟朽程度最为严重。在进行防腐处理时，先清除掉木柱表面残破地仗，然后对木柱已糟朽部分进行剔除。工作中特别提醒注意的是既要彻底清除已经糟朽的部分，同时又不能损伤未腐蚀的木料；对剔除范围较大且已残缺的木柱采用拼接木条或包镶木块的做法进行修补加固，糟朽特别严重的木柱则进行墩接处理。为防止旧木料和新补配的木构件继续发生腐蚀，施工中统一对木柱涂刷防腐油进行防腐蚀处理。上述工作程序完成后，按照传统方式在木柱表层重做地仗并涂刷油饰。

地面

多福轩大部分地面为方砖铺墁。因长期未进行养护，原方砖铺墁处已呈现高低不平，表面斑驳状。经统计原方砖残损程度高达60%，属较严重损害之列。这样的地面不仅经不起继续踩踏，而且有碍观瞻。修缮中出于对多福轩今后使用功能的考虑，在将正殿地面旧砖全部起出后，于明间和次间采用苏州金砖代替原砖，并用细墁法重新铺墁地面。起出的地面旧砖考虑到它们的文物价值及携带的历史信息，决定尽可能予以保留和利用。修缮时特意对这部分地面旧砖重新进行筛选，从中挑选出部分风化较轻的方砖，将其集中铺墁于正殿梢间地面，意在通过这些旧砖的继续使用达到延续和传递文物历史信息的目的。旧砖的保留利用与金砖的补配使用，可以使后人较直观地看到此次修缮的效果以及文物建筑构件再利用的科学内涵。修缮中还对殿内局部改建的水泥地面和水磨石地面进行了剔除。

3. 施工中涉及的其他修缮工作

院落环境整治

修缮多福轩时，院内整体环境的整治至关重要，因此多福轩院落环境的治理不仅是修缮中必做工作之一，也是整体工作的需求。整治中清除出院内生长的野草灌木以及杂乱堆放的丢弃物，拆除了多福轩室内外添建、改建的部分建筑物及其装饰构件，为古建修缮施工创造出一个良好的工作环境。

屋面修缮

由于年久失修，多福轩正殿屋面已多处渗漏。施工时首先要找出产生病害的原因，因此在支搭脚手架后对屋顶瓦面进行了全面排查。由于屋顶久未清理，杂草及附生植物已在顶部扎根繁殖，滋生的发达根系直接对屋面产生破坏作用；屋顶瓦件的残破，瓦下青灰背的严重开裂以及屋脊处的破损等也是导致渗漏的主要原因。针对屋顶残破漏雨的现状，决定在原设计的基础上采用传统材料和方法对屋面实施挑顶大修。修缮时清理掉屋面杂草，并在拆除全部瓦件后将已酥裂的灰泥背铲净，对不能继续使用的糟朽严重的望板、椽檐等木构件进行局部补配更换。最后按传统工序重做屋面泥背、灰背（图19），补配屋面缺失瓦件，重新瓬瓦，配全残缺沟头、滴水及脊兽。重新修缮的屋面彻底解决了多处渗漏问题。

图19　2004年多福轩正殿屋顶修缮中

门窗、墙体修缮

门窗修缮、木板墙补配、砖墙体砌筑等，基本采用传统材料、传统工艺按照传统方式对原貌进行恢复性修缮。如门窗，在修缮时先拆除不符合施工要求的原有墙体和窗扇等全部添加物，按设计要求恢复窗扇步步锦做法并安装五抹松木隔扇门等。进行室内东西耳房木板墙维修时，在拆除室内原山墙板墙后，按现存样式补配已缺失的部分，然后重新归安。正殿与耳房间的双扇板门原样保留，油饰采用一麻五灰饰红油的传统做法。砖墙修缮时，清除墙体抹灰，剔补酥碱严重墙体，拆除残破臌闪砖墙，最后进行墙体砌筑。

月台修缮

首先按传统做法剔补台帮酥碱严重砖体，然后归安已走闪的墙体部位，补配台明缺失方砖，加砌城砖散水，加固断裂条石，修补残破象眼，对已走闪的踏步条石进行归安。

在尽可能多地保存历史文化信息、不改变文物原状以及保证工程质量的基础上，施工单位经过一年的努力，除多福轩正殿北墙书架等室内装饰因工作调整尚未竣工外，其余修缮工程已告结束。该项工程的实施不仅使残破的多福轩达到了较理想的修复效果，同时为今后室内装修装饰等后续工作打下良好基础。北京建业兴建设监理有限公司承担修缮工程的全程监理工作，北京市文物局文物建筑质量监督站对工程质量进行了全程监督把关。

结　语

在研究多福轩的历史沿革并对它进行科学保护和修缮的过程中，历史资料的收集查寻和整理研究使我们在多福轩的使用历史、修缮历史等方面的工作有了较为全面的进展和突破，掌握的历史资料对多福轩的修缮工作起到了十分重要的指导作用。在文物局及联合国教科文组织的关注下，在恭王府管理中心的精心组织和专家、设计方、施工方的共同努力下，有针对性地以历史资料为复原依据，对原本把握不准的问题在修缮中进行探讨研究和论证，及时完善了施工方案，使多福轩在修缮后重新恢复了历史原貌。这是我们遵循文物维修原则，以科学理念为指导进行的修缮工程，是一次将科学思想贯穿于施工中，将传统做法和科学技术手段相结合进行的施

图20　2004年修缮后的多福轩正殿外景

工工程。不久的将来，修缮后的多福轩（图20）将重新对外开放，届时它将以古代王府建筑的原貌和完整形象向众人展现自身的文物价值和历史风采。

注释

① 赵迅：《恭王府及花园》，载文安主编《大清王府》，中国文史出版社2004年版。
② H. -S. Ch'ên, G. N. Kates, *Prince kung's Palace and Its Adjoining Garden in Peking*（陈鸿舜、G. N. 凯茨：《北京的恭王府及其花园》），辅仁大学《华裔学志》1940年第5期。
③《汉书・十・传（四）》卷七十五，注引孟康（八）（九），中华书局1982年版。
④ 蒋博光：《满族建筑（二）》，《古建园林技术》1998年第4期。
⑤ 刘大可、吴承越：《清代的王府》（下），《古建园林技术》1997年第2期。
⑥ H. -S. Ch'ên, G. N. Kates, *Prince kung's Palace and Its Adjoining Garden in Peking*（陈鸿舜、G. N. 凯茨：《北京的恭王府及其花园》），辅仁大学《华裔学志》1940年第5期。
⑦ 赵迅：《恭王府及花园》，载文安主编《大清王府》，中国文史出版社2004年版。
⑧ H. -S. Ch'ên, G. N. Kates, *Prince kung's Palace and Its Adjoining Garden in Peking*（陈鸿舜、G. N. 凯茨：《北京的恭王府及其花园》），辅仁大学《华裔学志》1940年第5期。
⑨ 赵迅：《恭王府及花园》，载文安主编《大清王府》，中国文史出版社2004年版。
⑩ H. -S. Ch' ên, G. N. Kates, *Prince kung's Palace and Its Adjoining Garden in Peking*（陈鸿舜、G. N. 凯茨：《北京的恭王府及其花园》），辅仁大学《华裔学志》1940年第5期。

本文图片由胡一红、李中国、杨树勤拍摄

（原载《清代王府及王府文化国际学术研讨会论文集》，文化艺术出版社 2006 年版）

多福轩福寿匾额的复原

高晓媛*

坐落在什刹海畔的恭王府以其“天下第一福”名扬天下，在这座清代王府中，还有一座多福之殿堂，名为多福轩（图1、图2）。

多福轩位于恭王府府邸东路第三进院落，是一组完整的四合院。其主殿为东西带耳房的五开间硬山顶大殿，殿前有一宽敞月台，大殿两侧分别是东西厢房及厢房耳房，布局之严谨显示出这组建筑在恭王府府邸建筑群中的重要地位。

在对恭王府历史研究中，多福轩一直被认为是恭亲王奕訢的会客之处，据传恭王曾在此接见过英法联军谈判代表。据载澄郡王的日记记载：“这座大厅用来存放皇帝送来的礼物。根据惯例，这些礼物由王府的主人在大厅前面的月台上跪迎、接受……这里有一对对巨幅中国书法作品。方形红纸摆成菱形，上有皇帝御笔亲书的字迹：福与寿。历代皇帝都写同样的内容，成对装在框里，从天花板上悬挂下来。这类书法作品有一大批，足以证明恭亲王家族的地位和荣耀长盛不衰。”

这里提到的巨幅中国书法作品便是多福轩中最重要的内部装饰——福寿匾。

我们可以将福寿匾的悬挂看作是多福轩殿堂名称的由来。恭亲王奕訢在其所作的《乐道堂文钞》卷二中写道：“……吾所谓福者，不必卜之于天，而实验之于民。……所谓国之福者，岂一人之福哉？书曰：民惟邦本民之安，国之福也。有国者亦心乎爱民而已。……夫欲治之主，爱民如子，视民如伤，内修其德以轸念之，外治其政以康乂之，是故尧之在位也。”

如此胸怀天下的韬略，让本是为个人祈福的福寿匾升华到谋福于天下的高度，由此可见，欲将多福轩复原到同光时期的鼎盛气势，福寿匾的制作将是重中之重。

---

* 高晓媛，文化和旅游部恭王府博物馆藏品研究部副主任，副研究馆员。

图1　多福轩（1）

图2　多福轩（2）

一、福寿匾的由来——书福颁赐

载涛在《清末贵族生活》一文中提及，“进二门后，中为穿堂客厅，所谓穿堂者，正中有绿油屏门四扇，无事不开……横楣上方，例挂御笔匾额及福、寿字……”，可见福寿匾额确为王府殿堂悬挂之物。

根据清史档案记载，每逢年节之际，皇帝都会亲书福寿二字赐予王公大臣，得到御笔赏赐的王公大臣便会恭恭敬敬地将御笔之福以重金托裱并悬挂于殿堂之中。此举既彰显了对皇帝的尊重，也是一种祈福的仪式。

清帝书福颁赐是实现其政治目的的重要手段，经过历任皇帝的继承和充实，形成了特有的传统和奖励机制。自康熙皇帝开始，无论年节还是赏惩，御笔书写的一页墨迹都成为皇族成员及王公大臣无上荣光的赏赐。对于恭亲王奕訢来说，作为咸丰皇帝的亲兄弟，一手将慈禧太后推上宝座的功臣，在其三起三落的一生中，也得到了许多的御笔赏赐。例如咸丰四:（1854）四月二十六日，咸丰帝赐御书匾额“屏翰宣勤”，咸丰十一年（1861），赐额“亲贤翊辅”等。而得到的“福”“寿”二字更是“挂满了整个多福轩”。

在清朝前期的皇帝，只是在每年十二月初一之日始，以“赐福苍生笔”，书“福”字（有时还有寿字）给各宫及王公大臣，称为“赐福字仪”。到了清朝后期，帝后则将此传统发扬光大，不仅是年节假日，婚丧嫁娶，有个名目即可赐书，真是将这种“赠人以言，重于金石珠玉”的传统用到了极致。据《世宗宪皇帝朱批谕旨》记载，雍正一次曾赐给四十三名官员福字。咸丰十年（1860）二月奕訢寿辰，赏赐在京及京外大员年老父母御书福字及匾额等，赏赐从二月开始一直延续到十二月，共赏赐十三人包括御书匾额等，以福、寿字居多。光绪十年（1884）十月，慈禧太后五旬万寿时，亦对大臣年老父母进行赏赐。这次从光绪十年十月一直到次年八月，共赏赐御书匾额二十八面。

在《翁同龢日记》中也同样记述了同光时期，慈禧皇太后每逢年初、岁末及年中大小节日皆赐书。如同治四年（1865）一月慈禧皇太后赏赐翁同龢御书福、寿字各一，同治五年（1866）一月赏御书福、寿字各一，同治六年（1867）一月慈禧皇太后赏御书福、寿字各一，光绪十一年（1885）一月赏福、寿字各一。

根据中国第一历史档案馆藏的清宫内务府造办处档案中记载：仅在同治九年（1870），恭亲王奕訢便委托造办处制作了福寿大匾数块。档案中明确记载了匾额的尺寸、质地及制作工艺，也为我们复制福寿匾提供了翔实可靠的历史依据。

二、福寿匾额的样式

在福寿匾的样式、工艺和规格方面，尚存有限的资料供参考。

在辅仁大学校友会刊物中发现多福轩正殿作为女院图书馆时的照片，清楚地反映出室内布局，在现存木柱间有四扇从地面直通屋顶的屏门，屏门上方为御赐“同德延釐”匾额，屏门两侧木柱悬挂抱柱联；殿内周边墙壁横楣上方间隔挂有多处菱形“福寿”字匾（图3）。

这张照片是非常珍贵的历史资料。由于恭王府在历史更迭中屡次易手，室内陈

图3　辅仁大学女院图书馆

设根据不同时期的不同需求已经面目全非，目前仅存的这张老照片记录了当时仅存的部分陈设，其中最重要的就是解决了福寿匾的样式、悬挂方式、位置，并且在通过科学测量手段进行计算和比较之后，还得到了福寿匾的尺寸。

另外就是在故宫博物院，还藏有福寿斗方，虽大小不一，但是在材质和样式上也可供参考。

三、福寿匾数量

这张老照片的角度只能看到多福轩部分南墙、北墙及东墙，可以看到的福寿匾共计6块，且大小不一。根据对称原则，推断殿内悬挂福寿匾至少为11块，其中大匾6块，小匾5块。

四、福寿匾尺寸

福寿匾有大小之分。

（一）小福寿匾

根据1940年多福轩室内装饰老照片实测：高106厘米（芯90厘米，两边共16厘米），宽180厘米（芯164厘米，两边共16厘米）。

根据清代《造办处活计档》记载：福寿匾有三种规格，高均为二尺八寸，二寸五分在外，但宽则有五尺二寸、五尺六寸、六尺二寸三种。如果根据《中国古代建筑史》清工部祖尺1尺等于31厘米计算，高均为86.8厘米，边距为7.8厘米，宽分别为161.2厘米、177.6厘米、192.2厘米。

（二）大福寿匾

根据1940年多福轩室内装饰老照片实测：高106厘米（芯90厘米，两边共16厘米），宽216厘米（芯200厘米，两边共16厘米）。参考尺寸标准推证为多福轩内遗留的楠木书架在墙上的框子，为清代原物，尺寸准确。并根据斗方的长宽比例，推证了照片上大匾倾斜摆放，带来的尺寸误差。

五、福寿匾斗方工艺

根据上述匾额尺寸的推断，其中“福寿”两字的斗方尺寸是60厘米 ×60厘米，比四尺红纸的一半略小。根据字体推测，福字为光绪手笔，寿字为慈禧手笔。

斗方用纸根据故宫现藏福寿斗方原件，和荣宝斋现存内务府斗方御用纸，确定用纸名称“万年红金银手绘四龙盘珠斗方蜡笺纸”。描金蜡笺是我国古代名纸之一，纸质高雅华贵，表面光洁，滑若春冰，不会断裂。遇水不脱色。润墨良好，不脱墨。该纸选料精良，工艺复杂，全手工生产，手工四色描绘金龙纹，成本高、产量少，十分名贵。清代皇宫内务府生产蜡笺，专供皇族使用（图4）。

“福寿”二字采用集字手仿，模仿咸丰、光绪、同治、慈禧等手迹。

六、福寿匾边框工艺

边框采用硬木制作，表面贴真丝宋锦，中间起两柱香线条，线条裱糊红绫子（图5、图6）。

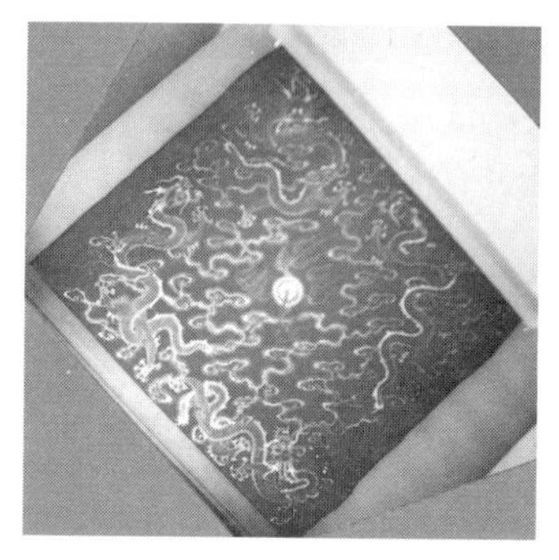

图4　龙纹蜡笺纸

图5　匾额边框样式

图6　内务府匾额边框裱糊用真丝宋锦

图7　多福轩内景

七、大匾工艺

匾芯裱糊黄色熟绢，红绫子裱糊压边，斗方最后裱糊其上。

八、安装工艺

所有匾额采用清式的云纹铜托钉，架设固定位置，配合铜拉钩、链条。

福寿匾安装位置根据老照片推测后固定。安装后，配合多福轩内其他内部装饰，基本还原了恭王府咸丰同光时期的展示效果，成为复原陈列中不可或缺的展品之一（图7）。

（原载《中国文物报》2018年8月17日）

恭王府府邸文物保护修缮

张　壮*

恭王府是北京城原有的数十座王府中保存比较完整并对社会开放的唯一王府建筑群。其邸、园位于北京市西城区前海西街北侧、柳荫街东侧，东面位于毡子胡同西侧，北面位于大翔凤胡同南侧。整座建筑群坐北朝南，南北长330余米；东西宽180余米。由府邸和花园两部分组成，占地约6.2万平方米。恭王府的前身系清朝乾隆年间宠臣大学士和珅奉旨营建十公主府，始建于乾隆四十五年（1780）。嘉庆四年（1799）和珅获罪，此宅被籍没入官。之后，十公主奉旨迁出，嘉庆皇帝赐予庆郡王永璘，时称为庆郡王府。道光三十年（1850）咸丰皇帝赐予恭亲王奕訢，经修缮第二年奕訢迁入，始称恭王府。府邸现存大部分建筑，如锡晋斋、葆光室、多福轩、乐道堂及后罩楼等古建筑距今已有240余年的历史。

本次府邸保护修缮是继1850年后的第一次大规模修缮。保护修缮的府邸占地32220平方米，有建筑12626余平方米，其中修缮面积9800平方米，复建面积2200平方米，新建面积626平方米。府邸建筑布局由“三路”轴线，“五进”院落组成，轴线、院落布局分明。中路主要建筑绿琉璃瓦屋面、朱漆、“三交六椀”棱花槛窗、隔扇门及金碧辉煌的彩绘等彰显亲王宏伟、瑰丽的建筑规制。庄严的银安殿是议政的地方；肃穆的嘉乐堂（神殿）是祭祀场所。西路建筑锡晋斋、葆光室院落古朴典雅；东路建筑多福轩、乐道堂院落去朴尚华。府邸的最后面环抱以183米长的通脊连檐的二层后罩楼囊括“三路”轴线；环抱“五进”院落。由于恭王府是在原“公主府”的基础上改造而成，所以组成的庭院及建筑体量不如其他王府那样院落开阔威严，但仍然保留着那种舒适的人文居住环境。建筑布局仍为原宅的体量，与人之间

* 张壮，文化和旅游部恭王府博物馆古建部正高级工程师。

有更多的亲近感。虽为亲王府，但仍保留着原来的类似园居的构思，许多建筑都被赋予特定的寓意，成为人与建筑合一的景观，是一座典型的由公主府改建的亲王府。其建筑及整体布局具有很高的历史价值、艺术价值、文化价值。1982年2月23日，经国务院批准，恭王府被列为全国重点文物保护单位。

恭王府对社会全面开放是周恩来总理的遗愿，也得到党的三代领导人高度关注，在时任国务院副总理的谷牧、李岚清关心下；在原文化部多任领导的支持下，占用单位历经28年的搬迁、腾退。修缮工程于2005年12月5日举行工程开工仪式。经三年的全面系统修缮，我们完成了府邸文物保护修缮工程的合同项目117项，投入资金近2.1亿元。2008年12月19日竣工验收并正式交付使用。

我作为工程项目施工协调、实施过程中的负责人，以高级工程师、国家一级建造师的身份有幸参与府邸文物保护修缮的全过程。经手完成的合同项目86项，完成投资额超过1.7亿元。由于大公无私、工作身体力行、认真负责的严谨作风，工作中没有发生一起合同纠纷事件，按期、保质、保量完成各项任务指标。所有支出的工程款项经财政部指定的两个工程审计单位，分别严格按国拨资金的标准及支付程序背对背审核，全部工程合同项目依次通过审计。为积极、主动完成本职工作，三年来我义务加班超过百次，从不计较个人得失。尤其，当修缮工程到了后期，为落实奥运会开幕前夕实现接待奥运代表团的目标，在2008年3月至7月我与施工人员日夜奋战在工地上，解决了一个接一个的施工障碍。终在2008年8月府邸对社会试开放，实现了在奥运会期间接待国际友人的任务，为国家争了光。自试开放至2009年共接待560余万人次参观，多次接待国内外贵宾、党和国家领导人及重要的国际组织的官员，修缮后的府邸正在以故有的风貌迎接八方来宾，收获着无限的社会效益和经济效益。

一、修缮工作的回顾

2002年开始编制《恭王府保护规划》文本，它标志着工程进入“立项”准备阶段。2003年恭王府管理中心在调查研究和广泛听取专家意见的基础上提出《全面开放恭王府并建设成为国家级王府博物馆建议》(下文简称《建议》)，经呈报原文化部党组获得批准。《建议》确定了修缮后的使用功能，为保护修缮工程的设计工作指明方向。2004年恭王府成立了由中心主任为组长，中心副主任为副组长，相关职能部门负责人为成员的恭王府府邸文物保护修缮工程办公室（以下简称“修缮办”）。经办公会决定：引进资金管理公司进行资金的使用情况的全过程咨询管理，引进工程管理公司进行工程全过程管理。2004年10月通过招标，清华大学建筑设计研究院中标承担恭王府文物保护工程总体设计工作、中国文物研究所（中国文化遗产研究院）承担修缮设计工作。同年，财政部下拨项目启动资金。标志着恭王府府邸文物保护修缮工程项目正式启动。2005年9月北京市房修一公司中标承担修缮工程施工；同年12月5日启动修缮工程。

二、修缮工程的基本原则和要求

（一）修缮工程严格执行《中华人民共和国文物保护法》的有关规定，具体的做法:（1）组成由国家文物局古建专家组原组长罗哲文先生为组长的修缮工程专家组。首先，就恭王府文物保护规划方案进行反复论证，并报经国家文物局批准。（2）启动了恭王府历史资料搜集、征集、整理和研究工作。特别是查找到梁思成先生1937年带领营造学社人员到恭王府的31张实测图和建筑细部大样资料图，为修缮工程实施提供可靠依据。（3）确定了古建修缮恢复到同光时期。同时，在其以前具有保留价值的文物及历史信息都要保留。（4）在设计和施工中遵循“有历史根据的，按历史根据进行修复；找不到历史根据的，充分听取专家意见，按专家指导进行修复；无历史根据，专家也拿不准的，按现状进行保护的原则”。（5）按照“先地下、后地上，先里、后外”的修缮顺序。

（二）修缮办要求项目负责人严格遵循《招标投标法》和党风廉政建设等规定对修缮工程进行管理工作:（1）提出将修缮工程建设成为优质工程和阳光工程的奋斗目标，要求修缮工程必须坚持依法办事、依纪办事、按程序办事、按科学规律办事，按分工办事的原则。（2）每一项与施工单位或与厂家签署的合同书都严格遵循招标程序、资金审计、合同审核等运行办法。因此，也保证恭王府府邸文物保护修缮工程在按期、保质、保量完成任务的同时没有发生一起合同纠纷事件。

（三）确定了修建工程面积为12626平方米，其中修缮面积为9800平方米、复建面积2200平方米、新建面积626平方米。拆除非文物建筑11650多平方米，预留下东南院落5600平方米面积作为恭王府“二期”配套工程使用。

上述的修缮工程的基本原则和工程任务量化的确定，保障了修缮工程任务目标的确定。

三、修缮部分

（一）屋面修复

府邸屋面主要由绿色琉璃瓦和筒瓦屋面组成，屋面普遍存在檐头瓦件脱落、拔节、杂草丛生、琉璃瓦面釉面脱釉等自然残损问题。按照设计方案均为挑顶大修。为保护好每一块瓦件、脊件，做到原位置的瓦件、脊件原拆原砌。施工前对吻、兽、砖雕等脊件拆卸时由设计单位、监理单位现场监督项目负责人组织编号拆除并要求施工单位人工走“施工坡道”，从屋顶由工人搬运到临时存放仓库保存。瓦件拆除以建筑为单位码放。严禁垂直运输，以免损坏脊件和瓦件。

在如何使用新、旧屋面脊件、瓦件时我们要求：将拆下来的旧脊件对号恢复原位；旧瓦件全部集中前坡使用，新添配瓦件一律用在后坡。实践证明，前坡使用旧瓦件使游客第一感觉有沧桑感的同时更能近距离感受历史。另外由于琉璃瓦普遍脱釉，为能更多地把旧瓦件用上，我们特别采用旧瓦件回炉挂釉烧制实验。回炉烧制结果证明由于原瓦件与现煅烧工艺存在差异，煅烧过程中成品率较低，最终不得已放弃。已复烧的瓦件集中用在二宫门北坡西侧两垄。

（二）木构件的修复

大木结构基本完好，其中，更换11米长七架大梁一缝、柱子16根，墩接各类柱子87根。凡更换、墩接构件均做防虫处理。凡柱子与墙体接触的部分均做防腐处理。所墩接的长度达四分之一的柱子采取巴掌榫墩接的同时增加铁箍两道的做法。本次修缮全部恢复外檐支窗、隔扇门、帘架、风门等历史原貌。

（三）石材的修复

自修缮工程伊始，首先对所有通道边角处墙体、石台阶、门枕石等进行全面的保护，最大限度保护墙体和石材。在是否对现状残损石材进行更换上，我们多次组织专家、设计单位、文物质量监督站驻工地代表、监理单位等召开现场会确定。对一些残损小的部位，采取石粉加胶修补。

四、复建工程

复建部分包括：银安殿院、宫门前区、乐道堂院垂花门及围墙。银安殿院复建前，我们请专业的考古单位依据道光三十年（1850）平面图对遗址进行考古发掘。通过《发掘报告》分析和测量遗址的基础平面确定了建筑的平面位置、结构、尺寸。为慎重确定建筑等级和外观形式，我们通过召开专家论证会形式最终解决全部的技术问题。经国家文物局批准，复建的银安殿及两配殿完全遵照亲王府《清工部工程作法》规制标准营建。复建后的银安殿院落与中轴线上的其他建筑一起完整再现亲王府制，使恭亲王府府邸古建筑群以它的完整布局展现于世人。

五、彩绘种类确定及彩绘保护

（一）由于历史的原因，府邸外檐原有彩绘荡然无存。因此，彩绘工程在实施前，尤其在确定方案前我们做了多次的现状内檐彩绘调研、勘察、临摹等工作。在掌握大量的第一手资料中发现有不同时期彩绘遗存。如何确定彩绘方案？我们经召开专家论证会确定了基本原则：一是依据内檐遗存彩绘为依据；二是以历史照片为依据；三是按照建筑位置和等级绘制。

新绘制彩绘三类七种表现形式，新绘面积达9300余平方米。在绘制过程中我们要求最大限度地使用传统工艺、传统做法、传统材料组织施工。各种彩绘使用的部位及施工过程分别要求如下：

1.墨线大点金：主要用于后罩楼及主要院落厢房、宫门。绘制前严格要求按如下步骤监督检查。

（1）磨生、过水、分中、打谱子。

（2）沥小粉：打谱子之后，龙锦枋心沥小粉还包括枋心中的龙、宋锦纹饰中的个别小体量贴金处及找头的旋眼、菱角地、栀花心。

（3）刷色：由于大线没有沥粉线相隔，故刷色时要做到相对齐整，不串色。

（4）包胶：打金胶、贴金，在沥小粉线上进行。

（5）拉大黑：在各青绿色彩相交之处，如箍头、皮条线、岔口线、枋心内外的相交分色之处，用粗黑线分清取齐轮廓，黑线较粗，拉大黑之后，使各部位轮廓规划得很清楚。

（6）拘黑：主要分出旋子瓣和栀花瓣的轮廓。

（7）拉大粉：在拉大黑之后沿线加白粗线，但不是靠沥粉线条一侧进行，也不是加在晕色上面，而是靠近黑线，直接画在底色上，同时皮条线两侧和岔口线一侧的白线应较箍头线、枋心线细，可为二路粉。

（8）压黑老、点龙眼。

2.墨线小点金：主要用于家乐堂两侧厢房，西府门及宫门两侧配房。

绘画的手法与墨线大点金基本相同，不同点是以拘黑为主，用黑白线条确定各部分轮廓线；只在旋眼、栀花心两处沥粉贴金，沥粉数量少于墨线大点金（菱角地、宝剑头不沥粉贴金）。心画“一”字，或夔龙、黑叶花。夔龙按攒退活格式画，刷色时，心为章丹色，用三青画夔龙，用白线行粉，用群青画中部线条，“攒色”。

3.雅伍墨：主要用于主要院落穿堂门。

雅伍墨彩画无沥粉、贴金、晕色等做法，其要求的绘制手法如下：

（1）磨生、过水、分中、打谱子。

（2）刷色：不沥粉，直接刷色，青绿两色将构件满覆盖，刷色只将各部位分出来，对于旋花上的各个瓣则统一连在一起，形成青绿层次的色圈，如最外一圈为绿色（头路旋花瓣），里面的一圈为蓝色（二路瓣），最里为旋眼，则画一绿色圈，细部不表现出来。

（3）拉大黑：所有直线全部为黑色，较粗。

（4）拘黑：在旋子花瓣之间没有沥粉痕迹的情况下进行，事前可以再拍一次谱子，将各旋子花瓣轮廓走向复现清楚，如果不拍谱子，分旋子花瓣数时应事先用笔杆轻轻“打稿”，之后再用黑色定稿，拘黑的粗细不应大于各大黑线。

（5）拉大粉：箍头线、枋心线大粉，较粗，但是细于大黑。

（6）拉二路粉：与拉大粉同时进行，用较细的笔（彩画工具用粉碾子）画岔口线与皮条线，按规则进行，岔口线一侧画白线，皮条线两侧画白线，比大粉明显细。

（7）压黑老、刷老箍头、枋心的“一”字粗线最后进行。

4.金线大点金：主要用于嘉乐堂、多福轩及东一府门。

主要做法、步骤与银安殿做法相同。我们要求其中的不同点是：在找头旋花拘黑之后，烟琢墨石碾玉要先“吃大晕”，然后再“吃小晕”，而金线大点金在该部位拘黑之后，不“吃大晕”，直接“吃小晕”，即各路旋子瓣没有晕色，因此风格较素雅些；金线大点金为活盒子，盒子里画龙、草，或画异兽。盒子外侧四角的岔角在刷色时随同刷宋锦刷二青二绿，在贴金、晕色、大粉完成后，压黑老之前或同时可画岔角内的切活图案。二蓝色内画卷草，二绿内画水牙。

5.烟琢墨石碾玉：主要用于银安殿。

（1）磨生、过水、分中、打谱子。

（2）沥大粉：五大线沥粉，即箍头线、枋心线、皮条线、岔口线、盒子线。盒子线多为斜交十字形或菱形硬盒子线。其中沥箍头线应先沥三裹的底面，之后再接两侧的里面，同和玺彩画。上述线条均为双线，另外由于烟琢墨石碾玉彩画所有线条均沥粉，故除上述大线外，大粉还包括找头、盒子中的栀花线，找头部位的两条平行的形线，沥单线，其单线也是相应较粗的单线，同大粉粗。沥大粉还包括角梁、云头、霸王拳、梁头等构件的轮廓单线条等。

（3）沥小粉：大粉干后沥小粉，沥小粉包括椽头、垫拱板（垫拱板大边为双线大粉）心、宝瓶、檩头、平板枋的栀花（平板枋的降魔云云头线为双线大粉）。檩枋大木沥完大粉后，沥枋心、找头、盒子等处的小粉，其中枋心的龙先沥龙头，包括须发角，再沥龙身、四肢、爪，最后沥龙身上的鳞，以及宝珠、火焰等。沥找头部分的旋子，包括各层旋子花的每个瓣及旋眼、菱角地、宝剑头、栀花心。

（4）刷色：刷色先刷箍头，靠箍头的栀花也刷与箍头相同的色，之后隔断刷。为避免刷错，也可在有关部位内先点上标记，否则容易在找头部位出现问题。青绿色涂完后，再刷枋心中的宋锦，为二青、二绿，先刷任何一种色均可。

（5）包胶、打金胶、贴金：包括大线、枋心找头、盒子中的龙；贯套箍头、岔角云、枋心中的五彩云等单粉条贴金处，贴金在有沥粉线条处进行。

（6）拉大黑：画不沥粉贴金的黑色直线，烟琢墨石碾玉主要画找头旋花外的几条平行线及栀花线。

（7）拘黑：刷色之后，各层旋子花的各个瓣连在一起，此时用较粗的黑色线条重新勾出各瓣的轮廓，同时勾出栀花的花瓣，烟琢墨石碾玉彩画的找头由于头路旋子瓣之间有沥粉的菱角地，虽经刷色，使各瓣连成一片，但利用已沥粉的痕迹，仍可很清楚地进行分瓣，先画头路瓣，之后画二路瓣、三路瓣，最后添各旋子之间的栀花。

（8）吃大晕：在包胶过后，在各路旋子瓣内，用晕色按旋子瓣形画晕，大晕色彩同拉晕色的三青三绿，认色退晕；但不是靠沥粉线条进行，而是靠墨线进行。色彩同所在底色，晕宽大于或等于拘黑线。在吃大晕的同时或之前之后可进行大线加晕色。

（9）加晕色：在主要大线之一侧或双侧按所在的底色，用浅色画晕色带，其中箍头中两条，皮条线两侧一青一绿，岔口线一条，枋心线一条，如有十字或菱形盒子，则在十字形和菱形盒子线两侧各加青绿晕色。加晕色与画宋锦各不相干，不分先后，在包胶之后即可进行。

（10）拉大粉：在各晕色上面，靠金线一侧画白线条，但大粉宽一般不超过金线宽，注意皮条线的两侧均画大粉线；在箍头线、枋心线、皮条线、岔口线、盒子线（素盒子）处必加晕，如果是活盒子，则不在盒子处加晕，也无法加晕。烟琢墨石碾玉彩画，其角梁、霸王拳、挑尖梁头等处亦必须加晕。

（11）吃小晕：在大晕之上，靠沥粉贴金线条，画一较细的白线，称吃小晕。用细笔勾勒，要求圆润、光滑、洁白、流畅；枋心中画龙，同时将龙眼白画出；它是靠墨线内侧进行，为了进一步取得整齐的效果，可略压拘黑线条，修整拘黑的不规整之处，不管拘黑是否圆、准确，小晕本身应圆、光滑、流畅，色彩洁白均匀。

（12）压黑老、点龙眼：大线在一侧加晕色和白色，使得贴金大线的一面变得整齐。而另一面加黑线，使金线两侧均变得整齐。

6.苏式彩绘。

锡晋斋及两厢房、葆光室及两厢房：金线包袱式苏画，香色地、点金、宋锦包袱、找头落花卉或流云、青绿箍头。

乐道堂及两厢房：墨线包袱式苏画。

锡晋斋及葆光室两耳房和乐道堂两耳房：墨线方心式苏画，海墁流云、串枝黑叶花葡萄。

东府门、西府门：金线方心式苏画。青绿地、宋锦包袱、找头江洋海水或夔蝠回纹、青绿箍头：主要用于乐道堂及两厢房。苏做、方心式苏画：以金线包袱式苏画为例，我们的技术要求是苏式彩绘在很多部位上图案一致的，画法相同。其他等级的苏画根据需要进行有关工艺方面的增减，其主要的工艺和要求：

（1）磨生、过水、分中。

（2）打谱子：若部位的谱子不相连，可分别拍打。先拍箍头：以谱子的副箍头纸边为准，与垫板秧线齐。将箍头谱子上下调直、调顺（垂直），附实于构件上。拍包袱：箍头全部拍完后，再拍包袱，先将包袱尖与构件底线的中线对齐，根据构件的不同，包袱尖可分别位于枋底面中线，合楞内秧线，构件下皮之处，同时各烟云筒均应位于构件之中。攒退活卡子，则在刷色之后拍谱子。摊聚锦：聚锦没有谱子，在卡子拍完后，在包袱与卡子之间的面积上画聚锦。

（3）沥粉：先沥双线大粉，再沥单线大粉，最后沥小粉。双线大粉指箍头线，方法同前，先沥底面，再沥立面。单线大粉包括角梁等体量较大构件的外轮廓和包袱线、聚锦线；小粉包括卡子、聚锦念头和其他小巧较精致的图案，一座建筑沥小粉还包括椽头，如飞檐椽头沥片金万字。苏式彩画沥双线大粉，控制在0.7—0.8厘米之间。

（4）刷色：沥粉全部完成后刷色，除青绿外，还有大面积的红、白等色，刷时先刷青绿两色，应由箍头处开始先刷绿色。

（5）包胶之后进行打金胶、贴金、画箍头、连珠、画包袱、画聚锦、画找头花、画枪头、画枪帮等各项工作；拉晕色、大粉：在箍头线、角梁部分进行加晕色、加白线等工作；包袱画完后退烟云，详见退烟云工艺。聚锦画完后齐聚锦壳，因画幅靠聚锦线处不整齐，用与聚锦不同的浅色，沿聚锦线轮廓。在画面周围勾约1厘米宽的色线，使画幅整齐。

（6）画聚锦叶时：如所用色彩与其他部位同，则与其他部位同时进行。

（7）切柱头：在柱头箍头之上的章丹色上，用黑线画“切活”图案。用黑色压老：包括刷檩枋大木的老箍头，各个构件线路由左至右、由上至下通顺垂直。

7.掐箍头：主要用于宫门前区；东、西一区，西静所等。

（二）老彩绘现状保护修复的面积725平方米。老彩绘之所以能留到现在，首先，是它所使用的材料都是精选的矿物质原料，得以长时间不褪色。其次，因使用空间高，或进行二次吊顶。主要大殿（嘉乐堂、乐道堂）建筑改建（如多福轩：录音棚是建于室内）主要采用的方法：

1.吸尘法、除尘法交替使用以达到清洗目的。主要使用吸尘器和压缩机喷气将浮尘吹去或吸掉。主要用于现存较完整的彩绘。

2. 软化注胶回贴法：利用脚手架为支点，将局部空鼓和脱落的地仗软化后注胶后回贴。

3. 按现有的色调，传统工艺进行局部修补。

通过上述方法修复非常珍贵的金凤和玺彩绘、金龙和玺彩绘各一处，以及宗教题材彩画等四大类别。府邸现有彩绘13种表现形式，修复后的彩绘焕然一新。

通过上述方法对府邸遗存原彩画进行修复725平方米，保留和珅、恭亲王、民国三个时期彩绘；铲除20世纪80年代新做的全部苏彩，使非常珍贵的老彩绘得以传承流传百世。

六、裱糊工程

经过修缮后的9800余平方米古建筑中占50%面积恢复裱糊原银花纸工艺。为落实这项工作我们先后对近年故宫、颐和园等已竣工的裱糊工程及银花纸生产的厂家进行了实地考察。通过对古建筑现状勘察，我们对修部分古建筑原室内裱糊工艺做了如下的工作。

（一）裱糊纸纹式确定

由于恭王府古建筑室内使用的原裱糊纸纹式图样在各种版本书上没有记载，所以在确定方案前我们拟定原则为“比较遴选法”。即收集同时期银花纸进行初步遴选确定后再组织相关专家召开专题研讨会最终确定银花纸纹式。首先，在近年对北京市现存王府进行考察时所收集的资料中查找，同时联系咨询。结果没有发现现存王府中原银花纸纹式线索。其次，考察故宫、颐和园近两年所用银花纸纹式，发现两处纹式图案基本上是相似的，其均仿制光绪年间使用的纹式。同时与故宫现存乾隆年间使用裱糊银花纸相比较且底层纹式均为“万字不到头”。二层的“夔龙”纹式在整体效果上也是相似的。

在方案收集过程中，锡晋斋室内仙楼上的南卷次间与梢间金柱上发现原银花纸。此金柱北立面因室内装修的需要被砍平与柱两侧木装修形成整体木板墙，原木板墙裱糊发现色泽鲜艳的银花纸纹饰残片。据推测此处是摆设架子床位置故保留局部银花纸残片至今。经组织专家现场鉴定：此银花纸为原物遗存。

根据文物建筑修缮的原则，我们最终确定采用“传统工艺、传统材料、传统做法”复原府邸室内裱糊工程。

（二）银花纸制作及裱糊工艺

银花纸纹饰确定后我们派专人到厂家监督主要制作环节：首先，选用梨木板，按1∶1尺寸雕刻模具两块。其中一块为“万字不到头”底板，一块为主题纹式花板。经对模具和宣纸质量确认后进入手工印刷程序如下：刷白，即选择与模具相同尺寸宣纸用排笔刷逐张进行刷白并自然阴干。白浆主要成分由大白与乳胶按10∶1搅拌而成，原则上一次配成。

其次，套色：第一步，在“万字不到头”模具上过色后自然阴干。按小样图要求色调用银白色矿物质料加石和乳胶调配所需要色泽。这种液剂按需要量一次性调配。第二步，在完成上述步骤基础上，再在主题花板上过色后自然阴干。色液必须一次调制完成以保证色调一致性。

印刷过程严格把关，样品经验收合格后批量生产。所用的纸张选用安徽宣城深山中生产的传统手工桑皮纸。

裱糊纸的纹式适用于府邸所有殿堂内，除室内彩绘、油饰等彩绘之外均做裱糊。主要裱糊的部位要求：①真枋子三锭；②假枋子一捧书三锭；③假枋子露枋底三锭；④撅窝三锭；⑤光归檩三锭；⑥观音三锭。裱糊的做法要求：墙壁及窗框，横糊窗户，竖糊门框，图案端正；花簇横平竖直，纹式拼接吻合，阴角处搭接，阳角处无接缝，搭接宽度不大于3毫米；采用火碱与面粉配制粘接剂。

七、取暖方式

恭王府府邸的取暖方式与取暖构造别具一格，与我们今天采用“地采暖”原理大相径庭，令人耳目一新。它的取暖设施的设计与施工使我们看到了百年前古代建筑的匠心独特。它的取暖设备主要是火炕和火地，炕对我们现在的人来说就是床，是用来休息、睡觉的。而这里的炕又有另外一项重要功能，那就是取暖。长年在北方居住的老年人对此并不陌生，而年轻人则是很少听说了。这种兼具睡觉和取暖的炕在满族居住的宫殿式建筑里比较普遍，在寒冷的北方，满族人很喜欢暖和舒适的火炕与火地。

火炕是用土坯或砖砌筑成，炕下有用砖砌成的烟道可以生火，生成的烟顺烟道排出。有炕必有烟囱，有的烟囱在房后，有的是与山墙同时起高，修成夹壁墙式的在屋顶上拔高用砖砌成烟囱，高出屋顶50厘米至100厘米，这种烟囱只能适用于硬山式建筑。火炕保温散热功能好，坐在炕上暖和舒服，据说还能防治老年性腰腿疾病。因为烧火炕的灶膛设在室外，所以干净没有油烟污染。满族人非常喜欢硬山式建筑，它是满族的主要建筑特点之一。

据史料记载中说明，火炕为居住的床，这种炕有散热功能，大部分建筑房均设有灶膛并在此烧火。恭亲王府府邸的火炕和火地与史料记载一致，烧火的地方设在室外（廊步），室内既温暖又少烟火，可谓比较先进。火炕为在建筑内的取暖提供了很大的方便，但是在府邸的取暖设施中还有火地，即炕和地都是热的。这种固定的取暖设施可谓恭王府府邸室内取暖的一大特点，如在这次修复中发现后罩楼、乐道堂及耳房等火地取暖设施。

火地的制作方法与火炕相同，都是用砖砌筑，将火炕的砌筑方法设置在地面上，省去砌火炕墙的高度，在平地上向下挖出烟道，高度50厘米左右，找平打垫层用砖砌出主烟道，主烟道上分设出若干出烟小孔到散热层从而达到取暖的效果。在散热层码圆垛或方垛约10厘米高，上铺普通方砖磨好大面并勾砖缝要严密，再用细沙厚4厘米左右铺墁金砖到室内地平齐。烟道的种类较多，如直洞、花洞，还可以随工匠自己的想法设置。在灶膛处烧火，火焰会顺着烟洞走，将洞面上的方砖烧热。这种供暖方式很人性化，采暖的效果极佳，俗话说“地热屋子暖”。

火地需要烧火，那么烧火的烟是怎么走向，出烟口在什么位置，经挖掘、考证和这次恭王府府邸修缮中发现，在盘火地时分散设几个出烟的小孔，烟会顺小孔散去，小孔大都设在台帮阶条石下面，在次间、梢间处，烧火用的材料是炭，炭是树干经过细致加工而成，烟很小或无烟的炭才是上好的木炭。

火炕与火地的取暖方式在当时是很先进的，它也是古代工匠聪明智慧的一种体现。除火炕与火地取暖设施外，还有如炭盆、熏炉等一些具有满族传统特色的取暖设施。修缮中未发现火炕实物遗存，发现多处火地的取暖设施。

八、砖雕艺术

砖雕是我国古代建筑上的一种特有的装饰品，也是恭王府古建筑中一类格外引人关注的现存建筑艺术。据考证，至少从周朝开始我国劳动人民就在建筑物的砖瓦上雕刻文字和图案，创造出独具民族风格的雕饰艺术。因此装饰在古代建筑上的砖雕应该是在此基础上不断发展、更新和完善的一类建筑艺术。按照雕刻技法，大致分为浅浮雕（平雕）、高浮雕、透雕、圆雕等几类。按照砖雕的装饰位置，可有券门砖雕、墙垣砖雕、挂檐砖雕、屋脊砖雕、戗檐砖雕、透风砖雕等多种类型。恭王府现存古建筑物上的砖雕主要有屋脊装饰、戗檐装饰、透风等几类雕饰。其中位于屋脊和檐处的砖雕，主要是用于各种建筑物的装饰；而位于墙体的透风雕饰不仅具有装饰效果而且具有透气功能，对防止殿堂木柱的糟朽起着至关重要的作用。

在中路嘉乐堂（神殿）两侧的东、西配殿的屋脊上，各有三组雕花脊饰，每组雕饰由5到7个单体雕饰组成，基本是独立体，以透雕形式为主。位于中间的脊饰是一个较大的雀形雕饰，两边则为单个具有立体感的花朵。这些以独立体出现的脊饰基本采用写实手法，但在雕刻过程中古代的匠师们对这些具体的形象进行了概括提炼，使得艺术造型更加生动、准确。府邸后罩楼屋脊上的雕饰与嘉乐堂（神殿）东、西配殿的脊饰基本相似，只是在正对着中路嘉乐堂的位置为七朵单体雕饰构成的一组脊饰，而在向东、西方向延伸处的这组屋脊雕饰则为五朵单体构成。这些纹饰生动、线条流利的雕饰将雀儿秀美的身躯和花瓣精细的纹脉巧妙地结合在一起，给人以美观大方、活泼流畅、生机勃勃之感。

除去这些屋脊装饰之外，府邸东、西宫门和主要殿堂的戗檐装饰也十分引人注目。这些砖雕与屋脊处的雕饰不同，其基体不是以独立体出现，而是由两块砖体分别加工之后重叠组合形成。从图案看，不同位置的雕饰形象也各不相同。凡是宫门或出入口之处的戗檐，砖雕均为狮子形象，遒劲、威猛而有活力。而其他殿堂戗檐处的砖雕，则分别刻有荔枝、山雀、松鼠、葡萄等各种生动、活泼的纹饰，格外有趣，带有吉祥如意的寓意。位于墙体下方的透风雕饰，大多为花草图案，脉络刻画清晰，线条卷曲自如，淡雅、清新。被工匠综合到一个画面之中，形象、浪漫且富有民族神韵，给人以神思遐想、雅俗共赏、变幻无穷的美感，为清代雕刻装饰精品。

恭王府的砖雕构件，线条流畅、雕刻精细、造型饱满，令人流连忘返，过目难忘。这些闪烁着灿烂夺目艺术光彩的雕饰，体现了我国劳动人民的聪明才智，不愧为我国古代建筑艺术的瑰丽珍宝。

九、其他配套设施

国家级的王府博物馆需建设系统性、综合性高度、协同、科学设施的保证体系。文物保护修缮同时还进行主要的配套工程建设：①庭院绿化工程6250平方米；②新建地下综合管廊146米；③热力站及采暖系统的建设；④建立空调系统；⑤500千伏安供电站及电力系统建设；⑥新建给排水系统；⑦消防设施方面：新建700立方米地下消防水池一座，消防栓58个，消防泵5台，高压水炮8台；⑧安防设施方面：建设智能化监控室一座，360度监控摄像机268个，布防点位455处，电器火灾报警器57处，门禁32处，消防报警点28个，电子巡更系统点位30个，广播系统38处。建立了多功能立体交叉的消防系统、安防系统、犬防体系、人防机制的“四防”联动安保体系，技防设施在同类单位中达到国内领先水平。

在恭王府人三年的不懈努力奋斗中，恭王府府邸文物保护修缮工程收获了社会效益、经济效益。到目前为止获得的荣誉有“优质工程”“中国古建工程科技进步奖”“中国古建筑修示范工程奖”“中国建筑装饰奖”四个奖项。规范的施工管理模式及管理的方法，被文物行政管理部门纳入文物工程管理、施工、监理岗位培训教材。

本次大修工程，必将使恭王府这座庞大的文物建筑群更加老当益壮，同时也在恭王府的历史长河中留下了辉煌的一页，从此它将以“王府博物馆”的崭新面貌呈现给世人。恭王府府邸文物保护工程已经结束，但在利用古建筑为我们创造无限的价值之时，也给文物保护工作者提出“贯彻科学保护的思想；规范古建筑的日常维护、保养”工作的新课题。

（原载《恭王府古建筑保护研究与实践》，中国建材工业出版社 2012 年版）

试论恭王府神殿布局及祭祀典制

郑　婕*

在研究王府与王府文化时，学者们已经注意到了王府社会生活中的宗教信仰问题，一些王府后裔的回忆录中也都详略不同地记载了当时王府内的祭祀情况和祭祀场所。这一切都能使我们初步了解王府祭祀活动的内容、典制。但是，只要稍微认真分析一下，不难发现这些研究和回忆缺乏全面性和具象性，如王府宗教作为王府文化的一个方面，它与整个清王朝统治者的宗教信仰、与满族传统思想信仰及观念习俗的关系；又如王府宗教场所的布局、设施所体现出来的宗教内涵；再如王府宗教活动是否有主次之分；等等。这些都没有进行深入研究。究其原因，我认为主要是由于清朝的灭亡，王府的衰败，绝大多数王府或已不存，或挪作他用，可以说即使留下了当时王府祭祀活动的场所，也面目全非，很难看到当时的祭祀设施了。

很幸运的是，经过我们的努力，收集到有关恭王府现存的被称为“神殿”的建筑的一些历史资料和照片，本文拟通过这些资料剖析一下清代王府中神殿与宗教信仰的情况。

一、神殿的布局、设施与功能

在恭王府府邸中路，正殿“银銮殿”与“银安殿”的后面，有一座规模宏大、气势壮观的殿堂，殿堂前面门头上悬挂着“嘉乐堂”匾额，因此人们称此殿为“嘉乐堂”。嘉乐堂是由主殿和东、西两个厢房及宽阔的院落组成，主殿坐北朝南，整体分为5个开间，共约283平方米。硬山式的屋顶上覆着绿琉璃瓦，脊安吻兽，梁枋油

* 郑婕，原文化部恭王府管理中心副研究馆员。

图1　嘉乐堂外景

漆彩绘，廊檐抱柱，一座砖砌台基将整个大殿从地面托起，正中心大门前的六级台阶展示了它的高度（图1）。然而，令人痛心的是，在经历了百年风雨沧桑之后，如今这个殿堂内的布局及陈设早已面目全非，1937年恭王府成为辅仁大学女院以后，历经60多年，此殿的用途和功能随着所驻单位的需要而不断改变，这两年随着原单位的迁出，只剩下一个硕大的空房，几根立着的柱子显得那么孤独和苍白，很难让我们联想起它有过的辉煌（图2）。那么，在王府林立的殿宇中，这个地处重要位置的殿堂在历史上曾经具有什么样的用途或功能呢？

图2　如今的嘉乐堂早已面目全非

国家图书馆藏有一套我国清代皇家建筑设计世家“样式雷”于同治四年（1865）为恭王府的府邸及花园绘制的平面设计图，其中，关于府邸中路嘉乐堂的平面图中，清晰地绘制出该殿内部的布局安排（图3）。在长方

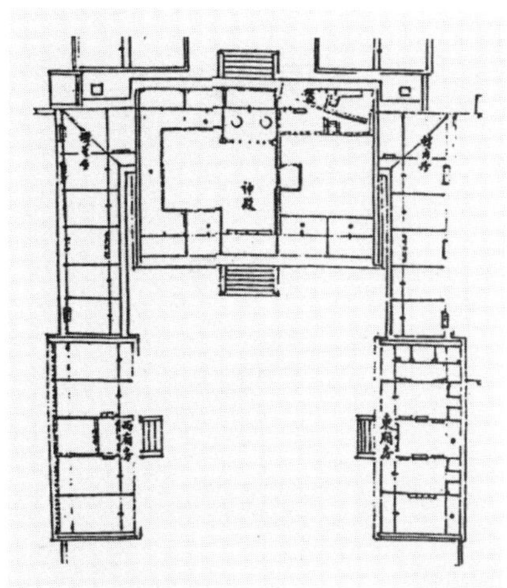

图3　“样式雷”图中的神殿

形的嘉乐堂主殿图形中，赫然书有“神殿”两个大字，字的周围绘有一些方圆规矩但大小不同的图形。嘉乐堂图形整体分为两大部分，其间有一条分隔线将这两部分隔开。西部东北角有一个东西向的长方形，长方形中绘一对大小相同的圆形，东南角有一排四个东西向的小长方形。再往西又绘有一个北、西、南三面贴边的“凹”字形图。分隔线的中心有一个豁口，豁口处的东侧绘一方形。整个分隔线的东侧，也绘有各式图形，在此不作一一描述。1937年5月31日至6月3日，中国营造学社派人到府邸进行实地测量，并绘制了实测图。在嘉乐堂的实测图上，我们看到了与“样式雷”图完全一致的殿内布局（图4），反映出实际实施的殿内装修与当初的设计没有什么太大的变化。在实测图中，主殿内整齐排列着若干实心的黑色圆点，与实际建筑相比照，确知这些圆点正是该建筑内仅存的八根金柱，这八根金柱排列成南北两排，呈东西向排列，每排各四根，形成东西向的五个开间。图中将正间的南端，也就是正身的中部画成开放式，中有两条隔线，三个空格，这是实际建筑中大门的位置，三个空格表示两边各有一扇旁门，中间为双开门，这些均与实际情况相符。图中大门的东侧，沿着南北走向的一排金柱，有一条粗黑的线横贯其中，将殿内五个开间分割成东西两个部分，东边有两间，为东次间和东梢间，西边有三间，为正

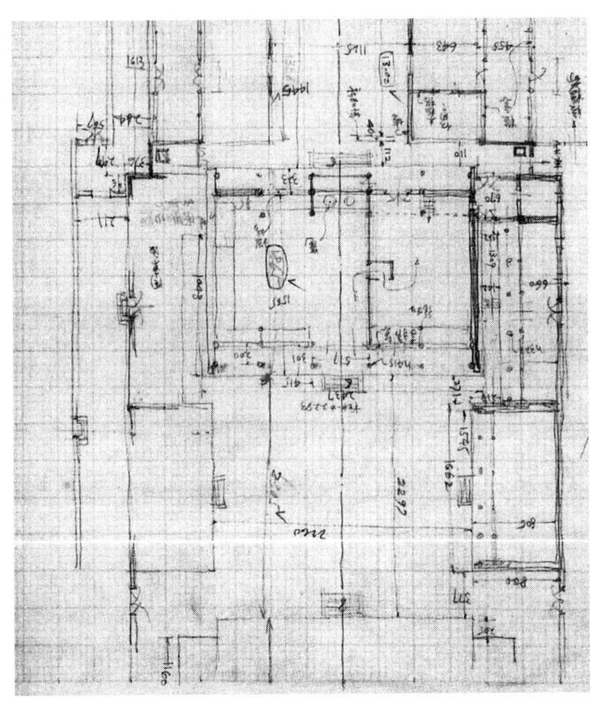

图4　营造学社实测图

间、西次间和西梢间。黑线的中央也有一个开放的小空格，空格的东北侧还画有一条围挡似的直角线，空格中一个箭头由黑线西侧沿直角线拐进黑线东侧，以表示东西两部分彼此相通。在黑线西侧的北端，另画有一个东西向的长方图形，这个长方形的长度正好是正间的宽度，与正间南边大门部分相对并等长。在长方形的中间又有一大一小两个并排的东西向的圆形图形，西侧圆形略大一些。长方形倚着黑线西北角，即正间北边的两根老檐柱及两根金柱，并向北墙外延伸至廊下檐柱处，这个长方形在图上标注有一个繁体的"灶"字，表明这里是一个灶间。灶间坐北朝南，正对着南边的大门。在图的西侧，有一个"凹"字状的图形，它沿着北炕窗下的炕墙直角拐向西山墙，又沿西山墙再次直角拐向南边炕窗下的炕墙，其一端顶着灶间的西墙，另一端直达大门的西侧。图中的这些设施是用来做什么用的呢？首先我们应当了解这个殿堂的功能。

《华裔学志》1940年第5期发表了《北京的恭王府及其花园》一文。该文的作者是一位华裔人士陈鸿舜和一位外籍人士G. N. 凯茨，他们曾多次进入恭王府，对王府的府邸及花园进行了深入细致的考察与研究。文中明确指出，坐落在银安殿后面的"相当大的殿"是"举行萨满仪式的殿堂"。"在诸多方面如信仰、细节、情趣、传统及不对称的设计，该殿都可以与坤宁宫比美。"显然，这里是王府供奉神灵的地方，萨满教举行祭祀仪式的殿堂。在"样式雷"图中我们看到的"神殿"字样，也充分证明了该殿的功能。溥杰在《醇亲王府的生活》中说："在王府的'大殿'后边，有一所'神殿'，就是祭祖的地方，和清宫中的'乾清宫'后面有'坤宁宫'一样，虽然是'具面而微'但是也为王府中最'神圣'的地方。"[①]说明王府与宫廷一样，均在大殿的后面设置祭祀神殿，以示对神灵、对祖先的敬仰。

因满族萨满祭祀都是继承传统而来，所以各神殿内的布局、设施以及祭祀仪式的程序基本是一致的。我们不妨以北京故宫的坤宁宫神殿及沈阳故宫的清宁宫神殿，这两个现存较为完整的神殿为参考，来了解恭王府神殿的布局、设施及其功能。坤宁宫主体建筑分为九个开间，最东边的一间和最西边的一间为通道，西边向东数第二间辟为神器库，剩下有六个开间。其间有一堵隔断墙沿着西边第四间东侧南北向排列的四根柱子将这六间一分为二，东边隔为两间，其功能是皇帝大婚合卺之所在，称为东暖阁；西边四间便是宫中举行萨满仪式的神殿。隔断墙的中间开有一个小门，门的东侧也就是洞房的部分设有屏风使之相对封闭。坤宁宫的大门为两扇的双开门，开在神殿四间中最东边的一间，使整个神殿形似口袋。神殿中，隔断墙的西北墙角处倚柱修建有一间烧煮供食用的灶间，灶间与南面的大门相对，灶间内砌有灶台，灶台中又埋有三口铁制大锅。紧贴灶间的西墙，沿北、西、南三面墙体垒砌起一圈“凹”字形转角炕，由于转角炕的主要特点是拐若干个直角，故而人们给它起了个吉利的名字，称之为“卍”字炕。清宁宫为五个开间，其中也有一墙之隔，墙中设门，使东西两部分可以相通。与坤宁宫有所不同的是东边仅有一间，西边为四间。东边一间是清太宗皇太极的寝宫，西边四间作为神殿。但神殿内的设施是一样的，“卍”字炕占据西边三间，沿北、西、南三面墙体垒砌而成。灶间设在四间神殿中最东边一间，东侧紧挨隔断墙，北侧贴着北坎墙，西南角与金柱相接，灶台中埋有两口煮供食用的大锅。大门开在从西数第四间的正身部分，也与灶间相对，不在正中而偏东。

了解了宫廷神殿中布局、设施的功能后，再来比照恭王府神殿设计图与实测图中所绘制的殿内各种设施的图形，其使用功能便可一目了然了。首先，两图中所绘制的粗黑线的位置，正是宫廷神殿中隔断墙的位置，因此我们可以认定粗黑线所表示的就是王府神殿中的隔断墙。粗黑线中的空格是隔断墙中开的小门，东侧直角线为屏风。在黑线西侧北端所画出的长方形，也就是标注为“灶”的图形，与宫廷神殿中煮供食用的灶间位置相符，由此可知，这个长方形是为王府神殿中祭祀用的灶间，长方形上的两个圆形表示灶台中有两口大锅。图西侧“凹”字状图形所处的位置是宫廷神殿中“卍”字炕的位置，那么，该图形所表示的一定就是王府神殿中的“卍”字炕。综上所述，粗黑线以西的部分为王府的祭祀神殿，这一点已确定无疑。但东边部分的功能是什么呢？我们知道就宫廷神殿而言，东边部分的功能随着时间的推移而有所变化。清宁宫神殿的东侧为皇太极的寝宫，康熙年间将坤宁宫东侧功能改为洞房。按有关资料记载，恭王府是沿袭康熙以后的传统，将神殿东侧用作新婚洞房②。载涛、恽宝惠《清末贵族生活》一文说：神殿“东间为亲、郡王及袭爵人合婚之所。……其新婚制度与坤宁宫为帝后合婚之所相同……”③。

《北京的恭王府及其花园》一文对恭王府神殿的描述，更加明确了两图中所绘图形的功能：“祭祀用的厨房在北墙中部。室内多口大缸大半截埋入地面……与坤宁宫的祭祀厨房完全相似。如同紫禁城的大殿一样，这里也有又长又宽的炕，半围绕在房间的北、西、南三面。所有的路都从这里通向门道。整个建筑的东面被一座结实的大墙隔开，只有一道门与一座比较大的房子相通，门后有门屏风，根据传统，这间房子是为新婚夫妇的洞房花烛夜准备的。”

还有一个设施同样不容忽视，那就是神殿的窗户。我们目前所看到的嘉乐堂的窗户，已经是经过改造了的玻璃窗，而非当初神殿的直棱窗。直棱窗是满族建筑中特有的窗户形式，顾名思义就是以直长的木条拼组成的窗棂，窗户的外侧糊以用盐水、酥油喷洒过的高丽纸。由于这种窗户在打开时是由下向户外上方开启，然后以木棍支撑或以绳条吊挂，关闭时，取下木棍或摘下挂钩，放下窗户，因此又称支摘窗或吊搭窗。《北京的恭王府及其花园》一文中附有一张神殿灶间的照片，从照片中可以看到，灶间中灶台后面的窗户及透过灶间的缝隙看到的神殿北坎窗，均为直棱窗，且直棱窗上可看出糊有高丽纸。

通过对比发现，从大体上看，恭王府神殿与宫廷祭祀场所一样，遵循着同一种模式，即不对称布局、神殿设在西边、口袋式房、“卍”字炕、灶间坐北朝南并与大门相对，这些实际都是满族居室的特色，但在宫廷及王府中，它又别具风格，与众不同。从小的布局上看，各神殿又不尽相同，首先，各神殿布局上的安排是根据其建筑规模决定的。坤宁宫虽然是仿照清宁宫而来，但就建筑而言，它又是在明朝宫殿的基础上改建的，有着明皇宫的高大宏伟的气势，这一点关外皇宫要逊色许多，因此在殿内的布局上及其使用功能上也就显得更复杂一些，为九间，五布局，四功能。嘉乐堂据推测是在原和珅时期建筑的基础上改建的，但亦符合亲王府后殿五间④的规制。其建筑的气势、规模当然不可能与坤宁宫相比。布局和功能也相对简单，为五间，两布局，两功能（图5）。下面对恭王府神殿中的设施及装饰进行分析。因本

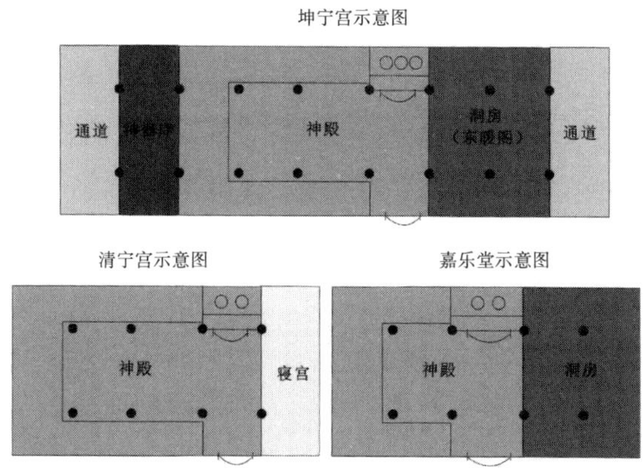

图5　神殿功能示意图

文只对祭祀神殿加以研究，故不对新婚洞房进行分析。

二、神殿的灶间

通过上一节对神殿布局的研究与分析得知，恭王府神殿一共有五个开间，而神殿中用以烧煮供食的灶间就设在整个大殿中心一间，也就是它的正间。东边紧贴隔断墙，北边紧贴北炕墙，抵着正间北端的两根金柱与两根老檐柱，面向南方，与大门相对。其尺寸若以四根房柱的距离来计算，面积应在12.7平方米左右，长约5.18米、宽约2.46米。恭王府神殿灶间的照片是目前发现的唯一一张反映神殿内设施、装饰的形象资料，因此它显得格外珍贵。这张照片虽然只是一张黑白照片，且因年代久远，各方面技术条件限制而有些模糊不清，但灶间外部的精美装饰及灶间内部的铁锅、灶台、直棱窗仍依稀可见。其中的英文说明文字为“Sacrificial Kitchen. for Shaman Ceremonies. in Building at Rear of Central Axis”（祭祀用厨房，用于举行萨满仪式，在中路建筑靠后的殿里）。该照片让我们了解了恭王府神殿灶间的大致风貌。确如这篇文章中所描述的那样，王府神殿的灶间与坤宁宫灶间“完全相似”⑤（图6）。

在灶间外，倚着上门框处，有一个木质的雕花罩。雕花罩形同一个帽子，戴在灶间的“头顶”上，古建筑上称之为“毗卢帽”。毗卢帽从两端起始至中间共排列着4个竖着的垂帘柱，其间距相等。4个骨朵形垂头分别倒挂在垂帘柱上，垂帘柱与垂帘柱之间横向装饰着花板与雕花骑马牙子。可惜的是，这张灶间的照片只拍到

图6　恭王府神殿灶间

了“毗卢帽”以下的一部分，而毗卢帽以上的部分却无法看到，它的上边是否还有装饰？在灶间照片上，我们还可以看到，该灶间两侧倚柱的内侧有门框和门槛，估计当年这里还安有房门，可视需要将灶间封闭起来。但在灶间照片中已见不到门的踪影。当我们看到坤宁宫的灶间时，我们发现，那里的装饰竟与恭王府神殿灶间外的装饰有着惊人的相似之处（图7）。坤宁宫灶间的外部同样装饰有“毗卢帽”，“毗卢帽”两端至中间有4个并排的垂帘柱和分别倒挂在垂帘柱上的骨朵形垂头，中间两柱的间距略长一些，两边的略短一些。垂帘柱与垂帘柱之间相隔有花板和卷草纹雕花骑马牙子，毗卢帽顶部的帽檐镂刻着一排相连的如意头造型，檐后墙上尚有一块长方形彩绘海崖云龙纹走马板。走马板以朱砂红为底色，上绘描金绿海水、描金青色山崖、描金青绿祥云和五条舞动着的金龙。五条金龙中，以其中一条面向正前方的龙为中心，其余四条占据画面的四个角，均朝向中心的龙。以上述两个灶间的纹饰相比较，细微之处略有不同，总体形式几近一致，重要的是，清朝制定的亲王府规制中是允许亲王使用绘金彩五爪龙的。⑥因此，恭王府神殿灶间顶上的走马板也当与坤宁宫大同小异。坤宁宫灶间门框同门槛的形式与恭王府神殿灶间的门框、门槛是一样的，但坤宁宫灶间的门至今完好。这道门是个双开式的折叠门，每边三门两折，安于“毗卢帽”的内侧。根据恭王府神殿灶间的长度来看，它的门应该也是双开式的折叠门。在灶间的外部装饰方面，清宁宫与恭王府神殿灶间完全不同。清宁宫灶间为开放式的，无门，更没有装饰精美的“毗卢帽”。灶台与北炕仅用木板相隔，且木板上无任何花饰，表现出关外的简朴风格（图8）。

图7　坤宁宫灶间

凡神殿中的灶台上，一般都会埋两到三口很大的铁锅，从“样式雷”图、实测图及灶间照片中均反映出，恭王府有两口锅，锅与锅之间相隔一定的距离。拍摄灶间照片的时候，其中一口已被挖出，因此我们看到该照片中灶台的右侧只隐约可见一个坑，却看不到锅，这可能也是实测图中东侧圆形比西侧圆形要小的原因。不过从照片中的直观感觉估计，灶台与清宁宫和坤宁宫的灶台相比较要矮一些，高度应当不会超过30厘米，所以会有“室内多口大缸大半截埋入地面”[⑦]的感觉。清宁宫也是两口锅，锅与锅之间有一定的间距，锅的直径在1.2米左右，灶台略高一些，高度为48厘米。坤宁宫有三口锅，由于每口锅的直径都在1米左右，因此锅与锅基本上连在一起。这些锅是专门供煮牲用的设备，众所周知，一般汉族供奉牺牲，都是用一些较小的加工食品，但满族不然，他们是把整个牺牲宰杀后，将其劈成两扇，再将整扇肉放入锅中煮熟，所以锅要大，且至少需要两口锅。在溥杰《醇亲王府的生活》中有这样的描写：“在神殿内有几口大铁锅和灶，可以把切成两半的猪放入锅中去煮。”煮好的猪肉，不仅作供品，还“聚集全家人分食祭肉”，保存了一定的共食古风。在乾隆三十六年（1771）绘制的《祭祀全书巫人诵念全录》上记录了煮供猪分食的情形。[⑧]坤宁宫大殿中央的地上，摆有若干排小方坐垫，皇帝家庭成员就是坐在这些垫子上分食祭肉的。那么，恭王府当年是否也是阖族人于神殿中席地而坐，共食祭肉呢？

灶间中的灶坑设在哪里？从仅有的照片资料中难以看到，文字资料中也没有记载。但据我们所知，坤宁宫的灶坑就开在灶台前的地面上，共三个坑，与三口大锅

图8　清宁宫灶间

相对，其上盖有用木板条拼成的盖板。与此相关的还有三个灶眼，它们设在灶台的南立面上，同样与三口大锅相对。清宁宫的灶坑也是开在室内的，在灶台前正对着两口锅的地面上，有两个方形的坑，这两个坑一直通向灶台中的灶眼，煮祭肉时，在坑内点火，送入灶眼，平时则用盖板将其盖住。

还有一个细节值得关注，就是从实测图中反映出，在神殿建筑的北墙外，紧贴神殿灶间的位置，有一个长方的图形，这个长方的图形所代表的是什么呢？在“样式雷”图中我们看到，当初的设计图纸上绘有相接的三个这样的长方图形，它沿着三间神殿北坎墙外的最东边一直排向最西边的墙角，进深至檐柱处，约1.7米。在坤宁宫神殿的北墙外，有一溜进深不足2米的夹道，它是与整个建筑成一体的。据说，那里是储放祭祀用品的库房。由此可知，图纸中的长方图形应该是模仿坤宁宫，在神殿北墙外的房檐底下加盖的夹道房，原本设计为一排，后来不知何故，仅存一间。所以我们看到的设计图与实测图是有所不同的。从仅存小房所处的位置看，该房应与灶间有关，是否为加工祭祀食品的小操作间，还有待进一步考证。

三、神殿的“卍”字炕

与其他神殿一样，恭王府的神殿也有极富满族居室布局特色的“卍”字炕。“卍”字炕又称转角炕，位于神殿的西次间和西梢间，外侧紧贴两个开间的北、西、南三面的墙体；内侧沿着西边四根金柱的外围，环绕成一个“凹”字状，或可说形似“卍”字状，其一端顶着灶间的西墙；另一端拐至大门的西侧。通长若按两个开间的四个长度和一个宽度来算，应在29米左右，宽度应与南、北方向金柱外侧至墙体的尺寸相当，为2米，这个尺寸也正好符合“卍”字炕的传统尺寸。高度目前无从查证，但可以坤宁宫和清宁宫为参考，坤宁宫炕高约58厘米，清宁宫炕高48厘米，考虑到建筑与炕的比例问题，分析这个“卍”字炕的高度当不会超过50厘米。

炕裙的装饰已不可知晓，但以坤宁宫的炕裙来看，这里的炕裙应装饰有极其精美、繁缛的木雕花纹饰，而清宁宫相对要简单得多，只在炕边贴一圈连续的红漆净瓶卷草纹木雕装饰。

恭王府神殿“卍”字炕的功能是什么？其上的陈设是什么样的？亦无相关资料。但按满族传统，北、西、南三面的炕各自有其不同的功能。首先，西炕是朝祭神台，神像、祭器陈设于此。北炕偏西，供有夕祭神位，神位前应有供桌及各种神具，北炕的东侧和南炕是可以坐人的，也可以陈设一些神具。坤宁宫的北炕就陈设有小型漆花柜，炕前陈设各种祭祀神器、暖炉等。清宁宫北炕目前所见陈设为一排共4个坐垫，靠西边的两个有靠背和扶手，坐垫旁间隔陈设有炕桌、水盆等物。至于南炕的陈设，坤宁宫与清宁宫也有所不同。坤宁宫的南炕，只设有皇帝一人的坐垫，而在清宁宫的南炕，则安排了若干块坐垫。这些坐垫应该是为家庭成员坐食祭肉而设的，因按萨满教的规矩，"这种祭肉是不准拿出屋门去吃……"[⑨]。坤宁宫将家庭其他成员的坐垫安排在地上，只将皇帝一人的坐垫安排在炕上，体现了清王朝入关后，皇权意识的加强，那么，王爷的坐垫是否也可以单独设在南炕，而将其他家庭成员的座位设在地上？此外，在"卍"字炕的西北和西南两角，按满族居室陈设的传统习惯，还应设有两个高大的上下两层双门对开的储物柜，这一点坤宁宫与清宁宫皆如此，恭王府也不会例外。

四、神殿的祭台

满族家庭的祭祀神台必设在神殿、神堂或居室的西面，这是满族的信仰习俗，认为人类居住在东边，而神灵皆居住在西边。因此"满洲祭祀皆以西为上"[⑩]，满族民间家庭中的西墙上均架有一个"祖宗板"，板上供着一个神秘的匣子，一般人不得随便开启，满族人称之为"佛爷匣子"，匣中珍藏着满族人的祖先像及所信奉的各位神灵像。满族人称屋中西炕为"佛爷炕"，将西炕视为圣洁的地方，一般人不许随便坐，更不可随意乱放东西，所以西炕和北炕的西北端就成为专设的祭祀神台。

满族同其他北方通古斯语系的民族一样，自古以来就信仰萨满教。"萨满"一词本来是鄂温克族语言，意为"激奋者""癫狂者"，后来传入欧洲，以后成为国际通用术语[⑪]。

萨满教本来是一种原始宗教，相信多神，主要是自然神、祖先、鬼魂等，但一般人是不能通神的，只有一种特殊的人才能与鬼神打交道，这种人就是萨满，《三朝北盟会编》："珊蛮（萨满）者，女真语巫妪也，以其通变如神。"

具体说到帝王的萨满信仰及其仪式，与民间大体相同，唯在祭祀祖先与自然神时各氏族间有所差异。满族皇帝"……定鼎中原，迁都京师，祭祀仍遵昔日之制，由来久矣。而满洲各姓亦均以祭神为至重，虽各姓祭祀皆随土俗，微有差异，大端亦不甚相远。若大内及王、贝勒、贝子、公等均于堂子内向南祭祀。至若满洲人等均于各家院内向南以祭，又有建立神杆以祭者，此皆祭天也。凡朝祭之神皆系恭祀佛、菩萨、关帝，唯夕祭之神则各姓微有不同。原其祭祀所由，盖以各尽诚敬以溯本源，或受土地山川神灵显佑默相之恩而报祭之也”⑫。祭祀的主要活动是祭天、祭祖、祭马神、求福等。从仪式上说有两类：一类比较简单，称磕头祭，包括设位、陈器、点香、行礼、挂净纸钱，一般没有萨满参与；另一类是使唤猪祭，即杀牲祭，如日祭、月祭、大祭、祭马神等。每种祭祀又有朝祭、夕祭、夕祭背灯祭和翌日祭天之分。每次祭祀，首先陈列神位、摆供、进牲、点香，萨满歌舞，主人礼拜等，仪式极其复杂。⑬而所有这些仪式都是在这座神殿或神殿外的院中举行的。

西炕所供神位主要是朝祭的神灵，在坤宁宫中供有上天之子、佛立佛多鄂谟锡玛玛、佛、菩萨、关公、三军之帅、先帝大师、长白山神等。⑭在西炕后面的西山墙上设有一对三角形神架，满族家庭祭祀神台的上方均设有这样的神架，只是制作工艺有所不同。坤宁宫神架髹金红漆，架头雕刻一对金龙头，其上悬挂一块镶红片金黄缎神幔，两端挂净纸钱，幔子内挂神像，每次祭到哪位神时，就将哪位神的画像请出，挂在幔子内，祭毕分别将神像纳入一个绘花红漆抽屉桌中。⑮清宁宫的神架与坤宁宫的相比要小得多，但也小巧精致，同样为红漆架、金龙头。镶红片金黄缎神幔呈燕尾状，神像藏在幔子中间。据《黑图档》第五百八十册记载：清宁宫“神龛有架，上悬神幔，下置神板，上有香匣、索匣、香碟和蒙子”（图9）。溥杰在回忆醇亲王府祭神时描述说：“在祭神那天，在每位神——如来佛、观音、七仙女、长白山神、远代祖先和始祖——前各供糕九盘，是在天未明五更时分开始献糕的。这时祭主吉服向西而跪，面对向东的‘神幄’供糕献酒以及素供（此时先向如来和观音龛上祭）。”“……在西墙设一向南的佛龛以供之。”⑯“中间屋内锅前地上设有厚高丽纸二张，进包锡红漆大桌二，以二猪之肉分置二银裹木槽盆内”⑰，猪首朝上，插以尖刀（图10）。⑱

按萨满教的规矩，祭台后的西山墙上，也就是神架的中央偏上，还应悬挂两条由各家讨来的黄、绿、白色棉线间各色绸片搓成的索绳，即子孙绳和盛放索绳的高丽布囊（又称子孙袋），寓意多子多福，该索绳为求福祭中使用。索绳的一端系于墙上所钉铁环之上，另一端由西南窗穿出户外，系在殿前正中的神树上，神树是一根3

图9　清宁宫西侧祭台

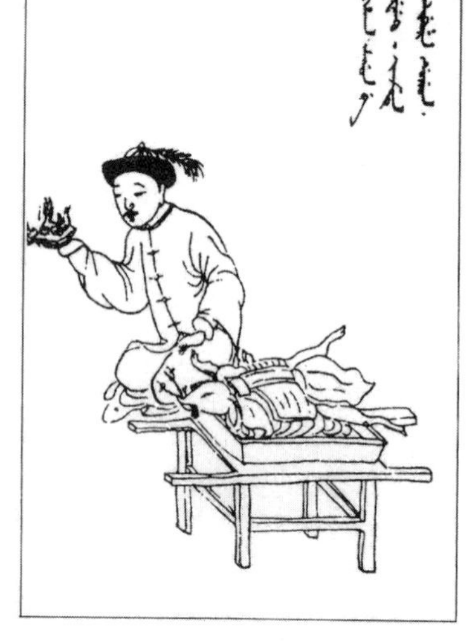

图10 《祭祀全书巫人诵念全录》18图，满文为“得了祭肉供神主前式样”

米左右的完整柳枝，象征佛立佛多鄂谟锡玛玛，下部插入一石座中。[19]

不仅如此，“满洲祭神，预于府第之神殿或住宅之神堂西墙上，悬挂各种乐器，如桦铃、拍板、手鼓、腰铃、三弦、琵琶之类，及带架之大鼓”[20]。溥杰《醇亲王府的生活》中记录的祭神乐器还有筝和月琴：“主人跪击神板，诸护卫官员也群击神板和弹弦子、弹筝以及月琴。”

在北炕的西北端主要供奉夕祭的神灵，溥杰《醇亲王府的生活》中记述的神灵有七仙女、长白山神、远代祖先和始祖。坤宁宫夕祭神灵有上天之子、穆哩罕（马神）、纳丹岱珲（七仙女）、佛陀妈妈、喀屯诺延（蒙古祖先）、阿珲年锡（金神）、安春阿雅喇（完颜氏祖先）、纳尔珲轩初、恩都哩僧固（刺猬神）、拜满章京、纳丹威瑚哩（七姊妹船神）、恩都蒙鄂乐、长白山神等。夕祭背灯祭供纳丹岱珲、纳尔珲轩初、卓尔欢钟依、珠噜珠克特亨（图11）。[21]夕祭时北炕上照例要挂黄幔、排列神位及摆放红漆供桌，桌上摆供糕、供酒。背灯祭时还要“熄灯、撤火、挂幔遮窗”[22]。

根据《钦定满洲祭神祭天典礼》卷一中的记载可知，康熙以前，王府祭神都是轮流将宫中神位请回各家祭拜，“大内立杆祭神，过二三日后，亲王以下，入八分公以上各按班次由坤宁宫内恭请朝祭、夕祭神位至于各家。届立杆祭祀之日，恭请朝祭神位。在堂子内祭毕仍请至家内夕间大祭。于是挨次恭请神位祭祀，俱照此至于

图11　坤宁宫北炕供奉的夕祭神灵

月终，大内司俎官、司俎等恭请神位进宫”。康熙五十七年（1718）时，康熙皇帝下令，“停止王等恭请神位”，此后，恭请神位成为一种特别恩赐。“雍正元年，世宗宪皇帝特命庄亲王、怡亲王恭请神位于其府内各祭一次。”由此不难看出，王府祭祀与宫廷祭祀是紧密关联的。

五、神殿前的神杆

在神殿前的院落中，原本还应立有一根杆子，“这根杆子在银銮殿（银安殿）后面，而举行萨满仪式的庭院南门，不在轴线上，略偏东”[23]，在经历变迁后，这根杆子早已不知去向。据《北京的恭王府及其花园》记载，在该神殿被辅仁大学女院占用后，这根杆子下的石座即被移至花园戏楼中的一个展厅展出。由此说明，陈鸿舜和G. N. 凯茨进入恭王府的时候，这根杆子可能已经不复存在。但有幸的是，竖立杆子的位置仍留有遗迹，杆子的石座至今犹存，只是已经不在原位。这根杆子是萨满教举行祭天仪式时不可缺少的重要神具，凡是祭祀场所都会设立，在满族，有钱人家都立杆子。满族人十分重视这根杆子，将其视为通天神树，是人与神沟通的桥梁，认为神圣不可侵犯，“满洲对杆子不敢稍有亵渎，甚至日光所照之杆影，移向任何一方，皆不许人践踏”[24]。溥杰在《醇亲王府的生活》一文中也提道“一般人都不许踩它印在地上的影子”。杆子名曰神杆，在满语里被称为“唆啦杆子”或“索罗杆”，它是一根很高的旗杆状的木质长杆，杆的底部有石座，顶部有一包锡木斗，祭天时在斗内盛放食物以供满族崇敬的乌鸦来食。

资料显示，神杆从形状到木质有几种不同的形式，就形状而言，神杆有一个由繁到简的变化过程。最原始的神杆应该就是自然界的树木，满族人居住的山林是萨满教的祭祀场所。后来萨满祭祀逐渐移至各家中，神杆也被移至院中。因神杆是通天树的象征，所以早期移至院中的神杆仍保留若干层枝叶，《钦定大清会典事例》卷八九三“向例留树梢枝叶十有三层，今留枝叶九层”。北京清宫萨满祭祀场所——堂子的神杆始终承袭旧制，留枝叶九层[25]，满族皇帝入主中原之前，在盛京沈阳故宫所竖立的已经是一根不留任何枝叶的旗杆状的神杆，但木质仍选用传统的松木，按清宫早期的规定，皇帝使用的神杆需每年更换[26]，以此体现其至高无上、唯我独尊的地位。满族皇帝入关之后，为简化更换程序，也为进一步体现皇家对祭神、祭天的重视，尽显皇家气派，便在北京故宫的坤宁宫竖立起用珍贵楠木制成，不加任何油饰的，下粗上细，顶部插一包锡木斗的神杆。[27]这种旗杆状的神杆也被满族家庭普遍使用，《宁安县志》载：“满族则每年两次举行家祭，祭时于上屋西炕排列木人或各色绫条用以代表祖先……”“……又立七尺七寸或九尺三寸高细木于院内南隅，置斗其上，形如浅碗，名曰祭杆。”

《北京的恭王府及其花园》中对神杆的描述也证实了这一点：“一根萨满旗杆（译者注：神杆，名‘唆啦杆子’）高高挂起，根据悠久的传统，旗杆上挂着供乌鸦食用的供品。”[28]其祭杆仪式仍遵循清旧制，从程序上看，宫廷、王府以至民间都是相同的。翌日祭天时将神杆卸下，杆头拄地，“次即洗杆上之锡斗，斗内原置旧猪骨，撩（谓之升）于屋瓦上。……盛牲血以盆，涂杆子尖，随即脱衣（即剥皮）、解节（将肉及骨剔开）；俟肉熟，跪切成宽肉丝，盛以碗，配以陈米饭同供。免冠叩首，取碟中物置斗内，以猪喉骨（俗称梭子骨）贯于杆子尖”[29]，然后重新立起。《宁安县志》卷四中也说：“……祭之次日献牲于杆前，谓之祭天，以猪肠及肝肺生置其中，用以饲乌，又以猪之喉骨贯于杆梢，再祭时则以新易旧。”

但恭王府神杆使用的是什么木质？又是如何竖立在石座上的呢？目前，只有清宁宫一根神杆还完整地竖立在院中，清宁宫神杆是一个下方上圆的长杆，杆高约3

米，杆的根部宽10厘米。该神杆被竖立在一个宽50厘米、高70厘米，顶部四角为圆角的石座上。石座顶部的中心有一个方形洞，洞中插一个长方形倚柱，神杆便被依附在倚柱上，以铁箍加以箍束（图12）。由于神杆在每一次翌日祭天时都需从石座上卸下，为了装卸方便所以使神杆依附于倚柱。

坤宁宫神杆目前已被收入北京故宫的库房，院中仅留有神杆石座。坤宁宫神杆石座高77厘米左右，宽51厘米，顶部四角为圆角，顶部中心是一个较规矩的正方形深洞，洞口宽12.5厘米。洞已被砖头堵死，看不出它的深度。坤宁宫神杆同样是一根下方上圆的长杆，据载涛、恽宝惠回忆，杆的高度约在6米，但实际高度并没有那么高，只有4米，神杆上有直径7寸、高6寸的碗状圆斗，固定神杆的木桩长5尺、宽5寸，木质为楠木。[30]恭王府神杆石座为长方体，高78厘米，宽51厘米，上面四个角为圆角，四个侧面的上部围有一圈凹槽，当为装饰槽，在其顶部正中有一方形深洞，这个洞已被人用水泥封住，洞口的边缘不甚清晰，大致看出其宽度约为16厘米。从该洞的宽度看，倚靠神杆的倚柱应在15.9厘米左右宽，高度应在1米以上。分析神杆的高度当可在3米以上，然而也绝不可超过4米（图13）。

关于此神杆的木质，尚无资料可查，有关王府萨满祭祀方面的文献资料，均未

图12
清宁宫神杆

图13　恭王府神杆石座

对王府神杆的木质加以说明。清未入关以前，一切因循旧制，皇帝的神杆需每年更换。届时从山中按规定尺寸砍伐松木，运抵盛京。所以我们今天所看到的清宁宫神杆，仍为松木加荤油制成。满族民间使用之神杆也都以松木为之。目前只见坤宁宫一处神杆为楠木所制，王府神杆若以楠木为之是否越制？

在恭王府神殿的院落中，目前看到共有四片裸露的土地，它们分别把着院落的四个角，土地上种着数十年的老树。而就在东南角这片土地的南部，有一小片用砖块铺垫的地面，并且是仅有的一片，在其他位置均未发现。这一小片砖地恰恰是神杆应在的位置。因此笔者认为这片砖地当初就是专为神杆而铺垫的（图14）。

图14　恭王府神杆地基

六、神殿旁的东西厢房

至于神殿两侧的东西厢房，由于经历过改造，原来的面貌也同样不复存在。从“样式雷”图中尚可看到，东西厢房中设有若干纵向或横向的隔断，但实测图中仅见东厢房有一溜南北走向的双线图形及间隔的圆点形，西厢房已是空空如也，一无所有。因坤宁宫没有东、西厢房而清宁宫东、西厢房中的现有形式又似乎与“样式雷”图及实测图所绘恭王府神殿外东、西厢房中的布局截然不同，故而无法相互比照。曾有人认为那里是储放萨满祭祀神器的神器库，但自从我们看到了《华裔学志》中《北京的恭王府及其花园》的记载后，我们才惊奇地发现，那里原来竟是关养牲畜用的圈栏。“直至最近，这个院落的东、西厢房仍然适合举行仪式，保存了很宽的栅栏，那原来是用来圈住供祭祀用的活牲畜的。”

清入关前，萨满祭祀中使用的牺牲，主要源于从猎场中射杀的猎物，如狍、鹿等。[31]入关后由于狩猎不便，无法满足供祭的需要，牲畜也就由野生改为家养，猪成为供祭的主要牺牲。

猪的挑选非常严格，按满族的习俗，纯黑色公猪被视为神猪，敬称为黑爷。在祭祀仪式中所使用的牺牲，必须选择无病、无疮癣、无白毛的纯色黑猪[32]，“少有残缺即斥而不用”[33]。但萨满祭祀中所供献的牺牲并不仅限于黑猪，其他家养或野生的动物，只要是健康的、新鲜的，均可用来供祭。因此神殿外东、西厢房中所圈养的牲畜也就不一定只限于黑猪一种了。

七、结语

上文我们以恭王府“神殿”为载体，通过其布局、装饰和设施，与皇家宫殿中的神殿——北京故宫坤宁宫和沈阳故宫清宁宫加以比较，可以明显看到，在“祭神”的内容和形式上，两者基本相同，但在规格或规模上，由于宫廷和王府等级的高低而显示出差异。

由于皇家祭祀有堂子祭与宫廷祭之分，两者从建筑形式、室内的布局陈设、祭祀形式到所供奉的神灵都有所不同。而王府祭祀与宫廷祭祀一样，同属家庭祭祀，因此一切布局及典制均按家庭祭祀的传统规制而设定。

从祭神仪式和所祭神灵看，由于王府早期祭祀是紧随宫廷之后的，宫中祭什么神，王府跟着祭什么神，在祭神仪式上也不会相左。而亲王又与皇帝同宗同族，血脉相通，所以他们所信奉的神灵，主要是祖先神无疑也是相同的。

从室内装饰和设施上看，恭王府神殿中主殿内的装饰和设施完全仿照宫廷神殿而设，别无二致。我们认为恭王府神殿室内装饰的精美程度绝不亚于宫廷神殿，完全可以与北京故宫的坤宁宫相媲美。

从使用功能上看，各神殿中的主殿无疑都是用作祭神的场所，而其他开间的功能则是根据各自条件的不同有所变化。

从神殿的整体布局面积上看，恭王府神殿的面积比北京故宫宫廷神殿要小许多。

本文虽然只是对恭王府的一个殿堂"神殿"进行了探讨，但通过这一研究，再次证明王府与宫廷有着密切的联系，王府文化是皇家文化的重要组成部分。

注释

① 溥杰:《醇亲王府的生活》，载文安主编《大清王府》，中国文史出版社2004年版，第106—169页。

② H. -S. Ch'ên, G. N. Kates, *Prince kung's Palace and Its Adjoining Garden in Peking*（陈鸿舜、G. N. 凯茨:《北京的恭王府及其花园》），辅仁大学《华裔学志》1940年第5期。

③ 载涛、恽宝惠:《清末贵族生活》，载文安主编《大清王府》，中国文史出版社2004年版，第54—83页。

④（清）昆冈等:《清会典》，中华书局1991年影印本。

⑤ H. -S. Ch'ên, G. N. Kates, *Prince kung's Palace and Its Adjoining Garden in Peking*（陈鸿舜、G. N. 凯茨:《北京的恭王府及其花园》），辅仁大学《华裔学志》1940年第5期。

⑥（清）昆冈等:《清会典》，中华书局1991年影印本。

⑦ H. -S. Ch'ên, G. N. Kates, *Prince kung's Palace and Its Adjoining Garden in Peking*（陈鸿舜、G. N. 凯茨:《北京的恭王府及其花园》），辅仁大学《华裔学志》1940年第5期。

⑧（清）舒舒觉罗哈拉:《祭祀全书巫人诵念全录》，日本东京大学东洋文化研究所图书馆藏。

⑨ 溥杰:《醇亲王府的生活》，载文安主编《大清王府》，中国文史出版社2004年版，第106—169页。

⑩ 载涛、恽宝惠:《清末贵族生活》，载文安主编《大清王府》，中国文史出版社2004年版，第54—83页。

⑪ 参见刘小萌、定宜庄《萨满教与东北民族》，吉林教育出版社1994年版，第72—151页。

⑫《钦定满洲祭神祭天典礼》卷一。

⑬ 参见姜相顺《神秘的清宫萨满祭祀》，辽宁人民出版社1995年版。

⑭ 参见姜相顺《神秘的清宫萨满祭祀》，辽宁人民出版社1995年版。

⑮ 参见《钦定满洲祭神祭天典礼》卷三。

⑯ 溥杰:《醇亲王府的生活》，载文安主编《大清王府》，中国文史出版社2004年版，第106—169页。

⑰《钦定满洲祭神祭天典礼》卷三。

⑱ 参见载涛、恽宝惠《清末贵族生活》，载文安主编《大清王府》，中国文史出版社2004年版，第54—83页。

⑲ 参见《钦定满洲祭神祭天典礼》卷三。

⑳ 载涛、恽宝惠:《清末贵族生活》，载文安主编《大清王府》，中国文史出版社2004年版，第54—83页。

㉑ 参见姜相顺《神秘的清宫萨满祭祀》，辽宁人民出版社1995年版。

㉒ 载涛、恽宝惠:《清末贵族生活》，载文安主编《大清王府》，中国文史出版社2004年版，第54—83页。

㉓ H. -S. Ch'ên, G. N. Kates, *Prince kung's Palace and Its Adjoining Garden in Peking*（陈鸿舜、G. N. 凯茨:《北京的恭王府及其花园》），辅仁大学《华裔学志》1940年第5期。

㉔ 参见载涛、恽宝惠《清末贵族生活》，载文安主编《大清王府》，中国文史出版社2004年版，第54—83页。

㉕ 参见姜相顺《神秘的清宫萨满祭祀》，辽宁人民出版社1995年版。

㉖ 参见姜相顺《神秘的清宫萨满祭祀》，辽宁人民出版社1995年版。

㉗ 参见载涛、恽宝惠《清末贵族生活》，载文安主编《大清王府》，中国文史出版社2004年版，第54—83页。

㉘ 参见杨锡春《满族风俗考》，黑龙江人民出版社2002年版。

㉙ 载涛、恽宝惠:《清末贵族生活》，载文安主编《大清王府》，中国文史出版社2004年版，第54—83页。

㉚ 参见载涛、恽宝惠《清末贵族生活》，载文安主编《大清王府》，中国文史出版社2004年版，第54—83页。

㉛ 参见姜相顺《神秘的清宫萨满祭祀》，辽宁人民出版社1995年版。

㉜ 参见嘉庆六年（1801）刊《满洲祭天祭神典礼序》。

㉝ 参见《钦定满洲祭神祭天典礼》卷一。

（原载《清代王府及王府文化国际学术研讨会论文集》，文化艺术出版社 2006 年版）

清代王府遗址建筑的文化遗产区域保护问题及对策

——以北京的清代王府遗址为例

祁浩庭 *

清代王府作为人类物质文化遗产的一部分，是人类历史发展进程中精神和文化信息的载体，是包含历史价值、文化价值、艺术价值、科学价值、社会价值的混合体。尽管我国近些年在古建筑遗址保护上取得了一定的成就，但随着社会城市化进程的加快，依旧面临着诸多挑战。本文以清代王府在北京的几处遗址为例，针对其历史背景、保护现状探讨王府遗址在历史文化遗产保护中所存在的共性问题及应对策略。

一、北京清代王府的保护现状及问题

（一）朝阳门内大街孚王府

孚王府是全国重点文物保护单位，由于历史原因，院内有出版社、研究所、图书公司等多个单位存在。其主体建筑被中科院自然科学史研究所占用，内院有篮球场和羽毛球场等设施，而且居住着很多居民，居住环境已经变为大杂院。经过多年变迁，内部院落已面目全非，王府内原有的房屋也已经破败不堪。虽是挂牌的文保单位，但建筑外观没有被保护起来，院内搭建了许多小房，通道非常狭窄。目前孚王府内居住着几百户居民，与其他大杂院没有多少区别。

以大杂院形式居住的王府遗址保护情况最差。私搭乱建破坏了院落原有的格局，破坏了历史风貌。随着社会文化变迁，王府已失去从前的辉煌，当时的历史环境、王府状况已经很难复原了。像孚王府这样的大院落，如果被公用或开发利用的话，

* 祁浩庭，文化和旅游部恭王府博物馆展览部馆员。

作为博物馆对公众开放未尝不可，国外的很多名人故居、皇室城堡就依然有人居住或变为博物馆对外开放，但前提是建筑格局与外观应保持历史原貌。随意搭建、没有保护意识的居住方式不可取。

（二）前海西街恭王府

恭王府是仅有的几座对公众开放的清代王府类博物馆，也是现今保存最完好的清代王府建筑群，被评为国家5A级旅游景区。建筑可分为府邸和花园两部分，府邸分为中、东、西三路，各由三个院落组成。府邸最深处有一座两层高的建筑名为后罩楼，曾作为辅仁大学时期的女生宿舍使用。后花园部分又名“萃锦园”，园内布局艺术性极高，水系、石山分布讲究，花园最中央滴翠岩下方的山洞中藏有康熙皇帝御书“福”字碑石雕，被誉为恭王府一宝。

王府的开放，早在20世纪70年代就被提上日程。1975年，周恩来总理在病床上以3件未做完的事情托付谷牧副总理，其中之一就是恭王府的开放问题。恭王府现今作为文化和旅游部下属事业单位，在2008年以前，只向公众开放后花园的参观，因府邸被公安部宿舍、中国艺术研究院、中国音乐学院附中等单位占用。后经过多方协调，对王府内部单位与住户实施搬迁腾退，并且在不破坏原有古建的基础上进行复原修缮，终于在2008年迎来府邸、花园的全面开放。从恭王府本身的保护状况来看，其建筑按照原貌修复，基本保持了晚清时期所设计建造的房屋样貌。院内当年种植的丁香、银杏，至今依然苍翠挺拔。

恭王府的建筑本体保存较好，并且配合内部所设的“清代历史沿革”“恭王府修缮实录”等展览，形成了一种独特的博物馆展览模式。王府遗址被开辟为博物馆、纪念馆的形式是少数的，优点在于建筑本身被非常完好地保护起来，基本还原了某一时期的历史原貌，观众可以自由参观，博物馆内的展览可以作为对当年历史的深度解读场所，并发挥教育功能。

（三）后海北沿醇王府

醇王府位于后海北沿，原本的府门朝东，府内建筑也分中、东、西三路，与恭王府类似，后花园在西侧与府邸横向排列。新中国成立后，府邸由国家宗教事务局和中华宗教文化交流协会入驻办公。醇王府花园在1961年作为宋庆龄的住所，花园部分保存相对完整，直到1981年宋庆龄去世。在1982年政府对故居进行全面修整，正式作为名人故居对外开放。花园内部设有宋庆龄生平展，以原状陈列保持了她生前在此工作、学习时的场景。从本身的保护情况来看，建筑按原貌修复，基本保持了当时王府房屋样貌。院内早年种植的海棠至今依然苍翠挺拔。1984年，醇亲王府被列为北京市第三批文物保护单位。与其他王府相比，醇王府与恭王府在建筑本体上保存得最好，并且配合博物馆内的展览，形成了一种典型的历史文化与展览模式。

（四）涛贝勒府

涛贝勒府现为原辅仁大学与北京第十三中学所在地。南侧是辅仁大学主楼，为1929年由比利时传教士建筑师格里森设计，借鉴西方修道院风格，建造成一座中国宫殿式城堡建筑，以两层楼合围成封闭院落。北侧是北京市第十三中学，现存古建筑约1000平方米，北京市第十三中学柳荫街位置的大门即是老王府的东阿斯门，进入之后是狮子院，往北走就是通往王府银安殿的主路。这条主路紧贴府墙东侧的柳荫街，与其他王府相比规格略小，而且少了东路这一侧的院落，整个府邸主体建筑保存相对完整。作为难得保存较好且现状不错的府邸，涛贝勒府没有旁边恭王府的游人如织，有的是学生们琅琅的读书之声和难得的清幽。

二、王府类遗址建筑保护的若干问题及对策

北京地区的清代王府建筑还有很多，比如东城区正义路的肃王府，现为北京市政府所在地；西城区大木仓胡同的郑王府，现为国家教育委员会所在地；西城区西皇城根南街西侧的礼王府，现为国务院事务管理局使用。还有一些王府破坏比较严重，仅存残壁断瓦的遗址，如东华门大街南侧与大石桥胡同的两处睿王府遗址。

王府遗址类建筑特殊的文化遗产不仅仅依托于古代建筑本体的形式，同样包括历史人物背后所依存的精神上的无形层面。尽管旧时留存的王府遗址作为文化遗产应该保护，但是在保护的过程中总遇到各种问题。北京的几个曾经的清代王府遗址，目前存在的问题各不相同，某种意义上似乎代表了遗址的几种不同的形态。通过对遗址的重访，发现在保护中有以下几个普遍性的问题。

其一，王府建筑沦为大杂院，早期基本没有得到保护，私自搭建严重，房屋建

筑结构被改变或本体结构全无，居民保护意识不够。

其二，此类建筑大都在老城，大部分没有被开辟为博物馆、纪念馆，建筑本身有明显特征，假如不挂牌很难识别，甚至挂了牌的也有些根本没有保护。应提高建筑的可识别度，加强管理。笔者不反对居民居住，但要协调好居住与保护的关系。

其三，王府遗址作为巨大的整体建筑或整个区域环境中的一部分在受到保护的时候，怎样协调好与整体环境的关系，如何在最经济的情况下做到最好的整体性保护。

其四，开辟博物馆、纪念馆能很好地把建筑本体保存下来并有广阔的利用空间，但是如何协调遗址保护与周边历史环境的整体关系，依然是个重点问题。

其五，何种情况下的王府遗址应该复原重建。《文物保护法》第二十二条规定了不可移动文物全部损毁的不能在原址重建，但是特殊情况下需要在原址重建的，上报后经批准就可重建。“特殊情况”是一个怎样的范围？

其六，王府遗址是文化的载体，建筑本体的修缮固然重要，但建筑周边所承载的文化空间也很重要。在保护建筑的同时，也应该关注其隐喻性的文化，做出适当的“复原”。

针对清代王府遗址在北京的现状及其反映出的问题，一些是其独特的个体问题，但更多可以说是王府历史遗址文化保护的共性问题。这就需要在具体问题具体分析的基础上提出一些针对共性问题的解决措施及保护原则。

（一）全局性保护

涉及古迹保护应包含一定规模的环境，确保其完整性、全局性。这就要求针对古迹的保护不仅保护其本身，其所处的环境也应在一定程度上给予保存，从而能够真实反映古迹当时所处的现实环境，进而反映历史背景。像文中恭王府及醇王府，虽然得以被辟为博物馆进行保护，但我们所得到的只是孤零的位置，当时的具体环境我们已经无从得知。这个矛盾在很大程度上也是城市建设与遗产保护之间的一场博弈，需要政府部门的顶层设计，全局把握这其中的权重。

（二）原真性保护

《威尼斯宪章》第五条规定：“为社会公用之目的使用古迹永远有利于古迹的保护。因此，这种使用合乎需要，但决不能改变该建筑的布局。只有在此限度内才可考虑或允许因功能改变而需做的改动。”但对于因各种历史原因已经遭到破坏的古建筑文化遗产是非常遗憾的，如已经变为大杂院的朝内大街孚王府。但现实要求我们在不断提升保护文化遗产意识的基础上，适时地根据经济发展水平，按部就班地对遗址类文化遗产进行抢救。确保原真性修复，因为这并不是简单修复一个故居，更是在尝试着去恢复一段历史。

（三）辐射式管理

针对北京地区有多处王府遗址的情况，可以采用类似于“卫星城”式的形式进行保护与管理。以一个最为重要的处所为主，设立博物馆、纪念馆，同时与其他几处进行联动，辐射式统一管理。如文中前海西街17号保护最为完好的恭王府，也是现在北京地区唯一完全对外开放府邸与花园的遗址类博物馆，可以作为北京什刹海地区众多王府遗址中的“主战场”，与周边环境和附近其他几处王府建筑交相呼应，进而能够恢复北京地区什刹海一带的王府建筑群落，复原那个时期的整个历史样貌。但这之中必然需要政府相关部门克服诸多困难才能得以实现。

综观清代王府遗址保护的问题，有其历史发展的深层原因，更有现实保护的客观原因，以及人们思想认识的局限等多种原因。文化和城市始终都在变迁之中，如果协调不好人与物之间的关系，就很容易出现以上提到的各种问题。王府遗址类建筑在清代建筑中处于鼎盛时期，是当时清朝王族或重臣的重要居住地。在北京的北侧城区分布着众多该类建筑，是当时达官显贵的聚集地。随着清朝的灭亡，经历民国时期，到中华人民共和国成立之后，已经失去了当初的地位，导致大部分或闲置或出售。产权归于政府之后，有些作为生活或办公用房。租出去的房屋就逐渐沦为了现在的大杂院，而且在多年的使用过程中，使用者大多没有文物保护意识，或许在当时就没有把此类遗址当作文物看待。当我们发现保护古建筑本身存在缺失的历史问题时，我们应该去深入探讨，找寻一种最佳的补救措施，在今后建设中吸取教训。

面对王府遗址类历史文化遗产保护的问题，与经济、城市、社会等诸多因素都有直接的联系，希望全社会不断地提高文化遗产保护意识，认识到保护其周边环境的重要性，积极行动起来保护迫在眉睫的清代遗址类文化遗产。

（原载《中国文物报》2021年8月13日）

当时间与空间相遇

——北京三山五园地区发展历程回顾

高 珊 朱 强 孙一鸣 王沛永*

一、前言

北京西北郊自古就拥有自然山林与平原湿地相结合的绝佳生态条件：这里重峦叠嶂、水网密布，自辽代起便成为京城的水源地与贵族郊游之地。历经几百年的演变发展，终于在清朝迎来了巅峰岁月：这是一个庞大的集农业、水利、游憩、宗教、居住、政治等多功能于一体的皇家特区，更是京城里除紫禁城之外的第二个政治、文化中心。

在这里，皇家园林作为核心要素而存在，也使它得名为“三山五园”，即香山及静宜园、玉泉山及静明园、万寿山及清漪园（光绪朝改称颐和园），以及平原湿地中的畅春园和圆明园。五园周围还密布有大量的皇家赐园、寺庙，服务于皇室贵族的村镇、军营、农田及一套完备的水利和农业基础设施，堪称古代人居环境建设中的典范。然而，自清末以来，这里饱经沧桑，已经发生了翻天覆地的变化，令人难以想象出几百年前的盛景。本文立足于翔实的史料考据，以可视的时间轴和平面图等形式（图1），直观地展现出“三山五园”这幅动人的历史画卷。

二、时间长轴中的三山五园

本文选取了三山五园地区的知名度最高且历史较为确凿的5座皇家园林——静宜园、静明园、清漪园（颐和园）、畅春园、圆明园及2座寺庙——碧云寺和功德寺，

* 高珊，文化和旅游部恭王府博物馆古建部助理馆员；朱强，北京农学院园林学院讲师；张一鸣，湖南大学硕士研究生；王沛永，北京林业大学副教授。

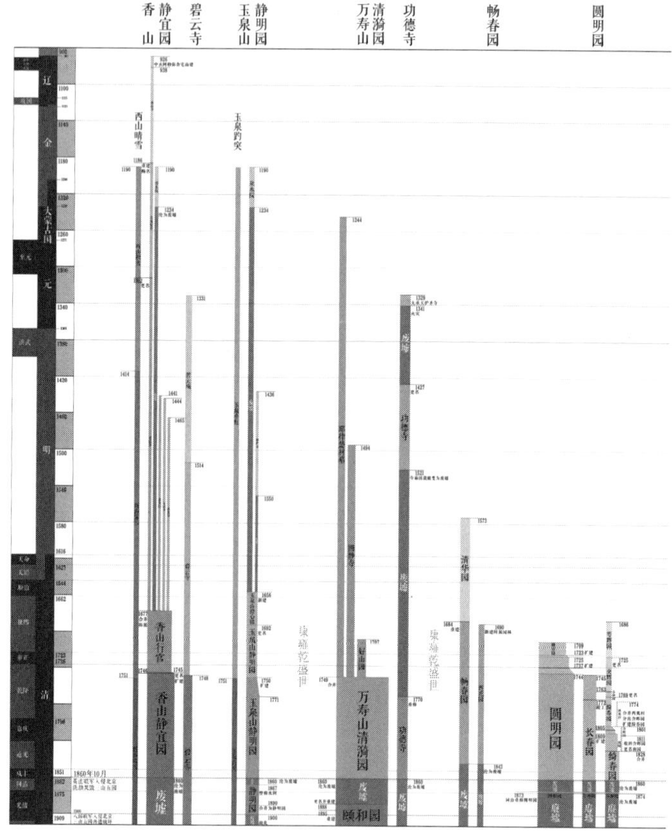

图1 “三山五园”地区部分园林寺庙历史发展图轴（辽至清）

考证一千多年的发展演变，并首次尝试利用可视化的方法将它们的发展历程、重要历史事件及规模变化以直观的方式展现出来。这种尝试的意义在于，便于人们在浩如烟海的史料中清晰地进行纵向和横向比较，进而探索它们的发展规律。

（一）纵向比较发现

1.静宜园与静明园——从自然山水到皇家宫苑

中国古人崇尚自然山水，并在其中获得精神世界的享受，依托于香山和玉泉山而建的两座园林就是典型的代表。早在926年（当时是辽代的天显年间），香山便出现了寺庙的营建，此后历朝都看中了这里的生态条件和自然风光，大小寺庙建设不断。另外，最早的皇家园林建设也是在此，金章宗于1190年在香山和玉泉山分别修建了“八大水院”中的潭水院和泉水院作为行宫。到了清代，这一传统得以延续：在康熙、乾隆皇帝的主持下先后打造成了规模更大、景色更美、功能更多的皇家园林——静宜园和静明园。它们的特色在于以突出自然风光为主，其中燕京八景中的西山晴雪和玉泉趵突两景就位于两园之中，它们自金代出现后得以不断传承，如今是具有北京地域特色的文化景观。

2.清漪园到颐和园——以水利工程为初衷的园林建设

万寿山地区在建园以前原本是瓮山、西湖、水田、零星的寺庙及陵墓，并无突出的风景可赏。但到了清乾隆十四年（1749），乾隆皇帝以为母祝寿、兴修水利为由挖湖堆山、圈地造园——这就是清漪园，它的修建极大地完善了西郊的水利系统并使昆明湖作为其中一个重要的枢纽，为农业发展、京城用水及园林造景提供了便利，堪称一项功绩显著的国家工程。同时，游赏娱乐、宗教祭祀、军事演练也是清漪园不可忽视的几大功能。在惨遭英法联军洗劫焚毁的几十年后，清漪园被部分重建并更名为颐和园，成为如今北京最能够展现皇家气派的园林和世界文化遗产之一。

3.畅春园和圆明园——人工山水中的帝国中心

早在清初时，南苑及玉泉山澄心园（静明园）曾作为京城外皇帝临时处理朝政的场所，已经反映出园居理政的些许倾向，但由于自然条件的限制，并不适合作为长期居住的离宫。

康熙二十三年（1684），康熙帝相中了明代清华园这座人工山水园的旧址，并先后建设了畅春园及其附属的西花园，在他力求简朴的指导思想和当时的社会经济背景影响下，畅春园很大程度上沿用了明代格局、摒弃华丽的装饰、风格十分朴素，供皇帝在此园居理政、养育皇子、颐养身心。雍正即位后将潜邸圆明园作为离宫，使畅春园的功能由以政治生活为主转化为奉养太后和宗教祭祀，乾隆年间便逐渐荒废、道光时期已经基本被废弃，如今仅存两座佛寺山门还承载着些微的历史记忆。

与畅春园不同的是，圆明园在清代盛极一时、享誉世界，以至于为它后来的灭顶之灾埋下了伏笔。“圆明园”自乾隆扩建以后作为统称而存在，目前包含圆明、长春和绮春三园，但经考证发现，它还应包括紧邻的熙春园和春熙院两园，因此最盛时有“圆明五园”之称，此两园在晚清因被赐予皇室成员而分离出去。圆明园是以政治功能为主，起居、游赏、宗教、军事、农业等功能兼备的帝国政治中心，拥有大量的陈设及珍藏，雍正至咸丰的每朝帝王都曾长时间在此生活。作为附属园林，长春园自1745年建园后基本以游赏为主；绮春园最初为赐园，经乾隆和嘉庆皇帝的整合与扩建，也成为一座相对独立的大型园林，道光时期取代畅春园作为皇太后园发挥一定的居住和游赏功能。圆明园在1860年遭到了英法联军和土匪流氓的野蛮洗劫和焚烧，同治朝曾进行过短暂的重建工作，但最终以失败告终，后又遭遇了近百年的人为破坏，成了今天人们看到的遗址面貌。

（二）横向比较发现

1.缘起与兴盛

“三山五园”地区自早期直至明代，除水利和寺庙建设外主要是一派郊野风光，但随着明代社会经济的繁荣，逐渐发展起了繁荣的农业、私家园林及公共游览，主要是由于人口密集的城市已经无法满足人们对自然山水的向往和更高层次的精神追求。清初伴随社会安定、国力发展，香山和玉泉山的行宫已经无法满足清代统治者寓居山水的需求，于是出现了像畅春园及周边赐园的皇家园林集群，圆明园、熙春园等都是在这一时期诞生的，也注定了“三山五园”地区非同寻常的发展之路。到了乾隆时期，“三山五园”的规模和艺术水平得到了质的飞跃，整个地区由早期的以祭祀、游赏、园居为主要功能的区域，转变为以园居理政、宗教祭祀、农业水利、军事演习等多种重大功能组成的特别地区，其重要性毫不逊色于紫禁城，大量的重要历史和外交事件都发生在此，成为中国上流社会文化的集大成之处和西方世界探索中国园林文化的窗口。另外，“三山五园”的繁荣带动了整个地区的社会经济发展，并出现了以海淀镇为代表的商业重镇，村镇的繁荣也为皇家园林的运营管理和皇室贵族生活提供了大量的人力和物力。

2.战乱与破坏

凡遇朝代更迭、社会动荡，这种倾尽财富而营建的宫苑往往首当其冲。明代曾有外族入侵北京、劫掠西北郊的记录，如功德寺曾一度荒废甚久。明清交替之时，清华园基本沦为废园，但幸被畅春园利用，之后的两百多年间一直处于繁荣和稳定的状态。1860年英法联军的入侵对于“三山五园”地区的破坏是毁灭性的，不仅数不胜数的建筑园林惨遭焚毁，而且数十万件艺术珍宝及陈设用品大多难逃被洗劫或毁坏的命运，连附近的村镇也没有幸免——这一事件被认为是中国近代史上的一大文化灾难，至今还令国人难以释怀，但人们往往缺乏对事件背后政治、外交因素的思考。在这之后，内忧外患积攒了大量的社会矛盾一并爆发，同治皇帝欲修复圆明园以奉养两宫太后，但没过多久就因财力和舆论原因被迫停止。虽然在光绪时期静明园和清漪园得以局部修复，但无疑已经是大清王朝的强弩之末了，所幸为今人留下了两处相对完整的文化遗产。

1900年，八国联军的入侵使“三山五园”地区遭遇了另一轮破坏，贫困和战乱引发国人参与了对园林废墟的破坏和洗劫，大量砖石木材被任意挪用，之后该地区的繁盛场景再无全面恢复的可能。值得注意的是，畅春园的荒废是一个持续的过程，其主导的因素是园林功能的转变，功能的边缘化直接导致了它的消亡，甚至沦为修缮其他园林的取材之处。

三、地理空间中的“三山五园”

今天的“三山五园”对于公众来说，除圆明园、颐和园和香山这两园一山外，大多已经变得十分陌生。清代的“三山五园”地区以北京西北郊的自然和人工山水作为骨架，围绕五座大型皇家园林，还分布有密集的农田、水网、皇家赐园、军事基地、寺庙、陵寝和村庄等丰富的构成，虽然其整体格局及其中很多部分早已在历史长河中难寻踪迹，但我们仍然可以参考前人成果并基于团队近年来的复原研究，以“三山五园”最后的盛况——清代咸丰年间的格局为时间节点，解读出它在空间分布上的规律和特色，从而一窥百年前清人的建设盛况（图2、图3）。

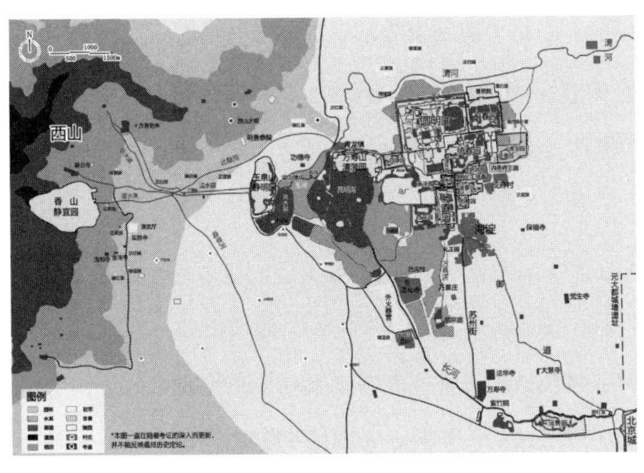

图2 “三山五园”复原历史地图
（清咸丰年间，笔者绘）

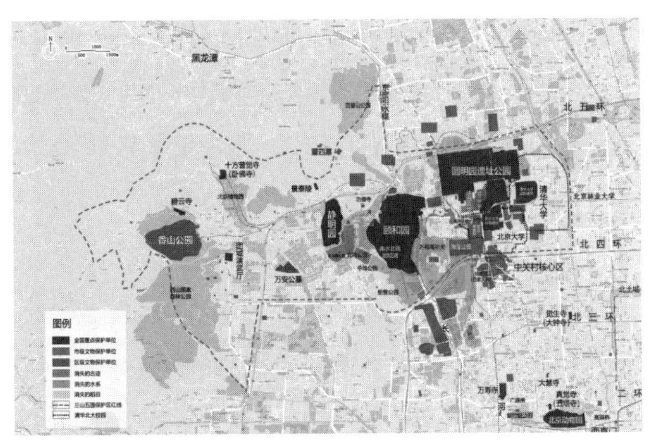

图3 “三山五园”保护区及现存古迹分布图
（2017年，笔者绘）

（一）山水林田湖兼备的景观特色

山林。西山和平原残山构成了“三山五园”地区的自然山系，东部园林中连绵不断的人工土山则丰富了原本缺少变化的地形。香山坐落于西山东麓，优美的天然山形和丰富的自然植被创造了非凡的游览体验；玉泉山和万寿山虽然均为低矮的平原残山，但经过古人的艺术化加工变得十分出彩，玉泉山顶的定光塔、妙高塔，万寿山上的佛香阁等都成为这一地区的地标性景观。圆明园及周边的园林通过挖湖堆山，划分出不同景区的同时也创造出了层出不穷的游览体验，西边的自然山系则成为这里重要的借景对象。

水网。“三山五园”地区水源众多，自然形成的万泉河、清河以及人工开凿的长河、金河等众多河流均流经此地，并汇聚出诸多大小及形态各异的湖面。西山、玉泉山和万泉庄三处的泉水源源不断地提供丰沛的水源，通过完备的水利系统而被人工控制和利用。到乾隆年间，“三山五园”地区的水系格局趋于稳定，形成了泉、河、渠、湖、闸、田一体的完备体系；清末至民国年间，水利系统荒废、湖面被稻田肆意侵占，其日崩瓦解并最终消失。

农田。海淀的地理条件奠定了水稻的栽培基础，另有菜田、麦田、荷塘、苇塘等其他农作物种植。自元明时期南方农民到此耕种京西稻以来，“三山五园”地区已经成为北京水稻的重要产区之一，到了清代更是倍加重视农业生产。因此，稻田景观是这里十分重要的景观构成。水稻等农作物不仅种植在园外的大片田地内，在畅春园、圆明园、静明园、清漪园等园中亦有种植的记录，满足了帝王观稼验农的需求，同时成为养护园林的经济来源之一。百年之间，京西稻已经成为一种农业文化，在许多描写赞美稻田的诗句中，我们都可看到清帝借观稼以辅政，通过几亩农田而联想到普天之下的农桑，进而劝勉自身勤政治国的词句。

（二）完备而科学的功能分区

清代的“三山五园”地区体系庞大、景观多样，很容易令人感到纷繁庞杂。但事实上，帝王在建设时往往有着清晰的规划思想，本文尝试从史料中梳理出使用情况等信息，并初步认为整个地区从西至东大致划分为名胜军事区、名胜宗教区和园居理政区三大功能区。

名胜军事区以香山静宜园为核心，分布在小西山的浅山地带。出于安全和军事的需要，在乾隆年间，借助香山的地势条件在此建设了模拟西南边陲而建的碉楼、营房和演武厅，组建香山健锐营。从此香山附近增加了驻军功能，拥有了森严神秘的军事色彩。

名胜宗教区由玉泉山静明园和万寿山清漪园两园及周围寺庙、陵寝和稻田构成，这里自古便是京郊的风景名胜，也是清帝频繁游赏和祭祀的场所。中国北方半干旱的气候条件和古代农业社会的特性使祈雨成为官方和民间都极为重视的祭祀活动，清漪园的广润祠、玉泉山龙神祠等都是帝王频繁往来的重要祈雨场所，除此之外园内外还分布有大量的佛教建筑，具有一定怀柔少数民族的功能。

园居理政区位于东部的平原湿地之中，以圆明园、畅春园为主核，围绕它分布十余座中小型皇家赐园，居住有大量的权贵等上流人士，而这些赐园因无法世袭而常与皇家园林之间存在着复杂的归属变化关系。园林之间或以路或河相隔，或以墙划分，其密度之高、规模之大在城市建设史上可认为是非常罕见的案例，堪称一个庞大的“园林社区”。

本团队原创的《清代三山五园盛世图景》复原鸟瞰图（图4），以立体的角度和仿古的画风呈现了古代“三山五园”地区的盛况：在泛黄的布制画轴上，青绿色的山脉层峦起伏，深蓝色的水系烟波浩渺，气势恢宏的数十座大小园林与金黄的京西

图4　仿青绿山水绘《清代三山五园盛世图景》（清咸丰年间）

稻田交相辉映，遍布了西郊海淀这个康熙皇帝笔下的“神皋胜区”，寺院、村落、兵营错落其间，好比一幅天然图画。团队代表朱强表示，团队在制作这幅画作的时候，以北宋名作《千里江山图》和三山五园的总规划者之一——乾隆皇帝的书法和篆刻作为图文素材，将它们古为今用，与复原成果相融合，从而形成了这幅作品。除了让绘画中的山水“神似”地模拟西山、玉泉山、万寿山等山体，还点缀了树木和游船，使画面气韵生动。

四、皇家五园览胜

（一）香山静宜园

朴俭是崇，志则先也。动静有养，体智仁也。名曰静宜，本周子之意，或有合于先天也。

——乾隆《静宜园记》

静宜园位于香山的东坡（图5），海拔557米，园中拥有大小景点50余处，包含乾隆帝御题的28处山地景观，总面积达155公顷，分为内垣、外垣和别垣三个部分，是清帝临时居住、办公、游赏、阅兵的行宫。

图5　清　张若澄绘《静宜园二十八景图卷》（局部，乾隆年间）

图6　清　张若澄绘《燕京八景图》之玉泉趵突（乾隆年间）

（二）玉泉山静明园

玉泉实灵脉之发皇，德水之枢纽。且质轻而味甘……故定名为天下第一泉。

——乾隆《玉泉山天下第一泉记》

静明园位于玉泉山，总面积约75公顷，共包含乾隆御题16景（图6）。全园以玉泉山体和诸多泉眼为骨架，多变的山势造就了形态丰富的山地景观空间，周围5个小型水景园环绕，使其形成灵动的水景烘托峻伟山景的格局。作为一处行宫园林，园内大多为点景建筑，除个别体量较为庞大的寺院外，游赏为主的建筑物的尺度亲切近人。

（三）万寿山清漪园（颐和园）

盖湖之成以治水，山之名以临湖，既具湖山之胜，概能无亭台之点缀？

——乾隆《万寿山清漪园记》

清漪园是五园中最后兴建的一座园林，总面积295公顷，水面约占四分之三（图7）。清漪园以万寿山和昆明湖作为重要的观赏对象，具有强烈的佛教意象及江南情怀，园中划分有宫廷、湖区、前山和后山四大分区，还巧妙地利用向园外“借景”的手法来实现空间的延伸。光绪年间重建为颐和园后，宫廷区的比重增大，后山及部分湖区景点基本遭到了废弃，很多至今仍为遗址。

图7　清　佚名绘《北京颐和园和八旗兵营图》（局部，清末民初）

图8　清　王原祁绘康熙《万寿盛典初集》之畅春园大宫门（1713）

（四）畅春园

光天之下，熙熙焉，皞皞焉，八风罔或弗宣，六气罔或弗达，此其所以为畅春者也。

——康熙《畅春园记》

畅春园毗邻海淀镇的西北部，总面积80多公顷，其中水域占据主体，沿袭了明代清华园的水景园特色（图8）。园中散点分布有40余处景点，可以大致划分为宫廷区、前湖区、后湖区、北湖区及农耕区5个部分，前4个分区由南向北依次展开，而农耕区位于西侧呈狭长带状分布。它们之间虽然水系相通，但被数量繁多、连绵不断的土石山和植物景观分隔，创造出移步异景的游赏体验，其设计理念影响了后世的众多清代皇家园林。

（五）圆明园

圆而入神，君子之时中也；明而普照，达人之睿智也。

——雍正《圆明园记》

圆明三园位于畅春园以北，总面积达355公顷，拥有百余处景区，被誉为“万园之园”和“一切造园艺术的典范”（图9）。为了兼顾帝王政治、生活及审美上的需要，园中景点的数量极其庞大而且功能、造型异常丰富。园中开凿有各种形态的水域，由回环潆流的曲溪连缀成一个完整的河湖水系，与大量人工堆叠的土阜石峰相结合，形成水随山转、山因水活的层层叠叠园林空间。建筑组群除庙宇、住宅、戏楼等具有特定的使用功能外，其他大部分均供清统治者饮宴、游憩之需，建筑形式方面则大多突破传统官式建筑的规制束缚，体量玲珑，博采南北民居的建筑形式，将我国传统民居院落式布局的特色发挥到极致。

五、结语

通过“三山五园”地区历史进程演变的研究可以看出，数百年来该地区都是作为北京城政治、经济、生态环境方面不可或缺的一部分存在的。现代城市对于该地区各方面的保护和传承的影响也由于社会制度、科技发展、人口密度等多方面因素而呈现出较为复杂和棘手的状态。北京市的新版城市总体规划对于“三山五园”地

图9　清　唐岱、沈源绘《圆明园四十景图》之蓬岛瑶台（1744）

区的要求也是基于其历史面貌、功能和社会地位，提出使其更加适应现代社会发展的一系列措施。针对历史文化方面，我们要用整体性的眼光看待整个“三山五园”地区，加强其周围历史名园周边、古村落、御道等发掘、保护与展示工作，在一定程度上恢复该地区的历史面貌，使该地区成为一个文化体系。同时应注重应用科技发展的成果，通过现代化技术重现大面积难以在近期恢复的盛世之景，并为游人提供直观感受非物质文化遗产的机会。生态环境方面，则应通过该地区的相对良好自然环境基底和历史文脉遗存构建出一个文化与生态相交融的地区，并且能够在一定程度上恢复和重现该地区在历史盛期的水系格局和景观特色，保护滋润了北京城几百年的绿色心脏，给整座城市的可持续发展留下可能性。而在社会生活方面，该地区亟待采取的措施包括混乱交通体系的梳理和完善、建筑风格和高度的控制、人口密度的调整和功能的疏解等。只有更加合理地处理好“三山五园”地区的历史文化、生态环境和社会生活问题，才能使该地区在真正意义上融入现代化的城市基调之中，尽可能地发挥其各方面的价值，让其不再是停留在历史中的、独立于城市之外的历史文化旅游区。

探索过去的意义就在将历史的发展与变迁的经验更好地应用于现代生活，从而让未来的发展更加趋近合理化、更适宜人类的生存与发展。对于“三山五园”地区来说，我们所要做的就是更好地理解它，最大限度地发挥其历史文化、经济建设和社会生活方面的价值，在飞速发展的现代社会中追求城市与园林的平衡并将其传承下去。

（原载《北京规划建设》2018 年第 5 期）

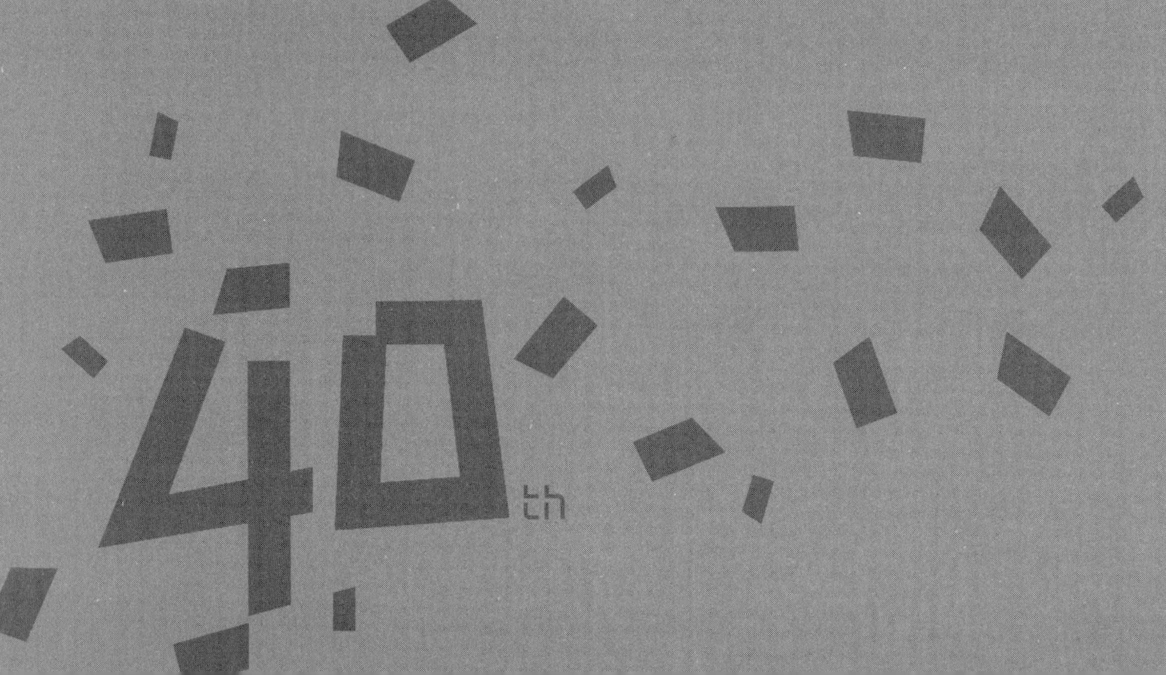
40th

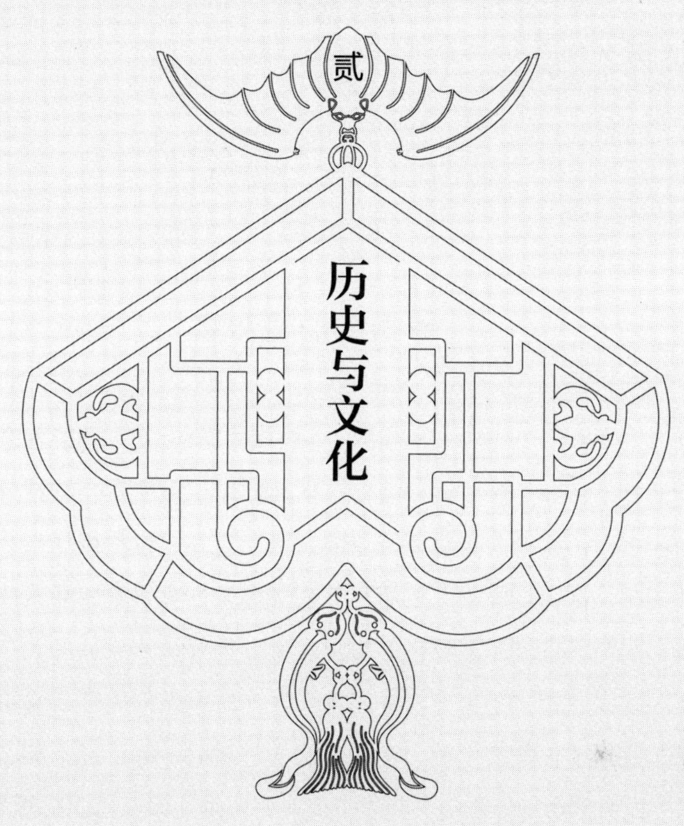

陈光
刘文君
郝黎
张军
张建
孙旭光
金梅
张汀
张艾

清末王府宴客、饮食之研究

陈　光*

一、空白领域起议题

曾几何时，老少皆用唐代诗人杜甫的一句“朱门酒肉臭”来形容豪族的奢靡生活。但是物质的富足使人类有了比“酒肉”更高的需求，尤其是精神享受需求。社会的精神层面的多样化欲望成为服务行业的商机。于是，各种极尽亲和力的家常餐馆不断出现的同时，御膳、国菜、王府宴等豪华宴席也吸引着熙熙攘攘的食客。可走近时才发现，它们不过是几个特色菜与川、粤、鲁等风味兼顾的大杂烩。尽管商家搜肠刮肚地用歌舞伴餐，把菜名改得五花八门，21世纪的人还是觉得龙虾、鱼翅吃腻了，农家菜吃烦了，什么土的、洋的、肥的、瘦的，都已经不能引诱人们挑剔的舌头。爆炸一样的信息充斥着街头巷尾，但人们还是环顾四周而茫然无绪。

物欲横流的喧嚣世界使人们转而求静，开始关注食物中附着的文化内涵，比如历史的深邃、传统的淳朴，希望享受文化赋予食物的某种特别的意义。

据说，世界上对“文化”有林林总总的数十种解释，我国的《辞海》把“文化”界定为：“从广义来说，指人类社会历史发展过程中所创造的物质财富和精神财富的总和。从狭义来说，指社会的意识形态，以及与之相适应的制度和组织结构。”可以说，文化不仅体现在人们生活的方方面面，而且带有传承的历史痕迹。

恭王府是全国保存最完整的清代王府，积淀着深厚的王府文化内涵。2003年5月，恭王府博物馆提出“王府文化”的课题，从这一角度去探讨博大精深的中国传统文化，应该说是国内史学界的界碑性事件。此后，研究王府文化成为恭王府博物

* 陈光，原文化部恭王府管理中心研究馆员。

馆业务人员责无旁贷的任务。本文所涉及的王府饮食文化的探索既是工作的需要，也是社会发展使然。

虽然，饮食行业冠名王府膳食的、影视行业附会王府人物的比比皆是，但真正研究王府的饮食、礼仪的几乎是空白。个中原因，除了服务、娱乐业的浮躁，还有文献记载过于零星的局限。经查阅文献得知，一些亲王显贵的笔记大多为对时势的感怀和风花雪月的辞赋，较少关于饮食的具体描述；一些王府后裔的回忆文章中也因为当事人在家族巅峰时期年龄尚小，不能与父母共桌，对宴客情况知之甚少。由于较少宴会、饮食方面的记载。研究王府饮食、宴客的难度是显而易见的。

在这样的前提下，本文试图延伸查阅文献的范围，加强零星材料的横向对比，并参照有系统记载的宫廷膳食情况，以恭王府为例，对北京的清末王府饮食的概貌进行综合研究，以期接近历史的真实状态。

二、恭王府宴客地点考

清代咸丰皇帝才智平庸，在内遭太平天国运动的强烈冲击、外受第二次鸦片战争外国联军兵临城下的重重压力下，仍然追求声色犬马，成为清朝入主中原以来第一个仓皇逃出京城的皇帝。同治、光绪时期，慈禧皇太后把持朝政，置国家安危于不顾，穷奢极欲，玩弄权术，只图享受。以光绪二十年（1894）的一月至七月为例，一方面日本、英国人不断击沉北洋水师的兵船，另一方面，朝廷三日一小宴五日一大宴，甚至一天两次宴会，观剧听戏，歌舞升平。[①]末日即将来临的清朝在朝夕的酒肉中飘摇。

朝廷如此，大小府邸也是海陆杂陈。徐珂的《清稗类钞》中记载，嘉庆时期“用四冰盘两碗，已称极腆，惟婚嫁则用十碗蛏干席”。道光时期的平常聚餐为“海参席”，加“四小碗、果菜十二盘”，后又“改用鱼翅席，小碗八，盘十六”。咸丰时期“有用燕窝席者”。光绪初年起，设馔酬酢，酒宴频繁。即使庚子事变时慈禧、光绪返京途中，地方官员仍然大摆宴席。据当事人回忆：“……王公大臣，为每人‘上八八’一席，有海味及鸡鸭鱼肉菜品等八碗八碟；‘下六六’一桌或数桌，供随员及卫士等食用。中下级官吏每人‘中八八’一桌，有鸡鸭肉菜等。如此办席一次，常达数百桌，故每过一州县，支应局所搭临时厨房即占半条街。”[②]

王府的情况又有不同。亲王们除了宫廷宴外，很难屈尊到大臣家吃饭，一般只在自己的府内解决吃饭问题。

恭亲王奕訢生前拥有三处花园，一为修建于咸丰年间的位于海淀的朗润园，一为修建于同治年间的西城府邸北面的朗润园（1924年之后又称萃锦园[③]），一为修建于光绪年间的什刹海南岸的鉴园。

奕訢于同治六年（1867）成书的《乐道堂古近体诗》卷二中有一首《恩文甫舅氏小饮于余之朗润园、承惠书箑四律即次元韵致谢》[④]，恩文甫应为光绪年间称为恩中堂的恩承。因此诗中有小注“园中萃赏轩系御赐书额”，此次恭亲王宴客的朗润园应为海淀的朗润故园。因萃赏轩为咸丰皇帝御书匾额，挂于海淀朗润园，为此，奕訢曾于咸丰六年（1856）撰写《朗润园记》，记载了赐园、赐额之事：“既蒙赐园名曰朗润，又赐额曰池水共心月同明，斋曰明道，轩曰棣华曰萃赏。余之渥承恩眷固已荣矣厚矣，而奎章炳焕训迪之意亦已深矣远矣。园之正室为堂五楹，额曰乐道书屋曰正谊，皆宣宗成皇帝御书所赐也。”[⑤]可知朗润园、明道斋、棣华轩、萃赏轩及池水共心月同明等匾额均为咸丰皇帝所书，乐道书屋、正谊书屋匾额为道光皇帝所书。奕訢《赓献集》中指明咸丰皇帝书额时间在1852年的阴历九月十七日。[⑥]《赓献集》成书于同治元年，即1862年，当时，恭王府邸北面的花园尚未设计。

以上论述说明，咸丰至同治前期，至少在同治六年（1867）之前，恭亲王奕訢宴请达官贵族的地点在海淀朗润园。按奕訢《朗润园记》载，该园追求的意境是“无丹雘之饰，无雕瓮之靡，不尚其华尚其朴，不称其富称其幽”。景色应以古朴见长。海淀朗润园修建于咸丰初年，当时奕訢争储失败，失去了登上皇帝宝座的机会，从必得帝位的踌躇满志跌落到俯首称臣的曲意奉承，落差之巨令奕訢郁闷异常，并面临着咸丰皇帝的猜忌和压制。咸丰通过题写“朗润”“葆光”等匾额告诫奕訢，要懂得顺从，不满不竭、至虚至诚地为皇权服务。奕訢处于性命紧要之际，必须调整心态，收敛锋芒。所以，海淀朗润园尽量减少华丽装饰，颜色古旧，不引人注意。

而西城府邸的朗润园则完全不同。奕訢1887年在《朗润观荷开志》中记载：“海淀园寓为咸丰辛亥显庙赐居锡名朗润，当即镌额恭悬，并自撰记以志殊恩，已刊入《乐道堂文钞》，兹不复赘。嗣于同治年间邸园落成，敬将御书墨宝装裱悬挂，故亦名曰朗润。”[⑦]府邸朗润园建成后，奕訢不仅将“朗润园”的名称和匾额移过来，还把“正谊书屋”“乐道书屋”“明道斋”“棣华轩”等殿堂名称和匾额都移到府邸朗润园之中。此朗润园修建得非常漂亮，以致后来奕訢之子载滢有“朗润园四十四景”之说。[⑧]奕訢之所以使用原来旧名旧匾，也许认为自己本就该拥有这样的花园，也是对修建旧朗润园时备受压抑的郁闷心情的一种补偿。

奕訢在光绪十二年（1886）的《佩蘅相国醖卿大司农今岁皆八旬正寿、因于邸中朗润园置酒为贺、翌日相国寄赠一律即次元韵奉和》中写道：“怡神在灵府（园内设席处敬悬仁庙御书匾额曰怡神所），高卧偃羲皇。皓彩中宵合，金釭凝夜光。盐梅已佐鼎，绮席递华觞。寿爵传三礼，明星映碧堂。”[⑨]诗中描写的场面真是一片流光溢彩。佩蘅为宝鋆，醖卿为董恂，二人一直是恭亲王的忠实支持者，三人同在军机处共事23年以上，当时已被免职。可以想象，55岁的恭亲王与80岁的忘年好友一起，坐在悬挂着康熙御笔题匾的华丽的怡神所中，倚靠着丝织引枕，席前热气腾腾地烫着黄酒，镀金的器皿中盛满佳肴，他们不断举起手中酒杯相互祝福。

奕訢在光绪十三年（1887）的《立春前一日、朴庵弟以诗见赠、即次元韵奉答》诗中写道：“浮云一片是吾身，试为吹嘘借与春。投辖暂停留酒客（来诗注云往岁曾观灯于怡神所），论文还比聚星人（近与弟及佩蘅相国时时有诗唱酬）。平生性僻耽佳句，把得闲书坐水滨。蜀纸麝煤添笔媚，沧浪歌里放心神。”[⑩]诗中的朴庵为奕訢的七弟醇亲王奕譞。

上两首诗中几次出现“怡神所”的名字，指明其位于朗润园。同称朗润园，此朗润园是否彼朗润园？奕訢在光绪十三年（1887）还有《闰孟夏十有一日、邀佩蘅相国于邸园怡神所小饮观剧、翌日以七言二律见赠即依元韵奉和》一诗，可知怡神所所在之朗润园为府邸朗润园。该诗曰：“蜀琴欲奏鸳鸯弦，华屋樽开月下天。银烛树边长似画，金兰同好共忘年。从来只有情难尽，豁达常推海内贤。解释春风无限恨，清歌妙舞落花前（席间演长生殿舞盘新剧，深蒙鉴赏，故戏用谪仙清平调句）。”[⑪]诗中表明，在怡神所频频开宴，又是演戏歌舞，又是悬挂彩灯。

《长生殿》是清代人洪昇创作的剧本，说的是唐明皇和杨贵妃的爱情故事，共50折，其第16折名“舞盘”，为杨贵妃在玉质圆盘上跳舞、唐明皇亲自击鼓的情节，按剧本要求：“场上设翠盘，旦花冠、白绣袍、璎珞、锦云肩、翠袖、大红舞裙，老、贴同净、副净扮郑观音、谢阿蛮，各舞衣、白袍，执五彩霓旌、孔雀云扇，密遮旦簇上翠盘介。乐止，旌扇徐开，旦立盘中舞，老、贴、净、副唱，丑跪捧鼓，生上坐击鼓，众在场内打细十番合介。”也就是说，怡神所的宴客酒桌前面，要容得下7

位以上的演员歌舞表演，以及一个伴奏的丝弦乐队。如果按人均舞蹈面积4平方米计算，这一折戏的歌舞场面需要30平方米的舞台面积，那么，怡神所是一个宽敞、高大的厅堂，并拥有至少数十平方米的舞台，否则难以演出《长生殿》中的贵妃“舞盘”的一折戏。

怡神所今安在？奕訢之子载滢1904年的《怡神所闲坐》诗中形容道：“怡神最轩敞，堂构费经营。胜日繁华多（昔为先忠王演剧宴会之所），余年淡泊情。无求随遇足，有会即心清。欲忆陶潜语，栖迟得此生。”[12] 载滢1903年在《补题邸园二十景》中的《艺蔬圃》下注曰：“怡神所之南隙地，一区背山向阳，势甚平旷，爰树以短篱，种以杂蔬，验天地之生机，谐庄田之野趣。”[13]

奕訢和载滢的记载说明怡神所有四个突出特征：

其一，怡神所是朗润园最宽敞高大的建筑（见“怡神最轩敞”句）。

其二，怡神所能够悬挂彩灯，以供人观灯（见“往岁曾观灯于怡神所”句）。

其三，怡神所宴会的同时可演剧、歌舞（见“席间演长生殿舞盘新剧”句）。

其四，怡神所在艺蔬圃之北（见艺蔬圃在“怡神所之南隙地”句）。

艺蔬圃的坐标很明确，位于恭王府花园的东部，南靠花园假山，西有流杯亭，艺蔬圃的北面是两进的院落，院内几乎所有的房屋空间都很局促，只有大戏楼最宽敞，建筑面积685平方米，建有舞台、包厢、池座，可以同时摆放酒宴和演剧、歌舞。大戏楼的舞台宽7.5米、进深6.9米，面积达到51.75平方米，可容下8人跳舞。大戏楼不仅是这一院落中最大的房间，也是花园中跨度最大、举架最高的建筑，完全可以悬挂各种彩灯。所以，只有大戏楼吻合怡神所的四个条件。

此外，还需特别提出一点作为论据，在载滢的“朗润园四十四景”手稿和“补题邸园二十景”之中都没有大戏楼、戏楼的名称出现，这两处关于府邸朗润园景观的记载极其详细，连假山上的一条弯曲小路、一块有特点的石头都不放过，不可能对全园最大、最华丽的建筑熟视无睹，不予记载。可能性只有一个，大戏楼是后来的称呼，在载滢的那个年代还不叫这个名字，使用的名称应是四十四景或二十景中的一个景观名称，那就是奕訢、载滢父子诗中反复出现的“怡神所”（图1至图3）。

朱家溍先生于1937年春夏之交进过恭王府花园，当时奕訢之孙、载滢之子溥儒（溥心畬）为母亲项太夫人七旬做堂会，朱先生的回忆文章中提到了戏楼，“过了山口，到了戏楼，从东隔扇门进去。先到正厅给老太太拜寿，照例主人在旁陪着还礼，

图1　今日怡神所的舞台和池座（昔日恭亲王的视角所及）

图2　今日怡神所的包厢

图3　今日怡神所外景

然后招待入座听戏”[14]。说明1937年年初，主人们已经称“戏楼”而不称“怡神所”了。此事应与溥心畬先生有很大关系。

溥心畬先生1911年16岁时迁出了恭王府，1924年29岁时又回到了恭王府。从此，恭王府花园不再叫作朗润园，而称“萃锦园”，怡神所改称大戏楼，大概也应在此时。随着时间的推移，怡神所与戏楼的关系被人淡忘了，在后人的记忆里，怡神所只是一块康熙爷题字的匾。[15]于是，怡神所后来的名字“大戏楼”的称谓沿用至今[16]。

陈鸿舜和G. N. 凯茨20世纪40年代走进恭王府花园时，对这里曾有一段专门的形容：“在府园东墙一个向里凹进的地方，开了一座不大不小的门，还建了一个门房。

进门是一条宽阔的车道，位于东院墙之内而正好又在东侧土山之外。土山的遮挡使客人们看不到园内景致，一直行至一座由山石堆砌而成的小小的山谷口，这便已经过了花园的前院而径直到了戏楼的侧面了。这条从旁边进入花园内部的通道至今保持原貌：路面由普通的砖石铺就，其上装饰着鹅卵石拼成的图案；路的尽头是一座山石堆成的屏障。绕过这组颇有乡野风味的景致，呈现在眼前的是戏楼低而宽的屋顶，平缓的坡度是它的一大特色。此处名为怡神所，意思是愉悦精神的地方。确实，有时候这里的戏一演就是三天。”[17]这是最早的将大戏楼和“怡神所”联系到一起的记录，说明当时还记得大戏楼曾叫“怡神所”，但是没有记载怡神所的匾额具体特征，只是在第135条注释中指出该匾是道光皇帝所赠。恭亲王奕訢的文集没有类似记载，可能是奕訢的后人在引导陈鸿舜和凯茨参观时的口头介绍，此说显然是恭亲王家族的祖辈相传的说法。

综述之，从恭亲王奕訢的文集记载看，奕訢宴客的地点有两处，咸丰至同治前期在海淀朗润园，同治年间修建了府邸朗润园后，同治后期至光绪年间在府邸朗润园怡神所，也就是今天恭王府花园大戏楼的里面经常举办各种宴会，宴请亲朋好友，达官显贵。这里悬挂的是康熙皇帝御笔所题的“怡神所”匾额，尽管奕訢从海淀朗润故园选择了若干旧匾移过来悬挂在府邸朗润园，但“怡神所”的匾额是道光皇帝赠匾，应该来自宫廷内苑或皇家园林。

三、王府宴上论尊卑

亲王是清代王公里的一级爵位，当然在百官中有着至尊的荣耀。

“崇德初元，定宗室外籓亲王、郡王、贝勒、贝子相见仪。宾及门，王府属官入告，主人降阶迎，宾辞，主人升。宾从自中门入，宾趋左，主人趋右。行相见礼，二跪六叩，即席序立。从官升东阶，行礼亦如之。兴，入右门，坐宾后。执事献茶，宾受茶，叩，主人答叩。饮茶叙语毕，从官趋前楹，跪，叩，兴，趋出。宾离席跪叩，主人答叩，并兴。宾出，主人降阶送，属官送门外。”“若外籓郡王见，则主人迎送殿外，不降阶。相见，宾二跪六叩，主人答半。宾辞退，跪叩，主人答跪不叩。余如亲王仪。”[18]

这里规定了亲王应该享受的待遇。如果见面的双方都是亲王，则互相跪3次，弯腰叩拜8次，主人到台阶下迎送。如果拜见方是郡王以下的爵位，有亲王爵位的主人就轻松多了，既不用走出去，也不必下跪。

见面后，寒暄一阵就可以入席了。宴会上的座次是按照爵位排的，同一爵位者按资历排。等级是不容逾越的。

从《清史稿》所记载的见面礼中可看出，同一级别，以左为尊。按主人坐北朝南的方向，主人的左侧即东方。清代的正式场合时，以左为尊、以东为上的例子俯拾皆是，其实这是受汉文化的左昭右穆理念的影响。《翁同龢日记》中记载的所有宫廷大宴，凡有恭亲王奕訢参加，必定排在东边第一桌的第一个，并领衔敬酒，庆亲王奕劻排在西边的第一桌第一个。光绪二十三年（1897）九月二十八日，皇帝在仁寿殿赐酒，恭亲王奕訢排在左边第一个，庆亲王奕劻排在右边第一个。翁同龢特别注明：仁寿殿“殿东向，以北为左，以南为右”[19]。庆亲王奕劻虽然贵为御前大臣（在排官位时御前大臣排在军机大臣之前），高官一生无坎坷。但在晋封亲王的时间上，以及议政的地位上，都无法超越奕訢，自然排在恭亲王奕訢之后。

清代画家孙温是河北丰润人，于同治、光绪年间绘制了《全本红楼梦》。作为北方画家，孙温的画中应承载了更多的同、光时期的北方豪族信息。孙温所绘制的《红楼梦》第七十一回里，贾母八十寿辰时，南安王太妃、北静郡王妃、公侯诰命夫人到荣国府庆寿，贾母大摆寿筵的场面（图4）。南安王太妃坐在上席左侧，贾母虽年长，是荣、宁两府女眷中地位最高者，但诰命品级不及在座者，只能坐在下席最末桌，其余女眷皆站立，丫鬟用人不得入内。

图4 《红楼梦》第七十一回贾府款待王妃大宴的座次（清孙温绘）

宾客落座后，宴会开始。地位低者要敬酒、敬菜，地位高者要让酒、让菜，不管是敬还是让，地位低者都要向地位高者叩谢。一般宴会上至少酒过三巡，数次上菜，即使酒菜过后还需上茶及洗漱用具。宴会期间呈上的每一项内容，都要先向地位高者敬递，由高而低依次展示和挑选。

宴会结束后，按地位高低依次退座。

所以，若是爵位太低，到亲王府上做客，确实是件非常辛苦的事。

四、王府名吃与主人的关系

王府的日常饮食中有多种奶制品，每逢新年从元旦到初五顿顿吃羊肉白菜饺子的风俗为满族所特有。其他节令食物多带有明显的汉族饮食特色，如正月的元宵、端午的五毒饼和粽子、中秋的月饼、重阳的花糕等。

满族王公贵族的日常饮食分早点，早、晚饭，中午点，夜宵。[20]

早点：马蹄烧饼、油炸果子、炸糖果子、螺丝转、粳米粥、甜酱粥，或肉馅及冰糖脂油馅水晶小包子，以上都是从外面买回来的，有时自做馄饨、汤面。

早、晚饭：每日米饭、面食各一餐，米饭用荤、素菜数盘佐之。面食有面条或者饽饽、单饼、薄饼。如吃面条，则以猪肉丁炸酱，猪肉煮汤连肉打卤，加黄花、木耳及鸡蛋。如吃饼，则叫熟肉店之九种拼、十一种拼，即酱烧鸭、熏鸡、驴肉、酱肉、小肚之类。每餐均有冷荤小菜，并有大米、小米、秫米各种粥。

中午点：面茶、茶汤、豆汁、大麦米粥、烫面蒸饺、熏鱼火烧，僧尔糕、豆渣糕、排叉、馓子、薄饼、糖麻花之类。夏令则吃轧饸饹、扒糕、凉粉。

夜宵：馄饨、元宵、水爆羊肚、糖三角、花卷、馒头，佐以冷荤。

其中，有些食品与宫廷食品完全相同。比如现已失传的“僧尔糕”，系用粗米粉加红糖、冰糖屑、瓜子仁、红丝等制作，用木制小罐装两层，下用炭火，顷刻即熟。王公贵族作为午点。而乾隆五十四年二月二十三日早晨，僧尔糕也出现在皇帝的早膳桌上。[21]再如恭王府食品中常见的奶饼、奶皮等小吃，在乾隆二年除夕，乾清宫晚宴时，乾隆的金龙大桌上用五寸黄盘装盛奶饼和奶皮[22]，乾隆十二年十月初一晚膳桌上，用银盘装盛奶皮。[23]

按《清恭王府折档汇编》中出现的名称，承担王府饮食制作的地方叫“饭房”“茶房”“内茶房”[24]，皇子们成长于皇宫期间，宫中专门设有皇子饭房和茶房。皇子饭房每日为皇子备办盘肉四斤，菜肉二斤，每月鸭十只。皇子福晋日需盘肉十二斤，菜肉八斤；侧福晋每位盘肉六斤，菜肉四斤，均无鸡鸭。皇子及福晋，每位例用乳牛八头，得乳十六斤，外加茶叶八包。[25]

各王府每年要为皇宫的除夕太和殿筵宴准备宴桌。皇帝御用宴桌归内务府恭备，其他宴桌由大臣们按规定恭进。规定亲王每人进八桌（其中大席一桌；银盘碗四十五件、盛羊肉大银方一件、盛宴银碟一件；随席七桌；每桌铜盘碗四十五件、大铜方一件、小铜碟一件），羊三只，酒三瓶（每瓶十斤）。郡王每位进五桌（其中大席一桌，随席四桌，每桌等级均与亲王数同），羊、酒数同亲王。贝勒每位进三桌，羊二只，酒二瓶。贝子每人进二桌，羊、酒数同贝勒。入八分公每人进一桌，羊一只，酒一瓶（贝勒以下进宴席的器物，均与亲、郡王随席同）。[26]按恭亲王府的情况，同治三年（1864）七月载澂晋封多罗贝勒[27]，载澂于光绪十一年（1885）死后，光绪二十二年（1896）十二月溥伟晋封为多罗贝勒[28]，在1864—1885年、1896—1898年的23年间，每年要向皇宫的除夕太和殿筵宴恭进宴桌11桌。

王府饭菜与宫廷膳食的最大区别在于，宫廷膳食是依照标准的规范制作，不会根据皇帝个人情况改变菜谱和制作方式。如咸丰十一年十二月三十日，刚即位的同治皇帝载淳的除夕晚膳是：“大碗菜四品：燕窝‘万’字金银鸭子、燕窝‘年’字三鲜肥鸡、燕窝‘如’字锅烧鸭子、燕窝‘意’字什锦鸡丝；怀碗菜四品：燕窝溜鸭条、攒丝鸽蛋、攒丝翅子、溜鸭腰；碟菜四品：燕窝炒炉鸭丝、炒野鸡爪、小炒鲤鱼、肉丝炒鸡蛋；片盘二品：挂炉鸭子、挂炉猪；饽饽二品：白糖油糕、如意卷；燕窝八仙汤。”[29]一桌膳食几十种，一个6岁的孩子不可能吃完，许多食物只是摆摆样子。王府饭菜更具个性，调节幅度更加自由，而且王府饭房和茶房的厨子长期揣摩王爷的口味，由于主人的性格、修养、喜好等多方面原因，逐渐形成了各自的特色名吃。

（一）恭亲王府

恭王府的朗润园山水宜人，景色幽丽。园中植物远近闻名，如藤萝、海棠、莲花、翠竹等。恭亲王奕訢为道光皇帝的第六子，是清代储匣封王的唯一一人，道光皇帝遗诏封为亲王，同治十二年（1873）册封亲王世袭罔替。奕訢诗画皆优，才华超人，加之对官场虚伪的厌倦，赋闲时光基本在读书、礼佛、观山中度过。恭亲王的山水画看上去雅致悠远，淡墨点画颇多，反映出性格中有高傲、孤独的成分。恭王府的饮食多清淡、别致，应与奕訢个人的喜好相关。

藤萝糕、藤萝饼、玫瑰饼、榆钱糕：春季花盛时，持竹剪剪下鲜嫩的藤萝花、玫瑰花、榆钱，洗净加白糖、脂油拌成馅，用油和面，包好馅蒸制或烤制。[30]

莲香什锦饭：盛夏之时，选择直径7寸左右的嫩荷叶，将海参、冬笋、火腿、香菇、虾仁、猪五花肉、鸡脯肉、胡萝卜切成丁，与米饭拌匀，放上调味品后，用荷叶包好，旺火蒸30分钟即可。[31]此饭清香浓郁，色泽艳丽。

荷露烹茶：用清晨荷叶上的露水煮茶，味道清香，恭亲王还专门写诗赞誉："烹露为茶味独多，乘凉晨起诣溪荷。满倾沆瀣盘珠泄，小爇瓶笙爨玉罗。……"[32]夏季饮用，清热消暑。

灯芯竹叶水：夏季采摘鲜嫩的灯芯草叶和竹叶，像茶叶一样泡在白开水中。[33]灯芯草性寒味淡，降心火，清肺热；竹叶有祛烦热，利肛肠的功效。

（二）醇亲王府

道光皇帝的第七子奕譞于同治十一年（1872）晋封为醇亲王，同治十三年（1874）晋封亲王世袭罔替。奕譞及其继任者载沣都懦弱畏事，不愿与人冲突。由于该府出过两任皇帝，上门送礼者不乏其人，所以醇王府在隆冬季节也会有冰蟹、鲟、鳇、猩唇等珍奇食品。[34]鲟、鳇、鲥等均属生长期较长的鱼类，分布于我国的大河流中，肉质鲜美，其中鳇尤为稀罕，出产于黑龙江，要17—20年方能长成。猩唇就更加昂贵，古人把熊掌、象鼻、驼峰、猩唇、鹿尾、猴脑、豹胎、燕窝视为"八珍"，均为满汉全席的珍贵菜品。

奕譞和载沣对食物没有太大兴趣，只是"依例"，到什么节气吃什么东西，永远一成不变。所以醇王府大饭房的饭菜毫无特点，味同嚼蜡。[35]但是奕譞的第七子载涛却是个多才多艺、性格活跃之人，虽然10岁离家过继他人，可幼年时期就显示出鉴赏食品的能力。成年的载涛对菜肴和餐具均颇有造诣[36]，其特点为标新立异，追求口味刺激。

西瓜肉：载涛独创。炎热夏季，把西瓜的瓜瓤掏空，再把肉块、鸡块加香油、料酒、酱豆腐拌匀放进瓜壳，上蒸笼用文火蒸三四个小时后即可。肉质鲜美，清香爽口。

醋卤面：载涛独创。把海米、肉丁、冬菇、玉兰片混在一起，浇上醋汁调匀，泡面条吃，既爽口又佐饭。

此外，载涛喜欢“一色餐”，或红、或绿、或白、或黄，即食品与餐具一个颜色。他偏爱“黄”，“用黄颜色的餐具，端上豌豆黄、栗子糕、炒鸡蛋、倭瓜羹，既好看，又好吃。平日里，食不厌精，独吃自赏；节日里，大摆酒席，广宴亲朋。时间久了，载涛甚至对皇宫的饭菜不屑一顾”。

（三）庆亲王府

奕劻属于皇室远支，一生都在做高官。光绪二十年（1894）晋封庆亲王，光绪三十四年（1908）晋封亲王世袭罔替。奕劻贪污受贿，深谙谋算，其子个个奢侈挥霍。庆王府的饮食丰盛而油腻，每天府上消耗的鸡鸭鱼肉及海味至少50斤以上。府中收藏有欧洲进贡的香槟酒和葡萄酒，但最有名的、最受庆王喜爱的是自制香白酒。制作时，在大酒坛中倒入最好的白酒50斤，加香圆果3斤、佛手果3斤、木瓜果3斤、广柑3斤、茵陈草1斤、绿豆3斤、冰糖5斤，密封后写上年月入库，然后按年次取出时间最长者饮用。[37]此酒白中微黄，甘甜浓郁，令人齿颊留香。考其酒中添加物，得知：香圆果产于南方，性平味酸，舒肝理气、宽中化痰；佛手果产于江南，性温味苦酸，理气和胃；木瓜果产于南部沿海地区，性平味甘，健脾胃，助消化，舒筋祛湿，清暑解渴，润肺止咳；广柑产于南方，味甘，利胆；茵陈草的学名叫“刘寄奴”，性微寒，除湿散热、健脾利胆；绿豆，清热解毒。

由于酒中添加物的性能，决定了香白酒具有化瘀祛湿、健胃利胆、清热消暑的功效。对于庆王府的油腻饭菜而言，香白酒起到了消食保健的作用。

清末王府贵族间的食物往来相当频繁，达官显贵们以此加强相互的感情联络。各王府也会把有特点的食物赠送给他府品尝，像豫王府以茶房的点心闻名京城，经常向各府赠送点心。[38]光绪二十四年（1898）十二月，恭王府收到的各种赠送食物共174份（含寺庙、名号、奉事总管所进食物36份），其中仅初八的一天所收到的粥菜就有29份，送食物的有皇太后、皇后、醇王、庆王、端王、孚王、瑞王、顺王、庄王、公主府、濂贝勒、伦贝子、桂公府、恩公府等（图5）。此时恭亲王奕訢已经去世，如果逢其生前权力巅峰的摄政王时期会是何种景象。[39]

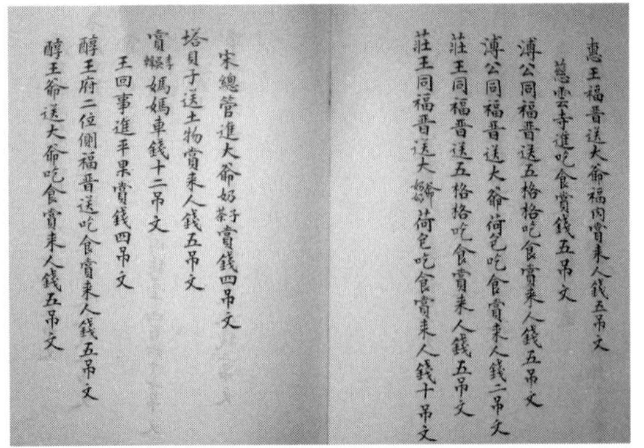
惠王福晋送大爺福肉賞來人錢五吊文
慈雲寺進吃食賞錢五吊文
溥公同福晋送五格格吃食賞來人錢五吊文
溥公同福晋送大爺荷包吃食賞來人錢二吊文
莊王同福晋送五格格吃食賞來人錢五吊文
莊王同福晋送大爺荷包吃食賞來人錢十吊文
宋總管進大爺奶餑賞錢四吊文
塔貝子送土物賞來人錢五吊文
賞大爺媽媽車錢十二吊文
王回事進苹果賞錢四吊文
醇王府二位側福晋送吃食賞來人錢五吊文
醇王爺送大爺吃食賞來人錢五吊文
醇王府側福晋送粥菜賞來人錢五吊文
醇王爺送大爺粥菜賞來人錢五吊文
孚王福晋送粥菜賞來人錢五吊文
孚王府大奶奶送粥菜賞來人錢五吊文
孚王福晋送大爺粥菜賞來人錢五吊文
孚王府大奶奶送大爺粥菜賞來人錢五吊文

图5　恭王府所收到的赠送食物（国家图书馆历史档案文献丛刊：《清恭王府折档汇编》，全国图书馆文献缩微复制中心）

五、恭王府消费知多少

清初规定，清代亲王年俸一万两，郡王五千两，贝勒二千五百两。随俸银有相应的俸米，一年间吃不尽。清中叶之后，物价变化，使得年俸捉襟见肘。“庚子事变”发生后，要用白银赔款，俸银、俸米皆缩减一半，以致一般宗室的生活日趋困窘。[40]

恭亲王奕訢在咸丰元年（1851）晋封亲王，咸丰十一年（1861）“祺祥政变”后，授议政王、内务府大臣并掌宗人府银库、亲王双俸。光绪十年（1884）免职撤双俸留全俸，光绪十二年（1886）赏还双俸，1894年复职军机大臣。其子载澂同治三年（1864）晋封多罗贝勒，至光绪十一年（1885）死，光绪二十二年（1896）溥伟继封为多罗贝勒。如此计算，恭王府在恭亲王奕訢生前每年官俸收入如下表所示。

时间	任职	收入
1851—1861年	亲王	俸银一万两＋俸米
1861—1864年	亲王双俸	俸银二万两＋俸米
1864—1884年	亲王双俸、贝勒	俸银二万二千五百两＋俸米
1884—1885年	亲王、贝勒	俸银一万二千五百两＋俸米
1885—1896年	亲王双俸	俸银二万两＋俸米
1896—1898年	亲王双俸、贝勒	俸银二万二千五百两＋俸米

从上表可知，恭亲王奕訢收入的巅峰期是1861—1884年的23年之间，即整个同治时期加上光绪的前十年。1894年之后，奕訢虽然官复首席军机大臣，但由于年龄、身体、权力分散、慈禧干政等各种原因，官场状态走入低谷，恭王府的辉煌年代也因此一去不复返。

据《清恭王府折档汇编》记载[41]，恭亲王奕訢去世的光绪二十四年（1898），恭王府俸银为二万二千五百两，加俸米折银二千八百四十八两九钱九分，俸禄收入应为二万五千三百四十八两九钱九分，但是恭王府账目所记收入银两“八万二千一百九十五两六钱六分”，用银也达到“八万三千五百零二两一钱”。这是一个经常透支的、庞大的王府消费量！如果不是另有庄园、地租、房租、放钱利息的收入，仅靠官俸很难维持恭王府如此惊人的高消费。

在这笔消费中，日常饮食、馈赠食品、宴会的费用占绝大部分。经过计算，以光绪二十四年（1898）十二月的支出为例，此月共用钱“三万零三百三十五吊八百六十文”，而饮食和人情用钱量达到“二万三千四百二十吊一百文”，约占月消费的77.2%（筵宴外藩宴上恭进宴桌的费用还没有纳入其中）。

当然，十二月作为一年的终结，王公贵族之间相互问安，拜访较多，往往是各府的饮宴、人情的高消费时段。以十二月为例未必能代表恭王府的全年消费状态，但管中窥豹，可见一斑。

六、结语

王府饮食文化通过环境、礼仪、特色食品及高消费，从一个侧面反映了王府文化的特定层次和尊贵背景。遗址保存最好、历史信息保留最多的恭王府可以作为王府文化的经典来研究。

恭亲王奕訢的人生辉煌时期，也是恭王府的巅峰期。以同治六年（1867）为分界，此前，恭亲王宴客地点在海淀朗润园；此后，恭亲王经常在府邸朗润园怡神所举办各种宴会。从奕訢、载滢父子的文集和诗集的记载推定，怡神所是朗润园最宽敞高大的建筑，可供宴会、演剧、歌舞、观灯，这一壮观的建筑就是今天恭王府花园的大戏楼，昔日的名字叫“怡神所”。

王府宴上的座位排序体现了爵位高低和等级尊卑，同一爵位者按资历排。以左为尊、以东为上的规矩是不容逾越的。

王府的日常饮食中既有满族风俗，也有汉族特色。各王府的饮食由于主人的性格、修养、喜好等多方面原因，逐渐形成了各自的独特佳肴。如恭王府的莲香什锦饭、荷露烹茶，庆王府的香白酒等。恭王府的消费非常高，日常饮食、馈赠食品、宴会的费用占整体消费的大部分，有时可达总消费的77.2%。

恭王府的昔日繁华已是一片远去的模糊背影。如何再现恭亲王的大宴盛况，重传怡神所的清音雅韵，复原王府辉煌时期的流光溢彩，成为今天王府文化研究者努力探求的课题。在恭王府的沧桑殿堂、宁静绿荫里去寻觅谜底的过程中，走近历史，触摸那段辉煌是研究者永恒的追求。

注释

① 参见陈义杰整理《翁同龢日记》，中华书局1989年版。
② 岳超：《庚子—辛丑随銮纪实》，载《文史资料选辑》第三十四辑，中国文史出版社1980年版。
③ 参见张军《清恭王府花园名称考略》，《北京文博》2006年第1期。
④ 奕訢：《乐道堂诗钞·乐道堂古近体诗卷二》，台湾文海出版社1976年版，第925页。
⑤ 奕訢：《乐道堂文钞》卷五，台湾文海出版社1976年版，第326页。
⑥《恭和御制〈赐恭亲王〉元韵》一诗："銮舆临莅日清明（是日临幸臣奕訢园寓），常棣恩周念弟兄，更幸赐诗承渥泽，勉输愚悃颂升平。"后第五首《恭和御制桃花寺行宫晚眺》注明其日为九月十七日。（参见奕訢《乐道堂诗钞·赓献集》，台湾文海出版社1976年版，第456页）
⑦ 奕訢：《萃锦吟》卷五，台湾文海出版社1976年版，第327页。
⑧ 参见首都师范大学吴光辉教授提供的载滢手稿。
⑨ 奕訢：《萃锦吟》卷三，台湾文海出版社1976年版，第221页。
⑩ 奕訢：《萃锦吟》卷四，台湾文海出版社1976年版，第247页。
⑪ 奕訢：《萃锦吟》卷五，台湾文海出版社1976年版，第314页。
⑫ 首都师范大学吴光辉教授提供的载滢《云林书屋诗集》卷三。
⑬ 首都师范大学吴光辉教授提供的载滢《云林书屋诗集》卷二。
⑭ 朱家溍：《记恭王府堂会戏》，载《京城什刹海》，中国文史出版社2002年版。
⑮ 参见杨乃济《谈恭王府》，《故宫博物院院刊》1980年第4期。
⑯ 参见赵迅《恭王府及花园》，载《京城什刹海》，中国文史出版社2002年版。
⑰ 陈鸿舜、G. N. 凯茨：《北京的恭王府及其花园》，辅仁大学《华裔学志》1940年第5期。
⑱ 赵尔巽等撰：《清史稿》卷九十一志六十六礼十，中华书局1977年版，第2682页。
⑲ 陈义杰整理：《翁同龢日记》，中华书局1989年版，第2966页。
⑳ 参见载涛、恽宝惠《清末贵族之生活》，载《晚清宫廷生活见闻》，中国文史出版社2000年版。
㉑ 参见《乾隆五十四年节次照常膳底档》。
㉒ 参见《乾隆元年至三年节次照常膳底档》。
㉓ 参见《乾隆十二年节次照常膳底档》。

㉔ 参见国家图书馆历史档案文献丛刊《清恭王府折档汇编》，全国图书馆文献缩微复制中心。
㉕ 参见《钦定大清会典事例》卷一一九二第一二册，中华书局1991年版，866页。
㉖ 参见《钦定大清会典事例》卷五一五第六册，中华书局1991年版。
㉗ 参见奕訢《乐道堂诗钞·乐道堂古近体诗续钞》，台湾文海出版社1976年版，第1018页
㉘ 参见陈义杰整理《翁同龢日记》，中华书局1989年版，第2966页。
㉙ 清档案“御茶膳房”四九四号。
㉚ 参见首都师范大学吴光辉教授提供的毓昭华、毓继明回忆录。
㉛ 参见首都师范大学吴光辉教授提供的毓昭华、毓继明回忆录。
㉜ 参见奕訢《乐道堂诗钞·乐道堂古近体诗续钞》，台湾文海出版社1976年版，第1011页。
㉝ 参见首都师范大学吴光辉教授提供的毓昭华、毓继明回忆录。
㉞ 参见陈义杰整理《翁同龢日记》，中华书局1989年版，第1179页、1708页。
㉟ 参见凌冰《从御妹到平民》，群众出版社1988年版。
㊱ 参见郑怀义、张建设《皇叔载涛》，华文出版社2002年版。
㊲ 参见汪荣堃《记庆亲王载振在天津的生活》，载《晚清宫廷生活见闻》，中国文史出版社2000年版。
㊳ 溥杰:《醇亲王府的生活》，载《文史资料选辑》第二十六辑，中国文史出版社1962年版。
㊴ 参见国家图书馆历史档案文献丛刊《清恭王府折档汇编》，全国图书馆文献缩微复制中心。
㊵ 参见溥雪斋《晚清见闻琐记》，载《文史资料丛刊》第三十四辑，中国文史出版社1980年版。
㊶ 参见国家图书馆历史档案文献丛刊《清恭王府折档汇编》，全国图书馆文献缩微复制中心。

（原载《清代王府及王府文化国际学术研讨会论文集》，文化艺术出版社 2006 年版）

从恭王府折档看晚清王府生活

刘文君*

我国封建社会等级制度森严，古代的王公贵族们都过着奢华富足、锦衣玉食的生活，但是由于礼制要求，在日常生活中是要受到严格约束的，其生活在民间一直充满着神秘色彩。与中国历史上的其他朝代不同，清朝对宗室实行“封而不建”，王爷只有爵位而没有封地，而且大都居于京城。当时有大小王府50余座，目前尚存的王府遗址仅有19座，其中唯有恭王府是完整保留下来并且对外开放的王府宅邸。

时过境迁，现代社会已经没有了阶级等级之分和礼制上的行为约束，传统的民族文化经过代代相传保留了下来，许多风俗、习惯是中国人一直没有改变的。封建贵族们的生活渐渐成为现代人感兴趣的话题，大量的古装影视剧在一些历史事实的基础上，通过改编甚至虚构，给当今的观众演绎出旧时的贵族生活，可很多情节和细节难辨真假。那么生活在王府里的王爷和他的家人究竟过着怎样的生活？恭王府幸存下来的账本就是最真实的证据和参考，一笔一笔的账目让我们能大概还原一个平常而真实的王府生活状态。

《清恭王府折档汇编》（下文简称《汇编》）收录了恭王府保存下来的银库、司房、煤炭房的折档及王府内外各行菜钱折档，原件开本大小不一，共25小册，最早的记录为清光绪二十四年（1898），最晚的为清宣统三年（1911），跨度为14年。第一代恭亲王奕訢在光绪二十四年四月病逝，其嫡孙溥伟承袭王爵，被称作小恭王。保存下来的折档都是小恭王时期的记录，14年中的账本并没能全部完整保存下来，但现存的这些账本翔实、具体、真实地记录下了恭王府的经济状况，包括王府各月的收支、王府内各级各类官员的薪俸、各等级人员的菜钱、府外各色人等送礼看望

* 刘文君，文化和旅游部恭王府博物馆馆办公室副研究馆员。

的赏钱、王府主人们的花销等。这些记录不仅真实反映了恭王府当时经济来往的详细情况，还折射出王府人员机构组织、编制、薪俸、等级等状况。虽然所录折档相对缺乏连贯性，但我们还是能够看到当时王府大概的经济活动情况，对研究王府文化、经济、组织等具有独特的价值。通过对不同类型的折档进行梳理，可以分析总结恭王府当时的经济状况、府内机构人员情况，以及古代风俗和王府主人们的日常生活情形。

《汇编》中所收录的各类折档按记载的跨度可以分为年折和月折两种。年折仅有4份，是光绪二十四年（1898）的司房总钱折、司房总银折、银库总折和煤炭库总折，记录了当年每月收支的金额总数。月折按出处分为银库折、司房折、煤炭库折和菜钱折四类，其中司房折有钱折和银折两种。月折比年折更为具体详细，每项开支都有出处、缘由、对象和金额，信息量较大。

银库月折。书中共收录了五份银库月折，分别是：光绪二十四年十二月、二十五年三月、三十年三月、三十二年闰四月和三十四年八月。银库月折记录当月银两、铜钱两种货币的收支及兑换状况，开支主要包括拨给煤炭库的钱、发给各处的月例和各行的菜钱、主人们出门的开销、差遣用人干活的赏钱、老师的学费、巡更人的加班钱、寺庙的香资、成做或购买物品的开销，等等。银库的资金主要来自佐领处、管事处和房租。其中有些收支项是有规律的，比如初一收房租，初四给煤炭库拨钱，初五放各处月例、各行菜钱，初五、二十日左右，佐领处回交甲银、甲米，次日银库盘俸米剩银。账本中每日的详细记录还间接地反映出主人们的日常活动情况，如王爷进内或赴园庭的时间、频率及随从配置，再如王府祭祀、扫除、修整的情况等。

司房月钱折。司房对银两和铜钱的收支分别进行记账，书中共收录六份司房的月钱折，分别是光绪二十四年十二月、三十年九月、三十一年八月、三十二年闰四月、三十三年五月、三十四年七月。司房所用铜钱是由司房的银两兑换而来。司房的钱折记录了王府当月铜钱的支出情况，主要用于发放王府各主人每月的菜钱、奖赏府内和府外办差的用人、奖赏府外来送礼的人、买进物品、付大夫车钱，等等。我们可以从中了解到恭王府的交际来往情况、所收各种礼品、大夫出诊情况，等等。

司房月银折。书中收录有七份司房的月银折，分别是光绪三十年九月，三十二年闰四月，三十三年五月、六月、八月，三十四年七月、八月。司房所用银两主要来自管事处和佐领处。由于银两和铜钱在购买力上有所区别，因此银折中的支出款项主要用于支付高额的事项，如发放主人们的月例、奖赏府内或宫廷来的人、奖赏府外赠送的贵重礼物、购买进贡礼品、定制物品、送亲贵荷包银匣、修缮房屋或更换屋内设施，等等。相比司房钱折而言，银折更多地披露了王府与宫廷礼尚往来的情况。

煤炭库月折。煤炭库的月折有17份之多，有光绪二十四年闰三月、七月、十二月，三十年三月、五月、六月、七月、九月、十一月，三十一年九月，三十二年闰四月、九月，三十四年七月至十一月。煤炭库月折属于银库的分账，主要记录每月初四银库拨给的钱数，每月初五发给各处、各房的煤炭和洋烛钱及偶尔月末加领的情况。除了详细记录下王府煤炭和洋烛的使用情况，更重要的是，它向我们交代了当时王府所设立的各个部门、各种岗位。

内外各行菜钱月折。书中收录了1901年至1917年间多达70多个月的菜金发放情况，详细地记录下每月发给不同岗位、不同等级官员及用人的菜钱数，清楚地列出了当时王府各职能部门所配备的人员等级和人数，还有各位府主人所配的用人及人数。

四类月折之间的关系。各类折档所记录的款项有重复交叉的情况（图1）。银库的账目最直接地反映出王府的收入情况，而煤炭库的月折、各行菜钱月折其实是银库月折中所列煤炭钱和菜钱的支出明细，记录了具体的发放对象和数目。司房的钱折和银折虽看上去是两种货币的账目互不干涉，但由于所用铜钱都是由内部的银两兑换而来，通过对照可知当月司房内部银两和铜钱的兑换情况。月底司房会回交银库银两，仅有两条记录：光绪二十四年十月、二十五年三月。其余司房银折中没有记载，主要是由于当时已出现赤字，无多余银两交回。

虽然保存下来的折档数量有限，但幸运的是四类月折在某些月份同时被保存下来（表1），通过交叉对比同月的各类账本，可以较为系统全面地了解某月王府的经济活动情况。光绪三十三年和三十四年某些月份既有菜钱折，又有煤炭库月折或司房折，但由于这几种折之间没有交集，故省去。

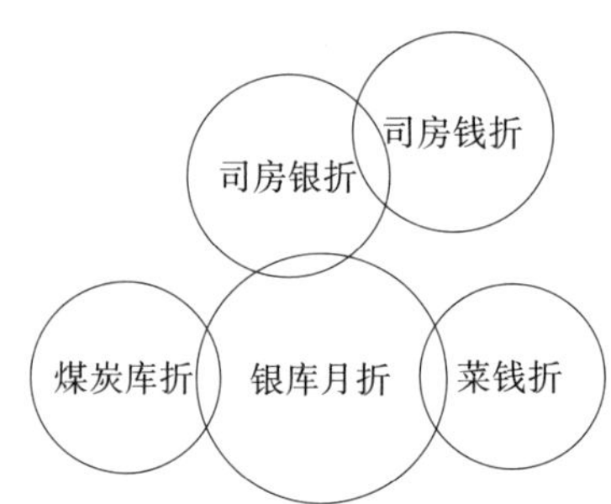

图1　折档款项交叉情况

表1　月折对比

时间＼类型	银库月折	司房月钱折	司房月银折	煤炭库月折	菜钱月折	份数
光绪二十四年十二月	●	●	—	●	—	3
光绪三十年三月	●	—	—	●	—	2
光绪三十年九月	—	●	●	●	—	3
光绪三十二年闰四月	●	●	●	●	—	4
光绪三十三年五月	—	●	●	—	●	3
光绪三十四年七月	—	●	●	●	●	4
光绪三十四年八月	●	—	●	●	●	4

一、王府的经济状况

折档中仅存的四份总折，把恭王府光绪二十四年每个月收支的金额清楚地一一列了出来。将它们做成图表来看，就呈现出一个较为直观明显的对比和变化（图2至图5）。

银库的资金来自佐领处和管事处，大都是王爷每季的固定收入，亲王每年有一万两俸银，这部分收入不受季节等其他因素影响。从曲线中可以看出全年银库的总进账和总支出是基本平衡的，司房也是如此。所以，银库和司房每月的收入其实是由上月的支出和当月的预算来决定的，即财务人员会根据实际情况和经验储备资金。因此，支出的变化是反映王府经济生活的主要依据，由于铜钱是由内部银两兑换而来，所以银两的支出更能反映王府的开支情况。

由于折档数量有限，还无法总结出一个准确的开支变化规律。单就光绪二十四年而言，银库的支出在春末夏初、初秋和年末较高，正月和夏季较低。司房的支出

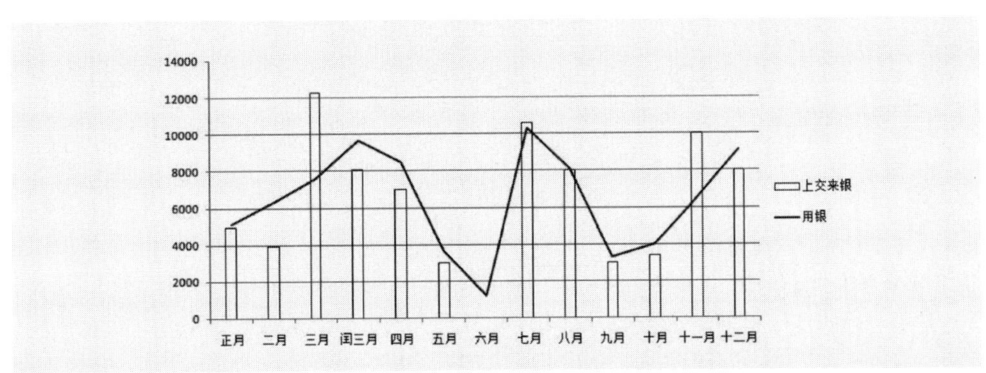

图2　光绪二十四年银库年折（银两）

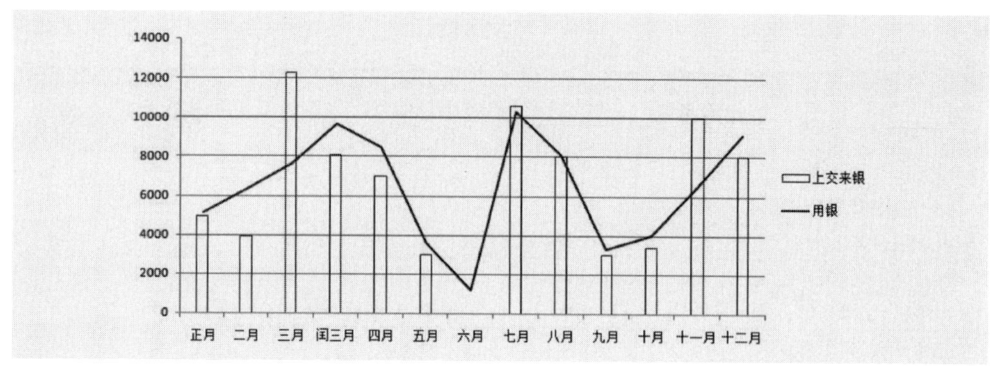

图3　光绪二十四年银库年折（铜钱）

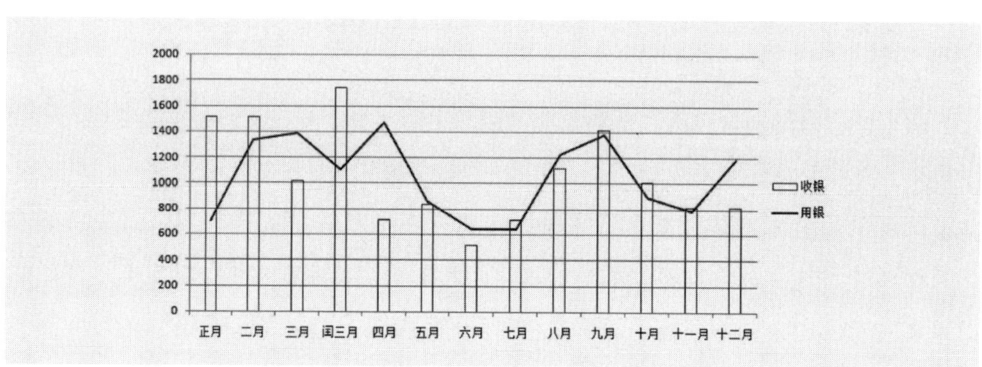

图4　光绪二十四年司房总银折

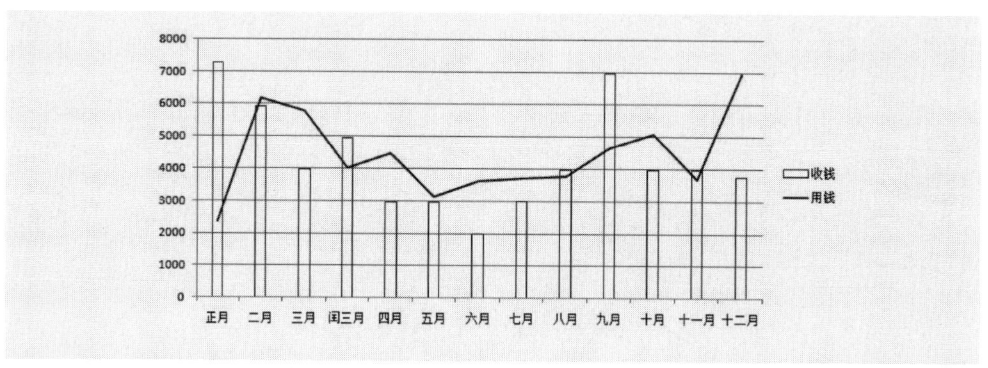

图5　光绪二十四年司房总钱折

在春季、秋末和年末较高，在正月和夏末明显较低。

花销中影响支出波动的最主要原因是节庆，每逢春节、清明、端午、中秋等传统节日，每当老佛爷、皇上过寿时，王府的开支便会增加，进奉、送礼、祭祀的开支就会比平时要高很多。年末腊月因为要预支来年正月的月例、菜钱、帮贴和老师、大夫工资，支出升高，而随后正月骤降。另外，春末的支出比腊月还高，原因是府内的修整。春季是王府掸扫房屋、修理翻新府内设施、定做各种物件的时候，是几笔不小的开支，仅一个殿糊窗户的工料钱就得花63两银子。

将光绪二十四年之后的月折与其相同月份做比较，会发现王府的开支基本呈一个逐年减少的状态，可以说越来越节省了。例如最初每次大夫来瞧病，给12吊车钱，后来就只给8吊了。缩水更为严重的是银库和司房的资金储备，从光绪三十年（1904）的折档开始，一直是当月“长使”了多少两、多少钱，即恭王府的账目入不敷出。王府的经济状况也是当时清末经济的一个写照，连王爷家都变得拮据并且入不敷出，何况当时的平民老百姓。

通过银库和司房收换银钱的记录，我们得知银两与铜钱的兑换比率，从另一个角度反映出当时清朝的经济状况。以光绪二十四年十二月银库月折为例：“二十六日换银四百两合九八钱三千八百二十四吊”，即四百两白银换了三千八百二十四吊钱，当时的兑换比率为每一百两换九百五十六吊。与银库不同，司房是银两和铜钱分开记账的，银折和钱折分别记录当月换钱用银的数额和收到所换铜钱的数额，所以同时有银折和钱折的月份才能得知其兑换比率。根据表1，有四个月份同时保留下来了司房的银折和钱折，但其中只有两个月份有换钱记录。以光绪三十二年（1906）闰四月为例：银折中“十九日换钱用银一千两”，钱折中“十九日收换银钱一万两千七百吊”，即一千两白银换了一万两千七百吊钱，兑换比率则为每一百两换一千二百七十吊。

根据时间顺序排列这些兑换记录，每百两白银所换得的铜钱数量呈上升趋势（表2）。光绪二十四年十二月相比三十二年闰四月，仅七年多时间，兑换比率总体增长了32.8%。光绪二十四年十二月至二十五年三月，仅仅三个月，银钱的兑换比率就上涨了6.28%，远高于光绪三十年三月至九月半年的增长率（0.81%）。当时中国军费开支大、白银大量外流，还有官僚私铸铜钱，这使得国内的白银由于量的减少而变得值钱，铜钱却不值钱了。对于达官贵人来说，白银的购买力提高，他们就相对更富有；但对于平民百姓来说，他们的收入主要是铜钱，而铜钱越来越不值钱，生活之艰难可想而知。

表2　银钱兑换比率统计

折档	时间	用银（两）	换钱（吊）	比率（吊/百两）	差距
银库	光绪二十四年十二月二十六日	400	3824	956	+6.28%
银库	光绪二十五年三月二十九日	400	4064	1016	
银库	光绪三十年三月二十九日	300	3720	1240	+0.81%
银库	光绪三十年九月十九日	700	8750	1250	
银库	光绪三十二年闰四月十九日	500	6350	1270	
司房	光绪三十二年闰四月十九日	1000	12700	1270	

二、王府的主人们

出现在记录中的府主人有：侧太太（后称为太福晋）、三位侧奶奶（后称为侧太太）、大爷、大奶奶、老公主、五格格、二格格、嶙阿哥、屼阿哥、崧阿哥、蕙姑娘。折档中并没有明确指出这些府主人都是谁，我们只能根据记录中排列的顺序和称呼来猜测他们之间的辈分关系。当时的恭王府，人数最多时四世同堂，是十几人的大家庭（图6）。

首先，大爷、大奶奶可以直接判断为小恭王溥伟及嫡福晋赫舍里氏。嶙阿哥、屼阿哥、崧阿哥分别是溥伟在北京所生的毓嶙、毓屼、毓崧。当时王府没有名分的小妾一般称为“姑娘”，蕙姑娘应当是溥伟的小妾。

其次，关于两位格格，折档中多次出现二格格、五格格派人来送东西或者看望，也有二额驸和五额驸的记载，说明她们已经出嫁并且不住在恭王府，只是菜钱折的记录中娘家还每月给她们的用人发菜钱。最早的菜钱折记录为光绪二十七年（1901）

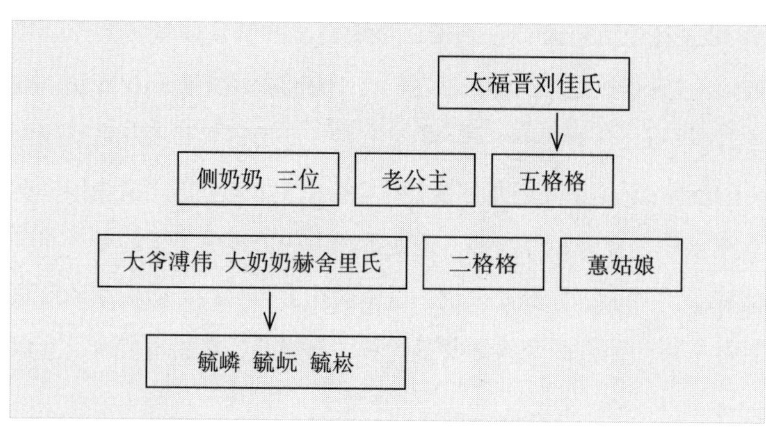

图6　家庭成员关系

正月，溥伟生于光绪六年（1880），那时他才21岁，所以当时已独列的二格格不可能是溥伟的女儿，推测应该是他的同辈。菜钱折按房给用人发钱，最初，侧太太与五格格列在一起，用同一组妈妈女子17名，后于光绪二十八年（1902）五月开列，且五格格一直排在二格格之前，说明她的辈分在二格格之上，也就是溥伟之上。恭亲王奕訢年表中提及“光绪十年（1884）四月初三未时，五女生，侧福晋刘佳氏所出。”光绪二十八年（1902）五月刚好18岁，与母亲分开列就理所当然了。

如果折档中的这位五格格就是奕訢的五女儿，那侧太太，后来在折档中被称为太福晋的，就应该是奕訢的侧福晋刘佳氏，史料和账本的信息也证明了这一推断。乾隆时规定亲王可封侧福晋四人，奕訢年表中确有四位侧福晋，分别是薛佳氏、刘佳氏、张佳氏、王佳氏，其中薛佳氏生次子载滢，刘佳氏生三女、四子载潢、五女，张佳氏生四女病故于光绪九年（1883），王佳氏无所出病故于光绪五年（1879）。小恭王时期健在且有女儿的只有刘佳氏一人。从光绪三十四年（1908）六月开始，菜钱折里没有再给太福晋的用人发菜钱的记录，并且，在同年七月的司房钱折中有这样的记载：十五日，太福晋前供饭用钱五十吊文。当日，正值中元节，给太福晋供饭，可知她在光绪三十四年五月去世。

菜钱折中列在王爷之前的三位侧奶奶辈分应该高于溥伟，当侧太太刘佳氏被称为太福晋时，这几位侧奶奶就被称为侧太太，可见她们的辈分低于刘佳氏。而老公主排名在亲王之后，五格格之前，她便是奕訢的大女儿，恭王府唯一有公主头衔的固伦荣寿公主。老公主一直在宫中生活，同样娘家会给她的赵嬷嬷每月发菜钱两吊。

三、王府的组织及人员

府内各行菜钱月折和煤炭库月折直接呈现给我们王府内都设置了哪些机构，都有哪些岗位的人员，他们都享受什么样的薪水待遇，以及各位主人都有哪些贴身用人，这有助于我们了解王府的组织构成和人员情况。

菜钱折和煤炭折中列出的处、房、库、所等机构有几十个：管事处、档案房、随侍处、庄园处、佐领处、回事处、听事处、执灯处、巡更处、鞍库、煤炭库、银库、米库、饭房、厨房、神房、书房、浆洗房、水房、各门房、各更房、马圈、粮仓、他坦（满语，原为打猎时临时搭建的棚子，后指服务人员的休息处）、鉴园（恭王府位于什刹海南岸的花园）、花园、花洞等；其中王爷有独用的水房、浆洗房、厨房。还列有十几种岗位工种：管事官、柏唐阿（拜唐阿，满语，清朝各衙门管事而无品级者）、更夫、花匠、剃头人、挑水夫、轿夫、车夫、送上谕的、太监、苏拉（清代勤务人员，满语，指一般闲散的人）、妈妈，等等。

大部分岗位都名副其实，不须过多解释，以下为几个不常用的名称。

除府中的内院由首领太监来管辖，王府的一切大小事务都由管事处的管事官打理，是王府的管家。佐领处负责管理领取、发放钱粮等事，每季领取朝廷发放的"甲银""甲米"，每月将银两交给银库和司房使用。庄园处管理着王府的田地、佃户，为王府收地租。随侍处的柏唐阿主要负责王爷出门的护卫工作。回事处是负责迎来送往的，当有客人来时向王爷禀报，如果王爷接见，就把客人引到王爷那里，等客人谈完，再把他们引出府直到客人离开。司房是专门管理王府日常出纳的小机构，他们的工作就正如这些折档所记录的，发放月例、给买办钱、赏钱等。饭房即厨房，有厨役、苏拉，除了负责府里的吃喝，还要准备节庆时进奉到宫里和送贵族亲戚的吃食等。茶房分内茶房和外茶房，内茶房负责府里主人、客人的茶饮，还有汤药、茶点。外茶房的人负责跟主人出门时买茶水、茶点。首领太监负责关防院，即内院的事务，伺候主人的小太监、苏拉、嬷嬷、妈妈们也都归他管。如有客人来见女眷，回事处也得先告知首领太监，由他前去禀报、迎送。

神房的人负责祭祀，特别是逢节或者祭祀的日子。花园的人员打理着王府花草树木、菜圃、飞鸟鱼虫。更房的人隔夜轮流值夜班、巡更、打更，并在清晨打扫院落。书房是王爷常去的地方，读书、休息、会客。记录中体现恭王府当时有三处书房，一处是多福轩，一处是西所书房（锡晋斋），还有一处叫花园正谊书屋。书房的工作人员主要是打扫、迎送老师和伺候王爷或小主人们。

折档中没有明确反映出王府各机构间是否有上下级的从属关系，但是府中的工作人员有等级之分，有的是带品级的官，如管事官，有的则没有，如柏唐阿、苏拉。等级的高低直接决定着收入的高低，光绪二十四年十二月的银库月折记道："初五日……首领太监嬷嬷妈妈女子六十九名菜钱一百三十八吊文，二格格下太监二名妈妈六名菜钱十六吊文，管事官二员菜钱四吊文，长班官员柏唐阿一百三十六名菜钱二百七十二吊文，两班官员柏唐阿一百八十四名菜钱二百七十六吊文，三班官员柏唐阿八十五名菜钱八十五吊文……"由此看出每月内院的太监、妈妈都有两吊文的菜钱，管事官和长班柏唐阿同样也是两吊文，而两班柏唐阿是每人一吊半文，三班则是每人仅一吊文。这一段记录就有484人。当月赏给其中48人每人四吊帮贴钱，且为实名发放。虽说是王府的在编员工，处于底层的他们，每月的固定收入还是很微薄的，平时靠着主人打赏来增加收入，例如跑腿的、搭进奉和挑进奉的苏拉每接一次活，都可以有一吊钱的收入。

对应来看光绪三十四年八月的菜钱月折和银库月折，菜钱月折最后记录当月各处、各岗总共发放菜钱七百零五吊五百文，银库月折记录道："八月初一日……管事官五员菜钱十吊文，长班官员柏唐阿一百零四名菜钱二百零八吊文，两班官员柏唐阿一百六十七名菜钱二百五十吊零五百文，首领太监妈妈女子六十四名钱一百二十八吊文，苏拉十二分半菜钱二十五吊文，五格格下苏拉九名妈妈十二名厨役二名菜钱四十六吊文，二格格下太监二名妈妈八名苏拉七名菜钱三十四吊文，在外听传妈妈二名菜钱四吊文……"这些合计同样是七百零五吊五百文。其中银库月折的"苏拉十二分半菜钱二十五吊文"与菜钱折的"正分苏拉四分半分苏拉十七名钱二十五吊"相对应，由此看出，苏拉也有高低之分，正分苏拉四名每人两吊，半分苏拉十七名每人一吊，共发二十五吊。这两份记录显示王府有403名员工。

按照清朝旧制，亲王以下的皇族府邸内的人员编制，是按其爵位大小而各有不同。以亲王的规定编制来说，一般是：长史一名，头等护卫六名，二等护卫六名，三等护卫八名，四五六品典仪各两名，牧长二名，典膳一名，管领四名，司库二名，司匠、司牧六名。以上共计38人。

根据溥杰对醇亲王府的回忆，醇亲王府由于光绪和宣统的原因，编制比定制要多，他的记忆里有长史一名，管事官一到二名，庄园处五至六名，回事处五至六名，随侍处多时十余名、少时六七名，司房五至六名，祠堂三至四名，大小厨房共十余名，茶房三至四名，花园包括暖窖六七名，大书房八至九名，小书房四至五名，更房十余名，马圈二处约十名，轿夫约有二十名。关防院（内院）范围内有首领太监一至二名，回事太监二至三名，小太监六至七名，散差太监十二三名，保姆或妈妈三十余名，使女丫鬟六至七名。以上共计百八十人。

恭亲王府在当时跟醇亲王府地位不分上下，算是数一数二的王府了，编制当与醇亲王府相差不大。先不论恭王府里各位工作人员职务的高低贵贱，谁管着谁，光列入册中的人员总数就多达四五百人，由此可见王府是一个人员复杂并且庞大的机构。

四、王府主人的出行

王爷和府内其他主人的出行信息在银库月折中有较为详细的记录，包括出行的日期、目的地、随从人员、交通工具及开销。载涛、恽宝惠的《清末贵族之生活》中对民国前清末贵族的生活状态做了归纳概括，将其中有关乘轿车马的内容与王府账本中府主人出行的信息结合起来，可以还原出府主人“行”这一方面的状况。

折档里的王爷出行记录一般有进班、出班、进内、进班过牌子、赴园庭、赴颐和园和祭祀几种情况，所用交通工具因距离和目的不同有所差异。现有的银库月折中，没有王爷坐轿出行的记录，小恭王溥伟一般骑马或坐车出行。王府的女眷很少出门，即使出门也不会骑马，一般坐车或者坐轿，大多是赴园庭、赴海，节庆或被召见时进内。跟着府主人出门的随行人员都有盘费收入，每人每次三百文，出远门的还有饭钱，每人每次一吊文。

由于祖制要求，满族人一般都善骑射。会骑马的人比比皆是，所以王公贵族都讲究养马，养好马。王府养马的开支也很可观，折档中每月马圈领马口分，就是领取养马的草料钱，就达三百多两白银，比王府给工作人员开出的工资总和还高。清王府的马厩一般在大门斜对过或者邻近，马厩里有马匹、车辆，有屋子供车夫和养马人居住。恭王府位于皇宫的西北方，整个北京城的西北部，不管是去宫里还是城里，都是向东、向南。从出行方向来看，如果马厩位于王府大门对过，即府南，那在顺向的东边比较合理。郭沫若故居的所在地就是当年和珅和恭王府马厩的传说，由此也说得通。王爷骑马出门起码都会带一名随侍官、一名跟马人，比如进班过牌子时。黄色是皇帝的专用色，只有个别地位极高的人才允许跟皇帝用一个颜色，恭亲王便是其中一位。恭亲王身份的特殊，地位之高，在他用的东西上就可以看出。折档中有定制物品的信息，其中记录有“成做黄扯手二根”，且质地为黄绸子，马上包袱担子也是黄色的。我们能想象出，恭亲王出门时骑着优良品种的高头大马，马上搭黄色的包袱担子，王爷手中握着黄绸布的缰绳。

王爷进内和赴园庭时一般乘车，有随侍官六七名、车上两名、跟马人三名、执灯人两名。王爷进班、出班都要隔夜，会多带两名随侍官，还要带剃头人一名，黄捲车一名。女眷们乘车出行时随行人员比王爷还多。侧太太和三位侧奶奶四人一起去园庭，随行的有随侍官八名、车上六名、拿车人六名、小车三名、挑头面人四名

（挑梳妆用品）、跟马人四名、黄捲车二名、赶黄捲车一名，煤炭库另外还外雇二套大车一辆，一行三十八人。

王公乘轿都是四人抬，轿子用绿呢布，下围红布拖泥。府外有存放轿子的地方，轿夫们就住在轿屋。菜钱折里记载恭王府有八到十三位轿夫和车夫。主人出门时一般有三班轿夫轮流抬轿，后跟车一辆用来让休息的轿夫坐。从侧太太乘轿赴海时的记账中，我们看到跟有随侍官员柏唐阿七名、轿夫十二名、小车二名、跟马人三名，一行二十五人。亲王、郡王的轿子一般用紫绊，个别受赏的才有用黄绊的资格。折档中有记录，侧太太的轿子就是用千金绳做包杆绊的，还挂灯笼，再次体现出恭亲王府的地位与气派。

小恭王平日的娱乐项目在折档里很少有记录，只出现过买油葫芦玩、看堂会。但能看出他是一位紧跟时代潮流、积极接触西方文化的人，家里一直雇有翻译老师，还看洋报纸、买假发。

有人认为王府文化就是民俗文化，其实不然。王府文化中有宫廷皇家文化的影子，虽规格有所降低，但也是样样俱全，这是等级制度要求的必然结果。王府文化包含一定的民俗文化，且是全面的、高规格的、非常讲究的民俗文化。其中，单从节庆方面讲，王府折档中记录了王府与宫廷、其他王府、寺庙等之间的礼尚往来。中秋节慈禧会赏月饼给王府，王府间也会互送自家做的月饼、吃食。中元节大人给小阿哥买莲花灯。腊八时，王公贵族们会互赠粥菜，还会专门做了送到皇宫里。年底腊月下旬，老佛爷、皇上、皇后会赏福肉、饽饽、团圆饼、布料、荷包、小吃、果盒等给府里的老爷太太、格格阿哥们。二十九、三十王府主人们去皇宫里聚会，并带着红包给参会的亲戚及其贴身用人。慈禧过寿，王府还会准备十几种吃食进贡。王府平时资助的寺庙道观，每逢节日便会给王府送礼，如酱菜、水果、花卉等。这些记录让我们了解到王公贵族是怎么过节的，平常百姓家是不会如此丰富的。

恭王府的折档虽缺乏连续性，不甚完整，但里面内容丰富，对研究清代王府文化、研究王府生活状态有较高的参考价值。通过对恭王府账本中信息和数据的分析、研究，让我们了解到清末王府日常的开支状况、生活细节，将一个真实的王府生活状态还原呈现出来。

［原载《清宫史研究（第十一辑）》，文化艺术出版社 2014 年版］

和孝公主生平考略

郝 黎*

恭王府的前身是乾隆朝大学士和珅的宅第，当年和珅以营建和孝公主府的名义在此处大兴土木。和孝公主可以说是恭王府的前主人，是恭王府历史上的重要人物，有必要对其溯源穷流。

和孝公主是乾隆帝最小的女儿，也是他最疼爱的子女，因此将其许配给自己的宠臣和珅之子。乾隆帝的爱女与和珅的儿媳，这双重身份深刻影响了公主的一生。关于和孝公主，虽有一些介绍及研究性文章，但多失之片面或无据，本文在搜检史籍的基础上，尽量还原公主真实的一生。

一、金枝玉叶，尽享父皇宠爱的少年时期

乾隆帝共有27个子女，其中17个儿子、10个女儿。

17个儿子中长大成人的只有6人，分别是第四子、第六子、第八子、第十一子、第十五子（嘉庆帝）和第十七子。其他儿子都离世较早：第一子，乾隆十五年卒，年23岁；第二子，乾隆三年卒，年9岁；第三子，乾隆二十五年卒，年26岁；第五子，乾隆三十一年卒，年26岁；第七子，乾隆十二年卒，年2岁；第九子，乾隆十四年卒，年2岁；第十子，乾隆十八年卒，年3岁；第十二子，乾隆四十一年卒，年25岁；第十三子，乾隆二十二年卒，年3岁；第十四子，乾隆二十五年卒，年4岁；第十六子，乾隆三十年卒，年4岁。最小的儿子出生于乾隆三十一年五月。①

10个女儿中有5人夭折，分别是皇长女、二女、五女、六女和八女。5位成年皇

* 郝黎，文化和旅游部恭王府博物馆学术委员会副主任，教育传播部研究馆员。

女：皇三女固伦和敬公主，孝贤纯皇后生，乾隆十二年三月下嫁科尔沁辅国公色布腾巴勒珠尔；皇四女和硕和嘉公主，纯惠皇贵妃苏氏生，乾隆二十五年三月下嫁富察氏福隆安；皇七女固伦和静公主，孝仪纯皇后生，乾隆三十五年七月下嫁喀尔喀亲王拉旺多尔济；皇九女和硕和恪公主，孝仪纯皇后生，乾隆三十七年八月下嫁额驸乌雅氏武毅谋勇公札兰泰；皇十女即和孝公主。[②]

十公主出生于乾隆四十年（1775）正月初三日，生母惇妃（图1）。此时乾隆帝已65岁高龄，对这个最小的孩子非常宠幸：一来能够生育健康的子女，证明了自己身体健康，长寿可期。二来公主出生时，其他女儿都已出嫁，最小的儿子业已10岁，宫中已多年未有年幼子女承欢膝下。三来老翁怜幼子，初生婴儿总是令老父亲无比爱怜（图2）。

图1　惇妃像

图2　乾隆皇帝中老年时期画像

有人认为，十公主刚刚降世，立下大功的惇嫔便被册封为妃。实际上，此前的三十九年十一月“册封惇嫔汪氏为惇妃”。册文称：“尔惇嫔汪氏，夙协芳规，早膺德选，娴兰宫之礼教，聿著壸仪。”[③]表彰其恪守礼仪，而当时惇嫔正是怀孕期间，从中也可以看出乾隆帝对未出生子女的重视。

乾隆四十三年（1778）十一月，惇妃将宫内使唤女子责处致毙。清代满汉大臣官员，将家奴不依法惩罚、殴责立毙者，皆系按其情事，分别议处，重则革职，轻则降调，定例森然。“念其曾育公主，故量从末减耳”[④]，即考虑到生育公主有功，乾隆帝手下留情，将惇妃降为嫔，以示惩儆。然“未几，复封”[⑤]。惇妃因打死使唤宫女被降为嫔，但很快又恢复名位，事情发生在十公主4岁时。虽然史籍没有言明惇妃复封的原因，但估计皇帝爱屋及乌，天真烂漫的孩子当发挥了一定作用。

乾隆四十五年，因查办云南总督李侍尧案得力，乾隆帝愈加器重和珅，擢户部尚书、议政大臣，授御前大臣兼都统。五月，乾隆皇帝为和珅之子赐名丰绅殷德[⑥]，并指婚给6岁的十公主，待成年后行婚礼。丰绅殷德生于乾隆四十年（乙未，1775）正月十九日[⑦]，比公主小半个月。将自己最疼爱的小女儿许配给最器重的大臣当儿媳，对乾隆帝来说是个非常满意的安排。然而正是这种安排，却铸就了公主坎坷的后半生。

十公主长相酷似乾隆帝，孩提之时经常着男装，“主少时好衣冠作男子状”[⑧]。这很可能是跟随父亲打猎[⑨]，穿男装行动方便之故。“性刚毅，能弯十力弓。少尝男装随上较猎，射鹿丽龟，上大喜，赏赐优渥”[⑩]。公主深受父皇的宠爱，“五十一年八月，赐公主金顶轿，五十二年正月封固伦和孝公主”[⑪]。12岁时被赏赐乘坐金顶轿，13岁时被封为固伦和孝公主。而按清朝制度，皇后所生之女才能被封为“固伦公主”，品级与亲王相当；妃、嫔所生或由皇后收养的其他皇亲宗室之女，则只能封为“和硕公主”，品级相当于郡王。固伦和孝公主系妃子所生，因乾隆帝疼爱才被破格封为固伦公主。乾隆帝曾说：“汝若为皇子，朕必立汝储也。”[⑫]

《啸亭续录》称：“和孝公主，惇妃所生，为纯皇帝最幼女，上甚钟爱。”公主的皇兄嘉庆帝也说：“公主平日最为皇考所钟爱。”[⑬]此言非虚。中国第一历史档案馆内廷赏赐例，记载了十公主多次受赏赐的情况：乾隆四十三年正月初三日，十公主4岁生辰，赏赐青玉万年灵芝小如意1柄、白玉圆盒1件、铜镀金珐琅小圆盒1件、永昌玉圈2件、玉扇器4件[⑭]；三月二十日，十公主得到多种质地的朝珠、衣料；三月二十六日，十公主留头发受赏如意、念珠，丰绅殷德也受赏1柄如意。[⑮]

二、风光出嫁，锦衣玉食的少妇时期

公主婚期虽然定在乾隆五十四年（1789），但早在五十二年十一月二十三日，内务府就按照固伦公主下嫁之例，将其下嫁应得物品缮写清单，其中包括各种首饰（朝珠、帽饰、簪子、项圈、耳坠、手镯、脚镯等）、衣物（皮袍、皮褂等）、床上用品（被褥、枕头、帷帐）、生活用品（桌椅屏风、柜子、衣架、盆架、锅碗瓢盆、执壶、茶桶等）、古董、衣料、服侍人员、牛马骆驼等。赏赐的物品多用珍贵材质，囊括了生活的方方面面。[16]除此之外，还按和敬固伦公主之例，乾隆五十四年闰五月初二日赏赐十公主俸银一千两。[17]

乾隆五十四年十一月二十七日，15岁的和孝公主下嫁丰绅殷德。当天，乾隆皇帝又赏赐大量妆奁，额驸丰绅殷德也赏赐优厚。[18]十二月初三日公主与额驸六日回门行礼，又赏赐大量物品。

乾隆五十四年十二月，乾隆帝“幸和孝公主第”[19]，上门探望自己的爱女，拳拳父爱令人动容。乾隆五十五年正月初三是和孝公主的生日，乾隆帝赏赐一些古董及生活用品，如汉玉葵花洗、藏香等。[20]

和孝公主下嫁丰绅殷德后，过了整整十年锦衣玉食、殷实安稳的日子（图3）。这一时期，和珅位高权重，又攀上了皇帝亲家，更是红得发紫。丰绅殷德也因为有岳父和父亲的双重靠山，仕途上一帆风顺。

与和孝公主成婚的当年，丰绅殷德即受命在御前行走。乾隆五十五年（1790），授散秩大臣；五十六年二月，管理内务府御茶膳房、造办处事务；五十八年调奉宸苑卿；五十九年擢正黄旗护军统领；六十年兼内务府大臣；嘉庆元年（1796）总理

图3　恭王府乐道堂，原为和孝公主居所

行营事务；二年（1797）二月兼銮仪使，八月授正白旗汉军都统，仍兼护军统领，监督崇文门税务[21]。可以说娶了公主后，丰绅殷德几乎每年职务上都有擢升，而且所任均为实缺要职，尽是些美差、肥缺。

丰绅殷德同他的父亲和珅一样，相貌俊美，而且持重老成、不苟言笑[22]，喜读书作诗。他曾作诗《读书吟》："世间何事乐，惟有读吾书。既达古今理，能令心性舒。"[23]他去世后，其堂兄丰绅伊绵将其诗作整理结集而成《延禧堂诗钞》。诗人一般都感情丰富，从丰绅殷德对曾外祖父、母亲及早殇的弟弟的真挚感情，可以看出他是重感情的性情中人。虽然没有直接描述和公主生活的诗，但郎才女貌，才子佳人，夫妻和睦，生活是很和美的。[24]

也许是因为仕途顺利等原因，驸马也颇骄纵，公主却对形势保持着清醒的认识，告诫说："汝翁受皇父厚德，毫无报称，惟贿日彰，吾代为汝忧。他日恐身家不保，吾必遭汝累矣！"公主看到和珅倚仗乾隆的宠信，招权纳贿等做法，忧虑不能自保，后来的事情证明了公主的远见卓识。公主在日常生活中，发现驸马的不当做法也会立即指正："一日积雪，驸马偶弄畚锸作拨雪戏，公主立责之，曰：'汝年已逾冠，尚作痴童戏耶？'长跽请罢乃已。"[25]难怪乾隆帝说她如果是皇子，必定选作皇位继承人。公主虽身为女子，却自幼弓马娴熟，少有脂粉气，识大体顾大局，见解高超。

三、遭遇变故，勉力维持的后半生

嘉庆四年（1799）正月初三乾隆皇帝去世，享年89岁。对和孝公主来说，父皇于自己的生日去世固然令她痛不欲生，但这还仅仅是灾难的开始。正月初八，官员们纷纷弹劾和珅弄权舞弊，僭枉不法。隐忍多年的嘉庆帝将和珅革职，逮捕下狱，查抄家产。正月十六日，指斥和珅二十款大罪，并于正月十八日一尺白练将其赐死。[26]

很多人说和孝公主向皇兄求情，才留得和珅全尸。就笔者所见，这种说法尚未得到史料的证实，不过从嘉庆皇帝对和珅深恶痛绝的态度来看，应该存在这种可能性。"办理和珅一案，经大学士九卿等佥称伊种种狂悖欺罔，照大逆律应凌迟处死定拟具奏。朕因和珅蒙皇考豢养多年，又曾任首辅大臣，曲为末减。然论其妄诞，即肆市亦罪所应得。仍加恩赐令自尽。"[27]

有学者认为，和珅事败后，其子丰绅殷德，特别是十公主，并未受多大牵连，后来嘉庆、道光二帝对和孝公主仍待遇优渥，非同一般。[28]此语基本出于道光皇帝之口。[29]应该说，这种说法不够准确。

先看丰绅殷德受牵连的情况。和珅被逮捕下狱后，“贝勒固伦十额驸惠交宗人府宥守”。[30]父亲和珅被治罪，儿子丰绅殷德原来的实缺美差转瞬间失去，“仍加恩留伊伯爵，即令丰绅殷德承袭在家闲居，不许出外滋事”。当查出正珠朝珠这种臣子本不应该配用的东西后，嘉庆皇帝非常恼怒，“丰绅殷德若知有此物，不行举发，当照大逆例缘坐”。经审讯，丰绅殷德实不知情，但仍革去伯爵，赏给散秩大臣衔，当差行走。直至嘉庆七年十二月，成功镇压四川、陕西、湖广三省白莲教，嘉庆皇帝高兴之余，大赏群臣，考虑到父皇最为钟爱的和孝公主“亦应一体赐予恩施”[31]，才推恩赏给丰绅殷德民公品级，仍在散秩大臣上行走，让公主也分享喜悦。

应该说，嘉庆帝对十公主还是顾念兄妹之情的，《清史稿·公主表》说：“和珅得罪，籍没。仁宗命留资为主养赡。”在抄家过程中，不管是京城寓所，还是热河寓所，嘉庆帝都下令“丰绅殷德房间器具蒙恩赏还”[32]。和珅被没收的一些物品，有的也赏赐给了公主，“和珅皮衣七十件，赏十公主十四件；朝衣蟒袍等衣物一千二百八件，赏十公主六十九件”[33]。嘉庆帝自己说：“现在朕赐公主物件甚多，累日携运不尽，焉肯转向公主额驸追问寄顿，况连日阅查抄物件，即随时颁赐者亦复不少。”[34]

但尽管如此，因为公主与和珅同在一府之内，还是多少受到了牵连。嘉庆四年五月初一日，随公主服役之陪嫁人十三户及恩赏家人二十户，原来居住在和珅名下的零星房屋共94间，都应查抄入官，“但查公主府现无下人居住房间，伊等无处栖止，相应请旨可否将此项房间一并赏给公主”[35]。公主的管家大臣向嘉庆皇求情，结果才保留了这些房间给下人居住，其入官合盛当铺一座，亦着赏给公主。

嘉庆四年四月，“所有赏赐公主珠宝器皿并公主府物件，均于本月二十日运完，拟于二十一日吉期公主出府”[36]。和孝公主搬离了原府邸，这所豪宅被嘉庆帝赏赐给了其胞弟永璘。永璘是乾隆皇帝的第十七子，“不甚读书，喜音乐，好游嬉”，在政治上没有追求，曾说：“使皇帝多如雨落，亦不能滴吾顶上。惟求诸兄见怜，将和珅邸第赐居，则吾愿足矣！”[37]嘉庆帝果然满足了他的愿望。

公主府的生活也比较困难。嘉庆八年（1803）五月初八日，都虞司奏为十公主令太监售卖手串，并未具奏，将管家务大臣英和罚俸事。[38]经查确实是公主令太监售卖。如非生活困难，堂堂公主怎会售卖手串？以致内务府官员怀疑是太监私行窃卖。主管公主家务的大臣英和因失察被罚俸一年，由他人接管公主家务。公主的生活用丰绅殷德的话说：“家虽日渐贫，犹未苦饥冻。”[39]就是仅能勉强维持温饱状态。金银珠宝固然名贵，可是饥不当食，寒不当衣，对于要维持家用的公主来说是中看不中用之物，但是售卖又遭到禁止，的确有些无奈。

嘉庆八年八月，和孝公主府内被革职的长史奎福，控告“额驸丰绅殷德演习武艺与父报仇，并欲毒害公主，及将侍妾带至坟园于国服内生女”。经详细鞫问，只有国服内侍妾生女一事是事实。“于国服一年内生女实属丧心无耻”，革去公衔及所管职任，仍著在家圈禁，令闭门思过。[40]

丰绅殷德自乾隆五十九年即演习白蜡杆，却被诬陷为习武欲报仇。自家庭遭遇变故，他体会到世态炎凉，本来“善小诗”的他几乎没有闲情逸致作诗了。嘉庆四年所作《青蝇赋》，表露了忧谗畏讥的情绪。丰绅殷德几次三番被鞫问、被变相软禁家中，于是转而“慕道，与方士辈讲养生术”。嘉庆十五年（1810）四月，嘉庆帝表彰他，“近年来于一切差使俱能小心无误，现在抱病未痊，著加恩赏给公爵衔，用示眷念”。[41]然而，他患“喘疾，号数旬死”[42]，年仅36岁。能得以病逝家中，得益于他“平日小心供职”“人素谨慎”[43]，与公主关系融洽是分不开的。当然，也有公主从中规劝所起的作用。丰绅殷德去世后，嘉庆帝“遣侍郎英和带领侍卫十员，往奠故固伦额驸丰绅殷德茶酒。赏银五千两治丧，照公爵衔赐恤”[44]。

需要提到的是，嘉庆十一年（1806）正月十七日，和孝公主之母惇妃去世。[45]虽然史籍对这一时期公主的活动没有记载，但可以想见亲生母亲离她而去，自会为其多舛的人生又增加一些不幸。

额驸病逝后，史籍对和孝公主生活的描述仅寥寥数语：“后和相籍没，驸马继殂，公主持家政十余年，内外严肃，赖以小康。”[46]今人也多引用此句，鲜见其他内容。中国第一历史档案馆档案为我们留下了当年珍贵的资料，透过这些文字，这一阶段公主的生活才变得丰满生动起来。

嘉庆十五年十一月初二日额驸丰绅殷德故后，公主查点遗物内有丰绅殷德名下置买滦州地契二纸，共价银3300两，每年应取租京钱944千文，于是公主查问此项地亩的来历。原来，嘉庆元年丰绅伊绵以丰绅殷德的名义买地，为的是借助其声势，易于取租。嘉庆四年，和珅抄没家产后，丰绅伊绵以置地既系借弟出名，即与丰绅殷德为业。后据经手取租庄头康二格禀称，其地业已入官，丰绅殷德即未敢遣人前往取租，康二格不久亦身故。和珅倒台后，外地的庄头根本不把落魄的丰绅殷德放在眼里，欺骗说土地被没收，结果丰绅殷德也未敢追究。连一个小小的庄头都如此怠慢额驸，其他官员的态度可想而知。公主搞清事情的由来后，通过管理家务的大臣英和查办此事。户部回复，前项地亩并未入官。于是，英和请求恩准将此地赏给公主为业，并请旨交直隶总督查询前项积年地租系何人吞没，即行照数追归公主并将其人治以应得之罪。[47]应该说，公主对此事的处置是非常妥当的，发现自己不知道的地契后，先查明来龙去脉，然后查证庄头的话是否属实，查明地产仍属于丰绅殷德之后请求赏赐给自己，并追回地租，对当事人治罪。

嘉庆十九年（1814）四月初十日，因此前恩赏十公主的圆明园住园一所，共计二百余间，久经空闲，多致损坏，墙垣间有坍塌，欲加整理，无力修葺，公主恳请皇帝收回。嘉庆帝收回了和孝固伦公主和郡王绵循所缴园房各一所，作为补偿，和孝固伦公主加恩赏给银6000两，绵循加恩赏给银3000两，均从广储司库支给。[48]至于这所住园是和珅当年为公主所建，还是后来嘉庆皇帝赏赐，以及上缴住园能换到赐银一事是否当时惯例，笔者由于资料有限，尚不得而知。不过公主量力而为，恳请皇帝收回自己无力修葺的住园，换回了6000两银子，显然是明智之举。

公主对于这笔银子的使用也彰显了她的才智。嘉庆十九年五月初七日，公主管事大臣英和称："前蒙恩赏给和孝固伦公主银六千两以佐用度，自应遵旨生息，妥为筹划。奴才再四思维，拟将此项赏银六千两全数发交长芦盐政，按一分生息，遇闰加增，每年所得利银定以五月、腊月两次解交内务府广储司，由司拨给。"这是和置地得租进行比较后选择的理财措施，他们核算得很清楚："较之置地得租足抵一分二厘，且无旱涝拖欠之虞。"[49]地租收入受天气状况、租户是否按时交租等诸多不确定因素的影响，不如交给官办的盐政经营保险，类似今天放进银行取息。有学者不了解公主上交住园换赐银一事的来龙去脉，认为嘉庆皇帝主动赏赐给了公主6000两银子，作为优待公主的例证是不妥当的。[50]

道光帝对于和孝公主这位皇姑，颇为照顾。道光元年（1821）四月二十五日，因"和孝固伦公主用度不敷，所有内务府恒升当铺（嘉庆四年查抄和珅入官）一座，著加恩赏给公主以资日用"[51]。

道光三年（1823）春，公主得了疾病，道光帝"屡次遣人存问"，希望她早日痊愈。九月初十公主去世，时年49岁。道光皇帝"赏给陀罗经被，派惇亲王带领侍卫十员，即日前往奠醊"，还"亲临赐奠，所有丧事一切官为经理，并派广泰在彼妥为照料，以示优恤”。[52]

嘉庆、道光帝对公主有所照顾，但说待遇优渥是言过其实的。

丰绅殷德无子，“以和琳子丰绅伊绵袭轻车都尉”[53]。和孝公主与丰绅殷德生有两个女儿，据其堂兄丰绅伊绵诗句，“一尚垂髫一尚嬉”，大女11岁，二女5岁。[54]史书称公主曾过继一子。道光三年十二月，“赏和孝公主子轻车都尉富那二品顶带”[55]；道光十二年正月，“赏和孝公主子福恩委散秩大臣”[56]。公主之子究竟名富那，还是福恩？在没有其他资料佐证的情况下，难以遽论。

和孝公主虽然深得乾隆帝的宠爱，却没有骄娇二气。24岁以前，她一直过着锦衣玉食的奢华生活。嘉庆四年后，生活发生了巨大逆转，公主却安之若素，充分利用有限的条件，运用自己的智慧，善加经营。她性情刚毅，能干练达，胜不骄败不馁，是清朝的一位杰出公主。

注释

① 参见《星源吉庆》，学苑出版社1998年影印本，第70—72页。
② 参见《星源吉庆》，学苑出版社1998年影印本，第72—73页。
③《清高宗实录》卷九七一，中华书局1985年版，第1252页。
④《清高宗实录》卷一〇七〇，中华书局1985年版，第352页。
⑤《清史稿》卷二一四《后妃列传》，第8920页。
⑥ 参见《丰绅殷德列传》，载《清宫恭王府档案总汇 · 和珅秘档》（十），国家图书馆出版社2009年版，第396页。
⑦（清）丰绅殷德：《延禧堂诗钞・偶读先曾外祖梦堂相国集云云》，西泠印社出版社2010年版，第22页。
⑧（清）李孟符：《春冰室野乘》卷上《乾隆宫禁遗事》，山西古籍出版社1996年版。
⑨ 参见杨乃济、冯佐哲《和珅手札中的和孝公主》，《紫禁城》1983年第2期。
⑩（清）昭梿：《和孝公主》，载《啸亭杂录》卷五，中华书局1980年版，第515页。
⑪《星源吉庆》，学苑出版社1998年影印本，第73页。
⑫（清）昭梿：《和孝公主》，载《啸亭杂录》卷五，中华书局1980年版，第515页。
⑬《清宫恭王府档案总汇 · 和珅秘档》（八），国家图书馆出版社2009年版，第423页。
⑭ 参见《清宫恭王府档案总汇 · 和珅秘档》（十），国家图书馆出版社2009年版，第245页。
⑮ 参见《清宫恭王府档案总汇 · 和珅秘档》（十），国家图书馆出版社2009年版，第221页。
⑯ 参见《清宫恭王府档案总汇 · 和珅秘档》（十），国家图书馆出版社2009年版，第139、224页。
⑰ 参见《清宫恭王府档案总汇 · 和珅秘档》（十），国家图书馆出版社2009年版，第189页。
⑱ 参见《清宫恭王府档案总汇 · 和珅秘档》（十），国家图书馆出版社2009年版，第237页。另参见无园《和孝公主的妆奁》，《紫禁城》1983年第5期。
⑲《清高宗实录》卷之一千三百四十四，中华书局1985年版，第1119页。
⑳ 参见《清宫恭王府档案总汇 · 和珅秘档》（十），国家图书馆出版社2009年版，第243页。

㉑《清宫恭王府档案总汇·和珅秘档》(十),国家图书馆出版社2009年版,第397页。
㉒ 参见(清)丰绅殷德《延禧堂诗钞·挽天爵道人》,西泠印社出版社2010年版,第33页。
㉓(清)丰绅殷德:《延禧堂诗钞·读书吟》,西泠印社出版社2010年版,第13页。
㉔《清宫恭王府档案总汇·和珅秘档》(十),国家图书馆出版社2009年版,第404页。
㉕(清)昭梿:《和孝公主》,载《啸亭杂录》卷五,中华书局1980年版,第515页。
㉖《和珅犯罪全案》,载《清宫恭王府档案总汇·和珅秘档》(九),国家图书馆出版社2009年版,第103页。
㉗《清仁宗实录》卷一一八,第565页。
㉘ 参见冯佐哲《有关和孝公主的点滴史料》,《紫禁城》1983年第3期。
㉙ 参见《清宣宗实录》卷五八,第1026页。
㉚《和珅犯罪全案》,载《清宫恭王府档案总汇·和珅秘档》(九),国家图书馆出版社2009年版,第106页。
㉛《清仁宗实录》卷一〇六,第425页。
㉜《清宫恭王府档案总汇·和珅秘档》(九),国家图书馆出版社2009年版,第173页。
㉝《清宫恭王府档案总汇·和珅秘档》(九),国家图书馆出版社2009年版,第245页。
㉞《清宫恭王府档案总汇·和珅秘档》(九),国家图书馆出版社2009年版,第218页。
㉟《清宫恭王府档案总汇·和珅秘档》(十),国家图书馆出版社2009年版,第362页。
㊱《清宫恭王府档案总汇·和珅秘档》(十),国家图书馆出版社2009年版,第359页。
㊲(清)昭梿:《庆僖王》,载《啸亭杂录》卷五,中华书局1980年版,第517页。
㊳《清宫恭王府档案总汇·和珅秘档》(十),国家图书馆出版社2009年版,第367页。
㊴(清)丰绅殷德:《延禧堂诗钞·安稳眠》,西泠印社出版社2010年版,第25页。
㊵《清仁宗实录》卷一一八,第565、567页。
㊶《清仁宗实录》卷二二八,第59页。
㊷(清)昭梿:《和相后裔》,载《啸亭杂录》卷三,中华书局1980年版,第471页。
㊸《丰绅殷德列传》,载《清宫恭王府档案总汇·和珅秘档》(十),国家图书馆出版社2009年版,第407页。
㊹《清仁宗实录》卷二二八,第61页。
㊺《大清会典事例》卷四九五《礼部丧礼》。
㊻(清)昭梿:《和孝公主》,载《啸亭杂录》卷五,中华书局1980年版,第515页。
㊼ 参见《清宫恭王府档案总汇·和珅秘档》(十),国家图书馆出版社2009年版,第374页。
㊽ 参见《清宫恭王府档案总汇·和珅秘档》(十),国家图书馆出版社2009年版,第383页。
㊾《清宫恭王府档案总汇·和珅秘档》(十),国家图书馆出版社2009年版,第386页。
㊿ 参见冯佐哲《有关和孝公主的点滴史料》,《紫禁城》1983年第3期。
(51)《清宫恭王府档案总汇·和珅秘档》(十),国家图书馆出版社2009年版,第411页。
(52)《清宣宗实录》卷五八,第1026页。
(53)《清史稿》卷三一九《和珅传》,第10758页。
(54)(清)丰绅殷德:《延禧堂诗钞·挽弟诗十首》,西泠印社出版社2010年版,第36页。
(55)《清宣宗实录》卷六三,第1097页。
(56)《清宣宗实录》卷二〇四,第13页。

[原载《明清论丛(第十四辑)》,故宫出版社2014年版]

清皇子永璘生平考述

张 军*

永璘乃乾隆第十七子，是继和珅（和孝公主）之后，恭王府历史上的第二任府主。在永璘去世32年之后，恭王府的第三任府主奕訢才住进来。对于和珅、奕訢，清史学界研究成果比较多，然而永璘，学界还没有什么研究，大家对其了解还主要依据昭梿《啸亭杂录》和《清史稿》。摘录如下：

庆僖亲王讳永璘，纯皇帝第十七子也。貌丰颀黧色，不甚读书，喜音乐，好游嬉。少时尝微服出游，间为狭巷之乐，纯皇帝深恶之，降封贝勒。经睿皇帝屡加斥责，晚年深自敛饰，燕居邸中，惟以声色自娱而已。然天性直厚，敦于友谊，与之交者，务始终周旋之。御下宽纵，护卫于众中与之倨傲嬉笑，亦不责也。纯皇帝末年，觊觎者众，王笑曰："使皇帝多如雨落，亦不能滴吾顶上。惟求诸兄见怜，将和珅邸第赐居，则吾愿足矣！"故睿皇帝籍没和相时，即将其宅赐王居之，以酬昔言。庚辰春薨逝，睿皇帝震悼，赙襚甚优，异于他邸焉。①

庆僖亲王永璘，高宗第十七子。乾隆五十四年，封贝勒。嘉庆四年正月，仁宗亲政，封惠郡王，寻改封庆郡王。三月，和珅诛，没其宅赐永璘。五年正月，以祝颖贵太妃七十寿未奏明，命退出乾清门，留内廷行走。二十一年正月朔，乾清宫筵宴，辅国公绵慜就席迟，奕绍推令入座，拂堕食碗，永璘告内奏事太监。得旨："诸王奏事不得迳交内奏事太监。"罚永璘俸。二十五年三月，永璘疾笃，上亲临视，命进封亲王。寻薨，谥曰僖。命皇子往奠，上时谒陵归，复亲临焉。②

从《啸亭杂录》大体可知永璘之性格，从《清史稿》大体可知永璘之史事，但

---

* 张军，文化和旅游部恭王府博物馆藏品研究部副研究馆员。

二者文字略显简略，让我们无法全面了解永璘其人。笔者拟根据《永璘秘档》《爱新觉罗宗谱》等，对恭王府历史上的这位重要府主之生平做一全面考述，以求对永璘研究起到添砖加瓦之作用。

一、出身

据《爱新觉罗宗谱》记载，永璘生于乾隆三十一年（1766）五月十一日，生母为孝仪纯皇后魏佳氏。[③]此时的乾隆皇帝56岁，魏佳氏40岁。在皇家宫廷里，母常以子贵，反过来，子也能以母贵。永璘的母妃魏佳氏在清宫的地位如何呢？魏佳氏是满洲正黄旗内管领、加封承恩公清泰之女，于乾隆十年（1745）入宫，乾隆二十一年（1756）生女和静公主，乾隆二十二年（1757）生子永璐（四岁卒）、乾隆二十三年（1758）生女和恪公主、乾隆二十五年（1760）生子永琰（嘉庆皇帝），在生永璘的前一年六月刚刚晋封皇贵妃，并负责掌管六宫事务。从晋封和接二连三所生子女来看，永璘生母魏佳氏是很受乾隆宠幸的。既然母贵，永璘可以说是含着“金钥匙”出生，其尊贵、宠爱程度自非出身一般皇子可比。

乾隆四十年正月二十九日（1775年2月28日）魏佳氏薨逝，永璘时年10岁。永璘成长的十年恰是其母魏佳氏掌管后宫的时期，考虑到魏佳氏40岁再得子的母亲天性，不难推导出永璘的童年是在“蜜罐”里成长。这种溺爱少严的环境，也许就是永璘后来不喜读书，好贪玩的深层原因。

二、婚姻

按清宫惯例，皇子15岁左右奉旨成婚。乾隆四十五年（1780）永璘15岁，乃奉旨准备迎娶。福晋钮祜禄氏，是乾隆朝大臣阿里衮之女。阿里衮，满洲正白旗人，清初五大臣额亦都曾孙，康熙即位时的辅政大臣遏必隆之孙。乾隆初年由二等侍卫升总管内务府大臣，做过兵部尚书、刑部尚书、湖南巡抚、河南巡抚、山西巡抚、山东巡抚、湖广总督、工部尚书、户部尚书、军机大臣、领侍卫内大臣等，乾隆三十四年（1769）十二月卒于军中，追封为果毅继勇公。就钮祜禄氏的出身及家族声望，永璘与其的结合，也算门当户对。由于父亲已逝，钮祜禄氏的出嫁由其兄操办。钮祜禄氏成亲时也是15岁，年龄比永璘小四个多月。

皇子结婚的步骤中主要是初定礼和成婚礼。永璘的结婚初定礼定在十月初三日（10月30日）辰时，筵宴要在福晋钮祜禄氏家举办。据内务府、礼部奏折：

十七阿哥娶福晋行初定礼筵宴，照例给福晋嵌珊瑚东珠七颗（金项圈一圈嵌东珠各二颗）、金耳坠三对（嵌珍珠各五颗）、大金簪三枝（嵌珍珠各一颗）、小金簪三枝、金镯二对、金钮一百个、银钮二百个、各色表里缎绸一百匹、棉花三百觔、做褂五等貂皮七十张、做袍索伦黄貂皮七十张、做被里沙狐皮一百六十张、做褥白狐皮九十张、镶女朝衣染海龙皮七张、做帽染貂皮三张、筵宴备羊四九、饽饽桌五十张、酒筵桌五十席、烧黄酒五十瓶。④

永璘的成婚礼定在十月十九日卯时。筵宴要在宫里举行，“十七阿哥娶福晋行成婚礼筵宴，照例备羊五九，饽饽桌六十张，酒宴桌六十席，烧黄酒六十瓶”⑤。

结婚第九日，也就是十月二十八日，永璘同福晋行礼，又都被赏赐，其中永璘获赏“珊瑚朝珠一盘（青金佛头塔银镀金镶碧牙玭背云大坠角松石记念红宝石小坠角加间小正珠四颗）、白玉灵鹤如意一柄、黄玉笔山一件（乌木座）、碧玉凤桃水盛花插一件（紫牙座）、蜜蜡灵芝花插一件（紫檀座）、白玉连环结一件”。福晋钮祜禄氏获赏“金累丝福寿面簪三块（注：簪上所嵌正珠东珠红宝石蓝宝石等不一一细列，下同）、金菊花簪一对、金厢松石菊花簪一对、金累丝喜荷莲簪一对、金佛手簪一对、金累丝喜荷莲簪一对、金累丝通气兰芝簪一对、金累丝蝈蝈葫芦簪一对、银镀金七星流苏一对、拴扮手巾一条、翠顶花钿边一分”⑥。

永璘和钮祜禄氏婚后的日常生活情形我们不得而知，只知他们结婚后很长一段时间是住在紫禁城的阿哥所里，后来分府后才迁出。在结婚20年后的嘉庆六年（1801）七月初十日，钮祜禄氏薨逝，时年36岁。作为衣食无忧的郡王福晋，钮祜禄氏患了什么病这么年轻就离世了？内务府向嘉庆皇帝奏称：“据胡增看得，庆郡王福晋由瘟疹结喉用药以来，前症稍退，变为痢疾，随用育阴五苓等汤，忽于本日巳刻喘汗交作，救治不应，即于巳刻薨逝。”⑦也就是说，钮祜禄氏患病后，宫里专门派御医胡增诊治，诊治结果是瘟疹结喉，后转为痢疾。从现在西医角度观察，估计是细菌或病毒感染。钮祜禄氏死时，王府的主人永璘并不在场，而是奉旨在东陵致祭。此时王府内缺乏管事的，庆王府的护卫就把福晋薨逝的情况报告给了总管内务府大臣丰绅济伦（注：乾隆第四女和硕和嘉公主之子），丰绅济伦随即带领内务府专门管理庆王府家务事的司员前往准备事宜。第二天，嘉庆皇帝又专门下旨拨给五百两银子。

福晋没了，永璘还年轻，不能没有正室，又奉嘉庆皇帝旨意娶了继福晋武佳氏，副将书林之女。此外，永璘还有侧福晋刘氏、陶佳氏、孙氏，庶福晋李氏、庶福晋赵氏、庶福晋张氏。

三、封爵

乾隆五十四年（1789）十一月初八日，乾隆皇帝借着下一年八旬大寿吉期，颁发谕旨给自己的几个儿子封爵，“皇六子永瑢著晋封质亲王、皇十一子永瑆著封为成亲王、皇十五子永琰著封为嘉亲王、皇十七子永璘著封为贝勒”[⑧]。相比几位兄长的亲王爵位，永璘的贝勒爵位确实低了些。初次受封的永璘时年24岁。

嘉庆四年（1799）正月初三日，太上皇乾隆驾崩，嘉庆正式亲政，当日下了一系列谕旨，除有关丧事外，还涉及人员晋升和任免，其中永璘被晋封郡王。据《清史稿》载，永璘的郡王封号初始定的是惠郡王，随后才又改的庆郡王。永璘在郡王的爵位上一待就是21年。嘉庆二十五年（1820）三月十一日，在永璘病势沉重之际，嘉庆皇帝下旨，“庆郡王永璘著加恩晋封为庆亲王，以示优眷，并著载铨即日驰往面宣恩旨，或伊闻而忻慰，从此病势渐廖，朕所深望焉”[⑨]。

四、赐居

关于永璘的赐居，先后有三次。

第一次是三所。三所指的是紫禁城东部、外朝东路文华殿东北三所院落的总称，是乾隆十一年（1746）在明代撷芳殿原址上兴建的，主要是皇子居所，所以又称阿哥所。自建好后，很多皇子结婚后都被赐居于此，嘉庆皇帝就曾在三所的中所居住多年，乾隆六十年（1795）授封皇太子后才移居内廷毓庆宫，后来的道光皇帝、惇亲王绵恺、瑞亲王绵忻、咸丰皇帝、恭亲王奕訢等皆在此居住过。永璘于乾隆四十五年（1780）十月结婚，当时还住在内廷里，半年后，经钦天监择得吉时，于乾隆四十六年（1781）四月二十七日卯时，遵旨从内廷移居到外朝三所。永璘移居时其兄永琰早已住进来了。永璘在三所一住就是13年，比起正式分府，这也只能算是暂时性的过渡居所。

第二次是正式分府所得贝勒府。分府是皇子人生中的大事，涉及选址、承修、赏赐、入籍、移居、敬神等，需要多个机构承担。乾隆五十九年（1794）春，永璘的贝勒府已经修得差不多了，作为皇子分府中的牵头机构，内务府就请旨，并于三月初六日奉旨，“十七阿哥久经晋封贝勒，理宜分居，今伊府第将及告成，所有应得之项，著交各该处即为查例办理，俟秋冬择吉移居，钦此”[⑩]。于是，各机构开始预备起来，其中宗人府负责外旗满洲、蒙古、汉军佐领，包衣人丁，护卫官员，红蓝甲；内务府负责应得庄园各色人等，以及金银绸缎衣服什物和马驼牛羊；工部负责门神对联；钦天监负责择吉。其中主要是各种赏赐，永璘参照的是乾隆五十一年（1786）贝勒绵懿（笔者注：成亲王永瑆子，过继乾隆三子永璋为嗣）的分府案例。按照宫里惯例，无论是亲王、郡王，还是贝勒，皇子赏赐细分起来有这么几大项：一是直接赏给一年用的果品、干肉、煤炭、蜡烛，以及部分金银器皿、绸缎、皮毛等；二是把大部分金银器、缎匹、器皿、皮革、牲畜等折给银两和衣料赏给；三是赏给随往人员，主要是太监、外谙达、哈哈珠子、承应人、司辔、箭匠、柏唐阿等；四是外旗满洲、蒙古、汉军佐领，包衣人丁，以及护卫官员等；五是关内、关外粮庄、果园等；六是当铺。内务府给永璘本次分府算了笔账：其应得庄园人等每年交差银三千五百九十五两、赏银五万两、金银朝珠绸缎衣服什物牲畜约值银三万六千六百五十五两、庆祥当铺本利值银四万八千四百十三两，统计共值银十三万八千六百余两。[⑪]乾隆五十九年（1794）十一月，永璘从三所移居到自己的贝勒府里。当然，在移居前后，按习俗都要举行敬神仪式，据内务府档案记载，永璘从宫里出府前初次敬神用了“金一锭重二两五钱、银一锭重二十五两、石青酱色二则缎各一匹、毛青翠蓝布各五匹、全耳骟牛一头、马一匹”[⑫]。永璘在这座贝勒府里住了4年多，直到嘉庆四年初。

第三次是恭王府的前身庆王府。此府前身原为乾隆朝大臣李侍尧所有，乾隆四十五年李侍尧获罪抄家，此时和珅之子丰绅殷德刚指婚乾隆小女儿十公主，乾隆乃下旨将此房屋转赐和珅用作十公主府第。嘉庆四年正月，和珅获罪抄家，“和珅诛，没其宅赐永璘”[⑬]。嘉庆为什么把皇妹和孝固伦公主的府第赐给弟弟永璘，据说是永璘非常喜欢和珅建的这座府第，昭梿《啸亭续录》载，乾隆末年众皇子觊觎皇位，某日相聚，永璘笑言，我是没指望当皇帝的，只希望将来哪位兄长见怜我，把和珅的府第赐给我，我就很满足了。

关于这次赐居，还广为流传“一府两用”之说法，即嘉庆皇帝虽然满足了永璘的愿望，但不忍心让妹妹和孝公主迁出，乃让永璘住府邸西路，和孝公主住东路。直到道光三年（1823）和孝公主病逝，府邸才全归庆王府。然而根据现有史料，这种说法似乎经不起推敲。

一是嘉庆四年四月十九日总管内务府大臣缊布向嘉庆皇帝汇报：“所有赏赐公主珠宝器皿并公主府物件，均于本月二十日运完，拟于二十一日吉期公主出府，谨次奏。”嘉庆帝的批示是“知道了，着缊布管理公主家务事”[14]。根据档案不难看出，和孝公主是要从公主府里迁出。

二是嘉庆二十五年（1820）五月，永璘之子庆郡王绵愍向嘉庆皇帝奏报府中有和珅留下来的违制之物：四座毗卢帽门，五十四件太平缸，三十六对铜路灯，“所有毗卢帽门口，该府已自行拆改，其交出之太平缸、铜路灯，著内务府大臣另行择地安设……”[15]。违制之物涉及整个府邸，仅绵愍上奏和庆王府自行拆改，从一个侧面也说明府里仅住着庆王一家。

永璘住进来当年，嘉庆皇帝于十月十七日驾临庆王府，来看望弟弟。永璘在这座王府里住了整整21年，直到薨逝。

五、官事

永璘的官方事务可分乾隆和嘉庆时期两段。

乾隆朝，永璘和几位兄长一样（六兄永瑢除外），没有安排具体职务参政，都是皇家的一些临时性事务。如乾隆五十一年（1787）十二月大学士梁国治去世，就是永璘带领1名散秩大臣和10名侍卫代表皇家前往奠醊的；乾隆五十三年二月（1788年3月）庄亲王永瑺薨逝、乾隆六十年（1795）十月致祭孝贤皇后和孝仪皇后陵寝，也是永璘前往的。还有一些去进香的，如乾隆五十三年（1788）、五十四年（1789）、五十七年（1792）等，带人前往丫髻山（注：丫髻山乃道教名山，位于今北京市平谷区刘家店镇）拈香。

嘉庆朝，永璘刚被晋封郡王的第五天，也即嘉庆四年正月初八日，就被任命管理武备院和御船处事务。然而，莫名其妙的是第二天嘉庆皇帝又下旨“庆郡王永璘不必管理武备院御船处事务”[16]，而是让定亲王绵恩管理武备院，和郡王绵循管理御船处。个中缘由，是永璘固辞，还是嘉庆皇帝觉得永璘不适合管理，已不得而知。另据《爱新觉罗宗谱》载，嘉庆十二年（1807）七月，永璘又被授予管理总理行营事务，八月即被解职。当然，在嘉庆朝，永璘也临时性地奉旨祭奠，如嘉庆十三年（1808）七月赴东陵、嘉庆十八年（1813）六月初一日的奉先殿大祭等。总的来说，永璘基本上没有担任过什么行政职务，其哥哥嘉庆皇帝是这样解释的："因其材质中平，亦未令管理事务。"[17]

六、喜好

关于永璘的喜好，昭梿《啸亭杂录》总结为"喜音乐，好游嬉"，这与档案中的一些史事倒是相符的。

先看"喜音乐"。嘉庆二十四年（1819）内务府的一则档案显示，在嘉庆二十二年（1817）至二十四年（1819）时，永璘的庆王府中有一支人数很多的唱戏人队伍，摘抄如下：

刘山桂，从前在景山头学当差，于嘉庆四年赏给成亲王，二十二年庆郡王要来，现唱老生角；

杨二保，从前在南府外二学当差，于嘉庆四年赏给成亲王，二十三年庆郡王要来，现唱丑角；

金罩住，从前在南府外头学当差，于嘉庆十八年革退，二十二年十二月到庆郡王府，现看角本；

倭双林，本年二月到庆郡王府，现唱小生角；

夏得全，本年二月到庆郡王府，现唱小生角；

王喜，嘉庆二十三年十月到庆郡王府，现唱小生角；

李连如，嘉庆二十三年十二月到庆郡王府，现唱小生角；

张迎喜，本年正月到庆郡王府，现唱小生角；

高七儿，本年二月到庆郡王府，现唱老旦角，父亲常德亦在庆郡王府唱戏；

邓全，嘉庆二十三年十二月到庆郡王府，现唱武生角；

张瑞陞，于嘉庆二十三年六月到庆郡王府，现唱武生角；

沈喜林，前在金玉班唱戏，嘉庆二十三年十月到庆郡王府，现唱旦角；

王庆喜，前在金玉班唱戏，嘉庆二十三年九月到庆郡王府，现唱旦角；

高全福，嘉庆二十三年十月到庆郡王府，现唱旦角；

朱双福，嘉庆二十三年三月到庆郡王府，现唱旦角；

张连，嘉庆二十二年十月到庆郡王府，现唱正旦角；

杨成，嘉庆二十二年十月到庆郡王府，现唱正旦角，儿子太秀亦在庆郡王府打家伙；

卢寿福，本年四月到庆郡王府，现唱正旦角；

高福，嘉庆二十三年二月到庆郡王府，现唱正旦角；

白吉秀，嘉庆二十三年二月到庆郡王府，现唱老旦角；

朱双寿，嘉庆二十三年八月到庆郡王府，现唱老旦角；

张文瑞，本年四月到庆郡王府，现唱老旦角；

夏成，嘉庆二十二年十二月到庆郡王府，现唱红净角；

张德顺，嘉庆二十二年十一月到庆郡王府，现唱花面角；

唐套儿，嘉庆二十二年十二月到庆郡王府，现唱花面角；

张福寿，嘉庆二十三年四月到庆郡王府，现唱黑面角；

周喜，嘉庆二十三年九月到庆郡王府，现唱花面角；

朱宝，本年四月到庆郡王府，现唱花面角；

尹兴禄，父亲在和成班唱戏，嘉庆二十三年十月到庆郡王府，现唱末角；

杨双庆，嘉庆二十三年八月到庆郡王府，现唱老外角；

李文禄，嘉庆二十三年十二月到庆郡王府，现唱老外角，儿子连如亦在庆王府唱戏；

徐五官，嘉庆二十二年十月到庆郡王府，现唱丑角；

周元福，本年二月到庆郡王府，现唱花面角；

吕太，嘉庆二十二年十月到庆郡王府，现唱丑角；

高常德，嘉庆二十二年十月到庆郡王府，现唱丑角；

沈财，嘉庆二十二年五月到庆郡王府，现唱丑角；

张成庆，嘉庆二十三年七月到庆郡王府，现唱丑角；

王顺，嘉庆二十三年十月到庆郡王府，现唱丑角，兄弟王和旺亦在庆郡王府唱戏；

陈庆祥，嘉庆二十二年九月到庆郡王府，现唱杂角；

王和旺，嘉庆二十三年十月到庆郡王府，现唱丑角，哥哥王顺亦在庆郡王府唱戏；

张平安，嘉庆二十二年十月到庆郡王府，打觔斗；

胡志成，嘉庆二十三年十月到庆郡王府，现打鼓；

戴进寿，嘉庆二十三年二月到庆郡王府，现打鼓；

汤福庆，嘉庆二十三年五月到庆郡王府，现吹笛；

孟寿禄，嘉庆二十三年五月到庆郡王府，现吹笛；

刘通，嘉庆二十三年正月到庆郡王府，现打家伙；

李德文，嘉庆二十三年十二月到庆郡王府，现打家伙；

杨太秀，嘉庆二十二年十月到庆郡王府打家伙，父亲杨成亦在庆郡王府唱戏；

武万良，嘉庆二十三年二月到庆郡王府管箱；

勾保安，嘉庆二十二年十二月到庆郡王府管箱。[18]

这是一份50人的名单，他们先后于嘉庆二十二年、二十三年、二十四年进入庆郡王府唱戏，角色涵盖老生、小生、武生、正旦、老旦、旦、净、末、丑、花面、黑面等，此外还有打鼓、吹笛、打觔斗、打家伙、管箱的。不同角色的50人组合在一起，完全是一个很齐全、规模很大的戏班。通过角色判断，庆王府这个戏班是唱昆曲的。庆郡王永璘作为一个闲散王爷，短短两三年，搜罗这么多唱戏人，个别人员甚至从其兄成亲王永瑆处要来，可见永璘对昆曲的喜爱。在这个昆曲戏班里，人数最多的角色是丑角，有6人，其次是正旦、老旦、旦角各4人，说明永璘比较喜欢丑角和旦角戏。

再来说说永璘的“好游嬉”。永璘好游嬉在当时是出了名的，嘉庆皇帝说“永璘素耽游玩，举朝皆知”[19]。我们还可以用一个事例为证。嘉庆十三年七月（1808年9月），永璘奉命前往东陵致祭，在去的路上，却跑进了桃花寺行宫（注：蓟州区东桃花山上）游玩。未经允许私自进入皇帝行宫是严重违制的，即使身为皇子也不例外，永璘明知不可以，却架不住游玩心重。此事被抖出来之后，嘉庆降旨询问，永璘辩称是因一时口渴，进寺寻茶，后想瞻仰皇考御笔，才从旁边的角门进入行宫的。嘉庆对永璘的饰词谎奏十分生气，严厉斥责：“既至桃花寺，朕料其必私进行宫游玩，今日询之果然。试思伊学问浅薄，平日于作诗写字并不留心，又岂真欲瞻仰御笔，实属遁词！”[20]为此，永璘受到了退出内廷行走和收回赏赐园寓的惩罚。

七、薨逝

嘉庆二十五年（1820）春，永璘患病，嘉庆皇帝多次命皇子前往看视，自己也于二月二十九日亲临探望，并派御医诊治。三月初九日，御医钱松诊得庆郡王永璘“脉息沉涩，近日症势虽觉稍缓，但增减无定，谵语痰红未减，夜间未睡，饮食懒进，气血消耗。今仍用养阴定喘汤调治，药味平和，不寒不热，系育阴化痰清热之剂”[21]。总管内务府大臣英和也随即将情况上奏嘉庆皇帝。接下来几日，御医是竭尽全力挽治，奈何病势过于沉重，无回天之力，于十三日卯刻薨逝，时年55岁。作为哥哥的嘉庆皇帝听闻永璘病逝，也是深为痛悼，当即下旨：“现值朕祗谒东陵，未能即日亲临赐奠，著二阿哥四阿哥于十四日前往奠醊，二阿哥先行代朕致奠毕，再同四阿哥自行酹酒，行三叩礼。十五日著三阿哥奕纬阿哥前往行礼致奠，阿哥等于到府门时，俱服用青袍褂帽，摘缨出门，即易常服戴缨帽。庆亲王长子绵慜于百日孝满，著即袭封庆郡王，次子绵悌绵性百日孝满即赏给四品顶戴。至初祭、大祭，及奉移仪节俟奏到之时再行遣官致祭。”[22]嘉庆皇帝东陵致祭回来后，又亲临庆王府致奠弟弟永璘。三月二十九日永璘金棺奉移到安定门外曹八里屯，后葬于昌平五峰山下。

关于永璘陵寝的情况，有护陵的后人回忆：西宫的永璘陵为祖园，建在五峰山中峰（三道梁）之下，俗称老圈儿。该陵园坐西面东，墓前建有一条月河，上架神桥。神桥栏板上有玉带宝瓶浮雕，柱头雕刻着狮子花纹。桥西有歇山重檐式碑亭一座，龟趺汉白玉石碑上刻着嘉庆皇帝御赐的碑文。碑亭以西甬路旁有前廊后厦的南、北朝房各三间，上覆布瓦。朝房以西是前方后圆的红色罗汉墙，墙顶覆盖绿琉璃瓦，墙内如三进的院落一般，只是一进比一进高。第一进有宫门三间，门前有石狮子一对，两侧设随墙小门。第二进有享殿三间，神龛内供奉着永璘与四位福晋的神主牌位。第三进有琉璃门一座，门内有方形基座红柱形的大小宝顶三座。永璘的地宫于1937年被盗掘，地面建筑在“文革”初期被拆毁。现仅存豁口的地宫、汉白玉石门和铸铁门梁。[23]永璘之子庆良郡王绵慜、镇国公绵悌和辅国公绵性，孙庆亲王奕劻皆葬于此。

八、承袭

据《爱新觉罗宗谱》载，永璘共有六个儿子：第一子绵恒，生于乾隆五十四年十二月，乃是嫡福晋钮祜禄氏所生，当月即卒；第二子，未有名，生于乾隆五十八（1793）年七月，生母也是钮祜禄氏，3岁卒；第三子绵慜，生于嘉庆二年（1797）二月，生母为继福晋武佳氏，道光十六年（1836）十月薨，年40岁；第四子，未有名，生于嘉庆十四年（1809）正月，生母侧福晋陶佳氏，出生当日卒；第五子绵悌，生于嘉庆十六年（1811）六月，生母侧福晋陶佳氏，道光二十九年（1849）十一月溘逝，年39岁；第六子绵性，生于嘉庆十九年（1814）正月，生母侧福晋陶佳氏，光绪五年（1879）二月逝，年66岁。

嘉庆二十五年（1845）五月，三子绵慜降一等承袭郡王爵，袭爵时24岁。绵慜行事较谨慎，颇得堂兄道光皇帝的信任，道光三年（1823）正月被赐三眼孔雀翎，管理雍和宫、中正殿事务，病逝时赐银四千两治丧。鉴于绵慜受命惟谨，慎始敬终，向无过失，谥号为“良”，并准许庆郡王爵再承袭一次。按乾隆中后期的王爵承袭制度，恩封王爵是要递降袭爵的，可见道光皇帝对这位堂弟的表现还是十分满意的。虽然准许庆郡王爵再承袭一次，但绵慜二子早卒，该由谁来承继王爵呢？按照清代宗室爵位承袭制度，是先儿子后兄弟，儿子无嗣，可以考虑由同宗兄弟承袭。绵慜虽然无嗣，但其兄弟，永璘五子绵悌、六子绵性还是健在的，然而道光皇帝并没有让这两位堂弟承袭庆郡王爵，而是把另外一位堂兄的儿子过继到绵慜名下，这就是奕彩。奕彩乃乾隆八子、道光皇帝八伯父仪亲王永璇之孙、绵志之子。道光皇帝为什么不从永璘直系中选择而是选择幼时读书伙伴绵志的儿子，原因我们不得而知。奕彩于道光十七年（1837）正月袭庆郡王爵，命在御前行走。然而，这位庆郡王奕彩却于道光二十二年（1842）十月被爆出在其母服中纳妾生子。依清代制度，八旗官员父母丧亡，子女应持服百日，其间不能嫁娶、生子，违反者会被革爵革职。奕彩看事情败露，就向宗人府书办贿赂三千钱，宗人府议处的结果是罚奕彩郡王半俸三年。后来宗人府书办受贿之事被发觉，扯出了奕彩，同时还揪出了永璘六子绵性。绵性也向书办进行了贿赂，希望书办在议处奕彩时能革其王爵。原来，奕彩纳妾生子事情是绵悌和绵性共同参奏的，目的是赶走奕彩，谋袭王爵。结果，事情全部败露，道光大怒，奕彩被革爵，退回本支，绵性也被革爵，发往盛京效力，绵悌虽不知绵性行贿，但一同联衔参奏，难辞其咎，革去不入八分镇国公爵位，降一级授镇国将军，承袭永璘祀事，王爵停袭。按正常爵位承袭，永璘是亲王爵位，其子绵慜是郡王爵位，到绵悌再差也应该是第三等级的贝勒，结果因此事被降到第九等级的镇国将军，实乃偷鸡不成蚀把米。道光二十九年（1849），镇国将军绵悌病死，无嗣，就令绵性的儿子奕劻承袭辅国将军爵位。奕劻很会做官，爵位也不断晋升，先是由第九等级以下跃升到第四等级的贝子，之后贝勒、郡王衔、郡王、亲王，后来还得到了亲王爵位的世袭罔替，至于封号仍是承袭祖父永璘。

九、父兄

这里主要谈谈乾隆皇帝和嘉庆皇帝待永璘如何。

从昭梿《啸亭杂录》“庆僖亲王讳永璘……纯皇帝深恶之，降封贝勒”看，似乎乾隆很不喜欢这个皇子。依据常理和一些史事，笔者觉得这并不全面。

第一，永璘年幼时很得乾隆钟爱。乾隆是56岁时得的永璘这个儿子。从心理学的角度看，中老年时期得子相较少年、青年时期更有爱子之心，再加上乾隆十分宠爱永璘的母亲魏佳氏，爱屋及乌，幼年的永璘应当是很招父皇喜爱的，嘉庆皇帝的话也能验证这种推理：“朕弟庆郡王永璘……幼龄时仰蒙皇考高宗纯皇帝钟爱。”[24]

第二，成长起来的永璘不喜读书、喜音乐、好游嬉的一面不招乾隆喜欢。乾隆好诗书，也颇有雅好，自然喜欢有才气的皇子，如五阿哥永琪、十一阿哥永瑆，十五阿哥永琰读书也是很努力刻苦的。对于永璘的这些不着调的行为，乾隆皇帝由小时候的钟爱转变为看不上也是很正常的，这可能就是昭梿所说的“纯皇帝深恶之”。因为有些看不上，所以封爵时，永璘才获封了贝勒爵位，这在乾隆的儿子中也是唯一的一个贝勒爵位。

第三，父子情还是正常的。永璘结婚的筹备和其他皇子没有什么区别，分府的赏赐也是照其爵位，乾隆皇帝外出巡省也大多让永璘和永琰、永瑆一起随扈，有时也让永璘和其他皇子一样代表皇家祭奠、进香，日常的物品赏赐也同其他皇子没有什么区别，等等。所有这些都说明乾隆皇帝对成年的永璘虽谈不上多喜爱，但父子之情还是正常的。

嘉庆皇帝与永璘是一母同胞，其对永璘可从公私两方面来看：公的方面，量才使用。嘉庆知道弟弟永璘资质一般，并没有因为是亲兄弟就破格使用，其使用程度尚不如侄辈绵恩、绵懿等，即使安排事务也是一些祭奠之类的临时性事情。如嘉庆十三年私入桃花寺行宫，二十一年（1816）因事告之内奏事太监，二十四年派护卫探听公事等。私的方面，则更多地体现出了兄弟情谊。嘉庆一亲政，就晋封永璘为郡王；抄家和珅后，除把和珅宅赐予永璘，还把和珅的海淀园寓、一处当铺、临街铺面等赏赐永璘。在永璘病重期间，嘉庆多次派阿哥探视并亲自前往，后又晋升其亲王爵位，薨逝后，又亲临祭奠。

十、结语

结合清代官方档案、清人笔记，以及永璘言行，对于这位皇子，我们可以这样总结：不喜读书，喜好玩乐；资质中平，骑射不佳；官事上平庸，政治上安分；出身高贵，为人平和。其一生政事上是默默无闻，甚至有些无足轻重，但生活上却是丰富多彩。

注释

①（清）昭梿：《啸亭杂录》，中华书局1997年版，第517页。

② 赵尔巽等撰：《清史稿》卷二百二十一，中华书局1977年版，第9036页。

③ 参见《爱新觉罗宗谱》（1），甲一，学苑出版社1998年版，第185页。

④ 中国第一历史档案馆、文化部恭王府管理中心编：《清宫恭王府档案总汇·永璘秘档》，国家图书馆出版社2009年版，第38—39页。

⑤ 中国第一历史档案馆、文化部恭王府管理中心编：《清宫恭王府档案总汇·永璘秘档》，国家图书馆出版社2009年版，第57页。

⑥ 中国第一历史档案馆、文化部恭王府管理中心编：《清宫恭王府档案总汇·永璘秘档》，国家图书馆出版社2009年版，第85—86页。

⑦ 中国第一历史档案馆、文化部恭王府管理中心编：《清宫恭王府档案总汇·永璘秘档》，国家图书馆出版社2009年版，第315页。

⑧ 中国第一历史档案馆、文化部恭王府管理中心编：《清宫恭王府档案总汇·永璘秘档》，国家图书馆出版社2009年版，第126页。

⑨ 中国第一历史档案馆、文化部恭王府管理中心编：《清宫恭王府档案总汇·永璘秘档》，国家图书馆出版社2009年版，第432页。

⑩ 中国第一历史档案馆、文化部恭王府管理中心编：《清宫恭王府档案总汇·永璘秘档》，国家图书馆出版社2009年版，第161页。

⑪ 参见中国第一历史档案馆、文化部恭王府管理中心编《清宫恭王府档案总汇·永璘秘档》，国家图书馆出版社2009年版，第31页。

⑫ 中国第一历史档案馆、故宫博物院编：《清宫内务府奏销档》（169）《奏为十七阿哥出府初次敬神等事折》三三，故宫出版社2014年版。

⑬ 赵尔巽等撰：《清史稿》卷二百二十一，中华书局1977年版，第9096页。

⑭ 中国第一历史档案馆、文化部恭王府管理中心编：《清宫恭王府档案总汇·和珅秘档》（十），国家图书馆出版社2009年版，第359、360页。

⑮《仁宗睿皇帝实录》卷三七〇，嘉庆二十五年五月上。

⑯ 中国第一历史档案馆、文化部恭王府管理中心编：《清宫恭王府档案总汇·永璘秘档》，国家图书馆出版社2009年版，第305页。

⑰ 中国第一历史档案馆、文化部恭王府管理中心编：《清宫恭王府档案总汇·永璘秘档》，国家图书馆出版社2009年版，第432页。

⑱ 中国第一历史档案馆、文化部恭王府管理中心编：《清宫恭王府档案总汇·永璘秘档》，国家图书馆出版社2009年版，第419—429页。

⑲ 转引自刘小萌《家族全史》，载李治亭主编《爱新觉罗家族全书》（1），吉林人民出版社1997年版，第314页。

⑳ 转引自刘小萌《家族全史》，载李治亭主编《爱新觉罗家族全书》（1），吉林人民出版社1997年版，第314页。

㉑ 中国第一历史档案馆、文化部恭王府管理中心编：《清宫恭王府档案总汇·永璘秘档》，国家图书馆出版社2009年版，第431页。

㉒ 国第一历史档案馆、文化部恭王府管理中心编：《清宫恭王府档案总汇·永璘秘档》，国家图书馆出版社2009年版，第437页。

㉓ 参见李富厚《京北庆亲王墓园古寻》，《北京日报》2007年3月25日。

㉔ 中国第一历史档案馆、文化部恭王府管理中心编：《清宫恭王府档案总汇·永璘秘档》，国家图书馆出版社2009年版，第432页。

[原载《清宫史研究（第十二辑）》，辽宁民族出版社2017年版]

《萃锦吟》与恭亲王奕訢的晚年生活

张　建*

提到恭亲王奕訢，人们马上就会想到“鬼子六”这个绰号，会想到辛酉政变，当然更会想到坐落在北京城西那座赫赫有名的恭王府。这不仅是因为这座王府是中国目前保存最完整的清代王府，还因为恭亲王奕訢使得这座王府与中国最后一个封建王朝的命运休戚相关，正所谓“一座恭王府，半部清代史”。的确，这座王府的主人恭亲王奕訢对清王朝的兴衰命运，甚至对中国近现代的历史进程都产生了重要的影响。

恭亲王奕訢不仅是一个重要的政治人物，而且还是一个诗人，他从小在上书房学习的时候，就十分喜爱诗词，一生写了大量的诗，都收集在《乐道堂文集》中。从文学史的角度看，奕訢的诗价值不大。但从研究清代的历史、研究恭亲王奕訢来说，他的诗还是有一定价值的。而在他的诗作中，《萃锦吟》则别具一格，对研究奕訢，特别是奕訢晚年的生活和心态，具有重要价值。

《萃锦吟》不是奕訢自己诗句的结集，而是集唐人诗句，这就是人们常说的“集句诗”。集句诗是中国古典诗歌中的一种类别，自北宋以来，发展得很快，许多著名的大诗人如王安石、黄庭坚、杨万里、文天祥等都多有集句诗的创作。而到清代，则是集句诗最繁荣的时期。耐人寻味的是，作为政治人物的恭亲王奕訢，却成了清代集句诗的代表性人物，集句诗的集大成者，奕訢的《萃锦吟》自然就是清代集句诗的代表作，这是很值得研究的事情。

奕訢喜欢作诗，年轻的时候，看到什么都要作诗，但到晚年他的兴趣却转到唐诗上，很少自己作诗，而是集唐人诗句。裴普贤在《集句诗研究》一书中，对奕訢

* 张建，文化和旅游部恭王府博物馆教育传播部主任，馆员。

的集句诗创作做了这样的评价："奕䜣《萃锦吟》八卷集唐诗集句千首，各体皆备，独缺五绝，除五、七律、七绝特多外，并有六言、辘轳、蝉头、同头、三五六七言……其熟玩《全唐诗》，可见一斑。且举凡名胜古迹，唱和酬酢，感时伤怀，咏史琐事，以至切身痛处，均可以集唐表达之。或者可称得上是集唐诗之集大成者了。"评价可谓不低。

奕䜣为什么那么热衷于集句诗创作？当我们深入研究奕䜣的集句诗的时候，有几点是很值得注意的：一是他创作集句诗的时间；二是集句诗创作的主要内容；三是集句诗创作涉及的他的生活轨迹。

奕䜣一改作诗的风格，而专心集唐人诗，他在《萃锦吟》自序中曾有这样的解释："光绪甲申，闲居多暇，尝阅乐天《长庆》等集以自娱……因取唐诗置诸案头，信手拈吟，以消永日。每于花晨月夕，体物缘情。偶一开卷，即有所得，如与诗人相对，借以陶冶性灵，胜于牧猪奴戏多多矣。"我们要注意，奕䜣《萃锦吟》的作品，最早作于光绪甲申，即光绪十年（1884）端阳前二日（农历闰五月初三），最迟作于光绪十五年（1889）腊月除夕，一共持续了五年半的时间，而这恰好是恭亲王奕䜣"闲居"在家十年的前五年。而光绪甲申正是恭亲王奕䜣一生的转折点。

光绪甲申在恭亲王奕䜣的身上发生了什么事情了呢？辛酉政变的成功，使得恭亲王奕䜣与慈禧太后建立了政治联盟，慈禧取得了最高权力，奕䜣自然成为最重要的帮手，贵为议政王和领班军机大臣，实际上掌管朝政，可谓在一人之下、万人之上，曾几何时风光无限，权势赫赫。然而，慈禧不是一般的女人，有强烈的权势欲，她绝不会满足于形式上的垂帘听政，绝不会容许别人和她分享权力。而恭亲王奕䜣作为咸丰皇帝的六弟，辛酉政变的功臣，慈禧太后的小叔子，难免有些居功自傲，骄恣跋扈，有时甚至光记得叔嫂之礼，而忘记了君臣之礼。在一些重要的事情上也常常与慈禧想法不同，这样奕䜣与慈禧的矛盾就不可避免。光绪十年（1884）三月，慈禧太后与奕䜣的矛盾终于摊牌，慈禧太后借口中法战争中清军的失利，把恭亲王奕䜣作为战争失败的替罪羊抛出，开去恭亲王奕䜣"一切差使，并撤去恩加双俸，家居养疾"，几乎是一撸到底。这就是奕䜣为什么"光绪甲申，闲居多暇"了。已经50多岁的奕䜣似乎对这个结局早有思想准备，虽然心情不好，但却表现得很平静。也正是在这样的背景下的闲散在家的生活中，他开始热衷于集唐人诗句了。他集唐人诗句的热情很高，几乎是每天一首，他曾说："年来闲居无事，惟一集句自娱。”并说他和朋友们一起作诗唱和，“戏以诗战命题，只取兴到随笔，不尚勾心斗角”。显而易见，奕訢一改过去的作诗风格，而热衷于集唐人诗句，休闲自娱，绝不仅仅是兴趣使然，而是有着深刻的背景，深谙政治斗争的奕訢似乎一时头脑清醒了，他已经没有力量与慈禧较量了，聪明的办法就是韬光养晦，热衷于集句诗就是奕訢的韬晦之策。这样我们就清楚了，为什么在这个时候奕訢玩起了集句诗。

读恭亲王奕訢的《萃锦吟》，我们发现有两个显著的特点，一是在他的诗中流露出浓郁的佛家思想；二是在他被罢官后的闲散生活中，多有在庙里的行踪，甚至就住在寺庙里。如《甲申闰端阳前二日朴庵七弟来邸，适值偶游普济寺未晤，旋以灰韵七绝二首见示，因依元韵集白居易句奉答》，这是第一首集句诗。又如《喜潭柘山岫云寺慈云上人见访，并约今春仍往寺中小住，情意殷殷因集一律以志感》《西峪云居寺慈霞上人见访》《至岫云寺喜晤慈云圣修惠宽德果四上人》，等等。如在《至岫云寺喜晤慈云圣修惠宽德果四上人》中说：“明月自来还自去（崔橹《华清宫三首》），异乡相遇转相亲（来鹄《鄂渚清明日与乡友登头陀山》）。已从禅祖参真性（齐己《酬蜀国欧阳学士》），一一莲花见佛身（李商隐《送臻师二首》）。”在《自贻》诗中有句：“静因身外省因缘（张籍《书怀寄元郎中》），忧喜情忘便是禅（白居易《寄李相公崔侍郎钱舍人》）。”奕訢口口声声不离禅，是真的深得禅中三昧了，还是做给别人看的，就很难说了。经历大起大落，思想上与佛亲近，从禅中寻找慰藉，这可能是有的。但要让慈禧太后对他放心，恐怕是更重要的原因，这就是奕訢的“禅机”。

这样的生活和这样的“取兴”诗作自然不少，但也不尽然。作为政治欲望强烈的恭亲王，不可能把权力忘得那样干净。不过对他来讲，让慈禧太后对他放心始终是他的诗作的重要内容。他曾给七弟奕譞写过一首诗：

扰扰人间是与非，醉乡不去欲何归。

谩夸列鼎鸣钟贵，还得山家药笋肥。

第一句取自张籍《寄梅处士》：“扰扰人间是与非，官闲自觉省心机。六行班里身常下，九列符中事亦稀。市客惯曾赊贱药，家童惊见著新衣。君今独得居山乐，应笑多时未办归。”奕訢集句看来绝不是随意而为，而是精心选择，非常贴切。选的是“扰扰人间是与非”句，而隐藏在后面的“官闲自觉省心机”“君今独得居山乐”，巧妙地表达了他的与世无争、淡泊权力的态度。第二句取自白居易《醉吟二首》之一："空王白发学未得，姹女丹砂烧即飞。事事无成身也老，醉乡不去欲何归。""空王"是佛的尊称，"姹女"则指道家炼丹的水银。第三句取自王仁裕《与诸门生春日会饮繁台赋》，后四句是："谩夸列鼎鸣钟贵，宁免朝乌夜兔催。烂醉也须诗一首，不能空放马头回。"第四句取自陆龟蒙《春雨即事寄袭美》："小谢轻埃日日飞，城边江上阻春晖。虽愁野岸花房冻，还得山家药笋肥。双屐著频看齿折，败裘披苦见毛稀。比邻钓叟无尘事，洒笠鸣蓑夜半归。"集前人诗句，看似是文字游戏，其实不然。奕訢的集唐人诗句，是颇费苦心的，他要向他人表达的似乎是不想当官了，要喝酒钓鱼，独得其乐，等等。其实不然，表面上是淡漠政治，实质上是韬光养晦。要知道他的七弟奕譞，是光绪皇帝的亲生父亲，慈禧罢了奕訢的官，接替奕訢掌管朝政大权的就是这位七弟奕譞。奕訢能对他不防备吗？奕譞常来看看哥哥奕訢，是为了亲情，还是受慈禧指派来察言观色的，是很难说得清楚的。

如果说，奕訢写给七弟奕譞的诗多少有些"表白"的样子，那么他写给宝鋆的诗，更多地流露出真实的心态。宝鋆是他的挚友，是政治上的帮手，又是一起被慈禧太后免的职。他们彼此之间不需要遮遮掩掩了。他曾给宝鋆写过一首诗：

纸窗灯焰照残更，半砚冷云吟未成。
往事岂堪容易想，光阴催老苦无情。
风含远思翛翛晚，月挂虚弓霭霭明。
千古是非输蝶梦，到头难与运相争。

第一句取自齐己《荆渚偶作》，后四句是："竹瓦雨声漂永日，纸窗灯焰照残更。从容一觉清凉梦，归到龙潭扫石坪。"第二句取自殷文圭《江南秋日》："一篷秋雨睡初起，半砚冷云吟未成。"第三句取自李珣《定风波·雁过秋空夜未央》，上阕是："雁过秋空夜未央，隔窗烟月锁莲塘。往事岂堪容易想，惆怅，故人迢递在潇湘。"第四句取自白居易《题酒瓮呈梦得》："若无清酒两三瓮，争向白须千万茎。麴糵销愁真得力，光阴催老苦无情。凌烟阁上功无分，伏火炉中药未成。更拟共君何处去？且来同作醉先生。"凌烟阁建于唐太宗贞观十七年（643），上面绘有开国功臣二十四人画像。可见奕訢引用"光阴催老苦无情"，其真意则是暗藏在后面的"凌烟阁上功无分"一句。想当年辛酉政变，奕訢除掉肃顺等顾命大臣，帮助慈禧太后夺取了最高权力，奕訢也曾权势滔天。但结果还是"凌烟阁上功无分"，而如今已经老了，真是"光阴催老苦无情"了。这何止是郁闷，简直是直接发泄对慈禧太后的不满。第五句取自高蟾《秋日北固晚望二首》之一:“风含远思翛翛晚,日照高情的的秋。何事满江惆怅水,年年无语向东流。”这是一种无可奈何情绪的流露。第六句取自陆龟蒙《江城夜泊》:“漏移寒箭丁丁急,月挂虚弓霭霭明。此夜离魂堪射断,更须江笛两三声。”第七句取自崔涂《金陵晚眺》:“千古是非输蝶梦,一轮风雨属渔舟。”第八句取自徐夤《龙蛰二首》之二,前两句是:“休说雄才间代生,到头难与运相争。”奕訢这里是借唐人诗句,表达的却是他的真实情绪。奕訢对命运的感叹,是无奈,是悲哀,也是多少有些不甘心。命运使得他无缘当上皇帝,命运又使他从议政王变成了闲散的无用之人。这样的感慨才是奕訢真实的心境。

《萃锦吟》有集唐诗千余首,奕訢竟能信手拈来,巧妙地集在一起,可见恭亲王奕訢对唐诗的喜爱和熟悉,都达到了相当的程度,这也是令人赞叹的。奕訢的身份地位,使得他始终是慈禧太后最不放心的人,或许正是因为如此,奕訢为了不惹是生非,索性寄兴于唐人的诗海之中,既从中得到乐趣,又巧妙地表达心迹。这既是无奈也是智慧。《萃锦吟》不仅仅是个人的兴趣,这和他晚年的处境、心态有着密切的关系。因此,《萃锦吟》是研究奕訢晚年生活和心态的重要资料。

[原载《清宫史研究(第十一辑)》,文化艺术出版 2014 年版]

恭王府与溥心畬

孙旭光 *

溥心畬名儒，号羲皇上人、西山逸士，生于1896年，卒于1963年，是清朝道光皇帝第六子恭亲王奕訢的次孙。溥心畬自幼饱读诗书，稍长专心研究文学艺术，曾入贵胄法政学堂，后又留学柏林大学，学习天文和生物，获得博士学位，他精通经史，后专事绘画。1949年前夕出海舟山，移居台湾。溥心畬善山水、人物、花鸟、走兽，山水以“北宗”为基，笔法以“南宗”为法，注重线条钩摹，较少烘染。曾以画名与张大千并称“南张北溥”，又与吴湖帆并称“南吴北溥”。

溥心畬卓绝的才艺是与他的人生经历和贵为皇室后裔的身份密不可分的。溥心畬的许多作品上都钤有“旧王孙”的印章，说明他本人对这一身份是十分执着的。这一身份决定了他的人生经历和艺术境界的卓然不凡，也将他与其他同时代的画家区别开来。故研究溥心畬及其艺术，首先要从其贵为王孙的身份和早年的王府经历入手。但是身处乱世之中，王孙的身份也并非保护伞，溥心畬一生坎坷，虽然是绘画大师，但喜欢以平民、学者的身份出现。从“国破山河在”的“往日不堪回首”，从王孙沦为平民的心态出发，溥心畬与明末清初的画坛巨匠石涛、八大山人是何其相似；然而虽同为皇室后裔，其政治信念、审美理想却与石涛、八大山人不同。从经济角度出发，溥氏从儿时“锦衣玉食”的生活到成年后的穷困窘迫，又同两百余年前的曹雪芹何其相似。这些均对溥心畬的艺术追求产生了重要影响。在顿挫中，溥心畬完成自己身份的转型。他在1911年16岁迁出恭王府，1924年29岁回到恭王府，一直居住到1938年，共计30年。溥心畬对与自己朝夕相处了30年的恭王府是一种什么样的感情呢？这种情愫如何影响了他的艺术人生？下面首先谈论溥心畬和恭

* 孙旭光，原文化部恭王府博物馆馆长，研究馆员。

王府的不解之缘。

一、恭王府中锦衣玉食的童年

清光绪二十二年（1896）农历七月二十五日的一天，宏伟的恭王府中传来一阵婴儿的哭声。因这个婴儿的生辰与咸丰皇帝忌日相同，故改为七月二十四日。光绪皇帝赐给他“溥儒”的名字，并期以“汝为君子儒，无为小人儒”勉之。他出生五个月就被赐头等顶戴，后因曾经两度进宫觐见慈禧太后，故有甄选皇帝的讹传。慈禧太后也很喜欢这个孩子，“称本朝灵气都钟于此童”。

作为恭亲王奕訢的孙子和贝勒载滢的次子，从1896年至1911年的15年间，溥心畬在恭王府中度过了自己幸福的童年。对于这段时光的回忆，溥心畬无疑是满怀自豪的。他在《溥心畬先生自传》中写道：

余自幼年失怙，先母项太夫人守节抚孤，延师于家，下榻园中，师为欧阳镜溪先生，江西宜春县人，官内阁中书。时贵胄子弟，读书法政学堂，因师下榻园中，早起读书至八时，遂赴学校，读法政，英文，数学等课；归家，饭后，上夜课，每日如是，新旧兼习。

而溥儒之父贝勒载滢在1903年时，为感谢溥儒的私塾授课老师，曾写过一首《赠陈贵甫先生（次子溥儒授读师傅）》：

有客有客，静寄东轩，额曰香雪坞，溥儒读书处。抚髫相成，儒儿时年八岁，于兹诧根。进德修业，实赖哲人。式礼遵诰，存为世珍。亲受音旨，令德永闻。

溥氏在儿时非常勤勉，也有着超乎寻常的天赋。他4岁读《三字经》《千字文》，并练书法，6岁入塾读书，7岁学诗而习经史，13岁时就会作以袁枚的《子不语》为题的五言律诗和以《烛之武退秦师》为题的论说文，为其后深厚的文学修养和诗书造诣打下了坚实的基础。载滢甚为此子骄傲，赞之“总角闻道，渐近自然。贵而不骄，举止详妍。秉直司聪，礼义孔闲。讲习之暇，靖恭鲜言。开卷有得，常咨禀焉”。

由于要遵守清朝先祖“马上得天下”的祖训，身为皇室贵胄的他还要学习骑马射术。启功在《溥心畬先生南渡前的艺术生涯》一文中指出：

人的性格虽然基于先天，而环境经历影响他的性格，也不能轻易忽视。我对于心畬先生的文学艺术以及个人性格，至今虽然过数十年了，但每一闭目回忆，一位完整的、特立独出的天才文学艺术家即鲜明生动地出现在眼前。先生为亲王之孙、贝勒之子，成长在文学教育气氛很正统、很浓郁的家庭环境中。

应该说，溥心畬的艺术成就与其童年和家庭环境，受到正统的文化训练有着密切的关系，也与他在恭王府15年的童年生活是分不开的。

图1　恭王府

可惜好景不长，在祖父老恭王和父亲载滢去世后，府内形势每况愈下。在溥心畬16岁那年，袁世凯为了铲除异己，兵围恭王府。项太夫人携弱子逃出恭王府，一逃就是12年。按照溥心畬入室弟子徐建华女士的回忆，溥心畬在心中一直缅怀这段压抑而沉重的历史，他说：

图2　恭王府后花园

我从未对人提起过，在一个暗夜里，从王府萃锦园一处草丛后的狗洞钻出，这样狼狈地逃离王府；心中未曾料想这会是一生转蓬岁月的开始。后来虽然重回萃锦园，不仅时异世迁，园中景物也面目全非；直到一九三八年，迁居颐和园之后，萃锦园的景致仍难恢复先祖在世时所经营的旧观。

图3　溥心畬在恭王府

这段历史，溥心畬并不太愿意提起，可能这次兵灾对他幼小的心灵产生了一定的影响，使得他逐渐养成了与其兄小恭亲王溥伟迥异的性格，对政治没有丝毫的热情，从而专心致力于学问和书画，渐渐养成了其恬静自然的审美情趣。

从1912年至1924年的12年间，溥心畬度过了自己人生的“西山时期”（16—29岁），他和母亲项太夫人前后居住在清河与京城西郊的戒台寺。在这期间，他主要读书习字，临仿从恭王府带出的宋元名帖和名画，并赴德国留学，后在大哥的安排下同陕甘总督升允之女罗清媛结婚。

图4　溥心畬《山水楼阁立轴》

217cm×67cm，纸本设色，恭王府藏

款识：峻极何年殿，高标多烈风。龙图悬碧落，鸿吻上苍穹。星动灯藏壁，虹飞栋架空。有时来鹤侣，笙管落山中。西山逸士溥儒

钤印：天籁（朱）、旧王孙（朱）、四灵溥儒（白）、公潜珍赏（朱）

二、重归恭王府

1924年，溥心畬已经29岁。在这一年，他回到了自己生长的恭王府并居住了15年，他也由此成为恭王家族在恭王府的最后一任主人。在此3年前，恭王府府邸已被其长兄溥伟抵押给西什库天主教会。溥伟本人则追随溥仪在东北伪满洲国任职并于1936年在长春辞世。关于溥心畬如何安然返回恭王府，其在《心畬学历自述》中语焉不详，只是说到“因荣寿公主（系余姑母）七十正寿，遂奉先母移城内居住”，其安然回归王府当是因当时政治、军事环境稍缓。启功在《溥心畬先生南渡前的艺术生涯》一文中称“心畬先生与教会涉讼，归还后半花园部分，即迁入定居，直至抗战后迁出移居”。1932年，辅仁大学取得恭王府府邸产权，后又以10万大洋从溥心畬处将花园收入置下。1937年抗战全面爆发之时，母亲逝世，溥心畬将心爱的晋墨《平复帖》售出以办母丧。次年，43岁的溥心畬挥别自己生活了30年的恭王府，暂居颐和园。

恭王府花园中路最后一座厅堂被称为“蝠

图5　溥心畬《鬼趣图》四开选三

27.5cm×17.5cm×3，绢本设色，恭王府藏，钤印：溥儒之印（白）

厅”，这里就是溥心畬居住萃锦园时的书房。时至今日，书房正中还挂有溥儒题款的“寒玉堂”匾额。溥心畬在恭王府的后15年，是他艺术全面发展和成熟的黄金时期。这既要得益于他作为恭王府主人在萃锦园中相对稳定和安逸的生活，同时还得益于他勤奋于对恭王府收藏法书名画的朝夕揣思与临摹。同时，他对政治的淡漠及对平民生活的追求也使自己在那个混乱的年代可以超然世外，享受到平淡和恬静的生活。身为清朝贵胄的溥心畬并没有同他兄长溥伟和弟弟溥德一样，奔赴东北追随溥仪伪满政权做他的“亲王”，因他在儿时经历了狗洞逃生的生死离别之后，早已对政治产生了厌倦之情。他不与日本人合作。在北京沦陷之后，他还撰写了《臣篇》一文来表达自己不愿同流合污的文人气节：

即令臣节，资父事君，必有其道。臣之于君，无以过于父母。母之嫁者，有终恩之服，无竭力之义；诚以作嫔异门，为鬼他族，齐服是追，哭于野次，故不为伋也。

溥氏的艺术与他淡泊政治、名利有着十分重要的关系。“如果说他和政治有关系的话，那就是因为换了中华民国，逼他专心读书、画画。”溥心畬在恭王府的15年，同时也是他诗书雅集，结交各方朋友，画名誉满京城的15年，这一时期“南张北溥”的雅号也传遍了大江南北。据启功回忆，溥心畬在此时与一些宗室的文人画家集结在“松风草堂”谈艺、赏花、赋诗，度过了一段十分逍遥快活的文人时光。他说：

松风草堂的集会，据我所知，最初只有溥心畬、关季笙、关稚云、叶仰曦、溥毅斋几位。后来我渐成长，和溥尧仙继续参加，最后祁井西常来，聚会也快停止了。

图6　溥心畬《山赋秋色团扇》

25cm×25cm，绢本设色，1959年，恭王府藏

释文：应见斐生久，春风过让西。夜深喧枥马，秋冷听村鸡。渡口寒流广，溪边木叶低。无情枝上鸟，更向近窗啼。汗马收宫阙，春城护贼壕。赏雁歌秋杜，归及荐樱桃。杂虏横戈数，功臣甲第高。万寸顿送喜，母乃圣躬劳。花隐掖垣暮，啾啾栖鸟过。星暗万户动，月傍九霄多。不寝听金钥，因风想玉珂，明朝有故事，数问夜如何？心畬

钤印：溥儒（白）

款识：山连秋色多新雨，楼带寒声起暮烟。己亥春月雨中题此。心畬

钤印：溥儒（白）

松风草堂的集会，心畬先生来时并不经常，但先生每来，气氛必更加热闹。除了合作画外，什么弹古琴、弹三弦、看古字画、围坐聊天，无拘无束，这时我获益也最多。因为登堂请益，必是有问题、有答案、有请教、有指导，总是郑重其事。

溥心畬的这段文人生活，只是他与宗室的笔墨往来，更重要的是他在绘画上倾注了大量心血。在回府的第六年（1930），他与夫人罗清媛在中山公园水榭廊中举办了一次合展，引起了轰动。书法家台静农称他的作品打破了北宗山水数百年的沉寂，一扫“四王”空洞陈袭的画风，直取北宗山水的精华，可以称为北方画坛第一了。

20世纪20年代后期，经朋友介绍，溥心畬邂逅了北上的蜀人张大千，从此开始了一段长达近半个世纪的传奇交往，也成就了“南张北溥”这个中国20世纪三四十年代的画坛佳话。张大千最早何时首次结识溥心畬，目前学术界还有争议，但他们确实惺惺相惜，相互唱和，合作了很多幅作品。

20世纪30年代左右，张大千每次去北京都要照例到溥心畬的恭王府去做客。其登门次数已经不得而知，但就据启功回忆，“大约在距今60年的那个癸酉年”（应为

1933年），张大千在恭王府和溥心畬的一次笔墨唱和对他影响极大：

那次盛会是张大千先生来到心畬先生家中做客……只见二位各取一张，随手画去。真有趣，二位同样好似不加思索地运笔如飞。一张纸上或画一树一石、或画一花一鸟，互相把这种半成品掷向对方，对方有时立即补全，有时又再画一部分，又掷回给对方。大约不到三个多小时，就画了几十张。……这是我平生受到最大最奇的一次教导，使我茅塞顿开。可惜数十年来，画笔抛荒，更无论艺有寸进了。追念前尘，恍如隔世。唉！不必恍然，已实隔世了！

在一年后的1935年8月，北京琉璃厂集萃山房的经理周殿侯提出了“南张北溥”的说法。后来于非闇在《北平晨报》写下了一篇《南张北溥》的文章，也将二人作比，说“南张北溥”超越了晚清画坛上的“南陈北崔”和“南汤北戴”。此时张大千的名气远逊溥心畬，故难免使人怀疑张大千借助与溥心畬的唱和提升了自己的名望。此后张大千名气日盛，晚年更是泼彩变法，成为一代宗师，在名气上超越了溥心畬。但是他一直对溥心畬十分尊重，溥心畬去世后，张大千曾专程赴台北阳明山公墓祭奠老友亡灵。

在这段时间里，溥心畬迫于生计，忍痛售出了自己留存的若干书画名迹。其中比较重要的有易元吉《聚猿图》（1927年售与日本人，现藏大阪市立美术馆）、颜真卿《自书告身帖》（抵押给日本三菱，现藏书道博物馆）、韩幹《照夜白图》（1936年售与上海叶某，现藏美国大都会艺术博物馆）、陆机《平复帖》（售与张伯驹，后捐献故宫博物院）等。

1937年抗战全面爆发，局势顿时紧张，恭王府的产权亦被转至辅仁大学。无奈之下，溥心畬带着家人搬到颐和园的介寿堂、万寿山躲避战乱并潜心研究学问与书画。溥氏弟子刘继瑛回忆当年，对这一段学画经历印象深刻：

抗日战争爆发后，刘继瑛在京华艺术学校学习国画，因为喜欢溥心畬的花鸟，所以投其门下为徒。那时溥心畬住在颐和园里，为能终日向老师求教，刘继瑛也搬进了颐和园，同师姐住在一起。

“溥先生秉性柔和，对人态度非常和蔼可亲，从不发火，连说话的声音都不大，是一位可敬的长者。”1945年，年逾五十的溥心畬受南京宪兵司令张真夫之邀与齐白石等画家南下，在南京、杭州等地游历数年。直到1949年，54岁的溥心畬赴台。此后的他再也没有机会重新踏入恭王府的大门。此时，这位复古的文人逸士已经在恭

图7　溥心畬《仿赵雍画马图》

纸本水墨，1956年，恭王府藏

款识：赵仲穆画马。丙申四月仿其遗意。心畬

钤印：溥儒（白）、四灵溥儒（白）、公潜珍赏（朱）

王府生活了三十年。在这里，他凭借王府丰厚的收藏和自己卓绝的才华和素养走向艺术殿堂的顶峰。这座王府给予了他太多的荣耀和回忆，也成为他暮年魂牵梦绕的故乡。

三、王府遗影，梦牵故乡

溥心畬在台湾生活了15年。在这15年间，他主要在台北师范学院艺术系任教，收了不少入室弟子，也有在台中教书，甚至远赴韩国、日本、泰国等地讲学。溥心畬作为一个著名诗人、学者、画家和鉴赏家，在日韩等地享有很高的声誉。

他在任教期间还闹过不少笑话，例如上课找不到教室、健忘、不会算账等“难得糊涂”的事例，说明他以贵族身份长期过着半隐士的生活，使他与现实生活相脱节。同时这种返璞归真、宁静致远的情愫也正是他超乎常人，在艺术上取得成功的关键，成为时人心中的最后的中国文人画家。

在台湾的最后岁月中，他十分怀念在恭王府中留下的半生回忆，往往怅然。在他的《寒玉堂诗集》中有《八月感怀》这样一首诗：

已近清秋节，兵烟处处同。
山河千里月，天地一悲风。
兄弟干戈里，边关涕泪中。
京华不可见，北望意无穷。

此首诗应作于1958年或1959年中秋节前夕。然而，两岸虽然一衣带水，却在有生之年再也无法回到自己生活了三十年的北京，回到那个承载了自己太多回忆的王府。1963年11月18日，溥心畬病逝，十日之后下葬于台北阳明山南原。

据溥心畬的生前好友万公潜回忆，溥心畬“临终前，一段时日已不能言语，但仍关心出书之事，留有手写便条请万公潜校对以免万一有错字”。万公潜在接受溥心畬嘱托的25年之后，毅然决定将自己收藏的六十余件溥心畬书画作品无偿捐献给溥心畬的原住所恭王府，其中还包括最后那张溥心畬托付与他的笔迹凌乱的纸条。他说：“我只是把溥心畬送给我的东西，在他死后放还他住过的地方。”他唯一的要求就是“由于纸质易碎，恭王府必须负责妥善装裱，及摄制或印制一套拷贝送给他存念”。而在此之前，曾经收藏过众多书画名作的恭王府却没有一件溥心畬自己的作品。1989年，这批书画作品回到了溥心畬生活了三十年的恭王府，不仅丰富了恭王府的馆藏，更告慰了这位埋骨台北的老人对故乡的眷念之情。为了纪念这次书画回家的举动，恭王府特意为这批画作举办了展览，并与台湾中国文化大学的华冈博物馆共同举办了“笔墨留声——溥心畬书画展”。

这批溥心畬晚年的作品同恭王府早年收藏的杰作《平复帖》《聚猿图》《自书告身帖》《照夜白图》一样，共同见证了溥心畬毕生的艺术追求，透过这些作品，我们看到了一个出身高贵而天赋极高的文人逸士的艺术轨迹。我们既可以从恭王府的早年收藏中了解到影响溥心畬画风的因子，还可以在回归故里的溥心畬晚年佳作中品读到他的画旨、画意。这些作品验证了其题材倾向与小品特征，集中表现了其古典精神状态，从而从本质上体现了溥心畬的“应时而变，利行合一”的终极艺术境界。

（原载《中国书画》2016年第1期）

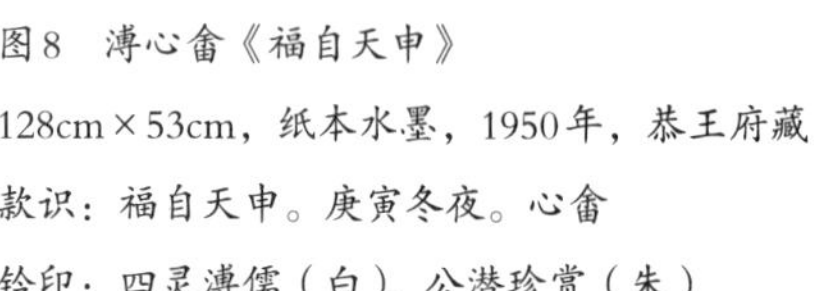

图8　溥心畬《福自天申》
128cm×53cm，纸本水墨，1950年，恭王府藏
款识：福自天申。庚寅冬夜。心畬
钤印：四灵溥儒（白）、公潜珍赏（朱）

图9　溥心畬《寒玉堂山水册》十开之六
43cm×28cm，纸本设色，1938年，恭王府藏
款识：秋峦延螟色，暮树发寒姿。心畬
钤印：溥儒之印（白）

图10　溥心畬《寒玉堂山水册》十开之五

43cm×28cm，纸本设色，1938年，恭王府藏

款识：回冈被秋草，清溪起暮烟。心畬

钤印：溥儒之印（白）

图11　溥心畬《寒玉堂山水册》十开之八

43cm×280cm，纸本设色，1938年，恭王府藏

款识：孤亭界溪色，数峰连夕阳。心畬

钤印：溥儒之印（白）

图12　溥心畬《寒玉堂山水册》十开之七

43cm×28cm，纸本设色，1938年，恭王府藏

款识：轻舟凌水色，枯树满秋光。心畬

钤印：溥儒之印（白）

图13　溥心畬《寒玉堂山水册》十开之十

43cm×28cm，纸本设色，1938年，恭王府藏

款识：茅茨半隐涧，松阴多在山。心畬

钤印：溥儒之印（白）

图14　溥心畬《水墨山水册》页八开

33cm×24cm×8，纸本水墨，恭王府藏

款识：远岫孤云起，疏林暮霭流。心畬

钤印：溥儒（白）

款识：空山云起处，隐隐失江村。心畬

钤印：溥儒（白）

款识：石径通幽涧，云峰隐碧空。心畬

钤印：溥儒（白）

款识：乱木斜阳外，层峦落叶边。心畬

钤印：溥儒（白）

款识：山光隐空际，树色满溪边。心畬

钤印：溥儒（朱）

款识：仙峤云离。心畬

钤印：溥儒（朱）

款识：双虬舞日。心畬

钤印：四灵溥儒（白）

款识：松岭晚色。心畬

钤印：溥儒（朱）

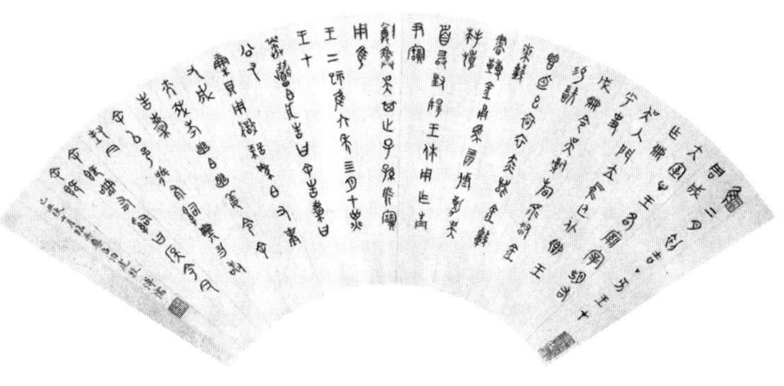

图15　溥心畬《临吴彝召伯虎敦铭文扇面》

35cm×72cm，纸本，1949年，恭王府藏

款识：己丑秋七月临吴彝召伯虎敦。溥儒

钤印：溥儒之印（白）、公潜珍赏（朱）

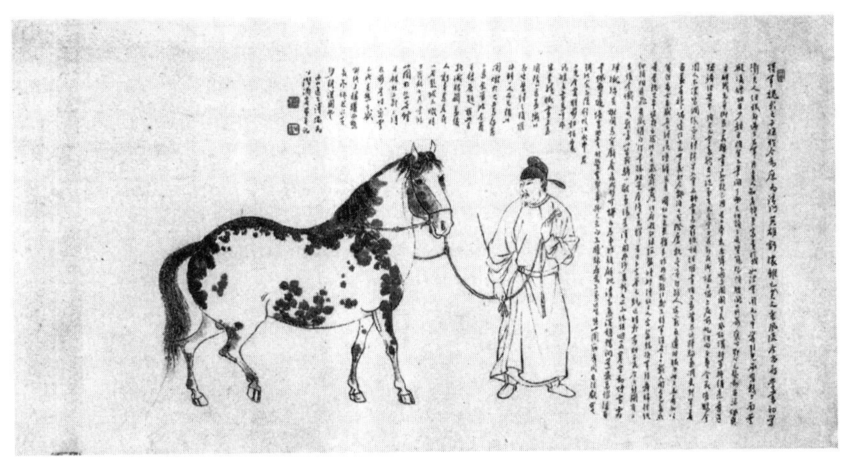

图16　溥心畬《仿李公麟五马图》

48cm×182cm，纸本水墨，1956年，恭王府藏

款识：西山逸士溥儒为公潜酒客画并记

钤印：溥儒之印（白）、心畬（朱）、双桐书屋（朱）

图17　溥心畬《寿桃立轴》

159cm×46cm，纸本设色，恭王府藏

款识：芳醪自有刘伶酿，献寿还求王母桃。公潜之寿。心畬

钤印：四灵溥儒（白）、公潜珍赏（朱）、明夷土（朱）

图18　溥心畬《青莲墨荷立轴》

86cm×48cm，纸本水墨，恭王府藏

款识：宝南先生属。心畬

钤印：旧王孙（朱）、四灵溥儒（白）、公潜珍赏（朱）

图19　溥心畬《梅花图立轴》

155.5cm×40cm，纸本设色，恭王府藏

款识：岁朝清供，亚刚先生正。心畬

钤印：四灵溥儒（白）、公潜珍赏（朱）

图20　溥心畬《事事如意立轴》

158cm×40cm，纸本设色，恭王府藏

款识：事事如意。心畬

钤印：四灵溥儒（白）、公潜珍赏（朱）

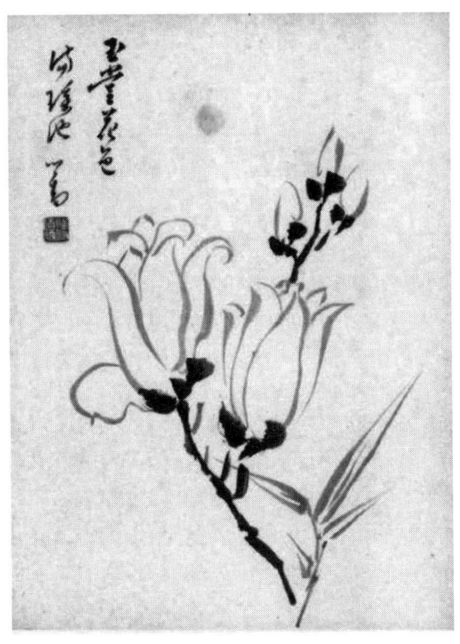

图21　溥心畬《水墨花卉》四开

33cm×24cm×4，纸本水墨，恭王府藏

款识：绰约香风玉带围。心畬

钤印：溥儒（白）

款识：素艳消春雪，垂枝动晚风。心畬

钤印：溥儒（白）

款识：山中岁晚无余卉，开遍茶花欲雪时。心畬

钤印：溥儒（白）

款识：玉堂花色满瑶池。心畬

钤印：溥儒（白）

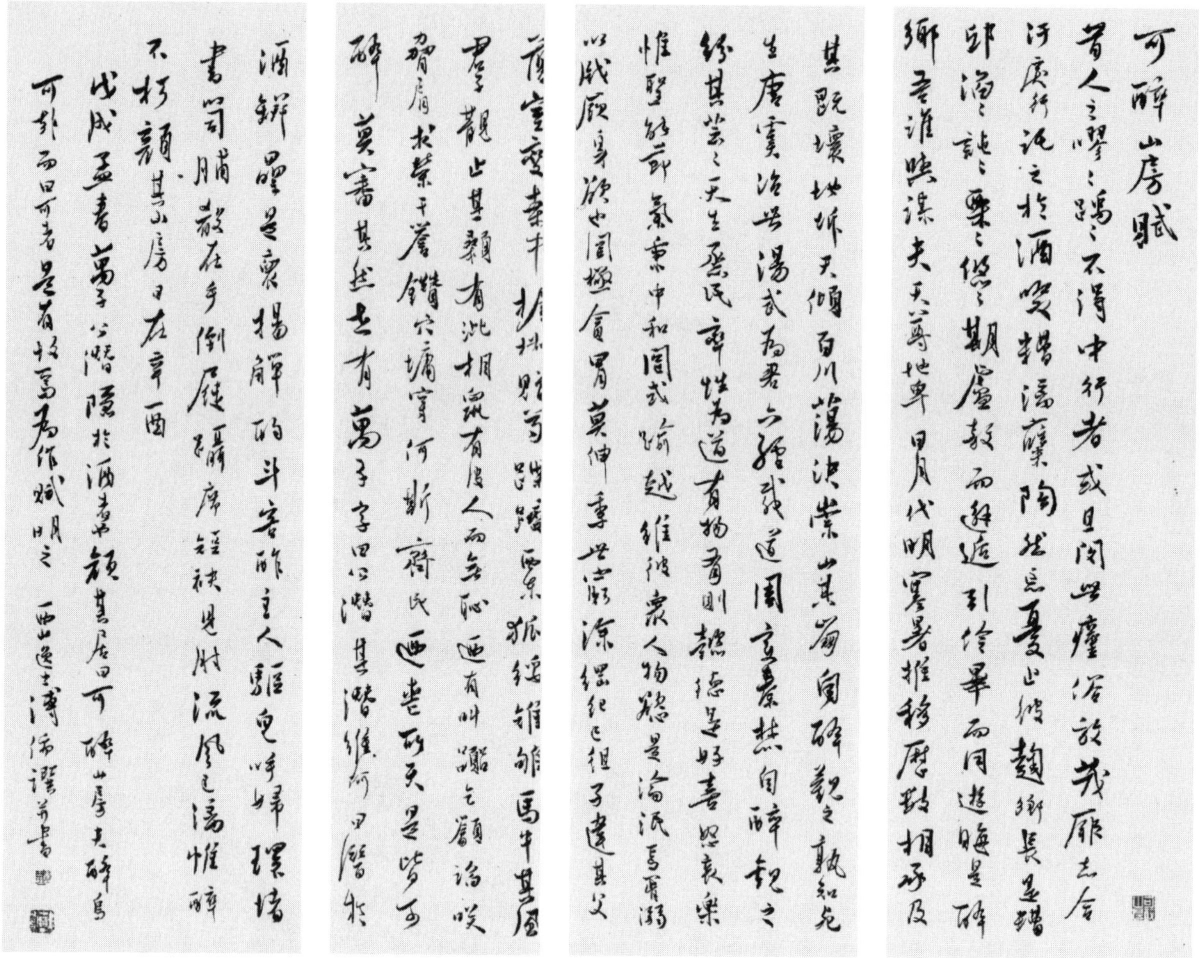

图22　溥心畬行书《可醉山房赋》立轴

84.5cm×27.5cm×4，纸本，恭王府藏

恭亲王家族的前世今生

金　梅*

一、恭亲王奕訢终于迎来了出头之日

从乾隆到道光年间，爱新觉罗内部的争斗基本上没有掀起什么大的波澜。由于核心权力基本掌握在康熙直系子孙手中，因此清初的八大铁帽子王基本上只能安心扮演臣子的角色。而到了道光末年，也就是清朝晚期以后，随着王朝内外危机的加剧，皇族内的争斗再度一浪高过一浪。

在号称“三千年未有之大变局”的晚清政坛，有一位皇室贵族曾经一度权力显赫，一人之下万人之上，甚至曾无限接近大清皇位。他就是第二位恩封的铁帽子王——恭亲王奕訢。

第一代恭亲王奕訢（1833—1898）为道光皇帝第六子，咸丰皇帝异母弟，静贵妃（后谥孝静成皇后）所生。据史料记载，少年时的奕訢颇具英武之气，曾经与四哥奕詝共同习武，并创枪法二十八式、刀法十八式，龙颜大悦的道光皇帝亲自将枪法与刀法分别命名为“棣华协力”和“宝锷宣威”，同时单独赐给奕訢一把金桃皮鞘白虹刀。这位皇子不仅习武善射，而且文采飞扬，留下了众多不俗的诗文，这样的文武全才在诸皇子中堪称佼佼者。然而吊诡的是，时运不济的奕訢却在皇位竞争中输给了资质平平的四哥奕詝。

奕訢与奕詝的皇位之争历来是史学家们关注的焦点事件。奕詝生母孝全成皇后钮祜禄氏美貌聪慧，极受道光帝宠爱。作为当时实际的嫡长子，奕詝在皇位继承问题上似乎胜算更大。道光二十年正月十一（1840年2月13日），孝全成皇后突然于

* 金梅，文化和旅游部恭王府博物馆退休服务处馆员。

钟粹宫去世，年仅32岁（虚岁33岁）。关于孝全成皇后暴卒的原因，后世演绎出了多种说法。其中之一便与奕訢有关。据说当年为了使自己的儿子齿序占得先机，孝全成皇后（时为全贵妃）不惜服下催产药物，使得早产的奕詝一生体弱多病，后来还因坠马成了瘸子，文采武功更是一般。静贵妃所生的六皇子奕訢相貌堂堂、文武双全，道光帝心中的天平一度更倾向于他，有意立其为嗣。为了保住儿子的储君之位，孝全成皇后欲借留奕訢在自己宫中用膳之机毒死他。临近开宴之时，皇后偷偷告诉奕詝不要吃桌上的鱼，奕詝因不明原因而不肯听从，无奈孝全成皇后只得据实相告。偏偏奕詝与奕訢兄弟情深，席间屡屡阻止奕訢夹鱼吃，几次三番下来，奕訢终于没有吃那有毒的鱼。所谓“要想人不知，除非己莫为”，事情传到了孝和皇太后那里，虽有道光帝的百般不舍，但为了保全儿子，孝全成皇后最终选择了自尽。或许是为了表白自己对孝全成皇后的情深意切，道光帝将皇位传给了奕詝，但同时又在传位诏书中封奕訢为亲王——这种“一匣两谕”的做法亦成为大清历史上绝无仅有的“创举”。

然而，道光皇帝苦心安排的结果却是适得其反，奕訢由此陷入了新皇帝的猜忌之中。咸丰即位后，虽然很快就谨遵父命封奕訢为恭亲王，并让其担任一系列显赫的职务。然而没过几年，由于为其母争封号，奕訢便被免去几乎所有职务，此后更是一直被排挤在权力核心之外。

1860年9月21日，八里桥沐浴在一片腥风血雨之中——僧格林沁大帅的铁骑在与英法联军的对决中全军覆没，湮灭了清王朝的最后一丝希望。次日，咸丰皇帝带领一干随从离开圆明园，仓皇前往热河避暑山庄“狩猎”。临走前，他似乎终于想起了奕訢，遂将与洋人议和的事务全权委托给了自己的这位弟弟，算是留给这个帝国唯一的交代。年仅27岁的恭亲王就这样被强推上了外交舞台。对于西方列强而言，这张略显忧郁的年轻面孔显然是陌生的，神秘而不可捉摸。确实，与早些年已多次同洋人打过交道的两广总督比起来，恭亲王的确算是个新人。由于一直身居京城，他甚至从未见过洋人的真面目。不难想象，对年轻的王爷而言，收拾这样一个“烂摊子”将会是多么艰巨的考验。

为了大清王朝的安危，临危受命的奕訢按捺下心中所有的郁闷，历史记载显示，在与洋人交涉初期，年轻气盛的恭亲王也曾一度表现强硬。由于当时中方已扣留了巴夏礼等人作为“人质”，因此他曾以此作为筹码要求英法停止敌对行动。然而，谈判桌上最终还得靠实力说话，区区几个人质根本阻挡不了侵略者的脚步。1860年10月7日上午，英法联军闯入北京西北郊的圆明园。在经历了一场有组织的劫掠之后，英军指挥官额尔金伯爵悍然下令将这座被法国作家雨果形容为“幻想的原型”“月宫般的仙境”“大理石建造的梦”的中国皇帝的“夏宫”付之一炬，而此时清王朝已经答应接受全部“议和”条件并择日签约！年轻的王爷迅速感受到了双方的力量差距，明白了“天朝上国”依然在历史的潮流中趋于边缘，从此对整个局势和西方的认识彻底改观。

在与英法议和及处理善后事宜的过程中，恭亲王奕訢意外地收获了中外舆论的一致好评。即便是原本对清皇室极度反感的额尔金，也在谈判结束后对这位亲王刮目相看。事实证明，这次向洋人屈膝求和反而成了奕訢捞取政治资本的绝佳舞台。因为赢得了西方的好感，从而为他以后开展外交活动创造了条件。而在此期间他还不声不响地笼络了户部侍郎文祥、文华殿大学士桂良、总管内务府大臣宝鋆、副都统胜保等重臣，从而在朝中形成了自己的政治集团。此后三十余年间，恭亲王不断给世人带来惊讶。以至于无论是在国内还是在西方，都曾有许多人这样大胆假设：如果当初道光皇帝选择了奕訢，大清帝国的命运是否会有所不同？然而可惜的是，这样的假设永远也没有机会求证了。

英法联军的战火刚刚熄灭没多久，1861年，体弱多病的咸丰皇帝还没来得及返回北京，便在热河行宫驾崩了。咸丰临终前遗命，怡亲王载垣、额驸景寿及辅国公肃顺等八人为“顾命大臣”，全权赞襄一切政务，辅弼幼主——其中并没有刚刚在与洋人的议和中立下汗马功劳的奕訢。幸运的是，由于一个女人的出现，奕訢的政治生命很快就迎来了转机。

这个女人就是新皇帝的生母、咸丰的贵妃慈禧太后。咸丰皇帝驾崩后，这个权力欲极强的女人与肃顺等权臣之间产生了不可调和的矛盾。于是，两个都想在政治上翻盘的人迅速接近并结成同盟。经过一番密谋，他们成功发动了辛酉政变，一举粉碎了以顾命八大臣为首的势力，两宫太后开始垂帘听政。夺取政权后，慈禧太后慷慨地回报了这位小叔子，授其议政王大臣、军机处担任领班大臣、宗人府宗令和总管内务府大臣及总理各国事务衙门大臣等一整套要职。自此，奕訢总揽大清帝国的内政外交事务。虽然当初没有当上皇帝，但这样的显赫权势也足以弥补内心的遗憾了。

面对新形势、新问题，奕訢以其独到的见识提出，帝国要发展，首先就得在国际环境中求和平。大清帝国已遵行了两百余年的朝贡体制已经不合时宜了，朝廷的鸵鸟政策显然也已失去了继续的可能。与当时整个统治集团的颟顸保守相比，这样与时俱进的认识水平实属难得。经过一番筹措后，1861年1月，奕訢联合文祥、桂良等人上《通筹夷务全局酌拟章程六条》，提议建立专门的外交机构。在奏折中，奕訢以非凡的勇气指出，外国人并非“性同犬羊”，犹可以信义笼络；只要中国信守条约，以善良和开明的态度对待洋人，不给他们抱怨的理由，就能保持和平。几天后，中国第一个官方外交机构——总理衙门诞生了，并很快成为军机处以外的另一中枢政府机构。

此后10多年间，恭亲王奕訢始终秉承自己的外交理念，即对洋人争取合作，这条外交路线为大清帝国争取到了宝贵的发展时间。特别是在平息太平天国运动后，以奕訢为首的改革派（又称洋务派）得以将全部身心投入自强运动中，从而为后来的“同治中兴”奠定了坚实的基础。在文祥、曾国藩、左宗棠、李鸿章等人的大力协作下，奕訢成功推动了中国的第一次近代化运动，而其政治生涯也日益走向辉煌。无论是在经济、军事、外交还是教育方面，其骄人的成绩都获得了很多赞誉，被公认为舵手并获“贤王”的美誉。后世许多学者都认为，奕訢是晚清封建统治阶级中具有睿见卓识的改革家，在中国近代化道路上堪称先知先觉者。

二、一代贤王却终逃不出嫂子的手掌心

到大清王朝末年，爱新觉罗家族的王爷们突然集体低迷。在外人看来，他们似乎已彻底将祖先的优秀基因丧失殆尽，不但在政治上无所作为，而且连整个江山都拱手让给一个女人做主，而他们则集体拜伏在后者的权势下混日子。这个女人，便是叶赫那拉氏的慈禧太后。于是在大清王朝的最后50年，爱新觉罗皇族的天下居然由一个女人说了算。且不说早年的八大铁帽子王已基本靠边站了，即便是后来崛起的怡亲王、恭亲王、醇亲王等新派铁帽子王，又何尝能重振祖先的声威呢?

就拿大清王朝后期最能干的恭亲王奕訢来说，尽管成功掀起了晚清第一波改革大潮，但是这次“自强”运动并没有使王朝走向质的蜕变。实际上透过表面的辉煌人们依然会发现，就像《西游记》中的孙悟空一样，铁帽子王爷奕訢从来就没有摆脱过头上的“紧箍咒”。正如孙悟空无法逃脱如来佛的手掌心一样，奕訢也无法摆脱另一位“佛”的掌控，那就是慈禧太后“老佛爷”。

奕訢与慈禧，堪称整个晚清最令人瞩目的政治组合。在长达38年的时间内，这二人之间时而合作，时而较量。随着奕訢的地位骤升和声望日高，权力欲极强的慈禧太后按捺不住了。1865年3月31日，籍籍无名的翰林院编修蔡寿祺居然上奏弹劾奕訢，说他揽权纳贿，徇私骄盈。蔡寿祺不过是一名品级较低的官员，他敢摸老虎屁股，显然不是借酒撒疯，一定是受到了来自高层的授意。果然，一向对恭亲王偏袒有加的慈禧太后突然翻脸，免去奕訢议政王和其他一切职务。而奕訢则开始意识到，如今的大清不需要“周公”，一切权力归“圣母”。据记载，最终恭亲王像个犯错的小孩，来到太后面前“伏地痛哭、无以自容”，恳求后者的宽宥。鉴于当时的形势还离不开奕訢，慈禧太后见好即收，“慷慨”地允许奕訢重新上岗，不过还是顺便剥夺了其“议政王”的头衔。

经过这次沉重打击后，恭亲王终于明白了一个硬道理：权力是西太后给的。在此后的政治生涯中，这一教训就像达摩克利斯之剑，数十年如一日悬挂在他的头上。虽然后来心气颇高的恭亲王也曾在局部战场上予以反击，但最终的结果只能是遭到更沉重的打击。1868年，正是在奕訢的大力支持下，山东巡抚丁宝桢果断杀掉了慈禧太后的亲信太监安德海。此事虽然着实令奕訢出了一口恶气，但不可避免地招致了慈禧太后的忌恨。1872年，当同治皇帝准备重修圆明园作为对母后的献礼时，又是奕訢纠集一班大臣极力劝谏，从而进一步触怒了慈禧太后。1881年，随着慈安太后的去世，奕訢失去了在宫中可以制衡慈禧太后的唯一力量。三年后的1884月3日，由于不满帝国军队在越南前线惨败于法国，左庶子盛昱愤而参奏负有人事之责的军机大臣兼吏部尚书李鸿藻。4月8日，慈禧太后颁布诏书，指责全体军机大臣“委蛇保荣……爵禄日崇，因循日甚”，着令恭亲王奕訢开去一切差使，家居养疾；宝鋆原品休致；李鸿藻、景廉降二级调用；翁同龢革职留任，退出军机处。与此同时，慈禧太后又宣布了新的军机处人员名单——礼亲王世铎、户部尚书额勒和布、阎敬铭、刑部尚书张之万、工部侍郎孙毓汶等，并要求新的领导班子，如遇有紧要事件，须会同醇亲王奕譞（即光绪皇帝生父）商办。这一事件便是晚清历史上著名的“甲申易枢”。这一结果几乎令所有人大跌眼镜。而更令人唏嘘的是，回想起20年前初次遭慈禧太后打击时，朝中几乎所有大臣都出面为奕訢求情，而这次军机处被连锅端了，朝臣们竟出奇地平静，就那样冷漠地注视着恭亲王萧然的背影。

从此之后，恭亲王长期隐居在北京西郊的寺庙，几乎不问世事。该寺有一棵著名的“卧龙松”，为寺内的“五大名松”之一。奕訢不但把自己比喻为不得志的“卧龙”，还题写了“卧龙松”三字，并刻在石碑上，立于松下，支撑着古松的主干，至今仍留存原处。而这种消沉得近乎绝望的状态，也直接体现出其真实的心境。整整十年后，随着帝国与日本兵戎相见，国事纷乱之际，慈禧太后在舆论的压力下重新又起用了这位当年以办外交著称的铁帽子王。可惜的是，此时的恭亲王再也不是当年的恭亲王了，正所谓廉颇老矣，尚能饭否？虽然再度回到了总理衙门这个曾经最为熟悉的岗位，但脱离权力核心多年，奕訢显然已无力回天了，反倒是多了几分暮气。昔日的那位“鬼子六”，早已将所有的功名都视作了“浮云”。四年后，正当康、梁等人鼓动光绪皇帝厉行变法之际，满腹忧虑的恭亲王与世长辞，终年66岁，谥号“忠”，配享太庙，入祀贤良祠。

恭亲王死后，国内外惋惜声如潮。美国传教士、外交官何天爵（Chester Holcombe，1844—1912）认为，恭亲王是精通东方外交艺术的老手。他总是将外交对手放在假定的情境中去认真研究，而不是放在具体的问题上。他既高傲又谦和，既粗鲁又文雅，坦率而有节制，有时办事迅速有时拖拉磨蹭，显得既有心计又脾气暴躁——所有这些特点都根据他的需要，按照角色的变化随时转换使用。他成功的最大秘诀在于他能够事先判断出需要妥协的时机。他不断转换面具并不说明他是个优柔寡断之徒。隐藏在众多面具之后的恭亲王在认真琢磨着对手，判断对方的意图政策之后，再决定自己的对策。在最后时刻来临之前，他丝毫没有妥协投降的迹象，显得积极对付，毫不屈服。正当他的对手集中全力要发动最后一击的时候，对手会发现恭亲王突然消失了，取而代之的是一个满脸微笑的谦卑的伙伴。何天爵还认为作为所谓的“防御外交政策”的领导者，恭亲王显得出类拔萃，帝国中还没有人像恭亲王那样明白帝国可能的未来和帝国自身的弱点，帝国活着的人中还没有人像恭亲王那样富有经验，担当重任……实际上，在他的整个政治生涯中，恭亲王是政府政策制定的主心骨，也是执行这些政策的精明强干的政治家与外交家。后来甚至流行着一种普遍的看法：如果恭亲王不死，可能会挽救国家很多的不幸。

三、小恭王溥伟心比天高命比纸薄

奕訢一生宦海沉浮，三起三落，可以说是“宦海风波实饱经”。但这并不是唯一让他忧愁的事情，更让他心力交瘁的应该是家庭生活的不幸了——儿女多早殇，勉强活下来的也是难堪造就。他有4个儿子，长子载澂、次子载滢、三子载濬、四子载潢，其中三子、四子很小就夭折了。奕訢对子女很重感情，却偏偏一再遭受丧子之痛，怎不令他哀痛不已？

奕訢长子载澂，人称“澂贝勒”，受封为郡王衔贝勒，曾任内大臣和正红旗蒙古都统。载澂天资聪颖，自幼受到良好教育，喜读书吟诗，其弟载滢说他：“兄以皇孙之贵，秉光明俊伟之资，其习威仪，博材艺，精骑射……兄自束发受书，过目即能成诵。喜为诗，叉手而成。”或者是因为两个弟弟早殇，他又是长子的缘故，所以深受父母溺爱，以放荡顽劣驰名于晚清诸王子中。他曾于闹市中强抢良家妇女，该女子之夫惧其权势，最终竟然疯了。后来才发现此女也是宗室（皇族）女，论起辈分还是载澂的姑姑呢！载澂虽与同治小皇帝君臣有别，但二人年龄相仿，又是亲叔伯兄弟，加上自幼在宫内上书房伴读，故二人气味相投，关系很近。载澂经常将民间的一些奇闻趣事描述给小皇帝听。同治亲政后，常与载澂微服出宫，到娼楼酒馆宵游夜宴，寻花问柳。奕訢对于载澂的斑斑劣迹也有所耳闻，却也无计可施，父子二人一直闹到了情义断绝的地步。据说载澂有病，奕訢不忧反喜，竟日盼其死。载澂去世时年仅28岁，因为是恭亲王长子，被赐予“果敏”的谥号。二子载滢为侧福晋薛佳氏所生，过继给奕訢八弟钟郡王奕詥为嗣，袭贝勒爵位。

可怜奕訢一世英武，临终之时身边竟然空空荡荡，好不凄凉。大丧之后，慈禧颁下谕旨，令载滢长子溥伟回归本支，嗣载澂后，承袭亲王爵位。溥伟生于1880年，本就一表人才，风度翩翩，年仅18岁就一跃而成为铁帽子王，比生父载滢的爵位高出了好几级，当真是意气风发。据说，溥伟十分看重道光当年赏赐奕訢的金桃皮鞘白虹刀，几乎须臾不离身。

戊戌政变之后，光绪被囚，慈禧训政，欲立端郡王载漪的儿子、15岁的溥儁为帝。光绪二十五年（1899）十二月二十四日，慈禧太后颁下懿旨，以溥儁入继穆宗同治帝为嗣，赏头品顶戴，号“大阿哥”。慈禧原打算于庚子年（1900）举行光绪禅位典礼，却因国内外各派实力的强烈反对而作罢。1901年，载漪因纵容义和团被认为是庚子事变的罪魁祸首而被革去爵位，发往新疆军台。其子溥儁亦因此被废除“大阿哥”名号。据说，当时慈禧还曾起意将光绪一同罢黜，有善于揣摩的人向慈禧建议，说小恭王溥伟才干出众，是溥字辈宗室中的佼佼者。而慈禧当时只是付之一笑，未置可否。此“消息”被透露给溥伟之后，接续大统就成了年纪轻轻的铁帽子王爷难以言说的心病了。这或者可以算是溥伟与大清皇帝宝座的第一次擦肩而过。

光绪三十四年（1908）十月二十日，慈禧召军机大臣进宫议事，内容只有一个：选择大清皇位的继承人。溥伟心里暗自一合计：论功绩，自己的祖父奕訢为大清股肱之臣，一力推动洋务运动，在帝国风雨飘摇之际还一手创造了同光中兴的大好局面，可谓厥功至伟；论血缘，自己是道光帝嫡孙，光绪帝的堂侄儿，绝对的天潢贵胄；论年龄，皇族近支溥字辈中自己年纪最长；论才智，自己更是不居人下。因此上认定这继承人之位十有八九是自己的了。据说在慈禧“夜半定策”的那个晚上，溥伟利用宫廷行走之职的便利，在宫中苦苦守候了一个晚上，却只等到了溥仪承继大统的结果。

后来，溥伟又听说载沣在听到慈禧宣布其为摄政王时叩头力辞，慈禧愤然道：“如觉力不胜任，溥伟最亲，可引以为助。”溥伟的神经禁不住再度兴奋起来。可张之洞拟定的懿旨公布后，只有载沣任摄政王，此外别无其他。溥伟居然对张之洞愤然相责，为何懿旨中没有皇太后要溥伟助政之语？张之洞却只轻飘飘说了一句：“摄政王以下，吾等臣子均为朝廷助政之人，又安可尽写入懿旨？”事已至此，溥伟仍心有不甘，又在丧日之内大闹内务府。一份针对性极强的上谕即刻以宣统的名义颁布：“钦奉大行太皇太后懿旨，军国政事，均由监国摄政王裁定……嗣后王公百官，倘有观望玩违暨越礼犯分、变更典章、淆乱国是各情事，定治以国法，断不能优容姑息。”就这样，溥伟再次与帝位擦肩而过了。

但不闹归不闹，溥伟却一直对此事耿耿于怀，以致日久生疾，成为宗室笑柄。据说，某宗室曾私下嘲笑他说：“这是患的心病啊，恐非石膏一斤、知母八两不可。”另一个补充道：“哪里，只须皇帝一个、江山一座足矣！”闻者无不捧腹大笑。正因如此，他在宣统一朝备受载沣一系的疑忌，再有能力也只能在禁烟大臣这样的闲差上打发时间而已。

武昌城内的一声炮响，将大清朝推向了绝境：退位还是不退位？御前会议上，众位宗室亲贵各持己见，难有结果，而溥伟则慷慨言道：“有我溥伟在，大清不会亡！”后来的事实证明，溥伟倒真不是说说而已，只不过逆势而行的结果只能徒留伤悲而已。

在溥伟看来，“朝廷懦弱，不足与谋”，如何才能让大清不亡？他先是与肃亲王善耆等人组织“宗社党”，坚决反对清帝退位，对抗革命。随着宗社党主要成员之一的良弼被同盟会会员彭家珍炸死，皇室亲贵犹如惊弓之鸟，纷纷逃离北京。溥伟来到青岛，试图借助德国势力挽救大清于危亡之境，却遭到了德国人的婉拒。第一次世界大战爆发后，日军占领青岛，小恭王便转而将目标放在了日本人身上。在日军的支持下，他和善耆搞起“满蒙独立运动”，重建已经解散的宗社党，还在辽东一带招纳土匪，秘密组织“勤王军”，为复辟清室费尽心机。1916年2月，溥伟在青岛期间收到了前陕甘总督升允自东京送来的密函，说其在日本联络上层力量支持复辟活动。溥伟大喜过望，遂和善耆加快了复辟步伐，预谋于6月中旬在辽南一带举事。谁知计划不如变化快，6月6日袁世凯突然病死，日本政府随之改变了对华政策，将宗社党军队和蒙古骑兵解散，致使辽南举事落空。1922年2月善耆死亡，溥伟复辟清室又少了一大帮手。

溥伟又来到大连，日方由“满铁”出面接待。“满铁”名义上是一家经营东北铁路的日本公司，实际上是日本派驻东北的间谍机关。日本的很多对华政策，尤其是对东三省的政策蓝本多出自“满铁”。溥伟与当时的“满铁”总裁内田康哉过从甚密，据说此人曾向日本内阁建议，扶植溥伟在沈阳登基建立“明光帝国”。溥伟对此异常欣喜，甚至迫不及待地身着亲王朝服在日本警察、宪兵的保卫下拜谒沈阳的皇陵，祭奠列祖列宗。一时举国轰动，议论频出：有说溥伟拜谒祖陵是登基称帝的前奏，有说宣统皇帝尚在，此举无异谋权篡位。

而实际上这一切不过是溥伟的一厢情愿而已。谁做皇帝对日本更有利，日本便会让谁做这个皇帝。对于满铁的建议，日本军部认为溥伟年龄大、阅历广，不如溥仪好驾驭；再说，“宣统皇帝”怎么说也比“恭亲王”的名头更大更响吧？1931年“九一八”事变后，溥仪在日本人的安排下来到东北，并于1932年3月1日在日本扶持下成立“满洲国”——溥伟的帝王梦再一次破灭了。

不知日本究竟是怎么想的，溥伟和溥仪仅在溥仪登基大典之后见了唯一的一面，说的还是那句“有我溥伟在，大清不会亡”。第二日，吵着要来朝贺的溥伟，执意即刻回转大连。而溥仪也并未给这位以复辟大清为第一要务的恭亲王以任何实职。

想当年，溥伟离开北京时，虽然没有庆亲王奕劻那般富甲天下，不过也算是财大气粗。据统计，恭王府内的古玩字画金银珠宝等不计，光房产土地就价值200万两白银。溥伟一心复辟大清，为了筹措经费，溥伟先是从古玩字画金银珠宝卖起，又以土地作押，在日本正金银行借贷白银50万两，末了更是一跺脚，把恭王府也给卖了。

据溥伟长子毓嶦回忆，溥伟最初向西什库教堂的包士杰借了4万大洋。到当年年底结账，即便还不了也没关系，再借几千凑成5万。“如此年复一年，比利滚利还凶一筹，没几年，到年终结账，就欠债到了20多万现大洋，”“房子当然不止20多万现洋，但是，府里还住着我的祖母和两位叔父，房产也不能由我父亲一人独自处理，处理的话也得分作三股才合理。于是我们家内部就必生了一场析产官司，也把这个西什库教堂告进去，这样的高利贷当然不合理。但法院对教堂也没办法，一切还是由包士杰说了算。”官司一直打了三年，三年中利息照算不误，欠款从24万滚到了28万。无奈之下，恭亲王溥伟只好妥协，结果是把王府一分为二，前边的房屋全部给教堂用来抵债，后花园中的所有房屋留给几个老人，但整个王府的土地权却归教堂所有，教堂每年还要向毓家收地租300大洋。有人骂溥伟败家子，想必溥伟一定十分郁闷：自己并非纨绔子弟，任意挥霍钱财去追逐享乐，而是为了大清的复辟大业呀。不过，在那些复辟狂人看来，溥伟“尽毁家业为大清”，简直就是“天潢贵胄的榜样”“旗人的楷模”，“要是多几个这样的王爷大清不会亡”……

溥伟耗尽了心力和财力，最后只落了个竹篮打水一场空。1936年1月，溥伟已是贫病交加，而嫡福晋赫舍里氏却携大批私蓄离开溥伟回往娘家。忧急攻心之下，终于病死在“新京”（今长春）一家旅社里，终年56岁。溥仪特旨降诏：“追谥爱新觉罗·溥伟为恭贤亲王，由其子毓嶦承爵。”

爱新觉罗·毓嶦，号君固，1923年10月10日生于大连。父亲溥伟死后，由于家中生活困难，毓嶦便前往长春追随溥仪，开始了长达二十年的“伴君”生涯。

毓嶦先是在伪皇宫内的私塾读书，当时有五个学生，学习汉语、数理化、历史课等。私塾里有一堂特殊的课是由溥仪亲自给上的，专讲雍正的上谕。雍正是溥仪最崇拜的皇帝，他最反对结党营私，溥仪给毓嶦他们上的第一堂课就是雍正的《朋党论》。溥仪反对结党几乎到了“谈党色变”的地步。伪执政时期，日本人要成立“协和党”，溥仪坚决反对，于是日本人把它改为“协和会”，虽然是换汤不换药，但溥仪就同意了。《朋党论》当然不能白学，那怎样才能表示毓嶦他们绝不结党营私呢？溥仪就让他们互相监视，对其他人的一言一行要随时向溥仪报告。毓嶦他们几个原本都是同族宗亲，相互之间却是非公事不言——都怕被打小报告。

虽然与溥仪名为叔侄，但在溥仪眼中，毓嶦不过是自己身边的一个奴才而已。

据毓嵣后来回忆："溥仪是一个既胆小又怕死的皇帝，疑心又大，人们常说伴君如伴虎，更何况是疑心重的老虎？他还时常打人骂人，做臣子的挨打不过是家常便饭。"有一次，溥仪得了痔疮，买了不少药。毓嵣那时还小，看到这种药很稀奇，忍不住随口说了句："这药很像个枪弹！"这立即触动了溥仪的忌讳："这不是咒我吃枪弹吗？"于是让人狠狠打了毓嵣一顿板子，打完还得向溥仪磕头谢恩。还有一次溥仪有点感冒发烧，要避风。毓嵣在一旁看报，当他翻过来看另外一版时，溥仪立刻"龙颜大怒"："你不知道我在避风吗？用报纸在我身边扇风，是不想让我快点好吧？"毓嵣赶紧趴在地上请罪、磕头。在这种环境之下，毓嵣养成了对溥仪唯命是从的习惯。

1945年日本战败投降，溥仪带着溥杰、毓嵣等人在沈阳机场被苏联军队俘虏，之后便被押往苏联，关进了收容所。可溥仪仍然放不下天子的架子，事事要人服侍，毓嵣和堂兄毓嵒仍然充当着奴才的角色——叠被、收拾房间、洗衣服、做饭等。但在毓嵣看来："……在苏联当俘虏的岁月里，我们经历了很多，也成长了许多""以前觉得自己这一辈子都是溥仪的臣子，对他要尽忠敬孝。但是到苏联后，特别是首次接触了马列主义，才觉得自己的想法是多么的愚蠢无知，大家不是君臣，而是能够享受同等待遇的个体。我的思想开始慢慢有了转变……"

1950年7月，苏联方面把溥仪等人移交给了中国政府，毓嵣随同溥仪开始了在抚顺战犯管理所改造的日子。1957年1月27日下午，最高检察院的代表向毓嵣宣布了中华人民共和国最高人民检察院免予起诉书，35岁的毓嵣终于告别了12年的囚犯生涯，恢复了自由。随后，毓嵣被下放到京郊农场，从事着繁重的体力劳动。"文革"中，他又不可避免地受到了冲击，被遣返回辽宁老家10年。直到粉碎"四人帮"以后，毓嵣才得以平反并落实政策，再次回到了北京。此时的毓嵣已是年届六旬的老者了。

但是，老人十分乐观豁达，对于新生活充满了希望和热情，"过去的岁月，让我失去了荣华富贵，失去了显赫的地位，但我并不觉得可惜，它反而应该是我生活中的一大财富，我把它总结为自己的'裕生'，富裕之生"。由于毓嵣幼年时代刻苦钻研书法艺术，不管是在苏联流放，还是在抚顺关押，他都一直没有中断过。一手好书法使他成了颇具盛名的书法家，在日本、韩国、港澳及东南亚各国连续举办书法大展，每次展览都能引起不小的轰动。

四、恭王府“大观园”孕育出了大才子

在近现代中国画坛上，各种流派纷呈，但“南张北溥”却是得到一致公认的中国南北画派的巅峰人物。“南张”即国画大师张大千先生，“北溥”则是溥心畬。于非闇认为：“张八爷（张大千）是写状野逸的，溥二爷（溥心畬）之图绘华贵的。论入手，二爷高于八爷；论风流，八爷未必不如二爷。南张北溥，在晚近的画坛上，似乎比南陈北崔、南汤北戴还要高一点”。这溥心畬不是别人，正是恭亲王奕訢的嫡孙，而这种皇室贵胄的身份无形之中为他平添了一份神秘的色彩。

溥心畬，本名爱新觉罗·溥儒，生于1896年，字心畬，号西山逸士。虽然在其出生前十多年，祖父奕訢就已经被慈禧排挤在权力核心之外，但其皇室嫡亲的血脉却是不可否认的。出生仅第三天，光绪帝即为其赐名“溥儒”，5个月蒙赐“头品顶戴”。溥儒天资聪颖，4岁启蒙，同时习满文、外语和数学。10岁时与慈禧同游昆明湖，太后命他赋诗万寿山。溥儒出口成章：“彩云生凤阙，佳气满龙池。”太后大悦，称赞他“本朝灵气都钟于此童”。学书法，12岁能写成行的草书，还兼习祖传的马上骑射功夫；15岁入贵胄法政学堂专攻西洋文学史。18岁在礼贤书院习德文，19岁应德国亨利亲王之邀游历德国。回国后，曾隐居北京西山的戒台寺，潜心读书，研习书画诗词、文艺理论。后又迁到颐和园专门研究经学、史学，这种长期的文史修养养成了他渊博的学识和儒雅的气质，对他日后的书画艺术影响至深。溥心畬曾自言：“如若你要称我为画家，不如称我为书家，如若称我为书家，不如称我为诗人，如称我为诗人，更不如称我为学者。”

溥心畬的画风并无师承，全靠自悟古人法书名画及书香诗文孕育而成。其天潢贵胄的特殊身份，使他能够饱览别人难得一见的宫廷藏画。恭王府收藏颇丰，甚至不乏稀世国宝，如韩幹的《照夜白图》、陆机的《平复帖》、怀素的《苦笋帖》、颜鲁公的《自书告身帖》、温日观的《薄桃帖》等。而辛亥革命的爆发、清王朝的覆灭，使他体验到了“颠沛丧乱，苦心志而伤世变”，这样的心境常常体现在他的画作之中：萧疏高逸、古雅清寂中平添了一层落寞之情。他的画面上经常出现的亭台楼阁、高古人物，虽然气派豪华，自有一股王家气势，但又总要加上他的寒林、淡雪、孤帆，恍若镜花水月，可望而不可得。溥心畬常名“寒玉”，画作上常钤“旧王孙”款名，即是这种没落贵胄情绪的极好写照。西山戒台寺是光绪十七年（1891）

由恭亲王出钱重修的，后来里面还供着奕訢的牌位，虽说是有名的唐代古寺，却几乎成了溥心畬的家庙。他和弟弟在庙中读书，有成群用人及和尚服侍。如此优越的条件，加之与家藏古画朝夕相伴，耳濡目染，潜移默化之下，使得他很快画技大长。1924年，溥心畬迁回恭王府的萃锦园居住，开始与张大千等著名画家往来。两年后，他在北京中山公园水榭举办了首次书画展览，其作品丰富、题材广泛，一时轰动北京，画名大著。著名作家、文学评论家台静农先生赞其画为能挟“天才学力，独振颓风”。《花随人圣庵摭忆》评论当年北京名画家时说“惟有心畬出手惊人，俨然马夏（马远、夏圭）”。

恭王府原为乾隆朝大学士和珅的旧宅，据红学专家周汝昌先生考证，此地在和珅之前亦曾是清代大文学家曹雪芹家的旧居，而王府后花园萃锦园正是《红楼梦》中大观园的原型。或许正是此处的钟灵毓秀才孕育出溥心畬这样的一代才子吧！

作为南北两画派代表人物，溥心畬与张大千之间不仅私交甚厚，而且常在艺术上互相切磋补缺。张大千每有新的字画收藏，必拿去请溥心畬鉴赏、题字。张大千曾谦虚地对周肇祥等朋友说过：“我山水画画不过溥心畬，中国当代有两个半画家，一个是溥心畬，一个是吴湖帆，半个是谢稚柳。”张大千在给友人郭子杰作的雪景山水画中题道：“并世画雪景，当以溥王孙为第一，予每避不敢作。此幅若令王孙见之，定笑我又于无佛处称尊矣，子杰以为可存否？”20世纪60年代，张大千还在自己40年回顾展的自序中写道：“柔而能健，峭而能厚，吾仰溥心畬。”溥心畬对张大千的画艺也非常敬重，曾多次赞美张大千。溥心畬和张大千1955年在日本相逢时，张大千拿出自己的照片请溥心畬题诗，溥心畬题道：“滔滔四海风尘日，宇宙难容一大千。却似少陵天宝后，吟诗空记李青莲。”并说：“大千画用粗笔可横扫千军，用细笔如春蚕吐丝。”

溥心畬和张大千同居颐和园时，两人经常合作书画。当代书法大师启功先生出身清廷贵族之家，他在《溥心畬先生南渡前的艺术生涯》一文中对溥、张二位大师的联袂创作的情景，作了形象的描写：“一张大书案，二位各坐一边，旁边放着许多张单幅的册页纸。只见二位各取一张，随手画去。真有趣，二位同样好似不加思索地运笔如飞。一张纸上或画一树一石，或画一花一鸟，相互把这种半成品掷向对方，对方有时立即补全，有时又再画一部分，又掷回给对方。”可见二人的合作已到了心领神会的境地。两人画名并重，友情深笃，“南张北溥”的美誉由此传开。1963年11

月，溥心畬在台北逝世后，张大千从南美千里迢迢赶回台北，为老友题写碑名，并带上妻子、女儿和弟子到台北阳明山公墓施跪拜大礼，含泪祭奠这位已故的老友。

1931年“九一八”事变后，溥仪在日本扶植下成立伪满洲国，为了利用溥心畬的名气，曾多次派人“明旨”“暗诏”地邀请自己这位亲属前往“新京”（长春）“共商国是”。溥心畬不仅不为所动，还著文明志，斥责溥仪“作嫔异门，为鬼他族”，并以“百死唯余忠孝在，夜深说与鬼神听”的诗句表明心迹。1937年日本人占领北京后，多方物色北京社会的上层人物加入其伪政府，为其装饰门面，粉饰太平。溥心畬广博的知名度和清廷贵胄的身份自然十分符合日本人的要求。当时驻北京的大特务头子土肥原曾多次拜访溥心畬，邀请其主持华北的文化工作，并以高官厚禄相许，可溥心畬始终不为所动。日本人又以危言恐吓并加以暗杀威胁等，但溥心畬终究没有屈服，偕夫人搬入万寿山居住，直到抗日战争胜利，保持了一个旧王孙特有的民族气节。1946年，国民政府迁都南京，溥心畬重又迁回恭王府居住，并当选为“国民大会”满族代表，赴南京出席行宪国民大会，并在南京举办了溥心畬、齐白石联合展览。当时国共和谈尚未破裂，中共代表团负责人之一的叶剑英元帅曾多次到溥心畬住地看望他。

溥心畬之妻罗清媛系清末著名的守旧顽固派代表人物之一、曾任陕甘总督的升允之女，二人于1914年完婚。罗清媛在国画艺术上造诣较高，尤其擅绘梅花。夫妻二人可谓琴瑟和谐，并在1930年共同举办画展。两人育有一女二子，女儿被称为“三格格”，因婚后夫妇不和郁闷病故；次子夭折；长子溥孝华生于1924年，本名爱新觉罗·毓昱，又被称作“大阿哥”，后娶了溥心畬的得意女弟子姚兆明。溥孝华师承其父，书画造诣极高，评家誉其书法“功力仅次于溥心畬”，另外在摄影上他也造诣颇深。1946年，罗清媛去世，溥心畬的生活由其生前的侍女雀屏（李墨云女士）照料，不久二人便长期生活在一起。

抗战胜利后，溥心畬曾几度南游，流连于秀美的湖光山色之间。然而国民党挑起的内战中断了他的西湖之旅，仓促间避战至舟山。后来又身不由己，携子远赴台湾。溥心畬初在台湾师范学院及东海大学任教，后与先后来台的张大千、黄君璧（人称“渡海三家”）一起共同开启了台湾画坛的蓬勃之势。这期间是溥心畬教学、绘画和书法创作的高峰期，他多次到国外讲学并举办画展。董建华先生的妹妹董建平在她的回忆录《思念父亲董浩云》一文中曾这样写道：“父亲喜欢书画，溥儒、张大千是他的挚友。有一阵，溥儒先生在我们日本的家小住，那时候我还小，看见一个瘦瘦长长，穿一件蓝色长袍的伯伯在家里走动，长长的指甲里都是墨，只觉得古怪和好笑。”据说，当时宋美龄也曾起意跟随溥心畬学画，溥心畬却表示，清廷是被中华民国推翻的，如果教授宋美龄，岂不是愧对列祖列宗？旧王孙的脾性竟一点儿未改，弄得宋美龄啼笑皆非，只得作罢。

1963年11月，溥心畬患鼻咽癌在台北病故，葬于阳明山。其生前所著的《秦汉瓦当文字考》《汉碑集解》《寒玉堂论画》和《溥心畬画集》等多种著作及绘画作品393件、书法150件、所藏书画13件、文具和印章墨拓等63件等统由溥孝华夫妻保管。估计溥心畬怎么也不会想到，自己遗留给儿子儿媳的这些东西最后竟为他们招来了杀身之祸。

1986年，溥孝华在荣总医院住院养病，单独在家的姚兆明竟不幸遇害，死状极惨。据外界推测，是有人觊觎溥心畬价值不菲的大批作品，胁迫姚兆明说出藏放作品的所在，姚兆明宁死不说，结果惨遭不幸。一时之间，姚兆明的娘家、雀屏等人都向溥孝华争要溥心畬的画作，病榻上的溥孝华遂决定委托溥心畬的弟子及亲族秦孝仪、丑辉瑛、罗淑琴等八人组成的托管小组保管父亲所有画作。自己则卖掉了北投的大宅，拿出50万元给姚兆明家人，平息争画的风波；再拿出400万元给照顾他的陈宝楠（溥心畬的义子小嘎子）。1992年溥孝华过世，八人托管小组将溥心畬的画作分为三部分，一部分交给台北故宫博物院，一部分给了溥孝华夫妇任教的文化大学的华冈博物馆，一部分给了历史博物馆，使得一代大师的作品终于得以完整地保存下来。

（原载《贵胄凡尘：清朝十二家铁帽子王的前世今生》，山西教育出版社2015年版）

大约在冬季

——中国岁末传统节日浅考

张　汀*

一、腊月篇

“天时人事日相催，冬至阳生春又来。”冬至已至，农历壬寅年也行将结束。在冬至这一天，白天在全年间最短，黑夜最长。南朝崔灵恩《三礼义宗》载：“（冬至）有三义：一者阴极之至，二者阳气始至，三者日行南至，故谓之冬至也。”自冬至起，白昼逐日增长，太阳往返运动进入新的循环，因此古人认为天地阳气自此时起开始兴作渐强，因此冬至象征着新生。预示着否极泰来，万象更新，故从古至今都被视为吉日。

那么人们都是怎么庆贺“大如年”的冬至的呢?《汉书》中记载：“冬至阳气起，君道长，故贺。”《后汉书·礼仪》有云：“冬至前后，君子安身静体，百官绝事。”不仅要放假，还要修养身心、相互庆贺。仪式方面，要挑选“八能之士八人”鼓瑟吹笙，奏“黄钟之律”。《晋书》中也有“魏晋冬至日受万国及百僚称贺……其仪亚于正旦”等记载。可见在一千多年前，冬至在皇家就已经颇受推崇，选择在太阳回返的日子里行祭拜天地的大礼。

到了唐宋年间，冬至的地位与元旦近乎平起平坐。关于民间百姓的庆祝方式，在南宋孟元老的《东京梦华录》中写明：“十一月冬至，京师最重此节，虽至贫者，一年之间，积累假借，至此日更易新衣，备办饮食，享祀先祖……一如年节。”宋末元初的《武林旧事》这样记载冬至：“朝廷大朝会，庆祝排当，并如元正仪，而都人最重一阳贺冬，车马皆华整鲜好，五鼓已填拥杂沓于九街。妇人小儿服饰华炫，

* 张汀，文化和旅游部恭王府博物馆综合业务部馆员。

往来如云，岳祠城隍诸庙，炷香者尤盛。三日之内，店肆皆罢市，垂帘饮博，谓之‘做节’。”可见，在皇家的影响下，冬至在民间百姓心目中的地位也颇高。人们一年间努力工作，开源节流，只为在冬至假期时和家人穿上新衣、打扮妥帖，参与异彩纷呈的节日活动，过个开心体面的节日。

到了明清时，冬至的地位更上一层。皇帝要亲自祭天，百官要进表朝贺。《帝京景物略》中记录了人们欢度冬至时的盛况：“百官贺冬毕，吉服三日，具红笺互拜，朱衣交于衢，一如元旦。”冬至在我国古代节日中的地位可见一斑。无论君民，无论一年间经历多少辛苦，都要在这一天进行“贺冬”，普天同庆，好不热闹。

到了20世纪初，民国政府开始学习西方推行公历，在传统春节的基础上增设元旦节（公历1月1日），为保证其顺利推行，官方通过放假庆祝等活动表示对元旦的重视。农历正月初一为春节，也沿袭了从古至今冬至的大部分传统节俗。于是近代以来，冬至在很长时间内被春节替代，地位大不如前。但关于冬至的点点滴滴，依然存在于许多人的记忆之中，也被许多文人墨客记录在他们的作品中，引起了更多人的共鸣。它是包天笑笔下“儿童辈”都“竞饮”的苏州“冬酿酒”；是汪曾祺描绘的家乡高邮的“炒米糖”“欢喜团”；是肖复兴所说老北京沿街吆喝“萝卜赛梨”的“萝卜挑”；是二月河叙述的一家老小，炒菜烫酒，祭祖宗，拜喜神，大快朵颐。

时至今日，我们依然会像前人一样，根据物候变化在生产生活上做出一些调整。姑苏人家依然酿米酒，北方居民依然包饺子，西南地区的羊肉汤香气四溢，汤圆依然象征中国人最希冀的团圆。还有九九消寒图、传统年画给冬至增加亮色，人们祀家庙、设家宴、拜尊长，找寻冬至往日的神圣与温暖，并在此基础上融入当代生活方式，为这个古老节日增添了活力。

春生冬至时，在这一年中黑夜最为漫长、春天悄然生发的时节，不如和全家人打个牙祭。正如汪曾祺转述母亲的话：“吃完这碗汤圆，就又长大了一岁。”

（原载《光明日报》2022年12月22日，原名《冬至阳生春又来》）

二、元月篇

在我们国家，元旦、春节、元宵节均是法定节假日。在已经过去的元旦，我们再次与世界上其他国家的人们一样，完成了跨年倒数、互贺新年、家朋团聚等活动。

很多人认为，“元旦”因为是指阳历1月1日，与春节、元宵不同，与我国传统并无关系。实际上“元旦”一词古已有之，在文学作品中，最早可见于南北朝时期南朝梁开国功臣文学家沈约的《梁三朝雅乐歌十九首》(其八)：“四气新元旦，万寿初今朝。趋拜齐衮玉，钟石变箫韶。日升等皇运，洪基邈日遥。”《说文》有云：“元，始也。从一从兀。”有开始、起首等意思。“旦”，指夜刚尽、日初出之时，最早为象形，表示太阳从地平线升起，“元旦”的意思合起来就是“岁首第一天”，也就是“元月一日”(正月初一)。不过到了民国时期，由于当时提倡“民主共和”，临时政府决定改用西方的历法为纪年方式。1921年1月1日，孙中山先生在“中华民国临时大总统”的就职誓词中，便以“中华民国元年元旦”为结尾，代表着民国元年的第一天。到了1914年，民国政府在内务部呈文中提到“拟请定阴历元旦为春节”，如此一来，便有了现代意义的元旦和春节。

虽有了公历新年和农历新年的区分，但传统农历新年的第一天——春节，依然是中华民族最为看重的具有民俗特色的传统佳节，承载着中国人的文化基因和历史记忆。民国政府经过了多次改旗易帜，到了1928年，当局认为秉承传统是“西化”“复兴”的绊脚石，新旧历并存会“贻笑列邦、抵牾国体、与吾人革命之旨，亦属极端背驰”，于是下令在全国范围内废除旧历(农历)，沿用新历(公历)，停止旧历节日的放假和庆贺活动。1934年2月13日，季羡林在《清华园日记》中写道：“明天是旧历年初一，今天晚上就是除夕。我觉得我还有一脑袋封建观念。对于过年，我始终拥护，尤其是旧历年，因为这使我回忆到童年时美丽有诗意的过年的生活。”无独有偶，第二天的大年初一(1934年2月14日)，一本名为《学校生活》的期刊登载了一篇学生们写的小诗：“今天是废历的‘the New Year's Day’，在家要子多happy！但是‘上司’仍旧叫我们在学校study，想起来是多么的sorry。”可见，当时“新历”在民间推行艰难，“习俗相沿，积重难返”，加之当时国家军事、政治局势突变，国人注意力都被吸引到战况上，政府也无暇贯彻执行“废除旧历，普用国历”的政策，最终这一纸禁令不了了之。1949年9月27日，中国人民政治协商会议第一届全体会议决定采用“公元纪年法”，过公历新年“元旦”和农历新年“春节”的节俗沿用至今。

“春节”作为农历新年之名虽然不到百年，但本身作为重要节日却有悠久历史。

殷商时期，人们在年头岁尾会举办祭神活动，自汉武帝改用农历以后，中国历代都以二十四节气中的立春作为“春节”，以祭天、祭农神、祭春神、鞭春牛、祈丰年作为庆祝仪式，对来年的收成进行祈福。由此可知，“春节”的概念虽在历史长河中得以流变，其作为岁首的重要意味却一以贯之，代表着我国历代万千人民对于新的一年岁丰年稔、穰穰满家的美好愿景。按照旧习俗，从年尾腊月二十三／二十四的祭灶日（扫尘日）开始，直至正月十五元宵节夜或正月十九止，将近一个月的时间称为“过年”；如果从预备“年货”开始计算，大约从年尾腊月十五六便进入年关大忙。新春贺岁更是蕴含着多样民俗文化，以辞旧迎新、拜神祭祖、驱邪禳灾、纳福祈年为主要内容，形式丰富多彩、热闹喜庆、年味浓郁，凝聚着中华文明的传统文化精华。如今，中国春节的影响越来越大，很多海外游子将这种文化带到世界各个国家，很多地方也逐渐加入庆贺新春的队伍。

春节一过，农历十五这天迎来的便是正月第二个重要传统节日——元宵节，以吃汤圆、赏花灯、猜灯谜等方式表达人们的欢愉，延续着春节的喜庆氛围。正月是农历的元月，古人称夜为“宵”，“元宵节”因此而得名。根据道教“三元”的说法，正月十五又称为“上元节”。

西汉时期，正月十五已经受到重视，但元宵节作为全国范围内正式庆祝的节日是在东汉末年之后。隋初，元宵节俗完全成熟，《隋书》卷六十二《柳彧传》载：“窃见京邑，爰及外州，每以正月望夜，充街塞陌，聚戏朋游。鸣鼓聒天，燎炬照地，人戴兽面，男为女服，倡优杂技，诡状异形。”歌舞升平的繁荣景象在隋炀帝执政之后进一步升格，北宋司马光编著《资治通鉴·隋纪五》有明确记载：炀帝大业六年正月“帝以诸蕃酋长毕集洛阳，丁丑，于端门街盛陈百戏，戏场周围五千步，执丝竹者万八千人，声闻数十里，自昏至旦，灯火光烛天地；终月而罢，所费巨万。自是岁以为常。”到了唐代，元宵张灯习俗更是风靡，苏味道《正月十五夜》：“火树银花合，星桥铁锁开。暗尘随马去，明月逐人来。游妓皆秾李，行歌尽落梅。金吾不禁夜，玉漏莫相催。”南宋辛弃疾脍炙人口的《青玉案·元夕》也记载了当时闹元宵的浪漫盛景：“东风夜放花千树，更吹落，星如雨。宝马雕车香满路，凤箫声动，玉壶光转，一夜鱼龙舞。蛾儿雪柳黄金缕，笑语盈盈暗香去。众里寻他千百度。蓦然回首，那人却在，灯火阑珊处。”到了明代，《明宪宗元宵行乐图》《上元灯彩图》等名作描绘了皇宫里元宵节庆赏游玩、民间元宵盛会的各种情景。

清代元宵也热闹非凡，据《清嘉录》记载，“元宵前后，比户以锣鼓铙钹，敲击成文，谓之闹元宵，有跑马、雨夹雪、七五三、跳财神、下西风诸名。或三五成群，各执一器，儿童围绕以行，且行且击，满街鼎沸，俗呼走马锣鼓。”

新春佳节缓缓而来，这些节庆活动是我们生活中不可缺少的重要内容，以现在的说法也许可用“仪式感”一言以蔽之，但它却在漫漫的历史长河中，反映了一个区域、一个民族、一个国家的历史、传统与精神内核。在古代社会，它们发挥着更加重要的作用，不仅让全民同庆，更能巩固统治、维系外交、表达对自然的尊重与敬畏。从民间同庆，到封建统治者出于各种考虑对节庆活动进行约束或发扬，但对于“过年”这段特定日子的看重，一直久久植根于中国人民的心中，由此衍生出一种对万象更新的祈愿和对幸福美满生活的憧憬。虽然“过年”的仪式、礼仪一直在发生着变化，但无论庙堂之高，市井之中，还是江湖之远，包括春节在内的传统节庆，都是深刻在所有中国人文化基因内的“公约数”，他们永远是“如何过节”的最终决策者，也是“过节”这件“大事”的共享者，节日永远属于人民。

（原载《中国青年报》2022 年 1 月 17 日，原名《正月里的节日“自古以来”就要热热闹闹过》）

三、狂欢篇

“一年明月打头圆”，农历正月十五是我国的传统节日——元宵节。西汉时期，汉武帝刘彻诏令司马迁等人议造的“太初历”确立正月初一的“岁首”地位，也让正月十五这天成为新年第一个月圆之夜。

人们在这一天向上天祈求一年雨水丰沛、农桑丰收，女性在这天许下觅得良缘的愿望，皇家选择在这天对汉代崇尚的天帝和至高神“太一神”进行拜谒，《史记·乐书》有载：“汉家常以正月上辛祠太一甘泉，以昏时夜祠，到明而终。”这也被许多人视作正月十五祭祀天神、点灯观灯传统的开端，相关评论可见《艺文类聚》：“《史记》曰：‘汉家以望日祀太一，从昏时到明。’今夜游观灯，是其遗迹。”

东汉永平年间（58—75），汉明帝将佛教引入本土，为了弘扬佛法，下令正月十五夜在宫中和寺院“燃灯表佛”。随着佛教文化影响的扩大、道教文化的加入和隆重皇家祭祀仪式的加成，正月十五夜燃灯的习俗逐渐在全国扩展开来。南北朝时，梁武帝笃信佛教，于是在正月十五大张宫中灯火。唐朝时，中外文化交流更为密切，佛教大兴，仕官百姓普遍在这一天“燃灯供佛”，佛家灯火于是遍布民间，自此正月十五张灯即成为法定之事。宋代开始，“元宵”一词开始出现在文献典籍中，例如南宋周必大《平园续稿》中的“元宵煮浮圆子，前辈似未曾赋此”。元代有“爱元宵三五风光，月色婵娟，灯火辉煌”。明朝的元宵灯会持续很长时间，自正月初八到十七整整十天，以显示歌舞升平。清朝满族入主中原，宫廷不再办灯会，民间的灯会却仍然壮观。由此可见，元宵节以其特有的文化底蕴与天然的文化亲和力受到人们的拥戴并植根于民众的心中。

由于前期承担皇家祭祀职能，元宵之夜需要通宵礼佛，宵禁由此暂停。民众不仅可以进行祭祀祈福，也是长期受礼法约束，尤其是平日被限制在家的古代妇女一年一度难得的出门社交契机，人们自由外出游玩赏灯，也是年轻男女乘机会见意中人的好时机。“见许多、才子艳质，携手并肩低语”（出自北宋李邴《女冠子・上元》），“众里寻他千百度。蓦然回首，那人却在，灯火阑珊处”（出自辛弃疾《青玉案・元夕》）。

元宵节，被视为“过年”的终点，呈现的是春节的高潮与结束。民间常说的“过年”，“过”的既有新年又有旧年。人们在农历腊月初八到大年三十跨过了旧年，又在正月初一到正月十五正式跨到了新年。正月十五的“闹元宵”，就是从家庭成员之中走出，与封建统治者和同城百姓一起，进行正式开工之前最后一次的大型休闲娱乐活动。元宵节的一切活动以“闹”为核心，人们玩龙灯、放花灯、踩高跷、进行集体祭祀等，与跨“旧年”时的阖家团圆“守岁”不同，这种“闹”更接近集体性，是新年里第一次接近“狂欢”属性的大规模集体活动，也意味着“年”的结束，人们又要进行新一年的生产生活，重新回到社会秩序中去。

“回到社会中去”的人们，闹元宵的方式体现了我国古代城市生活的异彩纷呈。《隋书・柳彧传》对其进行了早期记载，描述的是京城与外地州城人们利用正月十五月夜集会娱乐，鼓乐喧天，火炬照地，化装游行的队伍填满街巷的场景，颇有现代西方社会“万圣节”“狂欢节”的风格，围绕元宵进行的热闹活动场景可窥一斑。但这在当时是新兴的城市节俗，受到了保守官员上书抨击，明确指出元宵狂欢不顾男女有别，不符封建礼法，应当禁止。

到了唐代，都城平时都有宵禁，官兵昼夜巡逻，私自夜行者处以重罚。但在元宵期间，官府会下令特许打开坊门，弛禁三夜，任由人们彻夜狂欢。唐中宗李显还曾带着公主、宫女等数千人，微服出行、踏月赏灯，并让宫女们“衣罗绮，曳锦绣，耀珠翠，施香粉”，唐刘肃《大唐新语》记：“京城正月望日，盛饰灯影之会，金吾弛禁，特许夜行。贵臣戚属及下隶工贾，无不夜游。”在国力空前强大的唐朝，包括东都洛阳、江南扬州、西北的凉州元宵节同样热闹，处处张挂彩灯，人们还制作巨大的灯轮、灯树、灯柱等，满城火树银花。

在君民同庆上，宋代元宵节达到了新的高度。北宋的《东京梦华录》有载：“正月十五日元宵……奇术异能，歌舞百戏，鳞鳞相切，乐声嘈杂十余里，击丸蹴鞠，踏索上竿……至正月七日，人使朝辞出门，灯山上彩，金碧相射，锦绣交辉……横列三门，各有彩结金书大牌，中曰‘都门道’，左右曰‘左右禁卫之门’，上有大牌曰‘宣和与民同乐’……宣德楼上，皆垂黄缘，帘中一位，乃御座……万姓皆在露台下观看，乐人时引万姓山呼。”可见，人们在元宵节到来时，可以从严苛的礼教秩序中暂时脱离，恣意玩乐，欣赏百戏灯火，与君王近距离接触，其场面不逊于当今顶流艺人的大型演唱会了。

南宋时期，据吴自牧《梦粱录》载：“今杭城（杭州）……元夕之时，自十四日为始，对支所犒钱酒。十五夜，帅臣出街弹压，遇舞队照例特犒。街坊买卖之人，并行支钱散给。此岁岁州府科额支行，庶几体朝廷与民同乐之意……更兼家家灯火，处处管弦，如清河坊蒋检阅家，奇茶异汤，随索随应，点月色大泡灯，光辉满屋，过者莫不驻足而观。”花灯中歌舞升平，官府慷慨发放“开工利是”，丰富的节日活动内容包含着祈愿来年开工大吉的好彩头，官民同乐于此，节日热度不减。

明代的元宵节是城市的公共性表现最强的节日，京城百官放假十日，在东华门外形成灯市，卖灯的商贩、买灯的顾客、观灯的游客，络绎不绝，人物齐凑，热闹非凡。“天下繁华，咸萃于此。勋戚内眷，登楼玩看，了不畏人。”（出自明代刘若愚《酌中志》）为描写南方元宵佳节，明人谢肇淛说:“富贵之家，曲房燕寝，无不张设，殆以千计，重门洞开、纵人游玩。”“游人士女，车马喧阗，竟夜乃散。”明人张岱记述杭州龙山放灯的情景：“山无不灯，灯无不席，席无不人，人无不歌唱鼓吹。”可见当时元宵盛况。

清代的元宵灯市依旧热闹，清中期前，京城十三至十六日四晚灯火通宵，依然“金吾不禁”。晚清北京，灯节以东四牌楼及地安门为最盛。其次是工部、兵部，东安门、新街口、西四牌楼“亦稍有可观”。天津上元日，号为灯节，“通衢张灯结彩，放花炬，遍地歌舞”。清代苏州闹元宵，元宵前后，家家户户的锣鼓依曲调敲起来，“或三五成群，各执一器，儿童围绕以行，且行且击，满街鼎沸，俗呼走马锣鼓”。元宵的喧闹透出民众节日欢愉的心情。

到如今，元宵节已经历了数千年风霜，但依然是中华儿女心中最重要的传统节日之一，不仅盛行于海峡两岸，在海外华人聚居区也备受重视。除汉族以外，满族、朝鲜族、赫哲族、蒙古族、达斡尔族、鄂温克族、鄂伦春族、回族、锡伯族、藏族、白族、纳西族、苗族、瑶族、畲族、壮族、布依族、黎族、仡佬族等多个少数民族同胞同样会在元宵节进行一系列独具特色的活动，其中甘南地区的东山转灯、黔东南地区的苗族舞龙嘘花习俗、赣西客家元宵节庆、贵州德江的炸龙习俗、黑龙江黑河的瑷珲上元节、山东淄博的花灯会、北京密云的九曲黄河阵灯俗等27项地方性元宵节俗入选国家级非遗代表性项目名录。从许多传统的民间游艺形式中，我们依然能看到古代人们流连于花灯中狂欢的影子。

狂欢，代表的是我国古代人民从日复一日生活和工作中的解脱，暂缓了封建礼法和世俗事宜带来的压力，元宵也就得以成为人们释放和松弛的盛会。这一盛大节日超越了时空界限，成为难以割舍、无分民族和阶级的时空场域和文化意象，也为我国民间文化传统的传承提供了优越的机制。在漫漫的时间长河中，人们经历四时八节，经历各大传统节日，在祭祀祖先、祈求欣欣向荣的同时，既有宏大隆重的仪式，又往往会在其中增添一些娱乐色彩，体现出古人朴素的人本思想和辩证的生存哲学。这一场具备中国特色和文化内涵的“狂欢”，伴随着春灯温馨、银月照天，喧闹又不失浪漫，如何教人不爱它？

（原载《中国青年报》2022年2月15日，原名《元宵节是如何成为“中国式狂欢节”的》）

恭王府历史沿革展展览大纲 *

张　艾 **

恭王府历史沿革展

前言　一座恭王府，半部清朝史

恭王府始建于清乾隆年间，是现存清代王府中唯一保留原有建制，未经大规模拆改破坏的一座。其历代主人和使用者中，有乾隆朝大学士和珅、晚清政坛风云人物恭亲王奕訢，民国年间教会创办的辅仁大学等。新中国成立后，曾先后作为北京艺术学院、中国艺术研究院、中国音乐学院等单位的教学和办公场所。

从乾隆朝的和珅宅第，到嘉庆、道光朝的庆郡王府，再到咸丰以后历经四朝的恭亲王府，这座建筑见证了中国最后一个王朝的鼎盛，以及一步步走向衰败直至灭亡的全过程。其历代主人的兴衰更替，与清朝的政治发展、权力斗争息息相关。尤其是权倾一时的大学士和珅、三朝重臣恭亲王奕訢，更是各自时代中举足轻重的人物，因此有了“一座恭王府，半部清朝史”之说。

* “恭王府历史沿革展”为恭王府博物馆常设展，自 2014 年 1 月于府邸西路葆光室正殿展出至今，接待观众数以百万计。展览大纲 5 万余字，受篇幅所限，删减至 1.8 万字，并略去所有展板配图及展品图片，第四部分仅保留各板块说明文字。

** 张艾，文化和旅游部恭王府博物馆展览部副研究馆员。

第一部分　和珅

和珅，生于乾隆十五年（1750），卒于嘉庆四年（1799），原名善保，字致斋，钮祜禄氏，满洲正红旗人。乾隆四十年（1775）因机缘被乾隆皇帝发现并赏识，一路加官晋爵，成为乾隆朝晚期声名显赫、权倾一时的朝臣。嘉庆四年，嘉庆皇帝以和珅揽权枉法、飞扬跋扈、结党营私、贪赃纳贿等罪行令其自尽。

和珅家族主要人物关系表

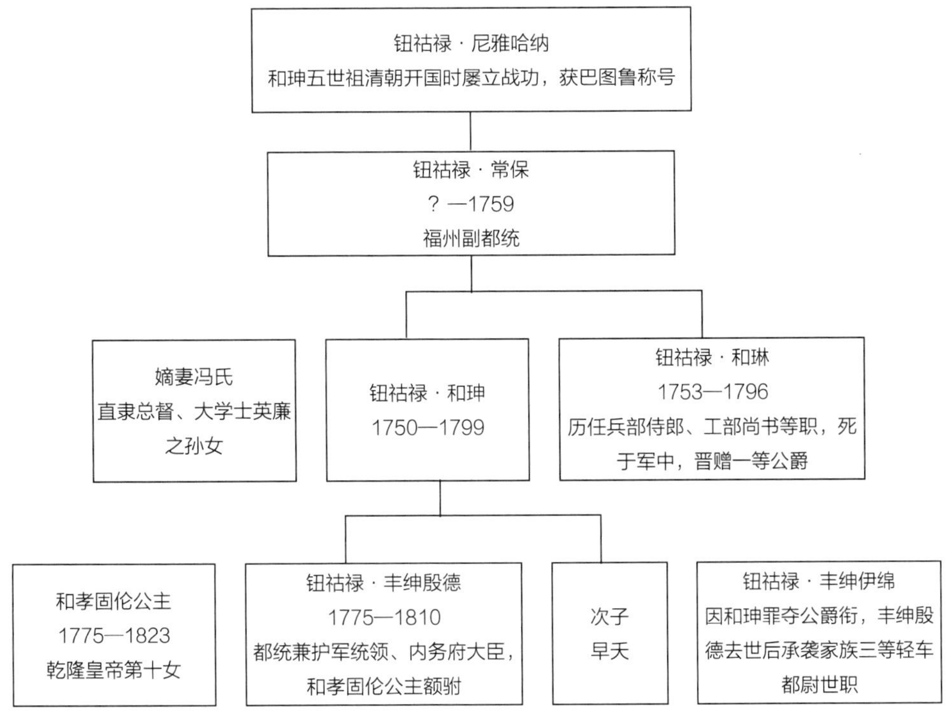

第一单元　平步青云

第一板块　出身八旗

和珅出身于八旗武官世家。其姓氏钮祜禄是满洲最古老的姓氏之一，在满语中是狼的意思。和珅家隶属正红旗，祖上是英额峪（今辽宁省清原县境内）的大姓。其五世祖尼雅哈纳因在清朝开国时屡立战功而获得“巴图鲁”（即勇士）的称号，并为后世留下了三等轻车都尉的世袭官职。其父常保曾任福州副都统，属正二品官职。

【展板配图】

正红旗军旗

八旗甲胄

乾隆十五年京城图局部

图上标注：驴肉胡同和珅老宅，和珅宅（今恭王府），咸安宫官学，故宫太和殿、养心殿、宁寿宫

第二板块　少年寒窗

和珅3岁丧母，9岁丧父，生活一度困窘。但身为八旗官宦子弟，他与弟弟和琳仍然得到了良好的教育。其父去世前不久，兄弟二人入选咸安宫官学读书，系统学习了儒学经典，满、蒙、汉、藏等多种语言，以及骑射、火器等军事课程。和珅天资聪颖又勤奋努力，成绩突出，赢得内务府大臣、户部侍郎英廉的喜爱，将自己唯一的孙女许配和珅。

【展板配图】

咸安宫记、咸安宫学记铁印及印文，铁质，故宫博物院藏。

《五体清文鉴》，乾隆六十年（1795）武英殿刻本，故宫博物院藏。

《满文大藏经》，乾隆朝武英殿刻本，故宫博物院藏。

【展品】

和珅著《嘉乐堂诗集》（线装书一册）

赏单：拟赏和珅等御制太祖大破明师于萨尔浒山之战书，乾隆四十一年五月十一日（1776年6月26日）。仿制品。原件藏中国第一历史档案馆。

第三板块　天赐机缘

乾隆三十四年（1769），和珅从官学毕业，袭三等轻车都尉世职；三十七年（1772）授三等侍卫，挑补粘杆处，属武职正五品。清中期正当社会繁荣昌盛，八

旗子弟养尊处优，终日游手好闲。和珅不受此风气感染，虽为武官却始终读书不辍，无疑是八旗子弟中出类拔萃的人物。乾隆四十年（1775），和珅因机缘被乾隆皇帝发现并赏识，自此一路加官晋爵。

【展板配文】

和珅供职粘杆处，虽然只是五品的三等侍卫，却有很多机会接近乾隆皇帝。和珅果然通过偶然的机会被乾隆发现并赏识。这一情况正史并无记载，野史笔记说法各异。一般认为是陪伴车驾的和珅，对乾隆提出的问题做出了极具才智的机敏应对。在只会舞刀弄枪的普通侍卫中，竟有如此才华出众且仪度俊雅之人，令乾隆不禁刮目相看。和珅于是脱颖而出。

乾隆四十年闰十月，和珅任职乾清门侍卫；十一月升御前侍卫，并授正蓝旗满洲副都统；第二年正月便被提升为户部侍郎，三月命在军机大臣上行走，年内又相继授总管内务府大臣，调任镶黄旗满洲副都统，充国史馆副总裁，赏戴一品朝冠，总管内务府三旗官兵事务，赐紫禁城骑马。

【展板配图】

乾隆皇帝在侍卫的簇拥下行走在从京城前往木兰围场的御道上，《木兰图卷》（局部），（清）郎世宁、金昆、丁观鹏、程志道、李慧林绘，法国巴黎吉美博物馆藏。

【展品】

和珅智答乾隆，李中贵绘，纸本，设色，2008年。

第二单元　权倾朝野

第一板块　李侍尧案

乾隆四十五年（1780）正月，和珅奉命偕刑部侍郎喀宁阿赴云南查办云贵总督李侍尧贪纵营私案。和珅果断拘审李侍尧的管家，取得实据，迫使李侍尧认罪；回京后又向乾隆皇帝面陈云南在盐务、钱法、边事等方面的问题和建议，充分显示了其过人的才智和办事能力，令乾隆皇帝大为满意。和珅尚未到京，已被提升为户部尚书，随即又命在议政大臣上行走。

【展板配图】

和珅等奏折：遵旨审讯李侍尧门上家人张永受情形，乾隆四十五年三月初七日（1780年4月11日）。中国第一历史档案馆藏。

福康安

平苗图册·和琳进剿至湖南界分设卡隘图，清宫廷画家绘，故宫博物院藏。

第二板块　乾隆赐婚

乾隆四十五年五月，乾隆皇帝将自己最宠爱的幼女和孝公主赐婚和珅的长子丰绅殷德，和珅的权势开始进入巅峰状态。在乾隆朝晚期及其作为太上皇训政期间，和珅集军、政、财、文大权于一身，在民间有“二皇帝”之称。1793年来华的英国使团副使斯当东曾说：“皇帝见他相貌不凡，后来又试出他才具过人，于是不次提拔擢至首相。他是皇帝唯一宠信的人，掌握着统治全国的实权。”

【展板配图】

乾隆皇帝晚年朝服像，清宫廷画家绘，故宫博物院藏。

谕旨：李侍尧入官中所房屋一处著赏给和珅作为十公主府第，乾隆四十五年六月二十一日（1780年7月22日）。中国第一历史档案馆藏。

乾隆四十九年（1784）成造细料二尺金砖和金砖铭文拓片。

第三板块　兼办理藩院

乾隆四十五年十月，乾隆皇帝颁发谕旨：和珅仍著兼办理藩院尚书事务。

乾隆朝是中国完成多民族融合，确立辽阔版图的一朝。理藩院作为掌管蒙古、西藏、新疆各地少数民族事务的专职机关，在平息部族叛乱，处理错综复杂的民族关系中发挥了至关重要的作用。

由于需要与各民族人士交流，受语言能力限制，胜任此职的大臣为数不多。和珅通晓汉、满、蒙、藏四种语言，且博闻强记，精明能干，是任职的理想人选。

【展板配文】

理藩院介绍（略）

接待六世班禅朝觐（略）

【展板配图】

万国来朝图（局部），清宫廷画家绘，故宫博物院藏。

第四板块　图形紫光阁

紫光阁位于中南海西岸，原为殿试武进士及检阅侍卫校射之所。乾隆朝重修后，将历次战争中功臣的画像陈列于此，供王公大臣观瞻。和珅不善带兵打仗，却两次因功图形紫光阁，并由乾隆皇帝亲自撰写画像题赞。

在《平定台湾二十功臣像赞》中，乾隆皇帝称赞和珅："承训书谕，兼通满汉；旁午军书，唯明且断，平萨拉尔，亦曾督战，赐爵励忠，竟成国干。"

又在《平定廓尔喀十五功臣图赞》中特别提到，和珅"于清文、汉文、蒙古、西番（藏文）颇通大意。""去岁用兵之际，所有指示机宜，每兼用清、汉文，此分颁给达赖喇嘛及传谕廓尔喀敕书，并兼用蒙古、西番字。臣工中通晓西番字者殊难其人，唯和珅承旨书谕，俱能办理秩如，勤劳书旨，见称能事。"

【展板配图】

平定台湾战图册·庄大田被捕，清宫廷画家绘，故宫博物院藏。

平定廓尔喀战图册·廓尔喀陪臣至京，清宫廷画家绘，故宫博物院藏。

大学士一等诚谋英勇公阿桂像，（清）沈贞绘，故宫博物院藏。

第五板块　历任官职

中枢政务	长期担任军机大臣、御前大臣、文华殿大学士；曾任吏部尚书
外交民族	兼任理藩院尚书
军事方面	曾任兵部尚书；先后任正蓝旗、镶黄旗、镶蓝旗、正白旗满洲副都统、都统，兼步军统领等
司法方面	以大学士分管刑部事务
财政方面	曾任户部尚书；以大学士分管户部事务；管理户部三库事务；连任崇文门税务监督八年（按规定一年一换）

文化方面	先后任《四库全书》馆、方略馆、国史馆、清字经馆正总裁，文渊阁提举阁事，三次担任殿试读卷官、教习庶吉士，兼任翰林院掌院学士等
爵　　位	由三等轻车都尉，封一等男爵，晋三等忠襄伯，再晋一等忠襄公

【展板配文】

和珅历任官职中，以文华殿大学士一职最高。（略）

【展板配图】

文华殿建筑群

《纪昀画像》旧照，清人绘。

由纪昀亲笔书写的《钦定四库全书简明目录》。

第六板块　和珅印象

乾隆五十八年（1793），英国使臣马戛尔尼率使团到达中国，这是中英首次正式的官方接触。和珅是英使觐见乾隆期间最主要的陪同和谈判负责人。在马戛尔尼的日记和副使斯当东的回忆录中，有多处对和珅的描述。这些第一手的、中立的、直观的描述，展现了同时代外国人对和珅的真实印象。

国史中，当时关于和珅的记载大多已被销毁删除。流传至今的，大都形成于其获罪之后。正史以批判为主，野史笔记则多为漫画式的讽刺传说。

【展板配文】

一、总体印象

马戛尔尼描述，和珅“容貌端重，长于语言，谈吐隽快纯熟。”“无一时不注意于礼节，无一时不保守其大臣之威仪。”

副使斯当东认为，“和中堂的态度和蔼可亲，对问题的认识尖锐深刻，不愧是一位成熟的政治家。”

二、同游避暑山庄（略）

三、英国医生诊病（略）

四、才干

五、奉迎

六、奸诈

七、贪婪

（《清稗类钞》《啸亭杂录》《朝鲜李朝实录》等引文，略。）

【展板配图】

英使马戛尔尼（左）和副使斯当东，Lemuel Francis Abbott绘，英国国家肖像美术馆藏。

英使觐见乾隆皇帝。

第三单元　贪欲致败

第一板块　弄权敛财

和珅的贪欲是在乾隆皇帝的包庇纵容下不断膨胀的，其敛财的本事也正是受宠于乾隆的原因之一。乾隆晚年好大喜功，讲求排场，改建殿宇园林，举办豪华活动，所需费用多经和珅谋划筹措。

和珅利用乾隆的宠信，以及大学士、军机大臣并兼管众多事务的地位，弄权舞弊，贪污索贿，买官卖官，形成了以其为首、自上而下的贪污腐败链条，败坏了整个官僚体系，并为自己聚敛了巨额财富。和珅富可敌国，当时尽人皆知。

乾隆五十九年（1794）《朝鲜李朝实录》记载，和珅用事日甚，擅作威福，大开赂门，豪奢富丽，拟于皇室，有口皆言，举世侧目。

嘉庆皇帝言：和珅罪之大者，盖由事权过重。斥之为大奸大蠹。

【展板配文】

议罪银制度（略）

崇文门税关（略）

【展板配图】

《乾隆帝八旬万寿图卷》（局部），清宫廷画家绘，故宫博物院藏。

崇文门城楼旧照

乾隆皇帝派和珅再管崇文门税务谕旨，乾隆四十四年至四十七年，中国第一历史档案馆藏。

第二板块　革职查办

朕若不除和珅，天下人只知有和珅，不知有朕。

——嘉庆皇帝

嘉庆四年（1799）正月初三，乾隆以太上皇身份继续把持朝政三年多之后撒手西归，隐忍多年的嘉庆皇帝亲政后的第一件大事，就是肃清和珅及其朋党。正月初八，嘉庆便将和珅革职下狱，命成亲王永瑆、仪亲王永璇、额附拉旺多尔济、定亲王绵恩，以及大学士刘墉、董诰，兵部尚书庆桂等负责查抄其家产，会同审讯；正月十六日宣布和珅的二十大罪；十八日即令和珅自尽。

【展板配图】

嘉庆皇帝朝服像，清宫廷画家绘，故宫博物院藏。

嘉庆皇帝谕旨：和珅坟茔僭越违制并再宣示其大罪二十款，嘉庆四年正月十六日（1799年2月20日）。中国第一历史档案馆藏。

嘉庆皇帝谕旨：赐令和珅自尽并严惩福长安等人，嘉庆四年正月十八日（1799年2月22日）。中国第一历史档案馆藏。

【展品】

嘉庆帝谕旨：各省贡物多入和珅私宅，著禁止再进古玩等物，嘉庆四年正月十五日（1799年2月19日）。仿制品，原件藏中国第一历史档案馆。

内务府奏折：查明和珅家太监呼什图擅入宁寿宫烫样等情，嘉庆四年五月初六日（1799年6月8日）。仿制品，原件藏中国第一历史档案馆。

【“贪欲之败”场景柜展品】

锡晋斋室内隔扇

嘉乐堂诗集（线装书，展示《上元夜狱中对月》两首）

图版：和珅家产清单

第四单元　和珅年表

（略）

第二部分　恭亲王奕訢

恭亲王奕訢，生于道光十三年十一月二十日（1833年1月11日），卒于光绪二十四年四月初十日（1898年5月29日），爱新觉罗氏，道光皇帝第六子。清末洋务派首领，晚清最重要的政治家之一。一生经历道光、咸丰、同治、光绪四朝，在咸、同、光三朝都曾手握重权。主持政局近30年，谋划和参与了清政府许多重大决策。

【图版】

乾隆帝至光绪帝世系表（略）

《道光帝行乐图》，清宫廷画家绘，故宫博物院藏。

第一单元　权力之争

第一板块　兄弟争储

道光皇帝的四子奕詝与六子奕訢的储位之争，是清朝实行秘密建储制度期间最富戏剧性的一幕。奕訢的才干远胜奕詝，但奕詝年长且为皇后所生。道光皇帝因此在两兄弟之间举棋不定。能力平庸的奕詝遵从老师杜受田"藏拙示孝"的策略，促使饱受儒家仁孝思想熏陶的道光最终选择传位与他，即咸丰皇帝。然而，锦匣开启，密诏上竟是两道谕旨，一为"皇四子奕詝立为皇太子"；一为"皇六子奕訢封为亲王"。一匣两谕，在密匣立储的历史上绝无仅有。

【展板配文】

亲王是清代最高等级的爵位，其后依次为郡王、贝勒、贝子、镇国公、辅国公等。

奕訢聪明机敏，果敢进取，深得道光喜爱。虽然选定立奕詝为储，但道光总觉亏待了奕訢。为尽可能给爱子以最高的地位，一向循规蹈矩的道光皇帝竟在立储大事上破例：在密诏中加封奕訢为亲王。正是因为这“一匣两谕”的密诏以及后来咸丰皇帝种种令人失望的表现，才引出后人关于二人皇位之争的各种推测。

【展板配图】

道光皇帝朝服像，清宫廷画家绘，故宫博物院藏。

道光皇帝立储密诏及建储匣，中国第一历史档案馆藏。

奕訢生母静妃

【展品】

咸丰皇帝谕旨：奕訢封为恭亲王，道光三十年正月十七日（1850年2月28日）。仿制品，原件藏中国第一历史档案馆。

白虹刀，复制品，原件藏故宫博物院。

谕内阁：仍准恭亲王奕訢佩用皇考所赏白虹刀金桃皮鞘，咸丰三年九月十一日（1853年10月13日）。仿制品，原件藏中国第一历史档案馆。

第二板块　辛酉政变

咸丰十一年（1861，农历辛酉）七月，咸丰皇帝病逝于承德避暑山庄。年仅5岁的载淳即位，即同治皇帝。奕訢协助载淳的生母慈禧太后发动宫廷政变，除掉了载垣、端华、肃顺等八名由咸丰皇帝指派的赞襄政务王大臣。慈安、慈禧两宫皇太后垂帘听政。奕訢被授议政王，身兼多项要职，集军政、外交、皇室事务大权于一身，总揽朝政。辛酉政变结束了咸丰皇帝临终授意建立的顾命制度，清朝开始了太后垂帘、亲王辅政的时代。

【展板配文】

对朝政尚不熟悉的慈禧太后此时必须依赖奕訢。奕訢不仅被授议政王，在军机处行走，还身兼管理外交事务的总理各国事务衙门大臣，管理皇室宗族事务的宗人府宗令、管理宫廷事务的总管内务府大臣等多项要职。

【展板配图】

咸丰皇帝朝服像，清宫廷画家绘，故宫博物院藏。

孝贞后璇闱日永图（局部），清宫廷画家绘，故宫博物院藏。

孝钦显皇后像（局部），清宫廷画家绘，故宫博物院藏。

养心殿垂帘听政处

“御赏”“同道堂”两枚印章

恭亲王奕訢等奏折：遵议载垣等罪名并按律定拟，咸丰十一年十月初六日（1861年11月8日）。中国第一历史档案馆藏。

第三板块　政坛起伏

从咸丰三年（1853）出任军机大臣，至光绪二十四年（1898）去世，恭亲王奕訢在晚清政坛历经四十余年风风雨雨。辛酉政变后，更是一直处在中国政治前台的权力旋涡之中，几经罢黜和起用。无论对于咸丰皇帝还是慈禧太后，奕訢的才华能力都是他们既希望仰仗又无比忌惮的。政治上日臻成熟的慈禧太后，越来越难以容忍奕訢在朝廷中的地位和影响力，同治四年（1865）借故免去其“议政王”的封号，光绪十年（1884）又寻机免去其一切差使。奕訢以养病的名义赋闲在家十年之久，直至光绪二十年（1894）重被起用。

【展板配图】

慈禧太后朝服像，清宫廷画家绘，故宫博物院藏。

军机处值房内景

谕内阁：著恭亲王奕訢在军机大臣上行走，咸丰三年十月初七日（1853年11月7日）。中国第一历史档案馆藏。

奉御笔：解除恭亲王奕訢所任军机大臣等要职，咸丰五年七月二十一日（1855年9月2日）。中国第一历史档案馆藏。

同治皇帝朝服像，清宫廷画家绘，故宫博物院藏。

传谕在廷王大臣等：恭亲王奕訢著降为郡王并其子载澄著革去贝勒郡王衔，同治十三年七月三十日（1874年9月10日）。中国第一历史档案馆藏。

谕内阁：著赏还奕訢亲王世袭罔替及载澄贝勒郡王衔，同治十三年八月初一日

（1874年9月11日）。中国第一历史档案馆藏。

光绪皇帝朝服像，清宫廷画家绘，故宫博物院藏。

《点石斋画报·恭邸养疴》

【展品】

谕在廷王大臣等：恭亲王奕訢著革去一切差使不准干预公事，同治四年三月初七日（1865年4月2日）。仿制品，原件藏中国第一历史档案馆。

硃谕：恭亲王奕訢著开去一切差使家居养疾，光绪十年三月十三日（1884年4月8日）。仿制品，原件藏中国第一历史档案馆。

第二单元　政治作为

第一板块　《北京条约》与《通筹全局折》

1856年，英法联军在俄、美支持下，发动了第二次鸦片战争。1860年10月，联军侵入北京，劫掠焚烧了有“万园之园”之称的皇家御苑圆明园。危难之际，咸丰皇帝逃往承德避暑山庄，命奕訢为钦差大臣留守京师主持议和。奕訢被迫与英、法、俄三国分别签署了关于结束第二次鸦片战争的不平等条约《北京条约》，英法军队撤出北京。

代表朝廷与侵华洋人进行的第一次直接接触，改变了奕訢对西方事务的认识。1861年1月，由他领衔向咸丰皇帝上奏折《通筹夷务全局酌拟章程六条》，阐述了西方各国并非古时“蛮夷”的新认识，提出了完整的战争善后方案。清政府由此确立了对待外交事务的立场，采取相应措施，从而暂时获得内外相安的局面。

【展板配文】

咸丰八年（1858）英法联军兵临天津，奕訢多次上折主张不要一味屈从示弱，应加强御敌兵力，争取以战迫和。但咸丰皇帝不敢抵抗，联军最终攻入北京。面对入侵者的傲慢嚣张，手中无兵又从未与外国人打过交道的奕訢，克制自己的仇恨与恐惧，承担起与侵略者媾和的不光彩角色。这位史无前例由先帝在立储密诏上亲封的亲王，忍辱负重，终于使英法军队撤出北京。在极少与外国人有接触的清廷中，

27岁的奕訢从此声望大增，在政治上迅速崛起。

【展板配图】

与英法联军谈判期间的恭亲王奕訢，费利斯·比托拍摄。

照片拍摄于1860年11月2日，拍摄者为英军随军摄影师。奕訢时年27岁，几天前刚刚强忍屈辱，与英法签署了《北京条约》。这也是清朝亲王留下的第一张照片。

英法联军入侵北京

英国全权代表额尔金

奕訢致英法照会：奉命授为钦差便宜行事全权大臣，咸丰十年八月初七日（1860年9月21日）。中国第一历史档案馆藏。

恭亲王奕訢与英使额尔金签署《北京条约》

在签字仪式上，额尔金对奕訢十分傲慢无礼。巨大的羞辱使年轻的奕訢深受刺激，成为他后来大力倡导国家自强的原因之一。

《中英天津条约》签字图

桂良像，（美）《哈波斯》杂志，1870年。

作为奕訢的岳父，桂良以其丰富的政治经验给予奕訢指导和辅助。

【展板配文】

长期的闭关锁国使清廷对于世界变化一无所知，视西方人为怪物。英法联军侵入北京，更使人心慌乱恐惧，清兵溃不成军，朝廷束手无策。在此情况下，奕訢等在《通筹夷务全局酌拟章程六条》折中，向咸丰皇帝建议，放弃旧有观念，审时度势，实行新的外交方针。（略）

【展品】

恭亲王奕訢等奏折：通筹夷务全局酌拟章程六条，咸丰十年十二月初一日（1861年1月11日）。仿制品（附件略），原件藏中国第一历史档案馆。

第二板块　“洋务运动”与“同治中兴”

《北京条约》签订不久，咸丰皇帝病逝，同治皇帝即位，经过辛酉政变形成了太后垂帘听政、亲王议政的新格局。在当时内忧外患的特殊历史条件下，以议政王身份总揽朝政的恭亲王奕訢能够看清世界大势，积极调整政策，推行改革新政，并通过外交斡旋换得国家的相对安宁，使一步步走向衰亡的清王朝在同治初期又迎来一个相对繁荣的短暂阶段，即所谓的“同治中兴”。

奕訢推行改革的核心是“洋务运动”。他筹建并主持了中国近代第一个具有综合性对外权力的外交机构——总理各国事务衙门，并以此为发端发起近代化运动：设立驻外使馆，兴办近代学校，派遣学生留洋，引进外国武器，建设新式海军，创办近代工业，开设电报矿务等。洋务运动以“自强求富”为目的，主张学习西方的先进科学技术，“师夷长技以制夷”。它是中国近代化的开端，给中国社会带来了巨大的冲击和变化。

【展板配文】

一、西学东渐

与外国人的频繁接触使奕訢逐渐认识到西方确有其先进之处，领悟了“师夷长技以制夷”的道理。他接受了以魏源、龚自珍、林则徐等人为代表提出的经世致用思想，主张学者应有社会责任感，关注国计民生问题。由此，一些接受西方文化的官员得到任用，围绕了解世界、求强求富、科学启蒙等主题的中西方著作和报纸杂志相继刊印，洋务思潮逐渐扩大到社会各个阶层。

【展板配图】

《魏源画像》旧照

《海国图志》，魏源著。

《徐继畬画像》旧照

《瀛环志略》，徐继畬著。

《冯桂芬像》旧照

江南制造总局翻译馆

《万国公法》，[美]惠顿撰，丁韪良译。同治三年（1864）铅印本。

《重学》，[英]胡威立撰，艾约瑟口译，（清）李善兰笔述。

【展板配文】

二、洋务教育

当时的中国，学习西方的想法很难被常人理解。为传播西方先进的科学文化，奕訢力排众议，大力兴办洋务教育。洋务派以“中学为体，西学为用”的教育方针，先后设立外语学堂、水师学堂、武备学堂和实业学堂，学习外国语和西方科学、军事技术，并派遣留学生出国学习。（略）

【展板配图】

北京同文馆

同文馆总教习丁韪良（中间坐者）

张德彝

《航海述奇》，张德彝著。

首批赴美留学幼童出发前在上海轮船招商局前的合影

詹天佑（1861—1919）

【展板配文】

三、军事建设

两次鸦片战争中，西方军队船坚炮利，清军纵有斗志也难抵挡。以奕訢、曾国藩、李鸿章为首的洋务派认识到，发展军事工业是国家自强之本。自咸丰末年始，洋务运动的第一个重点就是购买和仿制西方近代化武器，设立军工企业，相继开办了江南机器制造总局、福州船政局以及各省机器局等。

【展板配图】

江南机器制造总局

江南机器制造总局仿制的西方武器・后膛枪

江南机器制造总局仿制的西方武器・后膛钢炮

曾国藩像，清人绘，故宫博物院藏。

李鸿章像，清人绘，北京大学图书馆藏。

北洋机器局

大沽造船所

镇远号

【展板配文】

四、民用工业

洋务运动从建设军事工业以“自强”，逐步推进到发展民用工业和振兴商务以“求富”的新阶段。在富强并重的思想主导下，从19世纪70年代起，相继创建了一大批官办、官督商办和商办的近代化企业，包括矿业、冶炼、轻工业、机器制造业、交通运输业、电讯业、金融业等。

【展板配图】

中国第一家机器毛纺织工厂——兰州织呢局机房

中国第一家机器棉纺织工厂——上海机器织布局机房

大冶铁矿采掘现场

中国第一家商业银行——中国通商银行

中国通商银行纸币

轮船招商局上海总办事处

李鸿章视察唐胥铁路

第三板块　总理衙门与外交新格局

鸦片战争爆发以前，中国与外国没有现代意义的经常性外交往来，传统上只有藩国向中原王朝的朝贡。中央政府不设办理外交事务的专门机构，只由礼部或理藩院兼管。《北京条约》签订后，十余个国家的公使陆续进驻北京，迫使清政府打破闭关自守，在传统宗藩体制外，与西方国家重新构建近代化外交关系。

咸丰十年（1860）年底，清政府设立管理外国事务的专门中央机构——总理各国事务衙门，任命恭亲王奕訢为总理衙门大臣。总理衙门具有综合性对外权力，负责外交谈判、签约、商贸、遣使、定界、传教，以至铁路、邮电、海防等，能够与各国公使保持有效沟通，保证了国家间外交活动的正常进行。近代外交新格局由此形成。

【展板一配文】

1861年1月11日，奕訢等在《通筹全局》折中提出改变传统观念，调整外交政策，创设总理衙门。身为皇子和亲王的奕訢也持这样的立场，对咸丰皇帝和朝廷上层而言，无疑是具有说服力的。1月20日，咸丰皇帝下旨，批准提议各项，任命奕訢、桂良、文祥为总理衙门大臣。（略）

【展板配图】

总理各国事务衙门

总理各国事务衙门中的大臣们：成林、文祥、宝鋆、沈桂芬、董恂、毛昶熙（从左至右）。约翰·汤姆森摄。1871年。

【展品】

寄谕恭亲王奕訢等：著再行妥议通商善后章程以免弊混，咸丰十年十二月初十日（1861年1月20日）。仿制品，原件藏中国第一历史档案馆。

【展板二配文】

《北京条约》签订后，法、英、俄、美四国公使成为第一批进驻北京的外国使节。咸丰十一年（1861）二月，法国公使布尔布隆首先进驻位于东交民巷的公使馆。次日，英国公使普鲁斯抵达。六月，俄国公使巴留捷克、美国公使蒲安臣相继抵京。

随后，德国、荷兰、比利时、西班牙、意大利、葡萄牙、丹麦、奥地利、日本等国也陆续设立领馆，在北京的东交民巷形成使馆区。尽管出于被动，这里还是迅速成为皇城内最早的中西方政治、经济、文化的交流中心。

【展板配图】

东交民巷旧照（右下角为原崇文门城楼）

美国公使馆

法国公使馆

英国公使馆

【展板三配文】

外国公使驻京后，为了改变“彼有使来，我无使往”的不对等关系，奕訢等开始酝酿派遣驻外使节。（略）

1868年，美国人蒲安臣率清政府第一个正式外交使团出访美欧。1876年冬，首位驻外公使郭嵩焘启程赴英，于1877年在伦敦建立中国第一个驻外使馆。此后，驻外使馆在欧、美、日等地陆续设立。

【展板配图】

1868年蒲安臣使团主要成员在美国纽约的合影

20世纪初美国纽约中国留学生与使馆人员的合影

蒲安臣

《筹办夷务始末·派蒲安臣充办理中外交涉事务大臣》，（清）宝鋆编，清光绪年内务府朱格抄本。故宫博物院藏。

赫德

大龙邮票，光绪四年（1878）第一期，薄纸，三枚全。

【展板四展品】

恭亲王宴请格兰特（打印图片，配框）

美国第18任总统、陆军上将格兰特在1877年结束第二届总统任期后，进行了为期两年的世界环游，于1879年6月到达北京。这是第一位担任过国家元首的西方人访问中国。恭亲王奕訢亲自主持了在总理衙门举行的欢迎宴会。

【展板配图】

同治皇帝接见外交使团

（同治皇帝是第一位正式接见外国派驻使臣并接受国书的中国皇帝）

光绪皇帝接见外国使臣

西华德

《纽约时报》关于恭亲王接见西华德的报道，1871年1月26日。

69岁的美国前国务卿西华德是第一位访问中国的西方政要。

【展板五配文】

光绪二十年（1894），北洋水师在中日甲午战争中遭遇灭顶之灾。危机中，束手无策的清廷再次起用已赋闲在家十年的恭亲王奕訢。然而，此时战争败局已定，奕訢虽极力调停，也只能眼睁睁看着清政府与日本签订了耻辱的《马关条约》。

光绪二十四年（1898），劳累愤懑中的恭亲王奕訢，旧疾复发，在恭王府病逝。由于长子载澂已于光绪十一年（1885年）去世，以次子载滢之子溥伟，作为载澂的继子承袭亲王爵位。

【展板配图】

恭亲王奕訢晚年照片

【展品】

恭亲王奕訢诰封碑碑文拓片

恭亲王奕訢遗折，光绪二十四年四月初十日（1898年5月29日）。仿制品，原件藏中国第一历史档案馆。

【恭亲王照片立体造型区展品】

《乐道堂文钞》卷一、卷二

在当时清室诸王中，恭亲王奕訢有“贤明”之名，待人周到亲切，气度大方明朗。他不仅具备出众的政治能力，也有极高的个人修养。自幼在上书房读书，得名师调教，书法绘画诗词文章，皆有相当造诣。著有《乐道堂文钞》《乐道堂诗钞》《萃锦吟》等多部诗文集。

昆仲连床图，光绪十五年（1889）摄于恭王府花园秋水山房。

恭亲王奕訢（右）与七弟醇亲王奕譞的合影。

总管内务府奏折：请钦定钦天监所择恭亲王奕訢移居吉期，咸丰二年二月十八日（1852年4月7日）。仿制品。原件藏中国第一历史档案馆。

总管内务府大臣柏葰等奏折：估算维修恭亲王奕訢府第钱粮，道光三十年十一月二十日（1850年12月23日）。仿制品。原件藏中国第一历史档案馆。

恭王府出土墙砖，铭文：道光年临砖窑程加禄作头崔桂造

恭王府出土墙砖，铭文：咸丰元年临砖窑户□□□作头王大力造

恭亲王照片立体造型

恭亲王奕訢，约翰·汤姆森摄。1871年。

第三单元　奕訢年表

（略）

第三部分　私属皇室宅园

从清乾隆年间和珅建宅，到1937年花园部分最终出售给辅仁大学，这座恢宏精美的建筑群经历了权相私宅与固伦公主府、庆郡王府、恭亲王府的不同阶段。皇亲权贵们每日锦衣玉食，却难以摆脱处于权力风口浪尖的惊心与无奈。只有在这里，他们才得以体味一些普通人的喜乐亲情。

第一单元　和孝公主

和孝固伦公主，生于乾隆四十年（1775）正月，卒于道光三年（1823）九月，爱新觉罗氏，乾隆皇帝第十女。乾隆五十四年（1789）冬下嫁和珅之子丰绅殷德。公主品格端庄大度，赢得三代清帝爱重：自幼备受乾隆皇帝喜爱，破格封为固伦公主；及至和珅获罪籍没家产，嘉庆皇帝为照顾公主生活特命留资养赡；去世时，道光皇帝亲自前往致祭。

第一板块　乾隆幼女

和孝公主是乾隆皇帝幼女，出生时乾隆已64岁。据时人记载，和孝公主能文能武，曾女扮男装随乾隆狩猎，一箭射中鹿的脊椎骨，令乾隆欢喜不已。她相貌酷似乾隆，而且性格刚毅，聪慧明理，以至于乾隆感叹：“汝若为皇子，朕必立汝储也！”

由于得到乾隆皇帝的特殊宠爱，和孝虽为妃子所生，却得到了按规制只有皇后之女才可获得的“固伦公主”封号。

【展品】

和孝公主，李中贵绘。纸本，设色。2008年。

和孝公主之母惇妃，（清）郎世宁等绘《心写治平图卷》。临摹。原作藏美国克利夫兰美术馆。

第二板块　公主下嫁

乾隆五十四年冬，14岁的和孝公主与丰绅殷德奉旨完婚。婚后入住与和珅宅相连的公主府，即今恭王府东路建筑群。70多岁的乾隆皇帝不仅为其准备了丰厚的嫁妆，赏给高额的俸禄，还曾亲自前来探看公主的新居。

和孝公主颇有胸襟见识，从不恃宠而骄。尽管婚后夫妻和睦，但她对和珅日益增长的贪欲和明目张胆的受贿行为非常担忧，屡屡规劝丈夫不可因和珅的势力而骄纵，沉溺悠闲生活，不思进取。

【展板配文】

婚前，乾隆皇帝颁发上谕，赏给和孝公主每年一千两俸银。这是清朝公主所能获得的最高待遇，通常只有下嫁外藩的固伦公主才能得到。（略）

和孝公主成婚前两年，内务府已开始筹备嫁妆。保存至今的嫁妆清单长达50多页，包含金银珠宝、蜜蜡朝珠、裘皮锦缎、被褥衣料、金银餐具、各类瓷器、梳妆用具、各式家具，以及赠送额驸丰绅殷德的各类礼物，乃至赏赐陪嫁仆从的首饰衣物等。

以龙凤为主题的和玺彩画是最高等级的建筑彩画，象征皇家特权，其中以凤纹为主题的非常少见。在恭王府府邸东路建筑梁架上发现的凤凰主题彩画遗迹，尤其是乐道堂内保留完整的金凤和玺彩画，具有清中期彩画特征，应是为和孝公主建府所绘，证实了府邸东路最初为和孝公主府的推测。（略）

【展板配图】

乾隆皇帝御旨：和孝固伦公主下嫁后著赏给一千两俸禄，乾隆五十四年闰五月初二日（1789年6月24日）。中国第一历史档案馆藏。

总管内务府大臣永瑢等奏折：和孝公主下嫁应得妆奁饰物照例办理，乾隆五十二年十一月二十三日（1788年1月1日）。中国第一历史档案馆藏。

【展品】

乐道堂反搭包袱金凤和玺彩画小样

第三板块　丰绅殷德

丰绅殷德，生于乾隆四十年（1775），卒于嘉庆十五年（1810），钮祜禄氏，满洲正红旗，和珅长子。出生时正逢和珅因机缘获得乾隆皇帝赏识，其名为乾隆指婚时所赐，在满语中为“福禄兴旺”之意。

曾任正黄旗护军统领兼内务府大臣、正白旗汉军都统等官职，并曾监督崇文门税务。和珅伏法后亦被革职，爵位由公爵降伯爵，之后被革。因公主缘故基本保留待遇，后恢复公爵品级，但自此心灰意懒，35岁就因病亡故。

【展板配文】

《延禧堂诗钞》是丰绅殷德所著诗文集，属于其堂兄丰绅伊绵辑选的《英额和氏诗集》中的一部。据其中收录的丰绅殷德悼文中记述，丰绅殷德，号润圃、天爵道人。他的骑射枪法都很好，且擅诗文。有一子，出生不久便夭折。去世时只有两个女儿，当时分别为11岁和5岁。

【展板配图】

赏单：赏十公主、丰绅殷德金镶松石如意。中国第一历史档案馆藏。

赏单：赏和孝固伦公主及额驸丰绅殷德，乾隆五十四年十一月二十七日（1790年1月12日）。中国第一历史档案馆藏。

总管内务府奏折：和孝公主九日归宁礼于何处赏额驸饭等事请旨，乾隆五十四年十一月二十四日（1790年1月9日）。中国第一历史档案馆藏。

寄谕固伦额附丰绅殷德：丰绅殷德仍往河间一带查扑蝗蝻，乾隆五十七年七月十七日（1792年9月3日）。中国第一历史档案馆藏。

《雨中游盘山四绝》，和珅作于乾隆五十八年（1793）。（书影）

《恭和家严雨中游盘山四绝元韵》，丰绅殷德作于乾隆五十八年（1793）。（书影）
《泸溪途次闻幼弟凶信挽词六首》，丰绅殷德作于嘉庆元年（1796）。（书影）
《偶读》，丰绅殷德作于嘉庆十四年（1809）。（书影）
《自咏》，丰绅殷德作于嘉庆十四年（1809）。（书影）
丰绅殷德列传稿本，嘉庆朝。中国第一历史档案馆藏。

【展品】
《延禧堂诗钞·偶读诗序》，丰绅殷德著。（线装书）

第二单元　庆王永璘

庆王永璘，生于乾隆三十一年（1766）五月，卒于嘉庆二十五年（1820）三月，爱新觉罗氏，乾隆皇帝第十七子，与嘉庆皇帝同为孝仪皇后所生。乾隆五十四年（1789）封贝勒，嘉庆四年（1799）封庆郡王，二十五年封庆亲王，同年病逝。

和珅获罪籍没家产后，嘉庆皇帝旋即将和珅宅赐给永璘居住，称庆王府。永璘的后人在此居住至咸丰皇帝将此府改赐恭亲王奕訢时搬出。

【图版】
永璘家族世系表（略）

第一板块　父兄为帝受恩宠

嘉庆皇帝对胞弟永璘怀有深厚感情，亲政之后，晋为庆郡王。永璘病重时，嘉庆曾亲自前来王府探视，晋为庆亲王。永璘病逝后又亲临祭奠，赐谥号“僖”并厚葬。

【展板配图】
永璘之父乾隆皇帝乾隆帝写字像（局部），清宫廷画家绘，故宫博物院藏。
永璘胞兄嘉庆皇帝嘉庆帝春苑展书像（局部），清宫廷画家绘，故宫博物院藏。

【展品】

永璘之母令妃，（清）郎世宁等绘《心写治平图卷》。临摹。原作现藏美国克利夫兰美术馆。

嘉庆帝谕旨：著庆郡王永璘晋封为庆亲王，嘉庆二十五年三月十一日（1820年4月23日）。仿制品，原件藏中国第一历史档案馆。

嘉庆帝谕旨：著将查抄和珅入官当铺之庆余当赏给庆郡王永璘，嘉庆四年三月初五日（1799年4月9日）。仿制品，原件藏中国第一历史档案馆。

第二板块　不爱江山爱和宅

永璘是乾隆皇帝最小的儿子，幼年曾为乾隆所钟爱并随同南巡。但因不喜读书，资质平平，乾隆仅封其为贝勒。乾隆末年，众多皇子觊觎皇位，永璘却对权力毫无兴趣，只求皇兄日后登基，能将和珅宅第赐其居住。

【展板配图】

乾隆帝南巡图卷（局部），（清）徐扬绘。法国尼斯市魁黑博物馆藏。

《庆僖王》，《啸亭续录》卷五。

永璘之孙奕劻

新庆王府地理位置图，《新测北京内外城全图》（局部），上海商务印书馆1921年再版。

第三单元　恭王家族

第一板块　荣寿公主

荣寿固伦公主，生于咸丰四年（1854），卒于民国十三年（1924），爱新觉罗氏，恭亲王奕訢长女，母嫡福晋瓜尔佳氏。咸丰十一年十二月（1862年1月），慈安、慈禧两宫太后以咸丰皇帝养女身份将其留养宫中，晋封固伦公主。同治九年（1870）下嫁一等诚嘉毅勇公景寿之子志端。光绪七年（1881）加荣寿固伦公主封号。在清朝正式受到册封的公主中，她是唯一见证了清朝灭亡的一位。

【展板配图】

荣寿公主与王府贵族女性合影

1902年，美国驻华公使康格的夫人在公使馆举办午餐会，荣寿公主应邀出席，并拍摄合影。她虽貌不出众，但沉稳睿智，进退得体，深得两宫太后喜爱。

点石斋画报·公主入朝

【展品】

奉懿旨：恭亲王奕訢长女著晋封为固伦公主，咸丰十一年十二月初九日（1862年1月8日）。仿制品，原件藏中国第一历史档案馆。

第二板块　贝勒载澂

载澂，生于咸丰八年（1858），卒于光绪十一年（1885），爱新觉罗氏，恭亲王奕訢长子，母嫡福晋瓜尔佳氏。咸丰十年（1860）封辅国公，同治三年（1864）晋封多罗贝勒，十二年赏加郡王衔，光绪四年（1878）补授内大臣，五年补授正红旗蒙古都统，九年补授管宴大臣、管理职年旗大臣。27岁因肝脾之疾去世，谥号果敏，无子嗣。

【展板配图】

《甲戌二月二十一日蒙恩赏穿黄马褂敬纪》，载澂作于同治十三年（1874）二月。

载澂诗集《世泽堂遗稿》书影：《桃始华》《秋夜读书》《咏诸葛武侯》诗文三篇。

【展品】

谕内阁：著恭亲王奕訢长子载澂在内廷行走，同治十二年正月初一日（1873年1月29日）。仿制品，原件藏中国第一历史档案馆。

第三板块　贝勒载滢

载滢，生于咸丰十一年（1861），卒于光绪三十四年（1908年），爱新觉罗氏，恭亲王奕訢次子，母侧福晋薛佳氏。同治三年（1864）封不入八分镇国公，七年奉懿旨过继钟郡王奕詥为嗣，承袭贝勒爵。光绪十五年（1889）赏加郡王衔。先后任内大臣、都统、崇文门正监督等职。光绪二十六年（1900）九月，因与义和团来往被革爵免职，重归本支。

【展板配文】

1900年庚子事变爆发，八国联军入侵北京。载滢与庄亲王载勋、怡亲王溥静、贝勒载濂等以“纵庇拳匪（指义和团）”的罪名被革爵。他像父亲奕訢一样尝到被罢黜的滋味，心情黯淡郁闷，晚年在恭王府生活期间，寄情诗画，常与二三知己在花园品茗论诗，著有《云林书屋诗集》。

【展板配图】

载滢与其子

补题邸园二十景（节选），载滢作。（书影）

【展品】

谕内阁：恭亲王奕訢次子载滢著给钟郡王为嗣，同治七年十一月十四日（1868年12月27日）。仿制品，原件藏中国第一历史档案馆。

第四板块　小恭王溥伟

溥伟，生于光绪六年（1880），卒于民国二十五年（1936），爱新觉罗氏，贝勒载滢长子，母赫舍里氏。光绪十六年（1890）赏头品顶戴；二十二年奉旨过继伯父郡王衔多罗贝勒载澂为嗣，赏贝勒爵；二十四年（1898）恭亲王奕訢去世，奉慈禧懿旨承袭亲王爵，当时人称“小恭王”。光绪二十八年（1902），补授正黄旗汉军都统，后历任镶黄旗蒙古都统、正红旗满洲都统、宗人府右宗正、总理禁烟事务大臣、崇文门正监督等。

【展板配文】

小恭王溥伟不仅承袭了祖父的爵位，还继承了奕訢以维护大清江山为己任的勃勃雄心。在宣统朝，他坚定而激烈地反对共和，因此遭袁世凯兵围恭王府，被迫从府中出逃，暂居青岛。辛亥革命后，溥伟为“护国”“复国”不遗余力。为筹措复辟经费，他将恭王府收藏的部分珍贵书画以及多年积蓄的数量庞大的古玩珍宝悉数变卖，还将大量土地抵押。

【展板配图】

小恭王溥伟

恭王府房地产买契，民国二十七年（1938）颁发。

山中定次郎与恭王府管家在头宫门的合影

为筹措复辟资金，溥伟将恭王府几乎全部的古玩珍宝汇总变卖给日本古董商人山中定次郎（1866—1936）。

1913年纽约AAA恭亲王藏品拍卖图录

孔雀石山子，收录于纽约拍卖图录，现藏于美国大都会博物馆。

青铜兽面纹壶，收录于纽约拍卖图录，现藏于美国弗利尔美术馆。

伦敦佳士得恭亲王藏品拍卖图录

溥伟题写于锡晋斋板壁上的诗文手迹旧照

第五板块　书画家溥儒

溥儒，字心畬，生于光绪二十二年（1896），卒于1963年，爱新觉罗氏，贝勒载滢第二子，母项氏。光绪二十三年，奉慈禧太后懿旨赏头品顶戴。1937年后隐居颐和园介寿堂，拒绝在伪满洲国任职，也不接受日本人重金求画。1949年迁居台湾，长期担任台湾师范大学艺术系教授。我国著名文学家、书画家，以溥心畬之名更为世人所熟知，与张大千并称“南张北溥”。

【展板配文】

身为皇室后裔，溥儒自幼接受严格的教育，加之本性好学更兼天赋过人，在文史、诗词、书法、绘画各方面都有精深造诣。他学习书法绘画没有老师，全靠在临摹古人真迹的过程中自己领悟，风格洒脱雅逸，笔墨中蕴含无限生机，在中国现代书画史上拥有不可取代的地位。

【展板配图】

少年溥儒

溥儒在寒玉堂

溥儒照片，题赠万公潜。

溥儒（右）与张大千，图片引自台北羲之堂《南张北溥珍藏集萃》。

可醉山房赋（四条屏之一），溥儒书。

【展品】

寒玉堂山水册页之一，溥儒绘。仿制品。

第六板块　奕訢家族世袭表

据清宗人府玉牒制表。（略）

第四部分　公共文化空间

1937年以后，恭王府成为辅仁大学校舍，私属宅园时代结束。在这一历史时期，恭王府一直与我国现代文化发展史息息相关，并因此得以完整保存。同其他很多残破不堪，甚至面目全非的清代王府相比，恭王府是幸运的。在这座历经沧桑的府园中，始终贯穿着对文化的尊重与保护。

第一单元　辅仁大学时期

北京辅仁大学创建于1925年，前身是北京公教大学附属辅仁社，1927年更名为北京辅仁大学，是中国第三所天主教大学。1938年起各系陆续开始招收女生，恭王府府邸成为辅大女院校舍。1950年辅仁大学由中央人民政府教育部接办，1952年并入北京师范大学。

第一板块　女院生活

那校舍原是逊清恭亲王的府邸，朱红的门、柱，琉璃瓦的屋顶，显得如此的华贵庄严。当我那年于初秋放榜后，第一次跨进校门时，为那肃穆的气象震慑住了——一道石阶，又一道石阶，一座院宇，又一座院宇。那随风在飘拂的垂杨，织出了一片似雾的翠帷，啊，我以为一步踏入宋人的词意中了：“庭院深深深几许！”说不出的幽深，说不出的幽丽！

——张秀亚

第二板块　文化研究

与同时期其他天主教会创办的大学只注重西文和西方学科教育不同，辅仁大学将国文和国学教育放在同等重要的地位，坚持向学生宣传民族意识和爱国思想，重视中国历史文化的教学与研究。在此优良校风下，还开展了针对恭王府自身历史沿革及建筑特色的考证研究，留下了最早一批学术资料，是当代恭王府及王府历史文化研究的重要参照。

第三板块　海棠雅集

为树立重视中华文化之氛围，辅仁大学遍邀名士来校授课和参与文化活动，恭王府留下了20世纪中国文化史中众多代表人物的身影。海棠雅集活动自恭亲王奕訢时期已成定制，其后人载滢、溥儒等一以贯之，陈垣校长亦依例于每年海棠盛开时邀校内外名士，如余嘉锡、陈寅恪、王国维、鲁迅、沈尹默、顾随、张伯驹等，写诗品茗，畅谈古今，成为当时“以文会友”之盛事。

第二单元　现代文化空间

辅仁大学于1950年由中央人民政府教育部接办，1952年并入北京师范大学，恭王府成为师大女院。此后五十余年，恭王府曾作为多家单位的办公和教学场所，其中包括新中国第一所综合类艺术大学北京艺术学院，以及两个国家级大型科研教学机构：中国音乐学院和中国艺术研究院。

恭王府两只石狮子护卫的大门内，曾经留下众多中国现代文化史上著名人物的身影：齐白石、黄宾虹、潘天寿、叶浅予、王朝闻、蔡若虹、吴冠中、梅兰芳、程砚秋、周信芳、张庚、郭汉城、马少波、冯牧、贺敬之、王蒙、杨荫浏、刘雪庵、李德伦、马可、焦菊隐、葛一虹、吴雪、吴晓邦、侯宝林、周汝昌、冯其庸、李希凡等一大批卓有建树的学者和艺术家，他们都曾在此工作或任教。

第一板块　北京艺术学院

1956年，北京师范大学音乐系、美术系，以及东北师大和华东师大音乐系合并，在恭王府成立了新中国第一所艺术类师范学院——北京艺术师范学院。1960年又在此设立了培养话剧导演、表演人才的北京艺术学院。1961年年底，两院合并为北京艺术学院，设立美术系、音乐系、话剧导演系和表演系。新中国第一所综合类艺术大学在恭王府诞生。

第二板块　中国音乐学院

1964年，根据周恩来总理的提议，以恭王府府邸为校舍，在北京艺术学院音乐系、中央音乐学院民族音乐专业和中国音乐研究所的基础上成立了中国音乐学院。

中国音乐学院是我国唯一一所以中国民族音乐教育和研究为主要特色的高等音乐学府，培养从事民族音乐理论研究、创作、表演和教育的专门人才，推动民族音乐文化的继承和发展。

第三板块　中国艺术研究院

中国艺术研究院的前身是成立于20世纪50年代的中国戏曲研究院、中央民族音乐研究所和中国绘画研究所。1976年文化部筹组艺术研究机构，将三所合并，扩充了舞蹈、电影等学科，1980年定名为中国艺术研究院，是全国唯一一家集艺术科研、艺术教育、艺术创作为一体的大型综合性学术机构。该院在恭王府成立，至2002年迁出。

中国艺术研究院倡导在总结艺术实践的基础上不断创新和学术自省的学术传统和学术精神，在史论研究中关注实践、求真求实、深入推进，以得出独到见解，并坚持独立的学术品格，由此形成被学术界称为“前海学派”的学术群体。“前海学派”一名即来源于恭王府的所在地，位于什刹海前海西岸的前海西街。

结语　恭王府历史沿革简表

清乾隆朝	大学士和珅宅与和孝公主府 乾隆皇帝第十女和孝固伦公主于乾隆五十四年（1789）冬下嫁和珅之子丰绅殷德，搬入和珅为其建造的公主府
清嘉庆、道光朝	庆王府 第一位府主庆郡王永璘为乾隆皇帝第十七子，嘉庆皇帝胞弟。嘉庆四年（1799）惩治和珅后，嘉庆皇帝将此宅赐其居住。其家族在此生活至道光三十年（1850）
清咸丰、同治、光绪、宣统朝至民国年间	恭王府 第一位府主恭亲王奕訢为道光皇帝第六子。1850年咸丰皇帝奉道光遗命封其为恭亲王并赐此府，奕訢于1852年搬入。其家族在此生活至1937年
民国年间至新中国成立初期	辅仁大学校舍 天主教辅仁大学从恭亲王家族处购得王府，用作学校女院、司铎书院等，直至1952年与北京师范大学合并
20世纪50年代至70年代末	多家单位占用状态 在此期间，先后有8家单位、200余户居民在此办公和居住
1978年至1986年	搬迁、修复、开放时期 恭王府珍贵的历史、文化和艺术价值受到党和国家的高度重视。自1978年起，恭王府的修复、开放工作被提上日程，占用单位陆续搬迁 1982年2月，恭王府及花园被公布为第二批全国重点文物保护单位 1986年，花园的搬迁与修复基本完成
1987年至2008年	1987年，国务院明确恭王府归文化部管理，文化部恭王府管理处正式成立。恭王府形成管理处、中国艺术研究院、中国音乐学院并存的状态 1988年7月，恭王府花园正式对社会开放 2002年12月，中国艺术研究院全部搬出府邸，迁至新址 2003年3月，“文化部恭王府管理处”更名为“文化部恭王府管理中心”，为文化部直属正局级事业单位 2005年12月，正式启动“恭王府府邸文物保护修缮工程” 2006年11月，中国音乐学院附中完成搬迁任务。自20世纪30年代成为辅仁大学校舍以来，恭王府府邸作为办公教学地点的历史自此结束 2008年6月，“恭王府府邸文物保护修缮工程”竣工
2008年8月	府邸与花园全面开放

40th

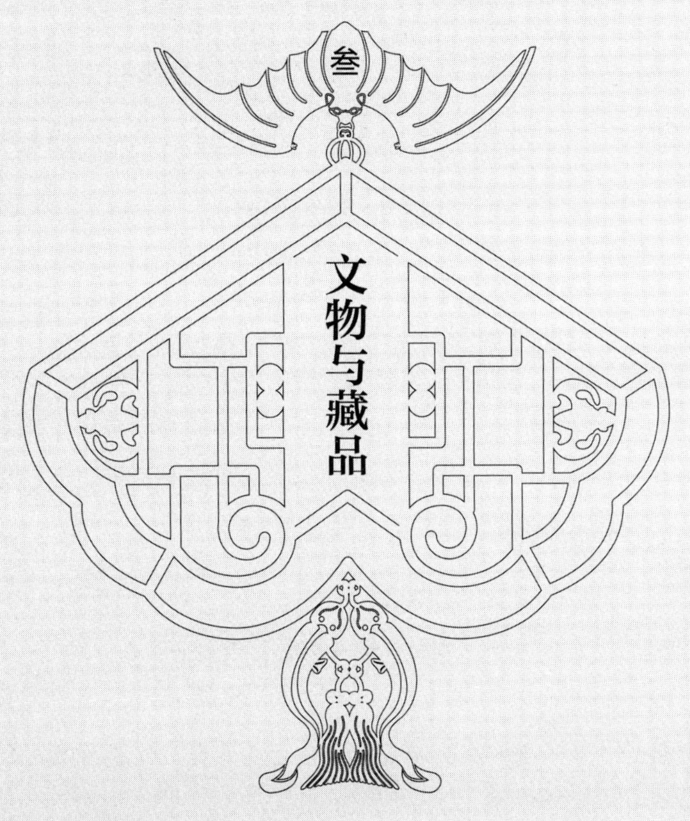

叁 文物与藏品

孙其刚
孟庆重
常　洁
鲁　宁
侯　芳
周劲思
周　望
杨　佐
王宇迪
黎珏吟

和珅与石鼓文和兰亭拓片

孙其刚 *

和珅的艺术素养与乾隆帝高度合拍，在艺术鉴赏方面是皇帝的知音，这也是他成为乾隆宠臣的原因之一。和珅在《嘉乐堂诗集》中记述了他观赏乾隆皇帝所藏石鼓文拓片和落水兰亭拓片的感受。本文旨在通过和珅鉴赏这些拓片的记述，从一个侧面揭示和珅的艺术素养，让读者体会到和珅的艺术修养是投乾隆皇帝所好，也是被乾隆皇帝视为艺术鉴赏知音的一个重要原因。

一、和珅与石鼓文拓片

在和珅所著的《嘉乐堂诗集》中，有一首记述他观赏乾隆帝藏石鼓文元代拓片的诗《应制题元拓石鼓文》，其诗如下：

粤自上古开鸿蒙，义文苍画垂鱼虫。
夏殷而还变蝌蚪，史籀作篆参天工。
伟哉宣王岐阳猎，镌石作颂昭肤功。
字画奇古石似鼓，文义严密宗雅风。
舫舟鳊鲂贯之柳，我车既攻马既同。
依稀数字尚可辨，三百五十六字之内读鲜通。
溯昔移置凤翔庙，神鬼呵护吾道东。
况今已逾二千载，中唐完拓不可逢。
吾皇不贵异物重法物，已已拓本勤磨砻。

* 孙其刚，文化和旅游部恭王府博物馆学术委员会副主任，研究馆员。

元时旧拓幸复睹，墨花玉版光熊熊。
韩韦苏赵诸名手，题识印记如陈红。
文字较多四十六，仿佛岣嵝古色丰。
秦碑汉碣未足贵，明堂清庙同昭融。
乃知神物不恒有，间世一出当圣躬。
摛词岂为擅风雅，勒之贞珉垂无穷。
作人寿考迈先圣，心源一贯千古隆。
伏读璇题后先句，为章云汉倬天中。
石鼓何幸际此遇，浑坚质朴非玲珑。
诸家考证如聚讼，不求甚解诚启蒙。
音训墨薮虽可辨，天章一扫群言空。
今值仲春在丁卯，诹吉释奠临辟宫。
叨陪侍从睹石鼓，摩挲指画思霜逢。
仰观河鼓焜煌相映处，
拜手雒诵尧文，与奎壁光芒相比崇。[①]

这首诗，和珅在《嘉乐堂诗集》目录上归在乾隆癸卯年所写，乾隆癸卯年即乾隆四十八年（1783）。和珅应制所题的是乾隆皇帝收藏的石鼓文元代拓片。诗中所说的“舫舟鱮鲂贯之柳，我车既攻马既同”，都是石鼓文中的文字。和珅又接着说“依稀数字尚可辨，三百五十六字之内读鲜通”，可知这件元拓石鼓文共保留356个字。和珅说“伟哉宣王岐阳猎”，石鼓文确实有田猎的内容，并因此也被称为“猎碣”，但近代学者认为石鼓文与周宣王田猎无关，反映的是东周时期秦国的国君田猎之事，石鼓是秦国的遗物。[②]和珅说“吾皇不贵异物重法物，己巳拓本勤磨礲”。和珅在此又提到石鼓文的己巳拓本，那么己巳拓本又是怎么回事呢？这还得从石鼓的流传说起（图1）。

唐初，在陕西凤翔府陈仓山（今宝鸡市石鼓山）出土了10个上面刻有文字的石鼓，后来唐肃宗命州府官员把它们从陈仓山上运下来，迁置雍城城南，也就是后来的凤翔县城城南。当“安史之乱”的叛军逼近凤翔时，石鼓被掩埋起来。“安史之乱”平定后，又挖出石鼓，可惜丢失一个石鼓，凤翔府尹兼国子监祭酒郑余庆把这9个石鼓放置在凤翔孔庙中保存，这就是和珅所说的“溯昔移置凤翔庙”。唐末战乱

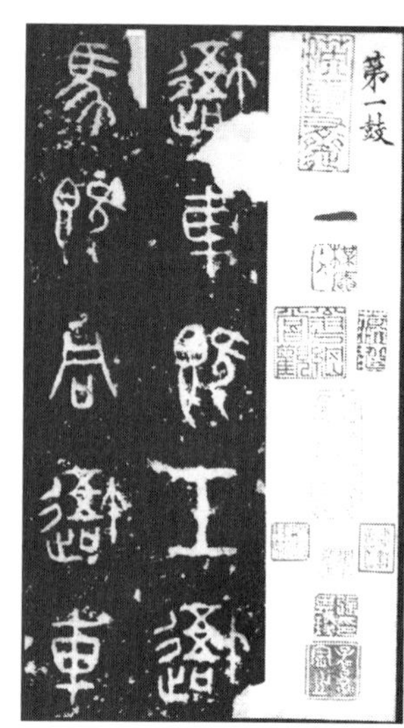

图1　明拓石鼓文

时，凤翔孔庙被焚毁，9个石鼓也被盗走，下落不明。宋仁宗时，凤翔知府司马池（司马光的父亲）找到了这9个石鼓。后来北宋著名金石收藏家向传师又找到了唐朝“安史之乱”时丢失的那个石鼓，终于使10个石鼓又凑全了。宋徽宗下旨把这10个石鼓运到了京城汴梁，先是被放置在太学之内保存，后来又被放置在皇宫里的保和殿保存。“靖康之变”时，金军攻入汴梁，掳徽钦二帝北归，同时也把这10个石鼓运到燕京。元、明、清三朝，这10个石鼓一直被放置在孔庙内。乾隆好古，奉石鼓为千秋法物，于是在己巳年，即乾隆十四年（1749），让人把10个石鼓上的文字重新拓了一套，这便是和珅说的己巳拓本石鼓文。乾隆癸卯年，即乾隆四十八年（1783）仲春，乾隆皇帝得到这件石鼓的元代拓本。这个拓本的珍贵之处，还在于后面附有元代画家赵孟频的题词，以及赵孟频抄录的唐朝韩愈、韦应物和宋朝苏轼等人写的考证石鼓文的诗文。元拓本存有356字，乾隆己巳拓本存310字，已比元拓本少了46字。

和珅应制写的这首关于石鼓文的诗，就是在乾隆皇帝得到元拓石鼓文的当年。自唐初石鼓出土后，唐朝文人和后来的宋朝文人就拓过上面的文字，并对石鼓文考证、赞颂，唐拓石鼓文保存的文字最完整，但和珅说“中唐完拓不可逢”，说明在乾隆时期，石鼓文唐代拓片已经见不到了。不但乾隆、和珅没有看到唐拓石鼓文，直到现在，再也没有人见过唐拓石鼓文了。乾隆皇帝在癸卯年仲春得到元拓石鼓文后，就带着和珅等人去国子监看石鼓，所以和珅才说“今值仲春在丁卯，诹吉释奠临辟宫。叨陪侍从睹石鼓，摩挲指画思霜逢”。可惜乾隆收藏的元拓石鼓文不知何时已流散出宫，下落不明，很可能世无所存了。乾隆己巳拓本石鼓文依然留存在故宫。乾隆己巳拓本，当时是新拓，但流传至今，已有260多年，已成为珍贵的石鼓文老拓片。和珅由元拓石鼓文想到新拓石鼓文，自然有对比。和珅的这首诗，从石鼓文的历史、可辨认的文字、不同时期的拓本、元拓上的题记以及去国子监查看石鼓实物等多方面、多角度论述，可知和珅有深厚的汉文化功底，确实是鉴赏拓片的行家。和珅与石鼓文拓片的故事还没有完，还有延续，下面我们会提到。

乾隆五十五年（1790）八月二十五日，乾隆皇帝赏赐给和珅、永璘、丰绅殷德等人《重排石鼓文》《太学石鼓碑文》。[③]乾隆皇帝在得到元拓石鼓文拓片后，自己和一些大臣对照国子监内的先秦石鼓进行了考证，于乾隆五十五年命人另选新石，照原石的大小，重新翻刻了一套石鼓，并对10个石鼓进行了重新排序。先秦石鼓在抗战时随故宫文物南迁，抗战胜利后，就入藏故宫博物院了（图2）。

乾隆皇帝重新翻刻的石鼓，现在仍陈列于北京孔庙大成门内两侧。乾隆皇帝赏赐给和珅、永璘、丰绅殷德的《重排石鼓文》，就是在乾隆五十五年翻刻的石鼓上拓的拓片。孔庙内乾隆翻刻的石鼓旁，还立着两座石碑。东侧碑上刻乾隆御笔《集石鼓所有文，成十章，制鼓重刻序》；西侧石碑碑身四面，皆刻清代书法家张照所书唐代韩愈《石鼓歌》。乾隆皇帝赏赐给和珅、永璘、丰绅殷德的《太学石鼓碑文》，就

图2　故宫石鼓馆

是乾隆御笔《集石鼓所有文，成十章，制鼓重刻序》碑的碑文拓片。

二、和珅与兰亭拓片

和珅与兰亭拓片也有很深的缘分。我们先看和珅为落水兰亭序所写的《奉敕题赵孟坚落水兰亭》诗：

曾闻羲之洗砚处，黑蛟蟠在琉璃下。
平生得意禊帖书，千载流传真迹寡。
有唐数家临摹多，体分肥瘦字差讹。
虞临褚摹仅形似，定武真本斯不磨。
石刻既在人间少，未损五字尤为宝。
白石家藏归霅川，嗜古王孙子固赵。
幸获回舟鼓棹行，信知尤物鬼神争。
蛟龙挟浪风涛险，抱璞荆人死不惊。
精神感格冯夷应，须臾浪息江风定。
覆舟履险不为奇，行李漂流一以听。
从此相传题识纷，淋漓墨宝落烟云。
姜（夔）王（铎，王鸿绪）萧（沆）赵（孟坚，孟頫）诸人最，
又见泾南超悟文（最后泾南张照跋词语多超悟云）。
唐石唐拓诚难得，致今风尘劳物色。
奇珍岂久落人间，缥湘应置琳瑯侧。
几余展卷圣情欢，题句昭垂云汉端。
欣瞻宸藻七言句，远胜莲花五色看。
（俞松兰亭续考，有背后五色莲花记者，为贞观时本之句）
昔逢落水今什袭，锦轴牙签入宝笈。
从知千载遭际奇，笔墨有灵遇有日。
纷纭聚讼漫相猜，去伪存真辟草莱。
玉版有缘辉宝墨，金丹无术换凡胎。
兰亭曾见分八柱，法墨今逢真定武，

贞珉摹勒永其年。

（己亥年，曾刻兰亭八柱帖，分赐群臣。今此卷将用松花玉摹勒，以寿世云）

山阴面目自千古，卷中跋识伙前贤，

更见璇题御墨鲜。

一佛众仙齐寿世，

（张照跋内有直是卷中人共成一佛之语。是卷仰荷天题，臣等附名其末，亦足以千古不朽，实深庆幸耳）

愿如金石共长年。④

和珅所观赏的这件《落水兰亭》拓片，其流传过程简直就是奇迹。元末学者陶宗仪所著《南村辍耕录》卷九记载："余尝见《落水兰亭》一卷，乃五字不损本，今吴中分湖陆氏所藏，而赵彝斋之物也。彝斋，宋宗室子，讳孟坚，字子固，彝斋其自号。居嘉兴之广戌，酷嗜古法书名画。能作墨花，于水仙尤长。此帖姜白石旧藏，后归霅川俞寿翁。彝斋复从寿翁易得，喜甚，乘夜回棹。至升山，大风覆舟，行李皆淹溺无余，彝斋立浅水中，手持此帖示人曰：'《兰亭》在此，余不足介吾意也。'因题八字于卷首云：'性命可轻，至宝是保。'"⑤可知《落水兰亭》因赵孟坚落水时，手持此帖而得名。

《落水兰亭》流传有序，和珅说"白石家藏归霅川，嗜古王孙子固赵"。和珅考证，此帖被南宋著名词人姜夔（白石）收藏过，也被霅川俞寿翁收藏过，又被宋朝宗室王孙赵孟坚（字子固，号彝斋）收藏过，并由赵子固演绎了一段落水传奇。和珅描述这段传奇说："幸获回舟鼓棹行，信知尤物鬼神争。蛟龙挟浪风涛险，抱璞荆人死不惊。精神感格冯夷应，须臾浪息江风定。覆舟履险不为奇，行李漂流一以听。从此相传题识纷，淋漓墨宝落烟云。"和珅的意思是，这件《兰亭序》碑帖是尤物，连鬼神都争抢，但覆舟落水后，任由行李漂流、把生死置之度外、只顾抢救这件《兰亭序》碑帖的赵子固，最终感动了河神，须臾间浪息风定，把赵子固和这件《兰亭序》碑帖都从水中救了出来。从此，过眼这件《落水兰亭》的名人雅士纷纷题识。赵孟坚之后，《落水兰亭》在南宋末年又被贾似道收藏；在元代先后被张斯立、李叔固收藏；在明晚期至清早期，又先后被白函三、孙承泽、高士奇、王鸿绪、曹文埴、蒋溥等人收藏。在这里要特别说一下蒋溥。蒋溥是雍正朝大学士蒋廷锡之子，雍正八年（1730）进士，乾隆五年（1740）授吏部侍郎，十年（1745）在军机处行走，十三年（1748）擢户部尚书，十五年（1750）加太子少保，十八年（1753）命协办大学士、兼礼部尚书、掌翰林院事，二十年（1755）兼署吏部尚书，二十四年（1759）授东阁大学士、兼领户部。二十六年（1761），蒋溥病，乾隆皇帝亲自临视。及卒，乾隆皇帝又亲自临奠，赠太子太保，发帑治丧，赐祭葬，谥文恪。收藏《落水兰亭》的蒋溥，其政治生涯主要是在乾隆朝的前期，并且是乾隆皇帝的宠臣，而《落水兰亭》最终入内府归乾隆皇帝收藏，显然与蒋溥有直接的关系。和珅说“昔逢落水今什袭，锦轴牙签入宝笈”。《落水兰亭》入清内府后，著录于《石渠宝笈续编》，全名叫《赵孟坚落水兰亭诗序》，一卷，有28行，纵八寸五分，横二尺八分，浓墨，白麻纸拓本。乾隆皇帝把《落水兰亭》放置在乾清宫中。⑥

这件被赵孟坚视为比生命还重要的《落水兰亭》，珍贵在什么地方呢？和珅已经做出了回答，那就是“唐石唐拓诚难得，致今风尘劳物色”。唐太宗得到王羲之《兰亭序》真迹后，甚为喜爱，除了让冯承素双钩临摹外，还让当时的书法家欧阳询、虞世南、褚遂良等临摹，其中欧阳询临摹的《兰亭序》被镌刻于石上。王羲之真迹《兰亭序》被唐太宗殉葬后，世间流传最为著名的《兰亭序》，一为冯承素双钩临摹的《兰亭序》墨迹，被后世称为“神龙本兰亭序”。一为欧阳询手摹刻石的拓本《兰亭序》，因北宋时期此块《兰亭序》刻石发现于定武军（河北真定县，今河北正定县），后来把拓于此块石刻的拓片，统称为“定武兰亭序”。《落水兰亭》是定武兰亭序中最早的拓本，当为把欧阳询临摹的《兰亭序》镌刻在石上不久所拓，这就是所说的“定武真本斯不磨”“唐石唐拓诚难得，致今风尘劳物色”。《落水兰亭》属于定武《兰亭》真本中的“五字未损本”，即“湍、带、右、流、天”五字未损。以后宋元时期所拓的定武兰亭序，都不及《落水兰亭》唐拓定武真本，《落水兰亭》在乾隆时期所能见到的定武兰亭序拓片中数第一。（图3）

和珅诗中最后说“一佛众仙齐寿世，愿如金石共长年”，并作注：“张照跋内有直是卷中人共成一佛之语。是卷仰荷天题，臣等附名其末，亦足以千古不朽，实深庆幸耳。”可知乾隆皇帝在《落水兰亭》拓片上御题墨宝之后，也让和珅在上面题跋，这让和珅感到十分荣幸，认为自己可以随着这件宝物千古不朽了。

乾隆甚为珍爱这件赵孟坚《落水兰亭》，后来又让内府将其翻刻于石上。

乾隆四十四年（1779）五月初七日，乾隆皇帝赏赐给和珅及十七阿哥永璘等人《兰亭八柱帖》。众所周知，和珅被抄家后，嘉庆皇帝把和珅宅第赏赐给了庆郡王永

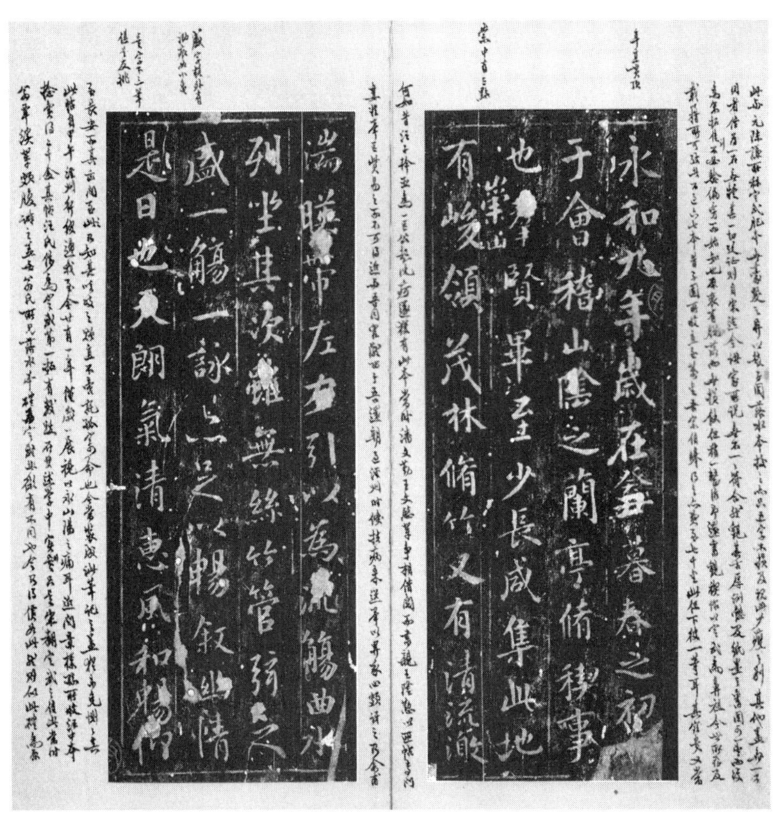

图3　宋拓唐刻《廷载兰亭序》（五字损本）

璘，也就是说，恭王府这座建筑内的头两位主人都拥有过乾隆皇帝赏赐的《兰亭八柱帖》。[⑦]

乾隆皇帝极爱王羲之的书法，爱屋及乌，对唐人临摹王羲之《兰亭集序》及后代书法家所写的与《兰亭集序》有关的书法，多方搜集。乾隆四十四年（1779），乾隆皇帝搜集到兰亭帖6帧：唐虞世南临摹《兰亭集序》、唐褚遂良临摹《兰亭集序》、唐冯承素临摹《兰亭集序》、唐柳公权书《兰亭诗》并后序、明董其昌临摹柳公权《兰亭诗》、戏鸿堂刻柳公权《兰亭诗》原本。加上大学士于敏中补戏鸿堂刻柳公权《兰亭诗》所缺部分，及乾隆御临董其昌仿柳公权《兰亭诗》，合为“兰亭八柱册”。乾隆四十四年春，乾隆皇帝把这八册与兰亭序有关的书法作品，一一刻在石柱上，一册一柱，是为兰亭八柱。又把兰亭八柱拓片赏赐给包括和珅、永璘在内的王公大臣。乾隆四十四年的《兰亭八柱帖》初拓本，托裱经折装，两函八册，每册内为一卷，包括一种兰亭序帖。八卷按八卦之名“乾、坎、艮、震、巽、离、坤、兑”为序：第一卷，虞世南摹兰亭序；第二卷，褚遂良摹兰亭序；第三卷，冯承素摹兰亭序；第四卷，柳公权兰亭诗墨迹；第五卷，戏鸿堂刻柳公权兰亭诗原本；第六卷，于敏中补戏鸿堂刻柳公权书兰亭诗阙笔；第七卷，董其昌仿柳公权书兰亭诗；第八卷，乾隆皇帝临董其昌仿柳公权书兰亭诗（图4）。

其中虞、褚、冯摹本和柳书兰亭诗为内府所藏。八帖帖首有乾隆撰写题记，帖后附刻历代名人题跋。每册前后有“乾隆御览之宝”印章。乾隆四十四年初拓本《兰亭八柱帖》，虽然恭王府这座建筑内的前两位主人都曾经拥有，但目前恭王府博物馆还没有收藏。

雍正皇帝曾在圆明园的同乐园西北，仿绍兴古兰亭意境，建造一座流杯亭，后来乾隆帝命名为“坐石临流”。乾隆刻成兰亭八柱后，将坐石临流亭改建成八方重檐亭，并把原来的木柱，改成这八根石柱，即圆明园著名的兰亭八柱。圆明园被英法联军焚毁后，坐石临流亭和兰亭八柱被弃于荒野，后于民国时期把兰亭八柱移置中山公园内。在此需要指出的是，恭王府的府邸花园内也建有一座流杯亭，建此亭应该是恭王府的主人受到了《兰亭集序》的影响，与友人在流杯亭内举行曲水流觞之雅事。

乾隆四十七年（1782）五月初七日，乾隆皇帝又赏赐和珅、永璘等50位王公大臣《兰亭图》。⑧同时同次赏赐出的这50份《兰亭图》，不是绘画，而是拓片。圆明园内的坐石临流亭中有一石碑，由身、座两石组成，碑高六尺、阔五尺、厚一尺，须弥座高约一尺半，碑的正面刻有王羲之等文人雅士曲水流觞的《兰亭图》，因此此碑被称为“兰亭碑”。此碑上的《兰亭图》，于乾隆四十六年（1781）十月镌刻竣工，

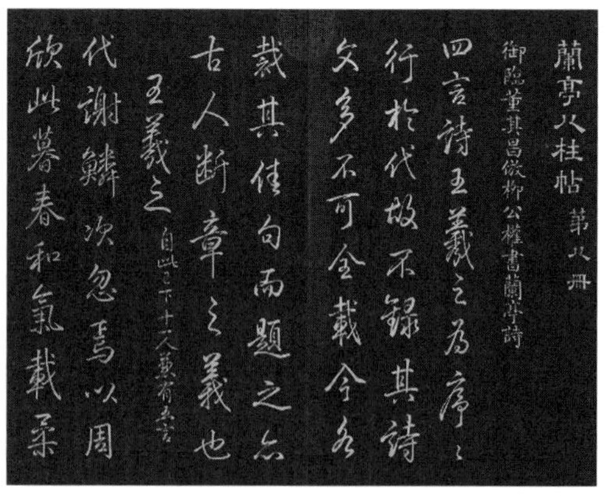

图4 《兰亭八柱帖》之“御临董其昌仿柳公权书兰亭诗”

图5 《兰亭图》

乾隆皇帝赐给和珅、永璘等人的《兰亭图》，就是坐石临流亭中兰亭碑上《兰亭图》的拓片（图5）。

乾隆四十八年（1783）十月二十二日，乾隆皇帝赏赐和珅、永璘等人《赵孟坚兰亭墨刻》。[9]乾隆皇帝得到赵孟坚《落水兰亭》后，让内府把此帖翻刻于石上，再拓下来赐给王公大臣。和珅、永璘得到的乾隆皇帝赏赐的《赵孟坚兰亭墨刻》，即为翻刻的拓片。虽然当时是新翻刻、新拓，但乾隆皇帝珍藏的唐石唐拓的定武本《赵孟坚落水兰亭》在清末丢失之后，乾隆让内府翻刻的《赵孟坚兰亭墨刻》，现在也十分珍贵了。

有趣的是，不仅是乾隆皇帝赏赐给和珅《兰亭八柱帖》和《兰亭图》，和珅也向皇帝进贡与兰亭序有关的拓片。中国第一历史档案馆藏有"乾隆五十一年五月初一日和珅进单"，其中有这样的内容："奴才和珅跪进，嵌玉玲珑吉祥如意成柄；旧雕漆兰亭图方盒成对……"在进单的"旧雕漆兰亭图方盒成对"下还特意作注曰"贮恭拓四色兰亭十六卷"。[10]和珅把一套四色兰亭拓片，装在雕刻兰亭图的一对旧漆盒内，进贡给乾隆皇帝。乾隆皇帝指示，把和珅进贡的四色兰亭拓片十六卷和包装漆盒交圆明园。和珅进贡给乾隆皇帝的兰亭拓片绝非寻常之物，定是稀有的珍贵拓片。一般纯文字的拓片都是单色的，有画面的拓片才采用套色的方法拓印。这套四色兰亭拓片，很有可能是明宪王朱有燉依照北宋李公麟所绘的《兰亭图》，上石摹刻的《兰亭图》。在现存的朱有燉摹刻《兰亭图》拓片中，有用深、浅两种墨色套拓的拓本。和珅进贡的四色兰亭拓片，很可能是拓于明代藩府《兰亭图》刻石。和珅用旧盒装四色兰亭拓片，既然明确说旧，应该不是当朝的，很有可能是明代的漆盒。把明代刻石兰亭图拓片装在明代雕刻兰亭图的漆盒里进贡给皇帝，才会与众不同，得到皇帝的欢心，这才符合和珅绞尽脑汁、变换花样讨乾隆皇帝欢心的性格。

三、乾隆帝赏赐和珅碑帖墨刻

乾隆皇帝不仅喜欢把自己收藏的珍贵拓片翻刻于石，也喜欢把自己写的一些诗文刻在石上，并都拓下来。当时把这些拓片多称为墨刻，并赏赐给王公大臣，其中和珅是主要的受赏者之一。中国第一历史档案馆和文化部恭王府管理中心合作，把中国第一历史档案馆所藏的有关和珅的档案，集成《清宫恭王府档案总汇·和珅秘档》出版。现就《清宫恭王府档案总汇·和珅秘档》中，乾隆皇帝赏赐给和珅的墨刻列表统计如表1所示。

表1 档案所见乾隆帝赏赐和珅（附永璘、丰绅殷德）碑帖墨刻

碑帖墨刻名称	赏赐时间（乾隆）	备注	资料来源（《清宫恭王府档案总汇·和珅秘档》）
兰亭八柱帖	四十四年五月初七日	同时赏赐永璘	第一册，79页
御制古稀说墨刻	四十五年十二月二十日	同时赏赐永璘	第一册，175页
御制改教诗墨刻	四十六年五月二十日	—	第一册，302页
御制言志诗墨刻	四十六年十一月十六日	同时赏赐永璘	第一册，346页
兰亭图	四十七年五月初七日	同时赏赐永璘	第二册，53页
赵孟坚兰亭墨刻	四十八年十月二十二日	同时赏赐永璘	第二册，121页
御制宋孝宗论墨刻	四十八年十一月十六日	同时赏赐永璘	第二册，128页
御笔兰花、御制题兰花玉屏诗墨刻	四十九年正月十八日	同时赏赐永璘	第二册，134页
经筵御论墨刻	五十年十二月初六日	同时赏赐永璘	第三册，58页
御制通鉴续编内发明广义题词墨刻	五十一年四月初七日	同时赏赐永璘	第三册，98页
御制题养正图诗墨刻	五十一年十二月十六日	同时赏赐永璘	第三册，365页
钦定时晴斋法帖	五十二年五月初三日	同时赏赐永璘	第四册，66页
御临宋李迪鸡雏待饲图墨刻	五十三年十月初七日	同时赏赐永璘	第四册，397页
御制二十功臣赞序、生擒林爽文庄大田纪事语墨刻	五十三年十二月二十七日	同时赏赐永璘	第四册，431页
试马图墨刻	五十四年四月二十九日	同时赏赐永璘	第五册，12页
御制八徵耄念之宝记墨刻、福书寿牒墨刻	五十四年十二月二十四日	同时赏赐永璘	第五册，77页
御制入崖口各诗墨刻	五十五年二月初五日	同时赏赐永璘	第五册，90页
御书乐毅论墨刻	五十五年二月二十八日	同时赏赐永璘	第五册，96页
重排石鼓文、太学石鼓碑文	五十五年八月二十五日	同时赏赐永璘、丰绅殷德	第五册，113页
御制墨云室记墨刻	五十六年四月二十九日	同时赏赐永璘	第五册，165页
颜真卿书朱巨川告身墨刻	五十六年十月初七日	同时赏赐永璘、丰绅殷德	第五册，255页

续表

碑帖墨刻名称	赏赐时间（乾隆）	备注	资料来源（《清宫恭王府档案总汇·和珅秘档》）
正阳桥疏渠记墨刻	五十六年十二月二十日	同时赏赐十七阿哥永璘	第五册，319页
石刻蒋衡书十三经序	五十七年二月初二日	同时赏赐永璘	第五册，336页
回疆三十韵墨刻	五十七年八月初三日	同时赏赐永璘、丰绅殷德	第六册，86页
御制喇嘛说墨刻	五十七年十二月二十七日	同时赏赐永璘	第六册，234页
御制十全老人之宝说墨刻	五十八年四月二十六日	同时赏赐永璘	第六册，331页
御制凯旋兵丁由驿归伍纪事墨刻、西藏善后事宜诗志颠末墨刻	五十八年八月初三日	同时赏赐永璘	第六册，391页
续纂秘殿珠林石渠宝笈序墨刻	五十八年十二月二十一日	同时赏赐永璘	第七册，31页
御笔小行楷书墨刻	五十九年正月初七日	同时赏赐永璘	第七册，40页
御制笔误识过墨刻	五十九年五月初五日	同时赏赐永璘	第七册，159页
御制廓尔喀所贡象马至京诗以志事墨刻	五十九年八月十六日	同时赏赐永璘、丰绅殷德	第七册，199页
热河考墨刻	五十九年十二月二十五日	同时赏赐永璘	第七册，261页
御制诗墨刻三项	六十年五月初五日	同时赏赐永璘	第七册，304页
墨刻十三经	六十年十二月二十九日	同时赏赐永璘	第七册，393页

从统计表中可以看出，乾隆皇帝赏赐给和珅的墨刻很多，其中就包括与《兰亭集序》和石鼓文有关的墨刻。乾隆皇帝对石鼓文和兰亭书法的爱好，直接影响了和珅，和珅在这方面也对乾隆皇帝投其所好，而这种投其所好，是需要具备扎实的文化功底的。从和珅对石鼓文和兰亭拓片的喜好和记述这个视角，我们也可以窥见他具备有很高文化修养及鉴赏古代书法的水平。和珅能够鉴赏到乾隆皇帝所藏的珍贵古代拓片也在于他是皇帝宠臣，有得天独厚的条件。乾隆皇帝不仅与宠臣和珅能君臣共赏内府所藏珍贵古代拓片，还让和珅在自己所藏的珍贵古代拓片上题跋，让其题跋与珍贵的古代拓片一起传世，这无疑是对臣下的极大恩宠，对和珅来说也是极大的荣耀，能让他得到一种极大的人生满足。这也是乾隆皇帝利用艺术鉴赏契机拉

拢和珅的一种手段，当和珅获得这种荣耀和心理满足之后，必然对乾隆皇帝更加死心塌地地效忠。

和珅曾经是恭王府这座建筑中的主人，目前，恭王府博物馆还没有一件与和珅有关的拓片，这不能不说是个很大的遗憾。作为恭王府博物馆的研究人员，笔者也希望通过和珅自己对鉴赏拓片的记述和中国第一历史档案馆所藏乾隆皇帝赏赐给和珅拓片的档案，为恭王府博物馆征集与和珅有历史关联的拓片提供依据和线索，以弥补本馆拓片库中的一个空白。

注释

①（清）和珅:《嘉乐堂诗集》，西泠印社出版社2010年版，第12—13页。

② 参见董珊《石鼓文考证》，载《出土文献与古文字研究》（第3辑），复旦大学出版社2010年版。

③ 参见中国第一历史档案馆、文化部恭王府管理中心编《清宫恭王府档案总汇·和珅秘档》（五），国家图书馆出版社2009年版，第113页。

④ 和珅:《嘉乐堂诗集》，西泠印社出版社2010年版，第13—14页。

⑤（元）陶宗仪:《南村辍耕录》卷九“落水兰亭”，中华书局2004年版。

⑥ 参见故宫博物院编故宫珍本丛刊《钦定石渠宝笈续编》第1册，海南出版社2001年版，第66页。

⑦ 参见中国第一历史档案馆、文化部恭王府管理中心编《清宫恭王府档案总汇·和珅秘档》（一），国家图书馆出版社2009年版，第79页。

⑧ 参见中国第一历史档案馆、文化部恭王府管理中心编《清宫恭王府档案总汇·和珅秘档》（二），国家图书馆出版社2009年版，第53页。

⑨ 参见中国第一历史档案馆、文化部恭王府管理中心编《清宫恭王府档案总汇·和珅秘档》（二），国家图书馆出版社2009年版，第121页。

⑩ 中国第一历史档案馆、文化部恭王府管理中心编:《清宫恭王府档案总汇·和珅秘档》（三），国家图书馆出版社2009年版，第135—138页。

[原载《明清论丛（第十四辑）》，故宫出版社 2014 年版]

清宫藏《平复帖》中钤“恭亲王”“锡晋斋”双面印初探

孟庆重*

坐落于什刹海西岸的恭王府，其前身曾是清乾隆朝宠臣和珅、皇十七子庆亲王永璘的宅第，咸丰二年（1852）将其赐予道光帝六子和硕恭亲王奕訢居住，既而得名。奕訢凭借其天潢贵胄的显赫出身及位高权重的社会地位，数十年间在这座王府之中，搜集、积累、流转的历代名家法书、画作难以计数。其中包括西晋陆机《平复帖》、东晋王羲之《游目帖》、唐韩幹《照夜白图》、宋易元吉《聚猿图》、北宋赵佶《五色鹦鹉图》等。其影响力在当时可谓清宫以外最为重要的私人收藏。在这些今天已成为国之重宝的书画艺术品中，几乎每幅都会钤有几枚代表恭亲王奕訢及其宗室成员鉴赏或收藏的印记，其中奕訢的“正谊书屋珍藏图书”、溥伟的“恭亲王宝”、溥儒的“西山逸士心畬鉴赏”印出现较多（图1、图2）。通过这些印记，我们可以从中感知到恭亲王家族所特有的秉性与素养，进而对于清代王府文化研究、恭王府旧藏文物流失有进一步的了解。

图1 “正谊书屋珍藏图书”印

图2 “西山逸士心畬鉴赏”印

* 孟庆重，文化和旅游部恭王府博物馆藏品研究部馆员。

图3 小恭王溥伟

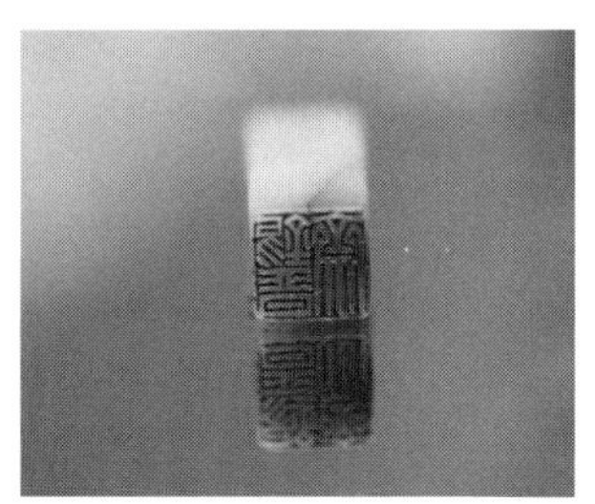
图4 “恭亲王”“锡晋斋”双面石印“锡晋斋”

图5 “恭亲王”“锡晋斋”双面石印“恭亲王”

2014年秋，在为一名博物馆志愿者举行追思会的过程中，意外获悉在已故国学大师启功先生的家中藏有一枚篆有“恭亲王”“锡晋斋”的双面印章。经过对这枚印章印文的分析和实物比对，发现与西晋陆机《平复帖》拖尾部恭亲王溥伟题跋下的两处印文一般无二，最终确定该印章是在《平复帖》藏于恭王府时，溥伟鉴赏后所钤盖的收藏印章（图3至图5）。

之所以能够确定为溥伟的印章，首先是“锡晋斋”印文的由来。锡晋斋原为恭王府西路一处院落正殿的名称。和珅时期，此殿称为“嘉乐堂”，庆亲王时期，又称为“庆宜堂”，而锡晋斋之名则出现时间相对较晚。据老恭王奕訢所著诗集《萃锦吟》中一篇名为《庆宜堂避暑偶作》的诗文，其第一句后面括注，“邸第西斋，颜曰庆宜堂，传闻系庆邸居时旧额”[①]。该诗文的创作时间为丁亥夏日，丁亥为光绪十三年（1887）。说明老恭王奕訢在位时依旧沿用了庆王时期的旧名，仍称为“庆宜堂”。而并非现在人们所熟知的“锡晋斋”。出现“锡晋斋”名号最为直接的证据，则是恭亲王溥伟在《平复帖》后所记载的一段跋文。文中所述：“伟所藏晋唐以来名迹百二十种，以此帖为最，谨以锡晋名斋，用志古欢。”[②]这就清楚地说明了用来珍藏《平复帖》及其他宏富藏品的“锡晋斋”室名为溥伟所起。将私人住所或书房用来储藏珍贵书画，并取书画的署名作为室名斋号的现象，在明清时期蔚然成风。《平复帖》作为“墨皇重宝”，历来受到世人景仰，而能够将其拥有，更是可遇而不可求。所以历代的藏家在得到这件重宝时，便纷纷因此而起室名，以此来彰显自己在收藏界的名望与地位。如崇祯元年（1628），张丑[③]买到《平复帖》，取室名为“真晋斋”；成亲王永瑆获得《平复帖》后，取室名为“诒晋斋”；载治继承《平复帖》后，取室名为“秘晋斋”。[④]溥伟将室名定为“锡晋斋”，国

图6 锡晋斋内装饰

图7 西晋陆机《平复帖》

家鉴定委员会委员薛永年教授对此有着自己的理解：“锡”在古代等同于“赐”，“锡晋”意思是这卷《平复帖》最早来自成亲王所得到的赏赐。[5]而这枚“锡晋斋”印章与《平复帖》拖尾部所钤之印至为吻合，该印章应为恭亲王溥伟所钤（图6、图7）。

在恭王府曾经所藏的众多书画精品中，数《平复帖》名头最大。该帖共9行84字，似是用劲健的短锋硬毫秃笔写于麻纸之上，书法起笔圆浑有致，字形结构随意洒脱，布局疏密得体，通篇散发出一种古朴厚重的文人气息。启功先生在《论书绝句》中称赞：“平复无渐署墨皇。”[6]如此煊赫巨绩，不仅是中国书法史上传世年代最为久远的书法墨迹，同时也是后人研究文字和书体变迁的重要实物依据。而最为令世人惊叹的是它充满传奇色彩的递藏经历。

自诞生以来的1700多年间，《平复帖》辗转珍藏于皇宫、贵族及大收藏家的密室之中，历代的收藏者和经眼者为了证明自己拥有或见过这件绝世无双的书法墨宝，他们在仅有手帕般大小的《平复帖》周围钤有各式印记七十余方，这些大大小小的印记，犹如一部用红色印泥写成的收藏简史。近代文物大家王世襄先生对此有着相当缜密的考证。在他所写的《西晋陆机〈平复帖〉流传考略》中记载：最早的一方印记为唐末鉴赏家殷浩所钤；该帖大约在宋徽宗时期进入宋御府，赵佶在卷中盖了“双龙”“政和”“宣和”等玺；明朝崇祯进士、顺治初降清、官至保和殿大学士的梁清标[7]在卷中钤盖了多方收藏印记；之后《平复帖》归安岐[8]所有，并在卷中盖有收藏印如“安仪周家珍藏”“安氏仪周书画之章”；从安岐家流出后，入清内府，藏于高宗母亲孝圣宪皇太后手中，待皇太后崩后以遗念的方式赐给了成亲王永瑆；到了光绪年间归到成亲王后人载治手中，光绪六年（1880），贝勒载治去世，留下了两个只有几岁的儿子溥伦和溥侗，光绪帝委派恭亲王奕訢代为管治王府事务，奕訢深知《平复帖》的重要价值，便以载治二子年幼，不能妥善管理重宝为由，于光绪七年（1881）将《平复帖》携至恭王府，由代管而据为己有，自此《平复帖》入藏恭王府。[⑨]

光绪二十四年（1898），65岁的恭亲王奕訢病逝。其长孙溥伟承袭爵位，成为第二代恭亲王。溥伟对于《平复帖》更是极为的爱惜，不但于宣统二年（1910）在《平复帖》后自题一跋，还将成亲王永瑆在《诒晋斋记》中的七律、七绝各一首抄录在后面，并钤盖上了“恭亲王”“锡晋斋”的印章（图8、图9、图10）。由此可以认定该枚印章的篆刻时间应是在光绪二十四年（1898）至宣统二年（1910）之间。随着辛亥革命的爆发，延续了两百余年的清朝帝制被彻底推翻。但以恭亲王溥伟为首的清室宗亲大臣并未罢休，他们于1912年1月组建宗社党，决心与袁世凯政府抗争到底。溥伟更是用“毁家以纾国难”的方式，将家中除书画以外[⑩]的古董珍玩全部售出，筹集大量资金，作为讨伐袁世凯及复辟活动长期经费。这一做法激怒了袁世凯及其同党，他们利用威胁恫吓和杀害宗社党成员等手段，迫使恭亲王溥伟于1912年2月初仓皇出逃，开始了他一生的转蓬岁月，至死都再没能回到恭王府。而《平复帖》则由其同父异母的二弟溥儒（字心畲）珍藏。

到了此时，恭王府已经中落，境况大不如前。为了供养府中庞大的日常开销，溥儒不得不以变卖祖传书画的方式来维持生计，其中著名的唐韩幹《照夜白图》、唐颜真卿《自书告身帖》、唐怀素《苦笋帖》等就是在这段时间经溥儒（图11）之手流

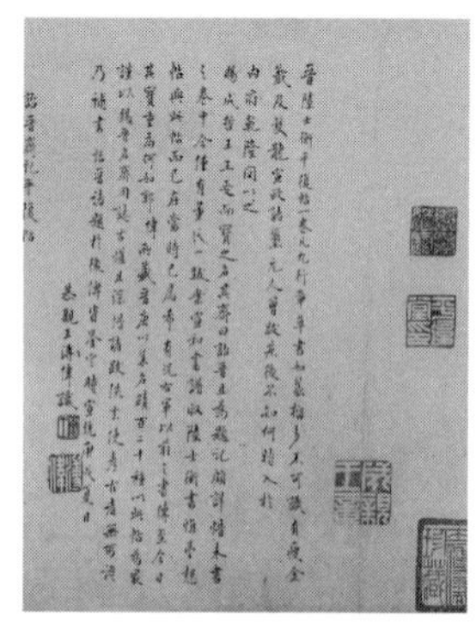

图8 《平复帖》后溥伟跋文

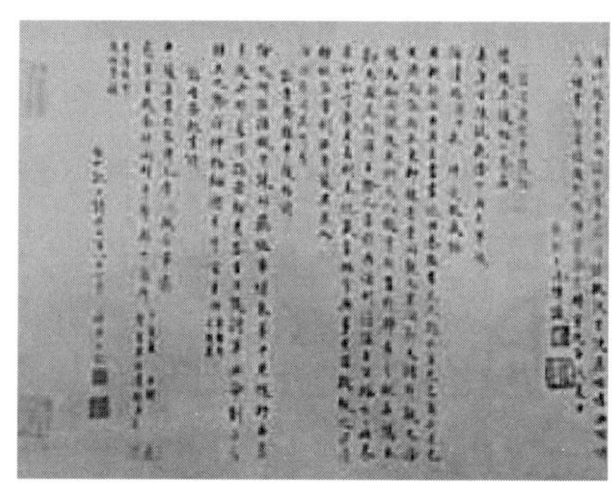

图9 《平复帖》后溥伟摘抄成亲王诗句

出恭王府的。而此时的《平复帖》由于名气大价格高昂，暂且尚在恭王府中。民国二十六年（1937），溥儒母亲离世，为了筹集治丧款项，在时任北洋政府教育总长傅增湘先生的协调下，溥儒以四万元的价格将《平复帖》转让给了张伯驹。《平复帖》后附有傅先生写的长篇跋文，他用端庄大气的颜体味道的楷书详细叙述了事情的经过。从此，素有“法帖之祖”美誉的《平复帖》离开了恭王府。而张伯驹、潘素夫妇于1956年年初，无私地将该帖捐献给了国家，这件流传坎坷的稀世珍宝最终入藏于故宫博物院，使得更多的人可以领略它那“凤翥龙蟠”的风采。

图10　中年的恭亲王奕訢

这枚恭亲王溥伟私用的鉴赏印章，是如何被启功先生收藏，至今未见文献记载。笔者通过查阅有关资料，并结合同时期恭王府文物流失的一般规律，分析启功先生与该印章邂逅的种种可能。

图11　溥心畬坐像

众所周知，启功先生（图12）是集诗、书、画和文物鉴定于一身的文化泰斗，而这一辉煌成就的所得，有一部分应归功于曾跟随于溥儒受教的经历，以及他在辅仁大学担任教职时校长陈垣、教育总长傅增湘的直接帮助。这样的经历对于启功熟悉清代名人掌故，提高艺术品的鉴赏力和判断力，具有深远的影响。据启功所著《启功口述历史》一书中描述：“我向心畬先生学画的想法始终没断，怎么入手呢？正在焦急的时候，突然天赐良机。有一回我在旧书摊上无意发现一套题为清素主人选编的《云林一家集》。所谓‘云林一家’，并非指元代画家倪云林，而是指诗风全都讲‘空灵’的唐人诗，书商不知‘清素’是谁，卖得挺便宜，其实他就是心畬先生的父亲，看来他（指溥心畬）讲空灵是有家学渊源的。我曾听他说

图12　启功坐像

过，这书虽是他父亲选的，但由于时间久远，出版得又少，他家里已找不到此书了。我赶紧把它买下，恭恭敬敬地送给他。他非常高兴，问我多少钱买的，要给我钱。我说这是孝敬您的，他就不断地叨念着：'这可怎么谢你呢？'我便乘机说：'您家那幅宋人的手卷能不能借我临一临？'这是我早就看上的作品。他痛快地答应了。"[11]

据启功先生内侄章景怀先生回忆，最初发现这枚印章，是在整理启先生遗物时，于一大匣放有启功家族长辈印章的点心盒中所看到的。既然该盒子是用于专门存放自己家族长辈的印章，那么为何还会有恭亲王溥伟的印章呢？是启先生的随意丢放，还是有意为之？笔者在一篇名为《溥心畬先生南渡前的艺术生涯》的文章中找到了答案。文中记述："滢贝勒号清素主人，夫人是敬懿太妃的胞妹，是我先祖母的胞姐。我幼年时先祖母已逝世，但两家还有往来。我幼时还见有从大连带来的礼物，有些日本制作的小巧玩具，到现在还有保存着的。"[12]同时笔者还在《启功口述历史》一书找到了相类似的记载："按姻亲关系论，他（指溥心畬）的母亲（指溥心畬嫡母而并非生母）是我祖母的亲姐姐，他是我的表叔。这位大姨奶奶和我家一直有来往，她家原住大连，每逢过年常给我们捎些礼物，其中包括给我的小玩具，有些我至今还保留着。"[13]

通过上述两段记述，我们对启功家族与恭亲王家族的关系可以判定：其一，启功的祖母与同治皇帝遗孀敬懿太妃、载滢（图13）的继夫人[14]是亲姊妹关系，同姓赫舍里氏；其二，结合溥伟举家逃往大连的史实，文中所提到的这位从大连给启功寄礼物的大姨奶奶，应为溥伟的生母；其三，出于两家的姻亲关系，作为表叔的溥心畬自然会对这位有真才实学的同宗远支关爱有加，并邀至恭王府中，悉心栽培。综上三点，笔者认为这才是启功为何要将这枚溥伟的印章与自己家族长辈的印章同放在一起保存的原因。

此外，启功先生生前对于用印、治印的研究也是极为深入的。所谓书画同源，诗、书、画、印亦同宗。将篆刻放到中华之大文化的范围里来考虑，一直是启功先生所奉行并坚守的人生准则。启功先生站在书法的角度去理解篆刻艺术，认为印章是用来镌刻文字的，而文字的书写方法就是书法，有人将篆刻称为"铁笔"，也就是说，篆刻是以刀代笔，以石为纸，不过是一种特殊的书法。书法讲究线条、布局、情韵。篆刻同样如此。他还曾这样评论绘画、书法、篆刻之间的关系："中国的艺术种类很多，屈指计算，十个手指绝不敷用，一般说来，很容易脱口而出的是书画篆刻，这三类本身固然各有千秋，都能独立自成体系，而三者之间，又互相依存。合之则三美，离之则三不足，其理由不待多说，只要看看三项合成的作品，再看看只有一两项的作品，哪个更美，就不言而喻了。”⑮

启功先生虽为清代皇室的后裔，早年却是“门衰祚薄”，生活贫困。因此他从不以姓氏为“爱新觉罗”而自恃自诩，反而强调要有真才实学和严谨的治学态度。唯独在面对恭亲王家族成员时，才会表现出钦佩与敬仰之情。其原因不仅仅是两家的姻亲关系，更为重要的还是出于对溥伟、溥儒兄弟才学的赏识，尤其是同溥心畬之间那种亦师亦友的关系，受教过程中既有从高向下垂教的一面，又有从旁辅导的轻松一面。通过这样的学习使得启功先生受益良多。

图13　载滢与溥儒

篆刻一艺，古人曾视为雕虫小技，然而随着时代的进步，使得印章逐渐在艺术领域有了重要的一席之地。今天所介绍的这枚印章及其背后的故事可以看作印章艺术史的一个缩影，这个缩影凝聚和积淀着当年使用和赏玩这枚印章的清朝末代亲王的文化品位与审美追求，溥伟本身也是一个饶有声名的书家。国家鉴定委员会委员薛永年教授在为这枚印章作鉴定后，听闻该印章是启功先生内侄章景怀先生向恭王府捐赠的义举，写下长文贺信，其中有言：“恭亲王”“锡晋斋”两面印，不仅见证了陆机《平复帖》的流传，而押有此两面印的《平复帖》的溥伟题跋，还说明了“庆宜堂”之所以改为“锡晋斋”的缘由。章景怀先生把这枚印捐赠给恭王府，不仅增加了恭王府的重要收藏，而且必将在文物捐赠方面起到积极的带动作用。⑯

一件与恭王府密切相关的国宝《平复帖》，一段恭王府旧主人溥伟的题跋，一枚国学大师启功先生的旧藏，承载着多少历史沧桑。在饱经岁月风霜之后，终于重新回到它曾经的“家”——恭王府。

注释

①（清）奕訢：《萃锦吟》卷五，台湾文海出版社1976年版，第324页。

② 见故宫博物院珍藏之《平复帖》。

③（明）张丑（1577—1643），原名张谦德，字叔益。后改名丑，字青甫，号米庵，别号亭亭山人。明代书画收藏家、藏书家、文学家。

④ 参见王世襄《西晋陆机〈平复帖〉流传考略》，《文物参考资料》1957年第1期；张军《恭王府锡晋斋堂室名考略》，载孙旭光主编《清代王府文化研究文集》，文化艺术出版社2012年版。

⑤ 转引自薛永年先生写给恭王府的一封贺信。

⑥ 原诗为：“翠墨黟然发古光，金题绵帙照琳琅。十年校遍流沙简，平复无渐署墨皇。”启功：《文心书魂　启功随笔》，北京大学出版社2009年版，第196页。

⑦（清）梁清标（1620—1691），字玉立，一字苍岩，号棠村，又号蕉林。明末清初著名藏书家、文学家。

⑧（清）安岐（1683—1742），一名安七，字仪周，号麓村，别号松泉老人，朝鲜族人。天津卫（今天津）人。清藏书家、鉴赏家。

⑨ 参见王世襄《西晋陆机〈平复帖〉流传考略》，《文物参考资料》1957年第1期。

⑩ 启功：《溥心畬先生南渡前的艺术生涯》，载《文心书魂　启功随笔》，北京大学出版社2009年版，第38页。

⑪ 启功口述，赵仁珪、章景怀整理：《启功口述历史》，北京师范大学出版社2004年版，第75页。

⑫ 启功：《文心书魂　启功随笔》，北京大学出版社2009年版，第37页。

⑬ 启功口述，赵仁珪、章景怀整理：《启功口述历史》，北京师范大学出版社2004年版，第71页。

⑭ 参见中国第一历史档案馆、文化部恭王府管理中心编《清宫恭王府档案总汇·奕訢秘档》（十），国家图书馆出版社2009年版，第350页。

⑮ 金煜编：《启功用印》，北京师范大学出版社2007年版，第205页。

⑯ 转引自薛永年先生写给恭王府的一封贺信。

［原载《清宫史研究（第十二辑）》，辽宁民族出版社2017年版］

由恭王府旧藏瓷器谈所谓“绿郎窑”

常　洁*

1913年2月27日至3月1日，位于美国纽约麦迪逊广场的美国艺术画廊举行了一场为期三天的专场拍卖。这场题为“非凡的无价之宝”的拍卖会，由日本山中商会委托授权，所拍卖的五百余件艺术瑰宝，全部来自清王朝之宗室——恭亲王的旧藏。恭亲王是晚清四大铁帽子王之一，第一任恭亲王奕訢是著名的洋务派首领。至清末，王室衰微，民国初年奕訢之孙小恭亲王溥伟将家产悉数变卖。这批由山中商会购得，包括玉器、瓷器、青铜器等在内的拍品，虽仅为恭亲王旧藏中的一部分，但其总成交额仍达279805美元。《纽约时报》于3月1日和2日连续对拍卖成交情况做了报道。

在3月2日的报道中，特别提及了一只“苹果绿釉大罐”（large apple-green ginger jar with cover），它由著名的古董商人杜维恩兄弟以6300美元购得，成为当天最高成交价。

从《纽约时报》报道的描述看（图1），这件“所谓的绿郎瓷”（the so-called green lang porcelain），自然使人联系起世人称道“比郎窑红贵重十倍”的“绿郎窑”。那么这件器物究竟是不是绿郎窑？其具有哪些典型特征？本文将通过

Display Ad 12 – No Title
New York Times (1857-Current file); Feb 26, 1913; ProQuest Historical Newspapers The New York Times (1851 - 2
pg. 6

American Art Galleries
Madison Square South, New York
ON FREE VIEW 9 A. M. TO 6 P. M.
SPECIAL EVENING VIEW
This Wednesday from 8 to 10 o'clock
The Veritably Extraordinary Collection
of
Priceless Productions
of
Ancient Chinese Art
Acquired from
Prince Kung Ching Wang
Uncle of the Lately Deposed Emperor
TO BE SOLD AT UNRESTRICTED PUBLIC SALE
By Order of the Widely Known Firm of
YAMANAKA & COMPANY
New York　Europe　China　Japan
At The American Art Galleries
Madison Square South
Tomorrow (Thursday), Friday and Saturday Afternoons
at 2:30 o'Clock
Profusely Illustrated Catalogue mailed on receipt of $1.00
The Sale will be conducted by
MR. THOMAS E. KIRBY of
THE AMERICAN ART ASSOCIATION, Managers
4 and 6 East 23d Street, Madison Sq. South, New York.

图1 《纽约时报》1913年2月26日刊登的拍卖广告

---

* 常洁，文化和旅游部恭王府博物馆综合业务部副研究馆员。

实物和文献对其加以探讨。

一、何谓“绿郎窑”

绿郎窑，因其名称所含“郎窑”二字，多认为与清康熙四十四年至五十一年（1705—1712）江西巡抚郎廷极在景德镇主持监造的瓷窑有关，有学者将其与“郎窑红”相对应，径呼为“郎窑绿”。

耿宝昌先生在《明清瓷器鉴定》一书中专列条目，对“绿郎窑”的名称、来源、特征和流变等详加释义。当今学界对“绿郎窑”的认识，多从耿宝昌先生的著述而来，并在一些具体方面有所发展。依据着眼点的不同，对其稍做梳理可知主要有以下四类看法。

郎窑所烧绿釉之说 主要着眼于其名称和特征。耿宝昌先生认为，“绿郎窑（苹果青），又称绿哥瓷”，与郎窑红釉并存，与之同类器的“胎、型、足等方面基本一致，只是里外釉面均为青绿色”。其特点是“里外釉面均为苹果青绿釉，器身开有细小片纹，口部或施白釉或施酱黄釉，器足露胎处常泛出火石红色”。其上乘者“釉面凝厚、玻璃质感很强，光亮莹彻，釉色较深，开有细碎的斜片纹，并映出五彩光泽，俗称其为‘苍蝇翅’”。

在此可以分析出，耿先生认为“绿郎窑”为郎廷极之郎窑专烧的一个色釉品种，其特征与著名的“郎窑红”有异同，既有相似之处，又有自身特点。

郎窑红釉窑变之说 主要着眼于其烧成原因。耿宝昌先生在释义绿郎窑的同时，提到另有一种因“铜红釉的氧化还原程度不一”而形成的“器里釉为红色，器外釉为浅绿色”的“类似绿郎窑的现象”，“被称为‘反郎窑’”，而且其“数量稀少”。

有学者根据这一说法，认为“绿郎窑”是郎窑红烧制过程中，因呈色剂氧化铜处于氧化气氛中而形成的釉色品种，进而有学者将“绿郎窑”等同于“反郎窑”。

冯先铭主编《中国古陶瓷图典》将绿郎窑归于“郎窑绿釉”条目之下，认为其是“郎窑红的‘窑变’品种，又称‘绿郎窑’”，且“又有‘绿哥瓷’之称”，同时提到了因氧化、还原不一形成的“反郎窑”。

叶佩兰《康熙瓷器概述》认为，“反郎窑”和“绿郎窑”皆因郎窑红釉的呈色剂

“氧化铜在炉火中还原气氛的不同”形成，本质来源同一。

李知宴《红宝石般的郎窑红瓷器》认为“绿郎窑又称‘反郎窑’”，与红郎窑“配方都一样，都是铜元素作呈色剂”，因炉焰氛围不同而呈现不同的颜色。

综合这类观点，皆认为“绿郎窑”是郎窑红烧制过程中窑变所得，其呈色剂为氧化铜。据此说，“绿郎窑”的产生应具有相当的偶然性，而至于当时是否就是因这一窑变现象的产生，而专门创造氧化气氛以烧制“绿郎窑”这点，尚未有学者进行进一步的阐释。如窑变产生的说法成立，“绿郎窑”除釉色外，其他特征应完全与“郎窑红”一致，但目前未曾有完全符合这一标准的器类出现。因此，笔者认为，此观点的产生，或许是一种误读。

后世伪托之说 此说主要着眼于其流变。耿宝昌先生释义绿郎窑时指出，“民国初年，绿郎窑与郎窑红一样受国内外珍重”，因而仿制之风甚嚣尘上。“后世常有以雍正或乾隆之后的哥釉器，施罩绿釉或再加彩，以充作绿郎窑的”。分析造成这一现象的原因，与“绿郎窑”之别称“绿哥瓷”相关。可见即便在当时，“绿郎窑”器已不易于分辨。

杨静荣《高温铜红釉瓷器的鉴定》认为，“传世品中有所谓的‘郎窑绿’品种，凡是绿色纯正的大件器物，均是清末、民国初年的仿品”，且指出“小件铜红釉器物可能因还原气氛不充分，出现绿色，仅是窑变而已，并非专门的一个品种”，并查考“宫中旧藏郎窑红釉瓷器，未发现一件‘郎窑绿’”。

陆明华《郎窑及其作品研究——新资料的发现与启示》认为，“传统所说的康熙郎窑红”，“可能是嘉、道时北京琉璃厂商人的误解和臆测造成，也可能是为牟利而杜撰，其所仿对象是乾隆朝郎世宁的‘郎窑’”。“至于传世的多数绿郎窑瓷，可能是以乾隆仿哥瓷为实物基础，受那种未烧成红郎窑而变成绿釉的康熙高温铜红釉瓷影响予以仿制的低温绿釉瓷”。

以上这类质疑，皆是看到了所谓窑变的偶然性，并将清末民初北京琉璃厂商人或无心或有意的误解抑或杜撰作为主要考量因素。

西湖水釉之说 此说主要着眼于其来源。吕成龙《康熙朝郎窑颜色釉瓷器初探》在陆明华考证康熙时期带有“御赐纯一堂”款的瓷器系郎窑作品这一结论的基础上，进一步根据一类霁蓝釉碗上同时署有“御赐纯一堂珍藏”和“大清康熙年制”六字双行外围双圈款（图2），推断署有“大清康熙年制”六字双行外围双圈款瓷器为郎窑

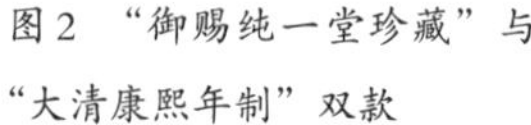
图2 “御赐纯一堂珍藏”与“大清康熙年制”双款

图3 清康熙 西湖水釉锥拱螭纹杯碟 故宫博物院藏

瓷器。再由这一线索，辨认出郎窑所烧颜色釉至少有霁蓝釉、霁红釉、白釉、西湖水釉等近十个品类，而其中“郎窑西湖水釉瓷器釉色淡雅宜人，与康熙白地素三彩瓷器上的湖水绿色一致”。

葛彦《绿郎窑考》根据上述结论，认为此处西湖水釉瓷（图3），“实为真正之‘绿郎窑’”。

上述观点各有侧重。笔者认为，所谓“窑变说”，因缺乏足够依据而受“伪托说”质疑，其观点的确有待商榷。“西湖水釉说”在多位学者严密征引的基础上进一步发挥做出猜测，在逻辑上具有一定的合理性，但在器类和名称等方面则特征殊异，且为孤例，联系尚嫌不足。

据此，笔者认为，认识“绿郎窑”，仍应从其名称、特征及流变等方面加以分析查考，或能更加接近历史真实。

二、传世品所见“绿郎窑”

由于认识不同、名称各异，在探讨传世品“绿郎窑”时，应首先将相关的器类一一查考，再依据分析加以甄别。因此，在众多资料中，无论是“绿郎窑”“郎窑绿”还是与其密切相关的“苹果青”“绿哥瓷”都应在考察范围之内。至于本文开始部分提到的恭王府旧藏“苹果绿釉罐”，应认为此处“apple-green”与通常所认为的豇豆红之窑变异色“苹果绿”有严格的含义区分，只是根据语言翻译习惯，暂时称其为“苹果绿”。而由于此类器物描述中出现所谓“绿郎瓷”的概念，也应认为其与

"绿郎窑"密切相关，同样列入考察范围。

清宫旧藏康熙郎窑绿釉水丞　高4厘米，唇口与圈足釉色酱黄，外壁通体罩淡绿色透明釉，器身密布纹片，足内施白釉，无款（图4）。

清宫旧藏康熙苹果青釉瓶　高21.2厘米，通体施青釉，呈青苹果色，开细碎纹片，釉面滋润，玻璃质感强；足内施白釉，有青花"大清康熙年制"6字3行楷书款（图5）。

清宫旧藏绿哥釉瓶　高23厘米，口沿及器里施白釉，有细碎开片纹。外施翠绿色透明釉，釉不到底，釉面玻璃质感强，莹亮润泽，并有细碎开片纹。足内无釉，无款（图6）。

恭王府旧藏苹果绿釉罐　高22.9厘米，通身透明玻璃釉，釉色呈淡翡翠色，釉质匀净，带斑点和纹片。断代在17世纪或明末清初之际（图7）。

美国国家美术馆（National Gallery of Art）藏苹果绿釉罐　高21.6厘米，口沿及内部为白色釉，外施绿釉，带细碎开片，可见一些棕色斑点及小孔。光线下釉面呈现彩虹色（图8）。

观复博物馆藏郎窑绿釉梅瓶　高20厘米，口沿酱黄釉，通身翠绿玻璃釉，釉色明亮，带细碎开片（图9）。

直观看，清宫旧藏三件器物均为青绿色系釉，且釉面明亮、满布纹片，这些描述符合耿氏所说"绿郎窑"特征。然而这三者外在特征差异明显，绝非同类器。其中"郎窑绿釉水丞"与"苹果青釉瓶"，皆为淡青绿色，与耿氏所说"釉色较深"不符。而苹果青釉瓶实为

图4　清康熙 郎窑绿釉水丞 故宫博物院藏

图5　清康熙 苹果青釉瓶 故宫博物院藏

图6　清雍正 绿哥釉瓶 故宫博物院藏

图7　17世纪苹果绿釉罐 恭王府旧藏（目前藏地不明）

图8　清 苹果绿釉罐 美国国家美术馆藏

图9　清 郎窑绿釉梅瓶 观复博物馆藏

青釉而非绿釉，且其足底有“大清康熙年制”六字款，这一特征与通常认为的绿郎窑无款的认识相悖，因此笔者认为这件器物应与“绿郎窑”无关。至于“绿郎窑”为何又称“苹果青”，笔者将在后文结合文献给予分析推断。

与上述情况相对照，图6至图8的三件器物，无论器型、大小、釉色、釉质以及口沿和足沿的特征等均高度一致，判断其为同一类器物。

耿宝昌先生在2012年9月14日故宫讲坛《古陶瓷学习漫谈》讲座上指出，图6器物名为“太白坛”，其釉面所呈现的五彩光泽即所谓“苍蝇翅”——而“苍蝇翅”正是绿郎窑的典型特征之一。对照图8美国国家美术馆所藏苹果绿釉罐在“光线下釉面呈现彩虹色”的描述，可知其与绿郎窑特征相符。由此，笔者认为，传世品中釉色翠绿、玻璃质感强、开细碎纹片的这类“绿哥釉”瓷应即传说中的“绿郎窑”，进而可以判断观复博物馆所藏绿釉梅瓶应属同类器。

三、文献所见“绿郎窑”

查考文献，“郎窑”的概念出现较晚，“绿郎窑”则更甚，不过是最近一个多世纪才见诸著述。清末成书的《陶雅》（1906—1911）及民国初年完成的《饮流斋说瓷》（20世纪20年代）等文献中对“绿郎窑”有所提及，虽介绍不过寥寥数语，描述亦十分简略，然而据此仍可对其名称来源及主要特征形成一定的认识。

现将两书中与“绿郎窑”相关的内容引述如下：

《陶雅》:

明瓷仿哥之鲜艳者。厂人俗称谓之绿郎窑。沪渎谓之果绿。（《陶雅·卷上二十九》）

郎窑无所谓之绿也。乃明瓷之葱翠者耳。（《陶雅·卷上三十二》）

沪商呼雍正仿龙泉之品曰哥绿。以弟为兄。以章生一为章生二也。或又谓之果绿。乃哥音之转。非苹绿之省文。窘陋殊甚。或又曰哥绿者。鹦哥绿也。于义亦通。（《陶雅·卷下三十四》）

近世所称果绿。其色葱翠。有碎冰纹片。而无款识。以小坛为多。在当时并非精品。近则声价颇昂。（《陶雅·卷下三十六》）

明仿弟窑有一种色极葱蒨。厂人妄呼为绿郎窑。则又满身纹片。且甚细碎。价乃

奇贵。即雍乾所仿。亦珍同拱璧。其实皆粗材也。（《陶雅·卷下四十》）

《饮流斋说瓷》:

又有所谓绿郎窑者，其色深绿葱蒨可爱，满身细碎纹片，实则明仿弟窑之品也。雍乾时代亦有仿者。（《饮流斋说瓷·说窑第二》）

弟窑留传比哥窑较夥，明暨清初亦仿弟窑为多。雍正仿制之品沪上名曰果绿，莫解其由，谓是哥绿转音，以弟为兄，未必谫陋至此。谓是苹绿省文，则色泽殊亦不类。殆沿讹袭谬，不可究诘耳。（《饮流斋说瓷·说彩色第四》）

《陶雅》作者陈浏（1863—1929）平生爱好书法珍玩，擅长鉴赏，曾先后在清廷和民国政府任职，于北京生活二十余载，对琉璃厂古董行业非常熟悉。其所著《陶雅》从内容看，似为整理古董商人谈话内容的一本笔记。通常认为，该书错误较多，陈浏自己也承认其“体例芜杂”“质直简率”。也因此后人多对此书评价不高、态度审慎。即便如此，该书汇集了大量清末民初北京古董市场的经历和见闻，同时征引文献、详加鉴别，因而在去伪存真之后，该书仍不失其价值，特别是对了解当时颇为活跃的古董市场极具参考意义。

《饮流斋说瓷》是许之衡将《陶雅》内容加以整理归纳，重新划分10章专题汇集而成的一本古陶瓷著作。其内容观点基本与《陶雅》一致，体例更为清晰，并加入一些个人经验和评价，具有一定的研究参考价值。

分析两书所录有关“绿郎窑”的内容，主要可归纳出如下观点：

其一，所谓绿郎窑，是“厂人”（指北京琉璃厂商人）对明代至清初仿龙泉弟窑瓷的俗称，并非郎廷极督窑烧造。其二，沪商将这种仿龙泉弟窑瓷称为“哥绿”，原因在于混淆了传说中的章生一之哥窑与章生二之弟窑。其三，沪商也有将这种“厂人”俗称绿郎窑的器类称为果绿者，因“果绿”为“哥绿”的转音，并非“苹果绿”的省文，二者完全不是同一类器物。其四，这类器物皆无款识，其主要特征是釉色葱翠，器身布满细碎冰裂纹片。其五，这类器物形状以小坛居多，在当时亦非精品，然而在清末民初之际却价格昂贵。其六，雍乾之后有此类器物的仿品，虽然材质粗劣，但同样受到珍视。

四、结论

查考文献，结合前述各家之说及传世品特征，笔者认为：

“绿郎窑”的说法首先出现于清末民初北京琉璃厂古董行业，推断其产生过程，正如陆明华先生所言，极有可能是“厂人”为牟利而进行的杜撰。而“绿郎窑”这类器物釉色葱翠，器身布满细碎纹片，与传世品“绿哥瓷”特征一致，可见“绿郎窑又称绿哥瓷”的说法不谬。

上海古董商人由绿哥瓷之“哥绿”音转为“果绿”，在当时即已产生了其与“苹果绿”或“苹绿”的混淆。稍加观察不难发现，这种翠绿之色更接近于翡翠之色，与苹果之青绿相差甚远。然而沿讹袭谬，以致当时的国外艺术品商人亦将其译为“apple-green”（苹果绿），并沿用至今。

耿宝昌先生所谓“苹果青”的说法，或许也是看到了其颜色上的差异，并未与豇豆红窑变异色之“苹果绿”予以区分，则根据郎窑红釉器底经常出现的“苹果青”之色加以命名。其实“郎窑绿”的说法出现相当晚近，意指郎廷极之郎窑所烧绿色瓷。因目前尚不能确定“绿郎窑”的实际归属，因此，对“郎窑绿”这一定名的应用，应持谨慎态度。

典型传世品“绿郎窑”（参见图6至图9），器型优美，釉质透明、玻璃感极强，釉色葱翠喜人，开片细密精巧，烧成难度很大。察其深藏清室宫廷或王孙之府，可以推断其在当时的确颇为珍贵。因而在后世拍卖、交易中享有高价，应非完全出于炒作。

“绿哥瓷”之名，应是由仿哥瓷一说而来。然而对照前述传世品（参见图6至图9），其所据确非“黑胎、紫口、铁足”这一类哥窑瓷，仿龙泉弟窑的说法或许有所依据。

有关耿宝昌先生指出的“后世常有以雍正或乾隆之后的哥釉器，施罩绿釉或再加彩，以充作绿郎窑的”做法，在陈浏和许之衡的论著中也得到了印证。查考海内外收藏之传世品，确有相当一部分作品似哥瓷罩绿彩之作，且以坛、罐居多。这类器物较之前述典型“绿郎窑”瓷，确乎稍显粗劣。关于此类器物的辨别，有待进一步研究证实。

（原载《紫禁城》2017 年第 11 期）

恭王府旧藏“清康熙郎窑红长颈荸荠扁瓶”研究

鲁 宁*

2011年10月，恭王府成功征集了一只由苏富比拍卖公司拍出的红釉长颈瓶。据拍卖公司介绍，该瓶系1912年从前清恭亲王府流出文物中的一件。如果这一说法被证实，这只红釉长颈瓶将是恭王府旧藏文物流失100年后第一件重归故里的回流文物，它除了具备历史价值、艺术价值、观赏价值以外，还将是恭王府典藏品中第一件可用于研究恭王府旧藏文物流失课题的实物，因而具有十分重要的研究价值。

一、出售人口述红釉长颈瓶由来

2011年9月，一位年轻人经推荐来到恭王府文物保管部办公室，从一个布盒中取出一只红釉长颈瓶。经他自我介绍，我们得知这位年轻人留学国外，曾在国内学习过多年中国古陶瓷方面的鉴赏理论，出国留学的间隙经常光顾国外的拍卖及古董场所，借此提升自身的实践能力。由于注重中国文物流失海外的信息，他得知文化部恭王府管理中心拟建成王府文化博物馆，自2004年起便开始面向海内外征集王府文物，并从媒体中知道了恭王府旧藏文物流失的大体历史背景、流失过程、流失途径等方面的信息，通过对一些刊物登载的有关文章、论文的阅读和研究，从中获得一部分流失文物的照片资料。2011年春，美国苏富比拍卖公司举办春季拍卖，在预展中有一只红釉长颈瓶，其器物造型、釉色、垂釉形态、开片等方面的特征均与照片资料中1913年美国纽约拍卖中的恭王府旧藏流失红釉长颈瓶有着惊人的相似之处，于是他特意将该瓶拍了详细照片资料，与历史资料照片作了进一步细致比对，除上

* 鲁宁，原文化部恭王府管理中心研究馆员。

述特征一致外，器物尺寸及烧制过程中所形成的斑缺也一致。因此，在2011年苏富比春拍中，这位年轻人竞得该瓶，并携回国内，出让给专门从事王府文化研究的恭王府。

图1　清康熙　郎窑红长颈荸荠扁瓶

二、红釉长颈瓶特征综述

清康熙郎窑红长颈荸荠扁瓶

1.器物尺寸：通高39.37厘米，颈长24厘米，颈口径10厘米，腹高15.5厘米，腹宽22.5厘米，圈足13厘米。

2.器物造型：整器古朴、端庄。长颈粗壮，颈口自然向外微撇，颈自上而下渐粗，颈底与圆耸瓶腹过渡处呈现圈状环形，应为颈与腹的工艺接缝。腹上下部内收自然，使腹部呈浑圆饱满之形。圈足直立，足底呈现人工修饰的痕迹。

3.釉面釉色：釉面莹润，整器均有自然片状开片冰裂纹。整体施铜红釉，经烧制形成自然铜熔现象，红釉分布不均。长颈口沿处因其红釉经烧制熔融垂流而自然形成青白釉口沿，俗称“灯草口”[①]。颈中部及中下部釉色呈渐浓之势，颈底与腹上端接缝处有红釉垂积，使红釉呈深红色。腹部红釉也呈垂流状，腹下端与圈足连接处堆流较厚积釉层，色泽艳丽，呈现玻璃质感。底足积釉过厚，经目鉴有人为修理打磨痕迹。因当时制瓷工艺所限，整器呈现红釉烧制熔流现象，使器物局部釉色不均衡，目鉴为青白色“泪痕”纹或淡白色斑块，因此形成独特的单器识别记号。

4.圈底足：器腹下端与圈足连接处因釉的垂流而形成较厚的堆积层，釉色呈暗红色，呈现玻璃质感。由于流釉堆积层过厚，致使器物放置站立不稳。经目鉴，底足经过人工打磨修理，部分底足足背采用加层补平工艺技法，目的是使器物可平稳放置，便于使用与观赏。

5.胎质：从器足露胎处目鉴，胎体较厚重，胎质较细腻。应为瓷土与高岭土混合而成的二元化混合胎质。足底露胎处呈较淡的火石红烧制现象。

三、红釉长颈瓶贴附标签说明

1.FRANK CARO·SUCCESSOR TO C. T. LOO（最旧的标签）

说明：标签标明该器物为纽约弗兰克·卡罗继承自卢芹斋的收藏，拍卖号为FC·2460（或2466）。

FRANK CARO为卢芹斋艺术馆的一位继任者弗兰克·卡罗，其在纽约有自己的画廊（Frank Caro Gallery）；SUCCESSOR TO C. T. LOO为继承自卢芹斋之意；C. T. LOO为卢芹斋的英文名。卢芹斋（1880—1957）是20世纪初国际著名的大古董商，曾将许多中国国宝级的文物贩卖至国外。

卢芹斋1880年出生于浙江湖州卢家渡，十几岁时到法国寻找商业机会。辛亥革命后卢芹斋开办了自己的古董店，成立了卢吴古玩公司。恰巧这时正逢国内清政府垮台，北洋政府执政，人心不稳定，故宫内的古物珍宝纷纷流失海外，卢凭着鉴别中国文物的本领，成功低价收购不少稀有珍品，推销到欧洲市场，一本万利。渐渐地，卢芹斋成为享有盛誉的中国古董鉴赏家，也成为欧洲华人中的名人。

从某种意义上讲，卢芹斋是让西方认识中国古董的启蒙者。他以精湛的文物专业知识和天才的商业眼光逐渐征服了欧美收藏者。他经手的很多古董由死变活，由冷变热。卢芹斋在古董行的地位可谓是呼风唤雨、一言九鼎。经他手出售的中国古董最为收藏者所信服，所以每年卢芹斋征集文物后回来，马上就有收藏爱好者赶来先睹为快，把自己最中意的古董抢购下来。

目前存在于海外的中国古董，有很大一部分是经过卢芹斋的手售出的。第一次世界大战后，卢芹斋在纽约开设了美国最大的古董店，自1915年起卢吴古玩公司向

图2　FRANK CARO·SUCCESSOR TO C. T. LOO

美国出口文物长达30年，国宝不计其数，这其中以昭陵六骏中的“飒露紫”和“拳毛騧”最为著名，它们大约在1916年至1917年被偷运至美国，并卖给宾夕法尼亚大学博物馆。

晚年的卢芹斋总结自己的一生充满了矛盾，他承认自己使不少国宝流失海外，又为这些国宝避免了战乱、得到了保护而感到幸运。1957年，卢芹斋死于瑞士，终年78岁。

2.条形码及编号39KZX N08171 0325

说明：条码信息不明。

3.SOTHEBY'S NEW YORK 325

说明：标签标明为美国纽约苏富比第325号拍品，时间不详。

4.火漆印

说明：为国家文物局2009年版火漆印章。印首大写SACH为国家文物局英文名称缩写字母；中心仍沿用文物外销标识图案，图案开口处加汉字宋体“进”字，为文物临时进境标识；下方应有标注数字作为管理处编号，因火漆不全无法识别。

5.北京保利国际拍卖有限公司POLY AUCTION DB-0134

说明：标签标明为北京保利国际拍卖有限公司2011年《延熏秀色——康熙瓷器与宫廷艺术珍品特展》第0134号展品。

四、红釉瓷的烧制沿革

（一）中华民族的符号——红色

自古以来炎黄子孙崇拜三种色彩，即黑、黄、红。中华民族的先民们认为黑色是尊严的象征，黄色是富贵的象征，红色是喜庆、吉祥的象征。从目前考古发掘出土的早期织绣、漆器等带有色彩的器物来看，大多数都是以黑色、黄色、红色为主要装饰基础色。即使随葬了洁白的玉器或淡黄的铜器，也会撒上或涂上鲜红的朱砂，或者嵌上黄色的金片、金丝，使器物显得华丽和富贵。随着历史的发展和演变，色彩的文化内涵也在逐渐变革，黑色被政权的统治者强化了它的尊严含义，使大众对其产生了惧怕感而渐避，黄色被封建集权强占为皇权或皇室的专属色，而严禁平民使用，只有红色发展成中华民族上至帝王、下至庶民的吉祥用色，成为可以代表中

图3　条形码及编号39KZX N08171 0325

华民族的符号性色彩。

（二）红釉瓷的沿革

1.中国陶瓷发展简述

中国陶瓷的烧制历史悠久，河南新郑县城西7.5千米的裴李岗村出土的陶片经C14测定年代可上溯至公元前6000年以上。陕西宝鸡北首岭发掘的新石器时代早期文化遗址，出土的陶器经C14测定年代表明，也可以上溯至公元前5800年以上，而且在器身上已出现细绳纹、锯齿纹等装饰手法。专家、学者一致认可的原始青瓷出现年代为商代时期，河南郑州市铭功路出土原始青瓷尊可以代表原始瓷的烧制水平。青瓷自“原始青瓷”过渡到“早期青瓷”，继而发展至“成熟青瓷”，这种发展过程贯穿了中国制瓷的整个历史过程，但它的烧制区域一直定位于中国的南方地区，这与青瓷制作所需的材料有一定关系。北魏晚期、隋代至北齐早期，白瓷在北方出现。河南安阳市北齐武平六年（575）范粹墓出土一批白瓷，基本具备瓷器的烧制要素，是研究白瓷起源的标准实物。“南青”“北白”为中国两大瓷窑体系，各领风骚，在中国延续了数千年。此后中国瓷业在宋代出现了“御窑”（又称为“官窑”），确定

图4　SOTHEBY'S NEW YORK 325

图5　火漆印

图6　北京保利国际拍卖有限公司 POLY AUCTION DB-0134

了为宫廷烧制专用瓷器的窑址。御窑的出现促进了中国制瓷工业的技术发展，也普遍带动了民窑生产的进步。自元代始中国制瓷业出现釉下彩工艺，即青花和釉里红，发展至明代中期，釉下彩、釉上彩、单色釉等制瓷工艺渐为成熟，中国的瓷业发展到了一个较为繁荣的时期。

2. 铜红釉烧制的起源

铜红釉，又称颜色釉、单色釉。属釉中彩的一个种类。它的制作工艺是将氧化铜掺于釉料中，施于器物表面，入窑经1300℃高温烧制，产生物理变化，形成鲜红釉色的工艺技术。其创烧年代说法不一。1942年赵汝珍先生在《古玩指南》一书中所述："明代宣德创兴祭红釉，前所未有，所谓祭红者，书写不一，解释各异……祭红之正色有鲜红，宝石红两种，至豇豆红、美人祭、娃娃脸、杨妃色、桃花片、桃花浪、苹果红等，皆由祭红之变化而来者。"[②]赵汝珍先生对红釉瓷的创烧年代及专用名称做出了认证，从而使中国陶瓷学术研究中，红釉瓷的产生及定名很长一段时期内一直沿用这一论据。1999年由北京故宫博物院主编，上海科学技术出版社出版的《故宫博物院藏文物珍品大系》之《颜色釉》单册中，铜红釉的烧制年代被上推到元代，其依据便是故宫博物院收藏的实物，即"红釉刻花云龙纹梨式执壶"和"红釉印花云龙纹盘"。[③]此后的2005年1月紫禁城出版社出版的李辉柄先生所著《中国瓷器鉴定基础》一书中第六章"北方瓷窑的衰落与南方瓷窑的新发展——元代的瓷器（1279—1368年）"第六节"红釉与蓝釉瓷器"中也明确提出"铜红釉瓷器与钴蓝釉瓷器烧制成功，是元代景德镇的两个创新品种。为明、清颜色釉瓷器的发展奠定了技术与物质基础"[④]。

上述铜红釉烧制年代起源于元代之说因有实物作为理论依据，论点清晰、论据严谨，因此陶瓷学术研究界对故宫及李辉柄先生提出的"铜红釉烧制起源于元代"的论证是肯定的，并在学术研究中一直引用此论据。

3. 铜红釉烧制的阶段、失传及定型过程

由于红色是中华民族的主流色，是民族的重要代表元素和标志性符号，因此不论是统治者还是庶民，都有将红色作用于瓷器上使之永不褪色的意愿。据史料记载，制瓷窑匠为此付出了艰辛的努力，直至元代才成功创烧了铜红釉。但由于当时的制瓷生产技术落后，铜红釉的烧制成功率甚低，而烧成的成品也往往因用料、窑变等诸多客观因素，多发色为紫色、褐色，不能呈现人们所期盼的红色，因此在那个时

期，能烧制出一件发色鲜红的铜红釉成品是十分困难的。铜红釉瓷器难烧，故传世品极少，所以也逐渐成为历代帝王及大收藏家追求、收藏的首选。

铜红釉虽然创烧于元代，但并不像其他工艺种类的瓷器，如青花、釉里红，保持着稳定的生产质量和数量。证实这个论点的依据是，全世界各博物馆都收藏有中国元代的青花和釉里红制品，而元代铜红釉成品却是凤毛麟角，这个现象充分证实：①元代铜红釉的烧制技术尚未成熟；②在元代近九十年的历史中可能只有很少的时期成功烧制了铜红釉；③由于铜红釉烧制技术不成熟，故其成品的烧成带有偶然性，这是铜红釉烧制技术一度失传的重要原因。

耿宝昌先生在《明清瓷器鉴定》一书中写道："宣德以后，红釉即很少烧制，正德时期虽力图重振，但少有成功，此技术不久也告失传，嘉靖时只得改烧釉上矾红以资代替。从红釉烧制成功到失传，其间为时不长，中断二百年以后，至清代康熙时期才再度发现。"[⑤]依据耿先生的学术研究，参照历史资料记载，查阅世界范围博物馆对铜红釉的典藏及展陈档案，可以推论：铜红釉创烧于元代，但因技术不成熟，成品数量甚少，因此铜红釉的烧制工艺技术带有偶然因素。明代永乐、宣德时期按史料记载铜红釉再次出现。李辉柄先生在《中国瓷器鉴定基础》一书中指出："明永乐、宣德时期在元代的基础上将其进一步烧制成功，应当说是这时期的又一重大成就……永乐、宣德时期铜红釉瓷器烧得非常成功，色泽鲜红艳丽，很像红宝石，故有'宝石红'之称。"[⑥]但这种铜红釉烧制技术只在明代永乐、宣德时期的32年中昙花一现，随后即神秘失传，直至清代康熙时铜红釉才再度恢复烧制。这不能不说是一个非常反常的现象，有待作为一个课题进行深入研究。

清代康熙一朝相对处于政治稳定、经济繁荣、社会和睦的时期，生产力得到前所未有的发展。景德镇是清代的制瓷中心，在清顺治十一年（1654）时，清政府开始恢复制瓷，但因战后社会不稳定，又恐累民，顺治十七年（1660）时又告终止，至康熙时全面恢复。可以说清代制瓷应以康熙为起点。由于清宫所用瓷器是由景德镇的定点瓷窑所制，故逐渐发展为"御窑"，即"官窑"。因清帝对定制的御用瓷有着很高要求，康熙朝开始指派专人督办"窑事"，后来逐渐形成一个专门职务——督窑官。康熙时期景德镇御窑的督窑官是由江西巡抚郎廷极兼任的，由于郎廷极的学识甚高，并有极强的责任心，使康熙时期的制瓷技术不但继承了前朝的辉煌，更有重大的突破和发展，珐琅彩、素三彩、粉彩及铜红釉等瓷器新品种都是在这个时期创烧成功的。这个时期复烧的铜红釉瓷器，施釉较薄，釉面发亮，釉在高温作用下自上而下垂流，使器口呈现浅红或淡青色，形成“灯草口”现象，通体有细开片纹，造型端庄、古朴。因当时清宫、王府及收藏家对明永宣传世的铜红釉器物的追捧，当康熙铜红釉复烧成功后，很快成为收藏追崇的热点。由于康熙时期在督窑官郎廷极的努力下创烧了以铜红釉为代表的名品瓷，所以这一时期铜红釉瓷器被尊称为“郎窑红”，并一直沿用至今。乾隆帝对“郎窑红”十分钟爱，特赋诗一首赞美“郎窑红”的高贵：

晕如雨后霁霞红，出火还加微炙工。

世上朱砂非所拟，西方宝石致难同。

插花应使花羞色，比尽翻嗤画是空。

数典宣窑斯最古，谁知皇祐德尤崇。[⑦]

“郎窑红”在清康熙朝复烧成功，其主要原因应该是当时社会稳定、经济实力强盛、制瓷工艺水平提高等诸多综合因素所决定的，还有一个重要原因便是清代御窑的管理体制。由于御窑厂是专为清帝及宫廷烧制专用瓷器的场所，首先在技术人才和资金投入上给予了必要的保障，随后从管理体制、产品设计、图案纹饰、款识、器形、色彩，到验收、包装、运输程序都有严格的要求和标准，正因为这种倾全国之力保障帝王、宫廷御用“官窑”产品的绝对优良品质，所以很多瓷器的著名品种都是在清代辉煌的康、雍、乾时期创作出来，并将这些品种的工艺技术保存下来，并传承至今。“郎窑红”这个品种经过从元代、明代至清代的创烧、失传、恢复、传承几个历史过程，直至清康熙时期才成为一个定型的高贵瓷器品种而保留至今。

五、恭王府旧藏文物中的“郎窑红”瓷器

奕訢（1833—1898），道光帝第六子，咸丰帝之弟。道光三十年（1850）正月十七日，即位后的咸丰帝遵父皇遗命，谕：“朕弟奕訢，著封为恭亲王。”[⑧]恭亲王奕訢天资聪颖，勤勉有加，虽恭谨慎行，却连遭猜忌，备受冷落。咸丰十年八月初七日（1860年9月12日）被钦授为“钦差全权大臣”督办和局，[⑨]奕訢的非凡才能得以展现。办抚局、求自强、谋政变、掌中枢、创总署、办洋务、练新军、平内患、办学堂、育人才，致力于开创大清“中兴”之势，是晚清不可多得的栋梁之材。

恭亲王奕訢除政治、军事、经济方面的才能被世人称赞外，他还有一个广为人知的嗜好——收藏与鉴赏。据《清史稿》和《清朝野史大观》记载，奕訢从小熟读经史，精研《通鉴》，具备深厚的学问功底，《近代名人小传》中曾如此评价奕訢的鉴赏水平："勤学能文……书法率更，诗学晚唐……尤精鉴别，书画古董以屋十五楹盛之，咸真品。"⑩从目前的历史资料记载来看，奕訢的收藏有几个特点：一是收藏档次高。如书画藏品中的西晋陆机《平复帖》、唐代颜真卿《自书告身帖》、北宋徽宗《五色鹦鹉图》、北宋易元吉《聚猿图》、南宋陈容《九龙图》等都是中国美术史上的瑰宝；二是收藏种类全。目前的研究资料显示，奕訢的收藏涵盖了书画、陶瓷、青铜、玉器、家具、文房、竹木牙角雕、珐琅器、漆器、织绣、兵器、石雕等诸多种类；三是收藏数量多。1912年，奕訢的孙子小恭王溥伟出于政治目的，将家传收藏的艺术品、文物整批出售给日本山中商会，会长山中定次郎回忆亲临恭王府时这样记载："院落的后部，穿过花园的中心是大书房，那里除了左右两侧丰富的藏书外，主要陈列青铜器和玉器。距大书房不远是一幢巨大的两层建筑，看上去十分坚固，呈L形。这座建筑可以被称为'美术馆'，里面有数不胜数的珍宝。"⑪据不完全统计，仅在1912年小恭王溥伟因政治原因一次性卖给日本山中商会的家传文物就达2000多件。

瓷器是恭王府收藏中的重要类别，凡收藏名家无不对瓷器情有独钟，恭亲王奕訢也不例外，从1913年在美国纽约的"中国皇家恭亲王宝物"专场拍卖会的拍卖图录中不难解读出其对陶瓷收藏的热衷。此次拍卖会上共有拍品536余件（套），其中瓷器134件（套），涵盖了定窑、钧窑、德化窑、景德镇窑、龙泉窑等中国各大著名窑址的器物，年代从宋代一直延续至清代，这是每一个收藏家梦寐以求的，因为年代完整有序的藏品是收藏家对器物鉴定与研究的基础。拍卖资料显示，恭亲王的瓷器收藏中清代康熙、雍正、乾隆时期的精品、名品比例较大，而这批清代瓷器中又以单色釉瓷器的数量比例为重。笔者分析认为，其主要原因便是单色釉瓷器的烧造工艺技术在当时很难完全控制，要烧成一件发色完美的单色釉成品是带有一定偶然性的，因此在那个历史时期，好的单色釉瓷器会优先被帝王之家收藏。恭亲王奕訢收藏的单色釉种类较齐全，其种类包含牙白、月白、祭兰、洒兰、宝石蓝、孔雀蓝、霁兰、翠兰、天青、豆青、梅子青、苹果绿、茶叶末、古铜釉、鸡油黄、明黄、乌金、珊瑚红、豇豆红、宝石红、郎窑红等。

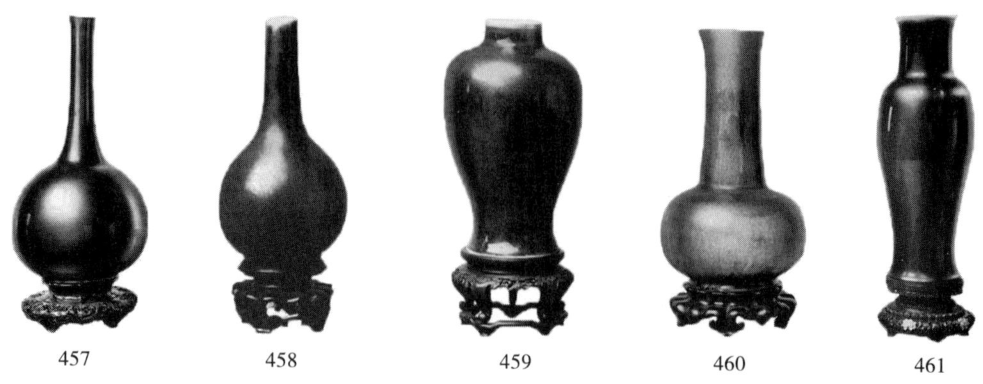

图7　1913年美国纽约拍卖图录中附有照片的郎窑红瓷

郎窑红的瓷器在1913年美国纽约“中国皇家恭亲王宝物”拍卖图录中共有9件，在图录中的定名为“牛血红釉”，按有关资料记载，这是“西洋人的称谓”[⑫]，从拍品照片目鉴，实应为“郎窑红”瓷器品种。这9件“郎窑红”瓷器被集中排列在一起，拍卖顺序号自454到462号，分别为：454.牛血红釉水盂、455.牛血红釉瓶、456.牛血红釉大瓶、457.牛血红釉油槌瓶、458.牛血红釉胆瓶、459.牛血红釉梅瓶、460.青釉与宝石红釉长颈瓶、461.牛血红釉观音瓶、462.牛血红釉大瓶。这批“郎窑红”瓷器最大尺寸的是462号牛血红釉大瓶，高度为45.72厘米。其中有黑白照片的共计5件，分别为457、458、459、460、461号。这9件“郎窑红”瓷器在本场拍卖会上的总成交价共计20995美元，约占此次拍卖总成交价276000余美元的8%，日本学者富田升教授在《近代日本的中国艺术品流转与鉴赏》一书中记载道：“恭亲王藏品的拍卖中……瓷器中价格明显很高的是苹果绿和郎窑红的东西，最高价竟达到6300元至6400元美金”[⑬]，足可见“郎窑红”在世界范围内被收藏界追捧的程度。

六、所征集郎窑红长颈瓶考证

恭王府2011年征集的“郎窑红”长颈瓶，在征集过程中持有人介绍其为恭王府旧藏，并有1913年美国纽约拍卖图录作为依据，属于流传有序的恭王府流失文物。为了印证持有人的描述，笔者对恭王府旧藏文物流失的历史档案、资料进行了认真研究，从中查找到1913年在美国纽约“中国皇家恭亲王宝物”专场拍卖中的相似器物，但2011年出现的此物与1913年的彼物是否就是同一件器物呢？带着众多问题，本着严谨的学术态度，在相关专家和本部门业务人员的协助下，笔者开展了详细的考证工作。

1.锁定类似器物作为考证研究目标

根据“郎窑红”长颈瓶持有人的口述，我们查阅了1913年美国纽约“中国皇家恭亲王宝物”专场拍卖的拍品图录。在全场536件（套）拍品中，瓷器类共有134多件（套），由于瓷器拍品的名称是日本或美国的东方艺术品专家按西方习惯称谓方式对器物进行定名，与国内的定名称谓习惯有较大差异，因此不可能单以器物名称确定研究对象。好在1913年拍卖图录中有不少拍品照片，这为我们确定器物考证目标找到了可靠依据。以此为依据，我们考证了图录中全部红釉品种，再将这些红釉划分为釉上彩和釉中彩两种，又从铜红釉品种中划分出豇豆红、郎窑红两种，然后按图录中照片的目鉴识别及名称归类等方式，将图录中拍品序号454号—462号的拍品划定为“郎窑红”瓷器，并从器型、尺寸、发色等方面鉴评与考认，最终锁定第460号拍品，将其作为考证研究的对象。

2.器物名称考证

2011年该红釉长颈瓶持有人为恭王府提供的器物所定名称为“红釉长颈瓶”。按目前中国古代陶瓷学术研究领域普遍认可的确定器物名称的方法应包含四个方面的内容，即一是年代、二是工艺、三是纹饰、四是器型，如“明宣德青花云龙纹梅瓶”或“清乾隆粉彩百鹿图双耳尊”等，由此可见该长颈瓶持有人的定名是不符合专业器物定名标准的。而1913年美国纽约“中国皇家恭亲王宝物”拍卖图录中460号拍品的定名是“青釉与宝石红釉长颈瓶”，这更是一个错误，因为按照工艺技术原理，青釉与宝石红釉是不可能同时出现在一件瓷器上的。根据同类铜红釉器物流釉所产生的“灯草口”现象分析，以及目鉴460号黑白照片所示，器物口沿处呈

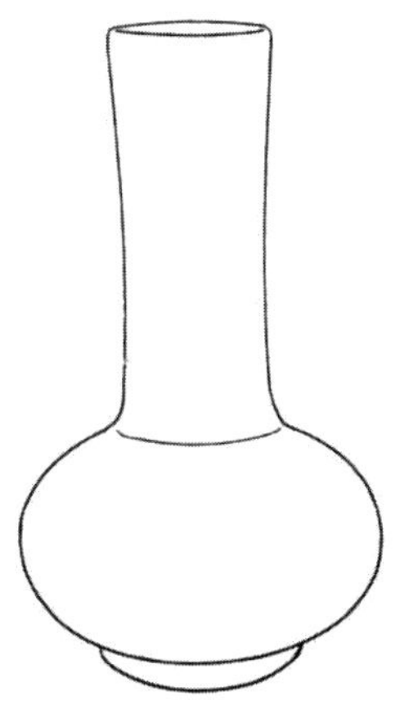

图8 《明清瓷器鉴定》一书中长颈荸荠扁瓶的器型线图

现青白色应为“灯草口”特征所产生的器口部流釉露胎现象。综合上述情况，恭王府2011年征集长颈瓶的准确定名应为“清康熙郎窑红长颈荸荠扁瓶”，其论证依据为：

①年代：经专家集体鉴定，该瓶系清代康熙年烧制，年代特征明显。1913年拍卖图录中460号拍品简介中也将年代定为康熙年间，因此断代是准确的。

②工艺：该器通体为典型的铜红釉发色现象。其流釉、积釉、器口、器足等工艺特征与康熙郎窑红工艺特征完全一致，经专家鉴定为清代康熙年烧制郎窑红工艺特征。

③器型：清康熙年时烧制的瓷器种类繁多，造型也千姿百态。仅长颈瓶一种就分为撇口长颈、直口长颈、赏瓶、荸荠扁瓶等类型。依据耿宝昌先生《明清瓷器鉴定》第八章“清代瓷器概况”第二节“康熙器型示意图之三”第8号样式图[14]进行比对，确认为系同一种类型，即长颈荸荠扁瓶。

④说明：由于该瓶系颜色釉器物，通体满挂单色釉，没有任何图案纹饰，不具备纹饰内容，故在此不再赘述器物纹饰名称。

3.尺寸考证

1913年美国纽约“中国皇家恭亲王宝物”拍卖图录中460号拍品的标示尺寸为：高15.1/2英寸，换算为公制计量单位即39.37厘米，与所征集器物高度一致。再以整器高度为基准，用比较的方法目测器物的比例，两器物的整体比例也完全一致，符合中国传统制瓷器物造型的标准尺寸要求。

4.器型比对

1913年美国纽约“中国皇家恭亲王宝物”拍卖图录中的第460号拍品登录于图录第271页，在拍品照片下方配有器物的英文简介，翻译成中文为：

> 青釉与宝石红釉长颈瓶，高15.1/2英寸，成交价1300美元。典型器型，浑圆粗壮的器腹，圆柱形粗直颈。密实的高岭土胎，肩及足以上覆盖鲜艳的宝石红釉，青色底釉，有开片。器底及器颈内施白釉，有开片。清康熙年间（1662—1722）。硬木底座。[15]

经取1913年拍卖图录黑白照片资料与2011年恭王府征集实物器型目鉴比对，两者器型完全一致，应属同一器物。

5.局部特征考证

由于该清康熙郎窑红长颈荸荠扁瓶具备1913年留存的历史照片资料特征，这为考证及研究提供了参考资料和确认依据。将恭王府征集清康熙郎窑红长颈荸荠扁瓶与1913年留存历史照片资料的视觉角度摆放成一致平面，两者器身所呈现的局部特征完全一致。归纳有以下几点共同特征：

①口沿釉色对比：清康熙郎窑红长颈荸荠扁瓶上颈撇口部因铜红釉经窑火烧制产生熔垂，致使口沿处形成明显可视自然的青白釉现象，这是清康熙时期所烧制的郎窑红瓷器中带有普遍性的时代特征，故一直被俗称为“灯草口”，这一特征两器一致。

②整器釉色及积釉对比：整器铜红釉发色淡雅，但长颈中部，颈部与上腹部连接处，下腹部与圈足的连接处有较厚积釉层，从而使这些位置形成发色较艳丽的积釉区，积釉区呈现较明显玻璃光泽。经比对整体铜红釉发色淡雅色泽一致，局部积釉层位置一致。

③冰裂开片纹理对比：器物整体可视呈现不规则冰裂开片纹。从恭王府征集实物目鉴，器物口内施釉处及底足施釉处也可见冰裂开片纹，经对比后开片大小、纹理一致。

④颈、腹接口痕识别对比：从1913年历史照片资料可视长颈下部与腹上端有一圈略发白色的圈痕，而恭王府2011年征集长颈瓶之长颈下部与腹上端也有一圈凸起圈痕，这是瓷器制作过程中拉坯时的接口，这种拉坯接口现象在明代及清代早期比较常见，对比后可见器物接口的位置、角度，凸显程度一致。

⑤垂釉痕、斑痕对比：清康熙年代烧制的郎窑红器物因釉面熔融垂流现象，致使器身产生特定的“泪流痕”，当垂流致使釉层过薄时，“泪流痕”处便出现白斑，这种白斑与艳丽的红釉会形成明显的反差。事实上，这类痕迹无论从发色、形状还是出现

图9 口沿对比照片

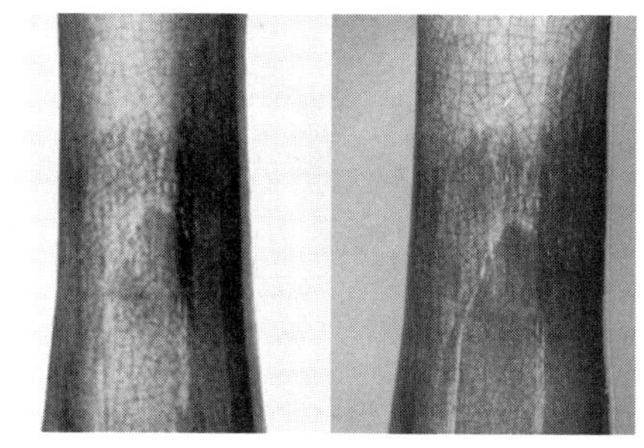

图10 开片对比照片

图11 颈、腹接口对比照片

位置都具有随机性，是无法人为复制的。而比对恭王府2011年征集器物与1913年照片可以发现，可视面和颈部、腹部泪流痕的垂流痕迹、布局、发色均为一致。

通过对上述两者局部特征的对比、分析，二者各项特征均表现一致。这为证实两者为同一件器物提供了充实和可靠的论据。

6.器物座的考证

恭王府征集到的清康熙郎窑红长颈荸荠扁瓶不带器物座，但查阅1913年美国纽约拍卖图录的原始照片记录则带有精致的硬木器物座。器物座是指专为各类文物、艺术品等雅器陈列、展示、放置而制作的，用于增加其美观性及突出美感。这类器座多按器物底足尺寸为标准而量身定做，一般一器一座，美观大方，浑然一体。清代是器物座发展的鼎盛时期，探其缘由主要有两个原因：其一，清代是中国古典硬木家具发展的顶峰，小器座的用材、工艺、技术也随之发展而发展；其二，清宫的收藏因清代康、雍、乾的盛世和强大而迅速扩展，促使殿堂用具、文房雅玩、庭院清供、博古陈设的繁荣。宫廷陈设的奢华带动了民间雅士的效仿及追随，从而使器物座在清代呈现快速发展的趋势。

清代器物座的材质分为青铜座、陶瓷座、石材座、珐琅座、玻璃座、竹木座和牙角座。一般以木座为主。木制器物座多以小巧为形制。工艺手法有：浮雕、圆雕、镂雕等。有些器物座则以家具的器型为样，缩小比例制作，如桌案、茶几、椅凳等，这种小木器制作在木器行内被称作细木作或雕花作。器物座造型多为圆形、方形、葵口形、六角形等。在装饰手法上有嵌金丝、嵌银丝、嵌珐琅的，有镶染色象牙和玉石珍宝的。木料和材质多以红木、紫檀木、铁力木、鸡翅木为主，黄花梨木的较少。

器物座作为当时收藏界的潮流，恭王府的很多原旧藏文物也基本上都配有相应的器物座，并且随着收藏器物的增加而不断定制新座。历史资料记载：仅同治九年（1870）五月初一、初七日清宫内务府造办处为恭王府制作各类文物器物座的活计便

图12　器物座

有39件之多。[16]但是由于多年以来这批文物在流失后的颠沛流离，致使文物与器物座离散，这虽属于很正常的现象，却也令人感到遗憾不已。例如1913年美国纽约拍卖图录中的第343号拍品"青铜兽面纹壶"的原始记录中便配有器物座，而现在藏于美国弗利尔博物馆的同物却已没有了器物座。

7.器物流传考证

一件馆藏文物的有序传承经历及相关历史是衡量其典藏价值和研究价值的重要因素。依据文化部1987年2月3日颁布的《文物藏品定级标准》相关规定，馆藏文物需定为珍贵文物的标准之一，是应充分考虑"反映某一历史人物、历史事件。或对研究某一历史问题有重要价值的文物"[17]。恭王府所征集的清康熙郎窑红长颈荸荠扁瓶具备流传有序的历史条件，对于研究恭亲王奕訢的收藏趋向和藏品类别，研究小恭王溥伟变卖家传文物的目的、过程、类别及流失渠道等重大历史事件有着非常重要的研究价值。

记录这件清康熙郎窑红长颈荸荠扁瓶确为恭王府所流失的旧藏文物，并传承有序的流传考证信息，最重要的证据便是1913年美国《纽育一九一三年AAA恭亲王竞卖》图录。该图录标题《纽育一九一三年AAA恭亲王竞卖》系引用该图录的原始日文，译成中文应为"纽约一九一三年AAA恭亲王藏品拍卖"，副标题为"天朝艺术珍宝"，目前美国、日本、中国等国家及地区研究恭亲王历史，尤其是研究这场具备重要历史事件拍卖的专家、学者，统一简称其为"中国皇家恭亲王宝物"拍卖。

这场拍卖的组织、实施者是日本山中商会和美国艺术协会。日本山中商会是日本19世纪末至20世纪中期最大的艺术品跨国公司。主要以东方艺术品、文物的销售、展销、拍卖为主业。在英国、法国、美国、中国的主要城市设有分支机构。20世纪初该商会的营销状况达到高峰，其商会开始涉足地产、百货等其他领域，扩大了自身的经营范围，跻身当时日本优秀企业之首。第二次世界大战后美国将该商会在海外的大部分财产按"敌产"予以没收，致使山中商会开始走向衰亡。"美国艺术协会"（American Art Association,AAA）1883年成立于美国纽约，其在艺术品分类和拍卖形式方面均大力创新、开拓，是当时美国最为成熟和著名的拍卖企业。20世纪20年代改称帕克·博纳特拍卖公司（payke-beynet）。1964年归属于苏富比拍卖公司（Sotheby's）。

1913年美国纽约"中国皇家恭亲王宝物"拍卖图录的前言部分中简要介绍了小恭王溥伟的贵胄身世、思想倾向及当时的政治处境，同时明确阐述："小恭王根据自己对国际事务的了解，指出清帝国迫切需要进行彻底的政治改革，他的这一主张果然令保守派不满。小恭王因此被迫仓促离开自己的王府，前往一处德国租界安家居住至今……自他走后，整座府邸一直封门闭户直到去年（1912年，笔者注）夏天，当时其艺术收藏品的公司买者经过繁琐的手续获准进入。”这段史料为我们提供了以下信息：

①小恭王溥伟因清帝退位之议与清政府的赞同共和的势力发生严重冲突。据笔者考证，溥伟被迫仓促离开自己的王府的真正原因是与晚清汉臣袁世凯在清帝逊位问题上的不同政见，导致袁世凯派兵夜围恭王府，溥伟仓促外逃。

②为了与清政府赞同退位共和势力抗衡，以小恭王溥伟、肃亲王善耆及皇族后裔良弼为主要力量的皇室成员组成了以拥帝护清为宗旨的“宗社党”。为筹集活动的经费，小恭王溥伟做出了“拟毁家以纾国难……尽出古画古玩，抬高变价”的变卖祖上收藏之艺术品、文物的决定。

③据史料记载，溥伟应是1912年2月被迫仓促离开恭王府的，同年夏天在“经过繁琐手续获准进入”恭王府的这批“购买者”应该是日本山中商会的首领山中定次郎及其高层管理人员。他们此行的目的就是收购恭王府的艺术品及收藏品。事实证明这个目的是在大大超出山中定次郎及其同僚们预想的情况下完成的。一张山中定次郎完成收购后与恭王府大管家在恭王府大门口的合影证实了这一历史瞬间，同时也证实了恭王府旧藏文物流出的事实。

上述信息为我们证实了1912年夏季日本山中商会的山中定次郎携其高层管理人员赴恭王府购买家传艺术品、收藏品的事实。

1913年在美国纽约举办的“中国皇家恭亲王宝物”拍卖，首先在定名上明确了这批珍贵的艺术品、收藏品的主人是中国皇室的恭亲王。此场拍卖会的组织、筹办方特意印制了拍品图录，共计有536件（套）拍品被收入，分为玉器、青铜器、陶瓷、书画、家具等种类，其中陶瓷共计134件（套），书中拍卖序号第460号“青釉与宝石红釉长颈瓶”经专家鉴定，确认为与恭王府2011年征集的“清康熙郎窑红长颈荸荠扁瓶”系同一件器物。这个定论充分证实美国纽约拍卖会的拍品是出自中国恭王府的真实性与可靠性。日本学者富田升先生对这场拍卖是这样评价的：“恭亲王拍卖，虽说确实达到最大规模，然而根据传记的记述及上述出品总数，它作为山中定次郎毕生的胜负，其规模还是过小了。如大胆推测的话，也可以认为：自购买至拍卖的一年间，通过店头乃至个别销售等，已经卖掉了相当多的一部分，剩下的一部分进行拍卖。若真是这样，拍卖正如字意，成了库存廉卖！”[18]富田升的研究也证实了这场拍卖的全部拍品来自中国恭亲王府的事实。

从1913年3月2日《纽约时报》恭亲王藏品拍卖专题的新闻中，我们发现编号460的这件“清康熙郎窑红长颈荸荠扁瓶”被一位名为西曼（W. W. Seaman）的人以1300美元买下。2011年我们征集到此瓶后，发现瓶底有几个保存完好的英文标签，我们对标签进行了认真的研究，最终基本了解了其中的信息，证实此瓶1913年经拍卖流入社会后，曾被民国时期侨居海外的著名古董商、中国侨民卢芹斋收藏过，并入藏卢芹斋艺术馆；后又被一位叫弗兰克·卡罗的收藏家收藏过；还曾在某年被美国苏富比拍卖公司进行过一次拍卖，当时的拍卖序号为第325号，瓶底的标签证实了这个事实；2009年至2011年间从海外被带入中国境内，瓶底的国家文物局入关火漆印是印证这一论证的依据；2011年夏季，该瓶还参加了由北京保利国际拍卖有限公司与正观堂合作举办的“延熏秀色——康熙瓷器与宫廷艺术珍品特展”。

通过上述论证，充分证实“清康熙郎窑红长颈荸荠扁瓶”是一件流传有序的，出自前清恭亲王府的珍贵收藏品，通过摸清它的传承，为研究恭王府旧藏文物的流失及其流失后的历史提供了十分重要的线索。

七、结论

通过以上研究与论证，我们基本了解了以下几个方面的问题：

1.恭王府征集清康熙郎窑红长颈荸荠扁瓶的基本经过；

2.清康熙郎窑红长颈荸荠扁瓶现状特征综述；

3.清康熙郎窑红长颈荸荠扁瓶贴附标签说明；

4.铜红釉瓷器烧制起源、失传、复烧、定型的过程简述；

5.“郎窑红”品名称谓产生的经过综述。

在上述器物现状及铜红釉（郎窑红瓷器）理论知识的支持下，通过长颈瓶实物及历史资料的细致对比和考证，基本清晰地论证了以下几个方面的问题：

1.恭王府旧藏文物收藏奠基者——恭亲王奕訢；

2.恭王府旧藏文物种类简述；

3.“郎窑红”品种在1912年恭王府流失文物中的数量与地位；

4. 恭王府2011年征集清康熙郎窑红长颈莩荠扁瓶与1913年美国纽约“中国皇家恭亲王宝物”拍卖专场中出现的清康熙郎窑红长颈莩荠扁瓶的考证及对比。

经过认真、严谨的对比、考证后，确定了以下几点一致性：

1. 尺寸对比、考证，实物与历史资料记载完全一致；

2. 器型比例对比、考证，实物与历史资料记载完全一致；

3. 局部特征对比、考证，实物与历史资料记载完全一致；

4. 器物口沿釉色对比、考证，实物与历史资料记载完全一致；

5. 釉色分布及积釉部位对比、考证，实物与历史资料记载完全一致；

6. 整器冰裂开片纹理分布对比、考证，实物与历史资料记载完全一致；

7. 器身垂釉痕、斑痕对比、考证，实物与历史资料记载完全一致；

8. 器物流传有序，瓶底标签与历史记录可相互印证。

最终我们得出可靠结论：恭王府2011年征集到的清康熙郎窑红长颈莩荠扁瓶与1912年从恭王府流失并于1913年在美国纽约“中国皇家恭亲王宝物”专场拍卖会上被拍出的第460号拍品系为同一件器物。

八、终述

2003年深秋的一天，时任中华人民共和国国务院副总理李岚清同志陪同国务院原副总理谷牧同志到恭王府现场考察府邸修缮进展情况。当时的恭王府管理中心主任谷长江同志向领导们汇报了恭王府1912年文物流失的信息，而且现有资料初步证实这批文物流往日本、美国、英国等地的情况，谷牧同志指示：“这些文物的流失是当时历史原因造成的，但这些珍贵的文物是我们祖先留下的宝贵文化艺术遗产，应该想办法让它们回归故里。”

从那时开始，研究、考证恭王府旧藏文物流失工作就成为恭王府管理中心领导和专家、专业人员的一个常态化的工作内容和研究课题。在之后的十年时间里，为了系统、全面地研究这一课题，2004年恭王府管理中心组织考察团赴日本，基本摸清了恭王府旧藏文物流失事件中日本买方的情况，拜访了购买恭王府文物的山中定次郎的后人山中让，并得到其捐赠的1913年美国纽约“中国皇家恭亲王宝物”拍卖图录，这本珍贵历史资料为日后研究、考证恭王府旧藏文物流失的准确时间、流失数量、流失渠道等问题提供了可靠、可信的第一手资料。2007年，恭王府管理中心组织考察团赴英国，在文化部驻英国文化处的大力协助下，从英国克里斯蒂拍卖公司查找到1913年在该拍卖公司拍卖的恭亲王收藏的211件珍贵玉器的原始档案，为研究、考证恭王府流失文物在英国的拍卖时间、器物种类等问题提供了翔实的历史依据。2011年，恭王府管理中心组织考察团赴美国，在美国博物馆协会及文化部驻美文化处的大力帮助下，基本摸清了1913年在美国拍卖的恭王府文物目前在美国各大博物馆的下落和保存现状。与此同时，这十年中，“恭王府旧藏文物流失”课题的理论研究也在不懈努力下广泛开展。据不完全统计，由专业人员撰写的专题业务论文十余篇，从恭王府旧藏文物的收集与典藏、流失的历史背景与原因、流失的过程与渠道、流失文物等级评估与种类分析以及世界范围内恭王府流失文物现存状况记录等相关问题进行了较为系统的分析和论证，使这方面的学术研究一直处于领先位置，从而引起学术界及文物收藏界的广泛关注。

清康熙郎窑红长颈荸荠扁瓶是经过恭王府领导及专业人员十年的努力，第一件回归故里的恭王府旧藏流失文物。在恭王府文物流失100年后的今天，它的成功回流既是对我们为之所付出艰辛努力的褒奖，也是对我们继续勤奋不懈追求的鞭策。也许有朝一日，这件珍贵的文物会被陈列在展柜中，当人们驻足凝视之时，会为器物通体流光溢彩的淡雅红釉以及器物流畅挺拔的造型所吸引，而这件蕴含百年沧桑的器物也会将自己颠沛流离的曲折故事向人们娓娓道来。

清康熙郎窑红长颈荸荠扁瓶的成功征集回流是一件令人值得庆贺的事，但在欢喜之余，我们应该清醒地认识到，恭王府旧藏文物流失课题研究以及争取恭王府流失文物回流的工作仍然任重而道远。这项使命需要几代人艰辛努力，不懈追求，只有如此，流失于世界各地的恭王府旧藏文物才可能早日回归故里，向世人展示昔日恭王府的灿烂与辉煌。

附录：《纽育一九一三年恭亲王竞卖》中可考文物资料链接

1.御制碧玉兽面活环盖瓶

尺寸：高21.5英寸（54.61厘米）；宽14英寸（35.56厘米）

1913年成交价：2700美元

图13　1913年美国纽约拍卖图录照片

2006年11月香港佳士得lot 1387

2006年成交价：628万港元

器物描述：器身高大，扁卵圆腹，束颈，兽首衔环双耳。环绕器身一周浅浮雕古老的卷曲造型纹饰，包括出自古代青铜器的饕餮纹。颈部饰一周如意云头纹，其下紧随一周纹饰带，浮雕圆形的凸起纹饰，底部亦有同样的一周纹饰。器身上口沿与圈足边缘均施回纹。颈部刻乾隆御制诗，为友人题，诗文描金。穹顶式盖，上起四兽首，套活环。橄榄绿色玉质底座，传统造型，精美的透雕工艺。底部刻官款：宫廷特造。乾隆时期。

图14　2006年香港佳士得拍卖照片

2.御制白玉兽面活环盖瓶

尺寸：高21英寸（53.34厘米）；宽14英寸（35.56厘米）

1913年成交价：3600美元

2006年11月香港佳士得lot 1386

2006年成交价：460万港元

器物描述：器身高大，扁卵形腹，束颈，上起二兽首衔环耳。器身精雕蜿蜒蔓曲的边饰，浅浮雕卷草纹、龙首、夔纹、凸饰等，均仿古老的青铜器。穹顶式盖，上雕四兽首，各套活环。传统造型透雕白玉底座。足底刻乾隆年款：宫廷特造。清代。

3.白玉三足带盖酒壶

尺寸：高7.5英寸（18.42厘米）；宽5.5英寸（13.97厘米）

图15　1913年美国纽约拍卖图录照片

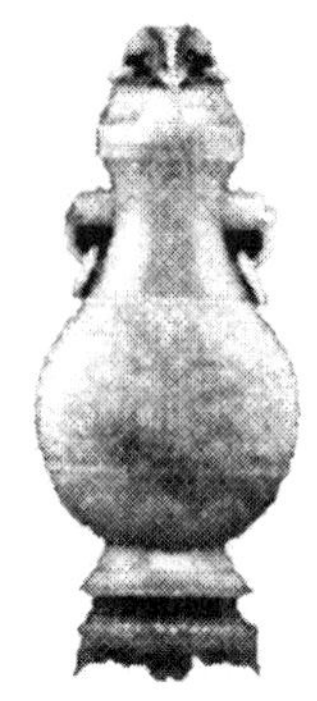
图16　2006年香港佳士得拍卖照片

图17　1913年美国纽约拍卖图录照片

图18　2011年香港苏富比拍卖照片

1913年成交价：310美元

2011年4月香港苏富比lot 3228

2011年成交价：782万港元

器物描述：青白色软玉，传统三足造型。兽首形曲柄，鸟首形流。壶身饰饕餮纹，与三足上纹饰呼应。穹窿式盖，盖顶雕刻花蕾形钮，盖沿饰草叶纹。清代。硬木底座。

4.清乾隆御制紫檀漆地嵌玉圆光大座屏一对

尺寸：高89英寸（226.06厘米）；台宽42英寸（106.68厘米）；屏板直径33英寸（83.82厘米）

1913年成交价：700美元

2010年12月香港佳士得lot 3008

2010年成交价：3202万港元

器物描述：置于高台座上。圆光形大座屏，硬木边框，髹黄漆地，镶嵌各式玉雕瑞物宝器，包括瓶花瑞草、祭祀礼器、仙丹宝瓶等。复有骏马、书卷、宝象、宝瓶等。又有寓意富足昌盛的三种果实——“三多”，寄情美好欢乐的帆篷轻舟、象征飞黄腾达的鱼跃龙门。18世纪。

图19　1913年美国纽约拍卖图录照片

图20　2010年香港佳士得拍卖照片

5.孔雀石雕达摩山子

尺寸：高9英寸（22.86厘米）；宽7.5英寸（19.05厘米）

1913年成交价：1550美元

现藏美国大都会博物馆

器物描述：以雕刻技法表现山中景致，有树木和一道瀑布。一位高僧坐于石崖边，手持一串念珠；其侍从坐于下首。右上部有题字，字红色，说明此物为一名叫“YipLowMo”的工匠为宫廷制作。透雕硬木底座。

图21　1913年美国纽约拍卖图录照片

图22　美国大都会博物馆藏原物照片

6.青铜兽面纹壶

尺寸：高19.5英寸（49.53厘米）；直径12英寸×10英寸（30.48厘米×25.40厘米）

1913年成交价：5200美元

图23　1913年美国纽约拍卖图录照片

图24　美国弗利尔博物馆藏原物照片

现藏美国弗利尔博物馆

器物描述：竖直的长方体，鼓腹，直颈，两只造型生动的兽首耳。器身浮雕古代纹饰，主纹为活泼饱满的线条构成的兽面纹，以细小的雷纹为地纹。颈与足装饰粗线条的波曲纹，此纹样可能是从最初龙虎相斗的图案演变而来的。坚实的硬壳状铜锈，呈现石绿和其他绿色调，间有长期埋藏地下形成的土锈。中国古青铜器著录中收录类似器物，但此器估计仅此一件。应属周代末期。硬木雕花底座。

注释

① 耿宝昌:《明清瓷器鉴定》，紫禁城出版社、(香港)雨木出版社1993年版，第64页。
② 赵汝珍:《古玩指南》，民国三十一年(1942)，第51页。
③ 故宫博物院编:《故宫博物院藏文物珍品大系·颜色釉》，上海科学技术出版社1999年版，第1、3页。
④ 李辉柄著，故宫博物院编:《中国瓷器鉴定基础》，紫禁城出版社2005年版，第70页
⑤ 耿宝昌:《明清瓷器鉴定》，紫禁城出版社、(香港)雨木出版社1993年版，第64页。
⑥ 李辉柄著，故宫博物院编:《中国瓷器鉴定基础》，紫禁城出版社2005年版，第77—78页。
⑦ 故宫博物院编:《故宫博物院藏文物珍品大系·颜色釉》，上海科学技术出版社1999年版，第16页。
⑧ 中国第一历史档案馆、文化部恭王府管理中心编:《清宫恭王府档案总汇·奕訢秘档》(一)，国家图书馆出版社2008年版，第3页。
⑨ 中国第一历史档案馆、文化部恭王府管理中心编:《清宫恭王府档案总汇·奕訢秘档》(一)，国家图书馆出版社2008年版，第109页。
⑩ 费行简:《近代名人小传》，(台北)文海出版社1967年版，第72页。
⑪ 摘自《纽育一九一三年AAA恭亲王竞卖》图录前言部分。
⑫ 台北故宫博物院:《故宫文物》第6期，第66页。
⑬ [日]富田升:《近代日本的中国艺术品流转与鉴赏》，赵秀敏译，上海古籍出版社2005年版，第129页。
⑭ 耿宝昌:《明清瓷器鉴定》，紫禁城出版社、(香港)雨木出版社1993年版，第190页。
⑮ 摘自《纽育一九一三年AAA恭亲王竞卖》图录，第271页。
⑯ 参见中国第一历史档案馆、文化部恭王府管理中心编《清宫恭王府档案总汇·奕訢秘档》第七卷，国家图书馆出版社2008年版，第29—37页。
⑰ 国家文物局编:《博物馆藏品保管工作手册》，群众出版社1993年版，第239—245页。
⑱ [日]富田升:《近代日本的中国艺术品流转与鉴赏》，赵秀敏译，上海古籍出版社2005年版，第207页。

[原载《清宫史研究(第十二辑)》，辽宁民族出版社 2017 年版]

笔墨留声　风物铭心

——溥心畬和他的书画

侯　芳*

溥心畬，本名爱新觉罗·溥儒，字心畬，号西山逸士，是清道光帝之曾孙，恭亲王奕訢之嫡孙，载滢贝勒之次子。其出生仅5个月就蒙赐“头品顶戴”，5岁时奉诏谒见慈禧太后，作对联得慈禧夸奖“本朝灵气都钟于此童”。但这位“灵童”却超然物外，忘情山水，潜心自学绘画、书法，在近现代流派纷争的中国画坛上独树一帜，以笔墨留声，风物铭心，成为一代大家。

画坛上，溥心畬是一个非常受人关注的名字。他身为皇室嫡亲却在很长一段时间内以卖画为生，虽传统画艺功力深厚，独树一帜，享有“南张北溥”之盛誉，却从未拜师，更谈不上是哪位名家的入室弟子。他的生前身后留下了许多令人回味的东西，大量的精品佳作更是让人流连于美的思索之中。

溥心畬作为清朝宗室的后代，所受教育非常严格。10岁时学了满文和英语，15岁入贵胄法政学堂专攻西洋文学史。18岁毕业后，在礼贤书院习德文，19岁应德国亨利亲王之邀游历德国。回国后，曾隐居北京西山的戒台寺，谢绝交游，潜心读书，研习书画诗词、文艺理论，后又迁到颐和园专门研究经学、史学。这样的学习范围对他日后的书画艺术可谓影响至深，加上早年便写出受到长者称道的律诗古词，在讲究书画诗文为一体的中国画创作过程中，他的文史修养不能不说起到了相当重要的作用。

溥心畬在同时代画家中的特殊身份，使他在能饱览别人难得一见的宫廷藏画的过程里，深受“古法”熏陶，以至于逐渐形成其艺术上的宋人宫体风格。渊博的学识和儒雅的气质影响了他的绘画，也使“北宗”山水少了直露锋芒的狂野之气，多

* 侯芳，原文化部恭王府管理中心副研究馆员。

图1　溥心畬山水画

了一些笔势流畅、淡雅脱俗、峻峭清新的明秀雅逸。张大千曾说：“中国当代画家只有两个半，一是溥心畬，一是吴湖帆，半个是谢稚柳。另半个已故去，那就是谢稚柳之兄谢玉岑。”于非闇在《艺圃》上以“南张北溥”为题写道：“张八爷（张大千）是写状野逸的，溥二爷（溥心畬）之图绘华贵的。论入手，二爷高于八爷；论风流，八爷未必不如二爷。南张北溥，在晚近的画坛上，似乎比南陈北崔、南汤北戴还要高一点。”张大千、溥心畬都是中国画坛上的高峰，将两人相比我们会发现他们都是喝足了古典墨水的人物。张大千性格奔放豪逸，似有仙风道骨，虽身居海外多年，但从未真正留过一天“洋”，是百分百的中国古典艺术的“传教”名士，旅行、卖画、交友，食必四川味，把一个“大千鸡”弄得名扬欧美。他强调“第一是读书，第二是读书，第三是须有系统、有选择地读书”。其所选之书必是线装书。作画则“欲脱俗气，洗浮气，除匠气”。溥心畬则不同，他经历了1911年的辛亥革命。清王朝的覆灭，使他成为清朝遗民，“颠沛丧乱，苦心志而伤世变”，体验到了三百年前八大山人、石涛同样的命运。这一点从溥心畬从不用民国纪年，以“旧王孙”自居中可见一斑。这样的心境在绘画表现上也就于萧疏高逸、古雅清寂中平添了一层落寞之情。他的画面上经常出现的亭台楼阁、高古人物，虽然气派豪华，自有一股王家气势，但又总要加上他的寒林、淡雪、孤帆，以至于一番景致如静水映月，镜中之花，可望而不可得。

中国绘画史上的南宗画风在技法上大多是淡墨起稿，再用皴擦之法分出层次和景物之细节。淡墨干笔的层层皴染在烘托转折变化和阴阳向背空间效果的同时，也借助落笔藏锋、渐渐变柔的收笔使山石轮廓松秀虚灵，体现出宁静幽远的意境。对这种画法，董其昌和“四王”倍加推崇，认为“始用渲染，一变勾斫之法”这种不杂一笔斧劈、刮铁之皴，而强调淡墨，取淡中之浓的山水画法，形成秀润苍浑的视觉效果，雅逸风韵十足。与南宗山水相比，北宗山水笔力浑厚，有一种雄健之势，其画法注重勾斫，多用浓墨直接起稿，起笔、收笔力度明显，顿挫之间山石树木如刀削斧劈一般。溥心畬虽然有“北宗”山水代表人物之称，但他早期绘画用的多是

南宗画法。他在自述中说道：“初学四王，后知四王少含蓄，笔多偏锋，遂学董、巨、刘松年、马、夏，用篆籀之笔。始习南宗，后习北宗，然后始画人物、鞍马、翎毛、花竹。”值得注意的是，由南宗入手的溥心畬在继承北宗山水特征的同时，并没有失去南派山水的秀润之色，而是提出自己的认识，并在实践中有所突破。比如他常在山顶和岩峦之间，使用兼有南北两派特点的雨点皴形成错落有致的节奏，烘托出山水景物的葱茂生机，就是很好的例子（图1）。艺术上对某派技法的学习和突破有时看似矛盾，但其本质往往相通。这就像一辆马车的两个轮子，无论是走在洒满阳光的大道，还是崎岖的羊肠小路，哪一个都不能缺少。每一位艺术家的创作思想都有属于他的个性范围，就像他的血液融于他的生命肌体一样。特定的环境，特定的时代事件，特定的教育模式和生活方式足以影响画家的绘画语言和题材内容。“一些悲剧或是人伦的快乐会为命运色调增添些许色彩。终其一生，随着住所的更换和年岁的增长都可能为命运色彩增加不同程度的光彩，而它的本质却是永不改变的。”从特征上看，溥心畬的绘画自始至终都固定在传统南宋院体山水画风的范围内，题材也非常固定，用笔、用墨、用色、构图、技法等都有一定的程式可循，这种一贯性似乎成为溥心畬绘画模式的一种表述符号。从这个意义上说，正是这一点构成了“南张北溥”的重要对比点。

溥心畬自言：“如若你要称我为画家，不如称我为书家，如若称我为书家，不如称我为诗人，如称我为诗人，更不如称我为学者。”诗书画俱佳的溥心畬在作品上大多用行书书写自题诗，其书写笔势流畅，气韵连贯，这一点即使是与他齐名的张大千也难与之相比。溥心畬曾画有一幅扇面，题为《江清云流图》，画面楼阁层叠，极尽工细。画家采用“界画”手法，强调宫殿楼台远山近树在视觉效果上的虚实掩映，打破了平远构图的一味开阔。其山石之法既有黄公望式的苍茫简远，又不失董其昌的秀润雅韵。在这幅画上松树远山的设色采用青绿式的敷染手法，右侧有行书题诗：“岸静树阴合，江清云不流。可怜无限景，诗思落扁舟。翳翳云中树，亭亭江上山。秋风生柁尾，荡漾碧波间。木落风初起，诗成酒未酣。故人今不见，秋水满江南。

静处有真乐，寄兴笔墨间。……”构图饱满的尺余画面，融汇了多家笔法，却无拼凑之感，再加之百余字的诗文，给人的依然是一种空灵的意境。由此可见他深厚的传统功力。

文人画讲究笔墨韵味和书卷气，重视水墨而设色淡雅。溥心畬早期学过“四王”的画法，又长年隐迹避世，诗词文章造诣颇深，长诗、绝句的清新逸趣自然使他的画多了几分静谧之气。

图2 溥心畬水墨画

溥心畬的画以山水最多也最精致，人物、花鸟也有涉及。其绘画无论水墨还是青绿均取古法，用绢或矾纸为主，笔是弹性极好的狼毫，笔墨技法“放任自然，却恰到好处，收当之为收，放当之为放，寒林重叠，楼观精致，严密中渗透一种萧散旷澹之象”。溥心畬的画一般着色不多，但并不是不重色彩，而是强调色彩的意趣，设色主要以浅绛为主，再施花青、青绿（图2）。至于工笔花卉，青山绿水之色必染十余遍，使之符合“写山川草木晦明燥湿，云烟离合，与墨色浑然而无迹”（引自翁福祥《溥儒先生小传》）。苏轼说“胸有成竹”，唐末五代之际的荆浩提出“心随笔运”，画家思维上的一丝波动都会直接传递到纸与墨色之间。这一点，在体现水墨特点的同时也给画家提出了非常高的技巧要求。在动笔之前，溥心畬心中的山水早已成竹于胸，即使那些看似写生的作品也是如此，它们是大自然的形态与精神领悟的有机组合体。那些看似熟悉的小桥、山石、草木，对其本质的把握除了来自画家长时期的观察，还得自他敏锐的洞察力。我们细细品味溥心畬的《归帆图》《古城秋色》《古寺疏钟》等作品，就会发现画中的细节都没有固定的支点，视点是流动的。他的画通过墨的深浅渗透变化表现出细微的层次，加上笔触的方向性、笔迹的急缓轻重，繁杂的形象和谐地融为一体。就像诗人所说的“一沙一世界，一鸟一天国”，画家以小观大，由大地、天空、浮云、明月中召唤出一种神奇的力量。

清人盛青嵝咏白莲“半江残月欲无影，一岸冷云何处香”。山川美景，草木之情并非自然之意，是随观者心境变化的。心境不同，同样的月色也会有“大地山河微有影，九天风露寂无声”（杨载《宗阳宫望月》）、“明河有影微云外，清露无声万木中”（沈周《写怀寄僧》）的审美差别。一片自然风景是一个心灵的世界，“一朵微小的花对于我可以唤起不能用眼泪表达出的那样深的思想”（华兹华斯语）。任何一件细小的事物，哪怕是一块怪异的石头，在溥心畬眼中都可能是精神寄托，这种感觉源自他的修养，也包含特定历史阶段和特殊身世的影响。

画为心声，目之所及、心之所思必然会在画面上有所反映。溥心畬的《山水楼阁》取景奇峻，构图左侧山石、松树、楼阁布满纸间，无一空白处，可谓“密不透风”；构图右侧除隐约可见的远山外空无一物，可谓“疏可跑马”，有南宋马远、夏圭的那种将景物集中在一边的“马一角，夏半边”的构图意趣。山石的皴擦点染取黄公望、董其昌，染以青绿、淡赭，得山之神气，意境悠远。苍松掩映的楼阁虽有“界画”特点，但设色淡雅，不像一般界画那么工整华丽；近景小桥上的人物凸显着古意，流露出向往山林的归隐之心，反映出了画家当时精神生活的幻想化状态。诗中有画，依靠的是联想，“蓝溪白石出，玉山红叶稀”，人们能够想象出诗中的画意。但诗之为诗自有它的特点，它不是画。杜甫诗句：“水流心不竞，云在意俱迟。”这种诗意如何描绘？这就像董其昌所说的隔帘看月，隔水看花，水色朦胧间更多的是意境。观溥心畬的画大都有这种感觉，精神上的会意胜于形似上的模仿。

星移斗转，如今北京城的大街小巷都发生了巨大变化。溥心畬曾画画的地方依然是原来的房子、原来的树，默默立于恭王府……抬头望去，轻风扫尽浮云后的天空，仍像百年前一样，透着一种说不清、道不出的湛蓝色，就像近百年的中国画坛，流派纷争之后留下的则是更多的思考。

（原载《中国文物报》2004 年 12 月 22 日）

溥心畬的朋友圈

——从恭王府博物馆所藏一件溥心畬佳作谈起

周劲思 *

一、梦中得诗而成画

1935年，溥心畬40岁，是北京城中赫赫有名的旧王孙、溥二爷，也是出手不凡、声誉正隆的大画家。虽然此时的北京已经笼罩在日本的侵略阴云下，但是居住在恭王府萃锦园中的溥心畬和他的弟弟溥僡（字叔明），似乎对政治动荡有些麻木，至少表面上对国破家亡将再一次袭来的危险气息不太敏感，他们的主要生活仍旧是每天在恭王府的蝠厅，与一批前朝贵胄遗老、文人雅士们吟诗作画、唱和闲聊。6月的一天，弟弟溥僡兴冲冲来找兄长溥心畬，将梦中所得的两句诗"荒城临水断，细路逐沙分"说给哥哥听，溥心畬听后非常欣赏，觉得可以媲美唐朝大历诸子诗风，就依诗意作了一幅画，经过一番波折，80余年后这幅画又收藏在了恭王府博物馆，可算是物归原主，藏得所属（图1、图2）。

这幅《荒城临水图》是典型的敷色山水画，为绢本手卷，纵32厘米，横86厘米，描述的是西北边塞秋天的荒疏景象：古城外的河流干枯断流了，道路也在黄沙中越分越细，最终消失在远方，从城头向远方眺望，只有一片萧索落寞。几抹淡朱砂色的敷染，更增添了一分夕阳中的惆怅，是一幅笔墨超脱、意境深远的画面。正上方有溥心畬亲笔题记："荒城临水断，细路逐沙分。此叔明梦中诗也。悥近大历诸子遂图其意。乙亥六月，心畬记。"题记右侧钤朱文印"残山"，左侧钤白文印"溥儒之印"。题记中提到的大历诸子是指唐代大历至贞元年间活跃于诗坛上的一批诗人。这批诗人的生活，经历了由开元盛世向安史之乱后惨痛的转变，因此他们的诗

* 周劲思，文化和旅游部恭王府博物馆藏品研究部研究馆员。

图1　蝠厅内悬寒玉堂匾，为溥心畬所题名

图2　蝠厅外景

不再有李白那种非凡的自信和磅礴的气势，也没有杜甫那种反映战乱社会现实的激愤和深广情怀，大量作品是通过描写自然山水的恬静、幽远、清冷甚至孤寂来表现人生的感叹及个人内心的惆怅，追求清雅高逸的情调，表现宁静淡泊的生活情趣。这一点与溥心畬的个人经历十分契合，所以他非常喜欢大历诸子的诗风，自己的画风亦是这种格调，这幅画卷就是非常典型的代表作（图3）。

画作四周附有五宗题跋，从右至左分别是：

1. 古渡隐残堞，野径认微茫。不知身是何世，寥阔任孤翔。举目河山自异，云海荡胸惊起，万感郁悲凉。一枕蘧蘧觉，珠唾落匡床。 漆园蝶，槐国蚁，总荒唐。何如谢客，吟思秀句入池塘。打叠荆关画稿，貌出钱卢诗意，天际有无乡。奇气二难并，千载付堂堂。

调寄水调歌头。

乙亥九月，袁思亮。

钤印：袁思亮（白文），伯夔（朱文）。

图3 《荒城临水图》现藏恭王府博物馆

2.并世间平德业深，岂惟笔札重鸡林。谁知一片荒寒意，写出芒鞋恋主心。

丙子（1936）四月，娟净傅岳棻。

钤印：岳棻（朱文）。

3.平沙细路入漫漫，极目山寒更水寒。大历诗心摩诘画，凄迷犹似梦中看。灵运池塘诗意新，令穰小幅气合春。如何只写萧寥境，愁绝江山富贵人。

乙亥九月，陈曾寿。

钤印：苍虬（朱文）。

4.寒鸦数点过城头，野水参差咽不流。古木夕阳向山路，载将诗思入凉州。

无梦沈兆奎。

钤印：兆奎之印（白文）、无梦（朱文）。

最下边还有一份较长题跋。

5.梁园残客重回首，凄迷五陵佳气。秉烛看花，挑灯说鬼，疑是芬生宿世，依稀尚记，记妙笔能传，华胥诗思，梦里风光，塞垣沙迹渺无际。

新来梦也慵做，问池塘草长，王孙归未。海外青禽，天涯黄犬，郑重珰缄谁寄，柴门深闭，乍旧雨惊逢，欲挥无泪，算只丹青，不随陈迹逝。

齐天乐。

乙亥丙子之际，萃锦园夜谈往往达旦，此图即成于此时，题者四君胥，当时坐中客，诺而未及为者，惟余与息庵两人，忽忽廿余年，五君皆为异物。叔明属补题，惘然谱此应教。

庚子（1960）秋，西阁长翁陈祖壬。

钤印：中田老民（朱文），祖壬之印（白文）。

上述题跋的内容不仅有对溥心畬这位旧王孙身世的感怀与理解，更有对其才华的欣赏与仰慕。看得出五位写跋者均是与溥心畬情义甚笃的朋友，他们是谁？跟溥心畬有着怎样的交集与交往？进一步考察这些人的身份角色，对于今人了解当时溥心畬的朋友交往是一份难得的补证资料。

二、萃锦园中名士多

1924年至1938年，是溥心畬从借住的西山戒台寺返回城里恭王府旧居生活的14

年。这位从年少即开始经历国破家乱的清王朝贵胄王孙，在经过了十余年隐居避祸、刻苦读书的生活后，终于在29岁时，携母带弟返回北京城内自己的家。这一次，他凭借出类拔萃的画技，很快在北京画坛一鸣惊人、声名鹊起。显著的书画名声伴随的是不菲的润酬，竟以一支笔为自己和全家上下谋得了一段快乐安逸、随性惬意的生活。世人赞叹他“出手惊人，俨然马夏”，“北宗风格沉寂了几三百年……心畬挟其天才学力，独振颓风，能使观者有一种新的感受”①。“南张北溥”“北溥南吴”的画名都是这时叫响的。虽然因着旧王孙的身份，他内心深处依然无限眷恋已经逝去的清王朝，但理智和现实却促使他以一种积极的入世态度对待着新世界，他虽不触碰政治，但文人的活动却不少参与，诸如入主松风画会，召开海棠雅集，举办个人画展，广交朋友，开课授徒，吃喝玩乐等，围绕在他身边的各色人等很多。据溥心畬拜门弟子林熙回忆：“从1927年到1937年这11年中，萃锦园的宾客甚盛，来访者都是当代的诗人，书画家，偶尔也有慕名而来的外国人，来得最勤的有李宣倜、曹经沅、樊增祥、冒广生、贺良朴、瞿宣颖、杨宗义、周学渊、黄濬等人，陈宝琛、陈三立、林开謩、傅增湘、袁励準等，遇有佳期才到。”②而画作中留有题跋的五个人，在林熙先生的记述中也没有出现，他们是谁？查阅资料可以发现，历史的长河中还是留有他们的印迹（图4、图5）。

图4　溥心畬20世纪三四十年代读书照

图5　溥心畬在蝠厅前逗弄大鹦鹉

袁思亮（1879—1939），湖南湘潭人。字伯夔，亦作伯揆，号蘉庵、莽安，别署袁伯子。光绪二十九年（1903）举人，试礼部未中后，遂绝意于科举。民国初年曾任北洋政府工商部秘书、国务院秘书、印铸局局长、汉冶萍矿冶股东会董事等职。袁世凯复辟，弃官归，后隐居上海和叶揆初为邻，终日以著述、购书为事，是民国时期颇有名气的藏书家。藏书处曰“雪松书屋”“刚伐邕斋”等，藏书印有“刚伐邕斋秘籍”“湘潭袁伯子藏书之印”“壶尖室珍藏印”等。所藏宋、元本甚多，有正德木活字本《太平御览》及宋本苏诗等。又曾得廖莹中世彩堂所刻《韩昌黎集》，世称宋本集部第一，后毁于火。又藏姚鼐《使鲁湘日记》手稿，为全集所未有。

傅岳棻（1878—1951），湖北武昌人。字治芗，号娟净，室名遗芳室。光绪二十九年（1903）举人，张之洞门生。曾任山西抚署文案等职。1919年6月任教育部次长、代理总长，翌年8月免去。后在北平任教授，长期从事外国历史，国文课的教学和研究工作。著有《西洋史讲义》《遗芳室诗文集》等书。

陈曾寿（1878—1949），湖北蕲水人。字仁先，因藏有元四家之一吴镇的《苍虬图》而号苍虬。光绪二十九年（1903）进士。曾为张之洞幕客，后官至广东道监察御史。民国后不入仕，于杭州西湖买地购屋奉母以居。1917年协助张勋拥逊帝溥仪复位，任学部侍郎。1930年应溥仪聘赴津，后又赴长春，任婉容的老师，并管理陵园诸事，1937年因陵庙事务触怒日本人而南归北京。后寓居上海至1949年卒。

沈兆奎（1885—1955），江苏吴江人。字无梦，号羹梅。晚清名臣沈桂芬之孙，著名文人，民国藏书家。早年步入政界，并游历于京、津、江汉等地，1949年后就职于上海文物保管会。颇喜文史翰墨，收藏丰富，与徐森玉、张允亮同为傅增湘的“藏园三友”。傅增湘称“是三君者，识力精能，见闻广博，频年搜讨，贶我实多。或偶逢罕秘为目所未经，或创获珍奇而力不克举，相与流传抄白，校定丹黄”。所藏有明涂桢刻本《盐铁论》真本，盛昱“意园”收藏元刊本《吴渊颖集》、宋元间刻本《书集传》等书。著有《无梦庵遗稿》《江西青云谱志》《志略》等。③

陈祖壬（1892—1966），江西新城人。字君任，斋名病树，咸丰朝兵部、吏部尚书陈孚恩之孙。少时即拜桐城古文史家马通伯为师，1935年又奉马师之命再拜大诗人陈三立门下研讨古词，与袁思亮、李国松同被时人称为“陈门三杰”，精于书法与文学。陈祖壬在北京做马氏高足时，即与当时北方名流日事盘桓，虽未任过官职，但文名很盛。他对吴湖帆、张大千、溥心畬的字画曾有过这样的评论：吴山水画，大千人物，均可与溥心畬成鼎足而立。心畬通品为第一。④

根据陈祖壬写于1960年的长跋可知，他们五人与溥心畬兄弟相熟，在1935—1936年经常在萃锦园中达旦畅谈。溥心畬创作《荒城临水图》的时候，袁思亮、傅岳棻、陈曾寿、沈兆奎都在现场，答应那天去却又没去的就是陈自己和一位叫息庵的人。事隔二十余年后，溥僡找到了陈祖壬嘱他写此跋，而此时溥心畬早已远赴台湾，另外四人还有当晚没去的息庵均已作古，所以看到旧作的陈祖壬才尽是“欲哭无泪”的伤感之语。

五个人的共性都是文人，他们或擅长诗词歌赋，或雅好古籍书画收藏，这符合溥心畬的交友特点。有意思的是他们中多与陈三立、傅增湘有亲密关系，这说明这位旧王孙自隐居的西山戒台寺回京后，朋友圈扩展之迅速也是不拒绝朋友带朋友的结果。我们可以细细梳理他们之间的关联与交集。

这五人中，陈曾寿与溥心畬的关系最为亲密。陈曾寿是典型的清朝遗老，因着对逝去清王朝的竭尽忠诚，深得溥心畬的尊崇与欣赏。而溥心畬借由旧王孙的身份和杰出才华，也得到了陈的真诚爱戴与维护。在那个世事动荡的时代，同样充满飘零感的他们自然而然形成了一种互为感念、互相慰藉的情感联系，两人间很多的诗酬唱和都反映了他们的这种情感交流，如溥心畬《西山集》中的“送苍虬侍郎出关”“忆陈苍虬侍郎”，《凝碧余音词》中的“诉衷情·寄苍虬侍郎”等。[⑤]

陈曾寿与陈三立关系很近，他们与陈衍一起被世人尊为“海内三陈”，是近代中国诗坛的三位重要的诗家。同时溥心畬与陈三立交情也不浅，张大千就是通过陈三立介绍认识的溥心畬，从而结下近半个世纪的友谊，演绎出“南张北溥”的佳话。而五人中的袁思亮与陈祖壬则是陈三立门下得意弟子。借由这层关系，溥心畬与袁、陈二人产生交往不足为怪。另外袁思亮与傅岳棻同为光绪二十九年举人，陈曾寿为光绪二十九年进士，傅岳棻是张之洞门生，陈曾寿曾为张之洞幕僚，因而他们之间应早有交集。除此之外，也有史料表明溥心畬与溥岳棻之间有共同朋友。1919年傅岳棻出任北洋政府教育部次长、代理总长，是当时的政治红人王揖唐向总统徐世昌举荐的。[⑥]1936年，当溥心畬断然拒绝为日本驻华北派遣军司令作画，以用于庆祝伪满洲国成立四周年贺礼而惹怒日方时，帮助溥先生斡旋关系退还日人润金的同样是这位王揖唐。[⑦]

不得不提到的另一重要人物是傅增湘，傅先生与载滢贝勒有旧交，故溥心畬对他有世兄之称。溥心畬手中的恭王府旧藏《平复帖》[⑧]，最终没有被外国人买走，而由张伯驹先生购得，都是由于傅先生的从中斡旋。他向溥心畬劝言此帖为祖传，还是留在本族为好。并说服傅先生说，张丛碧（张伯驹字丛碧）怕此帖流失海外，早有收购之意，并且张伯驹曾为《照夜白图》事致信宋哲元请求保护该图。虽说张家财

图6 《平复帖》

图7 《照夜白图》

势已大不如前，但以此推断张伯驹不会做出分外的事。最终，因着溥心畬对《照夜白图》流失海外一事，也总有覆水难收的歉疚，于是表态：我邦家之光已去，此帖由张丛碧藏也好。”并且回绝了出高价的画商，以4万元的价格将此帖转让给了张伯驹，新中国成立后张伯驹将此帖捐给了故宫博物院。此件事也足以说明傅与溥不一般的关系（图6、图7）。

上述五人中与傅关系极好的，一是傅岳棻，二是沈兆奎。傅岳棻与傅增湘同为徐世昌组织的晚晴簃诗社成员，1924年前后傅增湘的北京藏园就是该社成员编纂《晚晴簃诗汇》的工作地点，这段时间傅岳棻还曾代傅增湘写过《江阴夏闰庵先生墓志铭》，可见二人相熟程度。[⑨]因此傅岳棻也很可能是通过傅增湘与溥心畬开始的交往。

而沈兆奎（号羹梅）与傅增湘的交情更是非同一般，广为人知的是他们的“藏园三友”之谊，而妥妥的“吃货之交”也是他俩共同与溥心畬的有趣交集。他们仨在20世纪30年代初的北平有定期的美餐会，对此民国时期著名收藏家杨荫北曾有记述。现藏于吉林省博物院的溥心畬作品《李香君小像》，曾是杨荫北的私人收藏，该作的题跋中写道：“癸酉（1933）仲冬沈七羹梅发起半月聚餐会。溥二心畬每会出画帧一扇，视同人拈得以为乐。第一会傅三沅叔拈得白描美人。曹君理斋得山水扇。第二会谭君瑑卿得扇，余得此帧即李香君小像也，因付装池，系以小诗，壶公识。（扇字下脱一字）我有秦淮八艳图，春风省识到名姝，坠楼写出桃花（扇）。金谷当年得此无（花字下脱扇字）同根仙李总留名。（余藏有李清照酴醿春去图，摹本一帧，堪称二美）挂辟酴醿四座倾，若论女夫才并美，侯生不让赵明诚。”[⑩]根据这段描述可知，因为有了溥心畬的参与，这种聚餐成了令人神往的雅食会，每位参会者都希望自己是那个幸运者（图8）。

巧合的是，在《陈垣来往书信集》里收有谭祖任（字瑑青，广东南海人，谭莹之孙。辛亥革命后，曾任议员。为饮馔专家、书画鉴赏家及词章家，谭家菜的创始人）书信24通。其中第三封来函也写到了一个鱼翅会：

援庵先生：久违清诲，曷胜驰仰。傅沅叔、沈羹梅诸君发起鱼翅会，每月一次，在敝寓举行，尚缺会员一人，羹梅谓我公已允入会，弟未敢深信，用特专函奉商，是否已得同意，即乞迅赐示复。会员名单及会中简章另纸抄上，请察阅。专此，敬颂著安。祖任再拜。一月二日。

此函本拟邮寄，因近日邮局往往拆阅，故专人送呈。又及。

会员名单：

杨荫北，曹理斋，傅沅叔，沈羹梅，张庾楼，涂子厚，周养庵，张重威，袁理生，赵元方，谭瑑青。

定每月中旬第一次星期三举行，会费每次四元，不到亦要交款（派代表者听便）。以齿序轮流值会（所有通知及收款，均由值会办理）。⑪

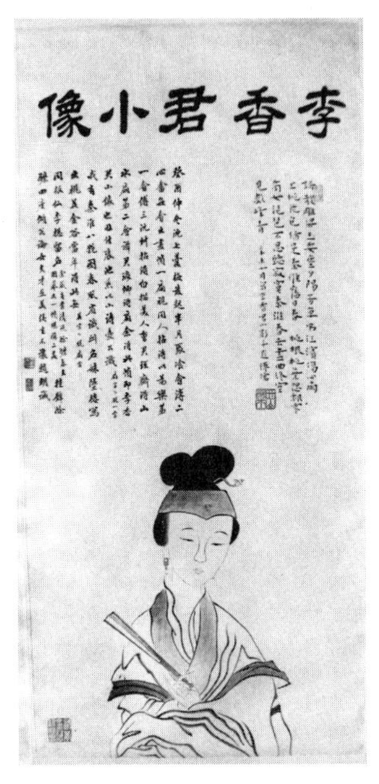

图8 《李香君小像》，现藏吉林省博物院

图9 年轻时的启功

谭祖任这封信不知确切写作年代，但总应在1937年前，因为1937年后的北京已经无法如此安逸。虽然谭信中记载的美食会和杨荫北记载的召开频率不同，一个一月一次，一个半月一次，但杨荫北跋中提到的人名均是谭家的鱼翅会会员，因此是否可以推测他俩所说的其实是同一个餐会，只是描述有误？从时间和经济的两重花费来判断，这些文人再有钱有闲，也不可能一个月花两次大钱搞两次美食会。溥心畬虽没在会员名单中，但看来却是一位拿画作参会的会员，而他一幅画作的价值可是要远远超出四元的价格了，并且因为他的这种参与，使原本很普通的一个聚餐变成了一次十分雅致有趣的享受，至少在年少的启功先生（图9）眼中是这样的。启先生在《溥心畬先生南渡前的艺术生涯》一文中曾生动记述道："再一种受教的场合，是先生（溥心畬）常约几位要好的朋友小酌，餐馆多是什刹海北岸的会贤堂。最常约请的是陈仁先、章一山、沈羹梅诸老先生，我是敬陪末座的小学生，不敢随便发言。但席间饭后，听诸老娓娓而谈，特别是沈羹梅先生，那种安详周密的雅谈，辛亥前和辛亥后的掌故，不但有益于见闻知识，即细听那一段段的掌故，有头有尾，有分析有评论，就是一篇篇的好文章。"⑫

图10　溥心畬儿时骑马像

图11　溥心畬与原配罗清媛女士合影

三、遗留问题待解密

陈祖壬的题跋中透露了一个信息，他们圈子中还有一位叫息庵的朋友，这位息庵是谁？查陈玉堂编著，浙江古籍出版社2005年出版的《中国近现代人物名号大辞典》全编增订本，可知近现代号为息庵的一共有五位，他们分别是：颜昌峣（1898—1929）、弘一（1880—1942）、陆黻恩（1803—1874）、陈范（1860—1913）、柯昌济（1902—1990），这五位中1935年前后仍健在的只有弘一和柯昌济，而这两人是否与溥心畬有交集却没有任何其他资料可佐证。也可能是一位叫息庵的人，那么他又是谁呢？期待更多资料被挖掘出来后能给大家一个明确的答案。

1937年后，中国开始了一段创伤剧痛的历史，动荡的时局使得每一个人都经历了各自的命运沉浮。原本已经生活无忧的溥心畬再次开始漂泊。1938年，因恭王府府邸房屋、地权及花园地权经法院判决归属辅仁大学，溥氏兄弟二人只得搬离祖屋，租居于颐和园介寿堂。1947年，他到南京参加“国大行宪会议”，此后任教国立杭州艺专，随着时局动荡，1949年他携眷前往上海，后经舟山赴台湾，从此再也没能够回来，所有的旧物都尘封在了颐和园。这也是溥心畬1949年前创作的大量优秀作品都没留在恭王府的原因。这件创作于1935年的《荒城临水图》几经周折，如今能够收藏进恭王府，对恭王府来说尤显珍贵。不仅因为它具有溥心畬画作的典型特色，清冷高逸又富有文人气息，还因为这幅画作连同那五宗题跋，亦是一段恭王府历史生活的珍贵记录。看见它，我们仿佛能感受到溥心畬这位才华横溢的旧王孙，在恭王府度过的那段快乐单纯的时光（图10、图11）。

注释

① 王家诚：《溥心畬传》，百花文艺出版社2007年版，第58页。
② 林熙：《从恭王府谈到旧王孙》，载浪淘出版社编辑部编《旧王孙溥心畬》，台湾浪淘出版社1974年版，第8页。
③ 参见陈玉堂编著《中国近现代人物名号大辞典（全编增订本）》，浙江古籍出版社2005年版，第717、971、1226页。
④ 参见陈巨来《安持人物琐忆》之“记陈病树”，上海书画出版社2011年版，第142页。
⑤ 参见溥儒《寒玉堂诗集》，新世界出版社1994年版，第24、43、103页。
⑥ 参见何树远《五四时期北京教职员联合会的挽蔡驱傅运动》，《中山大学学报（社会科学版）》2011年第3期。
⑦ 参见王家诚《溥心畬传》，百花文艺出版社2007年版，第75页。
⑧《平复帖》是西晋著名文学家陆机（261—303）书写的一封信简，为我国存世最早的书法真迹。此信的首行中有“平复”两字，故名“平复帖”。当年为恭王府所藏。1937年，溥心畬先生丧母，为隆重举办母亲丧事，将此帖以4万元售予民国收藏家张伯驹。
⑨ 参见潘静如《〈晚晴簃诗汇〉编纂成员、续补与别纂考论》，《中国典籍与文化》2016年4期。
⑩ 北京画院编：《松窗采薇——溥心畬绘画作品集》，广西美术出版社2013年版，第15页。
⑪ 陈智超编注：《陈垣来往书信集》，上海古籍出版社1990年版，第258—259页。
⑫ 启功：《溥心畬先生南渡前的艺术生涯》，载北京画院编《松窗采薇——溥心畬绘画作品集》，广西美术出版社2013年版，第207页。

（原载《收藏家》2019年第4期）

九朽一罢

——恭王府博物馆馆藏溥心畬画稿研究展（第一回）综览

周　望*

一

溥儒（1896—1963），字心畬，出身清宗室，曾祖清宣宗道光帝旻宁，祖父恭忠亲王奕訢，父贝勒载滢，生母项氏，广东驻防旗。由清德宗光绪帝赐名溥儒。溥心畬是我国近现代美术的重要人物，其风度与艺作为张大千、于非闇、陈巨来、启功等20世纪艺坛巨匠所推崇。

溥心畬自幼成长于北京什刹海南岸的恭亲王府，幼年自国学开蒙，继而学诗习书，10岁后习骑射及新学，入清贵胄法政学堂、北京法政大学、青岛礼贤书院。1930年，溥氏与夫人罗清媛在中山公园水榭首次举办画展，被公推为“北宗山水第一人”。1934年起任教于北平国立艺专。1935年，张善孖与张大千联袂北上，居颐和园听鹂馆，溥心畬与张大千朝夕过从，合作多幅画作。时任记者的画家于非闇以“南张北溥”之说刊文，张大千与溥心畬由此并称“南张北溥”。1946年，与齐白石两人应邀赴南京分别举办个人画展。1948年，溥心畬的小传、画作被《中国美术年鉴》收录，赴杭州艺术专科学校讲学，教授北宗山水。1949年年后，任台湾师范学院艺术系教授。画学著作有《溥心畬画册集》（1934，北平）、《西山逸士画集》（1939，长沙）、《寒玉堂画论》（1954，台北）、《寒玉堂论书画　真书获麟解》（1957，台北）等。

* 周望，文化和旅游部恭王府博物馆展览部副研究馆员。

二

目前所见溥心畬最早的绘画作品作于1912年。[①]在溥氏的《学历自述》中，将学画的经历描述为，据其丰富的家藏，习久而“渐通其道，悟其理蕴”[②]的自修过程，并未述及具体师承。关于溥氏绘画的一些本体领域问题，长期以来，学界根据其带有南宋马、夏及明代吴门痕迹的绘画风貌，围绕溥氏家藏历代名迹来判断其可能的临习范本。而关于溥心畬绘画创作的技法来源情况及其创作的过程与逻辑，尚未从直接材料进行实证研究。虽多引述启功等先生所写的几则应酬场面上溥氏作画的趣闻，以及曾获“金马奖”的纪录片《溥儒博士书画》[③]，但因视角与场合的特殊，考虑到溥心畬的多重身份和20世纪社会风云的复杂，溥心畬的绘画创作方法的面目仍如水中花、镜中月，被笼罩在历史的薄雾之中。

前文提到，溥心畬先后担任北平艺专、杭州艺专、台湾师范学院等校教授，并曾赴日本、韩国讲学。目前多见的溥心畬课稿，是他在20世纪50年代在香港新亚书院讲学时所作的一套《溥心畬书画稿》。在这批稿子中，溥心畬以传统课徒的方式，将树石、舟楫、人物等分法示范，一定程度上体现了他的绘画技法面貌和观念。但是，这类课徒稿侧重于教学，难以解答溥心畬自身绘画实践过程中对哪些作品进行过临摹、做过哪些写生，如何临摹和写生，创作时——应酬之外的创作——是否过稿、草稿形态及创作理路等问题。

对于中国画画家来说，画稿多用单线的方式勾勒所要表现的形象，有时也会随手记录画稿时的感受、体会，标注画稿中的具体颜色、处理方式，以及所画物象的名称、结构、生长环境等信息。画稿的内容可以是一丝不苟、与作品相差无几的细致描绘，也可以是粗头乱服，甚至近乎符号的快速记录和示意。

作画稿的动机，可能是夜来兴至、捕捉灵感的，大概会着重在画面的章法布局位置；可能是设帐授徒的，大概会着重在一勾一勒的笔法示范；可能是借得佳本的，大概会着重在构图、设色、笔墨等信息的详录；也可能是观物之生的，大概会着重在神态、结构、质地等物象之理。

对于中国画而言，在一件令画家自己满意的作品背后，往往有着数量可观的画稿的支撑。有学习前人笔法、技法过程中画的临摹稿，有对物象进行观察、对感受记录过程中画的写生稿，还有构思推敲过程中画的创作稿。在临摹、写生、读书、行路等实践环节的循环往复，画稿承载了画家真诚、鲜活而生动的生命历程，而这也成为后人得以以一种近乎“考古”的方法，循着画稿中的蛛丝马迹，了解他们艺术成果背后成长、思考、创造的具体信息，使我们对历史，特别是对文化艺术史的好奇心得到满足。

文化和旅游部恭王府博物馆是溥心畬绘画在大陆地区的重要收藏地之一，藏品中除了溥心畬绘画创作作品外，还包含了50件画稿。据征集来源描述，这些画稿是在20世纪中叶溥心畬渡海后，从其颐和园画室流出的，作于20世纪30年代至40年代中期。画稿纸张大多是熟宣，有些则接近硫酸纸的质地。有不足盈尺的人马组合、山水草稿，也有接近五尺的大幅幛子，包括了花鸟、走兽、人物、山水、楼阁等题材。这些画稿不仅体现了艺术成熟期的溥心畬在中国画实践过程中的临摹、写生、创作及综合运用的实践逻辑，更重要的是，还蕴藏了溥心畬在那些为大家所熟知的完整作品背后的匠心、匠意和匠理，为研究溥心畬绘画提供了新的实证材料。

宋代学者邓椿在《画继·卷三·岩穴上士》中说：“画家于人物，必九朽一罢。谓先以土笔扑取形似，数次修改，故曰九朽；继以淡墨一描而成，故曰一罢，罢者，毕事也。”“九”是约数，指反复多次；“朽”则是指中国画起稿时用土笔（以澄净的白色土裹成的笔）、柳木炭条（烧成后的柳条）等工具起稿。中国画家对画面的章法布局和画材形象进行反复推敲的过程，被称为“九朽”。而最后用淡墨描绘过稿，方才完成了画稿的确定，是为“一罢”。

邓椿所说的“九朽一罢”，虽然是对人物画起稿、定稿过程的概括，但因其所揭示的艺术家的严谨态度和艺术创作需经过精心推敲打磨的一般规律，而早已成为花鸟画、山水画乃至中国绘画中的其他门类实践过程中的一种自律精神，被我国历代艺术实践者奉为圭臬。例如，方薰《山静居画论》中有“作画用朽，古人有用有不用。大都工致为图用之，点簇写意，可不用朽。今人每以不施朽笔为能事，亦无谓也。画之妍丑，岂在朽不朽乎”的论述，认为九朽一罢的精神不只在于是否必须用土笔或其他工具起稿的形式。而沈宗骞《芥舟学画编》中论道：“古人有九朽一罢之论。九朽者，不厌多改；一罢者，一笔便了。作画无异于作书，知作书之不得添凑而成者，便可知所以作画矣。且九朽一罢之旨，即是意在笔先之道。”指明了九朽一罢并非拼凑排列，而是运筹帷幄、胸有成竹之后的“了”，是意在笔先的前提条件。

在文化和旅游部恭王府博物馆2021年年末起举办的“九朽一罢——馆藏溥心畬画稿研究展（第一回）”正是由“九朽一罢”的精神去理解、研究和展示馆藏溥心畬画稿的一次尝试。展览展出了馆藏溥心畬画稿中的16件，通过对画稿、“九朽一罢”等中国绘画概念内涵、溥心畬画稿的画面和其与绘画传统、画家经验间的关联等问题的介绍，切入对“什么是溥心畬画稿？溥心畬画稿有什么样的功能？分为哪些类型？能够带给我们什么样的审美体验？”等一系列问题的讨论。策展人在对馆藏溥心畬画稿展开研究的基础上，精耕细作，通过将研究成果中的创新点经由展览逻辑、叙述和陈列的再次统合，旨在把溥心畬画稿的研究置于公共文化的场域，以期得到公众和专家的检验和批评，为观众提供一个欣赏溥心畬画稿的难得机会，通过了解藏品的内蕴，看见溥心畬和他的艺术世界。

三

溥心畬成长在恭亲王府，在恭王府居住、生活了30年，度过了他的幼年和青中年时期。可以说，是恭王府的文化、经济、制度及人文自然环境奠定了溥心畬人生与艺术的底色。“九朽一罢——馆藏溥心畬画稿研究展（第一回）”所在的抱厦展厅，位于后罩楼西段的瞻霁楼一层。此地处于恭王府的中心位置，前承恭王府盛期庋藏陆机《平复帖》、韩幹《照夜白图》等书画名迹的锡晋斋，后接民初恭王府经历抵押变卖府邸花园后仅存的溥心畬画室“寒玉堂”，仿佛也提示着观众即将在展览中被暂

图1　展厅入口

时带入王府兴衰之间旧王孙溥心畬的艺术世界里去。

展览分为序厅和“什么是画稿？”“溥心畬画稿的功能”“文献”三个单元进行叙述（图1）。

序厅部分由展览主视觉、前言、溥心畬全身像装置、填色互动区及“九朽一罢”小节组成。“九朽一罢”小节，对作为中国绘画一种精神追求的“九朽一罢”观念作了概念与内涵的阐述，说明画家在作品背后的付出与用心，以及画稿对于了解、研究艺术史和艺术实践方法的独特价值。

溥心畬全身像装置的图像素材取自溥心畬在恭王府萃锦园寒玉堂前拓帖的照片，将观众引入一种到访溥氏画室的情境之中，代入溥心畬“画友”的虚拟身份，带着这种历史的想象进入展览。主海报前设置了画案画笔，画案上准备了由画稿放大局部为素材的《可填色仿宣纸喷绘展览海报》，观众可自行根据溥心畬在画稿中的设色标注进行填色，体验“与溥心畬合作完成”一张绘画作品，在“合作”的实际填色过程中体会蕴含在画稿中的溥心畬的匠心和匠理。

在第一单元“什么是画稿？”中，展览就画稿的概念和类型、画稿与白描画的关系和区别进行了举例说明。

中国画以用笔的踪迹——“笔踪”为树立形象，体现质感、动态的基础，白描则更加直接地彰显了这一特点，突出了“笔踪”本身的审美价值。白描作品主要通过较细的用笔来进行艺术表现，有的略施淡墨或淡彩。历史上即有铁线描、游丝描、莼菜描等十余种描法，具有独特的审美价值。宋代的李公麟，元代的夏永、王振鹏，明代的丁云鹏、陈洪绶，清代的丁观鹏等，均是白描画的代表性画家。需要注意的是，许多白描画本身就具有画稿的属性，可能是某件完整作品的小样，或是未赋色的线稿，因其用笔精彩，成为其画家传派和后世学人的模范，逐渐被赋予完整作品的价值。

除了卷轴画和壁画，画稿也是唐卡艺术传承与创作的重要载体。对比恭王府博物馆馆藏的《白文殊菩萨白描唐卡》和《白文殊菩萨唐卡》，可以了解到唐卡从起稿到作品的过程。

我们今天能够看到任伯年、齐白石、张大千、潘天寿、傅抱石、陈之佛等与溥心畬基本同处近现代的代表性画家留存下来的大量画稿。这些画稿内容多样，在功能上也涵盖了临摹稿、写生稿、创作稿等种类。参照这些画稿，我们可以了解到溥心畬画稿中所具有的时代共性和方法共性，也更能够凸显溥心畬画稿的独特价值。

第二单元“溥心畬画稿的功能”由三个小节组成，从临摹性画稿、创作性画稿和写生性画稿的不同功能性分类对展出的溥心畬画稿进行分析。

临摹是中国画家学习前人绘画技法、规律的重要手段。根据具体临摹目标的不同，画家在临摹中可以采用半透明纸张覆在临本上的“摹”法，也可以选择临本置于案头进行对照的“对临”法，还可以进行部分临摹、重新组织画面的变体临摹。通过临摹，画家不仅能够掌握前人的经验，在写生中具备捉形的手段，更重要的是为在创作中创造出属于自己的艺术面貌打下基础。

图2　溥心畬《三羊画稿》，熟宣水墨，72.4cm × 45.5cm，文化和旅游部恭王府博物馆藏

溥心畬画稿中有不少是临摹稿。从这些画稿中可以看出他对诸如李公麟、赵孟頫、文徵明等人作品的临本选择，看到他在临摹过程中所采用的方法，也可以体会到溥心畬在钻研前人作品方面所下的功夫。

例如，在溥心畬《三羊画稿》（图2）中，描绘了三头羊的形象。画面左侧和右侧羊的形象与元代赵孟頫《二羊图》中羊的形象十分接近，但重新组织了画面，应是溥心畬对《二羊图》的变体临摹。“三羊”与“三阳开泰”的寓意相应，是中国绘画的常见主题。而文人画中的羊，又有对“苏武牧羊”故事的暗喻，是持节不屈、百折不挠之文人理想形象的象征。溥心畬借鉴赵孟頫《二羊图》中的形象，填

图3　溥心畬《临文徵明松荫拨阮图稿》，熟宣水墨，27.7cm×64.8cm，文化和旅游部恭王府博物馆藏

图4　溥心畬《临北宋佚名〈游骑图卷〉局部画稿》，熟宣水墨，18.6cm×50.3cm，文化和旅游部恭王府博物馆藏

补为寒冬坡岸上的三羊，是为了表现三阳开泰的美好寓意和对文人理想形象的综合主题。

在溥心畬《临文徵明松荫拨阮图稿》（图3）中，画题中明确提到明代吴门画派画家文徵明曾画过一件这样的作品，画稿是对某件文徵明作品的临摹。画稿还详细标注了画面各部位的颜色名称。这种情况多见于借阅或过眼他人藏画时所进行的记录，以便为日后仔细学习这件作品而留下尽可能多的资料。

画稿中画了两个人物，一人倚坐凭几正对观者，一人跽坐背对观者；跽坐者怀抱阮琴似乎正在弹奏，倚坐凭几者上身前探似乎正在专心地聆听。这种人物组合，一般指竹林七贤故事中的嵇康在松风之中停下手中的古琴，聆听阮咸弹奏阮琴。在与文徵明同属明代吴门画派的画家仇英笔下，也有相似的人物，可见该主题在文人画中的流行。

溥心畬《临北宋佚名〈游骑图卷〉局部画稿》（图4）是对现藏故宫博物院的一件北宋《游骑图卷》的临摹，是一幅表现骑马游猎场景的作品。

对比原作与溥心畬的这件临摹性画稿可以看出，北宋《游骑图卷》原作中有5组人马，在溥心畬的临作中，自右至左地画了其中4组人马，原作最左侧另有一组怀抱马球杆状包裹奔骑的人马，画稿中未画，可能与纸张尺幅限制有关；原作右起第4组为马上一人，人蓄须髯，左手持缰，右手持鞭策马，马做小跑状。《游骑图卷》原作中马尾梢团髻腾起，画稿中未画马尾。此外，在乾隆题跋方面，宋人《游骑图卷》乾隆诗款在右起第二、三组人马间的空白处上方，而溥心畬将乾隆御题诗款摹在了画稿右起第一组人马上方空白处，可能与画稿纸张破损或尺幅限制的原因。

图5　溥心畬《摹李公麟〈五马图〉局部“好头赤”画稿》，熟宣水墨，24.5cm×43cm，文化和旅游部恭王府博物馆藏

图6　溥心畬《摹李公麟〈五马图〉局部“满川花”画稿》，熟宣水墨，28.2cm×42.1cm，文化和旅游部恭王府博物馆藏

仔细对比画稿与原作的乾隆诗款，内容为：

珠勒珊鞭披骏駹（máng），如茵芳草（画稿中“草”字疑误）印蹄双，十旬休暇携良友，何处宜游定曲江（画稿有涂改，疑误作立耳旁）。

芳郊（画稿“郊”字有涂改）无物不熙春，鸟（画稿作“秋”）语生欢花影新，挟（画稿有涂改，疑原误为“换”）弹背观聊立马，待（画稿字法疑误）他衮衮逐丸人。

壬午春日御题。

由此可以判断，这是溥心畬将半透明纸张覆在临本之上后，通过隐约看见的临本而画的摹稿，主要目的是记录摹本画面中的位置、人马组合与题跋诗内容。

李公麟《五马图》现藏于日本东京国立博物馆，是现存李公麟较为可靠的传世作品之一。馆藏的溥心畬《摹李公麟〈五马图〉局部画稿》，分别为“好头赤”“满川花”“锦膊骢”这3段（图5至图7）。

其中，“好头赤”画稿，还摹出了相邻的“锦膊骢”的题记。书法大小、粗细和章法位置与原作基本一致，但在书法结体、映带与用笔方面体现了溥心畬个人习惯写法。将画稿对比《五马图》珂罗版高清照片可以判断，这些画稿是溥心畬利用摹稿纸张的半透明性，将摹稿覆于摹本之上摹出来的，与溥心畬《临北宋佚名〈游骑图卷〉局部画稿》一样，也是摹稿，而非临稿。

近现代中国画坛围绕是否对景写生、写生的具体方法等论题的争论，甚至关系到中国画是否有必要继续存在或“改良”的问题，在一定程度上影响了近现代中国

图7 溥心畬《摹李公麟〈五马图〉局部“锦膊骢”画稿》，熟宣水墨，24.5cm × 43cm，文化和旅游部恭王府博物馆藏

图8 溥心畬《山水画稿》，熟宣水墨，24.7cm × 75.1cm，文化和旅游部恭王府博物馆藏

图9 溥心畬《马画稿之一》，熟宣水墨，49.5cm × 59.7cm，文化和旅游部恭王府博物馆藏

画的发展。重要的近现代中国画家均有数量众多、类型丰富的写生稿存世。长期以来，除了从溥心畬渡海后所绘的部分台湾题材写生性作品来推测他的写生实践，我们对于溥心畬写生时是否有稿子，以及写生稿的形态和面貌等问题还缺少很好的解答。

在展览的“写生性画稿”小节中，我们展出了溥心畬的3件《马画稿》、1件《人物画稿》和1套《山水画稿》。

其中，《山水画稿》（图8）是溥心畬用概括洗练的笔调绘制的一套构图稿。画面上标注有阿拉伯数字序号，其中的“5”号墨迹之下还有被修改的“4”号字样，可能是创作一套山水画之前而进行的章法布局尝试，以试验整体气势运转的合理顺序。考虑到溥心畬自青年时期起便不再受到宗法关于不

图10 溥心畬《马画稿之二》，熟宣水墨，23.5cm × 88.7cm，文化和旅游部恭王府博物馆藏

图 11　溥心畬《马画稿之三》，熟宣水墨，23.5cm × 89.2cm，文化和旅游部恭王府博物馆藏

得擅自离京的约束，从而能够亲身游历于山河林泉的情况，画稿中的山水也多有溥心畬从真山真水获取的生气与感悟。

溥心畬对画马情有独钟，他在大量临摹传世马画作品的基础上，还画了许多马的写生画稿（图 9 至图 11）。这些画稿有的对马的结构、肌肉、筋骨和毛发进行了“格物”般细致的描绘，有的则是捕捉马的动态、神情、各种视角下的形象变化，以及观察马在群体中的状态。能够做到这些，除了溥心畬在创作中对独立艺术面貌的追求，也离不开他作为王孙而具备的对王府以至内廷良驹宝马的熟识。

此外，展览中的创作性画稿是馆藏溥心畬画稿中尺幅较大的，这也符合创作性画稿与将要进行的创作尺幅相适应的特征。

图 12　溥心畬《斜阳秋光画稿》，熟宣水墨，70.3cm × 33.1cm，文化和旅游部恭王府博物馆藏

其中，溥心畬《斜阳秋光画稿》（图 12）纵 70.3 厘米，横 33.1 厘米，画面左上方题有明代文徵明《题画其八》诗句：

> 木叶惊风丹策策，溪流过雨玉淙淙。晚来添得斜阳好，一片秋光落纸窗。心畬题。

溥心畬山水画的章法布局，具有宋代马远、夏圭“占边占角”的特点。而其山水画的前景安排，则可以看到与明代画家唐寅作品的密切联系——一般以巨石高树为幛，使中景虚空，直接推向远景。在这件《斜阳秋光画稿》中，溥心畬也标注了各部分的设色记号，特别是楼阁与人物部分，更是尽可能地做了详尽安排。结合画面题诗中的意境与这些设色记号，我们可以想见在深秋时节，一片斜阳照射下的山林与楼阁，将会散发出怎样的光芒。

读书与行路是士人修身的永恒主题。古代行旅不易，不仅在于路途艰险，也在于交通工具的缓慢。然而，在漫漫的旅途中，能够深入自然，体察风情，结交新朋老友。一路难免风尘仆仆，但“道中”“舟中”“马上”“舟上”所发生的“思乡”“憧憬”“同游”“夜宿”“唱和”“送别”等种种，无不大大增加了旅人的人生厚度。在溥心畬《行旅图画稿》（图13）中，根据设色标注，大概画的是仲秋时节，草地还是绿色的，但坡脚下的灌木已经变成了朱磦色。白马上一人，身着花青色衣服、头戴墨色软脚幞头；后随一小童，身着朱磦色上衣，肩荷雨伞，伞上系着一个石青色包袱。山回路转，迎面来了一阵风，吹得白马直摆头，骑马旅人的衣袖和脑后的幞头软脚随风飘动。大概是听见了树叶在风中沙沙的声音，旅人这才抬头，眼见高大树木的叶子就要枯黄。

再如溥心畬《山居秋赏山水画稿》（图14），画面空白处题诗：

图13　溥心畬《行旅图画稿》，熟宣水墨，134cm×74.5cm，文化和旅游部恭王府博物馆藏

图14　溥心畬《山居秋赏山水画稿》，熟宣水墨，60.5cm×33.5cm，文化和旅游部恭王府博物馆藏

山居出赏入秋多，满目繁英掩薜萝。

不羡小山赋招隐，偏怜彭泽眄庭柯。心畬题。

根据画稿题诗，可见这是一幅为表现深秋时节山水明远意境的作品，诗中后两句“不羡小山赋招隐，偏怜彭泽眄庭柯”中的“小山赋招隐”和“彭泽眄庭柯”，分别用了唐太宗作《小山赋》招纳天下隐士，以及陶渊明《归去来兮辞》中弃官归隐的典故，主题立于出世、归隐。画面中有对赋色安排的详细记录，可能是按照浅绛山水画法构想的一幅创作稿。通过同时展出的馆藏溥心畬《江山楼阁图轴》，我们可以借以想象《山居秋赏山水画稿》在完成后的大概面貌。

在第三单元“文献”部分里，展出了关于溥心畬的图像文献和出版物，为观众进一步了解溥心畬相关研究课题提供便利，包括《“北平艺专教授展”上的溥心畬、齐白石等人作品》《1946年“中华全国美术会”在南京、上海举办的“齐白石、溥心畬国画展览会”现场》《名画家溥心畬造像》《画家溥心畬与艾克博士、傅芸子合影，溥心畬与张大千在日本合作绘画》《溥心畬在恭王府萃锦园留影（拓帖、作画、读书、操琴）》等珍贵的历史图像文献，以及如《溥心畬画册再造本》等数种相关出版物。

四

为了实现展览的观众参与设想，在展览的序厅设置了溥心畬全身像装置和观众填色区，博物馆的微博和微信公众号发布了H5填色链接，近万人次参与。策展人进行了数次导览工作，与观众面对面地交流，听取观众对展览的意见和建议。展览受到观众的欢迎，延长开放至5月初闭展，据保守估计，在疫情限流参观的情况下，观众仍达约3万人次。

展览得到了来自本馆及中央美术学院、中国艺术研究院、中国美术馆、清华大学艺术博物馆等单位专家学者的大力支持和鼓励。他们通过大纲审读、实地指导等方式，从研究成果、策展思路、大纲逻辑、展陈设计等角度提出了宝贵的意见，为展览的顺利举办和今后的进一步提高做出了贡献，在此并致谢忱。

“九朽一罢——馆藏溥心畬画稿研究展（第一回）”展览，是相关系列展览的序篇，随着研究的深入，还将举办两回。在第二回中，将围绕在馆藏溥心畬画稿中占大多数的马画题材展开，讨论溥心畬马画画稿的脉络、实践方法，以及溥心畬与马画题材的关联与比兴；在第三回展览中，将对馆藏溥心畬画稿及相关题材的溥心畬创作作品进行展示，还将对画稿与溥心畬诗文的关系进行探索和讨论。

注释

① 溥氏时年17岁，《“子才”上款山水图轴》，现藏于首都博物馆。

② 溥心畬：《学历自述》，载《溥儒集》（下），浙江人民美术出版社2019年版，第884页。

③ 影片由李墨云监制、章宗尧制片、杜云之编导。李墨云为溥儒继室，晚年由其掌握溥心畬印鉴。章宗尧为溥宅管家。溥氏晚年心境可参看沈以正口述，董良彦整理的文章《由授课到私房画——溥心畬传记中的不言之秘》（《书与画》2016年第6期）。

（原载《中国书画》2022年第8期）

古画赏析二则

杨　佐*

王梦白《松鹤图》：充满水墨淋漓的元气

王梦白（1888—1934），名云，字梦白，号破斋主人，又号三道人。生于江西丰城，幼时随父母乔迁至浙江衢州。因其住所与三溪接壤，自号三溪渔隐，即三道人的来源。幼年在灯笼店、钱庄当学徒，刻苦读书，勤奋作画，称居所为“映雪馆”，又称“三衢读画楼”。年轻时在上海钱庄当学徒时喜画花鸟画，学习任颐，并受到吴昌硕的指导，画艺提高很快。1919年到北京任司法部录事；1919—1924年，由陈师曾推荐任北京美术专门学校（北平艺术专科学校）中国画系主任、教授。擅花卉翎毛，喜写生，尤擅画猴。1929年曾赴日本举办个人画展。1934年10月，病逝于天津，享年46岁。

《松鹤图》纵133厘米、横49厘米，立轴，纸本水墨，现藏于凤山书院（图1）。画面题跋“甲戌秋日写于锁春楼中，梦白王云”，白文印“梦白之印”，朱文印“梦白”。甲戌年秋日即1934年9月至11月，王梦白先生确切逝世时间是1934年10月，此幅《松鹤图》应该是王梦白46岁人生巅峰之作，也是他书画生涯绝笔之一。

中国画的花鸟画，是以花草树木、禽鸟鱼虫等客观物象作为描绘对象，往往以物喻义，立意关乎作者思想感情的表达，它不是为了画花鸟而画花鸟，不是照抄自然物象，而是紧紧抓住动植物与人们生活遭际、思想情感的某种联系而给以强化的表现。它既重视真实，要求花鸟画具有“识夫鸟兽木之名”的认识作用，又非常注意美与善的观念的表达，强调其“夺造化而移精神遐想”的怡情作用，主张通过花

* 杨佐，文化和旅游部恭王府博物馆经营管理处，国家三级美术师。

图1　王梦白《松鹤图》

鸟画的创作与欣赏影响人们的志趣、情操与精神生活，表达作者的内在思想与追求。松鹤是中国常用的表示吉祥的组合——松，傲霜斗雪、卓然不群，树龄长久，经冬不凋，经常被用来祝寿考、喻长生。鹤，被视为出世之物，高洁清雅，有飘然仙气。人们都希望青春永驻、健康长寿。因此，以青春常驻、健康长寿为题材的吉祥图画，在民间流传相当广泛，《松鹤图》则是大家最喜闻乐见的吉祥图案之一。

细品王梦白创作的《松鹤图》，扑面而来的是一种水墨淋漓的元气，画家把现实中自然物象转换为笔墨结构与形式，进行归纳、概括、总结与精神性的处理；可贵的是，画家把自己所见到的物象在经过心灵加工、过滤后，化作笔简墨妙的意识形象。画面的主题是两只丹顶鹤，一只回头顾盼、亭亭玉立，一只仰首唳天、长鸣九皋、声闻于野，两只丹顶鹤栖息于苍松枯藤之间，松与鹤的精神体现着吉祥如意。松的不屈精神、鹤的祥和，与表现人的超然洒脱、吉祥长寿，都在删繁就简之后，成为极单纯、极简练与极平实的“写意”之象。就绘画技巧而言，画家采用多种笔法汇集：粗大的松树主干用侧锋淡墨双勾略加皴擦并配以浓墨点苔，朱砂辅以淡墨的枯藤缠绕，色调与鹤顶红色相呼应，显得苍润而古朴；中锋线条直接写出的松针，充满质感、力感和节奏感，具有书法线条的属性；双鹤则以柔美的淡墨线条中锋双勾出轮廓，用挺劲的浓墨线条画出鹤嘴的角质感，坚韧而犀利，大块浓墨侧锋撇出鹤尾，烘托出画面，生动而洒脱，更为精彩是鹤的腿爪，中锋淡墨直写腿杆至爪部时运笔提按顿挫，爪部筋骨收放有度、结构分明，最后用浓墨点出的鳞甲层次，表现出爪部富有弹性的力量感。整幅画面笔法多变、妙趣横生，画家巧妙的统一，致使画面充满着中国水墨的意蕴和灵气。

王梦白先生家境贫寒，少年出外谋生，青年时代漂泊京城，其画艺在当时的京城鹤立鸡群，但其性格刚正、落拓不羁，年未不惑，却若长髯仙翁，疾恶如仇，每遇伎俩者，君必尽意而骂，骂而不足，必攘臂伸拳，如欲噬之而后快，爱之者称他是“畸于人者侔于天”，骂过比他年长的齐白石，拒绝过徐悲鸿索画，又骂寿余绍宋，得罪的人很多，不重钱财、不畏权贵，最后穷困潦倒，却因为内心郁结而得重病去世。他的一生正如青松一样，破土之初，难免雪压风欺，才子不遇、英雄落难。但他的内心如鹤一样，散发着潇洒出尘的飘逸情怀。

（原载《中国文化报》2018 年 4 月 4 日）

吟癖僧谁献古欢

——读吴昌硕《夜游三峰寺》

吴昌硕（1844—1927），初名俊，又名俊卿，字昌硕，又署仓石、苍石，多别号，常见者有仓硕、老苍、老缶、苦铁、大聋、缶道人、石尊者等。浙江省孝丰县鄣吴村（今湖州市安吉县）人。晚清民国时期著名国画家、书法家、篆刻家，“后海派”代表，杭州西泠印社首任社长，与任伯年、蒲华、虚谷合称为“清末海派四大家”。他集“诗、书、画、印”为一身，熔金石、书画为一炉，被誉为“石鼓篆书第一人”“文人画最后的高峰”。在绘画、书法、篆刻上都是旗帜性人物，在诗文、金石等方面均有很高的造诣。

吴昌硕《夜游三峰寺》长136厘米、宽68厘米，作于1916年（农历丙辰年），时值吴昌硕72岁，现藏于荣宝斋（图2）。画面描绘的是一崇山峻岭的山脚下，近景为错落的山石、环绕的溪水，远处隐约的山峦，若隐若现，一轮明月透过流云，月光

图2　吴昌硕《夜游三峰寺》

笼罩山野。而中景，也是作者描绘的主要部分，古木苍松中的寺庙，显得那么的寂静。寺庙中的僧侣都已酣睡，而山门之外一晚归僧侣正拾级抬手欲推开山门。作者在画面左上角空白处题跋曰："浪仙同作推敲势，吟癖僧谁献古欢。明月数峰云半坞，偶然游到写来看。夜游虞山三峰寺得此意境，丙辰秋九月吴昌硕。"从题跋上可以看出，作者在一个月高风清的夜晚来到虞山三峰寺，被三峰寺的夜景陶醉，试图推开山门，却抬手又止，怕惊醒熟睡的僧侣，感觉吵醒的不是人，而是月夜静谧的境界。

吴昌硕一生经过战乱、饥荒、流亡，直至后来成为一代书画大家。在他的内心，既充满"入世"的艰辛和坎坷，而又渴望"出世"的清净和悠闲。吴昌硕在书法篆刻方面造诣颇深，金石书法入画是吴昌硕的一个创造，他的绘画作品中，每一幅都是独创。此幅作品采用反“S”构图，白描手法，以浓酣、饱满的笔墨，粗笔篆籀双勾笔法勾勒山石树木及庙宇溪水，线条古拙凝重，粗犷苍劲，笔笔如写，极少的皴擦，略施淡墨辅之庙宇及近处山石。背景大笔横扫远山静云，留白为月，隐漏于树枝之间，一气而成，用笔狂放，淋漓纵横，苍茫浑朴，墨韵天成，直抒胸臆，以气势取胜。整幅画面点染从容，笔酣墨饱，看似写意，然富有节律，笔墨劲健，意境清远高旷，气息清秀可人。吴昌硕绘画以花鸟闻名，世人普遍认为他很少画山水。事实并非如此，吴昌硕的粗笔山水落笔豪放浑厚，别具风格，开创了中国山水画史的审美新格局。此幅《夜游三峰寺》那种燥中带润、润中带燥的笔道，那种携风带雨的力量感，那种大气磅礴的气势，实属山水画中的罕见之作。

（原载《中国文化报》2017 年 7 月 23 日）

郎世宁绘画中肖像与背景的时空差异

王宇迪 *

无论是作为创作者还是观看者，何以能接受主体表现与背景的分离，进而接受空间建构的消失？即使遭遇了西洋绘画带来的全新形式，在融合之处的取舍间仍然选择了对人物进行写实，而对背景几乎忽视，甚至当中国绘画自我衍生出相对写实的波臣派[①]时，竟然与百年之后的意大利传教士郎世宁达成了某种共识，不仅对写实的应用竟同样关注在主体人物刻画，而且在空间处理上同样消减了纬度。如果将这惊人的相似归结为乾隆皇帝对波臣派的欣赏，或是郎世宁对其的借鉴，恐怕很难自圆其说。纵观中西绘画传统，可以发现其基本贯穿于中西方绘画始终，中国艺术语汇上一般将其定义为留白，或对主体的突出，但这只是审美层面，究其背后本质，还涉及观念的根深蒂固，而这一观念即为如何在画面中构建时空。

从源头起，西方传统绘画就存在着对于完整时空建构的内在要求。完整时空建构的含义是指整幅画面呈现为一个整体，不管所要表现的是主体人物、事物还是某个事件，其从未脱离背景环境独立存在，从未如中国传统绘画般抽离出绝对的主体予以表现，而对其他次要事物熟视无睹。当然，“次要”这个概念也是从中国绘画角度来看，如果要表现人物，那么人物就是主要，而人物所处的环境如背后的柜子等物皆被视为次要。但是在西方绘画观念中，将环境与人物视为一个整体，无论地板还是墙面抑或家具摆放，皆为表现环境应有的主要物。正如黑格尔所说：“人要有现实客观存在，就必须有一个周围的世界，正如神像不能没有一座庙宇来安顿一样。”[②]“模仿说”自古希腊时期就成为古希腊哲人讨论艺术与现实关系的重点所在。苏格拉底称绘画是对见到的物体的描绘，柏拉图继承了这个理念，强调艺术是“模

* 王宇迪，文化和旅游部恭王府博物馆馆办公室副研究馆员。

仿的模仿”，是“影子的影子”[③]，亚里士多德虽与柏拉图存在分歧，但也并没有否认艺术对于现实世界的模仿这一理论基础。从哲学的源头来看，“模仿说”即从理论层面为绘画的表现奠定了基础，也将艺术表现的对象框定在现实可触的范围内。似乎从一开始，艺术就与“人”相关联，试图将画面内容置于“人”的经验所能触及的现实世界之中。只需观察当时的雕塑艺术与神话故事，被塑造的人格化了的希腊罗马诸神,（包括实体的与非实体的）都在以人类可触及的世界为蓝本。在此基础之上，当“模仿”成为艺术的本能和艺术的首要任务时，如何更好地实现模仿功能、表现模仿成果，也成为品评艺术作品优劣的重要标准，因为“西方绘画过去追摹仿效戏剧和舞台的效果，要把观众带到深化和传奇世界目睹其情其景”。这也意味着从一开始，西方艺术就将被描绘的场景视为一个完整的整体，因为被模仿的自然不仅只含有主体事物，还包含了所有与之关联着的环境。为了达到这个目的，艺术家就不得不像科学家一样地探索视觉真实。[④]如来自庞贝城的巨型地面镶嵌画《伊苏斯之战》，阴影和透视的尝试，说明画面已经拥有了空间建构的意识，地面与天空的刻画更是为战争场面的呈现搭建了舞台空间。

西方在中世纪时期虽然曾对绘画艺术这一门类持有贬损态度，否认了艺术对于触达真理的绝对作用，并且由于技术水平问题使得艺术表现并不优越，甚至可以说潦草，但在呈现的结果上也并未使被表现的人物脱离环境建造，如《圣马太像》，背景的山坡、建筑和草木并非表现人物的必需品，虽然有人认为建筑与植物上狂热的旋风般的笔法意在塑造圣马太受圣灵控制写下了福音书，以说明他是传达上帝启示的媒介，但不可否认的是，整幅画面依然展现了背景环境的不可或缺。而且由于图像在布道中起到的重要作用，反而使得其对于真实感的表现越来越重视，因为真实的苦难才能唤起心灵中的情感，按《圣经》所述，耶稣及其信徒都曾真实存在于世，这是绘画对现世时空准确描绘的精神基础，也是绘画得以构建真实且完整的时空的根基所在。在西方天主教神学观念中，万事万物皆为上帝的创作物，时间与空间也不例外，所以在对现实时空的描绘中触达上帝及触达永恒，是中世纪艺术作品在表现时空时所秉持的意识逻辑。

文艺复兴艺术理念下使得此种情况更进一步，神话和宗教题材作品中人物如现实人物般逼真，所处环境也与人类经验世界相同，像《阿尔诺芬尼夫妇像》，画家在表现了夫妻二人的同时也对所处的新婚屋内景象进行了细致描绘，这意味着夫妻二人与屋内景象同处于一个时空之内，不仅整幅画面建构起了一个完整的时空概念，更重要的是，表现的时空也与我们经验所能触及的时空或者说是整个人类历史进程中所处的物理时空同处一隅。最为典型的例证是透视法的应用，不断以精湛的技术为观者在画面中构建起一个又一个虚拟的真实场景，这当然是因为对完整时空建构的仰赖，才使得画面空间得以成为真实空间的再现。特别说明的是，在此强调的并非技术层面的进步以呈现的真实感，而是画面不断拉近着与“人”的距离，以现世时空为基础，构建了一个时间与空间完整统一的瞬间，被表现的人、事物或事件与时空也是一体存在的，并不存在将人物与背景分拆成两个单独的概念与表现。正如莱辛的《拉奥孔》中称绘画艺术是选取了某一事件中最赋予暗示性的那一刻，这也意味着画面内容必须是人物与环境的高度统一，因为视觉艺术某种程度上是对某一短暂时空的定格，而西方绘画艺术在历史发展过程中的种种呈现，不断印证着莱辛的观点。如上述的《伊苏斯之战》中，拥挤的人群、奔跑的战马、地面尘嚣四起，渲染出战争场面的喧闹氛围，将观者带回到了惊心动魄的那一刻。这实际上也是一种永恒感的塑造，将当下全部时空及瞬间形态定格以达成某种意义上的永世存在，也就是说，它的永恒感并不是来自对时空建构的消解，反而恰恰出现在对完整的现实时空的精准描绘之中。

但是在中国传统绘画中，对于永恒感的塑造则来自对现实时空的超越和脱离，因为其拒绝以“人”的经验为尺度衡量时空。庄子对中国山水艺术精神的影响基本已成为定论⑤，所以，重点讨论《庄子》即可一窥究竟。《逍遥游》称“朝菌不知晦朔，蟪蛄不知春秋，此小年也”。朝菌活不过一天，蟪蛄只有两三个季节的生命，我们站在人自身的角度和生命的长度来嘲笑朝菌和蟪蛄对短暂生命的不自知，却不知在更高维度的时间内，人类又何尝不是如朝菌和蟪蛄一般。于是庄子接着说“上古有大椿者，以八千岁为春，八千岁为秋，此大年也”。如此长寿的大椿树，完全脱离了人类个体生命的衡量维度，它俯视着人类，正如人类俯视着朝菌和蟪蛄。庄子对空间的思考同样如此，鲲鹏之大，世界之大，亦是蜩与学鸠两只小虫无法理解的超验世界。时空如此广阔，怎可以个体生命的长度来思考框定无限的宇宙。亘古如一瞬，万里为一点。所以庄子说“天下莫大于秋毫之末，而太山为小；莫寿乎殇子，而彭祖为夭”，以时空颠覆来破除思维定式，又有著名的“濠梁之辩”与“庄周梦蝶”泯灭了时空边界，他不断打破人的思维界限及以人的经验构成的现象界的局限性，试图以超越经验思维的方式来表现时空概念。加之在中国哲学传统中，时间与空间的探讨又与“道”结合在一起，本就是一个超越人的经验而存在的概念。老子称“有物混成，先天地生。寂兮寥兮，独立而不改，周行而不殆。可以为天地母，吾不知其名，字之曰道”。说明“道”在天地之前便已形成，并在其中蕴含着时间与空间的内涵，“独立而不改”是对空间性质的描述，“周行而不殆”是对时间性质的描述。如此即是说明空间与时间是先于天地的存在，是一种超越了现世时空和一切现世事物的本体，它悄然自立，不动声色，不因为物理世界的变化而变化。

在日后发展中，如此“天人合一”之审美境界和精神逐渐成为“知识分子”追求的终极目标和精神理想，《庄子·知北游》称：“夫体道者，天下之君子所系焉。”孔子也有“智者乐水，仁者乐山”的论述。在这里孔子不仅将山水与君子的追求结合在一起，也使“山水”概念首次作为自然的附属物而远离了自然属性。宗炳在其画论中又将“山水”与“道”相连，称“圣人以神法道，而贤者通，山水以形媚道，而仁者乐”。这是山水画美学意义的自觉，它将人的精神与理想境界，以及对“道”的追求与山水画真正联系到了一起。如此形势之下，“山水”概念也与其本身作为自然之物的属性渐次远离，并且逐渐丰富，其展现内容并非现实存在的实在及客观物象，而偏重的是对本质的关注，由山水之形转为山水之性，使得山水的含义“既是一种人存在于其间的整个生息环境的总称，更是人生存在于一个具有丰富精神指向的声色世界的指称。……有着超越于物理对象的丰富的精神内涵”[⑥]。于是当庄子说“独与天地精神往来，而不敖倪于万物”时，既包含了在自然间遨游御风的自由精神，同时也暗含了体悟超越现世时空之玄机的思想。这就为肖像画无法完成完整的时空建构提供了理论的可能性，因为所追求的时空表现并不如西方绘画般是存在于现实世界的具体瞬间，而是一种全景式的，不以人的视角为尺度的时空本体，山水的形也不是具体的某一时刻的凝固，而是蕴含着恢宏宇宙、气象万千的全时全空。

由此，在肖像画领域，不但自然环境作为配景逐渐脱离出来，成为新的领域，虚空背景也得以成立。山水画本为人物画背景，但是在发展中逐渐脱胎于外。在目前看到的卷轴画中，东晋以前的山水样式几乎只能在人物画背景中找到，如《洛神赋图》中，虽然空间意识较为薄弱，但是人物仍置身于周围环境的相互关系中，高山流水和植物为事件打造了发生的时空氛围。张彦远的说法大体概括了早期山水样式：“群峰之势，若钿饰犀栉，或水不容泛，或人大于山，率皆附以树石，映带其地，列植之状，则若伸臂布指。”[7]此时绘画中人物和山水并未完全分野，甚至以山水为基础的环境建构还为人物的生动刻画提供了衬托，顾恺之认为环境描写对于人物的传神有着重要作用，在《论画》中称：“凡生人，无有手揖眼视而前无所对者，以形写神而空其实对，荃生之和乖，传神之趣失矣。”这里是在说要想刻画眼睛的传神效果就需要使眼神有所对之物，而且他还十分重视自然环境描写，他将名士谢鲲置于丘壑之中，因为“这样才能将他那超凡脱俗、寄情山水的人生情态完整地展示出来”[8]。但是如上所述，随着“山水”概念发展，当天地自然和对终极真理的精神追求，以及个体生命情感和心灵境遇的互动感应相关联后[9]，自然背景的重要性日渐突出，也为抽离出自身成为一个独立门类奠定了基础，并且在日后发展中逐渐与肖像画分野为两个独立题材。

至于中国传统肖像画中那种虚空背景的建立，当自然背景退出人物画面之后，画面能被表现的内容除人物外也仅剩某处空间内的人造物了，如人物所处的屋内环境。然而，由于中国观念中并没有建造完整时空框架的传统，当绘画内涵指向了一种超越时空的建构时，环境的表现也就不再重要了。可以试着如此想象，在肖像画中，当画家想要表现的仅是人物时，那与人物当下所处的时空有什么关系？人存在着走坐卧等多种形态，又有在白天夜晚、春夏秋冬的不同时间和屋内屋外等不同空间，既然要表现的是这个人，而不是这一时刻的人，那么当下的环境重要吗？

经过上述讨论，已经可以知道此处的“虚”是特意抹去了绘画中的时空建构。回到老子论述时空时指出的“寂兮寥兮”，“寂”是寂静、清虚到了极点，“寥”是空旷，是广大无边，这里暗含了原始之“道”是为无声无色与无边无际的存在，最初的时空本就是一个寂兮寥兮的状态。加之在“形”与“神”关系的探讨中，人们认为在人和万物的形之外，还有一种超越于它们之上的精神所在，这意味着“形”并不是被表现的重点，而“心灵、精神已明确成为艺术的表现对象”[10]。“精神”的重要性远超承载着精神的“肉身”，甚至“肉身”或是万物的形态是卑贱的、多余的。因此，当人物想要抛弃“形”以达到万物的本源时，那“寂兮寥兮”的状态即是被追求的，不拘泥于现实和物象的真实而形成了中国绘画特有的精神空间，以打破视觉真实性而追求心理的无限性，虚空背景的建立得以被接受，实际上与山水背景殊途同归，都是为了超越现世时空，脱离现世，并非如西方绘画般是对一时一刻状态的表现，而是要在时空的消解中触及永恒。所以肖像画中才会有保留主体，而忽视其他事物的情况存在，这是对“寂兮寥兮”状态的表现。

这说明，我们在绘画中不断地想建构一个脱离实际的时空，即使在西方绘画的写实技法已经得以应用之后，仍然仅接受对人物的写实，而拒绝在背景描绘上打造现世时空。这是缘于两者时空指向性的不同，因为，肖像与背景之间存在着一个悖论，即“山水”由于其超越现实时空而触及本体的特性将内涵与表现形式都指向了现实世界之外，而肖像画由于被描绘的人物天然就是现实时空的产物，是现实世界中真实存在的人，不可避免地带有现实时空的印记而将自身指向了现实世界之内，其与现实时空的关联度远远大于山水风景，山水风景可以表现出世态度，但是肖像画只能入世，于是在肖像人物与背景自然之间就存在了某种时空概念上的鸿沟。

这样的矛盾性在郎世宁的画作中前所未有地凸显了出来。在中国传统绘画中，当人物与山水需要同时出现共同构成一幅作品时，会在意境、构图和形式上有所调整，以达到一种微妙的平衡，但是在郎世宁的画中，由于中西融合结果，他的画反而从侧面为我们揭开了这种现象的本质，这一点在《乾隆皇帝大阅图轴》中体现得十分明显。作为前景人物的乾隆皇帝十分写实，他身骑骏马，面部及服饰刻画与朝服像中并无二致，应用明暗凸显出包括骏马在内的前景人物的立体，十分细腻，甚至皇帝的甲胄经过考证与故宫博物院所藏乾隆大阴甲胄封照，以及《皇朝礼器图》所载大阅甲胄的质地、式样、做法、颜色、花纹如出一辙。[11]说明对于乾隆皇帝部分的刻画，不仅在技法上强调了写实感，更在细节处告诉我们这是完全写实的，创作过程也正如西方肖像油画般，人物需要充当“模特”以供画家“写生”，而不是中国画作讲究的“默记”[12]，这是郎世宁等西方传教士绘制人物肖像的基本方式，可以说对乾隆本人的描绘完全以现实世界为基础，是对西方绘画观念中写实概念的体现。

然而再观画面背景，自然风光描绘显然与人物主体形成了反差，不仅写实程度不如人物，在时空处理上也偏向了中式。背景自然风光采用了山水画表现方式，虽有西式技法，但还是基于中式山水的意味表达。人物身后的山坡徐徐向上，带有些许“自山下而仰山巅”的高远意境，虽然已经减轻了中式全景山水的意味，但是由于地面如《弘历朝服像》中的地毯一样向画外倾斜，使得观者目光还有一种跟随坡度向上攀爬的感觉。更为关键的是光线运用，与人物亮丽颜色与反光感不同的是背景并未分享光线，这就像是斩断了所有外部联系，从而不断把画面向后推，想要营造一种远离现实的意境，因为光线应用十分能体现时空瞬间，人物动作、时间的变化都会影响画面中大到颜色小到花纹图案等细节状态的改变。另外，背景如中式山水般的塑造使得人物并未与其构成一个完整时空，自然风景由于散点透视的应用像是从一幅更大画面中截取了一部分，并未完全为主体人物服务从而为其搭建一个完整而闭合的空间，而且也如中式绘画所期望的那样为想象提供了延伸向画外的更为广大的空间。如此一来，人物就像贴纸一样突兀地粘贴在了画面正中，从大小比例、光线及时空的建构上并未与背景达成统一。

如此向我们展现了中西绘画观念矛盾下的具体应用，即由于人物自身蕴含的现世性，在融合与妥协中更能接受人物肖像的写实，而由于自然山水承载了太多超出于现世的含义，暗含着超越现实时空的本质，所以在应用时很难接受山水的完全写实。这一点还可以在“合笔画”中体会更深。“合笔画”是清代宫廷绘画的一种重要创作方式，主要指西方传教士画家与中国宫廷画家共同创作一幅作品。一般情况下，“合笔画”主要由西方传教士主笔人物，中国画家主攻背景，如郎世宁与丁观鹏、唐岱等宫廷画家合笔完成的《乾隆帝岁朝行乐图》，与方琮合笔的《丛薄行诗意图》，与丁观鹏合绘的《乾隆帝元宵行乐图》等画作均遵循了此种创作方式。这直接说明背景创作涉及了一个西方传教士画家或者是那些不在中国传统文化观念下有足够浸染的人难以理解和掌握的精髓，也就是绘画创作中与本民族根深蒂固的文化观念息息相关的部分，而在上述分析中，这一部分明显直接指向了时空建构。

典型如《乾隆帝元宵行乐图》和《乾隆帝岁朝行乐图》，描绘的是乾隆皇帝在节庆时与家人团聚欢庆的场面，按常理推测，事件应发生在皇宫或行宫重地，但是在画面中，亭台楼阁的近景之外却出现了青山、树木、湖泊等自然风景，这几乎是现实中不可能出现的场景，紫禁城的风貌告诉我们皇宫本应是楼宇重重，即使可以远望西山，也不可能出现如画中描绘般减少了皇宫建筑数量，隐去了西山与皇宫间的诸多现实存在，使得屋宇好似隐匿山间。而且整幅画面虽然在建筑上采用了适当的透视方法使得房屋走势规整清晰、构造符合物理规律，但是从整体来看，画面开阔深远，整幅画面不似西方焦点透视般在画面中心构建观看视觉点，建造了如在镜中般窥探的完整时空，而依然选择了中式传统绘画的构图方式，不断将画中时空推向了远离现实的世界。这两幅图显然描绘的是现实生活场景，却在处理上依然遵循着山水画出世的意味，就像画面并不是这一时刻的记录，而是为乾隆打造了理想中的生活方式，此时的他不再是高高在上的一国之君，而是普通人家的老者，远离世间纷杂喧嚣，静静享受着儿孙满堂、平安喜乐的晚年生活。尤其是《乾隆帝元宵行乐图》的背景中还描绘了云层袅袅，远处楼阁在云气中若隐若现,《乾隆帝岁朝行乐图》中的房屋好像推门出去就是远离尘嚣的山水之境，一入一出之间，画中房屋的走向就为理想与现实打造了天然的分界线。分界线之内，是郎世宁绘制的现实世界，分界线之外则是中国画师构建的精神理想之地。

如此看来，这不再仅仅是属于山水画在表现时空时的特定问题，而是涉及了中国传统绘画观念在时空表现上的整体问题。也就说当西方写实技法传入中国并产生一定影响之后，当中国统治者和画师面临抉择之时，完全拒绝了其在现实时空表现方面的绝对优势，而依然选择中式绘画中那种与精神、理想相关联的时空表现。

这一点还可以在《胤禛行乐图册》《弘历古装行乐图轴》等题材中得到印证。《胤禛行乐图册》中，雍正皇帝装束奇特，或着和尚袈裟，或穿汉族衣袍，道士道袍和少数民族服装也可见到，更称奇的是其中竟然还有他身着欧洲贵族洋装，头戴卷曲假发的造型。乾隆皇帝也有类似画像，如《弘历古装行乐图轴》中宛如一个出尘世外的文人,《弘历扎什伦佛装像轴》中还以唐卡的绘画形式将自己置于画面中央，替代了佛王的位置。如此就像是当下流行的写真照片或角色扮演，是带有一丝猎奇感的宫闱生活，而在此种生活趣味间，也反映出绘画对于超越现实生活的精神世界的表达。

也就是说，当西方的写实技法传入宫廷后，除了在肖像画方面取得了重要成效，竟然还在肖像之外为人物找到了跳出现世时空羁绊的可能性。正如《平安春信图》的乾隆题诗称:“写真世宁擅，缋我少年时。入室皤然者，不知此是谁？”对于乾隆的肖像表现就像是将他拉回到了年少时光，成就了他与画中人如真似幻的对话体验。又如这些变装像的重点并不是在表现人物的外貌等肖像特征，而是重在给予人物不同体验，本是不可能出现的情况，却在画家笔下成就了一场场冒险，或在打虎或在垂钓，有时御风而行有时隐匿山林，皇帝们不断变换着时空与身份，让心境中的生活幻化成眼前画面，这究竟是梦还是真。由此看出，当精准写实成为可能后，并没有为现实时空的构建提供素材，反倒成为跳出现世时空界限的工具。

另一个拒绝以西方写实技法打造现实空间的例子是倦勤斋的通景画。通景画是郎世宁带来的另一个重要成果，也是他在宫廷重要的绘画创作活动之一。通景画是一种视错觉绘画，起源于欧洲，是指在墙面、天顶等处使用三维绘画技法创作，以在二维平面上产生无限空间的错觉。[13]郎世宁历经过欧洲通景画活跃时期的洗礼，来到中国后将通景画的透视技巧带入了清宫廷[14]，稍有区别的是，宫廷通景画并不是直接绘制在墙面上，而是采用了中国传统贴落画形式，即在纸或绢上完成后直接贴于墙面，直到新的画作将其覆盖，大体类似于现下流行的“壁纸”，也可以经过简单托裱，在贴于墙壁后揭下收藏。[15]大体来看，通景画遵循了画面与室内环境相互呼应的传统，以形成室内景与画中景视觉上的贯通，一般被称为“线法画”或“线法”。[16]其中现存佼佼者是倦勤斋的通景画。但是倦勤斋通景画并非郎世宁所作，事实上，宫廷内的通景画并非全为郎世宁所作，在西方传教士带动下，无论是欧洲画家还是中国画师，如意馆的画师们大体都掌握些许通景画的绘制技巧，现存很多通景画也应归为如意馆画师们的集体创作，倦勤斋的即是如此。当倦勤斋的通景画开始被创作时，郎世宁已经去世多年，按照记载，这一任务由乾隆皇帝交付给了王幼学。[17]王幼学是郎世宁的得意学生，据说其绘画水平可以与欧洲画师比肩，虽然倦勤斋的通景画是否有郎世宁参与各家持有不同意见[18]，但是鉴于倦勤斋的通景画模仿的是建福宫敬胜斋内绘画，以及王幼学作为郎世宁学生，可以说倦勤斋内的通景画还是继承了郎世宁乃至西方绘画的技法与精神。

倦勤斋内部有一个小戏台，与之相对的是一个两层仙楼，此为乾隆皇帝观戏之处，屋内天顶画满了藤萝，西四间北墙上绘制了一处院落景致，近景是一处斑竹月亮门，透过月亮门望进去，院落内有树石、花草、两只丹顶鹤，远处是一处宫殿和一个亭台，两者之间有宫墙相连，天空湛蓝，两只喜鹊一只飞翔一只驻足。整幅画面精致写实，就像是为屋内延伸出另一个空间，特别是月亮门在高光和阴影的刻画下极富立体感，这就像是为虚拟空间的建造进行了缓冲，使之可以与真实的屋内空间毫不突兀地衔接在一起。

然而，如此按照西方透视技法进行建构的空间却与西方视错觉画有本质不同。马萨乔的《圣三位一体》同样绘制于屋内，拱顶、柱子、最下方的墓碑同样以透视法拓展了空间深度和范围，使本绘于墙面的壁画画面与教堂空间达成了契合。但不同的是，马萨乔的画本质是将虚幻呈现为真实，是为圣父、圣子、圣灵提供了现实的落脚之地，为神性存在于世间建造了一个人性空间，其内在含义是将无法视觉化的信仰以绘画方式呈现于此，将超然于现实的“精神”拉进了现世时空，其落脚点是现世时空的构建。

但是，倦勤斋通景画的目的却是将观者推入虚幻的精神之地。这一处小院中的仙鹤、喜鹊、松柏等皆为传统象征物，如仙鹤、松柏象征着长寿，藤萝寓意着子孙繁盛，牡丹、白玉兰代表着高贵、富贵等，画面将这些富含寓意的，但是又不同季节的事物集中在一起，打造了一处脱离于现世的理想时空。鉴于倦勤斋是乾隆为自己“退休”后打造的颐养天年的居所，可以认为这些富有中国文化观念中美好寓意的动植物，皆表达了乾隆皇帝所向往的美好愿景。也就是说，透视法在此的使用，就是为了欺骗观者本身，也就是乾隆皇帝自己[19]，其为观看者提供了进入景色的可能性，因为这一空间及其中的东西看起来那么真实，就好像将自己理想中那不可能存在的时空世界呈现在眼前。

这一点在倦勤斋仙楼二层西侧的壁画上可以继续得到印证，壁画上绘制的自鸣钟与掀开门帘偷偷窥视屋内的侍女，以及房间陈设，为身处这一环境中的人建造了另一个通往虚幻时空的可能，半掩的侍女既是一种指引和暗示，引领观者走入画中空间，也与静坐于宝座床的观者结成了陪同关系，因为这一时期的仕女图取代了园林等场所，成为了安放精神的神秘空间[20]，自鸣钟上静止的指针在与真实时空的冲突中为观者打造了永恒的时间。整座倦勤斋内的墙面壁画不断将身处于其中的观者拖出现实，在观画中暂时远离现实世界。所以，透视法在此的应用与欧洲那种视错觉绘画在构建时空指向时的内涵有本质不同，一个在于现世世界，一个指向精神时空。

郎世宁虽为传教士画家，在清宫廷奉献了一生，但是其创作的绘画作品却与天主教绘画并无任何关联，然而正是由于他绘画中那种得到了清代皇帝认可而又富有西式风格的矛盾性，反倒为我们揭示了西方天主教艺术在本土化进程中必须面对和解决的问题，即中西传统绘画中时空建构的指向性不同。中国传统绘画中的背景环境由于承载了更多超越于现实的精神内涵及永恒时空，是精神的放逐之地，是生命情感的境界，所以拒绝对现实世界进行事无巨细的刻画以营造一个如西方传统绘画中完整如舞台般的虚拟时空。但是在西方传统绘画中，特别是天主教的大部分题材绘画中，其宗教题材使得画作中又无法抹去现世的时空感，由此造成的矛盾便成了横亘在两种文化间无法避免的鸿沟。这不但再次印证附和并在实践上解释了百年前利玛窦对于中国绘画缺乏“栩栩如生”的论断，也使得如何妥善解决这一矛盾成为摆在天主教艺术家面前亟须解决的问题。

注释

① 学界对曾鲸的写实创作来源存在分歧，一种认为受到了利玛窦所携西洋绘画的影响，最早见于日本学者大村西崖所述“曾波臣乃折衷其（西法）法”，后有陈师曾、郑午昌、俞剑华等人沿用，可参见王逊《中国美术史》，上海人民美术出版社1989年版；陈师曾《陈师曾中国绘画史》，北京联合出版公司2016年版。另一种则否定了曾鲸与西洋绘画的联系，认为其“画像皆以传统画法为之”。参见《艺苑掇英》第18期，上海人民美术出版社1992年版，第37页。不论曾鲸的写实来源为何，都不能否认他的自生性，与郎世宁等传教士画家不同的是，他们是在秉持了西洋技法的前提下对中西绘画的融合与妥协，很大程度上出于被动，而曾鲸或许有所借鉴，或许受西洋技法启发，不管怎样其内在动力是推动绘画的完善与优化，这有程度与本质的不同。

② [德]黑格尔：《美学》第一卷，朱光潜译，商务印书馆1996年版，第312页。

③ 朱光潜：《西方美学史》，金城出版社2010年版，第15页。

④ 参见[英]贡布里希《艺术与错觉：图画再现的心理学研究》，林夕、李本正、范景中译，浙江摄影出版社1987年版，第III—IV页。

⑤ 具体情况和论证可参见徐复观《中国艺术精神》，商务印书馆2010年版。

⑥ 王璜生、胡光华：《中国画艺术专史·山水卷》，江西美术出版社2008年版，第31页。

⑦ 张彦远：《历代名画记·论画山水树石》，人民美术出版社1963年版。

⑧ 樊波：《中国画艺术专史·人物卷》，江西美术出版社2008年版，第191页。

⑨ 参见王徽《叙画》，他在文中提出“本乎形者融灵，而动变者心也”，是建立了自然之形与人的心灵之间的互动关系，而且说“望秋云，神飞扬；临春风，思浩荡”，也是强调了个体的审美情感。这就是初步确立了山水与“心”和“情”的关联。当苏轼将山水画与文人士大夫的精神追求联系在一起时，山水画最终成为对生命境遇及心灵情感的表达。

⑩ 李泽厚、刘纲纪：《中国美学史》第二卷（上），中国社会科学出版社1984年版，第477页。

⑪ 参见朱家溍《乾隆皇帝大阅图》，《紫禁城》1980年第2期。

⑫ 聂崇正：《“化妆舞会”与“西风东渐”——漫谈清代帝后的肖像画》，《紫禁城》2020年第2期。

⑬ William. R. B. Acker,*Some T'ang and Pre-T'ang Texts on Chinese Painting*. Volume 2. Leiden: E. J. Brill, 1974, pp. 11–12. Sybille EbertSchifferer, *Deceptions and Illusions: Five Centuries of Trompe l'OeilPainting*.（《欺骗与错觉：五个世纪的“障眼法”绘画》）Washington: National Gallery of Art, 2002,p. 22. 转引自李启乐《通景画与郎世宁遗产研究》，《故宫博物院院刊》2012年第3期。

⑭ 参见杨伯达《清代院画》，紫禁城出版社1993年版，第142、144页。

⑮ 参见聂卉《贴落画及其在清代宫廷建筑中的使用》，《文物》2006年第11期。

⑯ 参见聂崇正《“线法画”小考》，《故宫博物院院刊》1982年第3期。

⑰ “二月二十日，接得郎中德魁押贴一件，内开本月十一日太监胡世杰传旨：宁寿宫倦勤斋西三间内四面墙、柱子、栏顶、坎墙俱着王幼学等照德日新殿内画法一样画。钦此。”见内务府造办处，如意馆档，乾隆三十九年二月二十日。

⑱ 由于倦勤斋建成时郎世宁已去世多年，一般认为郎世宁无论如何也赶不上室内作画的，但由于倦勤斋内绘画实在技艺高超，仅依靠在世的其他西方传教士画家如王致诚、艾启蒙，以及他的学生王幼学等人的技艺，又似乎不可能达到如此高超水平。因此聂崇正推测，倦勤斋内的仙鹤、喜鹊等处，有可能是“郎世宁在绘制敬胜斋内装饰画时多余出来的一幅图稿”。参见聂崇正《故宫倦勤斋天顶画、全景画探究》，《美术研究》2000年第1期。

⑲ 对于乾隆皇帝将视错觉绘画视为一种带有欺骗的观看经验的论述，可参见李启乐《通景画与郎世宁遗

产研究》,《故宫博物院院刊》2012年第3期。

⑳ Cahill James, *Pictures for Use and Pleasure: Vernacular Painting in High Qing China,* Berkeley: University of California Press, 2010, p. 18.

（原载《中西艺术的时空分歧》，四川人民出版社 2022 年版）

给孩子讲陶瓷

黎珏吟*

一、宋人笔记中瓷器的“踪影”

我们民族漫长的记忆中，令人骄傲的文脉从未曾断层过。我们从青铜器上追慕着东洲列国的敬贤之礼，在瑰丽诗篇上艳羡着大唐的雄浑豪壮，而瓷器，则成为我们“穿越”回赵宋时期，体验它的繁荣文明与富饶市井的一扇明窗。

赵宋，被称为中国历史上的“工商立国”。一位名叫陈寅恪的历史学家曾经这么说过：“华夏民族之文化，历经千载之演进，造极于赵宋之世。”经济繁荣的盛世气象下，造就了赵宋统治者对于文人罕见的尊重与宽容。理宗景定元年（1260）使宋的元人郝经这样评价宋代：“贵朝之建国也，家法之美，体统之正……而外戚不与政，宦官不典兵，而不杀大臣，此又汉唐之所不敢望，与三代可以比隆者也。”他赞美宋代的文化和体统，夸赞当时宋代的国君治国有方，从不随意杀掉知识分子，是真正的刑不上大夫。另外，知识分子在赵宋时地位之高，重文抑武的风气从一块传说中的“太祖誓碑”可见一斑。

什么是太祖誓碑？相传宋太祖赵匡胤在太庙里立下誓碑，命令子孙为皇帝者，要优待前朝宗室之后裔，且不得滥杀士大夫与上书言事之人，否则天必讨灭之。那对于太祖誓碑有没有佐证呢？答案是有。在清代，一名叫作潘永因的文人在所编《宋稗类钞》中，开篇解释了关于宋太祖的两则逸闻，一则记太祖于太庙所立“不杀大臣”的誓碑，一则记太祖亲书“南人不得坐吾此堂”语刻石于政事堂。

无论太祖誓碑存在与否，宋代兴盛文化的确打破了“壁垒”，朝着大众普及，就

* 黎珏吟，文化和旅游部恭王府博物馆综合业务部馆员。

连引车卖浆的小民，也以识文断字为贵。宋代通过“杯酒释兵权”解除了军官的兵权，并大力推行“强干弱枝”政策。为防止武将篡弑重演，太祖实行重文轻武政策，提倡文人典军，严禁武人干政。不但取消禁军最高统帅殿前都点检、副都点检职务，军队实行更戍法，定期换防，将帅常调，以防止官兵“亲党胶固”。宋代文化的普及，不但是“群儿窗下读《千字文》《蒙求》”，妇女幼儿多能为诗，武将亦认为“将不知古今，匹夫之勇，不足尚”。宋代文化相对普及的主要表现还在于文化从先进地区推广到落后地区，特别是从士阶层推广到农工商各阶层：“诗书礼乐相辉相扶，里之秀民、家之良子弟无不风厉于学。吴、越、闽、蜀，家能著书，人知挟册。”你看，多么偏僻的乡野，人们也家家户户以读书做学问为乐。甚至连宋代商人，也多是饱读诗书的儒商：“吴道洁之学，出于富顺监卖香薛翁。”衣必暖然后求丽，食必足然后求精，宋代文人正是在这种宽松的政治气氛之下，才有充分的时间与闲情养生治性，而大量的宋代笔记小说，正为我们展现出宋代文人在衣食住行方面丰富的精神物质文化。

宋代瓷器文化是宋代文化的组成部分，当瓷器、玉器、铜器成为士大夫们日常生活中必不可少的“玩具”，朝野上下好古之风与金石学的兴起，宋代即成为中国古代历史上的一个博古收藏的高峰时期。经济繁荣发达，人们衣食富丽，举国上下对于文化的尊崇，使得宋人的精神世界同样丰富：节令、风物、铺席、夜市、茶百戏、喝故衣、探搏、饮食、剃剪、纸画、令曲种种有趣的市井百态，皆被记载入笔记小说当中。此时宋代瓷器通过登州、密州、扬州、杭州、明州、温州、泉州、广州等港口销往世界各地，并影响各国瓷器的设计与生产。在两宋的出口贸易中，瓷器已经成为最大的一宗。而与瓷器息息相关的茶文化，在宋人的日常生活里也占据了最重要的地位，瓷器已成为宋人器物类别品评风雅的重点对象。

让我们来盘点一下，那些藏在宋代文人笔记里的瓷器。

南宋赵汝适《诸藩志》记载，宋瓷出口的国家有：“占城，真腊，三佛齐，单马令，凌牙斯加，佛罗安，兰无里，细兰，渤泥，西龙宫，麻逸和三屿。”原来这些在今天看起来名字稀奇古怪的国家，真腊（柬埔寨），占城（越南），渤泥、佛罗安、单马令（皆属马来西亚），三佛齐、兰无里、西龙宫（皆属印度尼西亚），细兰（斯里兰卡），麻逸、三屿（属菲律宾）的人民，都是宋代青瓷、白瓷的“迷妹迷弟”们。

南宋人叶寘《坦斋笔衡》记载：“本朝以定州白瓷器有芒，遂命汝州造青窑器。”

本来宋代定窑的瓷器已经很美了，但是因为它有芒口（芒口是一种烧造的工艺缺陷，制作烧造过程中造成口沿无釉露出胎骨），所以人们又在汝州烧造了青窑。

宋吴自牧《梦粱录》中第一次提出青白瓷器："平津桥沿河布铺、黄草铺、温州漆器、青白瓷器。"同卷"诸色杂买"中记录的"家生动事"（日用器具）也有"青白瓷器，瓯、碗、碟、茶盏、菜盒"等。朋友们，现在打开你们家中的碗橱看一看，是否也有瓷做的碗、碟、茶和菜盘子？生活在遥远宋代的人们同我们一样，瓷器，尤其是青瓷、白瓷和青白瓷，这三种色泽清雅的瓷器，正是他们日常生活中不可或缺的使用器具。

宋太平老人在《袖中锦》中，列举数种行业内的天下第一，其中提到定瓷、高丽瓷与秘色瓷并把它们列为"物事"中的天下第一，还品评说"他处虽效之，终不及"。这可能就是今天我们大家同样觉得"山寨"不如"正品"的坚持吧。

宋欧阳修的《归田录》里，特别提到了一种宋代瓷器的名品"汝窑"："汝窑花觚，柴氏窑色如天，声如磬，世所希有，得其碎片者，以金饰为器。北宋汝窑颇仿佛之，当时设窑汝州，民间不敢私造，今亦不可多得。""谁见柴窑色，天青雨过时。汝窑磁较似，官局造无私。粉翠胎金洁，华胰光暗滋。旨弹声戛玉，须插好花枝。"欧阳修认为，世人都夸赞的柴窑虽然很好，有雨过天青的称谓，但是毕竟没人见过它。汝窑很像柴窑，当时仅有官窑烧造它，它颜色青翠，瓷胎洁净美丽，瓷器上笼罩着一层酥润的光芒，弹一弹瓷器腹肚，就能听到像玉一样的声音，应该用漂亮的花枝来配它才对呀。

通过瓷器，你们能触摸到想象中的宋代吗？你看，宋代的瓷器多么雅致，美丽。流畅的线条，简洁的造型……原来瓷器也是体现历史变迁的承载者。当整个宋代的美学风尚都趋于雅致时，流风所及，宋瓷也不能例外。它造型讲究，不以纹饰取胜，而代之以典雅、淡泊、自然和线条的柔美，于边棱转折处尤见匠心。在质朴凝重之中，含有端妍之气，更体现出宋人图安逸，不尚浮华，含而不露、精雅之极的文化韵味。

二、仿五大名窑与宋五大名窑是一家吗？

我们在前文中曾经提到过，雍正皇帝很喜欢瓷器，他"精细雅洁"的审美尤其偏好宋代的瓷器风格，因此，他不但亲自干预了御窑和景德镇对于瓷器的设计和烧造，还亲自参与监督烧造了一批足以以假乱真的“仿五大名窑”。

那么，仿五大名窑，同宋五大名窑真的就能一模一样，毫无差别吗？当然不，下面，就来教大家如何了解两个时代“五大名窑”的异同。

宋代汝窑的特点：

1.瓷胎：胎质细腻，瓷土呈香灰色，故有“香灰胎”之称。胎壁多轻薄，也有少数厚胎。

2.釉色：主要以天青、月白为典型，也有豆青、虾青、粉青等颜色，蓝而不艳，灰而不暗，青而不翠，给人以类玉、类冰感。粉青以青绿为主调，淡青中闪绿色。汝窑以玛瑙入釉，其晶体使釉色比较滋润，似有玉的光泽，由于其烧造温度低，因此釉面并不透亮，玻璃质感弱，呈现一种温润酥光。

3.特点：釉面多有开片，《格古要论》中有“汝窑器出汝州，宋时烧者淡青色，有蟹爪纹者真，无纹者尤好”之说，故亦有少数无纹者。开片纹有深有浅，有规则亦无规则，但大多细小，世称“鱼子纹”，裂纹极其纤微。

4.纹饰：大多光素以突出类玉釉色，只有极少数以划花、贴花或出筋起弦装饰。

5.烧造：器底多有小芝麻钉痕，或三枚，或五枚，瓶樽之类多有六枚，也有少数不规则的小圆形支钉，支钉断面可见到灰白色器胎，俗称“芝麻挣钉”。较大型器物则采用垫饼与垫圈烧造，但器底均施釉，仅圈足或炉足足底不施釉。

宋代钧窑的特点：

1.瓷胎：胎质多以紫褐色或者灰色为主，宋官钧瓷胎骨厚重，器物边缘或棱骨凸起处因釉薄，常呈现黄泥色边。

2.釉色：人美其名曰：“雨过天青”“月白清风”。在宋代创造了高温铜红釉，因色泽不同又有朱砂红、胭脂红、海棠红、鸡血红、茄皮紫、玫瑰紫等名称。另外有窑变釉：器面各色釉相互融合、流淌，千变万化。主色调除天青、月白类外，还有罕见的玫瑰紫、海棠红、玛瑙红、葱绿、豆青、天蓝等。

3.特点：釉面上常出现不规则的流动状的细线，称“蚯蚓走泥纹”。即在釉中呈现一条条透迤延伸、长短不一、自上而下的釉痕，如同蚯蚓在泥土中游走。

4.纹饰：钧窑重釉不重胎，亦不重纹饰。钧窑瓷没纹饰装饰，以釉色取胜。

5.烧造：足底施满护胎釉，支钉烧成。

宋代官窑的特点：

1.瓷胎：两宋官窑瓷器的瓷器胎呈灰褐、灰黄、灰紫等色。胎有薄厚两种，即胎厚釉薄的和胎薄釉厚的。

2.釉色：《格古要论》说汴京官窑器“色好者与汝窑相类”。器多仿古，釉色有淡青、粉青、灰青等多种色调，釉质匀润莹亮，大纹片。釉色温润似玉，也有玻璃质感强的。

3.特点：大开片纹路，由于青瓷胎料中含铁量高达3.5%—5%，致使制品的口缘釉薄处露灰或灰紫色与圈足底端刮釉露胎处呈黑褐或深灰色，形成“紫口铁足”的特征。

4.纹饰：以釉色为美，没有纹饰，瓷器只有凹下或凸起的弦纹或边棱，极少数出筋起弦。

5.烧造：刮釉垫烧，也有满釉裹足支钉装烧，器底有圆形支钉痕，大器有垫饼支烧。

宋代哥窑的特点：

1.瓷胎：坯呈紫黑铁色，或者呈现灰褐色、深灰、酱黄色、浅灰等。常为厚胎。

2.釉色：哥窑属青瓷系列，无光釉，釉色为酥光，青釉，浓淡不一，有炒米黄、奶白、月白、油灰、青黄等色，釉质较深浊不清透，釉层厚薄不匀，蘸釉立烧之器，底足之釉最厚。

3.特点：“金丝铁线”的纹样，哥窑釉面有网状开片，或重叠犹如冰裂纹，或呈细密小开片，《格古要论》中有这样的描述：“哥窑纹取冰裂、鳝血为上，梅花片墨纹次之。细碎纹，纹之下也。”

4.纹饰：光素居多不重纹饰，极少数出筋起弦。

5.烧造：其烧造方法为裹足支钉烧或圈足垫饼烧，后者可明显见到所垫圆饼烧造的痕迹。其圈足底边狭窄平整，非宽厚凹凸，足之内墙深长，足之外墙浅短为特点。

宋代定窑的特点：

1.瓷胎：定窑的胎质薄而轻，胎色白色微黄，较坚致，不太透明。叩击声清脆。

2.釉色：釉色薄，洁白晶莹中微黄，积釉形状好似泪痕，被称为“蜡泪痕”，隐现着黄绿颜色。在器物外壁薄釉的地方能看出胎上的旋坯痕，俗称“竹丝刷纹”。

3.特点：凌厉铮然、金装定器，芒口。制作烧造过程中造成口沿无釉露出胎骨，称之芒口。

4.纹饰：宋代定窑瓷器纹饰以刻、印为主。早期刻、划花为主并贯穿始终，中晚期盛行的印花装饰使装饰方法日趋丰富。刻花线条流畅、清晰明快、简练豪放、潇洒刚劲。在花卉一类纹饰中还广泛使用篦划法，浅而细密的线条排列整齐，与轮廓线形成粗与细、深与浅、疏与密的对比。

5.烧造：定窑装烧工艺主要为：正烧、覆烧、叠烧、匣钵。

雍正时期汝窑的特点：

清雍正仿汝釉即唐英《陶成纪事》所说的“仿铜骨鱼子纹汝釉”。

1.瓷胎：灰中泛褐色，与宋汝窑香灰胎色相近。修胎规整。胎与釉的交界处，有黑色的环线。露胎处泛灰黄色的火红石色。

2.釉色：釉色多数呈现淡天蓝色。与宋汝窑的区别，宋汝窑的釉面酥润、无光，而雍正仿汝窑基本上釉面透亮，清澈晶莹如新、玻璃质感较强。有些仿汝窑釉面有一些橘皮棕眼。

3.特点：多数落本朝款识。

4.纹饰：除了宋代汝瓷光素与旋纹，雍正仿汝窑还有堆花和印花装饰。

5.烧造：多数大器以垫圈、垫饼支烧。

雍正时期钧窑的特点：

《陶成纪事碑》记载，雍正年间仿钧釉十分成功，仿得“梅桂紫（玫瑰紫）、海棠红、茄花紫、梅子青、骡肝马肺五种”，此外“新得新紫、米色、天蓝、窑变四种”。

1.瓷胎：瓷胎多以灰色或者灰褐色，较之宋钧更为细腻，注重修胎。

2.釉色：雍正年间，除却宋代本身常见的高温铜红、朱砂红、胭脂红、海棠红、鸡血红、茄皮紫、玫瑰紫等，仿得“梅桂紫（玫瑰紫）、海棠红、茄花紫、梅子青、骡肝马肺五种”，此外“新得新紫、米色、天蓝、窑变四种”。更新创了低温“炉钧”。

3.纹饰：虽无纹饰，重釉色，仍有新创堆塑、贴花等装饰效果。

4.烧造：较之宋代支钉更细致、注重足部修胎。

雍正时期官窑的特点：

雍正仿官窑即唐英《陶成纪事》中所说的“仿铁骨大观釉”，是雍正官窑的重大成就之一。

1.瓷胎：雍正的仿宋官窑器，胎色为白色、灰白色和浅灰色，因此不具备“紫口铁足”特点。

2.釉色：宋代官窑器釉质肥厚，酥光宝晕，有玉质感。釉下气泡颗粒大而明亮。釉色以粉青、天青、米黄等色为多。雍正仿宋官窑器釉层较薄，釉下气泡小而疏，釉表多数均透明光亮而玻璃质感强，润泽感稍逊。釉色以豆青、灰蓝、月白为多。

3.纹饰：虽无纹饰，重釉色，仍有新创堆塑、贴花、出筋起弦等装饰效果。

4.烧造：雍正仿官窑器足根施以酱釉，其足修胎十分精细规整。

雍正时期哥窑的特点：

清雍正仿哥釉即唐英在《陶成纪事》中所说的“仿铁骨哥釉”。

1.瓷胎：瓷胎多为铁灰色，经烧结外表铁黑或泛油亮光泽，釉质光润，有油灰、灰青及粉青色。

2.釉色：玻璃质感较宋代强，釉色清澈透亮，釉小气泡未成“攒珠”式，“金丝铁线”与宋哥窑特征有些差别，开片大块，“铁线”多呈黑色或者蓝色。

3.纹饰：虽无纹饰，重釉色，仍有新创堆花铁沙青铜器纹饰、贴花、出筋起弦等装饰效果。

4.烧造：底部饰酱黄釉，修足规整精细，常见器底留有和宋代哥窑器一样的支钉烧痕，但支钉痕比宋代大。

雍正时期定窑的特点：

清雍正仿定窑，在《陶成纪事》中记录：仿白定釉，仿粉定一种，其上定未仿。

1.瓷胎：白中泛黄，质地较为疏松，似浆胎。

2.釉色：白中闪黄、玻璃质感强，釉比宋代略厚，釉面微显不平的橘皮样，开有小片纹。

3.纹饰：依旧仿造宋代刻、划、印花为主，但器型、纹饰多具本时代特点。

4.烧造：较之宋代注重修胎圆润，少了宋定犀利的棱角。

三、雍正的情怀与他钟爱的仿宋瓷器

说到雍正，大家想到的是不是影视剧中的“四爷”形象？从热播的穿越剧《步步惊心》《宫》里，大家了解到康熙朝九龙夺嫡的艰险，也曾经为“四爷”的九死一生、惊心动魄的定鼎之路捏一把汗吧？

历史上的雍正，究竟是个怎样的人呢？雍正名爱新觉罗·胤禛，是康熙的第四子，生母乌雅氏出身于海西女真小族，地位不高，生下雍正后，获封为德嫔。康熙共有三十五个儿子，除去夭折不序齿的十一个，在剩余的二十四个儿子中，生母地位最高的是皇太子胤礽之母，不但为一国之后，更是有名的赫舍里族。除胤礽以外，胤祉之母马佳氏、胤禟之母郭络罗氏、胤䄉之母钮祜禄氏，都是名门望氏或者有功于清太宗时期的显赫宗族。这样出身不高的雍正，养成了“自小喜怒不定”的性格，由于雍正在当时并不具备夺位的优势，因此在他如黑马一般脱颖而出，赢得“九龙夺嫡”的胜利之后，不但使得对手措手不及，甚至连其生母也在意料之外，因而导致他继位的合法性自他有生之年起，就成为一个悬而未决的争论，他的政敌更以此对他进行持久的攻讦，例如他在当亲王时“野心勃勃、觊觎皇位、却佯装淡泊，不求名利”，“阴谋夺嫡，矫诏篡立，继位后弑兄屠弟，贪财肆杀，酗酒好色等恶行昭著”。

但实际上，抛开影视剧里各种戏说成分，史料里记载雍正在位十三年，勤政终日、宵衣旰食、事必躬亲。无论是“为君难”印玺的镌刻，还是“戒急用忍”匾额的自律，无不体现出他完美自我形象的塑造，他期望能成为一个贤明的君主，用实际行动粉碎政敌们的谣言，更是维护康熙帝于众儿子中选中他的眼光。这样一个勤奋的君主，在险恶的政治环境下，不但致力于维护自己继位的正统性，更迫切地需要汉族士大夫阶层的文化意识肯定，从而令他主动去学习汉族的先进优秀的文化，在审美意识形态上无形地向着士大夫阶层的传统文人气靠拢，甚至希望回归做皇子时在雍邸中的闲适与自在。

在雍正王朝短暂的十三年中，雍正“文”“雅”“精”“细”的审美，充分体现在对于瓷器的烧造上。他尤其喜欢宋代瓷器的那种简洁与雅致。我们翻开根据养心殿造办处的档案，可以看见雍正三年（1725），四爷的“购物清单”“买得哥窑瓶一件”呈进，雍正爱不释手，下令大量仿制。对于宋瓷的推崇与热爱，使得雍正利用清宫收藏得天独厚的资源，或全盘仿制，或仿制器型、釉水。雍正三年《记事录》：“着照官窑缸的尺寸画样呈览，过交江西烧造磁器处烧造”，“着照宜兴钵样式另寻宜兴钵一件，交与烧造磁器处，仿样将均窑、官窑、霁青、霁红钵各烧造些来，其均窑的要紧”，“着寄信与年希尧，将霁红、霁青、均窑、汝窑小花盆、水连（奁）烧造些来。先做木样呈览，朕看准时再发去烧造”。你看这些瓷器的颜色多么五彩缤纷，有霁红、霁青、红中带紫的钧瓷，有我们前面讲过的“雨过天青”汝窑，还有瓷面上开片交纵，铁线润质，好像煮透过的“茶叶蛋”一样的哥窑。

雍正六年（1728），是雍正十分开心的一年，那一年他的“专属陶人”唐英为他烧造出了一大批心爱的瓷器。雍正六年五月二十六日太监刘希文、王太平、王常贵交来仿大官中窑四喜尊两件、仿龙泉出戟纸槌瓶两件、冬青窑双环耳瓶一件、仿冬青窑花囊、仿宋瓷紫金釉梅瓶两件、仿龙泉双圆瓶两件……仿汝窑胆瓶一件……仿定窑胆瓶两件……仿龙泉天球尊四件、仿龙泉窑双华物圆合壁瓶大小两件、仿定窑双环瓶一件、仿定窑三喜尊一件、仿定窑花囊一件、仿定窑盘线瓶一件。你看，这一批最新的“购物清单”中，有工艺复杂，仿造青铜器的四喜尊；有民间也时常使用像个棒槌一样的棒槌瓶；花囊就是一个圆圆的球，上面有许多开孔，用来插花的器皿；还有安放在墙壁上，作为装饰品的“壁瓶”……林林总总，光是交给人做还不过瘾，雍正还亲自参与设计、搭配，给他所钟爱的瓷器们着配漆架座，要求造办处将各款式的漆木架都做一件，他要亲自看过，挑选，再批量生产。

不仅如此，雍正还把他钟爱的瓷器画进了画中。雍正十二美人图“博古雅思”中，桌案和多宝格上陈设的“仿宋官窑”瓷器、“仿汝窑”瓷器、“郎窑红釉”瓷器，都是雍正最心爱的品种。

都是心头好，那么仿宋瓷器中，雍正更爱哪几样呢？当然是钧瓷与汝瓷了，雍正认为钧瓷有着浓淡不一与变幻莫测的流光釉色，认为其色调之美，“实非言词所能表达”，有绿中微显蓝色光彩的，也有呈紫红色彩的，蓝呈月白，或是蔚蓝一色，紫呈玫瑰般紫红，或像晚霞一片，更有的是斑斑点点，青蓝与紫红相间，此种错综复杂的色彩，极尽绚丽灿烂之至。

繁忙的政务之外，雍正寄情于诗文、瓷器、漆作、牙作、铜作等艺术审美之中，他还曾将当时人所写的短文、诗赋、格言或社会上流传的趣事、谐语、歌诀等汇编而成的一本书，起名《悦心集》。作为皇帝而不得不日理万机的雍正，对各种工艺品仍显示出极大的兴致，并对器物的铸造进行精细入微的指点，更自有一套评判标准，涵盖了材料、形式、技巧、手法、色彩等诸多方面。雍正对宋代瓷器非常推崇，喜爱备至。因为宋代瓷器在理性主义的古典美学的影响下庄重、规范、富于韵致，以其秀雅古典的造型、温润明快的色泽、色彩斑斓的窑变、雅致清新的格调而著称于世，这些特征恰好与雍正素净而脱俗的审美标准相吻合。

[原载《记住乡愁：留给孩子们的中国民俗文化（第十二辑民间技艺辑 陶瓷）》，黑龙江少儿出版社 2020 年版]

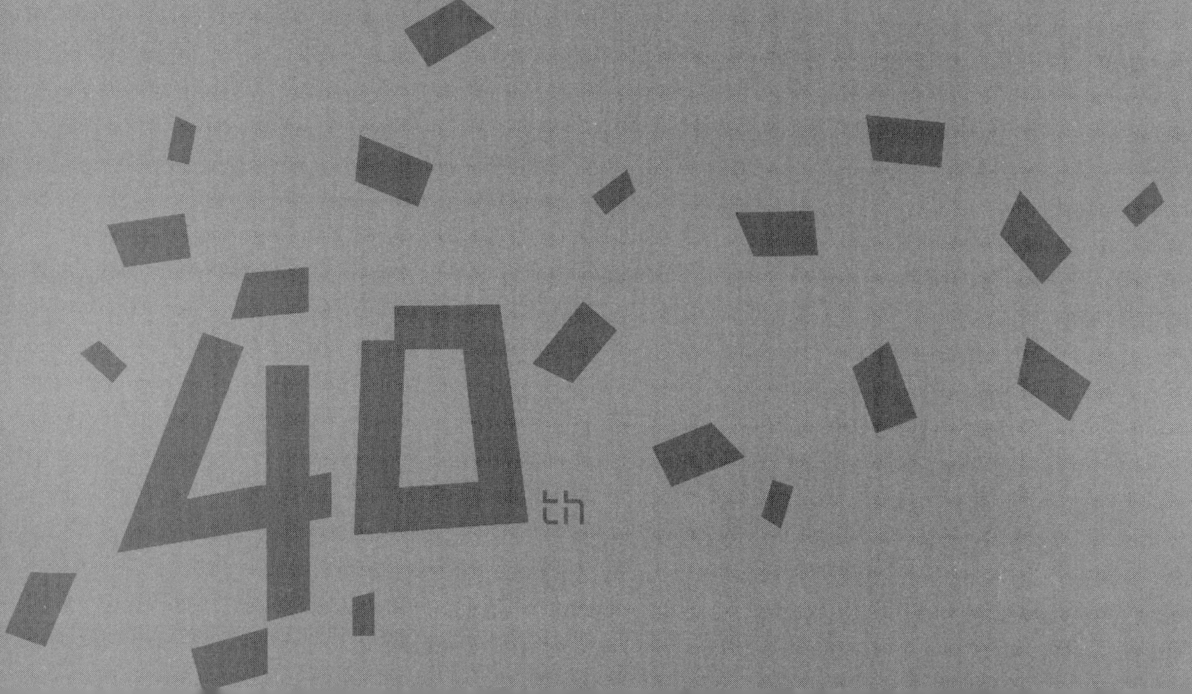
40th

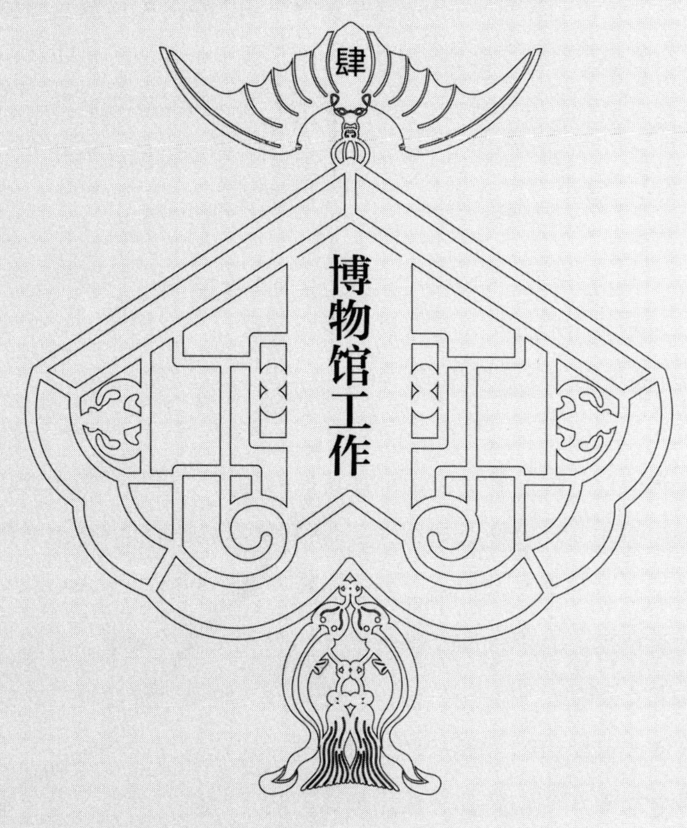

冯乃恩　黄文娟
谷长江　张　暄
刘正红　贾　梦
周琬君　盛丽芬
闫月欣　孟文丽
袁　圆　李玉卿等
王春平　郑　虹

我的地盘你做主

冯乃恩*

社区博物馆是恭王府博物馆对自己的全新定位。一个国家一级博物馆，一个拥有近300年古建筑历史的原址博物馆，一个举世闻名的全国重点文物保护单位，为什么要这样定位?

家在什刹海。明代时，什刹海地区就是达官贵人宅邸与寺庙林立的地方；进入清代，由于封王不出京，这块紧邻皇宫的宝地就逐步成为王府集中的所在，形成王府、官宅、民居、寺庙共处的局面。恭王府从乾隆中期成为和珅宅邸开始就处于这种社区环境之中，并一直不间断地延续下来。现在作为全国重点文物保护单位、博物馆、景区三位一体的公共文化机构，它仍然没有脱离这种环境，而且周边紧邻的全都是民居，天然地为鲜活的民居环境所环抱，是什刹海大社区中不可分割的组成部分。原址博物馆就该顺应并充分运用好这种先天条件，以社区一分子的形态融入环境，发挥文化机构的引领、传承、教化作用。

根在什刹海。从金代大定年间营建大宁宫等都城建筑开始，什刹海地区历经800多年的发展，其间王府、官宅、寺庙、民居等生活空间的叠加，客观上造成皇家文化与民间文化的不断交融，形成了独特的地域文化，而恭王府则成为其中王府文化的代表。作为一个真实的生活空间，恭王府曾出现了诸多鲜活的人物、事件及活动，伴随而生的是大量亟待挖掘的与人生理念、生活习俗密切相关的文化内涵。剔除其中反动落后的森严等级、剥削观念、奢靡腐化等元素之后，我们发现，肇始于先秦、昌盛于唐宋的士文化正是隐于其中可以提炼、转化的积极元素。诸如和谐敦睦、礼义廉耻、崇文向善等精雅生活的追求，与当今人民对美好生活的向往遥相呼应，完

* 冯乃恩，文化和旅游部恭王府博物馆馆长、党委书记，学术委员会主任，研究馆员。

图1　恭王府博物馆举办的中华文化研习交流活动中，年轻的学员们放飞亲手制作的风筝，感受传统文化中的精雅生活理念

图2　“中国传统建筑模型制作技艺展”现场，用情境话剧呈现建筑大师梁思成、林徽因夫妇1937年踏勘恭王府的故事

图3　以数字化手段“复原”的恭王府水法楼

全可以成为研究如何将传统文化与当代文化相结合的突破口，成为恭王府博物馆作为社区博物馆的根之所在。

既然是社区的一分子，就要打破府墙、深入生活，用社区化的方法运营博物馆；就要放下身段，拒绝封闭、拒绝距离，人人都可以参与。所以，我们鲜明地提出一个口号、一个观点——“我的地盘你做主”，以互动性、共生性实现引领性。我们的责任就是传承，就是解读，就是转化，就是创造！这就是社区博物馆的使命，这就是公众恭博的使命，这就是博物馆的人民性的体现。

比如以博物馆最传统的产品——展览来说，我们尝试拿出东二区展厅空间，吸纳社会有识之士，按照他们对恭王府的理解来策划展览，由恭王府博物馆具体承接实施。这就打破了传统模式，使得公众可以深入地、平等地以主人翁的角色参与到博物馆的业务当中。这种社会力量的参与就不再只是资金等物质条件的加入，而是智力资源的投入，体现出强烈的社区一家亲的认同感。

此外，我们尝试通过情境式的方式解读展览，还原过去的活态空间、时间维度，以适度的代入感使观众融入展览、体会展览，而不仅仅是静态观看。“中国传统建筑模型制作技艺展”在现场用情景话剧呈现建筑大师梁思成、林徽因夫妇1937年踏勘恭王府的故事，帮助观众了解展览的背景和内涵；“恭王府与什刹海”展览与配套讲座，则是居住在这个社区的居民策划、演讲的一座博物馆与邻居的故事，生动地诠释了“我的地盘你做主”的理念。

数字经济时代，数据就是生产力，数据的应用不但是超越时空的，还应该是共享共赢的。通过建立起恭博数字社区，同样可以实现“我的地盘你做主”。以社会共享、共同研究、共同开发的数据库，让公众参与到博物馆建设当中，包括文物的研究保护与修复、展览策划、产品开发、知识传播等，实现与公众的有益互动，这是更为广阔的天地，更为开放的社区。例如，通过与大学、专业保护机构合作，综合运用考古、建筑、历史、计算机等多学科、多领域的融合技术，以数字化手段“复原”已消失的恭王府水法楼。这是一处假山、亭阁、流泉巧妙布设的室内花园，堪称建筑奇迹。未来我们将把更多的业务诸如情境式展览、沉浸式展示等，借助数字技术飞入千家万户、常驻公众身边。

2023年“5·18国际博物馆日”的主题是“博物馆、可持续性与美好生活”，与恭博所追求的传统文化中精雅生活理念的解读、转化、创造不谋而合。今年是恭王府博物馆创建40周年，我们希望以开拓创新的精神，以“我的地盘你做主”的开放姿态，以大文创的立体布局，促进文旅融合。让博物馆所承载的文化及其传承路径不再局限于博物馆之内，也不再局限于传统产品，而是馆方、受众、媒体等社会多方全方位多渠道合作、多方向发力。比如“海棠雅集”诗会活动、“锦绣中华”非遗服饰秀，走出恭王府走向全国；又如即将推出的安善堂“福文化体验馆”，以及年底上线的“恭王府旧藏珍品数字展”等，都是希望人们无论是来到什刹海边的恭王府博物馆，还是光临线上的虚拟恭王府博物馆，抑或是巡行在国内国际的恭王府博物馆的活动中，都能徜徉在温馨的生活空间中，体味精雅生活，随处都有亲近如家的感觉。

以普及性、活态性的方式，向公众解读历史文化，努力进行创造性转化，让文化遗产活起来，让传统文化精粹融入公众生活，成为当代人们不可缺少的一种生活方式，这就是恭王府博物馆，这就是作为社区博物馆的恭王府，这就是“我的地盘你做主”的恭博。

（原载《光明日报》2023年5月14日）

恭王府欲恢复历史原貌

谷长江 *

为了迎接2008年北京奥运会的举行，恭王府管理中心决定恭王府博物馆在2008年正式展出。除了已开放16年的王府花园外，府邸完成维修和部分复建，全面对外开放，花园内的厅堂也应按陈列设计要求重新布置。

根据展览的总体设计，恭王府博物馆全面展示清朝王府的历史沿革、建制规模、政治、文化和社会生活；展示原府邸主人的生平逸事。从一个侧面反映清朝中后期的历史面貌，体现“一座恭王府，半部清朝史”的史实。为此恭王府博物馆拟设置基本陈列“清代王府文化”、复原陈列、专题陈列和临时陈列等。

一、历史原貌复原是王府陈列的一个重点

王府府邸尚存东路奕訢客厅“多福轩”及其东西厢房、奕訢起居室“乐道堂”及其东西厢房。中路“嘉乐堂”（神殿）及其东西配殿。西路葆光室及其东西厢房。“锡晋斋”（和珅时“庆颐堂”）及其东西厢房。

王府邸园“萃锦园”中亦有4500平方米的建筑，其中蝠厅、邀月台、安善堂、大戏楼、侧福晋的园居之所都是游客参观的重要场所。除了这些建筑外，府邸南面需要复建的倒座房是王府的办事机构所在地。

* 谷长江，原文化部恭王府管理中心主任、党委书记。

二、古建维修、历史复原是一个综合性的研究课题

清朝入关以来在北京建置的王府尚存有六七十座之多，至今府邸花园能够保存相对完好，对外开放的只有恭王府一座。遗憾的是，就连这样一座保存相对完好的王府，历经沧桑，殿室厅堂的内部装修和内部陈设已面目全非。1921年，小恭王将府邸抵押给天主教会；1937年3月，辅仁大学购置恭王府以扩充校舍；1938年9月，招收文教两院各系及理学院数理系数学组一年级女生；1939年9月，招收文理教育学院各系一年级女生，以恭邸东路为女院校舍，由圣神会修女管理。1949年以后，这里又几经变迁，除了锡晋斋还保留部分内部装修外，很难寻觅到1937年以前恭王府古建筑的内部情况。因此，历史复原实际上有三个主要项目：（1）古建筑的维修，如结构、规格的确定、彩绘的复原或保护。（2）厅堂的内部装修，如室内隔断布局及结构形式。（3）厅堂的内部陈设，如家具、宫灯、陈设艺术品等的位置和种类。

三、历史资料是古建维修、历史复原的科学根据

首先，确定什么时限为复原标准。恭王府历经和珅、公主府与和宅分东西路共存、庆亲王、恭亲王四个时代，最后的府主为奕訢及其孙溥伟。和珅以后，庆王分封时曾进行过修缮，恭亲王迁入前，由内务府主持在庆王府的基础上整修过一次，同治年间，奕訢自己又进行过一次修缮，但府邸部分变化不大。因此，我们决定历史复原的时限以清同治为主，只要收集到1937年及以前的资料，基本上可以了解同治以来恭王府的历史原貌。

其次，确定收集的重点。历史资料包括文献档案、老照片、图纸等。我们认为老照片最为重要，具有较高的历史价值和科学性，形象直观，易于参照复原。因此收集老照片成为我们维修古建、复原陈列的首要任务，特别是1937年及其以前的老照片。

四、历史资料的收集为筹建恭王府博物馆打下了坚实的基础

经过一年时间的不懈努力，收集历史资料方面取得了较大进展，征集到1937年

5—6月中国营造学社恭王府建筑测绘图纸。清华大学林洙先生经过多番努力，在该校建筑学院资料室看到了当年实测图的原件，可以说是恭王府古建维修、历史复原陈列工作的最珍贵资料。这份资料共31张，包括建筑平面图、断面图及一些建筑结构纹饰特写和相关记录。从时间上看为1937年和1947年测绘，相隔10年之久，总编号分别为16和14。

标有“16”编号的一共16张，其内容主要是府邸建筑平面图，包括东路多福轩、乐道堂。中路嘉乐堂、西路葆光室、锡晋斋、后罩楼等，不仅有建筑的平面尺寸，还有内部装修的名称、尺寸和说明。应该说这16张图纸最为重要，从时间上看，这是在恭王府变为辅仁大学女院和“七七事变”之前测绘的。从内容上看，涉及的是一些主要殿堂。如多福轩，1937年后为辅仁大学图书馆，从1940年时的照片看，南面为一间大门四间槛窗，与现状相同。但1937年实测图中则是三间大门两间槛窗。更重要的是实测记录写道：“中间内屏门各宽92×314+23，后墙书架高345，每宽180，内分五格，板厚7—6.5，深38。”后墙的装饰一直是这次维修论证的重点，这些记录无疑为论证提供了充分的根据。又如乐道堂，测绘图中标明了四个多宝架、六个书架的名称和位置，为复原奕訢的起居室提供了令人振奋的信息和下一步寻找资料的方向。再如锡晋斋，从实测图中标明的内装修尺寸和名称，证明1937年以后室内北面的装修已被拆毁。

目前收集到的这段时期的照片，主要有四个部分，其来源是：

第一组，刘致平《中国建筑类型及结构》(1987年新一版)。此书1957年初版，共收集了恭王府府邸及邸园照片20张。据该书序及杨乃济先生文，这应是中国营造学社1937年测绘时所摄。但是书中的照片印刷模糊，许多没有注明具体厅室。

第二组，中国建筑设计研究院建筑历史研究所。此处收集到的照片共13张，经我们比对，与刘致平书收录的照片相同，照片清晰。

第三组，辅仁大学所编《华裔学志》1940年第5期。此刊收录府邸及邸园照片27张，与上述不同的是，以外景观为主且花园内照片居多。

第四组，辅仁大学所编1940年毕业生年刊。其中收录30余张恭王府照片。

以上四组照片中，一、二组相同，都源自1937年营造学社所摄，但第二组清晰，解决了第一组未能识别图像的问题。由于这是1937年5—6月所拍，将其与同时进行的测绘图像比较，解决了一些重大的室内装修问题。最突出的有两个厅室，一是明确了乐道堂四个多宝格、六个书架的形式和位置，原来这些是一组十分宏大的室内隔断装饰，完全能反映恭王府起居室的气势。二是能明确锡晋斋北半部的结构和装饰比目前保存的南半部楠木仙楼还要复杂华丽，进一步印证了和珅20款罪状中的第13款所盖楠木房屋，奢侈逾制，隔断式样皆仿皇宫宁寿宫的记载。

第三组照片中最特别的是嘉乐堂（神殿）室内祭祀灶台的照片。神殿是清朝萨满教祭神祭祖之处，目前虽没发现祭台，但看到了神殿正中部分灶台的装修照片，这是我们未曾料到的重要收获。另外，在两张多宝格照片下分别用中英文注明了“乐道堂”名称，为我们最终确定乐道堂的装饰找到了切实可靠的根据。

第四组照片中最有价值的是目前我们正在维修的多福轩室内照片，尽管这些照片反映的是当时辅仁大学女院图书馆情景，但还保留了王府时期后墙书架的形式，四扇屏门、屏门檐上和两侧的匾额对联、四面墙上悬挂的10余块“福寿”二字挂屏和宫灯。这些照片在一、二、三组照片中都没有看到，弥补了一个主要殿堂的资料缺失。

五、再现昔日和珅邸和恭王府厅室装修的格局和形式

历史原貌复原工作中，室内格局至为重要。这些历史资料的重要性主要表现在三个方面：（1）涵盖了王府社会生活中的主要厅室。奕訢的会客厅、起居室、王府祭祀的神殿、和珅时的楠木殿。（2）装修形式丰富多样。由于王府府主变更和厅室使用功能的不同，目前发现的内部装修形式多样：乐道堂气势非凡，多福轩庄重严肃，锡晋斋极尽奢华，后罩楼格局多变。总的来说基本上反映了和珅红极一时及奕訢位高权重。（3）具有较高的科学价值和历史价值。1937年正是恭王府的转型期，恭王府的破败从20世纪初就开始了。日本学者富田升《流传的清朝秘室》一书记载了1912年日本山中商会购买了王府除书画以外的所有文物。从1937年所拍摄的照片看，奕訢的起居室除内部装修外，已不见任何陈设了。因此我们能收集到的这些室内装修资料可谓弥足珍贵，它们为下一步工作提供了科学根据。

第一，为恭王府博物馆的开放争取了宝贵的时间和效益。

王府历史原貌的复原是恭王府博物馆最精华、最具实质性的项目，需要一个较长时间的探讨、咨询、研究和论证过程。可以说这些资料的收集大大缩短了论证和

落实方案的时间，尤其是在大格局已定的基础上，可以加快室内陈设的研究和论证，也为定向征集文物争取了时间。时间就是效益，既有科学根据，又争取了时间，这无疑会增加我们筹建王府博物馆的信心。

第二，下一步工作的重点。

尽管在收集历史资料工作中，我们取得了重要进展，但要做的工作还很多。如1937年中国营造学社拍摄的照片绝不止20余张，测绘图保留在清华大学建筑学院，照片及其底版会在哪里呢？寻找这批照片及底版的下落，将是我们的重点。

1900年“庚子事变”时，恭王府为日军所占领，1912年日本山中商会购买了王府所藏的文物，究竟是哪些文物，其目录和照片也是我们要收集的重点，因为这些文物更能反映王府文化的精华。此外，能否找到1900年前后的照片，这比营造学社所摄照片还要早30多年，当时不仅室内装修，室内陈设也会较好地保存。

除了《华裔学志》第5期刊载有恭王府照片外，现位于德国波恩附近的《华裔学志》研究所是否还有其他有关恭王府的资料？

另外，当时辅仁大学女院师生手中是否有恭王府的照片，这需要寻访他们及其家属，予以收集。

对已收集的历史照片资料进一步加以分析研究是当前的重要任务。由于这些资料涉及了恭王府的建筑规制、格局、内装修及历史、文化多个领域，需要与相关专家共同分析探讨，挖掘新的成果。

最后，向社会各界人士呼吁，共同收集恭王府的历史资料，为筹建中国第一个王府博物馆而努力。

（原载《中国文物报》2004年7月21日）

恭王府历史资料征集、复原与王府文化研究

刘正红 *

2003年，文化部决定以恭王府原址为馆舍，筹建国家级的王府博物馆。

王府文化是皇家文化的重要组成部分，也是中国传统文化的一个方面。但是目前这方面的研究十分薄弱，保护王府遗址和王府文物是研究王府文化的重要手段。由于历史的变迁，清朝近百座王府中，目前能够对外开放的只有恭王府一座。因此，以恭王府为载体，全面系统展示清代王府沿革、王府建筑规制和花园、王府府主和王府社会生活等，不仅有必要也有可能。目前恭王府已成为北京市的一个重要旅游景点，是北京文物博物馆界社会效益和经济效益最好的单位之一。

坐落在北京西城柳荫街的恭王府的府邸规模和建筑等级，无法与礼王府、郑王府、孚王府等王府相比，那它能吸引这么多人前来参观的原因究竟是什么？我想这与它的前身是和珅的宅邸有关。

和珅住宅时期（共23年）：乾隆四十一年（1776）至嘉庆四年（1799）和珅被赐死。

庆郡王、庆亲王王府与和孝公主府共用时期（共24年）：嘉庆四年（1799）至道光三年（1823）公主病逝。

庆王府时期（共28年）：道光三年（1823）至咸丰元年（1851）庆王迁出。

恭亲王府时期（共85年）：咸丰二年（1852）至民国二十六年（1937）变为辅仁大学女院。其中恭亲王奕訢时代47年，恭亲王后代38年。

辅仁大学女院时期（共12年）：民国二十六年（1937）至新中国成立（1949）。

从这五个阶段来看，恭王府共经历了乾隆、嘉庆、道光、咸丰、同治、光绪及

---

* 刘正红，原文化部恭王府管理中心助理馆员。

宣统时期，而其府主中的和珅和奕訢都是清代颇有影响的人物。有学者称“一座恭王府，半部清朝史”，高度概括了恭王府在清朝中晚期政治上的重要性。

一、征集恭王府历史资料的概况

有关清代王府与王府文化的研究情况并不令人满意，其根本原因在于学者们掌握的王府本身的资料太少。2003年以来，恭王府管理中心谷长江主任等领导特别强调了收集王府特别是恭王府历史资料的重要性。现在恭王府已成为收集王府资料和研究王府文化的重要单位。

征集历史资料的概况：

（一）19世纪以来恭王府已受到国外人士的关注

1.同治十年（1871），英国著名旅行摄影家约翰·汤姆森来到恭王府进行拍摄，目前已收集到恭亲王奕訢在王府花园的照片，这是有关恭王府最早的照片资料。

2.光绪二十六年（1900），八国联军侵入北京，从日本学者富田升《清朝国宝的流失》一书中得知，当时日本军队占领了恭王府。

3.民国二年（1913），据富田升著作记载，日本山中商会1912年曾到恭王府收购文物，次年即分别在美国纽约和英国伦敦拍卖恭王府文物。在1913年美国纽约拍卖的图录中，附录了恭王府头宫门及宫门外东、西阿斯门的两张建筑外景照片，这是有关恭王府府邸建筑最早的照片，20世纪50年代王府头宫门南面的一些建筑被毁，这张照片就成了我们复原东、西阿斯门的唯一根据。

恭王府中路主殿被推测于1916年、1920年或1921年焚毁，目前尚未征集到主殿未毁之前的照片。

4.民国十一年（1922），瑞典斯德哥尔摩大学著名教授奥斯伍尔德·喜仁龙曾到恭王府拍摄照片。在其所著《中国的园林》一书中，刊载了恭王府花园的9张照片，仅此9张照片与现在的花园对比，已经发现了多处重要的变化。喜仁龙在其另一本著作《中国北京皇城写真全图》中刊载了成王府、礼王府等王府建筑20余张照片，我们推测，他如此重视王府建筑，既然进入了恭王府，就很有可能拍摄府邸建筑的照片，目前正全力以赴地寻找这些照片。

5.民国十年（1921）恭王府被抵押给天主教会，1937年成为辅仁大学女院直到1949年，其间留存了一些恭王府照片。如1940年辅仁大学同学会会刊就刊载了一些府邸和花园的照片，以多福轩（当时辅仁大学女院图书馆）室内和后罩楼（当时辅仁大学女生宿舍）外景照片最为重要。

6.民国二十九年（1940）以前，H. S. 陈和G. N. 凯茨等人来恭王府考察，撰写了《北京的恭王府及其花园》，发表于《华裔学志》1940年第5期，留下了珍贵的考察记录和一些照片资料。

（二）20世纪以来恭王府受到中国建筑学家的重视

1.中国营造学社两次考察恭王府。中国营造学社于民国二十六年（1937）五月底六月初，对恭王府进行了第一次实测和摄影，这是关键时刻的重要举措，一个月后，“七七事变”爆发，几个月后辅仁大学女院开学，为适应学校的需要，王府的建筑装修逐渐被改变。中国营造学社为子孙后代留下的这些宝贵资料有的已发表（如刘致平《中国建筑类型及结构》）或收藏在一些单位。目前我们只收集到最为重要的府邸建筑实测图和部分珍贵照片，但至今还没有找到原底版的下落。1947年该学社又对恭王府进行了第二次考察，也有一些资料留存。

2.古建园林、历史文物专家多次考察恭王府。新中国成立以后，古建园林、历史文物专家及国内外许多人士都到恭王府进行视察和考察参观。学者们对恭王府的沿革、古建、园林等进行了研究考证，尤其引起人们兴趣的是学者就恭王府是否《红楼梦》中的大观园引发了争论。

（三）恭王府原收藏及用品已受到国内外的青睐

1.恭王府曾收藏了青铜器、玉器、瓷器等文物。据记载，恭王府府邸西路锡晋斋的东厢房乐古斋曾收藏除字画外的其他文物。1912年，日本山中商会曾收购了恭王府珍藏的字画以外的文物，据山中定次郎后代估计，当时收购了1500—2000件文物，并很快于1913年在美国和英国进行大规模的拍卖，轰动一时。目前山中后代已将1913年于美国纽约拍卖的图录赠送给恭王府。此图录中共有玉器、青铜器、瓷器等536件文物的介绍和100余件文物的照片，还有用铅笔加注的拍卖成交价。1913年在英国伦敦拍卖了211件文物，遗憾的是此次拍卖会图录尚未征集到。

2.恭王府收藏了不少字画。在有关恭亲王奕訢孙子溥儒（溥心畬）的研究论述、富田升关于恭王府字画流失情况及其他一些介绍中，我们得知恭王府锡晋斋收藏《平复帖》、尔尔斋收藏其他字画。晋陆机的《平复帖》现藏于故宫博物院，唐韩幹《照夜白图》现藏于美国纽约的大都会博物馆，富田升还查找到其他一些字画收藏于日本等地的情况。

3.恭王府曾留下了家具等用品。我国台北故宫博物院曾展出33件恭王府家具，据研究这是由东吴大学转卖给台北故宫博物院的。此外在北京戒台寺有64件恭王府家具，这是奕訢及其后代在这里居住时留下的，已征集到这些家具的照片。

二、恭王府历史资料与王府研究和复原

我们对已收集到的恭王府这些资料进行了初步整理，编辑成册。尽管我们意识到对它们的认识还有一个相当长的过程，但随着维修工程的进展，人们越来越感到这些历史资料的重要性，也越来越认识到恭王府在研究王府文化中的重要地位。

在制定古建维修规划、王府陈列框架，特别是在多福轩维修、复原等实际工作中，上述资料所提供的历史科学根据，发挥了意想不到的重要作用。

（一）恭王府的室内装修显示出皇家气派

在这些历史资料中，最大的收获是可以看到当年恭王府及其前身室内装修的气势恢宏。

府邸西路锡晋斋原是和珅邸中的一个殿堂，在和珅获罪状20款中第13款有“楠木堂厅，其多宝格及隔断门窗，皆仿照宁寿宫制度”，即指此殿装修逾制，系仿皇宫宁寿宫样制作。现在进入此殿堂时看见南面的仙楼及楠木隔断，人们啧啧称奇。其实从1937年实测图和照片看，此室北面原来也有仙楼，室内装修要比南面现存的还要复杂，可惜在1940年的照片中已没有了，可以判断北面的仙楼在1937年至1940年间被拆毁。

府邸东路乐道堂为奕訢的起居室，从1937年实测图和照片看，这里原有四座高大的多宝格和六个书架作为室内装修隔断，它们被安置在屋内的柱子之间，多宝格高4米多，宽3.5米以上。其中两座多宝格分别有拱形门和月洞门，拱形门的内外边

饰雕刻成竹叶形，极为华丽精巧。据凯茨等人的文章说："多宝格由深色木料制成（原注称是花梨木），做工精湛……这座建筑的设计是独一无二的，在京城即使在紫禁城里也没有比这更优越的设计了。"

特别令人感兴趣的是凯茨等人的文章中留下的一张府邸中路神殿嘉乐堂的照片和文字说明，指出这里的装修和功能与故宫坤宁宫一样。这张照片拍摄的是神殿内祭祀灶台，由于年代稍早，黑白照片已不太清晰，但我们将其与坤宁宫祭祀灶台加以比较，两者基本相同，这样我们就能按照坤宁宫祭祀灶台的彩色照片复原恭王府神殿的灶台。再看1937年嘉乐堂的实测图，西边是"卍"字形祭台，北部正中是灶台，东边是暖房，与当年凯茨等人看到的一样，与坤宁宫的配置相同。表明宫廷中的祭祀和王府中的祭祀内容是一样的，装饰也相同，只是规格大小有所差别。

恭王府东路前殿多福轩是王府的正式会客厅，奕訢在这里曾会见过中外人士。学者认为多福轩之名源自室内贴了许多"福"字，其实从1940年辅仁大学会刊留下的照片（辅仁大学创校70周年纪念特刊亦刊载了此幅照片），墙上并没有贴单个的福字，而是十余方长1.8米多的"福寿"匾额高高挂在室内四周墙上，看上去似有点太多，但仍显示出多福轩的深刻含义。此外后墙有八个高大的墙内书架，每架高至屋梁，各分五格。室内靠北中部两柱间有四扇屏门，屏门上有御赐匾额"尚德延釐（禧）"，屏门两侧有对联。屋顶还悬挂着宫灯，都显示出皇家贵胄的气派。1937年实测图中标出了书架及东西耳室内装修隔断的形式和尺寸，以上这些资料形象生动地再现了贝勒载涛1960年关于王府客厅的描述：气势威严，空间宽敞，主人地位的高贵。

凯茨等人的文中说，多福轩是王府的正式会客厅，葆光室则是家庭或私人会客厅，他们当年来此室考察时，这里的隔断设计高雅，古色古香，用珍贵的木材精雕细刻而成。

府邸的后罩楼现在已成了设计者关注的重点之一，同治年间恭王府"样式雷"图，在后罩楼最西部的几间房屋中，有一些异样图案。1937年实测图中对这几间房屋进行了详细的测绘，可以看出由弯弯曲曲线条组成的大大小小不规则的图形，长方形、六边形和圆形图案，有的还注明名称，如亭、水池、缸等。这究竟是什么装饰？是不是有的学者所说的"木假山"呢？凯茨等人的文章做了回答，这里是俗称"小迷宫"的"现法楼"，用石头叠成假山，人们可以通过朱红色的小门，在黑暗中踏着石阶，穿过隧道般的狭长通道来到二楼。假山的峭壁上藏有盛满水的大缸，水点点滴滴落下来，涓涓细流最终流入中心亭前小池中，小池里有金鱼游动。小迷宫内还画着天空云彩和竹林，凯茨等说这是一个惊喜，我们不能不承认这一幻境的设计是非常成功的，令人惊叹。尽管我们目前还没有收集到小迷宫的照片，但上述这些资料已使人们看到恭王府中的确有许多精彩之处。

（二）恭王府的文物收藏具有皇家水平

关于恭王府的文物收藏，过去的一些文章中谈及的只是书画，如《平复帖》《照夜白图》等，此外在介绍溥心畬时提及一些王府收藏的书画。如“余旧藏晋陆机《平复帖》九行，字如篆籀。王右军《游目帖》，大令《鹅群帖》，皆廓填本。颜鲁公《自书告身帖》，有蔡惠、米元晖、董文敏跋。怀素《苦笋帖》，绢本。韩幹《照夜白图》，南唐押署，米元章、吴傅朋题名，元人题跋。定武本《兰亭》，宋理宗赐贾似道本。吴傅朋游丝书王荆公诗。张即之为《华严经》一纸。北宋无款山水卷，黄大痴藏印。易元吉《聚猿图》，钱舜举跋。宋无名氏《群牛散牧图》，纸本。温日观《葡萄卷》，纸本。沈石田《题米襄阳五帖》。米元晖《楚山秋霁图》，白麻纸本，有朱子印，元饶介题诗。赵松雪《道德经》，前画老子像。赵松雪六札册。文待诏小楷唐诗四册。周之冕《百花图卷》。杜琼《万松图卷》。姚绶《煮茶图卷》。陈白阳《虎丘图卷》。祝枝山草卷”。

乐古斋中收藏的文物情况从来就没有人涉及，也实在无法涉及。因此，前述日本山中商会捐赠的美国1913年恭王府文物拍卖图录就至关重要，它不仅使我们看到了有哪些类型的文物和数量，也通过附录的一些照片了解到这些文物的价值。恭王府收藏的青铜器、玉器、瓷器、宗教文物、杂器等，这里不再详述，但从初步鉴赏看，也是具有皇家水平的。

（三）恭王府的家具组合齐全，豪华气派

在前述已看到的两批家具资料中，台北故宫博物院收藏的30多件家具等级高，材质优良、做工精细、组合齐全。其中镂空云蝠纹太师椅、五爪龙纹王榻、彩漆描绘农家生活的古董柜、龙首象座灯、摆设香炉花瓶的方几、紫檀雕龙纹书柜、云龙纹紫檀小柜、彩染牙雕紫檀镶框、雕镂繁复瑰丽的平头案等更是其中的佼佼者。

（四）再现昔日的生活氛围，展现更深层的内涵

恭王府现存府邸古建和花园比较完整，学者们可以通过它与其他王府一起，研究清代王府的规制。毋庸置疑，作为一个王府，恭王府当然会体现王府规制的一些特点，也能看到它与其他一些王府的不同的特点。但是这只是问题的一面，从我们以上的具体介绍中，当年王府的内部装修、陈设，各个殿室厅堂的功能，悬挂在屋宇内外的匾额对联，王府的文物收藏都能进一步地反映昔日王府的政治、经济、文化和社会生活，展现一座活生生的王府，这里再作一些论述。如，从我们征集的资料看，恭王府的中、东、西三路多进院落中，中路主殿（已毁，俗称银安殿或银銮殿）和后殿嘉乐堂（神殿），东路前殿多福轩（会客厅）和后寝乐道堂（起居室），西路前厅葆光室（内部会客室）和后厅锡晋斋（书房，恭王时期文物收藏室）的使用功能应与其他王府相似：中路礼仪场所，前殿举行重大仪式，后殿进行祭祀，东路会客及居住场所，西路王府一般活动之用。但是，除主殿、神殿和正式会客厅的装修应和其他所有王府相同外，其余各殿的内部装修大概是各有千秋的。恭王府乐道堂内高大的多宝格和书架，锡晋斋的仙楼和豪华装饰都显示出和珅及奕訢的高贵身份和红极一时。又如，恭王府长达150多米的后罩楼是其他王府中所未见的一大特点，有目共睹。但是从我们征集的1937年实测图看，这座两层楼中不仅有“小迷宫”，还有很多长短不同的隔断装饰，意味着在这里不光是王府仆从活动的地方，凯茨等人说后罩楼第二层西边有侧福晋的住室是有道理的。

当前，恭王府的维修保护工程即将全面展开，收集历史资料、王府文物和科学研究工作也在紧张的进行中，我们深信，随着恭王府博物馆的建成，王府和王府文化的研究会取得更大的成果。

（原载《清代王府及王府文化国际学术研讨会论文集》，文化艺术出版社 2006 年版）

从恭王府建立周汝昌纪念馆说起

周琬君*

我的爷爷周汝昌去世至今已有一年，在周年纪念之日，夜静沉思之时，脑中浮现他清瘦的身影，往日生活情景历历在目。幼年记忆中爷爷很少离开他的书桌，与我们这些孙辈也很少说笑，每逢周末全家团聚，环绕耳边的尽是年幼的我听不懂的文言诗词。长大后我才渐渐明白，我的爷爷是一名学者，研究中华文化、古典文学及书法艺术，儿时那些环绕耳边却不明其意的词句，多是出自爷爷倾毕生心血研究，直至生命最后时刻仍念念不忘的《红楼梦》。我上大学那一年奶奶去世了，此后爷爷的身体就大不如前，视力几乎完全丧失，听力则要依靠助听器才能勉强维持，唯独治学的热情丝毫不减，每日口述书稿，由我的父亲和姑姑记录整理，最终编辑出版。去年五月，爷爷卧病在床，水米难进，夜不安寝，稍有精神时心中所想、口中所念的竟是一部书稿大纲《梦悟红楼》。

作为爷爷最小的孙女，两年前我如爷爷所愿进入文化部恭王府管理中心工作，从事的工作与爷爷的毕生研究有着千丝万缕的联系。现今我工作的地方是中国保存最完整且对外开放的王府，而恭王府得以保护和开放与爷爷的研究工作有着密不可分的关系。因为爷爷，自从进入恭王府工作的第一天，我就对这个地方充满了期待与感怀；因为恭王府，我才能更深刻地领会爷爷的求真写诚之情。

爷爷对恭王府怀有很深的感情，20世纪40年代末期，爷爷就开始研究曹雪芹笔下的“芳园”，他认为在北京城的西北角，接近德胜门不会太远的地方应该有座大花园。1953年，爷爷的《红楼梦新证》出版了，其中有章节指出曹雪芹家老宅应该在护国寺一带，他凭借小说文本绘出了荣国府院宇布局示意图，后来更明确指出恭王

* 周琬君，文化和旅游部恭王府博物馆展览部馆员。

府即红楼大观遗址。几年间爷爷数次亲自进入恭王府考察府园，并将考察情况和自己的观点向上级反映，多次呼吁应妥善保护这个王府，尽快开展调查曹姓遗踪旧迹。爷爷的论点得到了中央和北京市有关领导的重视，1961年2月，北京市政府采纳恭王府萃锦园即红楼大观遗址一说并展开相关调查工作，此后周恩来总理亲自到恭王府考察，主张腾退、修复恭王府并立遗愿开放府邸及花园。考证期间，爷爷为配合考察大观园遗址写过一大批文章，1978年，4万余字的《芳园筑向帝城西》出版，后来又经过增补于1980年出版《恭王府考》，这是迄今为止第一部介绍恭王府与《红楼梦》历史渊源的学术著作。

对恭王府的情真意切，爷爷倾尽了一介书生的全部力量，通过各种渠道多次呼吁政府有关部门尽快修复恭王府，呼吁那些占据着王府的单位尽快腾退。如今，经过大家的共同努力，一座修葺一新的绝妙精美的园林建筑矗立在北京后海之地，成为全国5A级景区，每天迎接着全国乃至全世界数以万计的游客。我在这两年的工作中耳濡目染，感受到了恭王府“和恭仁文”的发展理念，作为一个文化单位，这里不仅仅是供人游览的景区，更是一家历史遗址博物馆，一个文化展示和发展空间。近年来，恭王府管理中心致力于保护文物、丰富馆藏、传承文化，作为研究王府文化的博物馆，正逐渐成为王府生活的展示中心、王府文物的保护中心、王府文献的收藏中心。作为中华文化的展示和发展空间，在王府内外成功举办了一系列影响广泛的展览及社会活动，使更多的人领略和感受到了中华文化的独特魅力。

爷爷与恭王府的渊源不仅在于王府的保护与开放，更在于对王府文化建设的关注与支持。2008年恭王府全面开放以后，孙旭光主任明确提出了“五大职能”与“四张名片”，其中一个便是“以《红楼梦》与恭王府关系为核心的文化牌”。我赶上了好时候，亲身经历了这几年恭王府的快速发展，工作之余每每向爷爷提起恭王府，爷爷都流露出欣慰之情。2010年，已是93岁高龄的爷爷应孙旭光主任之邀，以口述的形式将自己60年来对恭王府与《红楼梦》关系的考证系统、完整地整理保存，留给社会。讲座设置十二讲，录制自2010年4月始，持续了近40日，总时长达20余小时之久。讲座从历史、建筑、曹氏宗室等多个角度、层面，通过引述大量史实材料，阐述了恭王府这个地点自北宋徽宗时期便有皇家园林，历经宋、金、元、明、清五个朝代的连绵变化，说明了曹氏宗族的几代家世、身份及文化修养，揭示了恭王府的建筑格局及周边地理环境、建筑群落与《红楼梦》描述的诸多关联，详细论证了爷爷关于恭王府与《红楼梦》关系的考证。

海棠花开，睹物思人，2010年爷爷曾致信恭王府管理中心倡议重启海棠诗社，这一活动始于清末盛于民国，自清代恭亲王奕訢时期开始，到其后人载滢及其孙辈溥儒一以贯之，再至辅仁大学时期，陈垣校长以《红楼梦》中人物探春所起的“海棠诗社”为题，每到司铎书院（今恭王府）海棠花开之际，遍邀京城学人来府雅集，写诗品茗，畅谈古今，其间王国维、鲁迅、顾随、张伯驹等名宿巨擘时常流连于此，互有唱和，极尽风雅，后来因故一度中断。当时爷爷在信中表示，一个府邸，修缮得再完好，也无非是个物质空间，想要尽可能地复其原貌，必须要将其内在的精神活动加以复原，还原其内在的生命力。此提议得到恭王府管理中心孙旭光主任的重视与支持，次年初春海棠雅集成功举办，活动举办至今不仅在学术界获得热烈反响，更得到了党和国家领导人的关注与支持，中央政治局原常委、国务院原副总理李岚清同志专门为活动题写了“海棠雅集”，第十八届中共中央政治局委员、国务院原副总理马凯为雅集活动发来贺信。

记得2012年4月爷爷收到我带回家的壬辰海棠雅集请柬非常高兴，不久便口述诗稿，由我的父亲抄写，叫我带回恭王府。此后爷爷又应邀为《海棠雅集》诗册作序，不想序言完成仅十几日，爷爷就离我们而去了，这篇序跋竟成了爷爷最后的遗作。

在爷爷逝世一周年之际，文化部恭王府管理中心提出希望在园内建立周汝昌纪念馆，其实在这一年中有多家博物馆、收藏机构和个人与我们联系希望收藏爷爷的遗物。作为家人，考虑到爷爷与恭王府的深厚渊源和感情，且恭王府为国家级博物馆，为了确保爷爷留下的宝贵资料能够得到系统、完整的专业保护与合理利用，便于向公众展示并进行更深层的学术研究，让家人及大量学术爱好者能更好地缅怀爷爷，最终确定在恭王府花园建立周汝昌纪念馆，将爷爷生前的著作、手稿、墨迹、信札、收藏等遗物捐赠给恭王府，作纪念馆展览、收藏之用。而我不仅作为爷爷的孙女，也作为恭王府的一名员工，要学习爷爷的治学热情、创新精神及对学术真理的不懈追求，努力工作，为恭王府的文化发展贡献微薄之力。希望爷爷毕生之心血在此得以传承，未竟之心愿在此得以延续。

（原载《中国文化报》2013年6月4日）

恭王府博物馆藏品管理系统需求报告 *

闫月欣 **

一、项目概况

（一）项目背景

藏品是博物馆最重要的核心资源，更是博物馆赖以存在的物质基础。在信息化时代，实施藏品信息化管理，是时代发展的需要，是衔接藏品典藏与利用之间的重要手段，是拓宽藏品资源信息的有效途径，也是进一步提升藏品管理、展示、保护工作的重要途径，亦日渐成为我国博物馆界，特别是馆藏文物保管领域的新趋势，各大博物馆的信息化建设也在如火如荼的进行中。恭王府博物馆目前已建成覆盖全馆的有线和无线网络，支撑日常业务运行的官方网站、OA办公管理系统、财务管理系统等业务管理系统，但尚未覆盖恭王府博物馆藏品管理业务，仍需持续推动藏品信息化建设。本项目拟建设恭王府藏品管理系统，借助先进的信息技术，建立藏品信息元数据标准，实现藏品信息资源的数字化及藏品管理业务全流程的信息化管理。

（二）业务现状

恭王府博物馆藏品总数达5万余件（套），包括家具、字画、拓片、古籍图书、玉器、瓷器、砖瓦、钱币、砚台、皮影、唐卡、化石等藏品，年代跨度广，种类丰富。其中明清家具和溥心畬字画是恭王府博物馆收藏重点，具有较高历史文化价值。

---

* 本报告已通过专家论证并实施。

** 闫月欣，文化和旅游部恭王府博物馆藏品研究部助理馆员。

目前藏品分别归藏品研究部、展览部、综合业务部三个部门管理，多数收藏于专门的文物库房内，还有部分陈列于展厅中。各自有藏品库房及管理员。藏品研究部总管总账，每年进行归品统计，进行登入或注销的增减，具体出入库则由各部门各自管理。

目前，恭王府博物馆藏品研究部已经完成藏品的点交工作，按照规范的管理制度及工作流程建立了相应藏品总账及分类账、藏品卡片及配套的电子文件等，但是藏品管理方面存在藏品查找困难、数据更新不及时、信息不共享等问题。因此建立配套的藏品管理系统支撑日常的藏品管理工作，已经成为亟须解决的问题。

二、建设内容

基于恭王府博物馆业务现状及信息化建设实际，要建设的藏品管理系统旨在利用计算机与网络信息技术，以藏品本体信息为核心，以工作流程为主线，依据相关标准规范，建立具有实用性、先进性，体现恭王府博物馆独特性、创新性的信息化系统。主要包括以下建设内容。

（一）系统集成

提供系统配套的硬件设备清单（可分为高、中、低三档），要求硬件设施必须能够保障藏品管理系统运行环境安全、稳定、高效。

服务器：至少应包括数据库服务器、应用服务器各2台，多媒体管理服务器1台，检索服务器1台，服务器品牌须经过成熟的藏品管理系统的兼容性测试技术认证。

存储设备：存储主体需要双控、支持SAN和NAS两种服务，存储柜支持在线扩展，要求高转速硬盘、支持在线热插拔扩容，支持同一逻辑磁盘下的在线扩容。存储容量需满足恭王府现有数字资源存储和备份需要，并支持未来5年的数据量增长。

网络设备：根据恭王府现有网络设施情况和藏品管理系统运行安全保障需求，提出网络设备清单，要求做好和现有网络设备的对接，做好VLAN划分和ACL等。

其他硬件设备：根据藏品研究部业务所需要的其他设备，包括扫描仪、卡片打印机、85英寸以上的触控一体机等。

基础软件：根据藏品管理信息系统运行保障需求，提出基础软件清单，包括操作系统、数据库、中间件等。

上述硬件及基础软件设施应符合国家现行的国产化要求，为藏品管理系统搭建的整体硬件平台应能够通过国家网络安全等级第二级标准测评，符合软件与系统工程领域国家现行标准。

集成服务：要求集成商对藏品管理系统项目的软硬件进行系统集成，保证藏品管理系统整体能够通过国家网络安全等级第二级标准测评。

（二）藏品数字资源库

根据《第一次全国可移动文物普查规范》《馆藏文物登录规范》等标准规范，建立博物馆藏品信息数据库，建立满足本馆实际需要的藏品信息指标体系，建立完整齐备的藏品数字化账目，提供丰富的对外查询功能，满足不同的需要。提供XML、Excel等多种格式的数据导出服务，为藏品数据上报、藏品交流等提供全面的信息化服务。要求集成商提供数据录入核对服务，将恭王府现有藏品数据按照确立的元数据标准，将目前已有各类的电子版文件进行数据整理、核对，并导入至藏品数据库中，保证藏品管理系统能够正常运行并提供数据服务。

（三）藏品管理系统

实现藏品从征集入库到保管利用的全流程管理，包括征集、鉴定、信息管理、编目管理、藏品出入库、展览、修复、数字资源管理、综合查询、统计分析等大类；藏品注册、登记；藏品信息的写入和更改；藏品的分类、分级或关键字查询、搜索；藏品的出入库管理；藏品的动态实时监控；藏品管理、信息查询、库房管理、陈列展品，藏品图片、文档等资料的管理，对藏品的多媒体文件的处理等。软件架构要求具备开放性，提供完整规范的开发接口，能够顺利对接目前恭王府博物馆已有的OA办公系统和财务系统；预留出环境监测系统等以后有对接需求的端口，满足主流平台和跨平台快速应用开发的需求。

系统需充分考虑今后横向和纵向的扩展能力，采用模块化、面向对象的思路设计，采用面向服务的体系结构，做到灵活扩展、迁移和升级。系统界面要求功能鲜明、布局合理、层次清晰、页面美观，操作简单易用，具有良好的用户体验。

三、建设需求

根据建设内容，不同模块的具体建设需求如下。

（一）整体平台

整体平台为用户提供一个集中、综合的办公门户。用户登录平台即可全面查看个人所有的工作信息，以及授权访问的系统、功能板块。整体平台作为博物馆信息化整体应用的载体，至少需具备用户管理、单点登录、权限管理、任务清单、消息公告、待办/已办任务管理、系统管理藏品统计看板等功能。可划分为普通用户和管理用户两类，不同用户依据权限匹配相应的功能模块。具体需要提供以下服务。

1. 用户管理：集中统一管理恭王府博物馆相关信息系统的用户，提供人员基本信息（例如部门、姓名、身份证号、电话等）的增删改查功能，并通过权限进行控制，为其他系统提供用户信息获取接口服务。

2. 单点登录：实现不同类型用户的统一身份认证和单点登录，用户实名从统一身份认证系统中获取证书或令牌，通过密码认证即可在平台和多个集成系统之间切换，系统会根据用户的角色和权限，自动完成身份认证，依据不同的权限进入相应的功能模块。

3. 权限管理：实现权限的集中统一管理。支持权限—角色—角色组三级管理，根据用户职责配置系统权限和角色，支持对权限、角色和角色组的增删改查。应考虑到恭王府博物馆系统至少包括馆领导、部门主任、库房保管员、征集人员、总账人员、编目人员、陈列展览人员、其他业务人员等角色。支持单个或批量对用户进行授权。支持对授权操作进行日志记录和查看。

4. 任务清单：每个用户登录后根据自己的权限显示当前系统功能的任务清单提示，如征集鉴定、藏品登录、藏品出入库和藏品注销等业务功能。

5. 消息公告：系统需提供博物馆内部消息或者藏品相关业务部门内部公告消息提醒和显示的功能，并与办公OA系统连通。

6. 待办/已办任务管理：实现各类待办、已办事宜的展示及提醒。

7. 系统管理：

（1）在线人员管理。系统需提供所有系统用户列表，具备查看当前在线用户及在线人数的功能。拥有管理员权限的用户可对在线普通用户进行下线操作。

（2）日志管理。实现系统运行过程中各类日志信息的记录、查看等，包括所有登录日志和业务操作日志。日志管理的功能非常重要，对每一个使用账号的增、删、改、查关键操作要全部记录到所有细节。

（3）快捷菜单。系统必须提供所有用户根据自己的使用习惯设置功能快捷键或快捷操作方式。

（4）统计分析。系统支持用户依据权限查看当前馆藏各类藏品数量，并且支持以饼状图、柱状图和折线图等可视化图表形式展示。

（二）藏品管理系统

需涵盖藏品征集、藏品鉴定、藏品编目、藏品出入库管理、藏品修复管理、藏品影像数字资源管理、藏品盘核、藏品注销、查询检索、统计分析等功能模块，基本涵盖博物馆藏品信息全流程管理过程，满足博物馆藏品征集、入藏、登录、出入库等日常业务管理需求，建立完整齐备的藏品数字化账目。同时应与办公OA系统和财务资产系统完成对接和数据的连通（表1）。

至少需要包括以下功能（如需要可进行增加）。可增加藏品研究管理功能模块（征求馆内科研人员意见来定功能）、接口管理功能模块（对于未来要扩展功能或者对接其他系统，开发出标准的接口管理功能模块）。

表1　藏品管理系统功能表

<table>
<tr><td rowspan="8">藏品管理系统</td><td rowspan="2">1.藏品查询检索与统计分析功能模块</td><td>1.1查询与检索</td></tr>
<tr><td>1.2统计与分析</td></tr>
<tr><td>2.藏品征集管理功能模块</td><td></td></tr>
<tr><td rowspan="2">3.藏品定级管理功能模块</td><td>3.1鉴定</td></tr>
<tr><td>3.2定级</td></tr>
<tr><td rowspan="3">4.藏品账目管理功能模块</td><td>4.1藏品编目管理</td></tr>
<tr><td>4.2藏品盘核管理</td></tr>
<tr><td>4.3藏品注销管理</td></tr>
</table>

续表

藏品管理系统	5.藏品管理功能模块	5.1库房管理
		5.2出入库管理
		5.3环境监测管理（展厅与库房）
	6.藏品展览管理功能模块	
	7.藏品修复管理功能模块	
	8.藏品数字资源管理功能模块	（注：目前先从本部门的数字资源入手，之后拓展全馆）
	9.辅助管理模块	
	10.系统管理	

1.藏品库信息查询检索

实现以藏品为核心，涉及藏品所有相关信息，包括基本信息、鉴定信息、修复信息、展览信息、盘核信息、注销信息、考古信息、研究信息、宣传信息等的信息查看，实现不同权限的人员对藏品信息的不同级别的查询检索。支持按照设置的不同检索条件进行信息检索，信息检索分为全文检索、高级（条件）检索、二次检索。检索结果支持列表和影像两种展示方式。对检索结果列表可以进行收藏，并可以查看藏品/资料的详细信息。具有信息导出功能，检索结果以图表形式显示并可将数据导出，可自定义导出字段。具备意见反馈功能，为查询人员提供反馈意见渠道。

针对藏品、资料、资源信息进行统计分析。实现包括入藏时间、藏品分类、藏品年代、藏品来源等不同数据要求的统计，支持自定义、自由组合藏品信息指标项作为统计条件进行统计分析，并将统计结果生成表格、曲线图、饼图等多种统计图表或分类表单进行直观展示，同时支持统计数据的导出。

2.藏品征集管理

严格根据恭王府博物馆的藏品征集管理规定，支持藏品征集的全流程管理，实现藏品征集申请、征集登记、征集文物鉴定、接受入馆和入藏的管理功能，包括征集信息的汇总，征集藏品各类信息的新增、修改、查询、导出，确保藏品征集过程业务信息存档与追溯，相关信息准确可靠，实现藏品规范入藏，统一管理。入藏征集藏品信息是馆内藏品信息库的组成部分，登记录入恭王府博物馆新入藏的藏品信息，同时与财务资产系统对接，实现二者数据的关联同步。

3.藏品定级管理，支持藏品定级的全过程管理，以及鉴定专家库的管理

包括生成鉴定文件表单和鉴定日程列表，参与鉴定专家、鉴定意见及鉴定结果，估价记录、来源档案文件等信息。全面实现藏品鉴定信息化、规范管理。同一件藏品可以进行多次鉴定，系统应保留每一次的鉴定信息。

4.藏品账目管理

（1）藏品编目管理：负责对库房馆藏文物信息进行全面的编目、登录、管理和维护，确保其本体信息和影像信息正确、完善，建立科学完备的藏品档案。必须实现藏品信息录入、数据导入、数据导出、数据复制、信息编辑和审核流程等功能。具体功能要求如下：

① 文物信息指标项，应符合国家文物局发布的关于文物保护行业标准《馆藏文物登录规范》和全国第一次可移动文物普查标准和规范等，除文物基本信息外，还应包括文物影像、研究信息、出入库记录等，藏品常用指标项至少包括普查十四项的字段，还应根据不同类别的文物特点进行科学设置，且可以根据用户的研究、使用要求进行自定义。

② 提供藏品信息自动识别和校验，用户登录文物信息前，可自动识别相关信息以确认该信息是否被录入系统，避免重复登录。

③ 要求文物编目管理具有文物信息采集、修改、复制、审核、导出底账、藏品编目信息自定义导出指标项数据集等功能；文物信息的采集、编辑需建立审核流程，包括未提交、审核中和已审核三种状态；藏品编目功能需依据馆内管理需求进行权限控制，系统需记录每个数据项的修改日志。

④ 系统应支持根据博物馆已有的相关文件模板，导出相应的数据记录表文件，包括分类账、总账、辅助账、藏品卡片（须预留藏品编目卡片打印机连接端口）等，文件格式支持Word、Excel、PDF类型，支持批量导入、导出。应支持文物数据与第一次可移动文物普查系统和国家文物局藏品系统进行数据交换，支持与恭王府博物馆财务固定资产系统的对接和数据连通。

（2）藏品盘核管理：支持藏品管理人员进行藏品巡检盘点工作，对藏品（或展品）周期盘点管理并在系统记录，若出现丢失或破损等问题，需要实时上传最新实物图。预留支持使用RFID电子标签技术进行库房管理（库房排架管理、出入库记录、库房盘核管理等）的接口。

（3）藏品注销管理：支持藏品注销的全过程操作，包括与OA对接发起审批流程，记录存储查询凭证等。总账管理人员可对正式账中的藏品进行注销，注销时填写注销原因、注销藏品去向、上传批复文件，填写完毕提交发起藏品注销审核流程。通过注销审核后，该藏品从正式账中删除，转为注销账并生成注销账号。注销藏品列表支持导出。

5.藏品管理

（1）库房管理：实现库房日常工作管理，库房管理包括人员出入库申请与统计、排架管理、库房日志，生成相关工作记录等，制作整个库房的电子地图。

①人员出入库管理：内部工作人员和外来人员入库的申请、审核等，应包括入库时间、人员、入库原因等。对于库房管理员，每天固定在列表中，支持一键出入库。其他入库人员入库填写入库申请单，发起入库申请流程，申请通过后进行入库。由保管员操作出入库，并同步到库房日志，此类记录不可删除。

②库房排架管理：可新增、删除库房排架，录入、修改、维护库房排架信息。排架位置信息只有本库房管理员才有权限查看，其他如有要求则需设置查看权限。

③库房日志管理：需管理记录库房的人员进出情况、环境监测数据、库房耗材情况及其他一些库房日常事项，支持查询、导出库房日志。按照日历形式展示库房日志，并可切换至列表状态进行出入库记录检索。库房人员进出数据由“人员出入库管理”模块关联，其他信息由库房日志管理员负责新建、查看和编辑，可对出入库藏品、资料、人员、物品及其他日常事项进行记录。

（2）藏品出入库管理：要求具备入库管理、出库管理、归库管理、移库管理和审核功能，支持馆内展览、境内借展、境外借展、技术养护、修复、观摩、熏蒸、装具、拍摄、出版等不同原因的藏品出入库的全流程管理，具体功能要求如下。

①文物利用申请和审批流程管理：依据利用原因的不同设计文物选展利用申请、其他利用申请两种不同的流程，其中文物选展利用申请流程适用于国内外展览和馆内展览，其他利用申请流程适用于养护修复、照相、观摩、外借等；支持文物参展档期管理，允许档期不冲突的展览共用文物。选择文物时可查看文物是否在库、能否出库等提醒，多人选藏品等功能，支持批量导入加入提借清单的方式。选择后进行流程审批。

②文物出入库管理：应支持藏品出入库记录及凭证管理，包括制作、删除、修

改、查看、导出等操作。支持文物出库和退库时进行验伤并记录伤况信息（伤况描述、记录人、记录日期等），对于文物现状不能用文字尽述的，应采用影像记录，系统需保留文物的历史伤况信息。

③ 出入库相关信息查询：系统应支持简便快捷的方式查询藏品状态，提供藏品的占用情况查询（可分不同占用层级）、文物参展情况查询、操作员工作量查询、超时未退库文物统计查询等功能。

④ 藏品出入库凭证、出库清单、入库清单、藏品动态统计表等表单文件均可打印。

⑤ 系统管理：

库房人员管理。对库房与管理人员的对应关系进行管理维护，以便文物利用申请和出入库时系统自动将单据分配给相应的库房管理人员审批。

文物利用限制管理。对不允许利用（例如禁止出境、濒危文物等）或利用受限（例如必须间隔一定时间方能再次利用）的文物清单进行管理维护，属于受限清单的文物在利用申请时进行提示和控制。

时间规范管理。对文物出库、退库超时时间进行维护，当超出设定时间时系统进行提醒。

（3）藏品环境监测管理模块：藏品基本环境监测信息的数据录入、检索，支持报告信息的导出。为之后具备更专业的环境监测采集和分析设备预留模块。

6. 藏品展览管理

系统对藏品相关的展览管理，包括填写陈列展览信息，对陈列展示所需的藏品、资料和资源发起利用申请流程；记录陈列展览的过程信息，上传展览过程中产生的相关文档资源（如展览活动报告、展览现场照片等）。建立展览库，用户因展览提借藏品时，选择对应某个展览，以此建立关联。在展览库中可对展览信息进行维护。

7. 藏品修复管理

支持拥有藏品修复申请权限的人员填写藏品修复申请单，包括拟送修藏品清单、修复要求、预计修复开始时间等，系统根据设定的审批流程提交相关部门和馆领导进行审批，审批通过后调用“藏品出入库”模块进行出库记录，支持具体修复人员在线填写文物修复过程信息，包括修复人、修复方法、修复过程描述、修复前照片、修复后照片、修复报告等资料和内容，包括增删查改操作。修复完成后，送修人和接修人进行验收，并记录修后伤况、验收结果，验收完成后调用“藏品出入库”模块进行归库记录。

8.藏品数字资源管理

支持图片各类数字资源的管理，包括二维影像、三维模型数据、音频、视频等信息的上传、存储、查询、导出等。具体功能要求如下。

（1）可以对资源进行编目，支持对资源进行标记（维护多个关键字），提高检索的匹配度。同时支持上传时可根据命名规范自动识别资源对应的主体类别、名称，影像与藏品号的自动匹配，实现藏品图片采集时，一一对应批量生成藏品图片库。

（2）能够自动识别上传数据类型，并据此做解压或不解压处理。对于三维模型压缩包，将不做解压处理。

（3）图片上传后自动识别图片格式并生成不同精度的图片版本。

（4）对藏品资源的浏览、下载等使用进行管理。在其使用过程中需要制定严格的浏览和下载权限。根据用户角色的不同，设定不同的浏览权限。配合各类权限的不同要求，生成不同分辨率的图片。

（5）影像资源利用、发布需要相关部门和领导进行严格审核，系统需支持影像资源利用、发布的申请、审批流程，要求实现与OA办公系统的对接。

（6）实现数字资源管理模块与其他文物管理功能模块的关联，支持文物信息检索、编目、利用、修复过程中自动关联展示相关的数字资源信息。

9.系统管理

（1）数据字典管理：对各类业务管理所需的藏品指标选项及非指标业务基础数据选项提供参数配置功能，方便数据的后续维护与统一交换。

（2）权限管理：管理系统各功能模块所用到的权限及角色（权限组），支持将角色注册至整体平台权限管理模块，由平台进行授权操作。依据业务需求设计权限，根据需要可精确到具体的功能点和相应的字段等。恭王府藏品管理具有自己特色，藏品分属藏品研究部、综合业务部、展览部三个部门管理，各自有藏品库房及管理员。藏品研究部总管总账，每年进行归品统计，进行登入或注销的增减，具体出入库则由各部门各自管理，在各系统模块的权限分层设计中需充分考虑到这一点。根据各个部门业务的不同，设置不同的数据查看和使用权限，保障数据安全。

四、技术要求

系统应根据恭王府博物馆现有的信息化机房环境、遵循国家相关规范，有良好的总体构架，包括软件架构、技术架构、安全体系架构、存储架构、规范体系等主要内容。

（一）软件架构

系统主体采用B/S方式进行软件部署，必须兼容IE、Chrome、360等主流Wed浏览器，依据藏品管理业务量、藏品管理任务要求，采用相适应的系统软件版本与类型。随着业务量和藏品管理流程的变化，软件系统能够灵活扩展。软件能够适应硬件国产化的要求。

软件架构要求具备开放性，提供完整规范的开发接口，能够满足主流平台和跨平台快速应用开发的需求。恭王府博物馆藏品账有与财务固定资料账的对接的需求，凡有需要请示上报的，均有与办公OA系统的对接问题，这些与财务及OA系统的对接需在设计架构中统一考虑。同时还应预留出后期建设的业务系统可能需要的接口。

（二）软件平台

系统开发采用主流的、具备一定先进性的软件开发平台；数据库管理系统要求具备良好的数据和索引的压缩技术，具有较低的空间膨胀率；在系统硬件资源允许的条件下，对超大型数据库及结构化/非结构化复杂查询实现响应的时间能够达到亚秒级，并且不随文件数量增大而出现效率降低、数据库规模仅受硬件资源的限制。

（三）数据处理能力

要求提供分布式和跨平台的灵活配置方案，具备对关系型数据库的文本数据和大对象类型数据的检索能力。系统内不同模块的数据可互通、共享；与恭王府博物馆办公OA系统和财务资产等系统的数据可以进行互通。支持图片JPG、TIFF等格式，文档以Word、Excel格式上传入库。并具有开放结构，支持新的数据类型和文档格式。

（四）数据迁移

系统建成后，要将馆内现有藏品数据进行整合，安全无误地迁移到新系统数据库中，同时保证移植后的数据在新系统中正常运行，避免在新的系统中重新录入。应制定数据迁移的详细实施方案和步骤，完成对目前现有的所有数据进行清理、转换和迁移工作。

（五）安全设计

提供用户管理、权限管理、认证等具体安全功能，从网络安全、系统安全和应用安全等层次进行安全设计。达到国家网络安全等级保护第二级标准。要求在项目终验前提供功能、安全和性能测评报告。

（六）功能模块流程设计

功能模块要齐全完整，模块划分要科学、合理，涵盖数字藏品库房重要业务，流程完善、明晰，对现有业务流程进行优化，要求符合数字藏品档案信息资源管理的特点和要求。

（七）性能要求

系统支持1000名以上用户同时在线操作，并发用户数不少于100人；在藏品信息查询时，查询相应时间不超过10秒，支持多种查询方式；在藏品数字资源展示时，信息资源加载时长不超过10秒，藏品三维模型不超过15秒；数据接口请求的响应时间在3秒以内；系统无故障运行时间大于5000小时；系统恢复时间小于4小时；系统能够进行定期数据备份；电子目录数据接收，导入（导出）临时或核心数据库每批次能承载百万条以上，记录数据信息不发生错误。

（八）系统接口和可扩展性

系统必须具备良好的可扩展性，为后期项目预留接口，并为后期项目的顺利开展做好技术准备。

具体对接需求有：能实现与第一次全国可移动文物普查数据、国家文物局藏品管理系统无缝对接，提供相应的解决方案；能对接博物馆目前的办公OA系统、财务资产系统及后续建设的业务系统，并提供相应的技术解决方案。

五、实施要求

（一）项目管理

须投入合格、充足的技术开发人员进行系统开发，提供所承担开发任务的全部软硬件环境。应任命一名全职项目经理负责项目管理，另配备1—2名驻场人员负责该项目的工作。

与恭王府博物馆协商后须提出详细的《项目需求说明书》，并在软件工程监理的监督和审核下，提供明确的项目计划书与人员计划书，要包含组织结构及相关责任、实施人员、项目进度计划等，应按期按质进行开发工作，并对项目管理过程中的风险进行有效的规避，必须包括明确可行的项目管理计划。

须定期召开项目例会，明确项目例会框架，按照整体项目管理计划细化阶段性目标，汇报项目进度，解决项目中出现的问题。

要有明确的风险管理应对策略，由于该项目有开发周期短、任务重的特点，须明确提出项目开发过程及以后运行过程中可预见的各种风险的合理可行的应对方案。

（二）质量管理

本项目质量标准必须符合中华人民共和国国家标准。如果合同中约定的任何项目质量标准低于国家标准，则按国家标准执行；如果合同中约定的任何项目质量标准高于国家标准，则按合同中约定的标准执行。

应按照ISO9001系列相应规范或等同的标准为项目的实施、竣工和修补缺陷建立适当和可行的质量保证体系，并保证工程的实施、竣工和修补缺陷的全部过程符合该质量保证体系的要求。

在系统设计、产品供应与开发安装调试、系统测试及联调、试运行直至验收等工程实施的各个阶段，中标单位应按阶段开展质量保证工作。

（三）系统测试

系统在开发过程中应该有专门的测试人员负责测试工作，并有相应的测试文档，系统必须经过单元测试、集成测试、系统测试才能交付，交付时要有相应测试的文档，包括测试计划、测试用例和说明、测试报告及问题和更改记录等。

（四）需求深化与变更

应按照合同要求，在监理的监督和配合下，统一规划、分步实施，严格按照工期要求执行。须采用原型法的方式与我方进行需求确认。

（五）验收与交付

须向恭王府博物馆提供本项目实施全过程中各种资料、账号密码、系统程序资料及源码、维护服务期内备品备件及清单等，且本项目所有软件系统不得涉及任何费用、知识产权及开发、应用权限等方面纠纷问题。

初步验收：中标方在初步验收前应向甲方提交初步验收书面申请和详细的初验测试方案，经甲方认可后，由甲乙双方共同进行初验测试，测试通过后，由甲方组织项目初步验收。若初验不合格，乙方应重新修改调试直至符合初验标准，若经过调试仍然不能达到初验标准的，甲方有权解除合同，由此造成的损失由乙方承担。

试运行：本项目试运行时间应不少于90天。其间如系统出现灾难级或严重级故障，则试运行期从故障修复之日起重新计算，顺延90天，若达不到要求，继续顺延，一直到本项目全系统连续90天正常运行时为止。项目经过90天正常运行期，所有功能、性能指标达到双方确认的技术规范要求时，方可进行本项目最终验收。

最终验收：终验包括对项目范围内所有应交付内容的检查、功能验收及性能验收。终验合格后，经双方确认，形成终验报告，由双方项目负责人签字生效。

验收标准根据项目技术需求、技术指标和参数制定，采购人根据项目情况邀请第三方专业机构或专家代表参与验收标准制定及项目验收。

浅析博物馆人力资源管理数字化建设

袁　圆*

在如今全球数字经济高速发展的时期，疫情进一步加快了数字化变革的节奏，后疫情时代对博物馆的数字化改造提出了新的挑战，也提供了新的机遇。员工作为博物馆构成的核心要素，人力资源管理数字化能力水平的高低是决定博物馆数字化转型成功与否的关键力量。随着外部环境的持续变化和数字化技术的持续发展，数字化变革将成为博物馆需要在长期推进中不断评估的工作，人力资源管理数字化建设成功与否也将决定博物馆的长期竞争能力。

一、线下招聘向线上招聘模式转型

通常情况下，每年2—3月是机关事业单位公开招聘的黄金期，若遇到社会性重大公共事件，则会给整个招聘工作带来极大阻碍。以2020—2022年高校毕业生就业招聘为例，2020—2022年毕业生分别达到874万人、909万人、1076万人，规模和数量均屡创历史新高。受到突发重大公共卫生事件影响，包括博物馆在内的各机关事业单位的校园双选会、报名、笔试、面试、考察、体检等常规现场招聘工作全部被迫中止或取消，许多单位不得不延期招聘，这些情况增加了高校毕业生择业的不确定性，毕业生海投简历，扎堆报考公务员、事业单位的现象一年高过一年，给事业单位招聘工作带来了更大的压力和成本支出。为此，博物馆人力资源部门研究调整招聘工作方案、创新服务方式、建立线上招聘综合平台，通过中央和国家机关所属事业单位公开招聘服务平台、博物馆官方网站、微信公众号等公众平台发布招聘

* 袁圆，文化和旅游部恭王府博物馆人力资源处馆员。

公告和岗位信息表、更新招聘进度；安排专人进行电子邮件、电话、网络在线等形式随时随地答疑，及时回复毕业生及毕业生家长与招聘相关的咨询；搭建线上笔试、线上面试的系统，采取视频等形式开展远程笔试面试等。充分做好线上招聘和线下服务相结合的准备和预案，实时根据形势灵活选择考察形式，稳步推进招聘各环节工作的开展。

二、远程办公人力资源绩效管理

重大突发事件发生后，为了便于管理、减少不必要的风险隐患，少数因工作需要必须到岗的人员必须经主管领导批准，其他职工居家远程办公。远程办公确实为博物馆在特殊情况下维持正常运营提供了解决方法，但是同时也为绩效管理带来了难题。如何有效确保职工在家办公的质量和效率，如何平衡一线安防部门必须到岗值守，业务部门和行政部门一部分人居家办公的差异，并给予科学公正的绩效考核等问题，都需要人力资源管理部门妥善解决。针对这些问题，人力资源管理部门应发挥重要作用，加强与各部门的沟通联系，各部门根据实际工作特点确定应急防控重点工作清单，强化工作任务管理，明确办公时间和考勤管理，制定工作纪律，提高远程办公工作效率，利用微信、腾讯会议、钉钉等交流平台加强各层级间的工作联系，确保职工居家办公的效果，形成特殊时期的临时工作汇报及绩效考核机制。对防控和应急处置做出贡献的一线安防岗位、行政管理岗位职工，人力资源管理部门应实行激励机制，肯定其工作成绩并结合工作补助、嘉奖、奖励等方式予以表彰，充分调动员工积极性、责任心和使命感。

三、推动人力资源数字化管理机制的发展

随着信息技术不断成熟，博物馆在藏品保管与研究、公共教育、展览陈列等主要业务领域的数字化程度快速发展，相比之下，人力资源数字化管理仍有较大发展空间。2020—2022年的重大公共卫生事件促进了博物馆人力资源管理数字化建设加速发展，远程办公模式、腾讯会议、人事系统民主测评（投票）、微信、钉钉等即时通信手段的广泛应用，突破了办公地点的空间限制，建立了便捷畅通的信息沟通渠

道，极大减少了博物馆各工作环节的信息传递和反馈时间；纸质文件的需求被压缩，经办公系统的普及，文件上传、电子审核、签批、备案等方式得到普及，简化了行政审批流程，提高了多部门协同办公的效率。简历与工作实际需要和时代发展相适应的人力资源数字化管理机制，使人事工作者从重复机械的信息数据统计等业务中解放出来，通话信息化手段实现职工情况动态检测和数据分析，对提高人力资源管理效率、降低人力成本具有重要现实意义。

结　语

当下，人力资源管理数字化大幕已经拉开，展现技术的魅力，让人们看到它在多领域多场景中的应用。新时期人力资源管理同样需要转型，摒弃原来固化的思维，构建更有效的数字化的成长性思维。今后，博物馆人力资源管理部门应再接再厉，通过人力资源管理数字化展现管理者对业务痛点、人才管理的敏锐洞察、深刻理解及运用数字化解决问题的果敢。

（原载《大众科学》2023 年第 3 期）

加强行政事业单位国有资产管理的思考

王春平 *

现阶段，社会经济的快速发展和外部经济环境的快速变化，国家政府的职能也在逐步转换。在这样的环境之中，行政事业单位通过不断的探索与创新，建立了国有资产管理制度，在一定时间内有效改善了其发展状况。但不可避免的是，制度需要不断更新与完善，单位自身的发展，以及外部环境的变化，均对原有制度的执行带来了影响，导致各类管理问题频发，如行政事业单位现有的国有资产管理制度不够完善，导致行政事业单位的国有资产管理意识不充分、权责划分不明、资产配置缺乏合理性与固定资产账目不符合单位实际情况。因此，行政事业单位应当深入问题并制定合理的解决方案，如完善国有资产管理制度、提升国有资产管理水平、将资产管理职责明确划分、规范管理工作环节等，从而确保行政事业单位资产安全与工作顺利进行，为行政事业单位的长远发展营造良好的内部环境。

一、国有资产管理对行政事业单位的作用及意义

行政事业单位具有的资产在我国整体的国民经济中占据着比较大的部分，其不仅可以为国家行政机关的高效、顺利运转提供有利条件，同时也能够提供稳定的物质基础，助力各级单位履行自身肩负的职责。由于资产管理十分重要，故对国有资产进行规范化管理非常关键。首先，良好的资产管理工作能确保行政事业单位稳定运行。其次，行政事业单位国有资产管理与国家资源有着十分密切的关系。国有资产是国家资源的组成部分，就目前而言，我国的行政事业单位普遍存在着对国家资

* 王春平，文化和旅游部恭王府博物馆财务资产处会计师。

源不珍惜、不爱护的问题，从而引发国家资源浪费与流失的现象出现，资产管理将有效地促进国家资源的循环再利用。再次，资产管理是维护国有资产安全与完整的重要手段。利用现代化信息技术建立信息平台，全面科学地管理国有资产，并引入绩效评价制度，对国有资产进行全面实时的监督，将有效减少资源浪费的现象，保证国有资产安全、完整。此外，强化国有资产管理工作，能够促进国有资产发挥价值。单位通过资产内控制度，建立良好的资产运行机制，将确保国有资产物尽其用。这不仅能够保证国有资产的合理分布，同时能够促使国有资产充分发挥其作用，为我国国民经济的增长做出更大的贡献，最后，国有资产管理工作能有效降低行政事业单位在财务方面腐败问题出现，由于行政事业单位普遍监督体制不完善，腐败问题层出不穷，严格进行国有资产管理能够完善与优化单位监督制度，进而对相关的规章制度进行明确，把行政事业单位领导层的权限控制在合理范围，使其无法利用特权进行不合理的活动，以此降低腐败问题发生的可能性。

二、行政事业单位在国有资产管理中存在的问题

（一）对国有资产管理的制度不完善

就如今资产管控的实况而言，国有资产管理制度不够完善是行政事业单位无法提升管理水平的主要原因，此外，制度不完善还会造成行政事业单位国有资产管理工作出现不规范行为，因而出现诸多问题。比如，在行政事业单位购置活动室时，未能从自身的实际情况出发，也没有全面考虑自身的特点及需求，造成资产重复购置和适用性不足的问题。与此同时，资产未有效配置，也是当下管理制度中存在的主要问题之一，未严格规划配置方案，势必导致资产的利用效率低下，阻碍行政事业单位实现效率最大化。由此而言，国有资产管理制度不完善，将会影响行政事业单位的顺利运行和持续发展。

（二）国有资产管理意识较为不足

行政事业单位主要是通过财政拨款的形式，获取内部资产资源，并形成相应的资产体系。在这样的条件之下，行政事业单位的管理层往往只重视款项的申请与管理的工作环节，对单位购置物资等其他的工作环节没能给予相应的重视，从而引发

行政事业单位无法对国有资产进行有效管控的问题，导致财政监管部门的相关工作难以全面落实，行政事业的国有资产管理趋于形式化。

（三）国有资产管理权责划分不明确

众多的行政事业单位在国有资产管理工作中严重忽视了相关制度的更新与改进，造成国有资产管理模式不适用，使其在进行国有资产管理工作中产生资产使用权与资产管理权难以有效结合的问题。单位多个部门同时在进行国有资产的管理工作，具体某项问题，应当由哪个部门负责，难以明确。①不仅容易引发相互推诿的情况，同时这种交叉式、重复化的管理现象，会使部门之间的权责无法明确划分，导致国有资产管理工作人员的工作积极性低落，导致单位国有资产管理工作的效率下降。另外，行政事业单位未能根据财务管理制度和资产管理制度对资产管理权责进行明确划分，导致出现部分单位存在私自冲减账户的问题。与此同时，行政事业单位进行财务信息统计时，单位内各部门所掌握的数据有限，单位之间的配合度不高，难以形成一个有机整体，财务信息的准确性难以得到保障。

（四）国有资产不合理配置

第一，行政事业单位在国有资产购置的环节中，普遍采用财政的预算拨款方式进行购置，使其在资金方面没有过大的压力，但如此一来，很容易造成国有资产的浪费。没有压力，就没有有效的约束，部分部门的购置申请，与实际需求出现了严重的偏离。由于受政府采购时间长的影响，超出需求、尽可能多申请的情况，时有发生。各部门提出需求后，资产管理的负责部门，将这些需求汇总后，就直接按需编制配置计划。这样做的结果是，如果部门需求与实际不符，会引发大量的重复采购问题。针对需求，展开资产盘点、使用情况排除、资产状态评估是十分必要的。第二，在行政事业单位国有资产的使用中，资产的维护与使用管理，常被忽视。部分员工对资产存在一种占用心态，或不认为其是重要的资源，致使在使用的过程中，不爱惜、不重视、不维护。第三，行政事业单位资产处置方面，当下行政事业单位在处置固定资产时，由于单位没有专门负责的技术部门进行评估与鉴定工作，导致其处置单位固定资产时，存在极大的随意性。

（五）固定资产账目不符合实际情况

行政事业单位的固定资产账目不符合实际情况，具体表现在单位的财务账目不具备合理性与严格性，并无法有效反映单位的固定资产情况和变化情况。目前，一部分行政事业单位的账目与实际情况相差较大，例如，某行政事业单位的固定资产如楼宇等基础设施已投入使用时间较长，但基础设施所用的资金仍在单位的账上，这是由于该单位在资产管理工作中，未能严格按照相关的财务制度规范进行。另外，还存在部分单位的固定资产未能及时验收入账等问题。②

三、行政事业单位在国有资产管理中存在问题之解决策略

（一）完善国有资产的管理制度

应在国有资产管理具体的工作中，结合国家有关部门政策，制定国有资产管理方案，并对其进行细化和改造，使其与单位自身有良好的契合度，并以此完善单位的国有资产管理机制，应当从以下几方面着手：其一，结合现有制度内容，对制度体系进行完善与更新。一方面，要实现资产管理的完全公开化，确保国有资产的良性管理；另一方面，要强化制度的落实与执行，既要针对单位内部资产管理环节，建立严格的制度约束，细化的制度标准，又要保证相应职责明确划分。其二，要建立良好的信息沟通制度。部门与部门间、上下级间，以及各单位之间，要构建资产信息共享机制，为资源的共享提供保障，避免资产闲置、重复购置等问题的发生。③

（二）全面提升国有资产管理水平

提升国有资产管理水平，要从以下几方面进行：其一，应强化行政事业单位相关人员的国有资产管理意识，单位领导层应起到示范作用，将国有资产管理的职责进行明确划分，能够根据单位外部市场与经济的变化，及时转换管理意识与模式。其二，强化单位内部人员的思想素质，行政事业单位的工作人员应当对自身有严格的要求，并能够做到时刻以单位的利益为首要目标，强化自身责任感，确保各项资产管理制度及规定高效执行。其三，从法律角度，对单位内部人员普及资产管理的知识与理论，全面提升国有资产工作人员的专业能力，促进单位所有人员能够对相关法律有全面充分的理解，不断更新其专业知识、理念及方法，以此来为单位的国

有资产管理工作的创新提供良好氛围。

（三）明确行政事业单位的国有资产管理职责

行政事业单位在国有资产管理职责方面的划分不明，势必会导致交叉管理与权责不清的问题在单位国有资产管理中出现，所以明晰国有资产管理职责，才能保证国有资产管理工作的专人专项。应当从以下几方面着手：第一，优化内部结构，建立专职部门，自身的组织机构，将会影响资产管理职责分配。因此，单位要及时调整内部结构，通过部门整合、分立、划分等形式，对职责进行明确划分。第二，行政事业单位国有资产管理岗位发生变动时，应当及时进行报备并有效调整，实现工作的无缝衔接。第三，健全行政事业单位的监督部门，单位监督人员可从单位内各部门进行抽调，或在外招聘，需要注意的是，在监督部门的组建过程中，一定要划分充足的编制，保证独立性，以此使监督的作用有效发挥，严格规范单位的国有资产管理工作。第四，还应当建立在监督、评价工作之后的奖惩制度，通过“优者奖励，劣者惩罚”的形式，不仅能够有效激发资产管理人员的主观能动性和工作积极性，还能增加监督制度的权威性。④

（四）促进国有资产管理工作规范化

首先，应明确、强化行政事业单位国有资产管理的工作流程，在进行编制单位的预算工作时，应当将购置预算与单位的实际的需求严格结合并全面考虑。坚持从实际情况出发的原则，根据单位内各部门的实际情况，制定相应的资产配置方案。在单位购置超过预算金额时，应及时通过政府的采购手段，进行招标，以此杜绝在单位的购置中存在违法行为。其次，完善行政事业单位的资产保管与领用制度，在单位进行购置时，应当安排专门的人员进行细致的核验，核验通过后，方可进行下一步流程。在领用时，单位也应安排专门的人员进行登记信息，行政事业单位应当结合现代的计算机技术，对单位固定资产的信息进行全面归纳、总结与划分，以此实现单位在出现固定资产损失时，能够将具体责任明确，并给予相应的责罚，同时计算机技术能够提升行政事业单位的固定资产清理工作效率、工作质量，有效提升行政事业单位固定资产核算工作的效率。再次，配合保管与领用制度，建立盘点制度，除做好定期盘点工作以外，在固定资产数量出现变动时，也应及时查明，并按照相关规定处理。最后，要规范行政事业单位的处置资产工作环节，如单位固定资产的转让与报废等，建立相应科学合理的规章制度，并在处置单位的固定资产时，要严格按照相应的流程进行。由资产的使用人提出申请，单位的管理部门与技术部门进行评估，并进行进一步的处理，如审核、销账。对于数量较大的固定资产报废，还应上报给财政部门进行审批。以此防止行政事业单位资产流失，为行政事业单位长远发展营造良好的内部环境。[⑤]

四、结束语

综上所述，随着世界经济一体化的快速推进和社会经济的持续发展，在国有资产管理工作中，行政事业单位应当持续对规章制度进行优化与改进，如此才能全面提高资产管理水平。同时，行政事业单位要积极学习资产管理理论与知识，以此促进自身良好运营和健康发展的状态。为进一步提升国有资产的管理实效，发挥更大的资产价值，为国有资产的安全性与完整性提供有效保障，行政事业单位要与时俱进，积极探索，结合管理工作中存在的具体问题，探寻解决之道，还需要在经营过程中不断对自身的理论体系及工作方法进行更新，为自身长远发展奠定坚实的内部环境。

注释

① 参见苏秀琴《加强基层行政事业单位固定资产管理的途径思考》，《财会学习》2021年第27期。
② 参见杨婷《加强行政事业单位资产管理与财务整合的思考》，《经济管理文摘》2021年第18期。
③ 参见官淑敏《关于加强行政事业单位固定资产管理的思考》，《大众投资指南》2021年第18期。
④ 参见李朋远《关于加强行政事业单位国有资产管理的思考》，《经济管理文摘》2021年第17期。
⑤ 参见赵静《如何加强行政事业单位国有资产管理的思考》，《商讯》2021年第31期。

（原载《商业故事》2021年第32期）

推动行政事业单位实施全面预算绩效管理的建议

黄文娟*

一、优化预算绩效管理的控制环境

财政部门应加大对行政事业单位进行新《中华人民共和国预算法》和全面预算绩效管理的培训力度，培训对象除了预算相关工作人员外，还应要求单位主要负责人参加培训，通过培训帮助单位主要负责人树立预算绩效管理的责任意识，使其从思想上重视预算绩效管理工作，将预算绩效管理提升至首要地位，将预算绩效管理工作压力逐级向下传导，从根本上解决预算绩效管理的组织问题。针对目前预算绩效管理制度过于宏观、缺乏可操作性的问题，应通过进一步界定、厘清各级部门责任，明晰事权，各部门（地区）在财政部门宏观政策制度的指导下，制定本部门本地区具体的预算绩效管理规范，各行政事业单位则应根据财政部门和上级部门的相关要求，结合本单位工作实际，制定预算绩效管理的操作规范和相关制度。加强预算绩效管理专门队伍建设，各行政事业单位应通过招聘和培训相结合的方式，一方面吸收具有预算绩效管理专业知识和经验的人员加入，另一方面加强现有人员的能力培养，为全面预算绩效管理提供人员保证。还可以通过建立专家库，充分借助外部专家专业优势，提升本单位的预算绩效管理水平。

二、夯实预算绩效管理的工作基础

不断深化预算编制改革，将所有资金收支项目都纳入预算范围之内，收入预算

* 黄文娟，文化和旅游部恭王府博物馆财务资产处处长，高级会计师。

要按照全口径的要求，既要涵盖预算内资金，也要涵盖预算外资金，完整反映政府所有的经济活动。不断完善基本支出定额标准，提高基本支出定额标准的科学性，可以考虑将基本支出区分为刚性支出和非刚性支出，刚性支出采取数据分析和统计分析的编制技术原则，非刚性支出采取因素分析法和定额成本法的编制技术原则。制定切实可行的基本支出和项目支出判定标准，引入支出目标管理体系，使基本支出与单位的工作职能相匹配，并将单位职能工作任务分解量化，避免单位将基本支出工作目标任务项目化和不断申请项目经费的不合理现象发生。

三、健全预算绩效管理的评价体系

全面预算绩效管理需要明确相关各方在全面预算绩效管理中的责权边界，应考虑构建一个涉及各利益相关方的共同治理架构，将这些利益相关主体之间的关系整合在一个权责明确、相互协调、彼此衔接、激励约束兼容的框架之下，避免出现职责权限叠加、多头管理和重复评价的问题。针对目前绩效评价指标体系偏重于项目绩效评价、评价体系单一、指标不尽合理的问题，相关部门应加快预算绩效指标体系的研发，构建一套能够使项目绩效评价、部门绩效评价和政策绩效评价有机整合的多层次指标体系。针对目前工作中存在的绩效评价结果评判标准不一的情况，应借鉴国外经验，对预算绩效管理实行“抓两头、放中间”的工作思路，在构建科学合理绩效评价指标体系的前提下，对于预算执行过程适当放权，将工作重点放到绩效评价结果的综合评判上来，逐步实现结果导向的绩效管理。

四、强化预算绩效管理的监控机制

在预算执行过程中，需要预算部门和财政部门对预算绩效目标的实现情况进行监督、检查和控制，建立预算绩效的监测与预警管理信息系统，当预算执行绩效与绩效目标发生偏离时采取矫正措施。预算部门的绩效评价或绩效监测结果要及时向财政部门反馈，财政部门也可以根据预算绩效目标的完成程度安排后续预算拨款。针对目前绩效评价结果应用不充分的问题，应将绩效评价结果作为政府决策重要依据，使决策者更好地理解支出所得的绩效，据以做出维持、扩大或压缩支出规模的决策。此外，还应建立绩效问责机制，将预算分解为资金分配、使用、监督、考核和审计等环节，明确划分各部门在每个环节的责任，并且力争将责任划分与绩效评价指标相对应，以准确追究评价指标对应单位的相关责任。

（原载《财务与会计》2020 年第 23 期）

文博类综艺节目对博物馆的创新性传播

张 暄*

近年来，在文化强国战略的指引下，文博事业欣欣向荣，涌现出一批优秀的文博类综艺节目，博物馆以焕然一新的形式呈现在公众的视野中。这些视角新颖的综艺节目引领观众走出对博物馆严肃刻板的印象，用创新的形式讲述博物馆的历史文化和博物馆人的幕后故事，让越来越多的人走进博物馆，喜爱博物馆，为传播中华优秀传统文化注入新鲜血液和生命力。

一、文博类综艺节目的发展动态

目前，尚未有学者对文博类综艺节目进行过明确界定。学界一般使用“文博类电视节目”“文化类综艺节目”对文博类综艺节目进行指称。事实上，文博类综艺节目既属于文博类电视节目，也属于文化类综艺节目，它是包含在以上两种节目形式中的分支。“文博类电视节目”包含文博新闻报道、考古类纪录片、文博类综艺节目等多种节目形式。“文化类综艺节目”涵盖的文化类型比较广泛，包含诗词、成语竞赛节目，书信、美文朗读节目，传统技艺展示节目，也包含依托文物与博物馆进行传统文化传播的文博类综艺节目。①

我国早期文博类综艺节目多以“鉴宝”为主题，节目组邀请专家学者对民间收藏品进行鉴定，通过对这些收藏品的真伪验证来制造悬念，吸引观众。2003年，中央电视台推出的《鉴宝》，是当时收视率、知名度较高的代表性文博类综艺节目。此后，各大卫视效仿推出了不少以鉴定民间收藏为主题的类似的综艺节目，如天津卫

* 张暄，文化和旅游部恭王府博物馆馆办公室馆员。

视的《艺品藏拍》，北京卫视的《天下收藏》，广西卫视的《收藏马未都》等。直至2017年，这类节目一直是文博类综艺节目的主流。2017年，中央电视台推出了《国家宝藏》第一季，该节目邀请9家重量级博物馆的馆长出镜，并推介3件镇馆之宝，由明星作为国宝守护人，通过演绎情景短剧的方式为观众呈现文物故事，讲述文物背后的历史文化。该节目跳出了此前“鉴宝”类文博综艺节目的思路，将博物馆收藏的重量级国宝搬上荧幕，又通过明星的生动演绎，将观众代入情景，生动讲述国宝的前世今生故事和中华历史文明，节目一经播出，就受到了非常高的关注。

从2017年至今，明星沉浸式体验博物馆类型的文博类综艺节目如雨后春笋般涌现在荧幕上，如山东电视台的《我爱博物馆》，北京卫视的《上新了·故宫》《博物馆之城》《遇见天坛》等，这些节目由明星嘉宾深入博物馆进行实景拍摄，在完成节目组布置的任务过程中，对话专家学者，深入博物馆不同区域，从而为观众呈现文物历史故事和博物馆幕后故事。此类节目大多收视率良好，并已连续拍摄多季，成为目前文博类综艺节目非常受欢迎的类型。这种节目形式突破了传统文博类综艺节目的局限，将流行多年的真人秀综艺与文博综艺结合，主线突出，明星引流效果好，兼具娱乐性和知识性。

二、文博类综艺节目对博物馆的传播价值

（一）传播文博知识，满足公众文化需求

综艺节目的热播现象，从20世纪初开始一直延续至今。近几年，以抖音、快手为代表的短视频平台更是拥有庞大流量。如今，短视频和综艺类节目，已经成为人们获取新鲜资讯，了解时尚风向的重要渠道，更是休闲娱乐的重要方式之一。然而不难发现，当前的综艺节目和短视频，娱乐性内容占据很大比重，存在“过度娱乐”的倾向。如果低质量、缺乏文化素养的内容长期占据主导地位，那将无异于“精神鸦片”，无谓地消耗人们大量的时间和精力，甚至养成受众低俗的文化审美趣味。综艺节目过度娱乐化也会让大众对传统文化逐渐失去兴趣，国家通过“限娱令”等政策限制娱乐节目的发展，目的就是减少泛滥的娱乐信息，让节目制作者承担起社会责任，正确地引导文化市场，鼓励创作者制作出有深层次文化内涵和高层次审美趣味的好作品，发掘受众的文化和精神需求。[②]文博类综艺节目既有综艺的娱乐性质、

明星的粉丝群体关注，轻松愉快的娱乐氛围，又可以“寓教于乐”，让观众在闲暇时光里观看节目的同时，能够足不出户了解文博知识，满足公众的文化需求。所以文博综艺节目的制作人员和博物馆的工作人员，要充分利用好文博综艺节目，不断创新节目形式，深入挖掘文博内涵，展示祖国珍贵的文物宝藏，传承中华民族悠久的历史文化，共同制作出人民群众喜闻乐见的高质量节目。

（二）带动博物馆线下参观客流，推动文创产业发展

文博类综艺节目的兴起，有利于推动博物馆扩大知名度，尤其是对于知名度不太高的博物馆，更加可以通过文博类综艺节目提高大众认知度。近几年，《国家宝藏》《上新了·故宫》等节目的大热，甚至带起了“博物馆热”和“文化遗产热”，使曾经曲高和寡的博物馆走进了人们的生活，越来越多的人开始去博物馆参观，“看展”俨然成为人们周末的一项高质量文化休闲娱乐方式。

随着综艺节目“博物馆热”现象的出现，博物馆文创也越来越受到人们的喜爱，故宫日历、乾隆文化衫、故宫猫、文创雪糕等一批博物馆IP文创被人们广泛接受。文博类综艺节目可以起到推动博物馆文创产业发展的作用，北京卫视与故宫博物院联合推出的《上新了·故宫》就是一个很好的例子，该节目收视率高，是当时的现象级节目，其每期节目邀请影视明星作为故宫文化创意发展总监，完成文创产品开发的任务，明星嘉宾跟随专家到故宫的开放与未开放地区进行实地探访，了解文物背后的故事，辅助以小剧场、动画短片、影视资料的形式，将故宫鲜为人知的一面展现在观众面前，再由设计师打开脑洞，创作出传统与现代融合的文创产品。观众看完一期节目，了解了丰富生动的历史文化故事后，与之相关的文创产品被赋能。同时，设计文创产品充分考虑到实用性，有实用价值更容易为观众所接受，从而能大范围地传播和继承[③]，例如文具、茶具、家居用品等，容易使人产生购买的欲望，当人们拥有了一件既有文化内涵又有实用价值的文创产品时，会产生喜悦感和认同感，即感到自己的生活是有文化品位的，这些产品也能够切实地融入购买者的生活中。

（三）加强不可移动文物保护，提高公众文物保护意识

《中华人民共和国文物保护法》将不可移动文物划分为古文化遗址、古墓葬、古

建筑、石窟寺和石刻、壁画、近代现代重要史迹和代表性建筑等六类，又根据文物价值不同，分为全国重点文物保护单位、省级文物保护单位、市（县）级文物保护单位三个等级，以及尚未核定公布为文物保护单位的不可移动文物。[④]这些不可移动文物往往作为旅游景区、博物馆对公众开放，供观众参观游览。然而，在开放过程中，经常会遭遇到游客的不文明行为带来的破坏，例如随意触碰、乱写乱画等，给这些文化瑰宝留下不可逆的伤害，令人心痛。文博类综艺节目带领观众走近这些珍贵的不可移动文物，通过镜头聚焦，向观众呈现璀璨的历史文明，通过旁白讲解，使观众了解文物的珍贵性，让越来越多的广大人民群众对文物产生敬畏感，节目中也经常会涉及文物保护的相关知识，有助于观众树立文明参观理念，提高公众文物保护意识，从而更好地保护中华珍贵文化遗产。正如习近平总书记强调的，“文物承载灿烂文明，传承历史文化，维系民族精神，是老祖宗留给我们的宝贵遗产，是加强社会主义精神文明建设的深厚滋养。保护文物功在当代、利在千秋”。

三、文博类综艺节目对博物馆的创新性传播形式

（一）博物馆实景拍摄，明星嘉宾深入体验

近年来，多档文博类综艺节目都选择在博物馆进行实景录制，节目主线是由主持人、明星嘉宾实地探访博物馆，节目组制定当期节目任务，明星嘉宾在做任务的同时，与馆内专家深入交流，探索博物馆不同区域，进入博物馆职能部门，体验博物馆的幕后工作，从而带领观众了解文物和博物馆。这种节目制作形式，主线突出，有目标感，容易吸引观众。同时，专家的出镜讲解知识点丰富，还能够进入一些平时的非开放区域和博物馆工作区域进行拍摄，也在一定程度上满足了观众“探秘”的好奇心，让观众可以足不出户，通过综艺节目“云逛馆”。

以2022年北京卫视推出的《博物馆之城》第一季为例，该节目选取了首都博物馆、北京艺术博物馆、文化和旅游部恭王府博物馆等8家位于北京城的博物馆，每期节目进入一家博物馆实景拍摄，由嘉宾单霁翔、冯琳等进入不同部门体验藏品修复、文物普查、展览设计、安全保卫等各项工作。他们用“贴金箔”这一传统民间技艺，给历经磨难的佛像重新粉饰，让其焕发出新的光芒；测量水法楼遗址尺寸，为修复工作打下基础；体验最基础的安保、清洁工作，展现博物馆人平凡工作中的不易。

该节目揭开博物馆神秘的面纱，让观众了解背后的故事，展现文博人的爱岗敬业、孜孜不倦，让北京这座“博物馆之城”的故事被更多观众了解。该节目收视率高，荣获2022年综艺报年度节目。

（二）与音乐、表演等艺术形式相结合

近年来，多档文博类综艺节目用音乐、表演的形式展现博物馆深厚的历史文化内涵，创新节目形式，增加节目可看性，便于观众理解。以北京卫视2021年推出的《最美中轴线》为例，该节目主线由音乐类明星嘉宾探访中轴线上的建筑、博物馆，实地采风，与专家学者对话，了解中轴线历史文化。在每期节目的最后，创作一首以该期节目采风收获为主题的歌曲，优美的词曲将动人的历史故事串联在一起，音乐的感染力将传统文化渲染得更加多姿多彩。例如，节目中创作的歌曲《直到时间的尽头》将太庙、社稷坛的庄重表现得淋漓尽致；《雨燕回正阳》展现北京雨燕万里归家的勇气和正阳门的沧桑变化；《钟鼓楼》中的一句“逝者如斯夫，不舍昼夜”唱出了晨钟暮鼓的岁月延绵。该节目与音乐创作相结合，传颂了北京中轴线的文化底蕴和历史故事，阐述中轴线申遗的重大文化与社会价值，充分发挥了音乐在综艺节目中烘托主题、渲染气氛的作用。

《国家宝藏》则采用了情景演绎的方式，在小剧场部分，演员动情地出演，将国宝故事生动地搬上荧幕，如李晨饰演的宋徽宗，呈现了徽宗任命北宋18岁天才少年王希孟创作《千里江山图》的故事；马苏演绎的杨贵妃，演绎了葡萄花鸟纹银香囊伴随杨贵妃香消玉殒又被唐玄宗寻回的故事。通过表演的形式，演员们诠释了这些珍贵文物的前世故事，将观众带入其中，更深入地了解文物的历史文化价值。

四、进一步完善文博类综艺节目的创新性传播的要点

（一）明确节目类型与定位，精心选择叙述对象

文博类综艺节目可以根据其节目内容、表现对象和表现形式分为不同类型，通常节目组会对节目做出定义。例如，《国家宝藏》的定位是文博探索节目，《上新了·故宫》定位为文博创意类真人秀，《最美中轴线》定位为文化音乐竞演真人秀，《博物馆之城》则是文博探秘类文化互动真人秀。每档节目在策划之初，就要对节目风格

进行精准定位。明确节目类型与定位后，再选择合适的叙述对象，叙述对象包括拍摄的博物馆、明星嘉宾、专家学者以及呈现文物等。以《博物馆之城》为例，节目组在选定拍摄的博物馆后，在准备拍摄阶段要深入该馆，进入不同部门了解情况，与工作人员交流，从而选定该期节目要呈现的部门、上镜专家、拍摄文物、历史故事等，要选择最具代表性且符合节目主旨的内容，依此撰写综艺脚本，制定拍摄计划与流程，最终制作出优质节目。

（二）巧用多元呈现形式

由于文博主题具有较深远的历史文化性和较高的学术性，若不采用多元化的呈现形式，很容易给观众以枯燥、严肃、刻板的印象，加大传统文化与大众的距离感，不利于文博知识的传播。所以文博类综艺节目不能局限于青铜器、书画、陶瓷等具体的文物解说，要跳出固有模式，将文博与其他文化元素融会贯通，灵活运用多种表现形式，在潜移默化中，传播历史文化知识。借鉴目前文博类综艺节目的成功经验，今后节目创作可以继续从嘉宾选择、视听语言等多个方面创新发展。文博类节目的嘉宾选择要多样化，这样可以从更多的角度去诠释文化遗产的内核。以《国家宝藏》为例，除了邀请影视演员外，也邀请了一些各行各业有影响力的名人，例如邀请舞蹈家杨丽萍做“贮贝器”的守护者，讲述舞台上的“活态民族博物馆”，将节目的影响力拓展到更广的领域，也让国宝故事更加打动人心。在文化讲述方面，《国家宝藏》除了上文中提到的小剧场演绎形式外，还充分发挥音乐艺术的魅力，制作节目专属原声音乐，加深观众对节目的印象。《上新了·故宫》中时而穿插的生动可爱的动画元素，赋予了节目年轻的活力和丰富的感染力。今后，文博类综艺节目可以继续根据节目的内容与风格，将新的视听元素融入节目中，为观众带来视听盛宴的同时，融会贯通中华传统文化。

（三）植根传统文化，深入解读文化内涵

文物是人类在历史发展过程中所创造的珍贵历史遗产，博物馆是对文物的展示与收藏。文博类综艺节目作为文博的展示与传播，与侧重于汉字、诗词、成语、戏曲等特定主题的文化节目相比，涵盖了更多历史、文学、艺术、科技等多元化内容，其文化内涵更为丰富。对于文博类综艺节目来说，历史悠远的珍贵文物和文化遗产

蕴藏着中华民族的文化根脉与精神品格，是中华优秀传统文化最好的留存和展现，博物馆则是连接过去、现在和未来的桥梁，是中华民族博大精深的文明发展的重要见证。通过对文物自身历史文化价值的深度挖掘和文化解码，建立起古老历史与当代社会的紧密联系，使传统文化的深厚内涵与现代观众的审美情感相联结。[⑤]因此，文博类综艺节目在进行创意构思时，要植根传统文化，深入解读文化内涵，不忘初心、追本溯源。正如《国家宝藏》提到的，“承古人之创造，开时代之生面”，必须立足于传统文化，对其进行深刻阐释，才能真正地满足观众的精神文化需要，在新时代实现中华优秀传统文化的创新性传播和发展。

五、结语

文博类综艺节目作为一种优质节目形式，对博物馆具有创新性传播价值，对传播传统文化具有积极的推动作用，本文对我国文博类综艺节目的创新发展进行总结，希望文博工作者和传媒工作者能够共同利用好这一节目形式，并不断创新，从而传播博物馆文明，推动中华优秀传统文化创造性转化、创新性发展。

注释

① 参见齐沛尧《我国文博类综艺节目的创新策略研究》，硕士学位论文，辽宁大学，2019年。

② 参见杜治平、黄鑫涛《媒介融合背景下传统文化类综艺节目传播策略分析——以〈朗读者〉为例》，《出版广角》2020年第1期。

③ 参见吉荣凤《文博类综艺节目与文化传统的融合创新——以北京卫视为例》，《节目与市场》2021年第10期。

④ 参见孟令谦《“对话文物”：山东省古建筑的保护与发展》，《人文天下》2021年第1期。

⑤ 参见任晓菲《论新型文博类综艺节目对传统文化的创新性传播与转化》，《北方传媒研究》2021年第4期。

（原载《传播力研究》2023年第1期）

疫情背景下博物馆文化传播的多样性

贾　梦*

2020年以来新冠疫情的蔓延，带来了全球性的公共卫生危机，给全球经济、文化、社会等方面的运转造成了深刻影响，世界各地的文博机构也因此面临着巨大的难题。为了能够保障全国的文博机构可以向公众正常提供服务，国家文物局号召各地文博机构创新形式，借助数字传播等方式举办展览活动，接续博物馆的文化传播。通过这些举措，各地博物馆可以凭借网上直播、云展览等数字化方式为大众提供精彩纷呈的视觉和精神享受。

一、机遇：互联网时代的新引擎

近几年，“互联网+”的运用和普及为各地文博机构的发展提供了新的技术与途径，尤其是VR、AR及5G网络的使用，推动了一种更加立体化、空间化的云参观方式。这些网络途径的兴起改变了以往实地参观的模式，也使博物馆的信息化传播变得更快、更广、更有力度。我们可以想象，如果全国文博机构可以在信息化时代的快车上实现历史与技术的交融，那么资源的共享和文化的推广也会走向新的阶段。

在疫情背景下，数字文化不仅成为经济增长的新引擎，也是文博机构转变和发展的新动力。尤其是云端的广泛应用，为博物馆线上“云展览”“云直播”提供了强有力的技术支撑。这种方式可以让公众在虚拟空间里感受悠久的历史文化的魅力，既体现出文博机构的服务职能，也让优秀传统文化得到更好的传播与推广。“随着科技与文化的不断融合，受众对于文化的需求越来越多，品味也越来越高，博物馆与数字技术的结合逐渐成为博物馆文化传播的必然要求。”① 在疫情形势稍稍缓解的当下，虽然大部分博物馆等文博机构重新对外开放，但疫情的防控工作给文博机构的对外推广

* 贾梦，文化和旅游部恭王府博物馆馆办公室副研究馆员。

和传播仍带来一定影响，例如线下公共教育活动的减少，展览计划的变动及人流的限制，这些都让博物馆的吸引力逐渐降低。正因如此，数字化手段对文博机构发挥其文化传播桥梁作用的重要性逐步凸显。

早在20世纪90年代，故宫博物院就进行了数字化的探索，并成立相关的研究部门，这些早先的尝试为我们日后的数字化发展奠定了基础。正是这些早期数字化的摸索和推广，在面临类似全球性公共危机的情况下，我国各地的文博机构才能及时转变文化传播形式和路径，打造多样化传播格局。而且，数字化博物馆将技术与社会的发展结合起来，充分调动博物馆的文化资源，从而搭建起新的文化传播的渠道，让更多的民众也可以享受到这种便捷式的文化服务，以不同的方式去了解博物馆的各个方面。

二、破壁：博物馆文化传播的多样化路径

数字文化的发展催生了一部分新兴的行业，也为博物馆资源的再开发、再创作提供了新的契机。这些方式让公众接触到更多元的文化资源，也使公众获得了一种虚拟意义上的“在场”，从而借此体验和领悟传统文化的独特艺术价值。此前，国家文物局推动建立“博物馆网上展览平台”，以此整合各地博物馆的资源，推动文化品牌和文化传播的发展。中国国家博物馆、浙江省博物馆等也与腾讯、抖音、微博等平台合作开展“云游览”直播互动活动。可见，以博物馆+VR云展、博物馆+直播、博物馆+新媒体等互联网新模式为依托，当下文博机构迎来了新的形势。这也为各地博物馆的文化传播与发展提供了多样化的路径，可以表现为以下几方面：

其一，媒介的多样化实现了博物馆等文博机构从现实到虚拟的“破壁”。

过去，博物馆的文化传播多在馆内，通过人工讲述、电子屏幕和各种宣传手册等方式进行。在疫情背景下，博物馆等文博机构参观率降低，网络等媒介发挥出新的作用，成为博物馆新的文化传播渠道。通过多样化的媒介，博物馆拥有的强大的馆藏文化资源能够更好地展示给公众，使受众零距离“触摸”文物。例如故宫博物院推出的“故宫名画记”“数字多宝阁”“数字文物库”等数字产品，使文物更加清晰、立体地展现在观众面前。例如中央电视台与文博机构共同打造的《典籍里的中国》《国家宝藏》等文化节目，利用多媒体的融合、通俗化的表达，为观众营造“沉浸式”的视听体验，让文物的古老魅力通过现代综艺节目的形态直观地传达给普通观众，给人以别

开生面的文化视觉体验。再如恭王府博物馆与腾讯视频即将共同推出的互动短剧《恭王府》，将以多场景、沉浸式的互动形式让观众重新了解由恭王府展现出的古典文化生活，从全新视角解读恭王府历史和传统文化。可以看出，多样化的媒介打破了现实与虚拟之间的隔阂，观众在虚拟中“触摸”真实的文物藏品和历史文化，打破了博物馆的单一存在。

其二，数字技术的支持使博物馆成为“活生生”的存在。

前几年，我国加快了公共数字文化服务的建设，全面推行数字图书馆。凭借当前的数字技术，文博机构将一部分难以保存的文化资源整合成面向公众的共享资源，一方面使优秀的博物馆文化得以留存，另一方面数字技术的便利性也使公众可以更加便捷地接触文化资源。例如近年来流行的VR技术也逐步运用到了博物馆的文化传播当中，我们前面提及的“博物馆网上展览平台”便以全景数字展览的方式使各地博物馆、纪念馆成了“活生生”的存在。观众可以选择自己想要了解的博物馆，用手机扫码进入小程序便能360度全景浏览场馆。此外还有专门的语音讲解帮助受众深入了解各个博物馆、纪念馆的历史和文化内涵，更细致地学习了解文物和历史文化知识。虽然和真实的场馆相隔甚远，但这种全景式的观赏让博物馆仿佛呈现在观众面前，如临其境。此外，还有线下的飞行影院、弧幕影院等沉浸式展项，以及视觉、听觉等多重感觉的AR体验。可以说，数字技术的加持让疫情下公众的文化生活不断持续，各地博物馆也在借助这样的形式不断进行着文化传播。

三、新势：博物馆文化传播与价值导向的交融

除了谈及的这些文化传播路径方式，以博物馆文化为索引形成的价值观导向也不可忽略。博物馆的文化推广是重要的外在价值观影响因素，例如面向学生的文化主题教育、针对公众的文物展览活动等都在个体层面和文化层面影响着人们的思想。过去，许多文化囿于网络与现实之间的错位，会在传播过程中产生一种失真，要么与原先的意义产生偏离，要么成为一种截然不同的释意，从而造成难以想象的本质的“游牧”。或许，博物馆的文化传播的功能之一恰恰便是弥补这样的文化失真和错位。

另外，从某种意义上来说，疫情也推动了文博机构在文化发展和传播策略上的改变，而这种变化是与时代相衔接的，在当前国内外交流日益增多的背景下，各地博物馆讲好中国故事、传播好优秀中华文化就显得尤为重要。这些转变和举措都可以帮助

我国的文博机构再现活力，真正发挥优秀传统文化的价值导向作用。这同样也对文博机构提出了一定的要求，不能仅仅固守着文化的宝库止步不前，要让优秀的传统文化走进公众的内心，以多样化的形式赋予传统文化现代化的模样。

而且，在“双减”政策的推动下，博物馆可以更好地发挥其教育功能。作为人类文明的缩影，博物馆是保护和传承人类文明的重要载体，它在社会中所扮演的角色通常是与狭义的教育相异质而存在的，是学校教育形式的重要补充。随着时间的流逝，我国各式各样的博物馆见证着国家的发展和民族的进步，成为记录人类发展和科技进步的重要场所，它们也在无声的历史痕迹展览中履行着以文育人、以文育魂的教育使命，它们沉淀着世界文化的精华，对提高民族素养具有重要作用，是重要的学习资源。有人曾说：“博物馆的创办初衷，正是教育。”②可见，博物馆的教育作用，对当下社会的价值导向也有一定的影响。这种价值的引导，恰恰是博物馆功能的一种体现。从2019年起，我国文物局启动博物馆进校园示范项目，馆校结合、多学科的探究式学习方式已经在经济发达地区试点展开，利用学校教育的结构化模式尝试重组博物馆较为零散的学习资源。一些博物馆将馆内的文化知识与学校的学习研究相结合，既有助于培养孩子们的兴趣，也有利于双方在疫情背景下交流互通。这也是一种新的文化传播模式，其中教育、文化、价值导向彼此融合，互相联结，真正实现博物馆的文化价值导向作用。再者，网络数字化的应用，更能解决这种线下和线上的交流、学习，打破传统模式的束缚，真正使博物馆的文化传播和价值导向相交融。

虽然疫情给公众带来了诸多不便，但推动了文博机构发展新举措，从而创新了文化传播的新路径。通过数字技术的支持和网络等媒介的矩阵式宣传，公众可以从中感受到博物馆的魅力，优秀传统文化得以传播发扬。总而言之，依托当前的数字化时代实现文化与技术的交融，这是今后文博机构再度恢复活力和吸引力的重要方向，也是传统文化不断绵延的长久路径。

注释

① 周凯、杨婧言：《数字文化消费中的沉浸式传播研究——以数字化博物馆为例》，《江苏社会科学》2021年第5期。

② 宗争：《博物馆教育的死与生》，《时代人物》2019年第10期。

（原载 *Intercultural Communication* Vol. 2，2022）

论博物馆、景区等公共文旅场馆的安全保障义务

盛丽芬 *

一、公共文旅场馆安全保障义务案例简况

公共文旅场馆安全保障义务，是指博物馆、景区等公共文旅场馆的管理人所负有的以积极行为的方式保障游客人身和财产安全的义务。游客在博物馆、景区等公共文旅场馆参观游览过程中，因自身原因、他人原因发生身体受伤或亡故的现象时有发生。事件发生后，游客或其家属往往会向公共文旅场馆主张侵权损害赔偿，在达不成协议的情况下，诉诸法院裁决。按照民事诉讼法的规定，该类案件适用侵权行为之“违反安全保障义务”的案由。

现实中有大量这方面的案例，如通过中国裁判文书网检索到“宗某诉故宫博物院违反安全保障义务责任纠纷案”“张某某诉岐山县五丈原诸葛亮庙博物馆违反安全保障义务责任纠纷案”“周某某诉成都武侯祠博物馆、成都武侯祠博物馆游客服务中心公共场所管理人责任纠纷案”“李某某诉宁波市保国寺古建筑博物馆公共场所管理人责任纠纷案”等。对这些案例进行分析，游客在博物馆、景区游览时发生人身伤害事件大致有如下几种情形：（1）有的游客滑倒受伤害。如宗某诉故宫博物院案，宗某在雪天到故宫博物院旅游，在故宫博物院内金水桥附近摔倒受伤。又如张某某诉恭王府管理中心案，张某某在恭王府参观路过一临时搭建的斜坡状通道时，突然仰面滑倒受伤。（2）有的游客攀爬建筑物摔落受伤害。如周某某诉成都武侯祠博物馆游客服务中心案，周某某到武侯祠博物馆游览参观，进入景区大门后见右侧一棵大树，树周围有50厘米左右高花台围绕，想爬上花台拍照，攀爬过程中不慎跌倒致

* 盛丽芬，文化和旅游部恭王府博物馆物业服务处馆员。

右手受伤。(3)有的游客因景区设施损坏受伤害。如肖某某诉天津宝成博物苑景区有限公司案，肖某某在天津宝成博物苑景区有限公司所管理的奇石园内参观游览过程中，手按园内一石桌桌面，导致石桌桌面与桌体分离，桌面掉落将其砸伤。又如徐某某诉青岛海滨风景区八大关景区管理服务中心案，徐某某在青岛海滨风景区八大关景区倚靠沿海栏杆时，栏杆突然断裂，致徐某某从数米高的观景栏杆跌落至栏杆下的海边礁石上受伤。(4)有的游客因参与有一定危险性娱乐项目时受伤害。如杨某某诉中惠旅智慧景区管理股份有限公司案，杨某某在该公司管理的岳阳石牛寨景区游玩，在体验晃晃桥项目时，被晃下桥受到伤害。又如韩某某诉日照市沁园春风景区有限公司案，韩某某在沁园春风景区滑雪场滑雪时摔伤，造成左桡骨骨折、左肘外伤。再如，何某诉宜宾市长宁县七洞沟旅游风景区有限责任公司案，何某与朋友到长宁县七洞沟风景区旅游，在景区设立的旱滑道滑行过程中受伤。(5)有的游客从高处坠落受伤害。如刘某某诉陕西郑国渠旅游风景区有限公司案，刘某某购票进入郑国渠旅游风景区旅游，在景区内船舶造型景点游玩之时，坠落至一侧坡道台阶处受伤。又如尚某某、雷某诉秦皇岛市山海关区古城景区发展中心案，尚某某之夫、雷某之父雷某某进入山海关第一关景区游览时从城墙上坠落身亡。(6)有的游客被坠落物砸伤。如周某诉甘孜藏族自治州海螺沟景区管理局案，周某在海螺沟三号营地冰川舌(城门洞)观景台处观看城门洞景点时，为近距离拍照、观看该景点，翻越栈道围栏，顺着山坡下到底部，并穿行乱石区域，步行至城门洞景点近距离拍照、观看，在拍照过程中，突遇山坡落石，周某右腿被落石砸中受伤。另外，还有游客在景区游玩时突发疾病，或因他人的违法犯罪行为而受伤害。

二、公共文旅场馆安全保障义务的范围

安全保障义务是一种合理范围的义务。游客提起诉讼后，公共文旅场馆是否承担赔偿责任、承担多大比例的赔偿责任，视其落实安全保障义务的程度而定。如果已经尽到合理范围的安全保障义务，则不应承担赔偿责任；如果在落实安全保障义务方面存在瑕疵，则应承担一定比例的赔偿责任。因此，对于博物馆、景区而言，通过分析既有的案例，明确安全保障义务的范围，对于其加强内部管理、切实保障游客安全，具有重要参考和指导意义。笔者分析，公共文旅场馆的安全保障义务主

要包括以下几方面的内容。

（一）安全设施配置义务。安全设施的配置，是安全保障义务中最重要的内容，是安全事件发生后，游客最关注的内容和法院重点审查的内容。在肖某某诉天津宝成博物苑景区有限公司案、徐某某诉青岛海滨风景区八大关景区管理服务中心案、何某诉宜宾市长宁县七洞沟旅游风景区有限责任公司案、刘某某诉陕西郑国渠旅游风景区有限公司案中，公共文旅场馆均因设施存在安全隐患或未设置必要的安全设施，而被判承担相应侵权损害赔偿责任。如，何某诉宜宾市长宁县七洞沟旅游风景区有限责任公司案，法院认为，七洞沟公司作为旅游经营者，收取了相关的门票、游乐设施费用，应当按照合同约定提供优质、安全的旅游服务，并对提供的游乐设施符合安全保障的要求。然而，七洞沟公司的旱滑道存在一定瑕疵，致使何某在滑行旱滑道的过程中受伤，七洞沟公司具有过错，应承担主要民事赔偿责任。

（二）安全信息提示义务。几乎在所有案例中，法院均会审查公共文旅场馆是否履行安全信息提示义务，若已尽此类义务，则可以成为公共文旅场馆免除责任或减轻责任的重要理由。如，周某某诉成都武侯祠博物馆游客服务中心案，法院查明，武侯祠博物馆在大门旁边醒目处放置有中央文明办倡导的《中国公民国内旅游文明行为公约》，载明“遵守公共秩序，不踩踏绿地，不攀爬触摸文物古迹，拍照摄像遵守规定……”等提示游客文明、安全旅游的内容；在武侯祠博物馆内部池塘边、小桥护栏处设置有“请勿跨越”、维护施工地点设置“小心跌滑”，台阶处设置有“小心台阶”等图文警示标志。综合其他理由，驳回周某某诉讼请求。又如，周某诉甘孜藏族自治州海螺沟景区管理局案，法院查明，景区门票上和自助售票机处电子屏幕明确严禁游客跨越冰川警戒线；在通往景区三号营地冰川舌（城门洞）观景台的栈道护栏上等处设置有“游客止步”“请勿攀爬”警示牌、警戒线。综合其他查明的事实，法院认为在海螺沟景区管理局已尽到安全保障义务，不应对原告的损失承担责任。

（三）应急救治救助义务。这属于人身安全事件发生后，公共文旅场馆应尽的义务。在张某某诉恭王府管理中心案中，张某某称，其滑倒受伤后，恭王府管理中心人员对原告没有采取任何救治措施。法院查明，事发后恭王府管理中心的医务人员及保安立即赶到现场，医务人员还现场进行了检查并建议即刻送医就诊，尽到了合理限度内的救助义务，有效减轻了恭王府管理中心的赔偿责任，法院判定恭王府管理中心对张某某的损伤承担35%的侵权赔偿责任。这是公共文旅场馆因积极履行了救助义务而减轻责任的案例。相反，也存在履行救助义务不到位的案例。如杨某某诉中惠旅智慧景区管理股份有限公司案，法院查明，中惠旅智慧景区公司对在游玩中受伤的游客没有相应的配套救护措施，致使杨某某被同行人员自行从桥下救起后才被抬下山寻求救治。法院综合杨某某与中惠旅智慧景区公司在本次事故中的原因以及过错，酌情认定由中惠旅智慧景区公司承担本次事故60%的民事责任。

三、公共文旅场馆落实安全保障义务的启示

（一）强化安全制度建设。游客安全事件发生后，往往会提出公共文旅场馆安全制度缺失。制定一套健全的安全制度，是公共文旅场馆落实安全保障义务的具体体现。在尚某某、雷某诉秦皇岛市山海关区古城景区发展中心案中，法院对古城景区发展中心的安全制度进行了审查，查明古城景区发展中心事前制定了古城景区安全生产三项制度汇编、安全事故综合应急预案、安全巡视检查记录表等规章制度，其中安全事故综合应急预案包含拥挤踩踏事故、高处坠落事故、游客突发疾病事故等多项保护旅游者安全的制度，法院因此认为反映古城景区发展中心未制定旅游者安全保护制度的问题不能成立。在宗某诉故宫博物院案中，故宫博物院制定的暴雪预警预案，也成了其免责的重要理由之一。

公共文旅场馆可以这些案例为鉴，加强安全制度建设，针对易发多发的安全隐患，制定相应的应急预案。

（二）强化安全设施配置。公共文旅场馆的经营者、管理者，要保证其管辖的范围内存在安全隐患的场所均设置了必要的安全防范设施，确保其功能完好，及时消除危险源。（1）规划合理的旅游路线，做好安全评估，排查安全隐患场所。（2）明确标识游览区和非游览区，通过一定的防护设施将游客能涉足的安全游览区和游客不能涉足的非游览区进行物理隔离。（3）在游览区，对存在安全隐患的场所，设置防护栏等，防止游客靠近。（4）加强对安全防范设施的动态巡查，并对巡查情况进行登记造册。（5）根据天气变化及时开展相关动态工作，如雨雪天在通道铺设防滑垫，或及时打扫清洁路面，或对路面青苔实施铲除等。

（三）强化安全信息提示。明确什么人、在什么场合、应尽怎样的安全信息提示义务的问题。（1）信息提示的主体方面，既强化公共文旅场馆管理人自身的信息提

示意识，又要求第三方导游公司加强信息提示，督促导游、现场工作人员时刻提醒游客注意自身安全。（2）信息提示的载体方面，可以充分利用纸质票、电子票、电子屏、警戒线、警示牌等展示警示信息。（3）信息提示的内容方面，在具有一定潜在危险性的场所，结合实际，因地制宜，设置相应的警示标语。如在卫生间或在雨雪天的户外场所通过文字或语音提示“路面湿滑，注意安全”，在非开放区域提示“禁止通行、穿越”，在游客可能攀爬的地点提示“禁止攀爬”等。

（四）强化应急救治机制。安全保障义务的内容既包括事发前公共文旅场馆管理人是否提供符合安全规范的设施设备，是否尽到勤勉、谨慎、警示和指引义务，也包括事发后是否及时救治、采取正确的救助措施、及时呼叫专业救助机构等。故强化应急救治机制十分重要。可以从以下几个方面着力：（1）明确各参观点位现场工作人员的救治责任，并加强对工作人员的急救知识培训。（2）规模较大的博物馆、景区应配备一定数量的专职医务工作者。（3）购置一定数量的急救设备（如除颤仪等）。（4）在旅游旺季聘请120急救队伍驻场服务。（5）必要时与医院建立绿色通道。（6）注意对应急处置过程录音录像。

（原载《中国文物报》2023年3月7日）

文化旅游视野下的博物馆文创产品开发探讨

孟文丽 *

一、引言

对于广大人民群众来说，博物馆免费向公众开放有百利而无一害，然而对于博物馆来说，其收入却削减了不少，对博物馆来说是一种巨大损失，这种损失需要靠政府的帮助补贴才可以弥补。在我国除了少数较大型的博物馆可以收取一定的费用外，其他的博物馆不得不降低、减少馆内开支，这也导致展览的数量和质量急剧下滑。针对这一现象，2016年5月15日颁发的《关于推动文化文物单位文化创意产品开发的若干意见》（以下简称"《意见》"）为各个中小型博物馆打下了强心剂，《意见》指出各博物馆可以依据馆藏文化资源，开发各类文化创意产品，完善文化创意产品营销体系，以此获取一定的利润，维持博物馆的生存与发展。

二、文化创意产业及博物馆文创产品的概念

（一）文化创意产业的概念

目前，我们普遍认为文化创意产业是一个新兴产业，其核心是以文化根源、创造力、科技作为支撑。从当下的发展形势来看，文化创意产业不仅顺应了经济全球化的发展趋势，而且具有文化的经济特性，为许多国家的经济发展做出了贡献。文化创意产业的目的是将一种抽象的文化转化为具体的文化，具有很高的经济价值。在我国，文化创意产业处于萌芽发展阶段，随着我国经济的发展，人们的生活水平

* 孟文丽，文化和旅游部恭王府博物馆经营管理处副研究馆员。

逐步提高，人们对文化的需求也不断增加，因此，文化创意产业具有很大的发展潜能。文化创意产业不仅可以增强我国文化的软实力，优化我国文化产业结构的调整，也为实现中国梦提供了重要的机遇。

（二）博物馆文创产品的概念

本文将博物馆文创产品的概念界定为博物馆以保护文物、打好文物收藏为基础，根据市场的发展及人民对文化产品的喜好，将藏品的特色挖掘出来，创造出符合人民群众审美、兼具馆藏特色、具有市场价值的文创产品，供人们消费与欣赏。文创产品不仅具有帮助博物馆做宣传的意义，也具有文化传播和教育意义，同时在经济收益方面也具有重大贡献。博物馆文创产品主要以实物和数字产品的形式呈现在公众面前，可以通过视觉感知，经过专业的解释或注释能够更清楚地理解它们的历史底蕴和使用方式，使人们有机会熟悉博物馆，并关注传统文化，文创产品的出现和发展是博物馆工作和教育活动的延续。

三、文创产品对文化发展的意义

在特定的背景下，文创产品可以定义为在博物馆内实体商店或电商平台上出售的作品，是创造性地提取和应用博物馆文化艺术遗产中的各种元素进行设计的产品，具有观赏性、纪念性和实用性，主要从这三个方面分析文创产品对文化发展的意义。

首先，文创产品的定义决定了其结构、销售和服务对象。文创产品的设计应以博物馆内的藏品为依托，任何无法进入博物馆的藏品，无论其价值如何，都不能用于博物馆文创产品的开发。此外，文创产品只可通过与博物馆有关的销售渠道出售，一般为获得博物馆委托的商铺、官方网络、授权机构或网络平台才能销售博物馆文创产品。博物馆文创产品的创意研发有效拓展了博物馆的文化教育功能，对文化传播具有重要意义。

其次，文创产品应具有博物馆馆藏特色。博物馆中的文创产品应兼具文化性、艺术性和装饰性。作为一种特殊的产品，文创产品不仅要以馆藏品为原型，在设计的过程中，还要符合人们的审美，还要以市场为导向，具有一定的创新性，以吸引人们的消费，并让人们体会到博物馆文创产品的历史性、观赏性以及传承性。设计人员应充分发挥聪明才智，将文化元素利用创新的技术融入文创产品的设计中，使其售卖价值和意义远高于其他普通产品。

最后，必须确定文创产品经济的性质和类别。产品由有形产品和无形产品组成。目前，文创产品主要是有形产品，也是物质产品的主要认知对象，但随着社会经济和科技的迅速发展，一些无形文化产品也成为博物馆文创产品开发的重要方向，在传播的过程中，文创产品的销售模式也逐渐形成。文创产品的文化特征具有特殊的文化驱使性，也积极推广了中国优秀的传统文化，这是其与普通商品最大的不同，也是未来博物馆文创产品发展的必然方向和趋势。

四、文创产品的现状

（一）博物馆本身的文创产品竞争力度不足

相比我国大型博物馆，部分小型博物馆存在藏品数量较少、销售渠道较少、文创产品竞争力小、资金短缺、人才不足、难以满足广大人民对文创产品需求的缺点。许多博物馆仅销售一些类似于水杯、笔记本等类似的文创产品，这些产品对于广大人民群众来说毫无创新性，人们也不愿意去消费。还有许多博物馆藏品较少，造成文创产品更少，再加上人才及资金的短缺，形成了一种恶性循环，人们不愿意购买，博物馆的收入少，没有人才与资金，无法进一步设计出吸引人们消费的文创产品。还有的博物馆存在不懂得如何设计与展示文创产品的问题，文创产品不具备特色，文化传播力较弱，导致博物馆的文创产品竞争力严重不足。

（二）缺少专业的文创产品设计人才

博物馆文创产品不同于普通商品，它们蕴含着我国本土文化特色和最好的历史文化元素，对文创产品的开发要求和销售人员的要求都会比较高。文创产品的开发和营销人员应对当地文化、博物馆藏品以及文创产品的开发和销售过程了如指掌，必须有一定的创新思维。专业的文创产品开发和销售人才是提高博物馆文创产品质量的根本保证，也是博物馆未来稳定发展的基础。但在实际产品的开发过程中，许多博物馆都缺乏专业的产品设计师和研究人员，他们对当地的文化特色也缺乏深入了解，在研发、设计的过程中无法与地方文化特色融合，导致文创产品缺乏历史文化元素，没有创新意识，进而造成文创产品单调落后，逐渐失去了市场竞争力。

此外，博物馆里的艺术品不仅要有一定的文化意义和装饰性，而且要有一定的实用价值。绝大多数的人购买和考察文创产品时，很难理解其意义及其所代表的现实意义，这就要求专业销售人员做出详细的解答。销售人员在了解观众的需求后，可以将博物馆的基本信息、文创产品内容传达给观众，提高文创产品的吸引力，进而也可以吸引更多的人参观博物馆，提高其经济效益。但是实际上，很多销售人员都是兼职的，他们对博物馆的藏品不太了解，造成文创产品的销售困难重重。此外，在销售文创产品时，由于对其了解不足，加上销售形式单一，消费者会逐渐失去购买的欲望，使博物馆文创产品无法产生文化传播功能。

（三）文创产品创意不足，容易雷同

除前述的国家级博物馆外，其他级别相对较低的博物馆缺乏丰富的文创产品，且文创产品的创新能力不足，这就导致很多文创产品同质化严重，常见的都是U盘、雨伞、水杯等。有些中小型博物馆文化活动较少，虽然是名义上重要的博物馆，但馆内的一些展览活动也并不那么引人注目，进而导致博物馆的知名度急剧下降，其竞争力也不断下降。许多博物馆只在馆内销售文创产品，销售渠道单一。有些博物馆的规模较小，根本无法研发、设计自己的文创产品，或是其文创产品根本不受公众的喜爱，进而阻碍了博物馆的发展。

五、文创产品的出路

旅游文创近年来成为关注的热点，各地纷纷推出形式多样的文创产品，但从实际效果来看，让人印象深刻、叫好又叫座的文创产品并不多，建议可以从以下几个方面加强文创产品开发。

（一）专业人才的培养和引进

虽然国内有大量的设计人员，但专业的文创产品设计人才严重不足，能真正了解博物馆历史和文化意义且能够将其融入产品开发中的专业人才十分稀少，这也导致文创产品缺乏一定的创新意识。一些中小型博物馆要积极争取地方政府的支持，

引进创新型人才，开发特色文创产品，可以建立“学校商业模式”，与当地多所大学建立人才交流机制，制订职业培训计划，选择有兴趣参与博物馆文创产品开发的学生，加强对他们进行培训，为博物馆提供创新型文创产品设计专业人才。

同时，博物馆可通过互联网中介平台，邀请专业产品设计师参与本地博物馆的文创产品设计工作。还可以对博物馆人员的专业能力进行培训，使他们掌握设计知识，为博物馆未来发展打下基础。

文创产品的开发必须充分融入当地资源，各地都拥有丰富的、无形的文化遗产资源，与文创产品密切联系，有助于更好地利用当地资源。为了使文创产品能充分反映当地的文化特色，应该让参观者参与文创产品设计的全过程。文创产品不仅仅是销售的商品，文化创意产品的开发也并不总是与传统零售模式相联系，其应与参观者的精神需求相联系，在开发文创产品的整个过程中，参观者可以参与设计、制造、包装和销售，这样可以激发参观者的购买欲。

（二）探索新型博物馆文创产品的开发模式

随着互联网的快速发展，在“互联网+”商业模式下，博物馆面临着新的机遇和挑战。博物馆作为传播传统优秀文化的机构，本身具有丰富的历史内涵，其开发的文创产品和发展模式也应满足人们的文化需求，应积极推进“互联网+”技术与文化产业的融合，创新发展，探索文创产品新的开发模式。

首先，博物馆管理层可以详细研究当地居民对文创产品的具体需求，积极开发原创文创产品，开发具有当地文化特征的文创产品。其次，中小型博物馆要积极采纳人民群众对博物馆建设的意见，建立面向未来文创产品开发的真实数据库。最后，在设计博物馆文创产品的销售途径时，需要结合现代网络销售模式，增强品牌影响力。以蜀绣为例，蜀绣历史悠久，东晋以来蜀锦被称为“蜀中瑰宝”。博物馆可以尝试在当地策划、举办刺绣展览，当游客进入博物馆参观时，游客可以直观感受蜀绣文化的博大精深，进而向游客出售刺绣产品。

（三）加强学习成功博物馆的经验，注重创新

一些中小型博物馆可以派员工到比较成功的博物馆（如故宫博物院）中学习，学习先进的工作和管理经验。中小型博物馆应创建一个专业的文创产品开发团队，

加强自身资金、人员等投入，不断整合文化资源，加大财政对文化产业的投入，源源不断地吸纳社会资源，通过财政补贴、公司资产的整合等，不断开发优化文创产业结构，设计出既有当地文化特色又能刺激人们购买的文创产品。

随着各地区旅游资源的不断整合，旅游业的范围也不断扩大，这不但可以吸引投资，也可以吸引更多的游客来馆参观。为了刺激消费，博物馆应针对不同年龄游客的需要，成立专业的文创产品设计团队、营销团队等，分析不同年龄游客的不同需求，努力打造自己的特色品牌文化，开发出具有本地特色的文创产品。同时要加强对知识产权的保护，保证文创产品的质量，让游客认识到文创产品的价值，让其心甘情愿地接受其价值。

在文创产品销售方面，可以参考一些品牌商店的经营模式，在机场、火车站等地开设文创产品品牌专卖店，增加销售渠道。为了给游客创造多元化的文化体验，可以把重点放在文创产品的多样化上，并不仅仅把文创产品定性为商品。另外，还可以在博物馆内举办一些体验活动，设置不同的体验方式，吸引游客前来参观，从而为文创产品的销售增加机会。

在博物馆的文创产品开发过程中，我们都不能忘记融入本地文化特色和历史元素。文创产品的价值主要体现在其所包含的文化创意、知识产权方面。作为一座博物馆，最成功的行为应该是发挥其教育功能，让那些参观者记住相关的文化知识。

六、结束语

在当前文化旅游的大背景下，旅游业与中小型博物馆产业的融合是一项重要课题。旅游业与博物馆建设的不断融合与发展也为文创产品的开发和发展提供了新的机遇和挑战。在此视野下，博物馆需要结合其文化内涵和地区文化产业形势的发展，设计开发出具有市场竞争力的文创产品，探索出具有创新性的营销模式，为博物馆未来文创产业的发展奠定坚实的基础，以更好地保存文物，传播文物知识，促进文化的创新与发展。

（原载《文物鉴定与鉴赏》2022 年第 3 期）

单目视觉惯性SLAM与UWB数据融合的精确定位

李玉卿　鲍　泓　徐　成*

一、引言

室内或封闭场景下的无人驾驶，主要通过SLAM的方法实现定位。单纯依靠视觉传感器的SLAM①②不能满足实际需求。

视觉SLAM存在传统算法和深度学习两种方法。传统视觉SLAM分成特征点法和直接法。特征点法：首次实现跟踪和建图的并行化PTAM③，其特征跟踪在前端，地图优化在后端；ORB-SLAM2④在PTAM的基础上添加闭环修正线程，场景相对单一或速度较快时效果变差；VINS-Mono⑤加入了惯性数据，光流跟踪的特征匹配易受光照变化影响。直接法包括：DTAM⑥，特征缺失、图像模糊下仍能运行，但计算量过大；LSD-SLAM⑦直接估计关键帧之间相似变换与尺度感知，对于相机的内参和曝光要求十分严格；SVO⑧与DSO⑨的运行速度较快，但都舍弃了回环检测，累积误差会随着时间增大。

基于深度学习的视觉SLAM也是研究的热门。PoseNet⑩在GoogleNet⑪的基础上将6自由度位姿作为回归问题进行网络改进；LIFT⑫利用深度神经网络学习图像中的特征点；CNN-SLAM⑬在LSD-SLAM基础上用卷积神经网络进行深度估计及图像匹配；UndeepVO⑭也使用深度神经网络估计单目相机的自由度位姿及的深度。但基于深度学习的视觉SLAM过于依赖训练集，当实际运动速度、帧频率与训练数据存在差异时，误差会迅速增大。

* 李玉卿，文化和旅游部恭王府博物馆馆办公室；鲍泓，北京联合大学北京市信息服务工程重点实验室；徐成，北京联合大学北京市信息服务工程重点实验室。

超带宽UWB定位技术，具有分辨率高、穿透力强、功耗低等优点。其定位原理与GPS相似，一定范围内可获得较高的测距和定位精度。UWB定位方式中信号到达时间差TDOA（time difference of arrival）法，通过测量移动终端到不同发送端的距离或距离差进而进行定位，相较于其他方法对周围环境的抗干扰能力更强。

目前单纯视觉SLAM不能满足实际需求⑮，存在定位精度不高鲁棒性差的问题。UWB定位技术精度较高，但信号受到干扰或物体遮挡时，会产生较大的误差。因此本文将单目惯性视觉VIORB⑯与UWB获取定位数据进行融合提升定位的精度与鲁棒性，实现高精度室内实时定位。

二、VIORB-SLAM与UWB定位

（一）VIORB-SLAM

单目相机在拍摄过程中会丢失场景的深度信息，建图时存在尺度不确定性的问题，对于单目视觉惯性定位算法VIORB，在ORB-SLAM2的基础上加入IMU信息通过IMU预积分获取尺度信息，得到更精确的相机的位姿。ORB-SLAM2是由特征跟踪、局部建图、回环检测三个线程构成。VIORB分别进行了修改，融合了IMU数据信息。VIORB算法的流程概述如（图1）所示。

1.特征跟踪：加入IMU数据信息，得到更加精确的数据，基于最小化重投影误差和最小化IMU误差，建立帧与帧之间的约束关系，从而优化当前帧。

2.局部建图：优化前N个关键帧及这些关键帧看到的点，当前关键帧N+1固定不

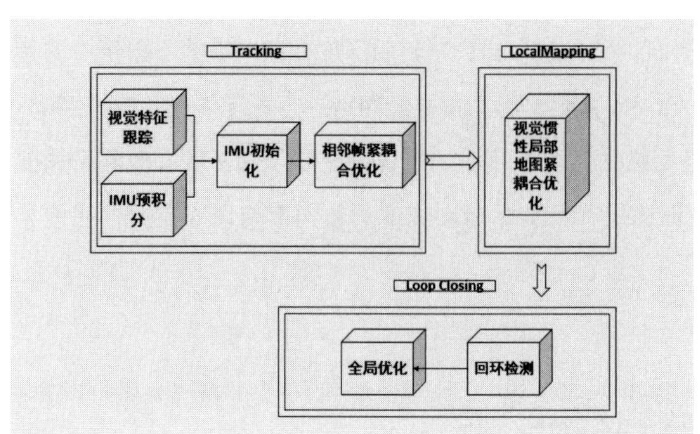

图1　VIORB算法流程图

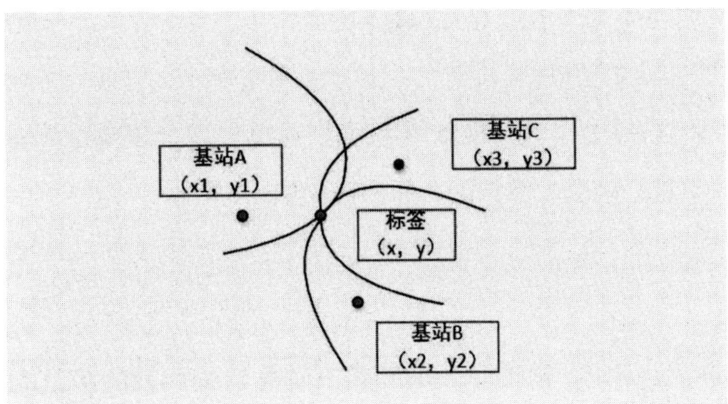

图2 TDOA定位原理图

变，提供IMU预积分约束。连续关键帧之间的时间差异越长，IMU提供的信息越弱。

3.回环检测：IMU提供尺度信息，全局位姿优化下降到6个自由度。完成全局位姿优化后，再对速度进行矫正，执行一次全局优化，优化所有的系统状态。

（二）UWB定位

UWB通信系统通过信号在两个异步收发机之间飞行时间之差来测量节点间的距离。TDOA定位方式利用多个基站接收到信号的时间差来确定标签的位置，不需要检测信号传输时间，对时间同步的要求大大降低（图2）。

已知标签到基站间的距离差为常数，时间差也为常数，标签的位置一定处于以这两点为焦点的双曲线上。三个基站就存在三条双曲线，曲线相交的点就是标签的位置。标签相对于基站A，B，C的距离差：

$$\begin{cases}\sqrt{(x-x_1)^2+(y-y_1)^2}=c(\tau_1-\Delta t)\\ \sqrt{(x-x_2)^2+(y-y_2)^2}=c(\tau_2-\Delta t)\\ \sqrt{(x-x_3)^2+(y-y_3)^2}=c(\tau_3-\Delta t)\end{cases}\qquad(1)$$

其中c为光速，τ_i为第Δ个基站收到标签发送信号的时间，消除（1）式中时间差Δt得到下式：

$$\begin{cases}\sqrt{(x-x_2)^2+(y-y_2)^2}-\sqrt{(x-x_1)^2+(y-y_1)^2}=c(\tau_2-\tau_1)\\ \sqrt{(x-x_3)^2+(y-y_3)^2}-\sqrt{(x-x_2)^2+(y-y_2)^2}=c(\tau_3-\tau_1)\end{cases}\qquad(2)$$

通过求解（2）式中方程组即可得到标签位置坐标（x,y）。

三、视觉与超带宽融合

对于单目视觉惯性SLAM与UWB组合的非线性系统，通过扩展卡尔曼滤波器EKF（Extended Kalman Filter）进行融合。数据融合算法流程如图3所示：

（一）EKF

EKF主要包括预测更新和测量校正。通过前一时刻状态向量 x_k 对当前的状态 x_k 进行预测，根据预测的估计量对当前的状态修正，最后得到当前最优状态向量 w_{k-1}。满足如下关系：

$$\left.\begin{aligned} x_k &= f(x_{k-1}) + w_{k-1} \\ y_k &= h(x_k) + v_k \end{aligned}\right\} \tag{3}$$

w_{k-1} 为过程噪声，v_k 为量测噪声。预测更新包括状态预测和误差协方差预测：

$$\hat{x}_k = F\hat{x}_{k-1} \tag{4}$$

$$P_k = FP_{k-1}F^T + Q_k \tag{5}$$

1.式中 $\hat{x}_k$ 为第F时刻系统状态向量，F为状态转移矩阵。

2.式中 P_k 为第 k 时刻系统误差协方差的预测，Q_k 为过程噪声的协方差矩阵。测量校正包括计算卡尔曼增益 K_k，第 k 时刻的最优状态向量 $\hat{x}'_k$ 及误差协方差 P'_k。具体方程为：

$$K_k = P_kH^T(HP_kH^T + R_k)^{-1} \tag{6}$$

$$\hat{x}'_k = \hat{x}_k + K_k(y_k - H(\hat{x}_k)) \tag{7}$$

$$P'_k = P_k - K_kHP_k \tag{8}$$

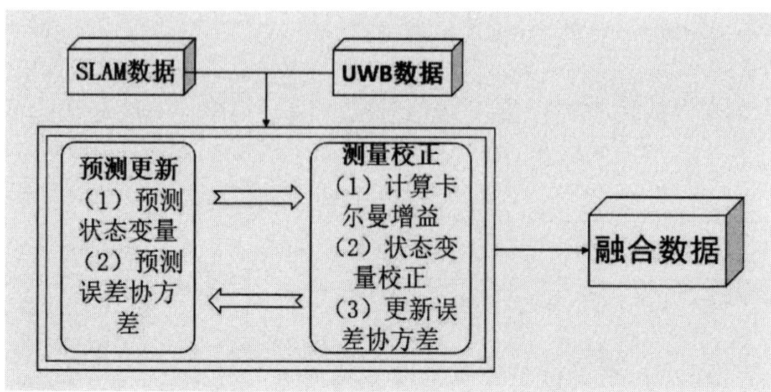

图3　数据融合算法流程图

3.式中 R_k 为观测噪声协方差矩阵。（7）式中 y_k 为k时刻系统观测到的状态向量。

（二）数据融合

将VIORB与UWB的坐标信息经过空间变换转换到全局坐标系下，通过EKF将两种数据进行融合。算法的具体步骤为：

1.数据初始化：将VIORB与UWB获得的定位数据传入。输入数据分别为。

2.预测更新：以 $k-1$ 时刻的最优状态向量对 k 时刻的状态向量进行预测估计，如（3）式中，

$$F=\begin{bmatrix}1 & 0 & dt & 0\\0 & 1 & 0 & dt\\0 & 0 & 1 & 0\\0 & 0 & 0 & 1\end{bmatrix} x_k=\begin{bmatrix}x_k\\y_k\\v_x\\v_y\end{bmatrix}$$

通过状态预测和误差协方差预测方程，获得对当前时刻状态向量的估计。

3.测量校正：预测获得的 k 时刻的估计状态向量对当前观测到的状态向量修正。如（6）式中，

$$H=\begin{bmatrix}1 & 0 & 0 & 0\\0 & 1 & 0 & 0\end{bmatrix}$$

计算测量校正方程组，获得当前最优的状态向量。

四、实验结果及分析

实验硬件环境为i7-7700，GTX1050Ti。单目USB摄像头，六轴加速度计mpu6050模块，Link Track定位测距模块。首先固定设备，使其重心位于同一直线，调整相机与IMU的坐标轴方向一致。调节UWB频率与相机帧率一致。软件环境为Ubuntu16.04，ROS-kinetic，OpenCV3.4.5，轨迹评估工具EVO。将UWB定位基站布置在实验区域的四角上，按照预设轨迹均匀低速采集数据。实验场景如图4所示。

实验在室内环境下，分为正常光照与弱光照。实验过程中采集的数据通过EVO与固定轨迹进行对比，结果如图5与图6所示。从误差最大值、误差平均值、均方根

误差及标准差四个方面进行比较。如表1和表2所示。

$$
\begin{bmatrix} x_k \\ y_k \\ v_x \\ v_y \end{bmatrix} = \begin{bmatrix} x_k^{VIORB} \\ y_k^{VIORB} \\ v_x^{VIORB} \\ v_y^{VIORB} \end{bmatrix} \begin{bmatrix} x_k \\ y_k \\ v_x \\ v_y \end{bmatrix} = \begin{bmatrix} 1 & 0 \\ 0 & 1 \\ 0 & 0 \\ 0 & 0 \end{bmatrix} \begin{bmatrix} x_k^{UWB} \\ y_k^{UWB} \end{bmatrix}
$$

表1　正常光照下三种方法轨迹误差比较

指标		VIORB	UWB	本文算法
最大值	*Max*	0.146437	0.153275	0.101316
均值	*Mean*	0.057864	0.061301	0.032171
均方根误差	Rmse	0.034728	0.029391	0.035965
标准差	*Std*	0.024991	0.029551	0.024319

UWB定位精度较高，当存在障碍物遮挡等时，定位精度会受到影响出现较大误差。VIORB旋转时，相机视野内的场景变化较大，易发生特征点丢失导致跟踪失败，且IMU误差也随之增大。本文提出的数据融合的方法在实验过程中定位精度较高，在方向改变的场景下，没有出现明显的跳变及显著漂移。

表1给出了正常光照下VIORB，UWB及本文算法的误差统计。受非视觉误差的影响，UWB的误差最值较大，但系统运行过程中的鲁棒性较好；VIORB鲁棒性较差且环境因素对定位精度的影响较大。本文算法定位精度的最大误差为0.101316m，RMSE为0.035965，相较于前两种方法的最大误差分别为0.146437m与0.153275m，融合算法的轨迹更契合实际轨迹，且没有显著的漂移误差。

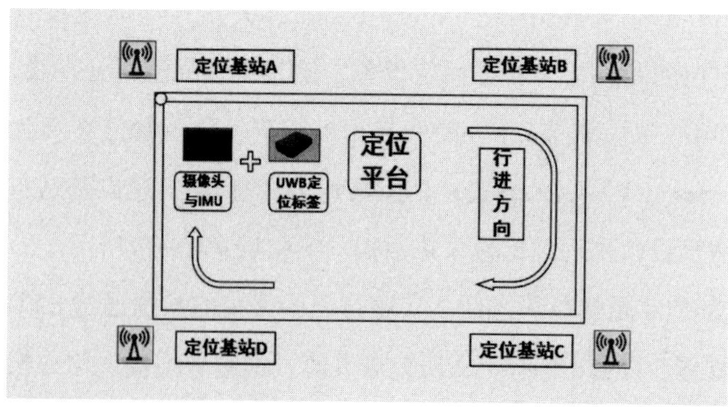

图4　实验场景示意图

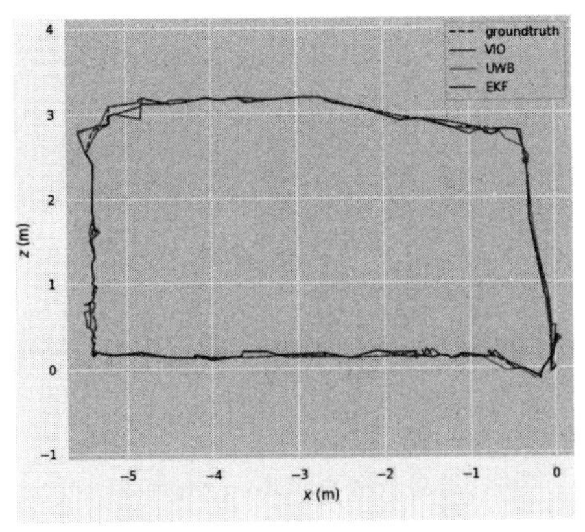

图5　正常光照下三种方法轨迹对比

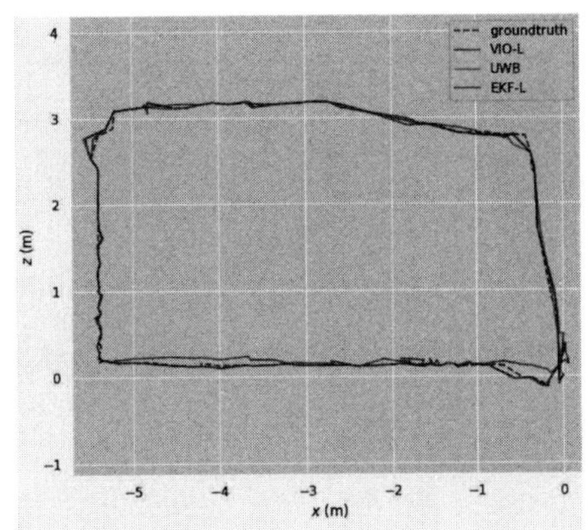

图6　弱光照下三种方法轨迹对比

表2　弱光照下三种方法轨迹误差比较

指标		VIORB	UWB	本文算法
最大值	*Max*	0.195078	0.153275	0.136103
均值	*Mean*	0.087562	0.061301	0.046515
均方根误差	Rmse	0.054146	0.029391	0.039132
标准差	*Std*	0.038985	0.029551	0.028546

弱光照条件下，虽然VIORB使用的是ORB特征提取算子，具有一定的光照不变性，但较于正常光照还是产生了部分误差，仍能完成整个定位过程，相应因累积误差而产生的漂移要大于正常光照。相较于VIORB与UWB，本文方法的定位精度仍要优于单一传感器方式的定位方法。

表2给出了弱光照下单目VIORB，UWB及本文算法的误差统计。受弱光照的影响，定位过程中因累积误差而产生的漂移导致了误差增大，但仍能完成定位过程，最大误差为0.136103m，RMSE为0.039132，前两种方法的最大误差分别为0.195078m与0.153275m，定位精度优于前两种方法。

五、结论

本文提出一种将单目VIORB与UWB数据融合的定位方法可有效解决视觉SLAM定位精度不高，鲁棒性不强的问题且抑制UWB定位过程中非视距误差的影响。通过

VIORB与UWB的对比证明提出的融合算法改善了定位的效果，提高了系统定位的精度及鲁棒性。

注释

① Singh G., Wu M, Lam S. K., *Fusing Semantics and Motion State Detection for Robust Visual SLAM*, *2020 IEEE Winter Conference on Applications of Computer Vision (WACV)*, Snowmass Village, CO, USA: IEEE. 2020.

② Tao C., Gao Z., Yan J., et al., "Indoor 3D Semantic Robot VSLAM Based on Mask Regional Convolutional Neural Network", *IEEE Access*, Vol. 8, 2020.

③ Klein G., Murray D., *Parallel Tracking and Mapping for Small AR Workspaces*, *EEE & Acm International Symposium on Mixed & Augmented Reality*, ACM, 2008.

④ Mur-Artal R., Tardos J. D., "ORB-SLAM2: an Open-Source SLAM System for Monocular, Stereo and RGB-D Cameras", *IEEE Transactions on Robotics*, Vol. 33, No. 5, 2017.

⑤ Tong Q., Peiliang L., Shaojie S., "VINS-Mono: A Robust and Versatile Monocular Visual-Inertial State Estimator", *IEEE Transactions on Robotics*, Vol. 99, 2017.

⑥ Newcombe R. A., Lovegrove S. J., Davison A. J. DTAM, *Dense Tracking and Mapping in Real-time*, *IEEE International Conference on Computer Vision*, ICCV 2011, Barcelona, Spain, No. 6-13, IEEE, 2011.

⑦ Engel J., Schps T., and Cremers D. LSD-SLAM: *Large-scale Direct Monocular SLAM*, *European Conference on Computer Vision*, Zurich: ECCV: 8690 (2014), pp. 834-849.

⑧ Forster, Christian, M Pizzoli, and D Scaramuzza, *SVO: Fast Semi-direct Monocular Visual Odometry*, *IEEE International Conference on Robotics and Automation*, Hong Kong: IEEE, 2014, pp. 15-22.

⑨ Engel J., Koltun V., Cremers D., "Direct Sparse Odometry, IEEE Transactions on Pattern Analysis & Machine Intelligence", Vol. 1, 2016.

⑩ Kendall A., Grimes M., Cipolla R., *PoseNet: A Convolutional Network for Real-time 6-dof Camera Relocalization*, *2015 IEEE International Conference on Computer Vision (ICCV)*. IEEE, 2015.

⑪ Szegedy C., Liu W., Jia Y., *Going Deeper with Convolutions*, *Proceedings of the IEEE Conference on Computer Vision and Pattern Recognition*, Boston: IEEE, 2015, pp. 1-9.

⑫ Yi K M., Trulls E., Lepetit V., et al, *LIFT: Learned Invariant Feature Transform*, *European Conference on Computer Vision*, Springer: Cham, 2016, pp. 467-483.

⑬ Tateno K., Tombari F., Laina I., et al., *CNN-SLAM: Real-time Dense Monocular SLAM with Learned Depth Prediction*, *2017 IEEE Conference on Computer Vision and Pattern Recognition (CVPR)*. IEEE, 2017.

⑭ Li R., Wang S., Long Z., *Undeepvo: Monocular Visual Odometry through Unsupervised Deep Learning*, *International Conference on Robotics and Automation.*, Guangzhou: IEEE, 2018, pp. 7286-7291.

⑮ Jan Klečka, Karel Horák, Ondřej Boštík, *General Concepts of Multi-sensor Data-fusion Based SLAM*, *International Conference on Robotics and Automation*, 2020.

⑯ Mur-Artal R., Juan D., "Tardós: Visual-Inertial Monocular SLAM with Map Reuse, IEEE Robotics & Automation Letters", Vol. 2, No. 2, 2016.

（原载《传感器与微系统》2022年第9期）

殿堂楼阁说责任

郑　虹*

《恭王府的博物馆之路》是一部既有翔实的历史资料又有恭王府发展历程及未来规划的图文并茂的大型画册，共分8个篇章，分别从发展规划、文物保护、展览展示、业务研究、文化活动、对外交流、公共教育及文创开发等方面展开。这些内容，从各个角度和侧面展示了恭王府由王侯府邸到博物馆所经历的演变道路，从回顾、思考到展望，既有珍贵而又翔实的描述与回忆，又有近年来的发展和规划，使我们对于恭王府这座距今240年历史的王府禁地和这一独特的文化遗产，有了一个比较完整的认识和了解。

恭王府始建于清乾隆四十一年至四十五年（1776—1780）。在至今漫长的200多年中，中国社会经历了翻天覆地的变化，恭王府作为威严华贵的王府禁地，见证了清王朝由盛至衰的历史进程；而作为辅仁大学时，这里留下了如鲁迅、胡适、陈垣、张大千等众多文化学者和大师的足迹；作为中国艺术研究院和中国音乐学院时，这里则不仅会聚了新中国文学、音乐、美术、戏曲领域的大师如黄宾虹、张伯驹、梅兰芳、程砚秋等，更是成为中国艺术教育领域的最高学府，培养出许多艺术家。自20世纪70年代起，在党和国家领导人周恩来、谷牧、李瑞环、李铁映及李岚清等同志的直接批复和推动下，恭王府从搬迁、腾退到修缮完毕对外开放，历经了30余年时间。可以说，恭王府今天的发展来之不易，是在各级领导和社会各界的关心帮助下取得的，也是几代“恭王府人”共同努力的结果。

在文物保护篇中，我们了解到，恭王府自1911年到1937年曾经历过三次重大的变故，小恭王溥伟为捍卫清王朝的君主政体，曾出尽王府中的古画珍玩，1000余件青铜器玉器瓷器及各种摆件尽数变卖给了日本商人山中定次郎，并于1913年在纽约

* 郑虹，文化和旅游部恭王府博物馆馆办公室编审。

拍卖，致使这些珍宝散落在世界的各个角落。恭王府为向博物馆转变，自2009年起积极向社会征集王府旧藏文物，同时，也开始收集能够满足博物馆及展览需要的各类文物文献资料和当代艺术品。值得欣慰的是，他们的努力得到了丰厚的回报：自2011年开始，他们不仅成功回购了1913年纽约拍卖时流失海外的旧藏——郎窑红荸荠瓶，还先后接收了北京海关无偿划拨的万余件罚没文物和艺术品，更有红学家周汝昌无偿捐赠的近5万件文献资料和个人收藏，著名收藏家张德祥、卢钟雄捐赠的20余件明清时期的中国古典家具和百部贝叶经，同时他们还接受台湾友人捐赠的溥心畬绘画精品数十件，并征集到溥心畬早年部分画稿及历代碑帖400余件等，藏品的数量和种类丰富起来了，藏品级别也大幅提升，由2010年之前的1000余件达到数万件，其中包括古典家具、书画、砚台、瓷器、造像及古籍善本、老照片、皮影、唐卡、青瓷、紫砂、当代书画、摄影作品等数十个类别，初步形成了集文物、古籍文献、当代艺术品、民俗精品为主的收藏体系。

在业务研究篇中，我们了解到，自2011年起恭王府首次提出“王府文化”的概念并将其作为清史的一个领域来研究，明确了把恭王府建设成为王府文化研究中心、展示中心、王府文物收藏中心与王府文献收藏中心的总体目标，逐步营造起“王府文化”研究的学术氛围，使恭王府成为研究和展示王府和“王府文化”的重要载体。目前，已成立了古典家具、古建园林、福文化、紫砂文化、传统技艺、唐卡艺术等近10个研究中心，吸纳了近百名知名专家学者和人才参与到恭王府的学术研究和业务建设中，通过组织研讨会、学术交流、展览等活动，增强了恭王府的影响力，为今后建设发展扩展了外延，打开了空间。同时，他们还加大对有关历史资料的收集整理。出版了《老照片中的大清王府》《恭王府明清家具集萃》《清代王府资料汇编》《华府美宅》等极其珍贵的文献资料和专著；承办了红楼梦学术研讨会，积极推动以恭王府与《红楼梦》为代表的众多传统文化研究，丰富了“王府文化”的内容和内涵。

如今，恭王府已然不是传统意义上的博物馆，而是面向社会、活在民众现实生活之中的文化机构。我想，对于走进恭王府的中外观众来说，他们感受到的不仅是中国历史的穿越，传统建筑园林带来的艺术享受，感受更深的还有当代中国传统文化所迸发出的活力与魅力。而对于恭王府的守护者们来说，他们心中感受最多的应该是，在继承、发展与传播中国优秀传统文化过程中沉甸甸的责任与担当。从这一意义上来说，《恭王府的博物馆之路》的出版已超越了恭王府对本体的梳理，历史在这里停留下来，而传统与当代在这里“活”了起来。

（原载《人民日报》2016 年 6 月 14 日）

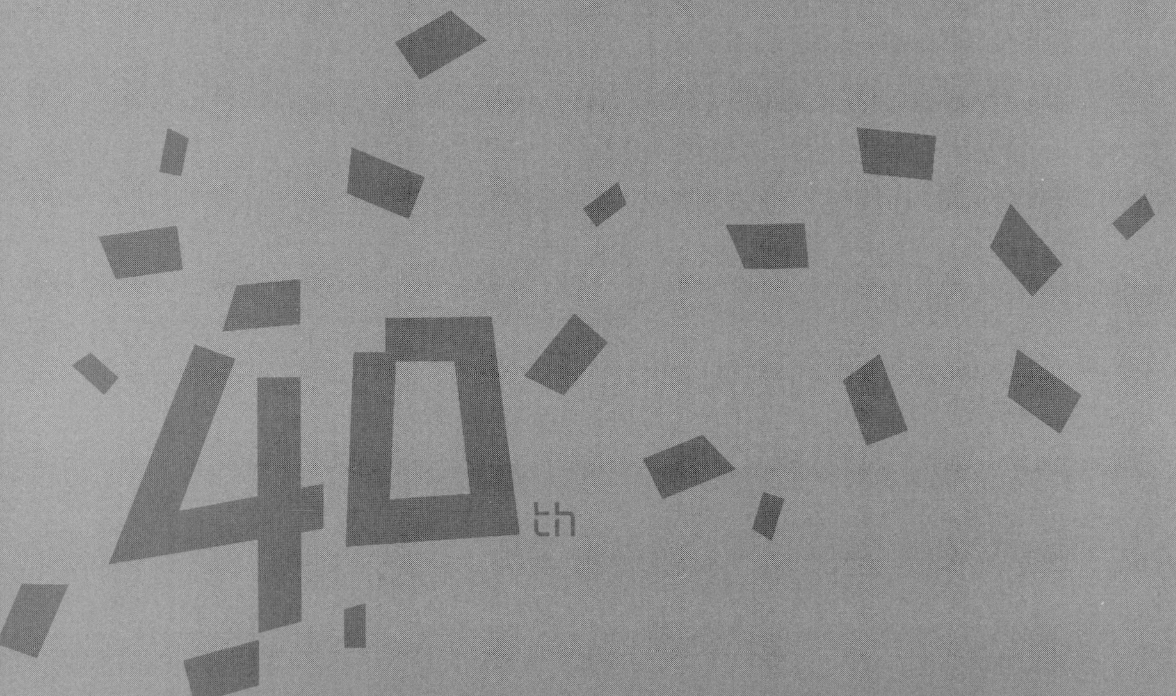
40th

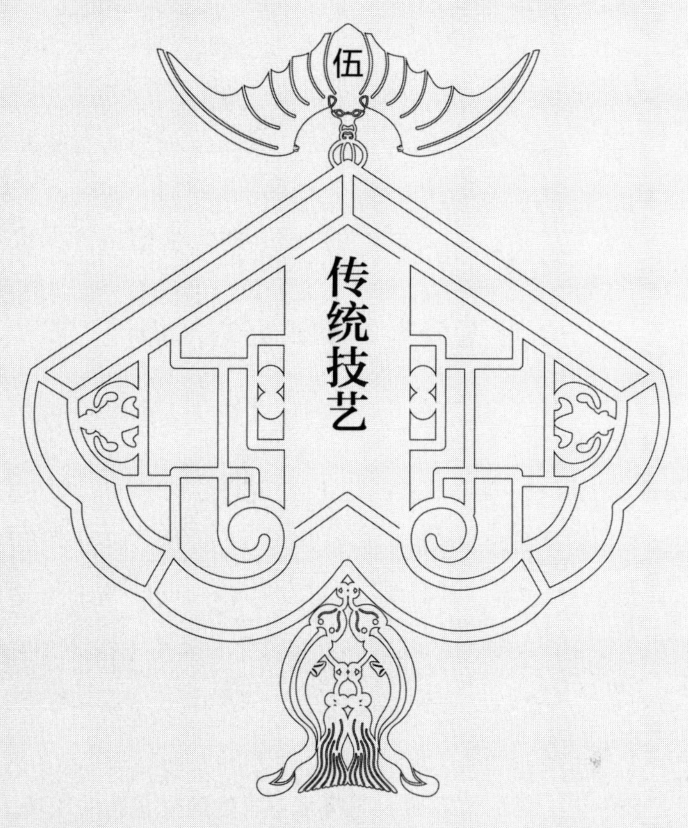

孙冬宁
南　楠
许　琛
王博颖
武书宇
齐晓霞

传统技艺“十八类”分类保护研究方法在非遗展览中的运用

孙冬宁 *

一、非遗分类保护研究方法概述

（一）分类的意义

“类”是对现实生活中一类具有共同特征的事物的抽象概称。对于非物质文化遗产分类的研究，在我国尚属起步阶段。张红认为，分类体系研究对于非遗保护具有积极的意义，非遗项目中“类”的概念，即“具有相同属性（特征）诸事物的聚合，是对相同事物概括而形成的概念。凡事物皆有自己的属性（特征），根据属性（特征）的异同，便可以将事物划分成不同的类”①。类的内部，存在层级类关系与平行类关系。王文章认为，“分类研究从来都是一切科学研究中必不可少、十分重要的环节，也是任何科学研究中由一般的原理研究向特殊对象的研究转化的逻辑上的中介过渡和理论上必要的准备”②。

从宏观上说，非遗分类是对不同属性（特性）项目进行区分和组织，又将相同属性（特性）项目下沉研究揭示其同一系统内部的联系和结构。非遗分类的意义在于，通过分类厘清非遗的研究范围，把握非遗保护和研究工作的发展规律，制定非遗发展规划，确立非遗作为交叉学科的研究边界及其专业人才培养战略，并建构完善的学科体系，保障学科的研究由一般性理论研究向纵深化理论研究迈进。③

我国非遗保护工作开展至今，已从探索性的浅表层的保护工作，进入纵深化理论研究阶段。基于现有实践基础，提炼出普遍一般性的规律，着手进行学科理论的构建，既是必要的，也是重要的。

---

* 孙冬宁，文化和旅游部恭王府博物馆学术委员会副主任，综合业务部研究馆员。

（二）“十八类”分类保护研究方法

“任何事物都有本质属性和非本质属性，而分类就是选取本质属性或非本质属性作为分类标准，聚合相同属性的事物，区分不同属性的事物。由于本质属性揭示了事物之间的内在联系与区别，通常情况将其作为主要分类标准或者说是第一分类标准。”④在其他学科领域中，常可以看到相似或相近门类的聚合现象，在一级学科之下开设的二级学科，实际上也属于学科的分类研究。同理，非遗也应当按照一定的观念、根据一定的原则和标准划分为一定的类别。⑤这既是非遗作为一门学科，在归纳一般规律的过程中理论研究深化和系统化的必然要求，也是非遗作为一项实践性工作，面对田野调研、实地考察、展览展示、管理及申报代表性项目等的实践需要。目前，对于非遗的分类，主要有联合国教科文组织《保护非物质文化遗产公约》中的“五分法”，《中华人民共和国非物质文化遗产法》中的“六分法”和我国非物质文化遗产代表性项目名录中的“十分法”。

科学的分类将促进学科的发展，反之则会制约学科的发展。非遗纵深化的理论探讨和保护实践都依托于科学的分类体系。由于非遗形态的丰富性和多样化，现有的非遗分类方法都存在多种门类交叉、指代不明等问题，且一门学科存在多种分类方法并不利于该学科的发展。我们在实践工作中，以我国非遗代表性项目名录中传统技艺类项目为基础内容，从技艺动作过程出发，突出人作为项目主体的能动性，同时综合工艺美术材质分类的办法，提出了传统技艺“十八类”分类保护研究法，并在多次系统性展览实践中进行论证。“十八类”包括：

1. 传统纺织印染绣技艺类；
2. 传统服装服饰制作技艺类；
3. 传统编织扎制技艺类；
4. 传统雕塑技艺类；
5. 传统刻绘技艺类；
6. 传统陶瓷琉璃烧造技艺类；
7. 传统髹器技艺类；
8. 传统酿造技艺类；
9. 传统制茶技艺类；
10. 传统烹饪与食品加工技艺类；

11.传统建筑营造技艺类；

12.传统家具制作技艺类；

13.传统文房制作技艺类；

14.传统印刷装裱技艺类；

15.传统工具器械制作技艺类；

16.传统金属冶锻加工技艺类；

17.传统中药炮制技艺类；

18.传统特种技艺及其他类。

俞君立、陈树年认为，实际上，任何对象、任何事物的分类问题，都不是一个简单的、能够一次性解决的问题，也不存在某种唯一正确的划分方法。特别是非遗具有民族性、流变性、活态性等特点，对其分类并非易事。因此，无论是以实践验证理论，还是以理论指导实践，作为此种分类法是否可行的试金石，都应当在实践中检验。

二、“十八类”分类保护研究方法的探索

（一）层级类概念引入分类保护研究方法的可行性

层级类概念是层级网络结构的组成部分。“类概念是人们日常思维活动的基石，由不同层级的类概念所形成的层级网络结构是人们关于世界的基本知识的内在心理结构。……基于这种由类概念构成的层级网络结构，人们不断地对事物进行着日常的分类、推理、问题解决、决策等高级认知活动。”[⑥]分类保护研究方法，其内核也包含着层级类概念，例如“纺织印染绣—绣—苏绣”这样的逻辑性的种属关系。

类的概念中还包含了“结构映射理论”。“映射（mapping），就是发现源信息与目标信息之间较一致的某些部分，并从记忆中提取源信息应用到目标信息中，最后产生推理的过程。命题表征是Gentner的结构映射理论的基础，要解决比较问题，先要形成基于问题的关系结构表征，再将表征应用到问题的解决中。结构映射理论认为，在源问题的选择及目标问题的映射过程中，只要已知源信息的范围和一个目标信息的范围就可以在两者之间建构一个比较；比较就是将源信息的物体节点映射到目标信息，或者是将源信息范围的低级关系映射到目标信息范围。”[⑦]在各领域系统性

分类的科学研究中，最早提出层级概念的人是贝塔朗菲。层级概念最先应用的领域是生物学，生物圈被认为是最大的生态系统，同时具备多层次的层级体系。“对研究对象的起源和发展进行调查，生物学家倾向于将生物系统划分为具有嵌套式特征的层次，这种层次是描述物种之间关系的理想客体。根据研究目的的不同，选取不同层次的研究对象”[⑧]，以“物种”（类）构成层次化特征的系统演化树是研究生物层次种类的直观形式，这种分类研究方式能清晰且直观地阐述由“类”衍生出的各个分类之间的层级关系，层次化层级分类法在各个领域中很快得到应用，而生物系统演化树的结构形式则十分接近今天我们在各学科分析问题时常采用的“层次结构图”[⑨]。

在非遗研究中，主体认知的缺失与民族文化自我认同感的需求，已成为主要矛盾。这里的主体并不仅仅指非遗技艺的持有者，还有参与研究、保护的非遗学者和从业者。从各地在旅游市场上售卖的本应代表和呈现各地文化特色与特有技艺的非遗文创纪念品中，可以看出其“千人一面”的背后，实质是地域性和民俗性的严重同质化。这种同质化的蔓延，使得非遗的民族性、地域性正在逐步失去层级间的联系与原有的特征特性。在这种情况下，尝试将层次分类法用于非遗的保护与研究中，有助于提炼出同质化对象中不同质的个体特点，从而存续不同地区，甚至同一门类非遗项目的独特性。

（二）“十八类”分类保护研究方法的策展实践

非遗的展览和传播是非遗保护工作中的重要组成部分，也是满足大众精神文明需求，使其深入了解非遗、保护非遗的一个重要渠道。非遗展览本身是依照一定叙事逻辑，进行视觉形象传达的系统性文化工程，将展览的内容进行分类，是策划和筹办非遗展览的基础。今天，在做非遗策展时，通常使用激活或者重现的手段把原来在遗产地的许多非遗项目综合到某一个展览空间内进行呈现。这个呈现是对日常非遗保护进行数据采集、影像记录、田野考察后的成果。基于此，以“十八类”分类保护研究方法为理论指导，形成了“以研带展，以展促研，四展四研”[⑩]的非遗策展思路。深入的田野考察和学术研究是非遗策展人的基本功。以学术研究为核心带动相关展览的举办，以展览促进相关学术研究品牌的树立，是非遗策展的关键。非遗展览成功的核心要素，在于“科研先导，调研先行”。在具体实践中，非遗策展的工作模式，可概括为以下五点，即“一二三四五”。

"一"是一个核心，即所有策展人或非遗策展都要以学术研究为核心。这包括研究的内容、课题、项目和具体的切入点，以及对项目的深入的田野调查。若没有此做基础，只是设计师面对非遗展陈资料进行臆造，是没有办法设计出好的展览作品的。

"二"是两个结合，即时间和空间的结合。非遗具有时空特性，策展时需要确定展览时间、空间，以及策展内容、主题和方式等。例如，关于二十四节气的展览，在博物馆的空间和在展会的展馆中策展是完全不同的概念，在不同城市和区域以什么方式和手段策展，都需要进一步探讨如何进行时空的结合。

"三"是三个特点，即展览现场要体现情景化、互动化、体验化。非遗的特性要求其展览一定不能是静止的、停滞状态的完成时态，它必须是流动的、活态性的，时刻与观众有互动性的。

"四"是四种感受。其一，视觉传达。一切展览在视觉设计上首先要好看，色彩构成、字体样式都应该让观众得到美的体验。其二，听觉引入。展览是有叙事性的，一个完整的展览，应该具备引入、体验、收获三个阶段。听觉体验往往可以充当展览中的引入手段，如观众进入织绣印染展区可听到南京白局的吟诵，进入家具文房展区可听到吴侬软语的轻唱。在这种氛围之下，观众会进一步产生想了解这个非遗项目的特征、历史脉络等的愿望。其三，味觉体验。比如，对非遗制茶酿造技艺的展示，所有的茶和酒现场都可以品鉴入口，当观众进入展厅就能闻到缕缕酒香、茶香，能仔细品尝什么是真正的浓香、酱香、清香，真正体现非遗代表性项目的魅力。其四，触觉感官。比如，对皮影雕刻、木雕、砖雕材质感的感受，这种感受能直接触动观众的心灵。

"五"是策展的五个"精"。其一，田野考察的深入精准。其二，展览大纲文字的精练。在当今读图时代，展览中文字量过大，会增加参观者的阅读负担。展览中的文字区块尽量不要超过10至15行，这样将迫使人们将表述集中到重要内容上。调查显示，如果将较大的文字区块划分为不超过约50个单词或300至350个字符的题板，观众的阅读意愿将大幅上升。[11]因此，经过精心提炼的简洁文字展板，会使观众阅读后更容易记忆。其三，展览形象符号的精致。字体、色彩、符号表达、标识、应用系统、视觉导入，包括视频、文字、图片等，哪怕一个小徽章或者现场展板上的小标签都应当精致、精细，体现出非遗项目的特点。其四，展览制作的品质精良。

再好的创意，没有精良的制作，也无法呈现出理想的效果，需要在物料材质、陈列手段上进行细致筹备，不断地精进。其五，展览陈列上的精心表达。展览现场摆设的小符号、小作品、小标签都是配合主题思路的，多一分或少一分都无法精确传达非遗代表性项目的意蕴和内涵。

三、分类保护研究方法在非遗博览会中的运用

博览会是将非遗保护和传承融入当代、融入生活，传播和弘扬中华民族优秀文化的重要方式。将分类保护研究方法应用于非遗展览实践，可以充分整合相关资源，采用各种方式，展现非遗的活态性与生命力。以2018年9月在济南举办的第五届中国非物质文化遗产博览会（以下简称“第五届非遗博览会”）为例。此次非遗博览会以“活态传承、活力再现”为主题，策展定位为学术性、专业性、互动性、体验性，以传统工艺为展示核心。在这样的框架下，策展团队以“十八类”分类保护研究方法为指导，确定了“天时地气，材美工巧，然后可以为良”的策展思路。

非遗之大美，本身就具备了“天时、地利、人和”的特点，它既是我国优秀传统文化的集中体现，又具有文以化人的作用。在漫长的岁月长河中，流传的传统技艺、曲艺以至民间文学等类非遗，大部分是先辈在日常劳动与生产生活中产生的对祖先、自然、天地的敬畏之情和对忧乐、生死、婚配等的观念表达，是满足人自身需求的活态文化。任何事物都有产生、成长、延续、消亡的过程，非遗同样存在于这样的动态过程中。

（一）展览特点

1.八大板块的划分

展览框架是非遗展览设计的关键环节之一，是非遗有效展示与传播的前提。第五届非遗博览会主展馆的展览框架在“十八类”分类保护研究方法的思路下，不再依省份划分，而是按照传统工艺项目类别，运用层级法的方法论，寻找项目与项目之间的规律，将其划分为八个大类，根据各项目的类别确定了织绣印染、陶冶烧造、编织扎制、制茶酿造、印刷刻绘、家具文房、中药炮制、雕刻塑造八个主题。根据主题确定的不同板块的分区布局，既使非遗博览会具备统一、协调的整体观感，同

时又以合理的分类体现出项目个体的独特性。“总—分—总”的展览叙事结构，使得观众可以在同一场馆内观摩和体会不同地域、不同流派的风格。

此次博览会集中展示了来自全国各地、各流派具有代表性的非遗项目，通过平面、空间的展陈设计，以及展品工具的聚合布置，把不同历史时期的代表性作品，以图片、影像及现场展示其技艺流程的“文化空间复现”形式，呈现在观众面前。博览会以“四展四研”为策展实践思路。在展区内，除了展览、展演区，还有展销、传承人现场展示区，公众可以现场与传承人进行互动体验，深入了解非遗项目的文化内涵。

就具体传统技艺类项目而言，按照层级分类法进行重新梳理后的非遗项目依照八个大类，又分为若干个小类。例如，“织绣印染”大类下，并列分为桑蚕丝织、少数民族刺绣、蜡染、扎染等类别；“陶冶烧造”大类下，并列分为制陶、砂器、瓷器、琉璃等；“编织扎制”大类下，并列分为竹编、草编、柳编、灯彩等；“制茶酿造”大类下，并列分为酿酒、制茶等，而酿酒与制茶两小类下，又分为若干小项；“印刷刻绘”大类下，并列分为雕版印刷、木版水印、剪纸刻纸、皮影等；“雕刻塑造”大类下，并列分为玉雕、砖雕、泥塑、面塑等。这种分类方法，不再是按材质划分，而是更多体现工艺美术的特性，按照技艺动作进行分类，凸显非遗以“人”为行为主体的概念。

2.专题式、体验式文化空间

家具与文房蕴含着丰富的文化内涵，是我国古代士族文化的表征之一。古人在这方天地中，窥见山水格局，一展壮怀襟抱。案畔书侧，君子有雅玩之好，卷帙浩繁，书斋即天地人间。为全方位展示和呈现家具与文房的意蕴和价值，第五届非遗博览会在“家具文房”板块设计上，一改往日博物馆单纯静态的展览方式，在展览中融入了传承人的现场展示和传统家具的动态展演。比如，邀传承人现场展示传统硬木家具中的雕刻，手工宣纸的师傅演示如何从纸浆中抄纸，一块石头如何通过传承人的双手变成一方精品的砚台等，观众不仅可以了解传统家具、文房四宝的匠心匠作过程，而且可以感受其中所蕴含的深厚的文化内涵。

在此次博览会的展厅中，还有意营造了场景式和体验式的文化互动空间。所谓场景式就是营造出能够引发观众共鸣的空间环境。比如，在京作家具板块，不但能够看到那些雍容华贵的家具，还能看到京剧刀马旦在京作画案旁梳妆勾脸；置身于明式家具板块，就如同走进苏州园林，再聆听一曲苏州评弹，扑面而来的是浓浓的江南文化气息。

3.沉浸式、情景化展演展示

现代社会的飞速发展，使大型非遗展览很难再以“静观”方式呈现，展览体验需在动静之间，就如同城市一样，既是特定组织结构的“容器”，又由于主体——城市居民的活动而生化出“视觉图像”和“文化事件”。

第五届非遗博览会的八大主题皆有情景化展示活动，目的在于“还原其境，制造沉浸式的观展效果”。在策展思路上，注重突破静态的展览模式，着重营造场景式、体验式文化互动空间，展示“活态”非遗。例如，南京云锦配合白局表演、宁波万工轿偶遇苏绣嫁衣、刀马旦在京作家具前上妆、苏州评弹在苏州园林中余音绕梁……像这样沉浸式、情景化的展演展示，在此次博览会主展馆的每个主题展区都有，设计师借鉴移步换景这一古典园林造景手法，不设置舞台，观众和演员在同一空间内不期而遇，令观众产生惊喜之感。

4.用“竹工艺”为传统工艺振兴代言

在主展馆场外，从川西运到济南的2000多根竹竿，营造出3300平方米的“竹”空间艺术装置作品，将巴蜀传统竹工艺风情原汁原味“搬”到了博览会现场。选定竹子作为传统工艺振兴的代表符号来展示现代装置艺术作品，是鉴于首批国家传统工艺振兴目录中就有竹藤工艺的身影，以此展示非遗从保护到振兴的发展脉络。同时，在非遗展览中引入装置艺术作为亮点，也是运用当代艺术理念阐释传统文化的新视角。

（二）策展思路

1.展示传统工艺融合的民生价值

传承人是非遗保护的核心。2015年，文化部联合教育部启动实施了非遗传承人群研修研习培训计划（以下简称“非遗研培计划”），取得显著成效。2017年，文化部、工业和信息化部、财政部共同印发《中国传统工艺振兴计划》，积极探索振兴传统工艺的有效措施，支持相关机构在新疆、湖南、贵州等地设立传统工艺工作站，特别是在一些贫困地区，传统工艺工作站有效地发挥了精准扶贫的作用。这些事关民生的重要举措，在第五届非遗博览会潍坊分会场中得到立体呈现。潍坊分会场的传统工艺工作站成果展区和非遗研培计划成果展区，体现的是非遗研培计划下高校与非遗传承人共同创造的成果。广州美术学院、云南艺术学院、沈阳师范大学等院校展示了非遗研培计划的成效和创新经验，生动地阐释了这一主题。

2.讲述非遗与生活的和谐关系

非遗博览会的重点之一是呈现非遗与“人”和“生活”的关系。在第五届非遗博览会中，用传统工艺为现代生活打造出的数个“样板间”，传达传统工艺融入现代生活的理念，用传统来诠释时尚，引领生活之美。此外，在八大主题展区以及主题展览中，适当融入传统戏剧、曲艺、传统音乐等非遗项目，整个展览浑然一体、流畅生动，营造出符合当代大众审美的生活空间，提升了观众对中华优秀传统文化的价值认知。

3.展示非遗和生态的共生关系

非遗是以人为核心、以生活为载体的活态传承实践。非遗既不能脱离生态，也不能脱离“人”这个物质载体。好的非遗策展，不仅让观众感受到非遗项目的精湛，还能通过非遗项目探知其发源地的自然山川、人文地理、风土人情等自然与文化生态。此次博览会主会场各大板块的视觉和内容呈现中，观众除了观赏非遗展品外，还能感受到与展品共生依存的地域生态环境的变化。

4.探索非遗和生产的发展关系

推动非遗传统工艺和现代设计相结合，是第五届非遗博览会策展思路中的重要一环。非遗与生产性保护的关系，历来是学者研究关注的重点之一，技艺本身离不开生活，生活生产又促使技艺的流变。因此，有效传承和保护技艺的关键，在于促进其与当下生活的融合，使其随着生产力的发展而发展，从而与现代消费需求有效对接。比如，织绣印染展区内，传统的潮绣经现代设计后化身时尚的东方嫁衣；家具文房展区内，京作、广作、晋作、苏作传统家具“四大作”经过设计创新更能融入现代家庭和居室，激发了观众对传统文化的再发现以及生产消费需求。将传统与现代相结合，实现创造性转化、创新性发展，才能弘扬中华优秀传统文化精神，回应人们对美好生活的向往。

结 语

“非遗是一个文化现象的整体。非遗不只是一件件体现文化传统的产品或作品，它更是可见、可参与的生活。非遗传承是不断融入人们智慧、才艺和创造力的生动实践。”⑫以传统技艺“十八类”分类保护研究方法为指导成功举办的第五届非遗博览会，在展览特点呈现和策展思路上，是由理论指导实践，又在实践中验证理论的一次成功尝试，更是为推动非遗传承与发展，促进传统工艺人才培养、成果转化、振兴发展的有益探索。其对非遗的重视和保护，更是一次民族文化基因传承的深耕细作和文化强国展图未来的坚守与放飞。

注释

① 张红:《非物质文化遗产分类体系研究》,《佛山科学技术学院学报（社会科学版）》2018年第1期。

② 王文章主编:《非物质文化遗产概论》修订本，教育科学出版社2013年版，第234页。

③ 参见张红《非物质文化遗产分类体系研究》,《佛山科学技术学院学报（社会科学版）》2018年第1期。

④ 张红:《非物质文化遗产分类体系研究》,《佛山科学技术学院学报（社会科学版）》2018年第1期。

⑤ 参见张红《非物质文化遗产分类体系研究》,《佛山科学技术学院学报（社会科学版）》2018年第1期。

⑥ 雷怡:《类概念层级关系的认知与神经机制研究》，博士学位论文，西南大学，2010年，第1页。

⑦ 彭淑娜:《比较和语言名称对学前儿童类概念形成的作用》，硕士学位论文，河南大学,2012年，第9页。

⑧ 金鑫:《基于广义紧类的层级化系统演化树构造》，硕士学位论文，山东大学，2014年，第3页。

⑨ 金鑫:《基于广义紧类的层级化系统演化树构造》，硕士学位论文，山东大学，2014年，第3页。

⑩ “四展四研”的“四展”是指展览、展演、展示、展销，“四研”是指研究、研修、研讨、研培。

⑪ 参见[德]沃尔夫戈・普尔曼《展览实践手册》，黄梅译，湖北长江出版集团、湖北美术出版社2011年版，第192页。

⑫ 项兆伦:《非遗保护要见人见物见生活》,《人民日报》2018年6月6日第12版。

（原载《中国非物质文化遗产》2022年第5期）

“区域性非遗展览”的博物馆策展路径探索

——以“三山湟水间　花儿与少年——青海西宁非物质文化遗产精品展”为例

南　楠*

根据联合国教科文组织《保护非物质文化遗产公约（2003）》，非物质文化遗产（以下简称“非遗”）是指“被各社区、群体，有时是个人，视为其文化遗产组成部分的各种社会实践、观念表述、表现形式、知识、技能以及相关的工具、实物、手工艺品和文化场所”①。非遗是一种文化现象的整体②，涉及多门学科，包罗民俗、宗教、工艺、艺术、文学、历史等，涵盖了人类日常生活的诸多方面。在非遗的传播中，展览作为一种形式，相较于影视、视听、直播等其他传播方式，其独特性何在？这是摆在博物馆、策展人及相关从业者面前的根本问题，也是本文探索其路径的背景。鉴于非遗多学科复合型特点，博物馆作为文化传播机构之一，如何把非遗展览办成扬长避短、别具一格、自成体系，让观众获得知识或体悟，从而推动非遗的保护与传承；并通过每次展览的调研、归纳、提炼、建构、阐释及引导，以及对策展经验的反思、研究与扬弃，探索出一条契合非遗特性，符合当下社会环境、历史语境，具有普适价值、规律性的路径，是本文的目的。

文化和旅游部恭王府博物馆作为国家非物质文化遗产展览展示研究中心，在非遗展览展示领域一直走在探索前沿，历年举办的各项非遗展览展示活动得到了观众的普遍认可。在区域性非遗展览中，形成了独有的策展理念，即通过“生境—原真—空间叙事—在场视角”结构，解析非遗的内容与形式；注重非遗的宏观“生境”，强调展现非遗特色的具体“原真”，要求在展览情境中合理安排“叙事结构”，邀请观众作为第一视角参与互动。本文据此进行“区域性非遗展览”策展路径的探索与研究，并以笔者参与的“三山湟水间　花儿与少年——青海西宁非物质文化遗

*　南楠，文化和旅游部恭王府博物馆综合业务部副研究馆员。

产精品展”为剖析案例。

目击：活态性的“原真”

20世纪90年代，国际博物馆协会把非遗列入收藏范围[3]，非遗的展览展示实践活动逐步展开。经过二十多年的发展，目前在我国常见的非遗展览按照内容可划分为专题展与区域展。专题展是某一专属类型项目的展示，例如剪纸展、刺绣展；也可以是某一主题的展示，比如年画里的戏画展览；也可能是某几个具有相似性或类比特质的整体展示，在因地理区隔而呈现出异质性的同源文化展览中应用较多，比如表现川、滇等地彝族服饰不同特点的“彝族服饰展”。而区域展，则是在政府主导的非遗保护工作之下，基于文化地理学的“整体性”视角，以地理、行政划分或历史传统为基础，从相似文化认同或共同地方价值观中，以物质文化遗产和非物质文化遗产项目作为载体，在展览空间内进行这一区域内的综合展示，比如北京地区非遗展、大运河非遗展、潍水文化生态保护区展览等。地理位置、自然环境是人文历史活动形成的基础和条件，直接影响人类的聚居区域、活动范围。其与本土及外来的政治、经济因素相结合，经过历史的积淀，产生的观念习俗、生活技艺、歌舞游艺等必然与区域内的基础条件持续互动、相互影响，形成具有地域民族特色的文化源流和文化景观。在同一展览空间内将这些项目进行合理串联和有机搭配，着重发掘地理区域与人民生产生活之间的联系，从而展现区域特色与文化内涵。

2006年，宋俊华从遗产学视角将“传承性”“社会性”“无形性”“多元性”和“活态性”概括为非物质文化遗产的特征。[4]“活态性”是非物质文化遗产的一种核心特性。《保护非物质文化遗产伦理原则（2016）》指出“非物质文化遗产的动态和鲜活本质应持续获得尊重”[5]。常见的非遗类展览一般会按照非遗十大类别区分展览板块，像传统美术、传统医药分别集中在专门的空间内展示，此类展陈方式便于观众对专项非遗项目的完整了解，特别是有实物载体的项目和有展演属性的项目；但往往忽略了区域性非遗项目的产生条件，与所在地域的关系，以及非遗项目背后的传承文脉，即非遗“生境”。单纯用非遗项目的物质载体进行展示，这与普通的绘画展、文物展、工艺美术展别无两样，简单拼合的展示后果就是割裂了物与人的关系，无法还原非遗的鲜活原生态，不能体现人的主观作用，也不能让观众深刻理解展示背后的文化内涵和民族情感。“活态性”这个特点决定了非遗展览要区别于博物馆、美术馆的静态陈列展览形式。非遗策展需要“见人见物见生活”，有展品、有物质载体，更要有人和生活气息。

活态性具体的“活”除了体现在人、载体、参与或传承机制、融合交流外，更需注意其体现在“生境”中的真实性。这就需要摒弃以往文物展、美术作品展的传统思维，仅考虑在博物馆、美术馆内如何把展览做到精良考究、艺术性强，在非遗展中是行不通的。有些传统工艺的载体，比如银铜器、家具等制作技艺超群、样式精巧美观，很容易与艺术相结合，呈现出“美”的一面；但还有很多非遗项目的载体，粗犷原始，与精工细作差距甚远，比如一件藤编背篓、一只老旧的陶土瓦罐，与平时认知的“美”相去甚远，但却恰恰反映出人们的生产生活方式和勤劳智慧，有着独特历史价值。古旧且并不时尚美观的技艺载体，在有“生境”设置的非遗展览中作为展品陈列，会呈现出一种天然去雕饰的“原真”，即非遗在原生环境中的原始与本真、鲜活与生动。

勘查：倒三角中的“生境”线索

策划区域性非遗展首先要有区域整体观念，以厘清地理文化空间与非遗项目的成因关系为前提，这是策展思路的第一个“支点”。自然条件和地理景观是文化景观形成的重要基础，但人文因素是最重要的主体。在“文化生态学”学说中，文化能够面对历史和环境所提供的不同机会做出选择。[⑥]据此，非遗中的独特性必然是作为文化载体特征专门指向了一种或几种生态事实。因此，策展人需探查文化与当地的本源因果，根据时空关系、社会关系、周边乃至其他文明的关系，与非遗所在区域的整体性关联，查看历史进程中的那些关键的“选择”，从而发掘非遗所根源的区域文化中蕴含的历史文脉和人文精神，这是策展思路的第二个“支点”。以上理论作用在策展实践中需要通过“田野调研”的方式来实现。在每一次区域性非遗展览的筹备环节，田野调研必不可少。不同的地域因为地理环境、生态气候等自然条件决定了人口和族群的分布，也孕育了不同的文化基因和非遗项目。能够实地去感受区域内的自然地理环境，探究当地风土人情、生活习俗，扎实理解当地的非遗项目，这样做出的展览才有鲜活的生命力，这是策展思路最基础的“支点”。

对区域性非遗进行策展路径探索，提倡以落地为主的“田野调研”统领“文化地理学”“文化生态学”，组成区域性非遗策展研究的“倒三角”方法论，通过对非遗生发环境即“生境”的研究，探求非遗项目中包含着的人类精神、历史、文明与区域特色的线索。

通过实地田野调研，做好传承人口述史的记录，拍摄和记录传统技艺类非遗项目的制作过程，现场体验传统音乐、舞蹈、戏曲等非遗项目的展演；需要走一走当地的博物馆、民俗馆以及各类名胜古迹，了解其历史文脉；在有条件的情况下，翻阅一下档案馆的地方志。除此之外，最重要的是与当地的文旅部门工作人员、专家、学者和传承人进行一些必要的交流和访谈，这样能够更全面地了解地域内的文化特色，掌握更鲜活的资料。

以“三山湟水间　花儿与少年——青海西宁非物质文化遗产精品展”为案例进行具体分析。在展览筹备之初，笔者首先做好基础资料汇总工作，查找西宁市的非遗项目内容、数量、级别、代表性传承人及分布区域，并进行整理。整理资料有助于对区域内非遗项目进行梳理与归纳，有利于衡量考察侧重点，制定相应考察线路，以便实现项目的实地调研。

西宁市是青海省的省会城市，也是青藏高原最大的城市，下辖五区两县。西宁市大部分非遗项目集中在湟中区。据此，在实地田野调研中，以湟中区非遗项目为主，其他区县为辅。湟中区三面环抱西宁市中心，黄河上游最大支流湟水河流经其中。该地是黄土高原和青藏高原的交会和过渡区域，自古就是“丝绸南路”“唐蕃古道”的重要城镇。这里地形复杂多样，山地、丘陵、草甸、河流、湖泊交叠，孕育了丰富多彩的族群文化，农耕文化、草原文化交相辉映；汉族、藏族、回族、土族、蒙古族、撒拉族等多民族在这里聚居繁衍，保持独立生产生活方式的同时又相互融合，形成了多元和多民族繁荣共享的河湟文化。湟中堆绣、湟中银铜器制作及鎏金技艺、湟源排灯、老爷山花儿会、西宁贤孝、塔尔寺酥油花、千户营高台、青海汉族民间小调、鲁沙尔高跷、湟中农民画、河湟皮影等非遗项目在这里生根发芽、传承发展，这些灿烂的非遗项目是黄河文化的重要组成部分。

通过实地考察，对当地的风土人情和非遗项目有了更全面的认知。掌握一手资料有助于展览主题的把握和展览项目的筛选，最终确定了以西宁河湟地区各民族创造的优秀文化为核心，以非遗作为载体，传承和弘扬河湟文化，讲好黄河故事的策展思路。

侧写：主体的时空叙事

展览主题的确定是建立在“学术倒三角”发现归纳的线索基础上，结合展览当时当地的自然环境、政治经济、历史文化及国家重大发展战略，寻找最具有交融性与当下性的叙述类型。表达主题时，需用具备概括性与引申意义的文学语言作为点睛之笔。

展览实质是围绕主题进行的文化叙事。叙事是串联和探讨文化事实的重要手段，包含了展览中故事的生产创造和内容运用的双重属性。应尝试归纳同一区域内的非遗项目共同的类型元素，并以此延伸出区域民族文化中具有独特与永恒价值的主题。

在构思展览“故事”时，要保证正确的价值取向和身份认同。虽然非遗具有“共享性”，但是在使用国际主流非遗表述话语时，仍然要突出中华民族的文化立场。通过展览言说我国地域、民族、历史与文化，及其精神内涵。

非遗展览“叙事”的特殊之处还在于需将线性时间的非遗“原真”内容转换为空间中的异地呈现；而非遗主体往往是实践过程中的人、物和生活，不同非遗项目通常还包含各种关联，如人与人、人与环境、人与物等。展览需要将人的活动内容、过程和结果呈现并诠释出来，因此非遗展览需要从中提炼最能代表非遗项目的人、物、过程、环境，以体现其作用、意义、价值、情感、记忆。通过选择对展览叙事主题中最具代表性的“典型人物、典型事件、典型情境”作为线索，按照主题的逻辑关系在空间展开叙事，以完成意义的建构。

笔者在考察西宁市非遗项目之后，对当地复杂的地貌结构、多元的民族文化最有感触，区域内的多民族团结、融合、共同繁荣的景象令人印象深刻。以此为背景，团队进行“头脑风暴”，最后确认展览的主题思想，表达民族和谐共荣。继而从琳琅满目的调研资料中拣择与主题理念相关的非遗项目，选择合适的展品，用恰当的叙事性结构串联起整个展览。

“三山湟水间　花儿与少年”的主题便是在“生境”中，各民族相互融合、共同繁荣的凝练表达。展览集中体现了当地多民族的生活样态和人文传承，人民群众不断发展和创造的精神文明成果，及依托非遗资源，带动群众脱贫攻坚、乡村振兴的优秀案例。

湟水河是西宁地区的母亲河，孕育了几千年的游牧农耕文化。周边的山脉景色各异，中国自古以来的神山圣水信仰在这里体现得尤为明显。湟中区有莲花山，实为八座神山，像八瓣莲花一样，围绕在塔尔寺周围；湟源县西南有祁连山支脉的日月山，是黄土高原和青藏高原的分界点，也是文成公主远嫁松赞干布进藏时的门户；大通回族土族自治县的老爷山以其多民族歌唱“花儿”的主会场而被大家熟知。选取这三座山，是因为呈现的人文景观和多民族宗教信仰具有很高的历史文化价值，是民族团结、共同繁荣的盛世景象的体现。策展时以“三山湟水”为线索，构建三个展览板块，三个文化空间。“花儿”，又叫“少年”，在非遗项目分类中属于传统音乐，在汉、回、土、撒拉等民族传唱。“花儿与少年”，就取自“花儿”的代表性曲目《花儿与少年》。一般“花儿”指代女性，“少年”为男性，既代表着当地如花的青少年一代的传承人，是非遗保护与传承的新鲜血液和后备力量；同时“花儿”又代表着当地的民族繁荣之花、民族团结之花、民族融合之花，展览的三大板块“三朵魅力之花”的划分也由此而来。

重构：“在场”的真相

区域性非遗展览是区域内非遗项目及历史文脉在博物馆中的整体、集中展示，这不是简单的非遗项目叙述和陈列，而是非遗“生境”和“原真”的一种重构。在策划区域性非遗展览时，特别要注意非遗活态化的场景布置，构建集体情感与记忆下的文化空间。

首先，确定展览场地。恭王府是遗址类博物馆，基本上以殿堂、厢房或独立院落来作为常设和临时展厅，不同于其他博物馆有着现代化、整体性的展览展示空间。恭王府展厅的优点是可以利用古建园林打造独立的文化空间，缺点是展厅分割区域多，展示面积有限。案例的展厅选用了嘉乐堂和西一区两个独立院落，根据展览场馆的空间结构，结合非遗自身的特点，选择静态展览与动态展示、活态展演相结合的方式，在独立院落内打造多维度的文化空间，让观众一进入这个院落，就能感受到西宁地区的非遗气氛。

其次，根据展览的主题以及展厅空间，结合考察并筛选出的非遗项目，完成展览方案，包含展览大纲、展品清单、视觉形象以及空间效果图。

展览大纲的撰写需要在充分田野调研的基础上完成。在掌握当地的自然景观、风土人情、文化历史、地方志、代表性非遗项目及制作过程、传承人口述史等素材资料基础之上厘清展览的故事逻辑线索。在大框架“三山湟水”和“三朵魅力之花”之下，通过叙事语言，整理和归纳具有类比或者相关的非遗项目，从而更好地进行异地重现，构建“生境”。对于“生境”和“原真”的建构，同样也需要考虑到非遗项目本身的特点。

例如，通过“生境”线索的勘查得知，藏传佛教格鲁派六大寺院之一的塔尔寺，坐落在湟中莲花山脚下。其中的艺术三绝“壁画、堆绣、酥油花”名扬海内外，除此之外塔尔寺内还有传统建筑营造技艺、藏餐制作技艺、雕版印刷技艺、花架音乐、羌姆等。一座塔尔寺，本身兼具丰富的物质文化遗产与非物质文化遗产资源。随着塔尔寺的兴盛与发展，带动和改变了周边百姓的生产生活方式；加牙藏族织毯技艺，早期发展得益于塔尔寺僧人对卡垫和龙包柱毯的需求；银铜器制作及镏金技艺也是基于寺庙的兴建、供奉等需求，如制作大批佛像、佛塔，以及周边聚居的藏族、土族、蒙古族穿戴的大量饰品；湟中堆绣、宗喀唐卡都是塔尔寺内流传出来的艺术形式，且渐渐与当代生活融合，焕发了新时代的活力。这些与塔尔寺相关的非遗项目，不仅仅是僧人在传承和使用，周边地区的汉族、藏族、土族都在参与传承、保护和利用。这些有关联的非遗项目，在现实生活中以寺院为源头，生发繁衍，展现民族繁荣的脉络。在展览中，这些同源的非遗项目需要通过重现其“生境”来阐释其内在关联和依存关系。这就需要构建一个类似“生境”的文化空间，在同一板块下集中展示。在展览策划过程中，通过提取塔尔寺汉藏结合的建筑风格，提取相关的元素与色彩用作空间背景；同时，运用陈家滩木雕和湟中堆绣做细节上的装饰处理，完善整个展厅布置（图1）。静态的图片、文字介绍、传承谱系、制作工具以及成品陈列展示，加上视频介绍和传承人现场展示如何制作，构成了塔尔寺场景的异地概括抽象还原。观众能够在阐释了历史文化和非遗项目生发关系的异地重构文化空间内，沉浸式地接触这些非遗项目，并深刻感受其历史文脉及文化内涵。

再比如，青海有着“花儿家乡”的美誉。每年农历六月六举行的老爷山花儿会是大通回族土族自治县的大型民歌演唱活动。朝山歌唱仪式伴随着汉族、回族、土族、撒拉族等各族人民盛装唱和“花儿”互诉衷肠，后经发展，各种曲艺、皮影等演出活动也穿插其间。西宁地区还有青海汉族民间小调、平弦、越弦、贤孝等通过汉族迁徙带来的，又融合了当地文化特征，发展起来的具有地域特色的传统曲艺项

图1 第一板块展厅（王衍达摄）

目，呈现了这一地区民族和谐共处的盛世景象。很多民俗社火，像千户营高台、鲁沙尔高跷，集多种民间艺术形式为一体，具有独特性，在其他地域并不常见。这些曲艺、社火等项目通过多民族的融合与创新，带有浓郁的地方特色。对于这些表现当地人民追求美好生活愿望的展演类非遗项目来说，表演才是这些项目的“原真”状态，是展现其唱腔、动作、韵律等最直接的方式，通过近距离的接触，观察演员的动作、神情和服饰穿戴，欣赏乐器的声音和演员的唱腔，观众、演员与剧目曲调之间才能产生感官上的共鸣，而不是单纯地让观众通过文字、图片和视频资料进行空洞的联想。

根据展览大纲征调展品时，需要考虑到自然气候环境以及展厅等客观条件。很多传统技艺类的非遗项目，有实物载体，在展示时，采用文字介绍、实物展示来表现，比如湟中堆绣、湟中银铜器制作与鎏金技艺，其项目特点、传承谱系、制作过程、运用的制作工具等都能在展厅内完整呈现。而有些项目，如塔尔寺酥油花需要在冬季制作，需要恒温恒湿保存，无论作品展示还是传承人现场制作都有难度，所以在呈现上更倾向于影像、图片和文字相结合。针对一些具有区域代表性的传统音乐、戏剧、舞蹈、曲艺，设置了专门的展演时段，策划了传统音乐“花儿”演出周、传统曲艺演出周（包含青海平弦、越弦、西宁贤孝、青海汉族民间小调）、传统戏剧河湟皮影演出周。

与此同时，运用设计语言装饰展厅空间。根据场馆的空间和展览的主题，进行视觉语言转化。展览的形式设计满足展览主题的基本诉求，视觉形象展现区域的独特性。设计师通过对展览前期的调研以及对展览基调的理解与认知，在主题视觉形象的设计中，运用“几”字形的“湟水”环绕“三山”作为主体，选取了当地汉族牡丹团花、土族刺绣太阳花、塔尔寺酥油花三朵“花”为代表性的纹样，体现多民族的文化交融。在湟水三山之间，塔尔寺和东关清真大寺的建筑形象穿插其中，展现自然地理与人文历史的互动关系。色彩提取自塔尔寺壁画、湟中唐卡以及当地农民画，根据不同色彩明度对比，凸显色彩的明快艳丽，既保留浓郁地方特色的同时又不失和谐统一（图2）。整体视觉形象展现西宁地区的多元文化并存与交融，让人一眼就能感受到来自这一地区的自然人文风貌。

继而根据展览大纲、视觉形象基调以及展品清单，完成三大文化空间的相关非遗项目嵌入，完成平面和立体的效果图。在展厅布局时，特别要注意“重构”的意涵，不是把区域内非遗项目的生存空间原封不动地挪到展厅内，而是需要策展与设计人员巧妙概括地提取相关元素、相关色彩，进行重新再设计，确定整体色调与空间展示方案，构建出有浓浓区域氛围的视觉形象和文化空间。简单的展品陈列在表

图2 平面视觉设计（赵婉俐供图）

述区域性文化历史和民俗生活方面空洞且缺乏情感，不能达到文化阐释的目的，更起不到良好的教育和传播意义，因此相关的展签、照片、图标、文字也需要根据整体基调进行视觉化处理。这些都是展览叙事性的一部分，是向观众解释展品、传达情感的方式之一。

再次，根据完成的方案进行展厅布置。在展示空间安排方面，三个板块呈现出三种格调。其中第一板块位于恭王府嘉乐堂主殿及东西配殿，以莲花山和塔尔寺为基调，努力重塑八瓣莲花山脚下的塔尔寺文化空间，表现民族繁荣之花；第二板块位于西一区展厅，表现老爷山、湟水畔的民族团结之花，以“歌唱生活”为主要表现形式，讲的是多民族共荣、多元文化并存；第三板块同样也位于西一区，以“日月山、古道边”表现民族融合之花。这里曾是茶马古道，多民族优秀传统文化在这里汇集，在漫长历史长河中渐渐形成了今天“美美与共”的和谐画面。其中，反映各民族追求美好生活的河湟刺绣、陈家滩传统木雕、湟中民间彩绘泥塑、湟中农民画等项目在这个空间板块内进行综合展示。非遗展览也可以加入装置艺术，以烘托其当代特征。其中一件高达2.8米的湟中大暖锅，本是湟中地区常见的饮食器皿，与常见的老北京涮肉的铜锅类似。这件作品被作为代表湟中银铜器制作及鎏金技艺高水准的艺术装置，放置在嘉乐堂院内。暖锅采用錾刻、错银、鎏金、花丝等多种工艺，镶嵌吉祥八宝等美好寓意传统图案和锦绣山河的现代图案，代表着对美好生活的祝愿（图3）。这样一件大型艺术装置从饮食文化的角度拉近了首都地区与西宁地区的距离。在第一板块的展厅内，运用现代化的影像装置艺术作为点缀。当观众置身于重塑的“塔尔寺”空间内，影像技术呈现的佛光普照，显得庄严神秘，让人升起敬畏之心（图4）。在第二板块内运用了“花儿”歌词的艺术装置进行空间填充。这些装置艺术的运用，让非遗展览脱离了呆板、陈旧的印象，更显时尚与活泼。

最后，也是非遗展最重要的“活态性”需要被充分体现。传承人的现场技艺展示与讲解能够与展品、文字、图片、视频资料的静态展示产生互补。生动的演绎，能够让观众直观地看到这些作品是如何被制作的。展厅内安排了多名传承人对多种技艺项目进行制作和讲解。湟中银铜器制作及鎏金技艺项目国家级代表性传承人何满老师现场进行银铜器的錾刻演示、湟中堆绣省级代表性传承人乔应菊老师展示如何制作堆绣、塔尔寺雕版印刷技艺省级代表性传承人旦曲隆多展示经版的雕刻印刷，还有很多项目和传承人不一一列举（图5至图7）。西宁地区多个非遗项目的代表性传

图3 室外暖锅装置与儿童锅庄表演（王衍达摄）

图4 佛光艺术装置与湟中银铜器制作及鎏金技艺展区（王衍达摄）

图5 花儿艺术装置与现场演唱（王衍达摄）

图6 塔尔寺雕版印刷技艺传承人旦曲隆多现场雕刻经版（王衍达摄）

图7 湟中农民画现场创作（王衍达摄）

图8 观众与唐卡传承人现场交流（王衍达摄）

承人在同一个展览中进行展示和讲解，能够让观众理解非遗背后的工匠精神、民族内涵，增强民族文化自信心，更有助于提高观众对于非遗项目的认知度。除了传统技艺类项目在展厅内的动态展示之外，一些传统音乐、舞蹈和曲艺类的项目在院落空间内进行表演，像花儿、西宁贤孝、青海越弦、青海平弦、河湟皮影戏，通过听觉与视觉的感官刺激来吸引观众的注意力。脱离了舞台束缚的表演，在院落空间内，这些项目能够近距离地与观众进行互动，观众亦可以加入展演队伍中进行体现。

当观众进入院落，花儿唱起来，锅庄跳起来，就如同置身于西宁当地。观众以“主体在场”的参与方式，能够直观、主动地感受西宁的历史文化、风土人情；观众欣赏展品和传承人的演示时，能够产生情感共鸣；观众在了解非遗蕴含的精神内涵之后，能够提升文化自信和民族凝聚力（图8）。

区域性的非遗展览通过在特定文化空间与展览动线中异地重构时空，以“在场”的方式与观众构成意义关联，这种鲜活生动的非遗展览，可以让观众的精神与主题叙事达成统一，从而跨越人、物、地域、文化的差别，达成和谐共通的文化交流，这才是区域性非遗展览所要表达的“真相”。

结案：真相

综上所述，策展的过程也是一个研究的过程。策展不是对展品、项目的简单分类和堆砌。策划区域性非遗展，是对区域性文化事件的整理、叙事、表达与重构，也是基于区域整体性非遗保护与利用的调研、思考、研究与再创造。

策划区域性非遗展首先需要了解区域内的自然地理环境，然后探究非遗项目与所在地域环境的关系，挖掘当地民族文化的成因，以此为线索确定展览主题，并根据场馆的实际情况划分板块，串联展览主线，进行还原、重组、设计与搭建，通过重构文化空间完成叙事。

由此，回答开篇那个关于策展的根本问题：博物馆展览之于非遗，相比其他传播技术手段和方式，其独特优势是展览作为特定的文化空间，最能契合非遗特性，通过“生境—原真—空间叙事—在场视角”的结构，可使观众产生身临其境的在场体验，这是其他形式无法比拟的。

注释

①《保护非物质文化遗产公约（2003）》，http://www.ihchina.cn/zhengce_details/11668，2003年12月18日。

② 参见项兆伦《非遗保护要见人见物见生活》，《人民日报》2018年6月6日第12版。

③ 参见刘托《开启非遗展示与传播新篇章》，《中国非物质文化遗产》2021年第5期。

④ 参见宋俊华《非物质文化遗产特征刍议》，《江西社会科学》2006年第1期。

⑤《保护非物质文化遗产的伦理原则（2016）》，http://www.ihchina.cn/zhengce_details/15769，2016年12月16日。

⑥ 参见黄育馥《20世纪兴起的跨学科研究领域——文化生态学》，《国外社会科学》1999年第6期。

（原载《博物馆管理》2022年第2期）

中国民间皮影造型艺术研究

许　琛*

皮影戏又称“影子戏”“灯影戏”，它由艺人操纵纸制或者皮制的影偶，通过灯光或烛光将影像透映于幕布之上，并配以乐器伴奏和地方唱腔等曲艺形式来表演各种剧情，雅俗共赏，具有丰富的历史、文化、艺术价值。“戏中有画，画中有戏”，皮影戏有着悠久的历史、广泛的群众基础和鲜活的艺术造型，是中国民间艺术的瑰宝。

中国民间皮影形体小巧，人物脸谱与服饰造型大胆夸张、生动形象、构思巧妙。其雕刻工艺流畅精湛，着色对比强烈、绚丽谐调，体现了民间艺人纯熟的制作技艺、高度的概括能力和丰富的想象力，达到了皮影通体剔透和四肢灵活的工艺制作效果（图1）。

图1 《拾玉镯》，牛皮，34cm×60cm，传世，山西省晋南地区

* 许琛，文化和旅游部恭王府博物馆综合业务部副研究馆员。

一、皮影的造型艺术特征

中国民间皮影艺术的造型风格独特，在传统民间美术中独占一席。一般来说，皮影戏的人物造型基本按照我国戏曲人物角色的生、旦、净、末、丑的行当进行设计。设色采用重彩渲染的处理方式，用色鲜艳纯粹，对比强烈，常用固有色（大红、大绿、黄色等）平涂分填，多次晕染而成。图案纹饰疏密有致、虚实相合，以镂线分色，阴阳刻结合，线条流畅简洁，独具美感，体现出浓厚的中国民俗特点（图2），主要总结为以下几点。

（1）平面化：由于皮影戏表演的局限性，对于皮影人物的造型设计一般都采用正侧面、侧身五分脸或七分脸的平面形象。在场景的画面设计上不受透视规律限制，也采用平面化造型。镂空的手法在皮影雕刻中运用最多，镂刻要求纹样装饰华丽严整，图案组织疏密得当，以精雕细刻而见长。在幕影画面整体上追求平画构成的形式美，求得影体与空间、疏与密、虚与实、动与静的对比和变化，追求平面的装饰效果。

图2 《天官赐福》，牛皮，95cm×177cm，传世，甘肃省环县

（2）艺术化：皮影人物造型一般采用抽象与写实相结合的艺术化手法，人物身段与脸部形象生动逼真，在幕布光照射下，视觉效果剔透而艳丽。皮影人物造型夸张，变形大胆，影人的头部造型多根据人物角色的特点，用线条镂空法进行形象刻画，以线条刻画五官，凸显不同行当人物的性格特点。雕刻艺人在人物造型中有一套口诀："刻画男性，'眼眉平多忠诚，圆眼睁性情凶；若要笑嘴角翘，若要愁锁眉头。'女性，'弯弯眉，线线眼，樱桃小口一点点'。"画面整体用色单纯、简练、对比强烈，在平涂中加以晕染着色，颜色更沉淀而有韵味，手法技法恰到好处，都是艺术化水平较高的表现。

（3）卡通化：皮影采用简洁的线条、虚实对比的雕镂形式灵活运用，巧妙结合，将人物形象塑造得栩栩如生，通过刻画夸张的人物表情让观众感受到人物的内心情感，表情刻画简单表现情感却丰富生动，充满趣味性。皮影戏艺人通过操纵手里的控制杆进行机械化的动态表演，戏中人物肩、肘、胯、膝诸关节均可活动自如，通过肢体动作姿势、动作幅度，体现或是奔跑状，或是拥抱状，或是打斗状，或做婀娜多姿状，来反映人物的行动状态，增强表演效果。

（4）戏曲化：皮影戏的人物通常根据戏曲生、旦、净、末、丑的行当进行设计。例如，对于秀丽文雅的生、旦角色，一般都用阳刻空脸脸型，以表现其嫩白纯真。对丑角则多采用阴刻手法，勾勒面部各种表情形态。也可以采用阴阳刻结合的方式，表现不同人物的性格或内心情感，从而得到更为强烈的戏剧化效果。

二、皮影艺术的主要流派

皮影艺术在我国不同地区发展成了许多风格各异的不同流派。就皮影人物造型而言，也具有鲜明的地方特点。皮影戏在我国西北和东北两大地区，都各自形成了相对完整、系统的美学模式。以陕西、甘肃等地区为代表的西北地区皮影戏，特点是人物造型刻画精细秀丽。而以河北为代表的中国东北地区的传统皮影，人物造型质朴粗犷而不失典雅。[①]其他地区的皮影造型风格各异，有的粗犷大气，有的细腻写真。

皮影戏的传统剧目多得不可胜数，不同地区的皮影剧目多取自神话传说、民间故事、戏曲故事、历史演义、地方典故、寓言故事等，其特点是情节复杂，故事曲

图3 《元始天尊》，牛皮，45cm×37cm，传世，甘肃省宁县

折，人物性格突出。

一般一个完整的皮影戏箱至少要有七八个包册，多者可达十几个包册，有五六百件皮影，老的戏箱也有超过千余件的。一个技艺高超的皮影雕刻艺人，一般至少需要三至五年才能雕刻出一个完整的戏箱来。皮影的包册包括头茬、身段、陈设、道具、布景大片、神怪、禽兽等，小至几厘米的部件，大至一整套皮影场景。每个包册又可以细分诸多类别，例如头茬就可以分出七到十几个类别（图3）。

三、皮影人物造型

皮影人物造型中头茬就占据着很大一部分比重，身段可能只有几十件或几百件。演出中除了特定角色的头靠，其余头身可以共用、更换，在脖颈处设插孔，这样可以一身多用。一般来说，一个完整的皮影人物靠子是由11个关节组成的，包括头部、双手、双手上臂、双手下臂、身段上部、中部、两腿。

（一）头茬

有的地方又称“梢子”。一般分为生、旦、净、末、丑、神头、鬼怪头等。各地皮影的头茬种类繁多，造型多种多样，头茬越多，说明影戏中角色越齐全，演出剧目也越丰富。

皮影人物的头茬造型分为脸谱和头饰两部分。影戏中的脸谱造型夸张变形、表情丰富、刻镂精细、色彩明艳，人物性格特点突出，极具象征性、装饰性和艺术性，是皮影雕刻工艺的精华。民间艺人将脸谱中的眉眼表现概括为：“眼眉平，属忠诚。圆眼睛，性必凶。线线眼，性情柔。豹子眼，性情暴。”仅仅用眉眼的不同就足以表现不同的性格特征。

影戏人物头饰包括发型和帽饰，其中以帽饰为主。根据人物身份的不同，帽饰分为冠、帽、盔、巾等。如帝王、将帅、官宦、书生、小姐、奴仆、兵卒、神仙、僧道、鬼怪、妖魔等人物头饰各有区分。

不同地区的皮影头茬有其不同的特征。如青海皮影脸谱质朴浑厚，脸型浑圆，额圆、鼻头圆、下颌方中见圆；陕西皮影脸谱装饰风格较强，脸型方正，雕刻精密细致。一些影戏人物脸谱已形成特定的谱式和表现形式，如包公、张飞、曹操、关公、王母、玉皇、唐僧、孙悟空等，这些影人头茬属“专用头茬”，其他影人头茬不能代替。

皮影造型手段少受限制且更加自由灵活，特别是在表现神话传说、鬼怪精妖的影戏脸谱，在戏曲中只能用程式化的表演和象征寓意的手法，皮影则可直接表现，如龙王、象头、蝙蝠精等均可将龙头、象头、蝙蝠精与人物身段相连接，通过夸张变形的造型非常传神地表现出神怪的性格特征。

（二）身段（服饰）

身段（服饰），又叫戳子，有龙袍、蟒袍、官衣、铠甲、靠子、帅袍、朝服等。因地域不同，服饰纹饰亦有所不同。皮影雕刻艺人从造型的装饰美、形式美出发，对服饰的造型采用了“七分身”半侧面造型，既使服饰图案繁简相宜，虚实相生，美化了人物造型，又使皮影整体造型丰富自然（图4至图6）。

服饰根据人物身份适当雕花、着色。在雕刻技法上，分为阳刻和阴刻。不管是阳刻还是阴刻，都要刻透，即为透花雕，以便皮影投射到幕布上以后，产生透光、鲜明的效果。着色方面也是不可忽视的一个环节，人物的面部、服饰都要着色，色彩要求透明、鲜艳。

影戏的服饰款式及纹样与戏曲服饰基本相同。蟒服是帝王将相的官服，色彩采用黄、红、绿、白、黑等色，一般雕刻有团龙、丹凤朝阳或二龙戏珠图案；靠是将士穿的铠甲，颜色分黄、白、黑三种，也称金甲、银甲、铁甲，有身后插四面三角小旗的硬靠、天兵天将穿的神靠，还有元帅服饰蟒服配靠；官衣，一般镂刻有松、鹤、鹿、狮子、麒麟等传统吉祥图案；女性宫装、花衣多装饰各种花卉图案，如牡

图4 《帅靠武生》，牛皮，38cm×15cm，传世，陕西省兴平市

图5 《雉尾武净》，牛皮，58cm×25cm，传世，河南省罗山地区

图6 《社火人物》，牛皮，39cm×20cm，传世，河南省灵宝地区

丹、海棠、玉兰、石榴、菊花、芙蓉等，服饰整体色彩瑰丽，纹饰华丽细腻。一般平民的服饰都是素色，多为黑色、紫色等，没有花纹装饰。

马靠。战马上连缀有上半个靠身段者为马靠。此外，还有麒麟靠、骑象靠、骑虎靠等，甘肃河西一带影戏常用骑骆驼靠及骑驴靠。

神怪。早年皮影里还有一些特制的神怪身段，如魁星、雨神、天官、土地、龙王、灶君、灵官等。过去农民们曾借皮影戏的演出来表达他们祈福、消灾、丰收的愿望。在甘肃山区，每需祈求驱除风雹灾害，则演皮影；天水一带的果农为祈求果树丰收，要敬果子神爷；为了防蝗灾，还要祈虫神来灭蝗、灭鼠。

四、衬景和道具造型

影戏中的衬景和舞台的布景起着点缀环境、衬托人物和深化剧情的作用。民间的雕刻艺人们在衬景、道具的艺术表现上，具有浓郁的地方特色和生活气息。首先，影戏中的衬景和舞台的布景不受舞台客观条件的限制，比如天上飞的、水中游的等戏曲舞台上不能出现的场景和造型，在影戏中都可以通过景片表现；其次，它在艺术表现上受到二维影幕空间的制约，在造型上需要采取平面的形式，同时要与人物造型协调统一。影戏中的衬景通常用一整张牛皮雕刻出一场戏的一个场景，像金銮宝殿、庭院楼阁、陈设用具等，这些景片就放置在影幕的后面，以展示出影戏的场面。

神仙朵子是皮影的主要册夹，多数是腾云驾雾，有的是整个景片一体，有的身段在云朵上还可以活动，包括天官赐福、和合二仙、五天君、五路财神、四大天王、雷公、电母、闪婆、风师、雨伯、菩萨等。

在民间皮影中有表现一定环境和大场景的景片，如金銮宝殿、亭台楼阁、将相府第、庙宇地狱等。道具包括的内容更为丰富，种类更为庞杂。大的分类有车马船轿、陈设用具、旗伞仪仗、各式兵器等。根据道具的不同用途，轿有官轿、民轿、喜轿、马轿、四抬轿、八抬轿等；车有粮车、马车、牛车、推车、军车等；船有官船、民船、渔船等；马有光身马、鞍马、战马、火焰驹等。室内陈设有书架、桌案、衣柜、椅凳等。銮驾仪仗有万民伞、虎头牌、龙凤旗，各式兵器有金瓜、斧钺、朝天镫等。

五、小结

“一口叙说千古事，双手对舞百万兵”，皮影戏以造型优美的雕刻技艺和婉转悠扬的地方唱腔相结合来演绎各种剧情。皮影艺术地域色彩浓厚，流传范围较广，影件造型精美生动、色彩瑰丽、工艺考究，图样既注重传统形式，又结合当地民众的审美情趣进行创新，具有鲜明的中国民俗情趣和艺术特色，是民间艺人智慧的结晶，具有极高的艺术价值，值得我们深入研究。

注释

① 参见孙建君编著《民间皮影》，湖北美术出版社2000年版。

（原载《民艺》2021 年第 4 期）

皮影艺术通过博物馆形式实现国际表达的路径探索

——以“王府历史与皮影艺术展”为例

王博颖*

皮影是集合民间音乐、文学、美术、表演等多种艺术形式的综合性艺术，它有着悠久的历史，在汉代就有相关的传说，宋代时期发展日趋成熟，元明清时期普及中国的大江南北，形成不同地域特色的皮影艺术，如今在全国大部分地区都有皮影的身影，中国皮影艺术也于2011年列入联合国教科文组织人类非物质文化遗产代表作名录。

皮影的表达形式有许多种，剧团演出、电影、动漫、音乐剧等，博物馆也是它的表达形式之一。目前在国内有许多博物馆收藏并展览皮影，比如中国美术馆、成都中国皮影博物馆、中国美院皮影艺术博物馆、中国滦州皮影博物馆、中国西安皮影博物馆等。相对国内皮影展览来说，中国皮影出境展并不十分普遍，皮影戏的国际表达路径也多是以舞台或电影电视的形式出现。在国内的大型博物馆中，中国美术馆在海外举办皮影展览的次数较多，比如2009年在捷克举办“影中戏——中国美术馆皮影艺术珍品展”，2011年在意大利举办“舞影——中国美术馆藏皮影艺术珍品展”，2013年在韩国首尔中国文化中心举办了“影叙千秋——中国美术馆藏皮影艺术精品展”，2014年在波兰华沙举办的“万相生辉——中国美术馆藏面具、木偶、皮影艺术珍品展”。四川成都中国皮影博物馆也联合拉巴特中国文化中心在摩洛哥共同举办了“光与影的艺术——中国皮影艺术展”。中国美术馆的几场海外展览具有一定的影响力和典型性，展示的皮影都是馆藏皮影，在表达方法上，多是以皮影人物、配景道具，影戏的故事画面等元素为脉络展开。在陈列方式上，还原出皮影放置于戏台幕布上的真实感，强调中国元素的应用。在互动形式上，邀请了皮影艺人在展厅

* 王博颖，文化和旅游部恭王府博物馆综合业务部副研究馆员。

进行表演。作为全国美术类的大型博物馆，中国美术馆在皮影艺术国际化的表达中具有借鉴意义。

应新西兰坎特伯雷博物馆的邀请，由恭王府博物馆主办，以皮影艺术和王府历史为主题的展览在国外进行展示，在藏品数量和规模不具备优势的情况下，如何把展览办得有特色？皮影与恭王府有什么渊源？把二者结合并介绍到海外实现国际化的表达路径值得探索研究。

一、在内容策划上，以学术性、知识性、趣味性、体验性为表现形式

恭王府博物馆虽然收藏了一部分皮影，但与中国美术馆和皮影博物馆相比，在藏品数量和质量上并没有优势。在藏品数量和展览规模相对弱势的情况下，如何策划得既能凸显中国皮影的艺术魅力，又与以往的皮影海外展不同，关键之处是找到突破点，以不一样的方式进行表达。经过再三思考，最终以皮影戏与王府的历史渊源为契机，以恭王府的历史文化，皮影的学术研究为基础，从非物质文化遗产特性的角度，结合博物馆的职能和便于海外观众理解的表达形式，来开启和拓展策展逻辑。皮影艺术作为非物质文化遗产，它的特点是具有活态性的特征，所以在策展时，要考虑到不仅要把实物展示出来，还要尽可能地展示过程，还原非遗演出场景，打造沉浸式的体验。展览作为博物馆发挥公共教育职能的主要手段，其表现形式是教育职能是否便于公众接受的重要因素。展览在深入研究的基础上，应该从观众便于理解和接受的角度进行展示和表现，尤其是针对海外观众，要将专业性、知识性、趣味性、观赏性结合起来，在大众化与专业化之间，在理性与感性之间寻找平衡。

通过查阅历史资料与相关研究发现，在历史上，王府与皮影戏有着一定的渊源，在恭王府的戏台上曾上演过灯影戏，如《雄黄阵》《金山寺》《陈塘关》等。在清代，王公贵族喜爱京剧、昆曲，还有影戏，王府中有蓄养京剧、昆曲演员、影戏艺人进行表演的传统，恭亲王爱新觉罗·奕訢就曾蓄养过昆腔戏班，如全福班，是京城唯一一家传习正宗昆腔的科班，这对清代戏曲的发展起到推动作用。所以，皮影戏不只是乡土社会中老百姓喜爱的艺术形式，同样也受到王公贵族的喜爱。

在对策展报告和展览大纲进行撰写梳理的时候，首先拟定展览的基本构思，包括展览的结构、内容、形式、特色，展厅空间的布置，气氛营造的设想等。其次是撰写展览大纲，要做到大纲脉络清晰、内容丰富。为了将背景知识通俗易懂地传达给观众，展览序言用精简概括的文字把皮影的历史源流、艺术特点，皮影戏的功能与价值及其与恭王府的渊源向观众一一交代，同时把与之对应的观展路线、空间布置、视觉效果及交互体验都考虑进去，让观众最大限度地了解展览内容。由于皮影戏是一门综合性的艺术，本质是“以影演故事”的戏剧形式，它几乎集中了中国所有造型艺术和传统表演艺术及文学、音乐等多重艺术元素。所以，除了要让观众欣赏到民间美术这种艺术类型，还要让他们领略传统音乐和传统戏剧这两种艺术形式的魅力，体会到完整的艺术效果。

由于时间和条件的限制，馆藏皮影并不能出境进行展示，用什么样的展品才能在国际舞台上既能凸显出艺术魅力又能具有一定的代表性，是面临的又一个问题。在以往的非遗展览当中，展品和辅助展品或者是使用馆内藏品，或者是馆外征集。在展品和辅助展品的收集整理中，要有深入的田野调研基础，在田野调研的基础上选择适合的展品进行展示。笔者曾出版过专著《环县道情皮影的民俗文化与造型观念》，在撰写过程中做过深入的田野调查，收集了有关的学术研究资料。甘肃环县道情皮影是中国皮影里最具代表性的皮影之一，被列入第一批国家级非物质文化遗产代表性项目名录。它的造型风格受到陕西东路皮影的影响，人物形象古朴，雕刻精细，样式丰富，色彩雅致，造型多样，极具神韵。“为了突出人物面部形象特征，采用夸张变形的艺术表现手法，眉毛和眼睛横贯脸部，忠者庄重，奸者阴险，刁者丑陋，善者俊俏，为了达到对比强烈的艺术效果，用阳刻表现正面人物清秀纯真的面部表情，用阴刻表现滑稽、狰狞的表情，表演时，只要人物一上场就能认出忠奸来。有时候也采用虚实结合的方法，使面部造型在影窗上能显示出更大的色彩反差，从而强化演出的效果。宋人耐得翁在《都城纪胜》中就提到了：‘公忠者雕以正貌，奸邪者刻以丑貌，盖亦寓褒贬于其间耳。’”① 环县皮影有中国皮影程式化的特征，在造型和雕刻上也更加精美，适合进行展示。

基于以上的内容策划，展览最终分为四种表现形式：一是图片展示，中英文展板介绍恭王府的历史文化，皮影的渊源，功能、艺术特点等，以知识性的介绍为主。二是皮影件展示，展示的皮影分为人物、神怪动物、驹马轿车、桌椅道具、戏剧场景五个部分。皮影的人物部分分为头茬和身段，头部叫头茬，自胡须以下的身体部分叫身段。在皮影戏表演时，艺人们常常将影偶的身子和头分开，这样不同的戏可以有多种不同的组合。头茬又分为脸谱与头饰两部分，头饰又可分为发饰和帽饰，帽子有盔、帽、巾、冠等，发饰有辫子、抓髻等。根据人物的身份分为王帽、凤冠、帅盔翎翅、扎头武生、巾子。身段分为龙袍、蟒袍、官衣、靠甲帅袍、仙衣。神怪动物展示的是中国神话故事里的神仙和《山海经》中的动物，具有浪漫主义的特色，体现了中国人丰富的想象力。桌椅道具展现的是厅堂陈设的桌椅案几，体现着中国古典家具独特的艺术风格和生活美学。戏剧部分展示的是中国的经典名著和神话传说，如《西游记》《三国演义》《杨家将》《白蛇传》，表现着中国人丰富的精神世界。根据研究成果对展品进行了细致的分类和简要的介绍说明，让观者对皮影有准确的了解。由于皮影是光和影的艺术，所以在展示皮影实物的时候要注意灯光效果，利用射灯、灯箱突出皮影的色彩和质地。三是多媒体影像展示，播放皮影戏演出的视频，选择感染力强的剧目，以趣味性为主。此次展览精选了经典皮影戏剧目《大闹天宫》，配以英文字幕，在展厅进行循环播放，把一段最具有代表性的皮影戏完整地呈现给观众，取得了很好的效果。因为孙悟空的形象生动有趣，西方人对齐天大圣的形象也比较熟悉，通过这一环节除了让观众对皮影有一个相对全面的认识外，还可以增加展览的趣味性。四是局部场景再现，通过搭建皮影戏台，摆放皮影戏演出的道具，让观众亲自体验操作，增强现场互动的环节，以观赏、体验、感受、互动的方式，让观众在欢乐中了解中国传统文化。

“博物馆展览的目的和宗旨是进行知识普及和文化传播，旨在向受众传达观念和思想、信息和知识、文化和艺术，达到服务公众教育的目的。……虽然展览传播的观点和思想、信息和知识是理性的，但作为一种视觉和感性艺术，展览表现的形式应该是感性的。即一个好的博物馆展览，不仅要有思想知识内涵、文化学术概念，还要符合现代人的审美需求。只有具有较高的艺术水准，引人入胜的感观效果的展览，才能吸引观众参观。”[②]好的展览应该追求思想性和艺术性的统一，尤其是在对外交流展的展览设计中，更应该考虑到展览表现形式的丰富和有趣，以美和有趣的形式，从便于观众理解、接受和欣赏的角度，将知识性、趣味性、体验性有机结合起来。

二、在形式设计上，以恭王府建筑特色为设计源泉

大戏楼是连接皮影与恭王府的纽带，亦是此次展览设计的灵感来源。在展览国际化表达的路径中，利用恭王府自身的历史文化背景和建筑风格特色，在展览中突出和强化，让海外展览体现浓浓的中国味道。

恭王府大戏楼是恭王府花园里最主要的建筑，是典型的中国传统大戏楼。戏楼为木质结构，在舞台下方埋了九口大缸用于声音传送，所以即使不用音响装置，在台下无论什么位置也都能清晰地听到声音。大戏楼面积685平方米，戏楼的门漆为朱漆雕花，厅内悬挂着宫灯，顶壁、梁架、木柱上都绘制着紫色藤萝，戏楼里绘制的藤萝与戏楼南门外的紫色藤萝交相辉映，清新淡雅，赏心悦目。在清朝历史上，看戏是王府文化中重要的内容之一，清嘉庆、道光年间，各王府竞相办戏班，此外还以过生日、贺喜庆、办满月、做团拜为端会聚名伶，举办堂会。恭王府的戏台上也曾集萃了各大名班的名伶，比如时小福、朱莲芬、杨月楼、谭鑫培、汪桂芬、孙菊仙等。演出剧目也是种类多样，“有唱工戏，如《捉放曹》《二进宫》《让成都》；念白戏，如《宫门带》《八大锤·断臂说书》；三小戏，如《打面缸》《背凳》《也是斋》《小放牛》；昆曲戏，如《火判》《乔醋》《三挡》《山门》等；还有灯彩戏，如《雄黄阵》《金山寺》《陈塘关》等”③。这个大戏楼就像串联宫廷文化与市井文化的纽带，对戏曲的传承发展起到积极作用。所以在展览设计上，以恭王府的建筑为设计背景，在色彩和视觉效果上考虑营造景观氛围，增强带入感，着重突出恭王府大戏楼的特点，在亭台楼榭、翠山碧水的优雅景致中突出皇室的辉煌富贵，给展览营造一种中国古典戏楼的意境和氛围，再辅以夜晚的效果，使每一位观众感觉自己仿佛置身于皮影的演出现场，达到情境化、体验化的目的。

恭王府是京城文化的特色，同时也是文人墨客雅集交流的文化场所，涉及宫廷艺术、文人艺术、民间艺术。恭王府不同于紫禁城皇家宫殿，它是宫廷文化与民间文化的桥梁，有承上启下的作用。在建筑上它也有自己的特色，融汇江南园林艺术与北方建筑格局，既有中国古典园林建筑布局有致，造型曲线美的特征，又有西方建筑洛可可风格的繁华富丽。在展览设计中要考虑抓住自身的特点，并有效地强调、拓展其所具有的历史文化背景、建筑特色，去实现展览的艺术性和独特性。

三、在宣传推广上，以传播中国文化精神内涵为展览目的

海外展览是文化传播的桥梁，宣传中国文化的窗口，对中国文化在国外的传播有重要作用。展览除了表现艺术本身形式之外更重要的是体现精神内核，所以从一开始的展览构思就在于思考如何将中国皮影艺术的魅力以外国观众容易接受的方式呈现出来，因为全世界许多地方都有皮影，展览除了要表现中国皮影本身艺术风格的特色之外，还要传播我们的文化精神性的内容，所以在根据皮影本身的头茬、身段、人物、动物等的分类，介绍中国皮影特色的基础上，添加了一部分传统戏剧故事情节类的皮影，比如《三国演义》《杨家将》表现忠孝节义，将中国传统名著中的故事通过皮影展示出来，吸引外国观众了解中国传统文化、中国艺术的特征、程式化的表现手法、精神性和教化性的内容。在展览中，不能仅仅考虑展示出展品的物质层面，还应该揭示它的精神因素，体现展品所诞生的区域文化特性，所蕴含的人文精神，是展览的重点也是研究的重点。

中国皮影曾经与人们的生活联系紧密，尤其是在农业社会，在还没有电影、电视的年代，皮影戏曾是十分受欢迎的民间娱乐活动之一，特别是在传统佳节之时，婚丧嫁娶之日，重要的农事活动中，都要请皮影戏班来进行演出。皮影作为中国的民间艺术，它是伴随着民俗活动和民间信俗而存在的，老百姓看影戏有求天地和谐、五谷丰登、平安健康、达到趋利避害的目的。这种在漫长的历史发展中形成的民俗信仰体现着自然崇拜的意识、万物有灵的生命观念和朴素的生存智慧，这也是皮影戏乃至中国的许多非物质文化遗产在民间得以传承的精神依托，这也是中国传统文化中的一部分。皮影戏除给人们带来娱乐和艺术享受之外，还具有教化意义，它曾在中国广大的乡土社会中发挥着基础教育功能。在过去，一辈一辈的普通劳动者没有进过一天课堂，甚至不识字，但他们懂得忠孝节义，懂得分辨是非，懂得在民族存亡危难之际挺身而出，就是通过皮影戏或地方戏剧这些艺术形式来获得这些道理的。在皮影戏中，可以感受到中国人对惩恶扬善、公平正义的追求，“仁、义、礼、智、信”的精神品格，因果报应的生死观念，也可以看到中国艺术程式化、意象化的表现手法。皮影戏中体现着中国传统文化的精神内核，所以皮影承载的这些优秀的文化精神内涵要通过展览体现出来，作为策展人在展览策划和撰写大纲的过程中不仅要考虑展示它外在的艺术形式，更要梳理出它的内在精神，要善于从优秀传统

文化中汲取养分，弘扬中华优秀传统文化，使展览发挥更大的社会功效。

此次展览取得了良好的效果，受到外国观众的喜爱和一致好评，博物馆的工作人员表示，这个展览在当地非常受欢迎，互动性高，好看又有趣，当地观众在轻松欢乐的氛围中了解了中国皮影艺术。这次展览也成为当地学生体验了解中国文化的活动场所，许多家长暑假期间专门带着孩子来博物馆学习中国文化。展览被中国网、《人民日报》海外网、雅昌艺术网等国内多家媒体和新西兰当地媒体报道。

四、结语

皮影作为中国最古老的戏剧艺术形式，其实在800年前就已经走入世界的舞台，在13世纪蒙古人的铁骑踏入中亚、西亚、东欧的同时，也将皮影带往了世界，并成为电影的鼻祖。这种古老的艺术曾在农业社会中伴随着人们生产生活的方方面面。随着历史长河的慢慢推进，随着生产方式的变化，它已不像过去那样活跃在人们的生活中，但它独特的艺术价值不可替代，它蕴含的文化精神值得挖掘和弘扬。

习近平总书记在2019年亚洲文明对话大会上指出："文明因多样而交流，因交流而互鉴，因互鉴而发展。"并且曾多次强调要讲好中国故事，传播好中国声音。博物馆承载着一个国家、一个民族的历史与文化，是实现艺术分享、价值对话，文明交流互鉴的媒介。在通过博物馆这一媒介展示皮影艺术时，首先，要站在讲好中国故事的高度表达出皮影艺术蕴含的精神文化内涵。此次展览通过展示并讲述皮影戏《三国演义》《杨家将》等传统剧目，体现了中国人对公平正义的精神和忠、孝、仁、义的追求，也正是通过皮影戏里的这些故事培育了一代代中国人对国家的感情，这也是文化输出的重要部分。其次，坚定文化自信。习近平总书记在党的十九大报告中指出："文化是一个国家、一个民族的灵魂。文化兴则国运兴，文化强则民族强。没有高度的文化自信，没有文化的繁荣兴盛，就没有中华民族伟大复兴。"中国美学体现了鲜明的东方审美意识特征，在展览设计时，应挖掘利用好中国传统文化元素，提炼民族符号，突出中国艺术的独特魅力，比如结合展览展品内容和特点，将门钉、宫灯、彩画在展览形式设计中利用表现出来（图1）。展览虽然在规模上并不庞大，但别具风味，小而精、小而雅、小而有特色，打造出辉煌富丽和清新淡雅的风格。同时，调动观众的感官体验，利用视觉、听觉、触觉，通过观察、触摸、操作，

图1　展览设计中加入门钉、宫灯等中国传统元素

图2　展厅的中国元素

图3　展厅的皮影戏元素

让观众可以自己探索发现，并体会中国文化、中国故事、中国审美、中国意境（图2、图3、图4）。同时，国际性的展览交流，不能忽视文化间的差异性，尊重文化多样性是完成国际表达的重要前提，在尊重别国文化的基础上，展示和宣传本国的文化，达到“各美其美，美美与共”。

图4　观众体验

博物馆的展览陈列从某种意义上来说像是艺术创作，完成后回过头看亦有遗憾之处，在实施过程中由于时间和经费等问题，对展览的效果和呈现有一定影响，需要不断反思和总结。皮影艺术在文创产品设计和开发中存在巨大潜力，可以借助展览的机会在文创产品的开发设计中探索交流，皮影展示不应只局限于展厅空间，还可以通过进社区、进学校的方式进行展示展演，充分地发挥博物馆的教育职能，让中华优秀传统文化通过博物馆形式走向世界。

注释

① 王博颖:《环县道情皮影的民俗文化与造型观念》，甘肃人民美术出版社2014年版，第64—65页。

② 陆建松:《博物馆展示需要更新和突破的几个理念》,《东南文化》2014年第3期。

③ 钮骠:《谈恭王府的戏曲活动》，载恭王府管理中心编《清代王府及王府文化国际学术研讨会论文集》，文化艺术出版社2006年版，第174页。

（原载《中国博物馆》2020 年第 2 期）

民间技艺

——灯彩

武书宇*

一、探秘古代的灯

灯彩，是一种具有悠久历史的手工艺品，流行于中国的各个地区。因为花样繁多且样式精美，人们也常常称呼它们为“花灯”。灯彩家族的出现和逐渐壮大，体现出我们中华民族的才智巧思。接下来，您将会看到“灯彩”以第一人称视角，为您展开一幅中华灯彩绚丽而多彩的画卷，引领您踏上一场异彩纷呈的灯彩之旅。

（一）用食器做成的灯——揭秘中国最早的灯

每当夜幕降临时，无论城市还是乡村都会亮起各式各样的灯，这些灯色彩斑斓、造型各异，它们在漆黑的夜晚中带给人们光明，赋予人们战胜黑夜的力量，是现代生活、学习、工作都不可或缺的一部分，生活在21世纪的你能想象没有灯的日子会是怎样的吗？而在远古时代，人们的黑夜并不明亮，太阳和月亮就是他们唯一的“灯”，每天只能过着日出而作、日落而息的生活，直到有一天，“火”出现了。

在“电”被发明之前，人们最主要的光源就是火，火的发现和使用对于远古时代的人类来说具有极其重要的意义，人们不仅不用再生吃食物，可以和寒冷的冬天对抗，还有了“光明”的来源。火的出现，大大促进了人类文明的发展与演进，同时，也为灯的产生奠定了基础。

* 武书宇，文化和旅游部恭王府博物馆综合业务部。

图1　汉代豆形陶灯

图2　汉代豆形铜灯

那么咱们国家最早的灯是怎么产生的呢？在距今四千多年前的新石器时代，中国人的祖先已经发现并学会了使用火，但当时的照明方式仅仅是利用火堆或简易的火把，最早出现的“烛”就是指用易燃的树木制成的火把点燃后的样子，这种“烛”就是灯的前身，为了能够让“烛”可以长燃不灭，灯才最终产生。

目前所发现的最早的灯出现于战国时期，是由当时专门盛放腌菜、肉酱的一种器皿——“豆”转化而来，因此被称为“豆形灯”。“豆”是新石器时期出现的一种盛放食物的器皿，一般用陶制作而成。人们在长期煮食动物的过程中发现了动物油脂容易燃烧，就把这些油脂收集在陶豆中，点燃后便发现可以长时间燃烧，就这样，盛放食物的“豆”演化成了最早的灯。这种灯上部为圆盘状，配有灯芯，盘下面有柄，柄下有圆形的足支撑，灯盘里放上动物的油脂作为燃料。但由于动物油脂较贵，只有有钱人家才能用得起，所以到了魏晋时期人们发现了蜡，最早的蜡是蜂蜡，之后才演变成由植物油、动物油等制成的蜡，也就成为我们现在所知道的蜡烛。

“夜因灯而短，昼因灯而长”，这盏由食器演化而成的小小油灯从此为远古的人们带来了黑暗之中的光明，也见证了他们从古至今前进的步伐。而人们也从未停止探索，在这盏油灯的照耀之下发明制作出了千千万万盏精美、耀眼的灯，造就了我们丰富多彩的灯彩家族，照亮了中国千百年的文明之路。

（二）夜幕中的“精灵”——灯彩的源起

在灯被发明之后，人们不断改进着这能带来光明的工具，不仅使它日渐精美，还赋予了它许多吉祥、美好的寓意，它不再只是人们照明的工具，更幻化成了夜幕中的一个个“精灵”，寄托着人们对幸福生活的愿景。

传说在东汉的某一天，太上老君从天而降，找到了天资聪慧的沛国丰人（今江苏丰县）张道陵，授予了他正一盟威道，并命

图3 《明宪宗元宵行乐图》局部

他为天师，在太上老君的指引之下，张道陵创立了道教。创立之初，张道陵带领教徒们四处为患有疾疫的人们治病，并通过这样的方式进行传教，但有一个要求是：凡是治好病的人要出五斗米作为治疗费用，因此，人们称他们为“五斗米教”。“五斗米教”崇奉天官、地官、水官三神，并用三元与三官相配。每年的正月十五日为上元天官生日，天官赐福；七月十五日为中元地官生日，地官消灾；十月十五日为地元水官生日，水官赦罪。为了给三官庆贺生日，人们将他们的生日都作为一个节日，就是我们今天所说的“上元节”“中元节”“下元节”，合称“三元”。

据说这三官各有所好，天官喜好娱乐，地官喜好热闹，水官喜好灯火，每年的岁首正月十五日这一天，三官都会下凡，为了迎接他们的到来需要进行隆重的庆祝，所以上元节，也就是元宵节这一天要四处燃灯，人们要结伴出游观灯赏月，以祈求全年平安、万事顺意。所以从汉代开始，就有上元节要燃灯庆祝的习俗，一直延续至今。为了能够在这一天营造出热闹、繁华的气氛，张灯结彩成为这一天固定的活动，人们也不再满足于简易、单调的灯，而是通过不断的改进，创造出了形态各异、绚丽多姿的各色灯具，这些具有很强装饰性和娱乐性的灯具就被称为“灯彩”，就这样，我们灯彩家族诞生了。

图4　六方宫灯

图5　故宫宫灯

随着我们灯彩家族的出现和队伍的不断壮大，历朝历代的人们都被我们吸引，每到元宵佳节，我们就像夜幕中跳跃的“小精灵”一样闪烁于大街小巷之中，并且随着时代的不断发展，我们的数量和“模样”也在不断地发展变化，成为人们节日里最好的“伙伴”。以至于后来不仅是上元节，每逢盛典、新婚、寿辰、节庆等喜庆日子，大家都非常乐于将这些“精灵”召唤出来，我们会带着吉瑞、平安、幸福一同前来，把节日装扮得更加美好！

二、有“魔力”的灯彩家族

相信大家都听过这样一个故事，在中国西部住着一个名叫阿拉丁的年轻人，他无意中发现了一盏神奇的油灯，油灯里住着一个精灵，只要擦一擦这盏灯精灵就会出现。精灵拥有魔法，可以满足召唤它的人任何愿望。故事的最后，男主角阿拉丁依靠着神灯打败了邪恶的魔法师，和心爱的公主过上了幸福美满的日子。想必听过这个故事的朋友都梦想着像阿拉丁一样能拥有一盏有魔力的神灯，其实悄悄告诉你们，我们灯彩就是这样有“魔力”的“神灯”，虽然里面没有住着精灵，但是依然能给大家带来快乐和幸福，而且哦，我们是一个大家族，家族中不同的成员拥有不同的“魔力”，接下来就来看看灯彩家族都有哪些“魔力”吧！

（一）最“富有”的灯彩——宫灯

我们灯彩家族中的“土豪”非宫灯莫属，宫灯“出身”王公贵族，不仅制作时用料考究，而且往往

“穿着华丽”，是灯彩家族中最“富有”的成员。

图6　走马灯结构图

早期的宫灯并没有这么“奢华”的外表，据传早在春秋时期，鲁班营造宫殿时就用木条作支架，围上锦帛，中间燃灯，这应该就是宫灯最早的雏形。之后随着时代的发展，工巧技艺的不断进步，为了彰显宫廷的地位、帝王的富贵，宫灯不仅用于照明，更成为嫔妃帝王赏玩的装饰品，因此宫灯也逐渐“奢华”起来，用材、制作、装饰都越发精美、细致。

传统的宫灯一般分为八角、六角、四角三种造型，分上下两截，上截名灯帽，又称灯檐，下截名灯身，灯身为主体。

宫灯的用料、用材极为讲究，骨架的制作多选用珍贵木材，如紫檀、红木，用山水人物、花鸟鱼虫、诗词歌赋、戏剧故事等来装饰。制作时要求更是精细，雕、镂、刻、画四种技法，缺一不可，细腻多样。除此之外，还有其他的装饰品，比如加一个花盖在灯的上方；在下方悬挂各式各样的垂饰和珍珠、玉石、金银的挂坠；还有的镶嵌雕刻各式玉石，极尽奢华。

相传东汉光武帝刘秀建都洛阳时，为了庆贺统一天下，在宫中到处张灯结彩、大摆宴席，每盏宫灯都各有姿色。后来随着宫灯被作为赏赐之物传出宫外，宫灯的精巧技艺也传到民间，原本特指宫廷中使用的宫灯，后来也在民间得到普及，民间也兴起制作各种特色灯具，宫中逢年过节张挂灯彩的习俗更是传到民间，隋唐之后，每逢佳节，家家高挂各色灯彩，灯会也逐渐发展起来。

（二）会“表演”的灯彩——走马灯

灯彩家族中最会表演的名叫“走马灯”，它拥有的“魔力”是能让灯笼上的人物、车马都“动”起来，带来一场场精妙的“演出”。据说这种能“表演”的灯，在汉代时就已经出现了，汉代的第一个皇帝汉高祖刘邦刚刚到咸阳时就被宫中的“青玉灯”吸引，这盏灯是由一只传说中没有角的龙（名叫“蟠螭”）含在口中，当灯点燃后，龙的鳞甲就会“舞动”起来，就像夜空中闪动的星星一样。这可能就是走马灯的雏形，因此走马灯也称“蟠螭灯”。

到宋代时，走马灯已经非常流行了，宋代著名的《观灯图》中就出现了走马灯，图中右侧桌子上摆放着一个扁方形的走马灯，中间的小人、小马依稀可见。相传当时有个人制作了一盏花灯，上面画满了各种姿态的骏马，花灯点燃时就形成了万马奔腾的景象，十分逼真，令人惊奇，所以人们称它为“走马灯”。而人马奔腾、征战的场景也是走马灯最经典的一场“表演”。

那么走马灯到底是怎样进行“表演”的呢？是真的有“小精灵”在灯中演出吗？让我们走近走马灯的内部构造来看看！原来跑动的人物来自走马灯中的纸轮，纸轮上贴满了事先绘好的图案，当灯燃烧起来后，产生的热气推动灯中的轴带动纸轮旋转，从外面就能看到人马追逐、物换景移的影像，如同一场别开生面的表演。可见早在汉代时，人们就已经懂得利用空气受热上升的原理，你学会了吗？

（三）最“威风”的灯彩——龙灯

龙自古以来就是中国的瑞兽，中国人从远古时期就有对龙图腾的崇拜，他们认为天上腾飞的龙能带来一切有关美好的事物，因此在春节、元宵节、丰收时节、灶火等节庆活动中，总是通过舞龙的方式来表示庆祝，寄托愿景，祈求风调雨顺、事事平安。灯彩家族中自然也少不了有关“龙”的成员，它就是龙灯。龙灯可以说是灯彩家族中最威风的一个，不仅比一般的家族成员“体型”大（长），还能随时“舞动”起来，威风凛凛，霸气非凡。

威风的龙灯还有不同的“造型”，有不同颜色的火龙、黄龙、白龙、青龙，还有不同样式的由荷花、蝴蝶组成的“百叶龙”，长板凳扎成的“板凳龙”，稻草扎成的“草龙”，纱布贴成的“纱龙”等。龙灯的身子一般由许多节组成，每节的间距是1.5米左右，一节称为一档，多以单数组成，如9节、11节或13节，可见每个龙灯都有多么威武。再在龙身中放置蜡烛或点上灯，黑夜中由人托举着舞动起来，有巨龙翻飞、海底捞月、龙蟠九叠、金龙倒海等形式、动作。每个地方还有不同的表演方法，有舞醉龙、舞纱龙、舞香龙、舞火龙等，每每龙灯舞动，生气勃勃，都会给节日带来最热闹的氛围。

图7　南京何林坊龙灯

图8　冰灯

（四）来自冰雪王国的灯彩——冰灯

灯彩家族中还有一个成员来自神秘的冰雪王国，它就是高贵冷艳的冰灯！冰灯的“魔力”是能让看似“冷酷”的冰块幻化成各种形状，并且散发出五彩的光芒。

冰灯，顾名思义就是用冰做的灯，可是冰与火两不相容，冰怎么能做成灯呢？原来呀，我们的祖先运用自己的智慧将水注入提前制成的模具中，然后冻结成冰，但要在中间还没完全冻实之前将水倒出，形成一个冰壳，再把蜡烛放在这个冰壳中，一盏冰灯就完成啦！这样不仅能把冰做成晶莹透亮的灯，还能根据不同的模具制作出各式各样的冰灯，别具一番风味。并且随着技术的发展，人们都直接雕刻冰块，中间掏空放置蜡烛或彩灯，形象更为丰富、精细。

《京都风俗志》中就有记载说：“最奇巧者为冰灯，以冰琢成人物、花鸟、虫兽等像，冰以药固之，日久不消，雕刻玲珑，观者嘉赏。”就是说，其中最奇巧的就是冰灯，将冰块雕琢成人物、花鸟、虫兽等形状，再用特殊的药物，让冰雕不容易融化，就能够长久保存了。这些冰灯都雕刻得非常细致并且玲珑剔透，每个参观的人都赞赏有加。

现在随着科技的进步、发展，使得冰雪王国冰灯的“魔力”得到了提升，不仅造型更加多变，还有通过堆砌形成的“巨人”冰灯，而且现代的电灯也为冰灯增添了新的色彩，使冰灯通过彩色电灯披上了五颜六色的衣服。各种冰灯借助灯光、音

图9　台湾天灯节盛况

响的效果，让每个参观的人宛如走入仙境，步入海底龙宫，似乎真的随着冰灯到达了水晶做的冰雪王国！

（五）会飞的灯彩——孔明灯

你见过会飞的灯吗？灯彩家族中就有这样的一种灯，它不是依靠飞毯，也没有长翅膀，但它能带着人们美好的心愿和祝福飞上浩瀚的夜空，它就是大名鼎鼎的“孔明灯”！说起孔明灯这个灯彩家族中的明星，应该很多人都不陌生，但你知道它是怎么来的吗？它又是怎样拥有飞天的“魔力”呢？且听我细细道来。

孔明灯为什么叫孔明灯呢？当然与我们所熟知的诸葛孔明有很大关系，传说三国时期，诸葛亮被司马懿围困在了平阳，无法向外求救，全军上下束手无策。这时，诸葛亮想出了一个方法，用白纸糊成了无数灯笼，再利用烟火使得灯笼能够飞起，算准风向，再在灯笼上系上求救信号，最终搬来援兵，帮助全军成功突围。从这以后，这种灯就被称为孔明灯，人们也常常将自己的心愿和祝福写在孔明灯上，希望这盏能飞的灯可以为自己、为朋友、为家人带来好运。

孔明灯会飞的“魔力”其实来源于“肚子里”的那团火，各地制作的孔明灯虽形制不一，有大有小，但几乎都是将纸糊成立体的圆形或方形，再用竹片扎圈固定，

图10　放河灯

圈内放置装燃料的容器。当燃料点燃时，孔明灯“肚子里”燃起的火会产生热气使灯内的空气受热膨胀，密度小于灯外的空气，从而产生浮力，带动整个灯体飞上天空，这就是孔明灯会飞的秘密。孔明灯在许多地方都十分流行，不同的地区有不同燃放孔明灯的风俗，有的在元宵节放，有的在中秋节放，燃放孔明灯已经成为人们庆祝节日或聚会时的一个重要习俗，因此孔明灯也称“天灯”或“祈天灯”，当大规模的孔明灯飞上夜空时，就像一颗颗闪烁的星星，十分壮观。

（六）会“游泳”的灯彩——河灯

地上“跑”的、天上“飞”的都介绍了，全能的灯彩家族怎么能少了在水里“游”的成员，河灯就是灯彩家族中的“游泳健将”。

河灯，顾名思义就是在河里放的灯，所以它有很强的“游泳”能力，也因常常被制作成荷花的模样，被称为“荷灯”。河灯一般都是由竹篾扎制，再糊上防水的纸制成，像是一艘特殊的小船，人们将它点燃后许下心愿，就让它随水而流。传说这种河灯来源于渔猎时代，人们在河、湖中行驶船只常常会因风浪丧失性命，为了保佑航行的人，就用木板编成小船，放上祭品和蜡烛，彩纸做成船帆或灯笼，放在水中任其漂流，向海河之神祈保平安，河灯由此产生，也有了放河灯的习俗。

河灯与家族里其他成员不太相同，它的出现并不是为了庆祝节日，制造热闹的气氛，而是寄托着人们对先人的哀思，为逝者安魂超度，同时也希望通过这小小的灯盏来取悦江神、河神，保佑生者平安，祈求事事顺利。因此放河灯的行为也称为“照冥”，为逝者照亮通往另一个世界的路途。每年的元宵节、中元节、乞巧节、中秋节的夜晚，人们都有在水边放河灯的习俗，每到这个时间水中漂荡着河灯千万盏，满载人们的思念与祈愿，随波逐流，灿若繁星。

当然了，“人丁兴旺”的灯彩家族不只这六个成员，还有许许多多拥有各式各样能力和“魔法”的成员，比如能吃的面灯、精制的纱灯、可以做玩具的沙灯、最多变的肖形灯等。灯彩是个古老的家族，千百年来人们的智慧让这个家族的成员越来越丰富，造就了它们的千姿百态，每一个成员都拥有自己独特的特点和神奇之处，想要真正了解这个家族，还需要你一步步继续探索。

三、千姿百态的灯彩

前面大家了解了我们灯彩家族中几个具有代表性的成员，是不是对我们灯彩家族有了初步的认识呢？其实我们如此丰富的家族成员并没有都“生活”在同一个地方哦，而是遍布全国各地。成员们受到当地风俗民情的影响，逐渐形成了带有地方特色的不同灯彩，这些灯彩五花八门，而造就它们的是来自各个地区的能工巧匠们。接下来，我将带领大家从灯彩家族中有幸被列入国家级非物质文化遗产代表性项目名录的15个“明星”成员讲起，不仅让大家认识它们的样子，更了解它们背后制作技艺的秘密！

（一）北京灯彩

作为六朝古都的北京，每朝每代都有许多巧匠能人聚集在这里，所以北京的灯彩集地方灯彩的特色，形成了富丽堂皇、细致精巧的特点。北京灯彩真正的繁盛是在明代迁都北京之后，当时热闹的灯会活动促进了北京灯彩的不断发展。源于宫廷灯彩的北京灯彩，就算是在走入民间之后，仍然保留着对材料、制作技艺等的严格要求。

北京灯彩按形式可分为吊灯、座灯、壁灯、提灯等几大类；按制作材料可以分为纱灯、金属灯、料丝灯等；按照造型则可以分为宫灯、走马灯、立体动物灯等。

形式多样，并且制作技艺丰富，是北方灯彩的一个重要代表。

1.制作技艺小贴士

北京灯彩以宫灯最为著名，制作包括裱糊、编结、刺绣、雕刻、剪纸、书画等，主要以传统的六方宫灯为主。六方宫灯就是指传统的六角形宫灯，一般是用紫檀、红木、花梨木等贵重木材来制作框架，框架做好后再镶上玻璃、纱绢等制成。较高级的宫灯还会有用骨刻、铜铸、景泰蓝、雕漆灯工艺制作的立柱。

2.能工巧匠

马元良：作为北京市美术红灯厂第一位宫灯设计人员，马元良先生制作灯彩的时间已有五十余年，他在不断的研究和实践的过程中，掌握了制作北京灯彩的精湛技艺，并在原有灯彩的基础上研发、设计出了球形宫灯、扇面式宫灯、花篮式宫灯等，这些宫灯既保留了传统的韵味，又能适应现代的建筑装饰风格，还兼具照明的功能，咱们北京天安门城楼上的宫灯就是他设计的哦！

（二）洛阳宫灯

洛阳宫灯具有悠久的历史，咱们东汉的光武帝刘秀在建都洛阳时，为了庆功，就在宫里张灯结彩、大摆宴席，当时就有各类精美的宫灯出现。到隋唐时期，每逢元宵佳节，洛阳已经形成了挂灯游会的习俗，城内家家宝灯高挂，宫中灯彩的制作技艺也逐渐传到了民间，人们将与宫中类似的灯彩就称为“宫灯”。洛阳宫灯的品类很多，如传统的六角宫灯、方绢白灯、红纱圆灯、罗汉灯等。

1.制作技艺小贴士

洛阳宫灯的一个突出特点就是可以闭合，便于收取。张合架纱绸宫灯就是其中一个代表，它分为圆样宫灯、老样宫灯和清化样宫灯，一般用竹篾扎制灯骨，再在外层糊上纱绢，灯面还会绘上文字或图案进行装饰。这种灯的骨架是可以开合的，用时撑开，不用时合上，伸缩自如。

拼装架多角彩绘宫灯也是可以拆卸的一种宫灯，这类宫灯一般呈方形，骨架用木头做成，能随时拆装，便于收藏。方形宫灯的灯架四边均有透雕的花边装饰，灯面上一般会写上古今诗词或绘有山水花鸟，十分雅致。

2.能工巧匠

李文林：洛阳制作宫灯的工匠有很多，清代时最著名的要数李、朱两家，乾隆

图11　洛阳宫灯

图12　汴京灯笼张——画灯

年间洛阳的李文林就是制作宫灯的一代名匠。他所制作的红纱灯、六角龙头宫灯、罗汉灯等类型的宫灯，在当时一年可以生产一万多对，并远销各地。据说光绪年间慈禧由西安回北京途经洛阳时，李文林曾献给她一对大宫灯，使得李家的宫灯名声大噪。

（三）汴京灯笼张

河南省开封市古称东京或汴京，北宋定都开封后，当地被允许放夜灯，元宵赏灯活动盛况空前，因此开封市的灯彩制作已有悠久的历史，咱们所熟知的《清明上河图》上就画有丰富的彩灯悬挂于当时的官府民宅之中。汴京灯笼张就是在当地民间灯彩制作技艺的基础上发展创新而来的。晚清时期，开封的张秦全不仅会制作灯彩，还擅长书画和装裱，他将自己的专长与灯彩的制作结合在了一起，制作出的木版灯、画灯和宋式宫灯渐渐成为开封灯彩的代表。光绪年间，张秦全的第四代传人张弘受命为慈禧太后和光绪皇帝在开封的行宫进行过装修，受到了慈禧太后的夸赞，因此被赞誉为“汴京灯笼张”。

汴京灯笼张的作品既表现出了宫灯般的古典雅致、庄重华贵，又充满民间灯彩的活泼与生活气息，往往寓意吉祥，它的造型别致、色彩艳丽、制作精细，常用神话传说、戏曲故事及代表吉祥如意的图案为素材，种类丰富，并且一直与时俱进，花样层出不穷。

1.制作技艺小贴士

汴京灯笼张注重对用料的选择，要求材料的颜色与光源的颜色要保持一致性，这样才能达到照明的最佳效果。因此，灯表面的材料一般都采用透光性较好的细纱、白纱等，颜色较多采用与蜡烛光、灯光相统一的黄色、红色、粉色。另外，对染料的选择也很重视，汴京灯笼张所选的染料经历风吹日晒雨淋，仍能保证不变色。

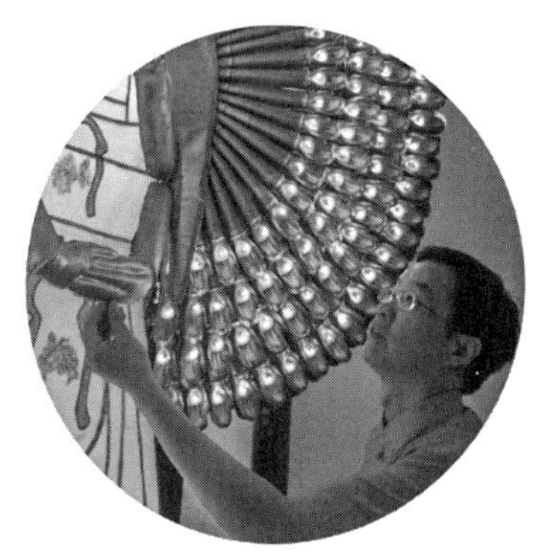

图13 张俊涛

2.能工巧匠

张俊涛：汴京灯笼张自张秦全起，至今已传承至第七代，张俊涛是汴京灯笼张的第七代传承人。张俊涛的父亲张金汉在继承家传传统花灯制作技艺的同时，结合现代技术做出了复杂的“八仙过海走马灯”，还屡屡创新，运用现代科技，创作出了几百种新款彩灯。张俊涛先生受到父亲很深的影响，辞去了原本的工作，全身心投入灯彩的制作当中，在父亲传下的制作技艺基础上，还融入了雕塑、年画、剪纸、刻纸、刺绣等传统技艺，使汴京灯笼更加丰富。另外，他还将家中的祖宅腾出来，建成了如今的“汴京灯笼张民间艺术博物馆”，展出了中原传统彩灯200多盏、制作工具及器物100多件，还展示了许多相关民间手工艺品，大家想要了解灯笼张，就到这个博物馆看看吧！

（四）上海灯彩

上海灯彩在过去名灯辈出，明代时“刻纸夹纱灯”最为有名，清代则主打伞灯，清代末期还出现了特有的“七宝盖灯”和“书画灯”。但由于现代化的发展，许多曾经的名灯我们已经看不到了。而上海作为中西文化交融的大都市，并不墨守成规，它在传承中国灯彩主要重视两个方面，一是掌握老一代灯彩艺术家的技艺，二是与时俱进，在继承中国传统灯彩艺术的同时也融汇了西方艺术特点，拥有自己独特的灯彩艺术特点。因此，近代在上海产生了有名的“上海立体动物灯彩”，也称“何克明灯彩”。

图14　上海立体动物灯——龙灯

这种立体动物灯彩与其他地方的动物灯彩不同，它不仅有缤纷、艳丽的色彩，还有雕塑般的造型，生动传神，具有很强的装饰性和观赏性。

1.制作技艺小贴士

上海立体动物灯彩吸收了各地灯彩的扎制技法，还借鉴了西方的雕塑手法，以动物造型作为灯彩骨架的基本结构，运用搓、扎、剪、贴、裱、糊、描、绘等工艺，以铅丝缠绕皱纸代替传统的竹篾，使得扎制出来的动物灯彩骨骼结构更加准确，并且细致精湛、造型生动。选择的题材一般为大家都喜爱的、有吉祥寓意的动物造型。

2.能工巧匠

何克明：作为上海立体动物灯彩的创始人，何克明被誉为了“江南灯王”。他自幼就受到了古老灯彩的熏陶，从13岁开始就学习起了灯彩的扎制，灯市是他最常去的地方，在吸收了南北方各地灯彩的精华之后，他结合了西洋的雕塑艺术，创造了上海特有的立体动物灯彩。他扎制的动物灯彩以体形准确、姿态传神而著称，不仅有很高的观赏性，而且还具备极高的艺术价值。

［原载《记住乡愁：留给孩子们的中国民俗文化（第十二辑民间技艺辑 灯彩）》，

黑龙江少年儿童出版社 2020 年版］

晋冀蒙三省区端午民俗编作研究 *

齐晓霞 **

每年农历五月初五，是端午节。按照旧时民俗的说法，在这一天，民间“五毒”的蛇、蜈蚣、壁虎、蝎子、蟾蜍，开始脱离冬眠状态，频繁出没。所以，农历五月被视为“毒月”，端午日即为“毒日”，民间历代相传流行下来许多驱邪、消毒和避疫的特殊习俗，如插蒲子艾叶、喝雄黄酒、祭五瘟使者。

在晋北（雁北）、内蒙古东南部、冀西北流传着一种端午民俗编作，这是一种纸编艺术形式，人们称其为“端午符”，以山西大同地区最具有代表性。

大同，位于山西省北部盆地的中心，地处晋冀蒙三省区交界处。北有内蒙古集宁，东有河北蔚县。古往今来，这里就是内蒙古通往晋冀鲁豫的咽喉要道，也是中原通往西北边地的门户。大同处于晋冀蒙三省的交界处，经济上互通有无，文化上频繁交流。端午礼仪和编织技艺在这里得到了集中体现。

一、大同地区的端午节风俗

在山西大同，端午节的节日气氛浓郁。每到农历四月下旬，街市上就已呈现一派节日的繁忙景象。小贩们推着花车沿街叫卖，老奶奶们摆着地摊坐等主顾，货品中除了售卖粽叶、马莲、糖稀、玫瑰及鸡鱼肉类外，还专卖五色线，五色符条（蜡光纸）编成的“端午符”和用五色纸编织的马、青蛙、蝎子等；剪纸大公鸡及各种荷包、香囊等也是端午集市上常见的民俗用品。

* 2014 年申报项目《晋冀蒙三省区端午节民俗编作整理创作》获首届国家艺术基金支持。

** 齐晓霞，文化和旅游部恭王府博物馆古建部馆员。

按照中国传统民俗的观念，五月被视为“毒月”“恶月”，民间“五毒”的蛇、蜈蚣、壁虎、蝎子、蟾蜍，开始频繁出没；大同有民谣“端午日，天暑热，五毒醒，不安宁（生）”。所以这一天便流传了许多驱邪、消毒和避疫的特殊习俗，如除了与全国各地都相似的采新鲜艾蒿挂在屋檐下、割菖蒲插在窗棂上、全家一起包粽子吃粽子外，家家户户还要在大门上贴公鸡剪纸驱五毒，挂纸编马符块，吃凉糕、粽子、麻团（糯米团包馅滚芝麻）等端午特定美食，并相互馈赠亲友、邻里。小孩子和爱美的姑娘们还要佩戴彩线编缠的装饰粽子、彩绣的香包，人人都要系五色彩绳编成的端午绳，用以避邪。

人们在宅院大门屋内遍插艾旗、悬蒲剑以驱邪镇恶。在大同人看来，骁勇的大公鸡更是五毒的天敌（一说此处大公鸡为《山海经》中的神鸟重明），拥有高强的法力（我国浪漫主义的长篇神话小说《西游记》第五十五回“色邪淫戏唐三藏　性正修持不坏身”中就曾有过公鸡治蝎子的描写）。大门上张贴剪纸红公鸡，装裱在黄纸上，这些公鸡剪纸形态各异，或口衔蜈蚣，或昂首高歌，或脚踩蟾蜍、蝎子，这些图案都寄托了民众朴实美好的生活愿望。端午节的大公鸡成为祛邪保平安的象征。

系端午绳也是大同当地端午习俗之一。端午节前，家户里的大姑娘小媳妇们都要选用合心的五色彩线，经过一番选择搭配后把五线捻成一股，称“端午绳”也称“百绳”。头上发髻、辫梢上盘五色线、戴符条编的小马、青蛙。姑娘们还要用凤仙花（海萼花）染红指甲。古代五月初五有用“五彩丝系臂”的民间风俗，这应当是“像龙子”的文身习俗的遗迹。这种用五色彩线捻成的端午绳，传说可以迷乱“五毒”的眼睛，从而使佩戴者不受“五毒”的侵害。有的在节前一天戴，有的在农历五月初一就开始戴，无论男女，不论老幼，上至百岁的老人，下至刚出生的娃娃，都要系戴这种五彩绳于脖子、手腕、脚腕上。小孩子更要系腰，不可落下一处。等五月初五端午日过后下第一场雨时就可将彩绳摘下，让其随雨水流走，象征远离邪恶，保平安健康。少雨的区域也可将其放在水道下游，意欲让五毒随水流走；或是将剪下的五色绳埋在车道沟里，以便让车轱辘将五毒碾压，使其不得作恶。

既是辟邪，人要避，牲畜也要避，家具什物也要避，于是，我们可以看到这样的画面，牛马、猪羊还有柜子上、磨盘上、瓮缸上都要借着节日装点一番。更为奇特的是，大同端午节还流传着将五色彩纸裁成窄窄长长的纸条即“符条”，相互折压，叠成正方，即所谓的“符块”；然后将“符块”七个一组或八个一组，按照规定的组合方式组成“符”，再加上香味浓郁的新鲜艾叶为穗，便组成了一组完整的“端午符”。此外，大同因在地域、历史、文化上与北方蒙古族有源源不断的联系，不可避免地受到蒙古族马图腾的影响，端午节时还要在门上挂马形符饰。这是将一个个“符条”拼叠成马形，就是五彩的“马符”，还要在“马符”下面插上艾叶，五色纸编成的“符”贴在大门和窗棂上，也会将“符”装饰在小孩子身上。

二、端午“符”

“符”是大同端午节编作的重要组成部分，带有鲜明的地方特色，其影响范围涉及内蒙古、河北等地。

大同因地处晋冀蒙三省交界处，受到北方蒙古族马图腾的影响，会特别编制一种“马符”，这种符也是将五色纸裁成窄长条，经过一番翻折布局，拼叠成马形，这就是五彩“马符”，还要在“马符”下面粘贴新鲜艾叶以成套系。这种“马符”，大的贴在大门上，小的给男孩子贴在后背上，女孩子还有相应的“花符”，大人们也要在衣服口袋里揣个“四方符”。大同有民谚道：“带点儿符，有人扶；带点儿艾，有人爱。”“符”这种文化形式成就了大同别具风情的端午景象。

（一）“符”的分类

1.几何形“符”

符块是选用两张彩色长方形纸块按照一定规则，折成正方形，单个符块的图形与道教的太极八卦图有相似之处；再由几个符块按照固定模式组成一个“符”，这个“符”要在端午节前张贴在大门、窗棂和带在身上。“符”的样式在原有的形象上延伸出了“摞摞符”“线缠符”等。

（1）钻石“符”（由其形状而得名），由6个符块组成，从小往上，分别是一、二、三的组成方式，总体看起来很像切割好的钻石。

（2）传统“符”，传统“符”是由七个“符块”组成的双棱形，也可以看成是中间一“符块”，四边和其中的两个角都围绕着等大的“符块”，传统符是最为常用和常见的。

（3）“摞摞符”，是将大小不一的“符块”，按照从大到小、从下往上的顺序依次摞着粘好，一般是三个“符块”或五个“符块”为一个完整的“端午符”。

（4）线缠“符”，顾名思义，这个“符”是选五色线来缠绕这个“符块”，线缠“符”的“符块”形状和传统“符”形状相同，大小可随心做，可以戴在胸前也可揣在口袋里。

（5）“卍”字符，这种“符”主要流行于怀仁县，“卍”字符由八个符块组成，先分两组将四符块分别组成正方形，再将两组正方形上下叠置，错成25度摆放，上层呈菱形摆放。

以上是“传统符”型的种类说明，更为特别的是，大同因在地理位置、历史文化上与北方游牧民族的紧密联系，不可避免地受到蒙古族马图腾的影响。大同在端午时节要在大门上张贴马形符饰，而且马形符也只是包含在大同端午动物形符中的一种。

2.动物“符”

（1）马形符。是一种彩色纸条编织的平面动物形象。色彩只用五色，一般在红、黄、橙、绿、紫、蓝、黑中选取五种，当然各种延伸色也算在这几种颜色里面；一般不选用白色。这种形象是将五色彩纸裁剪为细长的纸条，将纸条按照一定的规则相互叠压，折成马形。

（2）蝎形符。利用五色纸折成蝎形。蝎为五毒之一，张贴在需要避疫的卧室和储藏室的门楣等处。

（3）蛙形符。蛙形符，张贴于水源处，如农村常见的水井、辘轳、家户中储水缸上，也偶尔见贴于小娃娃床头。旧时人口的生育、生长成活率极低，造成人口发展缓慢，正是基于一代又一代人的现实需要，所以生命崇拜、生殖崇拜就自然走进了人们的思想意识。如“抓髻娃娃”源于生殖崇拜，“娃娃”音近青蛙的“蛙”，孕妇肚形类似于青蛙肚，“蛙”产子多，祈盼孕妇的生育能力像青蛙产子一样强。当地极其浓厚的生殖崇拜文化也必然在民俗文化活动中烙下深深的印迹，并在民俗文化活动中得到了充分的展现。

端午五毒，在动物符中只见到蝎和蛙形，其他三毒——蛇、壁虎和蜈蚣却没有见到。不知是流传不兴，还是没有这种表现形式，街市上只有蝎和蛙的艺术形式。

3.植物“符”

植物“符”主要为花朵形状的“端午符”。

勤劳、智慧的大同人民，在具象形象的表现之余，也创作了一些可装饰美化的形象。也许是因为封建社会遗留的重男轻女思想、大同当地在端午节时只给男娃娃背马符，而善良的妇人们自不会让女孩子们落寞地过节，于是就取了端午的五色，做成花朵的样子，给女孩子们戴在头上，也取祈福避祸之意，而且，大同地区的端午节本身也有女儿节的意味在内。

（二）“符”的产生原因猜想

1.传说

传说古时大同一时匪患猖獗，令过往的客商人人自危，官府屡剿不平。原来是狡猾的劫匪们平时藏身于村庄中，扮作农民，所以官府难以分辨。有一清明官员为治理大同安宁，暗地访查乡间；遇一农妇携两幼子行，怀抱大而手牵小。官员感到奇怪，遂问之，农妇答：大孩乃弃婴抱养，要十分爱护，小孩是自己亲生。官员解了疑惑，有感农妇良善，告农妇：端午日，将符贴于院口大门醒目处，可在官府抓捕劫匪中保家人平安；农妇归而广告良善乡邻。后来这个行为渐渐为众人所取，以求全家上下平安顺遂之意，端午贴“符”也逐渐演化为一方风俗，流传至今。

2.道教贴“符”对大同地区“端午符”产生的影响

大同的历史悠久，可以追溯到两千多年前。元代，全真教在元初统治者的宠幸和扶植下，成为北方三大新道派中势力最为强盛的道派，并发展至极盛。全真教在鼎盛局面时，大批修建宫观。以燕京地区为中心，遍及河北、河南、山西等地区，在山西地区建有白云观、兴国观、纯阳万寿宫等。

道教是中国本土产生的宗教，并在中国哲学思想领域内发挥着十分重要的作用，在思想文化等诸多领域，如小说、绘画、戏曲等方面，都有着深远且广泛的影响力。道教的教义理论及其宗教伦理道德也影响着民众的方方面面，深入民众的日常生活，也影响着人们的心理和行动，现实中人们遇到的那些人力无法理解与解决的问题会转而拜道教神仙，祈祷健康、祛病消灾、延年益寿。

3.马的图腾崇拜

马是吉祥的象征。雄性之马要护佑自己的马群，以防肉食动物的侵袭。经人们驯养的马忠于主家，或耘地布种，或驱车载物，在古代，更是需要它蹄奋疆场。人们爱马、护马、敬马。蒙古族更是离不开马的民族，被喻为“马背上的民族”，更将马推崇为一种神明，认为马是上天馈赠给人的一种恩典。所以，在北方民族心中，马已不仅是一种简单的动物，更是包含了吉祥意味的象征。古人也一直有把马作为一种图腾来敬奉和供养。此外，还有一种观点认为，马图腾是由龙图腾崇拜演化而来的，古人对马的认识理解与对龙图腾的认识崇拜是一体演进的。

马的奔腾轻捷与人们想象中的龙有相近相似之处。《周礼・夏官・庾人》云：“马八尺以上为龙，七尺以上为騋，六尺以上为马。”可见在古代是把身高八尺以上的好马称之为龙的。《礼记・月令》谓天子郊行祭祀有“驾苍龙”语，“苍龙”就是良马之名。于是，后世每遇良马，则名之为“龙子”“像龙”“龙驹”“龙种”或“龙马”。“龙马精神”是中华民族自古以来就非常崇敬的君子对于人生的态度，奋斗不止、自强不息的进取、向上的民族精神。古先民们认为，龙马即为仁马，它是黄河所孕育的精灵，是炎黄子孙的化身，代表着华夏民族的主体精神和道德追求。先民们的世界观里把龙马等同于纯阳的乾，它是代表着升腾、饱满和刚健。《易经》中有载“乾为马”，乾象征着天，代表着君王、父、君子，马又是能力、圣贤、人才、有作为的象征。孔子在《周易・乾卦》中说出中国人心中最响亮名句：“天行健，君子以自强不息！”

4. 天干地支

农历的五月初五，是中国四大传统节日（清明、端午、中秋、除夕）之一的端午节。端午也可以作“端五”，“端”有“初”的意思，所以五月初五也称“端五”或是“初五”；而“端五”中的“五”，在汉字意上又与“午”相通，由古时历法天干地支推算，农历五月属“午”月，再加上午时是“纯阳辰”，所以人们也把端午节称为“端阳节”。又因为五月初五，月、日都是五，所以也称重五，或者是重午。

按照在《易经》等中国传统哲学典籍中记载，农历五月初五是阳气运行到最高点的纯阳时刻，之后开始逐渐减损，五月是整个热天的开端，阴恶由五月而生，五毒开始活跃，魑魅魍魉也会猖獗，五月为毒月。五月五日为毒日，五日五时为毒时，居三毒之首。从这时往后病恶邪毒开始滋生，这些都会给人们，特别是给那些无所顾忌又无抵抗能力的孩子们带来灾难，必须在五月端午节这天集中地为孩子消灾驱毒。所以在这一天，人们佩戴符，遍插艾叶、菖蒲、饮雄黄、配彩绳香囊，为驱毒辟邪，以确保健康。

而且从某些方面来看，中国人的思维模式中历来就有数字重叠的概念，如正月正（阴历一月初一）春节，二月二日龙头节，三月三日相传是王母娘娘的蟠桃会，此外还有七月七日七夕节、九月九日重阳节等，这些节日都有其自身内涵，它们都和中国几千年来的农业文明紧密相连。五月五日被当作节日来过和上述这些节日形成早晚相当，在几千年前就已形成。

5. 女儿节

旧时的端午节对擅长女红的女人们来说格外讲究，所以又有女儿节一说。古代女儿一旦出嫁，很少有机会回娘家看望父母，端午那天，出嫁的女儿是可以回娘家走一走的。我国古典文学名著《红楼梦》中就曾写道，元春在皇宫回不了家，因此捎来一百二十两银子让家人去观里念平安经；王夫人、薛姨妈、凤姐聚在一起消夏赏午，皆因把王夫人这里当成了娘家。

结 语

期待以我一生之力来客观记录和推动这门艺术的演变流程、发展。上究其产生原因，能够依靠机缘和不断的探索发现；下促其发展，能够在扎根原有的基础上，推动传承。传承当下端午编作技艺，探究技艺背后的传承，发掘民俗文化脉络，推动非物质文化遗产的繁荣与兴旺。

40th

陆

艺术创作

关　欣

赵婉俐

卢　坤

张　超

王衍达

且喜人间好时节

——清代王府的影像美学

关　欣[*]

苏珊·桑塔格在《论摄影》中说，“照片是一种观看的语法。”她还说：“更重要的，是一种观看的伦理学。”我想，这种伦理学决定那个端着相机的人看见什么或看不见什么。而作为一种语法又决定了让自己和将要凝视这些照片的人以什么样的方式看见。你看见了历史，也就是在空间中展开的时间。

——阿来

二十四节气，是中国人对于时间的修辞艺术，是他们观察自然与利用自然的生活智慧，是由此诞生的人与自然和谐相处的东方价值观。由节气所派生的有秩序的生活，既是遥远先人对时间的审美考究，也是他们对世俗生活的诗意追求。

作为中国人特有的时间制度和知识体系，千百年来，“二十四节气”一直被用来指导安排农业生产时间，进行节令仪式和民俗活动，对人们的思维方式和行为准则产生深刻影响，是中华优秀传统文化的重要组成部分。

中国古代建筑以其高超的技艺、精湛的艺术、独特的风格，在世界史上独树一帜、自成一派。除了给人以美的享受以外，还是我们中国五千年文化重要的标志之一。这些建筑就是一部部石刻木雕的史书，时时激发人们对祖先的崇敬和对祖国的热爱。它们散布在中华大地，不同地域，宛若一个个音符、一段段序曲。在外在的庄严氛围下，交织着浪

* 关欣，文化和旅游部恭王府博物馆馆办公室副主任，一级摄影师。

恭王府府门摄影

漫的意韵，演奏着历史的遗声，成为天地间无字的古籍。

国家艺术基金青年艺术创作人才资助项目“时和岁风——清代王府的时间美学”，正是纪实摄影师基于对古建筑群落和特定文化空间内节气变化的拍摄兴趣，从而展开的一次对清代王府群落进行时光记录的影像之旅。摄影师通过外界客观来反映内在主观，从二十四节气角度对王府资源和文化进行了视觉发掘，同时也是对自身发现力和视觉感受力的一次激发。

“时和岁风——清代王府的时间美学”系列作品围绕恭王府、醇王府、雍亲王府、睿亲王府等现存较为完整的清代王府府邸展开了为期18个月的拍摄工作。不但针对四大季节、二十四节气都进行了视觉元素分明鲜活的记录，同时也将不同府邸的特色古建与物候节气特色融为一体。

坐落于北京什刹海西岸、有着“半部清朝史”美誉的恭王府，作为北京现存清代王府中保存最完整也是迄今唯一对公众全面开放的王府，在视觉化展示中国传统建筑与造园技艺和二十四节气摄影美学研究方面，有着得天独厚的优势。作为系列作品中重要的拍摄取景地，获得了摄影师更多

春

的视觉关注。

恭王府从乾隆年间权倾一时的大学士和珅在此建宅开始，经历了乾隆、嘉庆、道光、咸丰、同治、光绪、宣统、民国，至今已近两个半世纪。这里曾是晚清风云际会之地、王朝权力中心，折射着中国近代以来的历史沿革和沧桑巨变；这里更是重要的文化场所，文人墨客雅集交错，赏花吟诗风景盛世，浓缩了中国传统物质生活形态和精神生活内涵。它既是清代王府建筑的重要代表，也是中国传统建筑和造园技艺最成熟时期的出色体现。由府邸和花园两部分构成的整个建筑群融皇家高贵威严的气派和民间清丽雅致的风格于一体，端庄宏大的传统建筑和精美雅致的古典园林成为阐释中国传统文化最生动的现场。

除了和故宫、圆明园、颐和园这些皇家宫廷群落和园林一样，承担展示古代传统建筑精湛造诣的职能之外，恭王府作为一个家庭单位存在的特色使其在影像学体现方面显得与众不同。

从想住得舒服的权臣和珅、嫁得风光的固伦和孝公主，到不爱江山爱豪宅的庆王永璘、几经沉浮的恭亲王奕訢、闭门遁世的溥儒……历代府主们打造的不是中央集权的庙堂和最高统帅发号施令的殿宇，而是一个令人舒心畅意的院落，一个可以放心沉溺、安全自足的家园，一个温柔缱绻的甜梦所在。这里的亭台楼阁、花草树木无一不体现着关于天地阴阳，关于风水契合、关于贵胄乾坤的心思。承载着浓郁的家庭生活气

夏

息的同时，处处体现出策划和督造者心心念念的精巧之美、和谐之美。

恭王府之美，是接地气的奢华之美。奢华不是奢侈，是人们内心温暖的东西，是对美好生活的美好愿景，是真善美的化身，是文化自信和文化自强的集中体现。需要从更大主题、更多的纵深的角度去观看景致的意义。现存的关于清代王府的影像资料大多来自西方摄影师，画面信息充满了西方镜头下的猎奇思维。而此次系列作品，将二十四节气物候这些非物质的文化遗产理念融汇于清代王府建筑群落这些物质的文化遗产，展现了固定空间内流动的时间美学。既是对历史的致敬，也是对西方语境的反驳。虽然温柔，亦有力量。

整体来讲这是一个典型的从女性视角，呈现清代王府节气轮转、物候变迁、阴晴雨雪、四时花开的摄影专题。它柔和、轻快、明丽、慵懒，

绝大部分作品诗情画意很浓。为了平衡这种女性色彩，在部分作品的视觉呈现方式上，摄影师使用160多年前的“湿版火棉胶”工艺对拍摄的画面进行了古法处理。“湿版火棉胶”发明于1851年，中国人从1853年开始使用这种技术拍摄，时间恰好正是清代中晚期。作为一种在当时西方被广泛应用却从未在中国得以推广传播的技术，“湿版火棉胶”只流行于相当阶层的权贵社会，特别是生活在深宫宅院中的皇亲贵胄。由于“湿版火棉胶”的特性，手工工艺的偶然和各种可能的意外因素，使得它所产生的作品格外脆弱而随机，但同时也带来了更多的诗意。经过这种处理方式，令拍摄的那些色调斑斓的古建遗迹、松柏花卉充满了黑白影调的魅力与肌理，呈现出一种完全不同于原作品的陌生美感。而在清代王府府邸采用那个时代最为主流的影像输出方式来展示它今日的面貌，这本身也是一种对历史的守望、对色彩美学的回顾和向传统文化的致敬。

在系列作品举行的同题展览中，摄影师在主视觉展厅设立了幻灯投影在古建内墙，循环播放现代彩色影像与两侧“湿版火棉胶”彼此呼应的展陈方式，令观众置身其中的时候，会有一种在现代与古老影调中不断交错重叠的浸入式体验。两百多年过去，那些石头殿宇看起来如此寂寞喑哑，却仿佛仍有声语在诉说回荡。照片呈现的是寂静的空间，但却仿佛穿越了时光隧道，让那些声音得以短暂的释放。好像历史瞬间对折，使我们能够站在当下和过去之间左顾右盼，完成一场身在清代王府百年时光中的穿越、回望、唤醒、重启之旅。

冬

时间过滤掉了一切它认为不重要的东西，却把最坚固，也最柔软的东西留下来。

在选题拍摄的过程中，由于要细致考证各府邸花园的相关背景信息，摄影师通过大量阅读史料，了解到包括奕訢、载滢、载澂、溥伟、溥儒在内的历届王府府主曾撰写过不少关于四时轮转、季节变换的诗抄，并有一部分被罕有地保留了下来。根据诗抄描绘的具体地点和内容，许多实物和场景可以在恭王府内按图索骥寻得当年的景别再现。这一发现令摄影师的拍摄计划进一步细微而具化，令那些自然形态存在的亭台楼宇、花鸟虫鱼，都产生了可考证可阐述的追问空间。不但能够得以借鉴，还可以生发出新的内容。借有形载体还原传统的诗意，形成了清代王府二十四节气文化在视觉呈现与学术梳理上的一种统一 。我们现在看到的这些记载着时光印记的浮光掠影，不但可以让人们伴随摄影师的镜头共同体会春花烂漫、夏日绚烂、秋枫晴好、白露为霜，更因为大多数摄影作品所匹配的节气时令诗词，源自那些恭王府旧主的笔墨之下，倍添韵味与意境。仿佛所看所感不仅是恭王府四季美景，亦是那段文人墨客雅集交错、赏花吟诗的末代光影。

影像存史，美学附加。就让那些或壮丽或清雅、或厚重或悠远的美景，使不能抵达的人们，感受清代王府的诗意；让步履匆蹒的人们，重温祖先给予的宝贵馈赠；令忘记季节的人们，重新审视自我与自然的关联。

（原载《且喜人间好时节——清代王府的影像美学》，人民美术出版社 2019 年版）

“三山湟水间　花儿与少年——青海西宁非物质文化遗产精品展”海报

赵婉俐*

“三山湟水间　花儿与少年——青海西宁非物质文化遗产精品展”海报设计，整体构图以抽象的“几”字形黄河环绕八瓣莲花山、日月山、老爷山“三山”作为主体视觉要素，选取土族太阳花、塔尔寺酥油花、汉族对头牡丹团花、湟中堆绣中的“花儿”为代表性纹样。例如，土族太阳花的图案及色彩主要提取于土族刺绣纹样，中心花蕊图案与《周易》中“阴阳鱼”的图案十分相似，在土族传统观念中寓意“相互环绕，你中有我，我中有你”。这一图案的形成，正是对西宁汉藏文化交融的地域环境与土族本民族文化内涵相互关联交互的直观映射。

塔尔寺藏传佛教建筑、清真大寺建筑部件等元素也穿插于画面之中，展现出西宁在特定地理与自然环境下所形成的历史人文互动关系，鲜明展示出西宁多民族聚集的文化空间内各民族相互融合与发展的主题。

整体画面色彩提取自湟中农民画与塔尔寺壁画中的代表性色彩，以重色为底衬，根据同色系中不同色彩明度进行配比，整体画面颜色鲜艳明快，凸显了青海西宁地区“多元文化的并存与交融”的展览主题。

此作品在“2020年中国博物馆海报设计年度推介活动”中荣获2020年中国博物馆海报设计年度推介活动“年度十佳海报”。

* 赵婉俐，文化和旅游部恭王府博物馆综合业务部。

河湟遺韵 西陲安寧
Flowers and Youth in Three Mountains and Rivers
三山湟水間
花兒與少年
Qinghai Xining Intangible Cultural Heritage Exhibition
青海西宁非物质文化遗产精品展
2020.11.22 —12.25
恭王府博物馆嘉乐堂、东西配殿
及中华传统技艺精品馆（西一区）

河湟遺韵 西陲安寧
Flowers and Youth in Three Mountains and Rivers
三山湟水間
花兒與少年
Qinghai Xining Intangible Cultural Heritage Exhibition
青海西宁非物质文化遗产精品展
2020.11.22 —12.25
恭王府博物馆嘉乐堂、东西配殿
及中华传统技艺精品馆（西一区）

壹
蓮花山 塔爾寺
民族繁榮之花

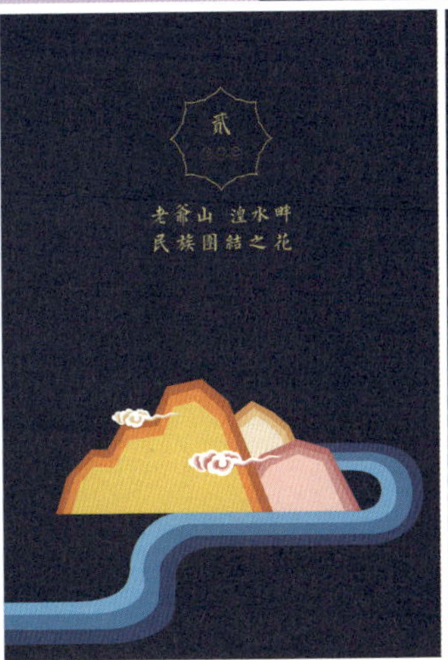
貳
老爺山 湟水畔
民族團結之花

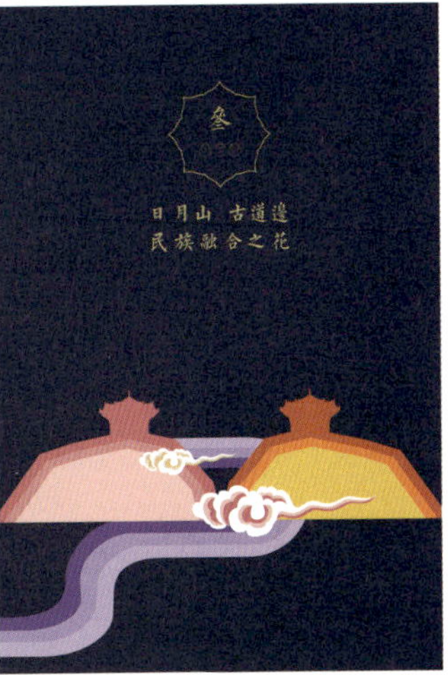
叁
日月山 古道邊
民族融合之花

恭王府手绘四季明信片

卢　坤*

作为清代王府的代表，恭王府前府邸后花园的规制，使得整个王府既有清代官式建筑礼制的特点，又有清代北京私家园林的特色。春夏秋冬，恭王府一年四季的景色各有特点：春寒料峭中泛起嫩芽吐绿，夏日轩榭旁细听雨打芭蕉，秋日神殿院中仰观金色银杏，冬日初雪中感悟时空穿越。基于此手绘12幅恭王府标志建筑为核心的景色，展示四季恭王府的魅力空间。

明信片的边框选择传统的吉祥纹样海棠池为造型基础，分别选用朱红（春）、琉璃绿（夏）、青砖灰（秋）、石雕白（冬）来表示四季颜色。边框颜色的设定是基于什刹海历史文化街区的标准色。

此作品为2021年文化和旅游部恭王府博物馆文创设计大赛参赛作品。

* 卢坤，文化和旅游部恭王府博物馆综合业务部。

手绘恭王府四季明信片 设计说明

手绘过程及明信片造型

图片参考

手绘过程

手绘完成

明信片正面

明信片背面

明信片正面的边框采用恭王府砖石雕常用的“海棠池”造型，以恭王府的标准色彩选取红、绿、褐、灰来代表恭王府的四季，并根据手绘内容进行排版搭配。背面大面积留白，便于加盖纪念章和文字书写。

标准色彩IP

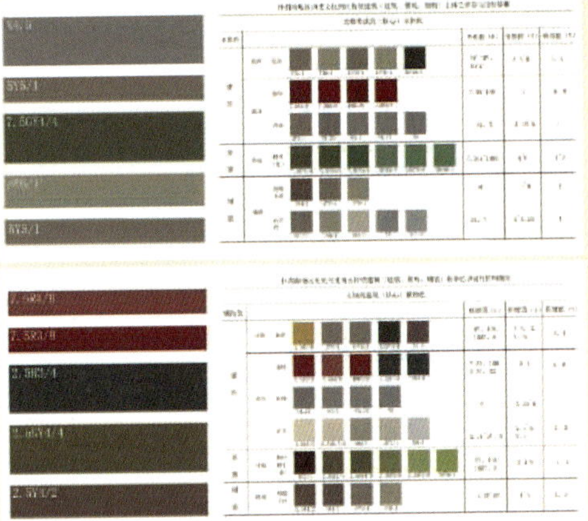

作者对恭王府所属的什刹海历史文化街区进行实地色彩调研，以国际蒙赛尔色彩体系对什刹海代表性建筑、景观、铺装进行检测，并确定了以恭王府府邸、花园为代表的什刹海区域的标准主体色和辅助色。

小家小院

张 超*

《小家小院》是一幅描述中国农村传统风貌的绘画作品。该作品以中国农村家庭院落为背景，展现了农村小院富有特色的丰收场景。作品主要人物为爷爷、奶奶和小孙女，通过孙女帮老人劳作的场景展示了小家庭的和谐与温馨。

该作品完成于2020年，从前期准备工作到最后制作完成，前后创作时间将近三个月。作品采用中国传统水墨画的形式，通过写实的绘画语言，实现形式和内容上的统一。《小家小院》作品入选“白山黑水·美丽四平”全国中国画作品展，已被中国美术家协会收藏，原作2016年被收藏于国家博物馆。

* 张超，文化和旅游部恭王府博物馆综合业务部馆员。

《小家小院》

冰上飞翔

王衍达*

雕塑作品《冰上飞翔》表现的是双人花滑冰上运动，作品内容是两位花样滑冰运动员在冰上舞蹈的场面，由于二人的高度默契合作共同构成一个整体，犹如一个在冰上舞蹈的人，作品采用不锈钢材质表面做镜面抛光处理，使两件单体间能够相互映衬，作为一种形式语言表达彼此间的默契合作。

此作品入选“国家艺术基金2018年度青年艺术创作人才资助项目”“第六届全国青年美展”“潮动湾区2023——金湾艺术中心开馆展”。

* 王衍达，文化和旅游部恭王府博物馆综合业务部馆员。

《冰上飞翔》

后记

2023年是文化和旅游部恭王府博物馆创建40周年，为集中展示恭王府博物馆学术建设成就，持续推进“学术恭博”建设，按照恭王府博物馆创建40周年系列活动统一部署，在馆庆活动期间推出《恭王府博物馆创建40周年学术成果汇编》，我们组建学术成果汇编小组，面向在职和退休专业技术人员，征集已经发表的代表性学术成果，每人最多提交3篇。我们共征集到专著10部、学术论文69篇、艺术设计作品7件，专题报告4篇、策展大纲3篇，共计93篇（件）各类成果。

征集结束后，我们按照王府历史文化研究、文物与博物馆、非物质文化遗产划分3个研究方向，每个方向邀请了3位专家评审。专家们评审的时间段，正值五一假期，五一成为名副其实的劳动节。

2023年5月9日召开“恭王府博物馆创建40周年学术成果汇编专家评审会”，确定了每人呈现一篇学术成果的入选思路。左远波老师根据文章内容，进行了栏目分类、命名，每个栏目内的文章排序原则大体是：先综述、后分论，先王府、后其他，先早期、后晚期。

感谢专家们对恭王府学术事业的支持，他们是故宫博物院编审左远波，故宫博物院研究馆员张荣，中国社会科学院大学历史学院副院长、副教授刘强，中国民俗学会乡愁文化专委会主任李春园，恭王府博物馆的研究馆员孙其刚、研究馆员孙冬宁、研究馆员郝黎、副研究馆员王东辉、高级工程师王倩。

感谢文化艺术出版社董良敏主任、汪勇老师所付出的辛勤工作。

需要说明的是，本书所收录的学术成果仅代表作者个人的观点，尤其是有些较早发表的成果，限于资料等原因，观点有待更新，比如根据最新研究，和珅被抄家赐死后，宅第被嘉庆皇帝赐予了庆王永璘，和孝公主搬离，不存在一府两用的情况等。此外，虽然我们尽可能多地动员专业技术人员广泛参与，但仍会有所疏漏，在此谨表歉意。

编者

2023 年 8 月